D1937782

GUNDOLF WINTER

ZWISCHEN INDIVIDUALITÄT UND IDEALITÄT

GUNDOLF WINTER

ZWISCHEN INDIVIDUALITÄT UND IDEALITÄT

DIE BILDNISBÜSTE

STUDIEN ZU THEMA, MEDIUM, FORM UND ENTWICKLUNGSGESCHICHTE

URACHHAUS

FÜR LAURA, LOR UND VALERIE

CIP-Kurztitelaufnahme der deutschen Bibliothek

Winter, Gundolf:

Zwischen Individualität und Idealität : d. Bildnisbüste ;
Studien zu Thema, Medium, Form u. Entwicklungsgeschichte / Gundolf Winter. –
Stuttgart : Urachhaus, 1985.
ISBN 3-87838-441-6

ISBN 3 87838 441 6

© 1985 VERLAG URACHHAUS JOHANNES M. MAYER GMBH, STUTTGART.
ALLE RECHTE, AUCH DIE DES AUSZUGSWEISEN NACHDRUCKS
UND DER PHOTOMECHANISCHEN WIEDERGABE, VORBEHALTEN.
SATZ JUNG & OSSWALD
DRUCK DER OFFIZIN CHR. SCHEUFELE, STUTTGART.
EINBANDGESTALTUNG BRUNO SCHACHTNER, DACHAU.

INHALT

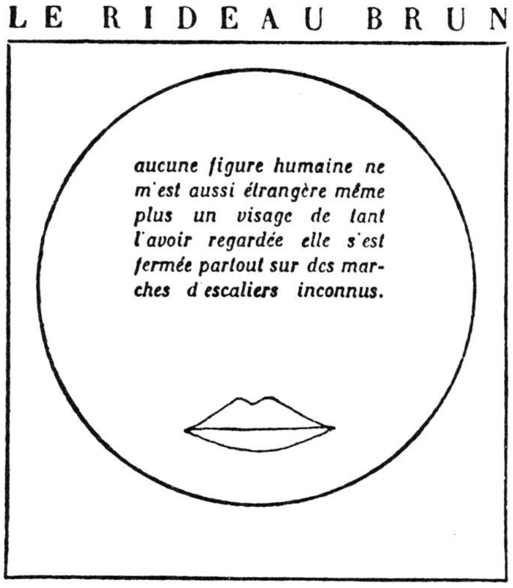

Alberto Giacometti[1]

I. EINLEITUNG

Ein mißglückter Portraitversuch stand am Beginn der Malerei, will man Leone Battista Alberti Glauben schenken: Durstig über eine Quelle gebeugt erblickte Narcissus im Spiegel des Wassers ein Bild, sein Ebenbild. Er suchte es zu fassen, festzuhalten — vergeblich. Narcissus, »der eigentliche Erfinder der Malerei«,[2] scheiterte, aber er brachte die Bildkunst auf den Weg. »Denn könntest du wohl sagen, dass die Malerei Anderes sei als künstlerisch ein Ebenbild zu umfassen (festzuhalten) suchen, gleich jenem, welches dort aus dem Spiegel der Quelle blickte.«[3] Für Alberti eine nur rhetorische Frage. Mit dem mißglückten Portraitversuch beginnt nicht nur die Malerei, »die Blüthe jeder Kunst«, am Portrait als der spiegelbildlichen Wiedergabe eines Menschen weist Malerei sich auch ihrem Wesen nach aus: Erschaffen dauerhafter Spiegelbilder.

Freilich, nicht erst unter dem Eindruck der modernen Malerei wandelte sich Albertis rhetorische Frage zu einer echten. Aber spätestens dort, wo den Forderungen nach strikter Abbildlichkeit weit besser mit mechanischen denn mit künstlerischen Verfahren entsprochen werden konnte, mußte sie anders beantwortet werden, konnte man sagen, daß Malerei anderes und mehr beinhalten müsse als die täuschend ähnliche Wiedergabe von konkret Vorgegebenem. Man sollte annehmen, daß sich damit auch die Bedeutung des Portraits als Paradigma für eine abbildende Malerei gewandelt habe. Ist das aber tatsächlich geschehen, kann man wirklich sagen, daß Portraits anderes und mehr beinhalten müssen als die täuschend ähnliche Wiedergabe lebender Menschen?

Zumindest Fragen zum Portrait sind häufig gestellt worden, und ebenso häufig wurden sie unterschiedlich beantwortet. Wohl besteht Übereinstimmung darüber, daß man es bei Portraits mit der — wie auch immer gearteten — Wiedergabe eines bestimmten Menschen im Medium der Bildnerei, der Malerei, der Zeichnung usw. zu tun habe, über die Art und Weise aber, wie diese Wiedergabe dann konkret beschaffen sein müßte, um das Portrait als Wiedergabe eines bestimmten Menschen von jenen Wiedergaben bestimmter Menschen zu unterscheiden, die keine Portraits sind oder sein sollen — falls man nicht alle Wiedergaben bestimmter Menschen insgesamt als Portraits ansehen will —, darüber gehen die Meinungen weit auseinander.[4]

Eine grobe Strukturierung der unterschiedlichen Vorstellungen zum Portrait läßt sich vielleicht am einfachsten dadurch gewinnen, daß man sie den jeweils unterschiedlichen Bedeutungsmöglichkeiten, die das französische Wort *Portrait* im Deutschen annehmen kann, zuordnet bzw. zuzuordnen versucht. Portrait (aus dem Lateinischen *protrahere, protractum* — das Hervorgezogene, im Unterschied etwa zum italienischen Parallelbegriff *ritratto*, vom Lateinischen *retrahere, retractum* — das Zurückgebrachte) wird normalerweise mit Bildnis übersetzt.[5] Was aber meint man, wenn man von Bildnis spricht? Ist Bildnis das Bild eines bestimmten Menschen im Sinne von *imago* oder *effigies*, Begriffe, welche die Humanisten für Portraitdarstellungen verwenden, oder meint Bildnis das Abbild eines bestimmten Menschen im Sinne von nachgemacht, »konterfeit« (französisch *contrefait*, aus dem Lateinischen *contrafacere*), oder soll unter Bildnis etwas eigenes, Besonderes, verstanden werden, das sich sowohl vom Bild als auch vom Abbild eines bestimmten Menschen unterscheidet?[6]

Kein Zweifel, Bild, Abbild und Bildnis können nicht als jeweils unterschiedliche Begriffe für ein und dasselbe, nämlich die — wie immer geartete — Wiedergabe eines bestimmten Menschen, verstanden werden, sondern Bild, Abbild und Bildnis sind Arten, die jeweils mögliche unterschiedliche Darstellungsweise der — wie immer gearteten — Wiedergabe eines bestimmten Menschen in einem der Medien bildender Kunst zu begreifen: Die Begriffe Bild, Abbild und Bildnis reflektieren jeweils verschiedene Erscheinungsformen in der Wiedergabe eines bestimmten Menschen, reagieren auf verschiedene Wiedergabemöglichkeiten und damit auf unterschiedliche Darstellungsmodi. Folglich meint derjenige, der das Portrait als Bild eines bestimmten Menschen versteht, etwas anderes als jener, welcher das Portrait als Abbild eines bestimmten Menschen versteht, und dieser wiederum begreift das Portrait in einer anderen Weise als jener, der im Portrait das Bildnis eines bestimmten Menschen sieht: Für denjenigen, der unter Portrait das Bild eines Menschen versteht, ist jedwede Menschendarstellung eine Portraitdarstellung, ob es sich dabei um ein ägyptisches Elfenbeinfigürchen des ausgehenden 4. Jahrtausends oder um eine Momentfotografie handelt, wenn nur gewährleistet ist, daß eine bestimmte Person mit dieser Darstellung gemeint ist; wohingegen derjenige, für den das Portrait das Abbild eines bestimmten Menschen ist, nur solche Darstellungen als Portraitdarstellungen zu akzeptieren bereit ist, welche einen bestimmten Menschen möglichst genau, am besten spiegelbildlich gleich wiedergeben; schließlich wird derjenige, der das Portrait als Bildnis eines bestimmten Menschen ansieht, nur solche Menschendarstellungen als Portraits bezeichnen können, die einen bestimmten Menschen nicht nur äußerlich, sondern auch seinem Wesen gemäß, d.h. als Persönlichkeit, als Individualität, präsent zu machen in der Lage sind.[7]

Selbstverständlich werden die hier skizzierten möglichen drei Positionen zum Portrait nur selten einmal ›rein‹ vertreten, und selbstverständlich reklamieren nahezu alle Autoren mit wechselnden Argumentationen die dritte Position für sich. Doch bleibt das theoretische Postulat, daß der Ausweis von Individualität bei einer Menschendarstellung letzten Endes darüber zu entscheiden habe, ob diese als Portrait anzusehen sei oder nicht, wirkungslos, solange die konkreten Ausführungen zum Portrait deutlich machen, daß die jeweiligen Vorstellungen von dem, was Persönlichkeit oder Individualität beinhalten soll und wie diese sich dann äußern bzw. dar- oder hergestellt werden soll, völlig unterschiedlich geartet sind. Für Ernst Buschor etwa ist das Portrait »Zug um Zug durch Untergliederung des Allgemeinbildes entstanden«.[8] Im Portrait trifft sich folglich eine allgemeine (überpersönliche) Vorstellung vom Menschen mit den besonderen Gegebenheiten und Merkmalen einer ganz bestimmten Person. Als Wechselspiel von Hervorhebung des jeweils einen bei Zurückdrängung des jeweils anderen kann so die Geschichte der Menschendarstellung als Geschichte der Portraitdarstellung ausgegeben werden. Das Portrait wird mit dem als Portrait gemeinten Bild eines Menschen gleichgesetzt, tatsächliche Differenzierungen bleiben äußerlich. Buschor unterscheidet lediglich zwischen benannten und unbenannten Menschendarstellungen, wobei aber auch »Kräftezeichen«[9], löwen- oder stiergestaltige Königsdarstellungen in der ägyptischen Kunst des 3. Jahrtausends als Portraitdarstellungen angesehen werden, nämlich als »Kraftzeichenportraits«[10], sofern ein Name oder eine Königscharakteristik mitgegeben ist. Ja, selbst »wo ein Name, eine Königscharakteristik fehlt, kann die Portraitbedeutung dennoch vorhanden sein«.[11] Für Buschor geht es, wenn es um Portraits geht, offensichtlich nicht um die Erscheinung der Dargestellten, zumindest nicht primär, also nicht um die getreue Wiedergabe von individuellen Merkmalen, nicht um »Portraitähnlichkeit«, sondern allein um die Intention, die Darstellungsabsicht als Portrait, wie immer diese auch dokumentiert sei, z.B. durch eine Königscharakteristik oder durch eine Namensunterschrift. Infolge dessen ist für Buschor jede Menschendarstellung zumindest portraitverdächtig.[12] Denn die Darstellungsabsicht kann nur in Ausnahmefällen quellenmäßig erschlossen werden; entweder fehlen diesbezügliche Quellen überhaupt, oder sie erweisen sich als hochgradig interpretationsbedürftig. Jede Menschendarstellung kann somit — gleichsam zufällig — zur Portraitdarstellung avancieren, da hierfür allein äußere Gründe entscheidend sind, wohingegen die Darstellung selbst offensichtlich nicht in der Lage scheint, Auskünfte darüber zu geben, ob sie als Portraitdarstellung angesprochen werden soll oder nicht. Buschor führt denn auch Menschendarstellungen unterschiedlicher Art als Portraits, wobei er — um sich der Vielfalt des ausufernden Materials zu erwehren — den Begriff *Portrait* mit Morphemen verbindet, so z.B. »Seinsportrait«, »Spiegelportrait«, »Namungsportrait« usw., was ihn allererst in die Lage versetzt, eine Gliederung, eine Ordnung des Materials durchführen zu können. Dermaßen inflationistisch verwendet, degeneriert der Begriff Portrait zur puren Hülse, in die Sinn allererst durch die Morpheme gefüllt wird.

Im Unterschied zu Buschor glaubte Max Kemmerich — 40 Jahre zuvor —, »das Wesen des Portraits in der Übereinstimmung zwischen Original und Abbild in Merkmalen[13] fassen zu können. Je größer die Zahl dieser zwischen Modell (Urbild) und Darstellung (Abbild) übereinstimmenden Merkmale ist, d.h. je größer die Ähnlichkeit zwischen Darstellung und Dargestelltem ist, desto vollkommener sei das Wesen des Portraits getroffen. Jene Darstellung, welche alle nur darstellbaren oder abbildbaren Züge eines Menschen wiedergibt, erfüllt folglich das dieser Auffassung zugrundeliegende Ideal einer Portraitdarstellung. Eine solche Auffassung — wenn sie denn ebenfalls auf Personalität oder gar Individualität reflektieren sollte — setzt offensichtlich voraus, daß die Personalität oder Individualität eines Menschen mit seiner Unverwechselbarkeit gleichzusetzen ist. In dem Maße, wie eine Vielzahl besonderer Merkmale eines Menschen in seine Darstellung einfließen, unterscheidet diese sich von den Darstellungen anderer Menschen, erscheint es zunehmend unwahrscheinlich, daß Verwechslungen vorkommen können, ist Unverwechselbarkeit garantiert.

Nun braucht nicht erst ausführlich darauf eingegangen zu werden, daß die Unverwechselbarkeit eines Menschen nur zu einem Teil von seinen äußerlichen Zügen abhängt, daß sie zumindest ebenso, wenn nicht sogar stärker, von seinem Charakter, seinem Sich-Geben, Handeln usw. garantiert wird. Dennoch muß eingeräumt werden, daß sich — bis zu einem gewissen Grad und unter Berücksichtigung eines erheblichen Irrtumsspielraums — von den besonderen äußerlichen Gegebenheiten eines Menschen auf sein Inneres, seinen Charakter, sein Wesen schließen läßt. So ist nicht zu bezweifeln, daß eine besondere psychische Verfassung (z.B. Melancholie), wenn sie zur Normalverfassung eines Menschen wird, auch in der physischen Erscheinung zum Ausdruck gelangen kann, selbst wenn bei allzu einleuchtenden Beweisführungen dieser Art mit Hilfe der Physiognomik höchste Vorsicht angeraten scheint.[14]

Wie dem auch sei, es bleibt festzuhalten, daß auch Kemmerich, trotz seiner theoretisch geforderten positivistischen Vorgehensweise,[15] in der Praxis zu keiner klaren Eingrenzung des Portraits gelangt. Die Tatsache, daß man — vor der Erfindung der Fotografie — in der Regel höchst selten eine Vorstellung davon gewinnen kann, wie eine dargestellte Person tatsächlich ausgesehen hat, läßt ihn zum ›Trick‹ der »individuellen Merkmale« greifen, mit der Konsequenz, daß ihm sein Portraitbegriff ebenso verschwimmt und konturlos wird, wie dies schon bei Buschor der Fall war. Denn unter dem Stichwort »individuelle Merkmale« läßt Kemmerich auch solche Menschendarstellungen als Portraits zu, die nur wenige übereinstimmende Merkmale aufweisen, ja es werden bereits Darstellungen als Portraits — wenn auch nicht als »abgeschlossene Portraits« — angesprochen, die nur ein bezeichnendes Merkmal, z.B. Bärtigkeit oder Bartlosigkeit, aufweisen: »Da nun bei der Relativität des Ähnlichkeitsbegriffes eine scharfe Grenze zu ziehen unmöglich ist, vielmehr zwischen der Menschendarstellung, die über die Tatsache des Menschseins hinaus nur ein individuelles Merkmal hat, und zwischen dem abgeschlossenen Portrait, in dem alle künstlerisch darstellbaren Züge enthalten sind, eine kontinuierliche Skala besteht, so sind wir wohl berechtigt, von dem Augenblick an von Portraitähnlichkeit zu sprechen, wo dieses erste individuelle Merkmal, zumeist Bärtigkeit oder Bartlosigkeit, auftritt.«[16] Folglich zählen Darstellungen wie etwa die des Königs Agilulf (590—616) auf einer goldplattierten Kupferplatte[17] für Kemmerich zu Portraitdarstellungen, und dies — ähnlich wie bei Buschor — allein wiederum wegen der Intention, der Darstellungsabsicht, die sich hier im Bart — bei Buschor war es die Königscharakteristik — dokumentieren soll.

Grundsätzlich stimmen also Kemmerichs und Buschors Ansätze darin überein, daß sie die Entscheidung, ob man es bei der Darstellung eines Menschen mit einem Portrait, d.h. mit der Darstellung eines bestimmten Menschen, zu tun habe, von bestimmten äußerlichen Hinweisen abhängig machen, und zwar solchen, die ihrer Meinung nach eine auf Portraithaftes abzielende Darstellungsintention verraten. Die je besondere Erscheinungsweise der einzelnen Darstellungen bleibt dabei ebenso unberücksichtigt wie die Frage, ob dem Betrachter eine möglicherweise als Portrait ›gemeinte‹ Darstellung als Portrait einsichtig wird oder nicht. Für Buschor ist z.B. eine Namensunterschrift, für Kemmerich ein individuelles Merkmal objektiver Beweis dafür, daß eine wie immer geartete Darstellung eines Menschen als Portraitdarstellung verstanden werden muß, weil sie als solche ›gemeint‹ sei, demnach als ein, wenn auch nicht »abgeschlossenes«, so doch auf eben jener Entwicklungsstufe nicht anders zu verwirklichendes Portrait.[18] Tragend für die Bestimmung des

Portraits ist damit das *Was* der Darstellung, das gegebenenfalls gewußt werden muß und objektiv angegeben werden kann, das *Wie* der Darstellung hat hingegen nur im Hinblick auf die Veranschaulichung des *Was* eine Bedeutung, ist jedenfalls nicht eigenkonstitutiv für eine Bestimmung als Portrait.

Es war Wilhelm Waetzoldt, der — kurz nach Kemmerich — in seiner grundlegenden Arbeit zum Portrait gerade das Wie der Darstellung von Portraits in den Blick nahm, indem er mit Nachdruck auf die subjektbezogenen Komponenten bei Portraitdarstellungen verwies: »Drei psychologisch grundverschiedene Standpunkte lassen sich dem Bildnis gegenüber einnehmen. Man kann das Portrait betrachten: 1. unter dem Gesichtswinkel dessen, der abgebildet wird, vom Modell aus; 2. mit den Augen des Abbildenden, also unter künstlerischen Gesichtspunkten, und 3. als unbeteiligter Bildbeschauer, von der Seite des Publikums aus.«[19] Der auf vermeintlich Objektives gegründeten Position Kemmerichs und Buschors stehen somit gleich mehrere subjektbezogene Positionen gegenüber, Positionen, die jeweils auf die Besonderheiten einer Darstellung des Menschen, also auf das *Wie* reflektieren und die — gemäß ihrer Abhängigkeit von einem bestimmten eingenommenen Standpunkt — sehr verschieden ausfallen können. So ist anzunehmen, daß etwa der Betrachter eines Portraits seiner selbst dieses mit anderen Maßstäben mißt als der Künstler, der das Portrait auszuführen hatte, während für diesen dann wiederum andere Kriterien ausschlaggebend gewesen sein dürften als jene, die etwa für den unbeteiligten Betrachter — also den Betrachter schlechthin, der gegebenenfalls weder das Modell, noch den ausführenden Künstler, noch die besonderen ›Umstände‹ des Portraitauftrags kennt — Geltung besitzen.

Geht man einmal davon aus, daß diese von Waetzoldt genannten verschiedenen Standpunkte nicht wörtlich, sondern im übertragenen Sinn zur Kennzeichnung unterschiedlicher Sichtweisen bei Portraitdarstellungen zu verstehen seien,[20] und setzt man dabei voraus, daß diese verschiedenen Sichtweisen nicht alternativ, sondern als sich gegenseitig ergänzend, dabei modifizierend, bald steigernd, bald schwächend, jedenfalls als in Relation zueinanderstehend gemeint seien, dann scheinen sie geeignet, jene Aspekte, die als jeweils unterschiedliche im Gesamtkomplex Portrait zusammenwirken, paradigmatisch zu vertreten: Nämlich 1. den objektbezogenen Aspekt (im Bild des Standpunktes von Portraitiertem zum Portrait),[21] 2. den kunstbezogenen Aspekt (im Bild des Standpunktes vom Künstler zum Portrait)[22] und 3. den subjektbezogenen Aspekt (im Bild des Standpunktes vom unbeteiligten Beschauer zum Portrait).[23] Die einfache Aufzählung der Aspekte macht bereits deutlich, daß diese nicht voneinander isoliert betrachtet bzw. erfahren werden können. So ist der subjektbezogene Aspekt immer nur in Abschattung durch kunst- und objektbezogene Aspekte zu betrachten bzw. zu erfahren, in eben der Weise, wie der objektbezogene Aspekt nur in Abschattung durch subjekt- und kunstbezogene, der kunstbezogene Aspekt aber nur in Abschattung durch subjekt- und objektbezogene Aspekte zu betrachten bzw. zu erfahren ist. Dennoch scheint es notwendig, zunächst die einzelnen Aspekte für sich genauer in den Blick zu nehmen, um sie dann in ihren Wechselbeziehungen untereinander und zum Gesamten sowie im Hinblick auf ihre Fundierungskraft für Portraitdarstellungen verorten zu können.

1. Der objektbezogene Aspekt des Portraits

Ein Portrait ist allein durch sich bzw. aus sich heraus nicht hinreichend zu verstehen. Wie jedes Werk gegenständlicher Darstellung, so bezieht sich auch das Portrait auf etwas außerhalb seiner selbst Liegendes. Sein Inhalt, die Darstellung eines bestimmten Menschen, wird nicht von ihm gesetzt, sondern ist im Außen vorausgesetzt. Vorausgesetzt sind demnach bestimmte Motivformen wie Augen, Nase, Mund usw., auf die sich das Portrait bezieht und die wiedererkannt werden. Die Motivreferenz ist demnach konstitutiv für Portraits. Andererseits werden aber nicht nur bestimmte Motivformen wiedererkannt, sondern auch bestimmte Verhältnissetzungen solcher Motive untereinander, z.B. eng beieinanderstehende Augen, scharfe Winkelbildungen von Nase und Augenbrauen usw., die gleichfalls durch das Modell vorgegeben sind. Modellreferenz ist folglich eine weitere Grundforderung an die Portraitdarstellung. Unter Modellreferenz wäre dann auch jene charakteristische Ausdrucksgestalt z.B. eines Gesichts zu fassen, soweit sie aus der besonderen und vom Modell her vorgegebenen Verhältnissetzung der Einzelmotive zueinander und zum Gesamt des Gesichts resultiert, wobei die Unterscheidung zwischen der eher typischen Ausbildung solcher ein Gesicht charakterisierender Verhältnissetzung (dem »Zeitgesicht«, das sich aus dem Vergleich mit anderen vorausliegenden bzw. nachfolgenden Gesichtsdarstellungen herauskristallisieren läßt) und der eher einmaligen Ausbildung solcher Verhältnissetzungen (dem tatsächlichen Modellgesicht, das allerdings selten, nur in Fällen, wo weitere Darstellungen desselben Modells vorhanden sind, genauer bestimmt werden kann) häufig große Schwierigkeiten bereitet.[24]

Motiv- und Modellreferenz sind demnach konstitutiv für die Portraiterfahrung; sie stellen Fundierungen eines Portraits dar, sie stellen es aber noch nicht her. So ist z.B. ein Modellgesicht ohne weiteres verwendbar für das Gesicht eines Apostels in einer Sacra Conversazione wie es ebenso zu anatomischen oder dermatologischen Demonstrationszwecken verwendet werden kann. Folglich bleiben alle — mehr oder weniger — objektiv feststellbaren Gegebenheiten einer bestimmten Physiognomie mit bezug auf ihre Darstellung als Portrait nur Rohmaterial. Sie fundieren das Portrait, aber das So-Fundierte ist mit seinen Fundierungen nicht identisch, es geht über diese hinaus, ist mehr als diese. Darauf verweist z.B. die Tatsache, daß bestimmte Darstellungen von Menschen als Portraits angesehen werden, ohne daß man weiß, wer dargestellt ist, wer dargestellt hat und ob diese Darstellungen überhaupt als Darstellungen eines bestimmten Menschen gemeint sind, eine Situation, die sich bei fast jedem Museumsbesuch wiederholt: »Bildnis eines Unbekannten« lautet dann die stereotype Wendung. Man deutet hier die Darstellung eines Menschen als Portrait ganz offensichtlich deshalb, weil es noch andere Kriterien gibt, weitergehende Referenzen, welche die Darstellung eines Menschen als Portraitdarstellung ausweisen können.

2. Der kunstbezogene Aspekt des Portraits

Nach Gombrich basiert »physiognomic likeness which results in fusion and recognition ... on what is called a global impression, the resultant of many factors yet in their interaction make for a very particular physiognomic quality ... Just as we can generalise on a person's voice or on the duct of his handwriting through all the varieties of tone or line, so we feel that there is some general dominant expression of which the individual expressions are merely modifications.«[25] Es ist dieser »dominante Ausdruck« eines Menschen, die »aria« eines Menschen, wie Gombrich in Anlehnung an Petrarca formuliert,[26] die es uns möglich macht, einen Menschen unter tausend anderen wiederzuerkennen, ohne daß wir in der Lage wären, seine individuellen Merkmale konkret zu beschreiben. Da dies so ist, kann man folgern, daß die *aria* eines Menschen zwar vorhanden ist und sich etwa in den stetig wechselnden Gesichtsausdrücken auch ausspricht, ja sogar im Betrachter eine Vorstellung ihrer selbst provoziert — wenn sie auch bei den verschiedenen Betrachtern verschieden ausfallen kann[27] —, daß sie aber keine bestimmte Gestalt besitzt: Die konkreten Motive eines Gesichts, die bestimmten Verhältnisse von Gesichtsmotiven und damit die jeweiligen Gesichtsausdrücke sprechen zwar von der *aria*, umschreiben sie, bringen sie aber nicht als sichtbare und solchermaßen als selbständige, konkret faßbare hervor. Die *aria* eines Menschen ist nicht zu gewinnen etwa aus der Gegebenheit der realen Substanz eines Gesichts, wie ebenso die Sinneinheit oder »wohltemperierte Stimmigkeit« der *aria* nicht durch die umfassende Darstellung des motivisch Möglichen zu erreichen ist: Die *aria* eines Menschen muß erfunden werden; genau genommen muß sie nicht erfunden, sondern gefunden werden; erfunden wird nur ihre Sichtbarkeit innerhalb einer bildlichen Fassung.[28] Als solchermaßen bildlich gefaßte macht die *aria* das Wesen bzw. die Individualität eines bestimmten Menschen sichtbar: Sie vertritt einen bestimmten Menschen, indem sie gleichzeitig etwas eigenes, Selbständiges, nämlich künstlerische Erfindung ist, und deshalb dem Portraitierten selbst auch »fremd« erscheinen kann.

Der bildlichen bzw. künstlerischen Erfindung eines Portraits und demnach dessen Bildreferenz fällt somit neben der Motiv- und Modellreferenz eine tragende Rolle im Hinblick auf die Bestimmung einer Menschendarstellung als Portrait zu. Sie entscheidet über die Stringenz als Portraitdarstellung und damit über die Qualität eines Portraits, ist sie es doch, welche den wiedererkennbaren und kontingenten Merkmalen eine Gültigkeit verschafft, derzufolge das So-Erscheinende Eigenevidenz erhält, unabhängig von den jeweils einzelnen Fundierungen. Entsprechend ist die Rolle des Bildlichen bzw. Künstlerischen für die Portrait-Darstellung immer wieder betont worden, etwa von Waetzoldt in Abgrenzung gegen »Portraitähnlichkeit«[29] über Deckert, der unter dem Stichwort der »Deutung« eines Menschen das Portrait grundsätzlich von der Fotografie unterscheidet,[30] bis zu Breckenridge: »a portrait must first of all be a work of art«,[31] oder Brilliant: »The direct transferential experience of association, recognition (in a *generic* sense), and identification (both subjective and objective) which the view brings to the portrait ignores the formal, artificial, and unique character of the charged object, itself a specific and discrete work of art.«[32]

3. Der subjektbezogene Aspekt des Portraits

So sehr aber die Bedeutung des künstlerischen Aspekts für Portraitdarstellungen im Einzelfall auch herausgestellt sein mag, es kann nicht übersehen werden, daß darunter in der Regel die Befähigung verstanden wird, jemanden »treffend« wiederzugeben. Das Problem der Portraitähnlichkeit — jetzt nicht objektiv verstanden, sondern im Hinblick auf den »unbeteiligten Betrachter«, dem die wie immer geartete Darstellung eines Menschen als »getroffen« erfahrbar werden soll — gerät damit zum fundamentalen Problem der Portraitdarstellung. Wiederum Gombrich hat in »Art and Illusion« darauf hingewiesen, daß es den unbeteiligten Betrachter bei Portraits eigentlich nicht gibt, da die Portraiterfahrung wesentlich darauf beruht, daß der Betrachter selbst dabei mitwirkt. Dieses Mitwirken des Betrachters — Gombrich spricht hier von »the beholder's share«[33] — besteht darin, daß er von sich aus Leben und Ausdruck in die Portraitdarstellung hineinprojiziert, allerdings, er muß durch die Darstellung selbst dazu angeregt sein: »We tend to project life and expression onto the arrested image and supplement from our own experience what is not actually present. Thus the portraitist who wants to compensate for the absence of movement must first of all mobilise our projection.«[34]

Wie wesentlich und erhellend diese These des »beholder's share« für die Erfahrung von Portraits, und selbstverständlich nicht nur von Portraits, auch sein mag, sie verliert in dem Augenblick, wo die sie mitbestimmende Projektionspotenz des Betrachters vornehmlich unter physiologisch-physiognomischen Gesichtspunkten betrachtet und damit funktionalisiert wird. Indem die Eigenbeteiligung des unbeteiligten Betrachters durch das Zu-Betrachtende, das Portrait, letztlich auf »Kunstgriffe« zurückgeführt werden kann — etwa in der Festlegung von allgemeinen Regeln, die dazu verhelfen, einen falschen Ausdruck zu vermeiden und den richtigen zu treffen —, gerät das Portrait selbst zu einem Vehikel, um Modell und Betrachter in einen Zusammenhang zu bringen, ohne auch etwas eigenes, Selbständiges, seinsmäßig anderes zu sein.[35] Ja, es wäre letztlich die Insuffizienz der künstlerischen Medien, welche diese Kunstgriffe nötig und dadurch die Portraitdarstellung allererst möglich machen würde, eben »the artificiality of art, the confirnement of the information to simultaneous cues«,[36] wohingegen neuere Medien, z.B. der Film, auf solche »Tricks« verzichten könnten, da in ihnen Lebendigkeit, Bewegung usw. unmittelbar wiederzugeben sind und sie folglich zur treffenden Darstellung eines Menschen ungleich besser disponiert scheinen.

Es kann nun gar keine Frage sein, daß solche »Kunstgriffe« für Portraitdarstellungen wesentlich sind und daß sie auch ganz bewußt eingesetzt werden; zu untersuchen bleibt aber, ob das, was man damit bezweckt, nämlich das richtige »Treffen« eines Menschen, die Einheitlichkeit des Ausdrucks usw., wirklich zur Bestimmungsgrundlage von Portraits gemacht werden kann. Denn die Ausrichtung des Portraitbegriffs auf Wiedererkennbarkeit, jetzt — im Unterschied zu Kemmerichs theoretischem Ansatz — nicht mit bezug auf Einzelmotive, sondern mit bezug auf den Gesamteindruck eines Gesichts und da vor allem mit bezug auf überzeugende Lebendigkeit, würde wiederum eine nur sehr allgemeine und unklare Grundlegung für die Bestimmung von Portraits implizieren. Denn dem einen erscheint ein Gesichtsausdruck lebendig und treffend, dem anderen maskenhaft oder stilisiert und umgekehrt. Man müßte wieder nach Gutdünken urteilen, da die Grundlage für ein verbindliches Urteil, eben die genaue Kenntnis des Modells, nur in Ausnahmefällen zu haben sein wird, die Lebendigkeit der Darstellung also in der Regel auch nicht mit der individuellen Lebendigkeit des Darzustellenden verglichen werden kann. Lebendigkeit würde folglich erst dann der Grundlage von Portraiterfahrung dienen können, wenn sie nicht mit der individuellen Lebendigkeit des Darzustellenden verwechselt wird, wenn sie vielmehr zur petitio principii für Portraitdarstellungen avancierte: Das Präsentmachen eines Menschen, damit die Erfahrung der lebendigen Anwesenheit eines konkret Abwesenden — wenn sie denn zur Grundlage von Portraitdarstellungen erhoben werden soll — darf nicht auf Kniffe oder technische Hilfsmittel zum Zwecke des richtigen »Treffens« reduziert werden, sondern muß die Darstellungsweise insgesamt bestimmen, muß das Konzept von Portraitdarstellungen bestimmen.

Nach Deckert repräsentiert »das künstlerische Portrait nicht den Menschen für eine Deutung, sondern als gedeuteten, das heißt als die durch den Schöpfer gedeutete Individualität, das heißt nicht als einen, der bekannter wird, sondern als schon bekannten«,[37] was zu unterscheiden wäre von »der dokumentarischen Reportage«[38] eines Menschen, die letztlich auch der Film nur zu geben in der Lage ist. Dieser Vorstellung entsprechend würde der Portraitierte aufgrund seiner bildlichen Deutung ein anderer — wenngleich er auch der Portraitierte selbst bliebe —, insofern seine Erscheinung in das Erscheinen einer sinnbestimmten Ganzheit transponiert würde, damit eine — wenn man so will — neue ontische Qualität erhielte. Bei dieser Transformation wäre auch »the beholder's share« nicht ausgeschlossen oder unterdrückt, sondern unmittelbar eingeschlossen. Nur, die

Projektionspotenz würde nicht einfach nur angeregt, um dann frei verlaufen zu können und dabei irgendwie Lebendigkeit und Bewegung dem an sich Unlebendigen und Unbewegten in der Einbildung hinzuzufügen, sondern die Projektionspotenz oder Einbildungskraft würde in bestimmte Bahnen gelenkt und strukturiert. Sie bliebe kein freies Spiel der Phantasie, das sich selbst die Regeln gibt, sondern verliefe in einer ganz bestimmten, durch die Darstellung selbst gesteuerten Ausrichtung.

Nicht das richtige Treffen soll folglich zur Grundlage für die Beurteilung von Menschendarstellungen als Portraits dienen, sondern die vermöge der Darstellung implizierte Deutung eines Menschen als sinnbestimmte Ganzheit, wie das höchste Ziel der Portraitdarstellung nicht darin gesehen werden kann, Bekanntes wiedererkennbar zu machen, zu beleben, sondern darin, Bekanntes als Gedeutetes bekannt zu machen.

Um es zu wiederholen: Ein Portrait ist allein durch sich bzw. aus sich heraus nicht zureichend zu verstehen. Es bezieht sich auf außerhalb seiner selbst Liegendes, wird demnach von außerhalb seiner selbst Liegendem fundiert. Geht man einmal davon aus, daß das Portrait als solchermaßen Fundiertes nicht in seine Fundierungen zerfällt, sondern als Kunstwerk ein Ganzes darstellt, das seine Fundierungen in sich aufgehoben enthält, mit diesen aber nicht identisch, sondern mehr ist als diese, so kann das Wesen des Portraits aus den Fundierungen heraus ebenfalls nur unzureichend verstanden werden. Das Portrait realisiert sich als etwas eigenes, Selbständiges innerhalb der Relationen von Motiv- und Modellreferenz, von Bild- und Betrachterreferenz, welche aufgehoben in ihm enthalten sind und sich in ihm zu einem Neuen, durch die Referenzen nicht zu substituierenden anderen verdichten. Es wird ein Ziel dieser Untersuchung sein, das Neue, andere des Portraits im Horizont seiner Fundierungen und in Absetzung gegen die übliche Vorgehensweise zu thematisieren, welche genau umgekehrt im Horizont des Portraits seine Fundierungen thematisiert: Die Besonderheit eines Portraits soll herausgestellt werden, jenes, was es zum Portrait macht und worin es sich verwirklicht.

Allerdings, es wird dabei weniger um das Portrait schlechthin gehen als vielmehr um Portraits innerhalb eines bestimmten Mediums, dem der Skulptur, und innerhalb einer bestimmten äußeren Form, jener der Büste. Es wird demnach um Portrait- oder Bildnisbüsten gehen. Die Büstenform bringt die Darstellung eines Menschen in der Reduktion auf den Kopf mit Oberkörperanschnitt, greift folglich stark in die organische Gegenständlichkeit der menschlichen Gestalt ein. Die Büste hat es nicht immer gegeben, sie gehört nicht zum normalen Inventar der Skulptur, und es gibt sie nicht überall. Sie unterliegt wechselnder Wertschätzung, zeigt erhebliche Konjunkturschwankungen.

Zur Entstehung der Büste gibt es unterschiedliche Thesen. Allgemeine Übereinstimmung herrscht allein darin, daß man in der Büste, als einer gattungsspezifischen Ausprägung der Bildnerei, eine römische Erfindung zu sehen habe, was dann auch immer an unterschiedlichen Vorläufern angegeben werden mag: hellenistische Halbfiguren, etruskische Deckelfiguren, Hermen, Wachsmasken. Nach Schweitzer ist es auch möglich, in der Büste die verselbständigte Form eines eigentlich in eine Statue einzusetzenden Portraitkopfes zu sehen.[39] Hier interessiert weniger die Frage nach der Herkunft der Bildnisbüste, nach den Quellen ihrer Entstehung, nach dem gesellschaftlichen Umfeld usw., sondern vielmehr die Frage nach der Möglichkeit der Büstenform als bildnerischem Konzept: Gibt es eigentlich immanent ästhetische Gründe dafür, daß man den Menschen reduziert darstellt, die menschliche Gestalt fragmentarisiert, oder muß man hier Gründe wie etwa Materialersparnis, Arbeitsteiligkeit usw.

voraussetzen? Ist die Reduktion des menschlichen Körpers auf Kopf mit wechselndem Brustanschnitt eigentlich ästhetisch möglich, und wenn ja, ist sie auch nötig?

Diese Fragen, die mit allem Nachdruck an Bildnisbüsten zu stellen sind, haben für Büstendarstellungen im Medium der Malerei eine weit geringere Bedeutung. In der Malerei stellt sich Wirklichkeit prinzipiell ausschnitthaft dar, in eben der Weise, wie Vollständigkeit und Einheit prinzipiell, nämlich durch die so und nicht anders begrenzte Bildfläche, immer schon festgestellt sind. Demnach zeigt sich im Bild Ausschnitthaftes als Erscheinung, während Vollständigkeit das Wesen des Bildes ausmacht. Entsprechend muß die erscheinungshafte Unvollständigkeit im Bild mit der wesensmäßigen Vollständigkeit als Bild versöhnt werden.

Bei der Bildnisbüste im Medium Skulptur dreht sich dieser Sachverhalt genau um. Hier zeigt sich das faktisch Gegebene unvollständig und könnte allenfalls in der Erscheinung Vollständigkeit erlangen: Der materiell konkret wiedergegebene Körper eines Menschen wurde durchschnitten, fragmentarisiert. Kann er durch formale Eingriffe vervollständigt werden, und sind solche gravierenden Eingriffe bei der immer wieder betonten Konkretheit der Bildnerei (»eine Bildsäule kann ich umfassen, daß ich vor knie, ihr Freund und Gespiele werden, sie ist gegenwärtig, sie ist da«[40]) überhaupt zulässig, widersprechen sie nicht dem Wesen der Skulptur?

Die Frage nach der Möglichkeit der Büstenform innerhalb der Skulptur bedingt die Frage nach den Möglichkeiten des Mediums Skulptur, die Frage nach ihren mediumspezifischen Besonderheiten. Denn nur von hier aus sind bindend Antworten auf die Frage zu erhalten, ob Fragmentarisierungen und Reduktionsformen noch tolerabel sind oder nicht. Seit Winckelmann, und in der Nachfolge vor allem von Herder bis hin zu Hegel, wurde die Objektivität bzw. der Objektcharakter als Wesensbestimmung der Skulptur immer wieder betont und gegen die Malerei, als deren Wesensbestimmung man den Schein erkannte, ausgespielt. Ja, Herder setzte die Skulptur sogar mit Wahrheit gleich, die Malerei hingegen mit Traum.[41] Seine, selbst in dieser Radikalität allerdings nicht ganz neue These — schon Bernini stellte fest: »Skulptur ist Wahrheit ..., das muß selbst ein Blinder zugeben. Aber Malerei ist Blendwerk, Lüge. Diese ist Teufelswitz, jene aber Gotteswerk. Denn Gott selbst ist Bildhauer und hat den Menschen aus Erde geformt — nicht durch Zauber, sondern Stück für Stück wie ein Bildner«[42] — erhielt aber dadurch besondere Brisanz, daß Herder sie durch physiologische und psychologische Grundlagen der Wahrnehmung zu fundieren suchte. Denen zufolge — so Herder — könnten Körper — und damit Skulpturen — nicht gesehen, sondern nur begriffen werden im Sinne von Abtasten, Fühlen. Am Beispiel von Blinden führt er aus, daß körperliche Formen ohne das Sehen zu erfassen seien, während diese aber umgekehrt dem Sehen allein, ohne jede Tasterfahrung, unzugänglich blieben. Er schließt daraus, daß der Tastsinn die eigentliche Grundlage für Wahrnehmung überhaupt sei, ohne den körperliches Sehen nicht gelinge: »Es bleibt also wahr: ›Der Körper, den das Auge sieht, ist nur Fläche; die Fläche, die die Hand tastet, ist Körper.‹«[43]

Es kann kein Zweifel sein, daß der Objektcharakter der Skulptur wesentlich zu ihrer kategorialen Bestimmung gehört. Die Skulptur ist in Gänze und ganz konkret das, was sie darstellt. Sie steht damit unmittelbar zum Betrachter. Diese Eigenschaft hat sie mit allen anderen Objekten, die uns im Raum gegenüberstehen, gemeinsam. Sie unterscheidet sich dann aber wiederum kategorial von all diesen Objekten, die uns im Raume gegenüberstehen und die nicht Skulpturen sind, dadurch, daß sie nicht das ist, als was sie konkret erscheint, oder umgekehrt, sie erscheint als etwas, das sie konkret nicht ist. So ist nicht zu übersehen, daß z.B. die Darstellung einer menschlichen Figur im Gegensatz steht zu dem, worin sie dargestellt ist, z.B. Stein oder Bronze, wie umgekehrt nicht übersehen werden kann, daß Stein oder Bronze, also jenes, worin dargestellt wird, im Gegensatz steht zu dem, was in ihm erscheint, z.B. eine menschliche Figur. Demnach ist eine Skulptur auch dann, wenn sie einen Menschen realistisch abbildet, nicht eindimensional auf Objektivität festzulegen, insofern das Erscheinende und das, worin es erscheint, niemals identisch sind, ganz im Unterschied etwa zu einem Gebrauchsgegenstand, bei dem Form und Materie im Hinblick auf einen im voraus festgelegten Zweck unmittelbar zusammenstehen.

So gesehen wäre aber die Skulptur mit der Malerei wiederum vergleichbar, insofern auch dort das, was erscheint, z.B. Stoff, mit dem, worin es erscheint, z.B. Farbe, nicht identisch ist, so daß der Schein nicht nur dem Medium der Malerei anhängt, sondern ebenso eine Grundbestimmung des Mediums Skulptur ist. Diese Vergleichbarkeit zwischen Skulptur und Malerei läßt sich dann auch bei den jeweiligen Leitthemen von Malerei und Skulptur feststellen. Denn wie in der Malerei Raum nur dargestellt werden kann — wobei die Darstellung des Raumes in der absoluten Entgegensetzung zur mediumspezifischen Grundlage der Malerei, nämlich der Fläche, zum Leitthema wurde —, so kann in gleicher Weise Lebendigkeit oder Leben innerhalb der Skulptur auch nur dargestellt werden — wobei die Darstellung des Lebendigen in der absoluten Entgegensetzung zur mediumspezifischen Grundlage der Skulptur, nämlich der konkreten Materialität, gleichfalls zum Leitthema wurde.[44]

Folglich ist mit Objektivität nur eine Wesensqualität der Skulptur getroffen. Man verhält sich objektiv zu einem Bildwerk, indem man sich auf seine Materialität, z.B. Stein oder Bronze, bezieht. Unter der Bedingung seiner konkreten Materialität steht mir das Bildwerk an einem bestimmten Ort im Raum entgegen. Wie bei jedwedem Gegenstand — sei er natürlich oder angefertigt —, der mir im Raum entgegensteht, so kann ich mich auch dem Bildwerk nähern oder mich von ihm entfernen; der Abstand, den ich zu ihm einnehme, ist von mir frei zu wählen, er wird von mir selbst gesetzt. Das ändert sich in dem Augenblick, in dem ich mich zu dem verhalte, was innerhalb der Materialität dargestellt ist, indem ich darauf reagiere, *wie* dieses dargestellt ist. Denn nun gibt die Darstellung Anweisungen, wie ich mich zu verhalten habe; sie bringt mich aus den beliebig einzunehmenden Verhältnissetzungen zum Skulpturobjekt heraus und in ein »richtiges« Verhältnis, das demnach von ihr selbst, durch die Darstellungsweise bedingt, ausgewiesen wird: Es ist die Darstellung, welche allererst darüber entscheidet, welchen Standpunkt ich zum Bildwerk einzunehmen habe, demnach, welcher Art meine optische Erfahrung im Anblick des Skulpturobjektes sein soll, im Unterschied dazu, daß ich ganz allgemein optische Erfahrungen machen kann. Folglich ist die Skulptur im Unterschied zu Gegenständen der Natur oder angefertigten, die nicht Skulpturen sind und die uns unvermittelt gegenüberstehen, etwas, das dem Menschen zwar objektiv, also auch unvermittelt gegenübersteht (qua Materialität), dieses objektive Gegenüberstehen aber gleichzeitig erklärt (qua Darstellung), damit vermittelt. Die Entfernung von Skulptur und Betrachter bleibt keine faktische Gegebenheit, sondern wird aktuell begründet, erklärt und damit sinnbestimmt. Das faktische Entferntsein der Skulptur vom Betrachter (qua Materialität) wird in seinem Beliebigkeitspotential aufgelöst und in eine aktuelle Verhältnissetzung (qua Darstellung) als einer sinnbestimmten Beziehung zwischen Betrachter und Skulptur transponiert. Das faktische Entferntsein von Skulptur und Betrachter (qua Materialität) wird so aktuell zu einer Weise der Näherung (qua Darstellung).

Für diese besondere Verhältnissetzung von Betrachter und Skulptur durch die Skulptur verwende ich nachfolgend den Begriff der Distanz. Distanz meint das Entferntsein z.B. eines Gegenüber von mir; dieses Entferntsein kann ich doppelt verstehen, zum einen als jenes Unbestimmte, das mich vom anderen trennt, zum anderen als jenes Bestimmte, das mich zum anderen in ein festes Verhältnis bringt, mich mit dem anderen verbindet. Es ist letztlich die Darstellung dieser Distanz als einer »richtigen« Distanz — wie diese auch immer in den verschiedenen Zeiten und von den verschiedenen Künstlern dargestellt sein mag — dasjenige, was dann als Thema nicht nur der Skulptur, sondern der bildenden Kunst ganz allgemein angegeben werden kann, nämlich die Darstellung eines richtigen Verhältnisses des Menschen zu sich, zur Umwelt, zum Ganzen des Existierenden. Genau hierauf zielen die Überlegungen Hildebrands, wenn er schreibt: »Es kann uns die Natur bei naher Betrachtung voller Augenlust erfüllen und uns aus der Ferne unklar oder gleichgültig sein und ebenso kann das Umgekehrte vorkommen. Dieser Wechsel des Erscheinungsobjektes für unsere Augen führt zu dem Bedürfnis, ein Objekt zu schaffen, dessen Erscheinungsweise für die verschiedenen Sehvorgänge stand hält und in diesem Sinne konstant bleibt. Dies Bedürfnis ist die Quelle der künstlerischen Gestaltung.«[45]

Was nun die Frage nach der Möglichkeit der Büstenform innerhalb des Mediums Skulptur betrifft, so kann aus dem oben Gesagten gefolgert werden, daß die Fragmentarisierung eines menschlichen Körpers vor allem unter dem Blickwinkel einer einseitigen Festlegung der Skulptur auf Objektivität und — damit zusammenhängend — der bildnerischen Darstellung des Menschen auf Normen des Organischen problematisch erscheinen muß. Theoretisch vorgefaßte Anschauungsnormen können aber nicht ausschlaggebend sein für die Möglichkeit bestimmter Darstellungsformen. Ausschlaggebend für das ästhetisch Mögliche oder Nicht-Mögliche ist allein das so und nicht anders realisierte Werk: Das so und nicht anders realisierte Werk entläßt aus sich die Kriterien für seine Beurteilung, gibt selbst die Maßstäbe an, mit denen es allererst ermessen werden kann. Ausschlaggebend für die Möglichkeit bestimmter Darstellungsformen wie z.B. der Büste ist folglich allein die künstlerische Gestaltung, und dabei handelt es sich nicht — um noch einmal Hildebrand zu zitieren — »um ein Verhältnis des Teils zum Ganzen in Bezug auf die Einheit des Objekts an sich, wie beim rein organischen Zusammenhang, sondern um das Verhältnis des Teils zum Ganzen in Bezug auf eine *einheitliche Wahrnehmung* oder um die Einheit des Objekts für den *einheitlichen Sehakt*. Dies Einigen zu einem solchen Ganzen ist ein reines Augenbedürfnis und deshalb das speziell künstlerische Problem. Künstlerisch geeinigt sein heißt eben nichts anderes als für die Wahrnehmungsfunktion des Auges einheitlich geordnet zu sein. Dies ist die letzte Instanz für das Kunstwerk als Darstellung.«[46] Die weitergehenden Fragen, warum z.B. die Form der Büste, wenn sie schon möglich und vielleicht auch nötig ist bzw. war, dies aber nicht immer und nicht überall ist bzw. war, sondern nur zu bestimmten Zeiten und nur unter bestimmten Bedingungen, und warum sie dies vor allem als Portraitbüste ist bzw. war, diese Fragen werden Gegenstand der nachfolgenden Untersuchung sein.

Konkret wird es in dieser Untersuchung zunächst um eher systematische Fragen zu Skulptur (II), Portrait (III) und Büste (IV) gehen, sodann um die Entwicklungsgeschichte der neuzeitlichen Portraitbüste, wobei selbstverständlich nur exemplarisch vorgegangen werden kann: Auch wenn es die Bildnisbüste nicht immer schon und nicht überall gegeben hat, ist doch das verbleibende Material so umfangreich, daß eine strenge Auswahl angeraten scheint. Was etwa die Entstehungsgeschichte der neuzeitlichen Portraitbüste betrifft, so wird sich die Untersuchung auf eine kleine Auswahl italienischer Beispiele beschränken müssen, während für die Darstellung der Barock-Büste Realisierungen nur eines einzigen Künstlers, nämlich Gian Lorenzo Berninis, zur Sprache gebracht werden sollen. Die inhaltliche Begründung für eine solch' radikale Vorgehensweise und damit die Legitimierung der so vorgenommenen Arbeit setzt voraus, was sie zum Ergebnis haben soll: Evidenz im Hinblick auf die hier verfolgten Fragestellungen. Infolge dessen können Begründung und Rechtfertigung dieser Auswahl den nachfolgenden Ausführungen nicht vor-, sie müssen ihnen mitgegeben werden.

II. SKULPTUR

»Und wenn man das wiedergeben will, was man sieht, so spielt die Frage der Dimension eine ungeheure Rolle. Es genügt, sich um 5 cm nach oben oder unten zu täuschen, um bestimmt daneben zu greifen«, so umschreibt Giacometti ein Problem, das für ihn immer mehr zum eigentlichen Problem seines künstlerischen Schaffens wurde.[1] Problematisch und damit entscheidend für das Gelingen oder Mißlingen seiner plastischen Arbeiten wird ihm die »scheinbare Größe«[2] eines Gegenstandes, einer Figur, die — nach Merleau-Ponty — vom »Abstand« zwischen Sehendem und Zu-Sehendem nicht zu trennen ist. »Die scheinbare Größe ist nicht definierbar unabhängig vom Abstand: sie ist in diesen impliziert, so wie sie ihrerseits ihn impliziert.«[3] Nicht der Gegenstand selbst in seiner doch festliegenden und ausmeßbaren Gestalt gibt demnach den Ausschlag für seine richtige Erscheinungsweise. Vielmehr soll der »richtige« Abstand, die richtige Distanz zwischen Betrachter und Gegenstand über dessen richtige Erscheinungsweise entscheiden, letztlich auch unabhängig davon, wie der Gegenstand hinsichtlich seiner konkreten, physikalisch nachmeßbaren Gegebenheiten auch immer beschaffen sein mag. Damit steht das faktisch gegebene Gegenständliche im Hinblick auf seine gegenständliche Bestimmung radikal in Frage zugunsten einer aktuellen Erfahrungssituation, in der sich Gegenständliches allererst im Kontakt mit dem Betrachter erstellt, realisiert. Die generell als Distanz zu bestimmende Beziehung von Sehendem und Zu-Sehendem gerät dadurch aber zur kategorialen Voraussetzung für die richtige Erfahrbarkeit von Gegenständlichem.

Natürlich widerspricht eine solche Auffassung von Erfahrbarkeit des Gegenständlichen den allgemein üblichen Vorstellungen, die — von den Naturwissenschaften geprägt — Verbindlichkeit beanspruchen. Diesen Vorstellungen zufolge ist Gegenständliches voraussetzungslos bestimmbar, objektiv: Gegenständliches und darin einbegriffen die Gesamtheit des Gegenständlichen, Welt, bestimmt sich unter Ausschluß des Subjektiven und dessen Kategorien, demnach unter Ausschluß des Menschen. Die Welt der Dinge und die Welt des Menschen stehen nebeneinander, beziehungslos. Eben dieser Auffassung tritt Giacometti entschieden entgegen, wenn er — umgekehrt — den Menschen zur Bedingung der Möglichkeit für die Erfahrung von gegenständlichem Erscheinen fordert, wenn er das Subjekt prinzipiell voraussetzt: Erst in bezug zum Menschen, so die Forderung, können Gegenstände tatsächlich erfahren werden, und erst auf Distanz geholt, kann eine »richtige« Einstellung zu ihnen gewonnen werden, können sie auch richtig erscheinen.

Distanz möchte hier in zweifacher Weise verstanden werden, nämlich als Entfernung wie als Beziehung: Erst auf eine bestimmte Entfernung hin, in Abrückung vom Wahrnehmenden, können Gegenstände wahrgenommen werden, und erst wenn sich diese Entfernung gleichzeitig als eine Form der Näherung erweist, wenn — um mit Heidegger zu sprechen — Entfernung »... ein Verschwinden machen der Ferne ...«[4] bedeutet, kann das Wahrgenommene »richtig« erscheinen. Distanz meint hier folglich keine wie immer geartete faktisch benennbare oder abmeßbare, also äußerliche Größe, sondern einen virtuellen Wert, vermöge dessen sich im gegenständlichen Erscheinen das Wesen des Gegenständlichen dem Betrachter erschließt. Solchermaßen schon immer grundlegend für die Malerei als einer projektiven Kunst, geriet Distanzbestimmung bei Giacometti auch zur Grundlage gegenständlicher Hervorbringung und damit zum Grundproblem der bildnerischen Darstellung als einer expliziten Kunst. Giacometti stellte sich diesem Problem, und spätestens seit den 40er Jahren in elementarer Weise. Denn nun ging es ihm nicht mehr um die Darstellung bestimmter Distanzen, bestimmter Verhältnissetzungen zwischen Betrachter und Zu-Betrachtendem, sondern nun ging es ihm um die Darstellung des Prinzips der Distanzierung, damit um die Darstellung jenes Augenblicks des Übergangs vom Vorgegenständlichen zum Gegenständlichen, um eben jenen Augenblick der Konstituierung des Gegenständlichen im Akt des Sehens.[5]

An einer Portraitbüste seiner Bruders Diego (Abb. 1) mag dies verdeutlicht werden. Giacometti schuf die Gipsbüste um 1950.[6] Es fällt zunächst schwer, in die gleichsam hermetische Geschlossenheit der Büste einzudringen, sich zu orientieren. Einerseits erscheint alles zusammengehörig, fest und undurchdringlich, dabei auf Abstand, distanziert. Zwar finden sich allgemeine Hinweise für die Wiedererkennbarkeit eines Oberkörpers, eines Halses, eines Kopfes, aber diese bleiben ohne Verbindlichkeit, marginal. Denn andererseits erscheint alles auch wiederum übergängig, unbestimmt und offen, unmittelbar sich formende und verformende Materialität, abstandslos, nahe. Nähe und Ferne, Faktisches und Erscheinungshaftes, Gegenständliches und Nicht-Gegenständliches treten in dieser Figur unmittelbar auseinander hervor, übergangslos, stehen dabei auch gegeneinander, im Widerstreit. Der Büstenteil etwa, der — in Entfernung — aufgrund seiner Grenzlinien weitläufig an den Umriß eines menschlichen Oberkörpers gemahnt, besteht — in der Nähe — aus plastischen Formen und Formungen, die — gemessen an jenem — zufällig, willkürlich und ohne Ordnungsintention scheinen. Solchermaßen zufällig und willkürlich auseinandertretend und ineinander übergehend aktualisieren diese Formen und Formungen zunächst die Materialbeschaffenheit von Gips oder Bronze, also das eher Weiche, Knet- und Verformbare: Vermeintlich Faktisches (die Oberkörpererscheinung) löst sich in verlaufende Materialität, gibt sich als Scheinhaftes zu erkennen, das sich bei Annäherung verflüchtigt.

Geht man diesen anscheinend willkürlichen Substanzbewegungen aber einmal genauer nach, zeigt sich, daß die plastischen Formen und Formungen im unteren Bereich der Büste zu den Seiten hin und zum unteren Abschluß dichter, enger werden, sich stauen. Sie bringen dadurch einen Richtungsimpuls der plastischen Substanz von der Mitte abstrahlend zu den Seiten hin und nach unten zur Geltung und insofern eine gewisse Reglementierung in das zunächst völlig regellos erscheinende Bewegungsspiel des Materiellen. Auch im oberen Bereich des Büstenteils erkennt man eine solche Regelhaftigkeit, da sich hier die gestauten seitlichen Formen und Formungen über die abstrahlenden Mittelformen hinweg in diagonalen Richtungen aufeinander zu bewegen, um schließlich in eine rund geführte Klammerform, die den »Rollkragen« präludiert, zu münden.

Im Prozeß der sich so formierenden Formverläufe des Materiellen entwickelt sich dann eine interne Formgestalt, die — als eine bewirkte — erscheinungshaft mit jener deutliche Übereinstimmung besitzt, welche von den äußeren Umrißlinien vorgegeben war: Aus dem Chaos materieller Formverläufe erhebt sich intern eine Formfigur, ohne Voraussetzung, ursprünglich und den Prozeß der Formwerdung auch durchhaltend, um sich dann als solche zur externen Formgestalt der Büste zu entäußern. Das Faktische der Büste wird als Erscheinungshaftes dekuvriert und im konkret Materiellen aufgelöst, um aus eben diesem heraus neu und ursprungshaft realisiert in Erscheinung zu treten.

Dabei ist von Bedeutung, daß sich die innere Formformierung nicht zur äußeren Form erfüllt, wie umgekehrt die äußere Form nicht zur inneren, daß also eine Differenz bleibt, welche den Anteil des Betrachters, sein Sehen als Prozeß, für die Vermittlung geradezu einfordert. So bleibt Distanzherstellung als Prinzip gewahrt, da Distanz als Entfernung und Distanz als Beziehung sich zwar wechselseitig bedingen, beide unter dem Horizont des jeweils anderen erfahren werden, dabei aber nicht ineinander überführt sind. Es ist der Betrachter, der im Prozeß des Sehens die Überführung zu leisten hat, immer wieder und immer wieder neu, dem damit auch als »richtige« Distanz die Erfahrung seiner notwendigen Vermittlung von Sein und Erscheinen, von willkürlichem Formverlauf und fester Formerscheinung, allgemeiner Substantialität und besonderer Gegenständlichkeit zuteil wird.

Dies gilt in gleicher Weise natürlich auch für die übrigen Formierungsprozesse der Figur, für ihre Formierung als einer räumlichen und als einer körperlichen Besonderheit. So verliert sich — in der Nähe gesehen — auch das auf Abstand wahrgenommene Motiv des Rollkragens in materiellen Formverläufen, die als solche dann einen Raum ausgrenzen und sich dabei formal auf die obere, rund geführte Klammerfigur beziehen, welche wesentlich die innere Formierung des Büstenteils als Form mit ermöglicht hatte. Infolge dessen wird die sich intern formierende Form der Büste in den Formungen des Kragens räumlich ausgegrenzt, intern als räumliche Besonderheit in Besitz genommen, um sich dann als solche zur externen Form des Rollkragens zu entäußern.

Aus dem räumlich nach oben geöffneten Kragen erhebt sich schließlich der Hals als feste kubische Form und — unmittelbar damit verbunden — der Kopf. Als rein materielle Formungen beziehen sich Hals und Kopf formal in eben der Weise auf den Rollkragen, wie dieser sich als rein materielle Formung formal auf die rund geführte Klammerform im oberen Bereich des Büstenteils bezogen hatte. Indem aber durch Hals und Kopf die offene Raumfigur des Kragens in eine geschlossene Körperform transponiert wird, zeigt die sich intern konstituierende Form der Fläche (Büstenteil) über ihre interne räumliche In-Besitznahme hinaus auch als besondere Körperform in Besitz genommen und als solche zur externen Form von Hals und Kopf entäußert.

Dies alles geschieht grundsätzlich als Prozeß der formalen, der räumlichen und körperlichen In-Besitznahme der Figur als Figur und als Erscheinung. Dabei läuft der Prozeß zielgerichtet, ohne doch je zu einem finalen Abschluß zu gelangen. Figur und Figurerscheinung gehen nicht ineinander auf, ebensowenig wie Nähe und Ferne. Es kommt auch zu keinem figuralen Abschluß, vielmehr hält sich die Figur im Augenblick des In-Erscheinung-Tretens, Auftauchens: Der Prozeß des In-Erscheinung-Tretens selbst ist thematisch und mit dem Prozeß der Distanzbestimmung prinzipiell verknüpft. So kann man sich der Büste nähern oder sich von ihr entfernen, es ergeben sich keinerlei Gewißheiten. Die Büste bleibt unverändert ambivalent, gibt einzig jenem Augenblick des Übergangs von ungestalteter Materialität in konkrete Formgestalt Dauer. Indem der Betrachter seine Einstellung zur Figur verändert, wird er nur feststellen können, daß sie bei größerer Entfernung (stärkeres Heraustreten der Konturwerte) auf Annäherung dringt, um die Umrißerscheinung — gemäß der natürlichen Vorgehensweise — im Detail konkretisieren zu können. Andererseits aber dringt sie in der Nähe auf Entfernung, da in der Nähe die Umrißerscheinung nicht nur nicht gegenständlich zu klären ist, sondern in materiellen Formverläufen verschwindet, die stattdessen eine interne Formfigur zur Geltung bringen, welche erst auf Abstand faßbar und mit der Büste insgesamt vereinbar scheint: Die Büste weist dem Betrachter keinen endgültigen Standpunkt zu, um sie adäquat wahrnehmen zu können, sie macht ihm vielmehr deutlich, daß Distanz, in der Bestimmung von Entfernung

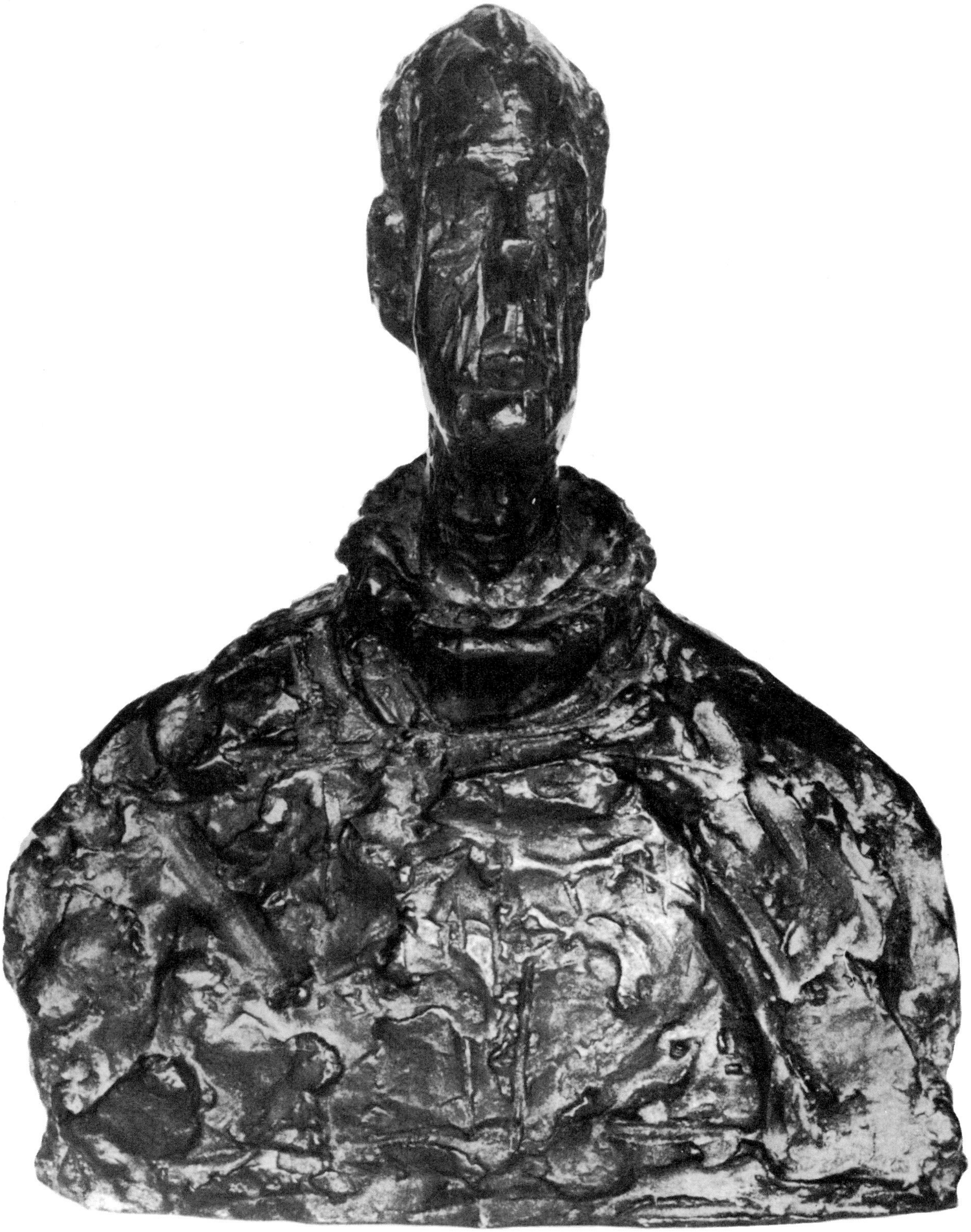

1 Giacometti, *Diego (4/6),* um 1950 und 1959, Bochum, Kunstsammlungen der Ruhr-Universität

und Beziehung zugleich, allererst die Bedingung für die Möglichkeit von Wahrnehmung des Gegenständlichen darstellt.[7]

Reinhold Hohl schreibt in seiner Giacometti-Monographie, daß Giacometti »... die Darstellung der Distanz in die 3000jährige Geschichte der Bildhauerkunst einführte« und damit ein neues »Werkthema«.[8] So richtig es sein mag, daß die Darstellung der Distanz durch Giacomettis Werk als Problem allererst bewußt wurde, so ist doch seine Form der Thematisierung der Distanz »nur« eine sehr besondere, nämlich absolut gesetzte Form der Distanzherstellung, eine besondere Weise der Veranschaulichung des Verhältnisses von Betrachter und Gegenstand bzw. Gegenstand und Betrachter. Das Phänomen der Distanzherstellung als solches findet sich freilich bei jedweder plastischen Hervorbringung. Denn da es die Skulptur als Gattung immer mit konkreten Objekten zu tun hat, die vom Betrachter faktisch getrennt sind, aktuell aber immer zu ihm in irgendeiner Beziehung stehen oder stehen sollten, ist das Thema der Distanzbestimmung gleichsam eine mediale Grundvoraussetzung, die — wie immer im plastischen Werk selbst artikuliert — den Zugang zu ihm allererst eröffnet. Möglicherweise meint Hohl mit dem Begriff der »Darstellung« der Distanz auch gerade jene besondere Form ihrer Artikulation bei Giacometti, der zufolge Distanz nicht als Akzidentielles zu einem bereits erfahrenen Gegenständlichen hinzugesehen, sondern als Essentielles für die Erfahrbarkeit von Gegenständlichem vorausgesehen werden muß.

Wie dem auch sei, die Artikulation der Distanz und damit die Artikulation des Verhältnisses von Subjekt und Objekt ist eine mediale Grundbedingung der Skulptur, eine Bedingung auch, aufgrund derer man die Objekte der Skulptur von allen anderen Objekten, die uns im Raum entgegenstehen und die nicht Skulpturen sind — etwa Bäume, Berge, usw. —, unterscheiden kann. Solche anderen Objekte, Objekte der Natur, besitzen eben keine artikulierte Beziehung zum Betrachter: Sie sind, und sie sind als solche für sich. Zwar wird auch an ihnen der Gegensatz von Subjekt und Objekt offenbar, d.h. das Entferntsein von Betrachter und Gegenstand, diese Entfernung wird aber nicht auch als Beziehung thematisch, folglich nicht als Distanz in der Bedeutung von Entfernung und Beziehung zugleich ausgewiesen. Gerade die Thematisierung des Gegensatzes von Subjekt und Objekt und seine Vermittlung durch die Artikulation einer »richtigen« Distanz, der Vermittlung also dieses Gegensatzes durch Deutung, ist aber das, was die Skulptur als künstlerisches Medium auszeichnet und ihre Werke von allen anderen, nichtkünstlerischen Objekten abhebt. Und es ist dann die Artikulation eben dieser Beziehung in der Entfernung, damit die Möglichkeit einer Vermittlung des sonst unvermittelt Entgegenstehenden von Subjekt und Objekt, welche die Objekte der Skulptur nicht nur möglich, sondern als solche auch nötig macht.

Denn eine richtige Einstellung zu den Dingen zu gewinnen, dies gehört zu den Grundanliegen des Menschen. Distanz braucht der Mensch zunächst, um sich von den unmittelbaren Zwängen und Bedürfnissen lösen zu können. Im Prozeß der Distanzierung befreit er sich von der Macht der Dinge, die ihn unmittelbar bestimmen.[9] Indem sich der Mensch die Dinge »vom Leib hält«, indem er sie auf Distanz bringt oder sie in Distanz sieht, entzieht er sich aber nicht nur ihres übermächtigen Einflusses, er gewinnt dabei auch gleichzeitig sein Eigensein, kommt zu sich. Distanzierung ist demnach nicht nur ein Akt der Befreiung von etwas — der Macht der Dinge —, sondern zugleich ein Akt der Befreiung zu etwas — zum Selbst; es ist ein Akt der Selbstbefreiung in beiden Bedeutungen: Befreiung des Selbst und Befreiung ins Selbst.

Distanz schafft somit allererst einen Unterschied zwischen Subjekt und den Dingen. Indem sich nun der Mensch in seiner materiellen und geistigen Tätigkeit auf eben jene Dinge richtet, die ihm distanziert gegenüberstehen, ereignen sich aber permanent Distanzveränderungen. Durch Erfahrung, durch Wissen um die Dinge wird die je bestimmte Distanz zu den Dingen neu gesetzt, vergrößert oder verkleinert: Tätiges Leben, soweit es sich als das Sich-in-Beziehung-Setzen des Menschen zu seinem Gegenüber begreift, könnte als ein laufender Distanzierungsprozeß beschrieben werden. Unterschiedlichste Formen der Distanzbestimmung treten dabei auf, beanspruchen Normativität. Der Prozeß läuft, und es bleibt unklar, zu welchem Ende er führt, ob man sich der »richtigen« Distanz nähert oder sich von ihr entfernt, ob man die richtige Distanz gewinnt oder ob man sie im Verlauf des Prozesses verliert. Der Ausgang scheint offen.

Freilich, ohne Fixpunkte, ohne Normen kann der Mensch nicht leben, ohne Richtwerte verlöre er jede Sicherheit hinsichtlich seines Seins und Tuns. Sind solche Fixpunkte nicht vorgegeben, müssen sie festgelegt, müssen »richtige« Distanzen gesetzt werden. Um die Setzung solcher richtigen Distanzen kümmert sich das Denken, kümmert sich auch der Glaube. Denkend kann die richtige Distanz z.B. dadurch gesetzt werden, daß man den Gegensatz von Subjekt und Objekt im Hinblick auf eine immer zukünftige Identität von Subjekt und den Dingen[10] oder von Bewußtsein und Materie[11] außer Kraft setzt; glaubend z.B. dadurch, daß man diesen Gegensatz im Hinblick auf eine immer jenseitige Identität von Subjekt und Objekt, von Bewußtsein und Sein auflöst.[12] Wird im Denken die Erfahrung der richtigen Distanz ins Immerzukünftige verlegt, während die einzelnen, je unterschiedlichen Distanzsetzungen im konkreten Lebenszusammenhang als Stufen auf einem Weg zu diesem Ziel hin gesehen werden, so wird im Glauben die Erfahrung der richtigen Distanz ins Immerjenseitige verlegt und die unterschiedliche Distanzsetzung im konkreten Lebenszusammenhang als vorläufig und unvollkommen bewertet.

Vertröstet so das Denken aufs Immerzukünftige und der Glaube aufs Immerjenseitige, scheint der Kunst die Rolle zuzufallen, im Jetzt, im konkreten Lebenszusammenhang, gleichsam kurzfristig und als Statthalterin fürs Immerzukünftige bzw. Immerjenseitige die richtige Distanz wenn schon nicht konkret zu benennen, so doch Sinnbilder für richtige Distanzsetzungen zu liefern. Kunst hätte dieser Bestimmung zufolge dann dort ihren Ort, wo es im konkreten Lebenszusammenhang um die Bestimmung der richtigen Distanz geht; zum einen, um die Dinge überhaupt erst auf Distanz zu bringen (Mythos), zum anderen, um sie wieder auf Distanz zu holen. Dies aber in primärer Funktion vor allem dort, wo die Distanzbestimmungen im Denken bzw. im Glauben noch nicht oder nicht mehr zu überzeugen vermögen.

Ist dies aber die Rolle der Kunst, so müßte der Skulptur in diesem Zusammenhang eine Sonderrolle zufallen, vermag sie doch als eine explizite Kunst die in übertragenem Sinn zu verstehende Distanzbestimmung konkret sinnlich zu exemplifizieren, konkrete Beispiele für die richtige Einstellung zu den Dingen am Ding zu liefern. Bei Giacomettis *Diego* war Distanz als Bedingung für die Möglichkeit von Gegenstandserfahrung thematisch, folglich als Grundkategorie des Mediums Skulptur, in Übereinstimmung mit dem zentralen Anliegen der Modernen Kunst, die eigenen Mediumsbedingungen als Bedingungen für die Möglichkeit von Erkenntnis zu reflektieren, sich über die eigenen Erkenntnisgrundlagen Rechenschaft abzulegen. Diesen Rechenschaftsbericht der Moderne auch für die Auseinandersetzung mit der sogenannten traditionellen Kunst zu nutzen, bleibt freilich so lange eine bloße Forderung, wie die Beschäftigung mit der Moderne von der Kunstgeschichte immer noch als »verdächtig« angesehen wird und die Auseinandersetzung mit der traditionellen Kunst unter dem Vorzeichen eines kaum verhüllten Historismus' erfolgt. Was das Phänomen der Distanzbestimmung anbetrifft, so wird in unserem Zusammenhang zu zeigen sein, daß jene, bei Giacometti zum fundamentalen Problem der Bildnerei aufgestiegene Artikulation des Verhältnisses von Skulptur und Betrachter, Distanz, keine auf Giacometti oder die moderne Skulptur beschränkte Erscheinung ist, sondern ein Grundlagenproblem jedweder plastischen Arbeit berührt, folglich ein Spezifikum des Mediums Skulptur darstellt.

Berninis Büste des Papstes Urban VIII. (Abb. 2) gehört zu einer ganzen Reihe von Portraitdarstellungen, die Bernini für seinen päpstlichen Gönner und Förderer schuf.[13] Im Gegensatz zu Giacomettis *Diego* scheint Berninis Büste tatsächlich ein Portrait, dem normalen Verständnis entsprechend, zu sein, d.h. eine »als ähnlich beabsichtigte Darstellung eines bestimmten Menschen«.[14] Die unmittelbare Erfahrbarkeit eines Gesichts, die Wiedererkennbarkeit der einzelnen Motive, Bewegungen, ja selbst der Ausdruckswerte könnten kaum zwingender sein. Sie scheinen deshalb auch die konkrete Materialität, in der sie erscheinen, vergessen zu machen. Und dennoch ist auch dieses Gesicht, sind diese Motive, ist diese Bekleidung nicht das, was sie scheinen, sondern Erscheinungen in einem materiell anderen, nämlich Stein. Auch bei Berninis Büste Urbans VIII. hat man es zunächst mit einem materiellen Gegenstand zu tun, der dem Betrachter unvermittelt entgegensteht. Als einem solchen kann man sich der Büste nähern oder sich von ihr entfernen, man kann um sie herumgehen usw. Nähert man sich der Büste frontal, zeigen sich Formen und Formungen, die nicht nur eine besondere Stofflichkeit (z.B. Atlas) in Stein vorgeben, sondern bestimmte Strukturen erkennen lassen, eine eigene Gesetzmäßigkeit verraten. So ist der Schnitt der Büste durch zwei, um einen horizontalen Ordnungswert achsensymmetrisch angeordnete Segmentbogenformen festgelegt. Dem horizontalen Ordnungswert tritt dann ein zweiter — vertikal bestimmt — gleichberechtigt und gleichgewichtig entgegen, der sich aus der Knopfleiste und dem Kopf (bzw. einzelnen Kopfmotiven) formiert: Die von außen verfügte ovaloide Grundform der Büste mit ihrer Ausrichtung auf eine horizontale Ordnungsachse erhält im Innern gliederungsmäßig ein Gegengewicht. Horizontale und Vertikale bilden so in Form eines Achsenkreuzes die Makrostruktur der Büste, an der sich alle Formen und Formungen orientieren.

Die Falten des Gewandes im Büstenteil etwa sind zunächst dem horizontalen Gliederungswert verpflichtet. Entweder nehmen sie ihn in ihrem Verlauf konkret auf oder sie paraphrasieren ihn. Gleichzeitig reagieren sie aber in ihrer Anordnungsweise auf den vertikalen Gliederungswert, z.B. dadurch, daß sie rechts und links der vertikalen Mittelachse ihr plastisches Erscheinungsbild verändern: In ihrem primär horizontal orientierten Verlauf respektieren sie doch die Vertikale als Normwert. Dies zeigt sich besonders deutlich an jener, die Horizontale am nachdrücklichsten nachzeichnenden und die Büste insgesamt durchlaufenden Faltenform — unterhalb des mittleren Knopfes —, die auf der linken Seite als Einkerbung, rechts dagegen als Erhebung behandelt ist. Analog dazu unterscheiden sich auch die je um den mittleren und unteren Knopf angeordneten, zentralisierenden Faltenfiguren links und rechts der Knopfleiste. Während sich auf der linken Seite aus einer Fläche einzelne Gratformen herausheben, die — zusammengesehen — eine Halbovalform bilden, bestimmt auf der rechten Seite eine wulstartige Höhung das plastische Aussehen, die — gleichfalls zu einem Halboval sich ergänzend — eine Muldenform umschließt.

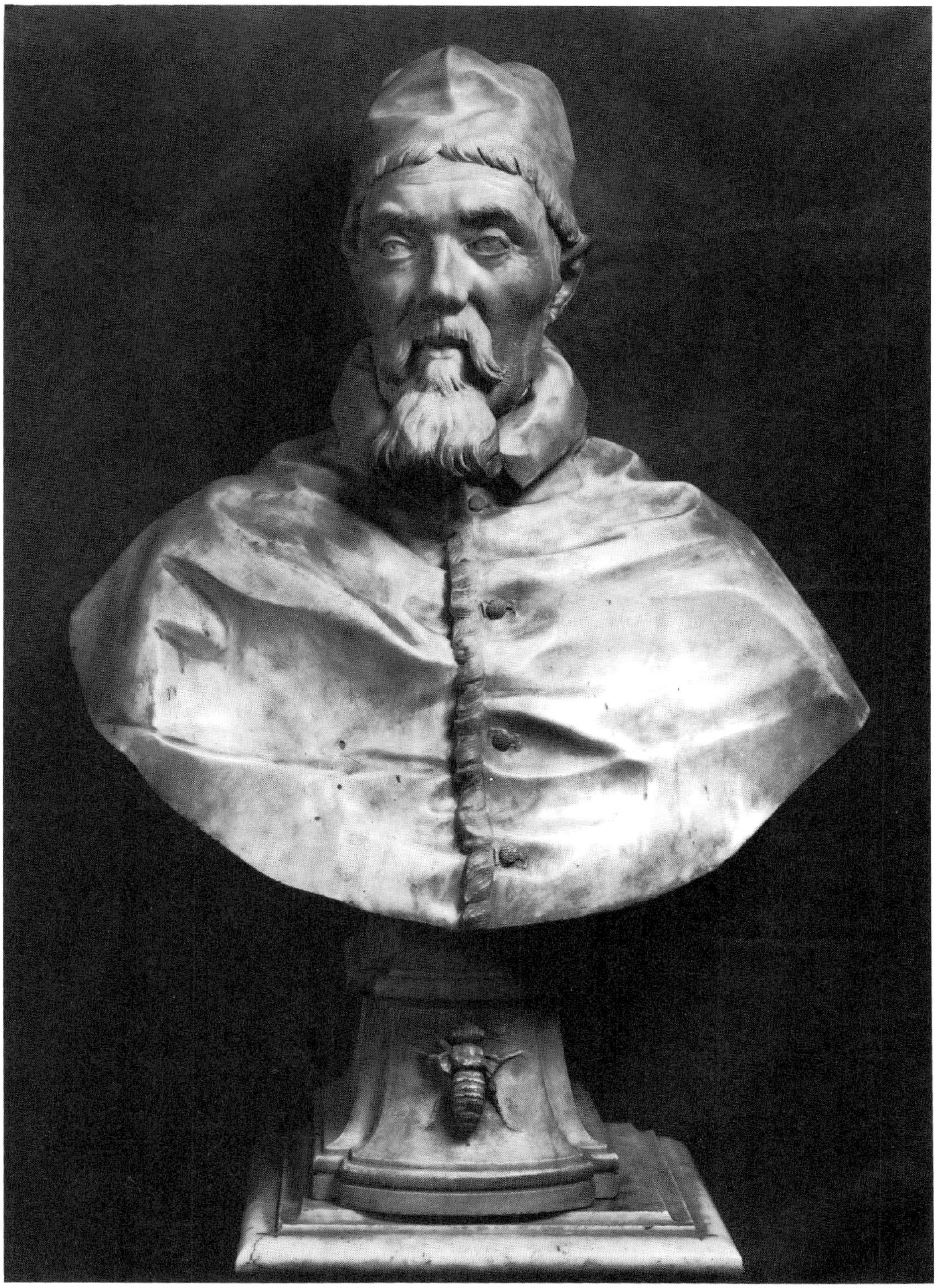

2 Bernini, *Urban VIII.*, um 1640, Rom, Palazzo Spada

Diesen zentralisierenden Faltenformungen, die — jeweils zusammengenommen — auf die äußere Form der Büste insgesamt anspielen, folgt auf der rechten Seite eine Mulde, die sich zum rechten Abschluß hin aufrundet und an jener Stelle ihren tiefsten Wert besitzt, an welcher sich — symmetrisch entsprechend — auf der linken Seite eine vertikal gelagerte Faltenhöhung aufwirft, die weiter nach links hin von einer zweiten parallelisiert wird, von der aus dann der nun in der Tiefe liegende Abschlußkontur der Büste zu erreichen ist. Nimmt man jene, auf der linken Seite von der Knopfleiste aus nach oben zur Schulter hin verlaufende, diagonal gerichtete Faltenform hinzu, so ergibt sich für die linke Seite insgesamt ein optisches Übergewicht plastischer Einzelformen, vertikal oder diagonal orientiert, jeweils in Doppelung, und damit eine deutliche Artikulation von Richtungsimpulsen. Und zwar im Unterschied zur rechten Seite, auf der eher plastisch umgrenzte Flächenformen die Erscheinung prägen, die folglich stärker gelagert, ruhend oder haltgebend erscheinen.[15]

Links und rechts bilden sich demnach gegensätzlich aus, bilden Kontraste sowohl im Hinblick auf ihre plastischen Formen und Formungen selbst, als auch im Hinblick auf ihre Ausdrucksintentionen. In diesem Kontrastspiel von links und rechts bereitet sich aber die Kopfwendung vor, flankiert vom Kragenmotiv, dessen linker Teil in Abstimmung mit den oberen Diagonalfalten der Büste nach hinten fluchtet, während umgekehrt der rechte Teil — aufgrund der räumlichen Barriere durch die hier auflaufenden horizontalen Staufalten — von hinten nach vorn stößt.[16] Indem so der Kragen in Verbindung mit der Büste, die primär Fläche ist, eine Überleitung ins konkret Räumliche vornimmt, eröffnet er die Möglichkeit für die körperliche Erscheinung des Kopfes und dessen Bewegung, leicht nach links gedreht und geneigt. Das Nach-vorn-Kommen des Kopfes wird dabei durch die Anlage des Bartes unterstützt, der die Kragenzone durchbricht und damit genau im Gegensinn zum Fransenrand des Camauro steht, das rundgeschlossen den Kopf nach hinten bindet.[17]

In der Bildung des Kopfes selbst werden dann zwar die Kontraste aus dem Büstenteil aufgenommen — die Unterscheidung von rechts und links, horizontal und vertikal, oben und unten —, als Kontraste aber treten sie weniger deutlich in Erscheinung. Sie scheinen vielmehr aufeinander abgestimmt, weniger für sich stehend, werden auch stärker als Komplementarität im individuellen Kontext einer Physiognomie aufgehoben. Dabei ist es wichtig, daß dieses Aufgehobenwerden des Gegeneinander von rechts und links, oben und unten im Motiv des Kopfes zusammengesehen wird mit der Tiefenrichtung, die durch die Orientierung des Kopfes von hinten nach vorn ins Spiel kommt: Der aktuell sich vollziehende Ausgleich der divergierenden Richtungen erfolgt somit in einer Ordnungsfigur, dem stereometrischen Achsenkreuz, das gleichsam als Norm für harmonisch geregelte Raumordnungen steht und auch den Betrachter unmittelbar einschließt. Denn dessen Sehrichtung dient zur Komplettierung des Achsenkreuzes, sie wird als Korrektur der ja nicht genau frontal gegebenen Ausrichtung des Papstkopfes vom System geradezu eingefordert.

Der Betrachter nimmt damit unmittelbar an dem sich in der Büste erstellenden Raumordnungssystem teil, wird in den Prozeß seiner Erstellung fest verankert, festgestellt. Die Feststellung des Betrachters innerhalb des durch die Büste aufgestellten Raumordnungssystems, seine durch die Büste ermöglichte Verortung im Hinblick auf die Büste, bedeutet aber nichts anderes als die konkrete Formulierung der richtigen Distanz von Subjekt und Objekt durch das Objekt: Es ist die Büste, welche dem Betrachter die richtige Distanz für die Erfahrbarkeit ihrer selbst zuweist, sie gibt dem Betrachter zu verstehen, wie sie sinngemäß verstanden werden muß.

Bei Berninis *Urban VIII.* ergibt sich folglich die richtige Distanz im Rahmen eines Figur und Betrachter übergreifenden Raumordnungssystems. Die richtige Distanz ist integraler Bestandteil des Systems, dieses fundierend wie durch dieses fundiert. Wie sich das Ordnungssystem als allgemeine Ordnung des Raumes in der besonderen Situation von Objekt und Betrachter zu Erscheinung bringt, so erweist sich die situationsbedingte Einstellung des Betrachters zum Objekt als grundsätzlich richtig aufgrund ihrer Integration in ein über die besondere Situation hinausweisendes, grundsätzliches Raumordnungssystem. Gerade im Vergleich mit Giacomettis *Diego* wird deutlich, daß hier Distanz nicht als Vorgegebenheit jedweder Verhältnissetzung von Subjekt und Objekt, nicht als Bedingung für die Möglichkeit subjektbezogener Vergewisserung von Gegenständlichem ausgewiesen ist, sondern sich vielmehr als Mitgegebenheit eines allgemeinen, Figur und Betrachter übergreifenden Ordnungssystems erschließt, sich auch »mühelos« ergibt. Distanz als richtige Distanz versteht sich als Mitrealität des sich an und durch die Figur realisierenden Ordnungssystems, als ein durch das System vermittelter, objektiver Wert.

Bei Giacometti bleibt die Distanz unvermittelt, absolut. Entsprechend resultiert die richtige Distanz nicht aus der besonderen Formgestalt des Objekts, indem es z.B. seine Gliederungssystematik über sich hinaus ganz allgemein verbindlich zu machen sucht. Objektive Kriterien für eine richtige Einstellung als Hinweis vom Objekt fehlen. Es ist das Subjekt, das bei Giacomettis Figur im Sehen, Distanz sehend, Gegenständlichkeit allererst hervorruft, das Subjekt, das im Akt des Distanzsehens die Welt der Gegenstände aus dem Chaos des Substantiellen allererst löst. Die richtige Einstellung wird vom Betrachter gefunden, bei Bernini wird sie vom Betrachter vorgefunden. Sie ergibt sich aufgrund der besonderen Durchgestaltung der Figur bzw. der damit verbundenen Ausweisung eines allgemeinen Raumordnungssystems, das solchermaßen den Rahmen für jedwede, wie immer auch im einzelnen geregelte und individuell zu bestimmende Beziehungsssetzung von Figur und Betrachter bildet.

Die Darstellung richtiger Distanzen ist folglich nicht erst Thema der Moderne. Immer schon elementares Anliegen des Menschen und damit auch Aufgabe der Kunst, geriet sie doch der Skulptur als einer expliziten Kunst zunehmend zur Hauptaufgabe. Dabei stellt sich allerdings die Frage, ob Skulptur dieser besonderen Aufgabenstellung gewachsen ist, ob sie mit dieser Aufgabe überhaupt fertig werden kann, ob sie den hohen Anspruch, richtige Einstellungen zu den Dingen und also Welt zu liefern — anstelle von Denken und Glaube und in Konkurrenz zu ihnen —, tatsächlich einzulösen vermag, und wenn ja, was sie dazu befähigt.

Skulpturen sind zunächst Objekte, die dem Menschen im Raum entgegenstehen. Indem sie ihm entgegenstehen, erscheinen sie wie die Dinge der Natur, wie Fakten: Skulpturen, Bildwerke sind ihm reales Gegenüber, Objekte, zu welchen er sich über den Raum in Beziehung zu setzen vermag. Die Tiefe des Raumes, über die er sich zu den Objekten hin in Beziehung bringen muß — der Abstand zwischen ihm und dem Objekt —, ist variabel. So kann er z.B. eine Skulptur aus einer größeren oder aus einer kleineren Entfernung ansehen, er kann um sie herumgehen usw. Indem sich der Mensch solchermaßen zu einem Bildwerk verhält, verhält er sich zu ihm wie zu einem Gegenstand der wirklichen Welt.

Wie über jeden Gegenstand der wirklichen Welt, so versucht der Mensch auch, über den Kunstgegenstand Aufschluß zu erhalten, eine richtige Einstellung zu gewinnen. Er dringt deshalb beobachtend in den Gegenstand ein, versucht Zusammenhänge, Gesetzmäßigkeiten, kurz Strukturen herauszufinden, um ihn zu begreifen. Zunächst wird er feststellen, daß er es mit einem Gegenstand von einer bestimmten Materialität, z.B. Stein, zu tun hat. Weiterhin, daß diese bestimmte Materialität, z.B. Stein, eine bestimmte Formung aufweist, die nicht von Natur aus seiend (oder von Naturkräften bedingt — etwa Regen, Wind usw., also durch Korrosion), sondern gemacht, von Menschen gemacht sein muß. Der Gegenstand entpuppt sich so als Werk, d.h. als ein von Menschen angefertigtes, hergestelltes Objekt, kein Fakt, sondern ein Artefakt.

Werke, die der Mensch herstellt, Artefakte, werden von ihm zu einem bestimmten Zweck hergestellt, sind funktional determiniert: Sie sollen ihm nutzen. Zweckhaftigkeit und Nutzeffekt sind die für die Herstellung von Artefakten maßgeblichen Kategorien;[18] sie bestimmten ihren Wert, und dieser Wert geht ihnen verloren, wenn sie abgenutzt, wenn sie nicht mehr zu nutzen sind. Der Wert des Artefaktes liegt nicht in ihm selbst, sondern außerhalb seiner, nämlich im Gebrauch: Sein Wert ist der Gebrauchswert.[19] Dadurch ist das Hergestellte, das Artefakt, mit dem Adressaten der Herstellung, dem Benutzer, unmittelbar, d.h. undistanziert verbunden: Herstellung und Hergestelltes stehen instrumental zu einem äußerlichen Zweck, treten nicht als sie selbst, als eigenes dem Menschen gegenüber. Ein solchermaßen hergestellter Gegenstand ist nur Mittel zu einem ihm äußeren Zweck.

Indem nun der Betrachter in Anschauung eines Kunstgegenstandes feststellen muß, daß dieser aufgrund seiner Herstellung keine äußerliche Zweckbestimmtheit zu erkennen gibt, der Gegenstand also offensichtlich nicht zum unmittelbaren Gebrauch hergestellt wurde, hat er es mit einem Artefakt ganz besonderer Art zu tun. Da andererseits aber der Kunstgegenstand aufgrund seiner Herstellung eine bestimmte Gesetzmäßigkeit zu erkennen gibt, die freilich nicht von Äußerem (etwa von Bedingungen des Gebrauchs) abhängig ist, Materialität und Formung demnach nicht aufgrund einer von außen her festgelegten Regelung zusammenstehen, sondern diese vielmehr in ihrem Zusammenstehen selbst exponieren, hat es der Betrachter bei einem Kunstgegenstand offensichtlich mit einem zwecklosen oder nutzlosen Gegenstand zu tun: Die Machart, das Wie des Gegenstandes, macht ihn zu einem nutzlosen und die Nutzlosigkeit zu einem Gegenstand, der sich von allen anderen angefertigten Gegenständen, Artefakten, unterscheidet, zu einem Kunstgegenstand: Kunstgegenstände, Skulpturen sind vom Menschen geschaffene Objekte, die keinem unmittelbaren Zweck dienen. Sie sind Werke ohne Gebrauchswert und in diesem Sinne zu nichts nutze. Dennoch werden sie nicht als nutzlos, als mißlungene Artefakte angesehen, sondern gerade die Tatsache, daß sie keinem unmittelbaren Zweck dienen, scheint allererst ihre Wertschätzung auszumachen. Wie ist diese Wertschätzung zu begründen?

Werke der Skulptur sind nicht zu einem unmittelbaren Zweck, aber doch hergestellt. Indem die Herstellung zweckfrei bleibt, kommt sie in diesen Werken selbst zur Anschauung, wird sie als sie selbst erfahrbar: Die Herstellung, das Tun des Menschen, demnach sein Selbst als geistig oder materiell handelnde Subjektivität wird freigesetzt, kommt an ihm Entgegengesetztem, dem materiellen Gegenstand, dem Kunstding, zur Erscheinung. Als Tätigkeit am Materiellen, die auf einen Zweck außerhalb gerichtet war, sich also instrumental zu einem Äußeren verhielt, stand aber bei einem Artefakt das Tun, wie der durch das Tun erzeugte Gegenstand, selbst unmittelbar zum Betrachter. Insofern das Tun bei Bildwerken aber derart bestimmt ist, daß es sich über den Umweg seiner Tätigkeit in dem ihm Entgegengesetzten, dem Materiellen, selbst in Besitz nimmt, verobjektiviert, steht es dem Betrachter distanziert gegenüber, genauer, es selbst setzt den Betrachter infolge seiner Verobjektivierung, seines Gegenstandwerdens, auf Distanz. Distanzsetzung erfolgt vom Objekt her und für das Subjekt als Verhältnissetzung des Tuns des Menschen zu sich selbst: Das Objekt selbst als das zu sich gekommene Tun des Menschen[20] bestimmt folglich beim Kunstobjekt die Einstellung, mit der es wahrgenommen werden soll, und damit die »richtige« Distanz. Es ist nicht mehr der Betrachter, der nach einer richtigen Einstellung zum Objekt zu suchen und diese notfalls auch zu setzen hat, sondern umgekehrt, das Objekt selbst gibt dem Betrachter, indem es ihm sein Ordnungssystem offenlegt, die richtige Einstellung an, mit der ihm am Kunstobjekt die Erfahrung eines Zusammen des Selbst mit dem ihm anderen als eine objektive Erfahrung zuteil wird.[21] Richtige Distanz, in dieser Weise durch ein Kunstobjekt vermittelt, wäre nicht mehr eine durch Theorie, Überlegung oder Wissen des Betrachters im Hinblick auf das Objekt eingenommene mögliche, sondern eine in Ansehung des Objekts dem Betrachter vorgegebene notwendige Distanz, da das Objekt selbst die Begründung gibt, die Regel für die Erfahrungsmodalität seiner selbst. Die Erfahrung des sich realisierenden Kunstobjekts, sich solchermaßen in Besitz nehmend (nämlich als eigenes, dem Betrachter Gegenüberstehendes), wäre demnach unmittelbar verbunden mit der Erfahrung der sich realisierenden richtigen Einstellung zu diesem Objekt, mit der Eröffnung also der richtigen Distanz zum Objekt durch das Objekt. Gegenstand und Gegenstandserfahrung würden nicht mehr als getrennte, sondern als gleichzeitig sich realisierende Größen erfahren, voneinander abhängig und sich gegenseitig bedingend.

Indem aber Kunstobjekte in dieser Weise die Bedingungen ihres Zustandekommens mit dem Zustandegekommenen gleichzeitig und gleichberechtigt zur Anschauung bringen und dabei den Weg zum Ergebnis als die Norm für die richtige Einstellung zum Ergebnis ausweisen, sind sie als diese Objekte der Kunst auch in sehr besonderer Weise geeignet, richtige Einstellungen zu den Dingen vorzustellen: Das Entgegenstehende, das »fertige« Objekt, wird erfahren nur über den Umweg seiner Realisierung, d.h. über einen Weg, der allererst zum Realisierten hinführt und der für den Betrachter offen liegt, wie umgekehrt dieser dem Betrachter offen liegende Weg nur erfahren wird in unmittelbarer Verbindung mit dem Ziel, dem als Objekt Realisierten. Weg und Ziel fundieren sich gegenseitig, sind sich gegenseitig Begründung und Konsequenz: Für die Erkenntnis des Gegenüber ist die Kenntnis der richtigen Distanz konstitutiv, wie umgekehrt für die Kenntnis des Gegenüber die Erkenntnis, daß Kenntnis nur vermöge der richtigen Distanz zu erreichen sei, konstitutiv ist. Weg und Ziel miteinander zu identifizieren, diese Besonderheit des Kunstobjekts befähigt Kunstobjekte, richtige Distanzen darzustellen, und es ist eben diese Befähigung zur Darstellung richtiger Distanzen, welche Kunstobjekten, das sind Artefakte ohne Zweck, ohne Nutzen, gleichwohl einen Zweck, einen Nutzen verleiht: Nämlich anstelle von Denken und Glaube und in Konkurrenz mit ihnen Richtwerte und Normen zu liefern, und zwar konkret anschaulich, die es dem Menschen ermöglichen, die Dinge richtig zu sehen, nämlich so, wie sie sind.

Besteht aber das Wesen der Skulptur darin, das Selbst des Menschen als geistig und materiell handelnde Subjektivität in einem ihm anderen, Materiellen zu objektivieren — und dabei das andere, Materielle zu spiritualisieren —, so hat es die Skulptur nicht nur mit der Artikulation richtiger Distanzen zwischen Subjekt und den Dingen ganz allgemein zu tun, sondern auch und vor allem mit der Artikulation richtiger Distanzen des Menschen zu sich selbst, mit der Selbsterkenntnis des Menschen. Der

Mensch setzt sich außerhalb seiner selbst in ein anderes, um sich, sein Selbst, als dieses entgegenstehende andere in Besitz nehmen zu können: Er will nicht nur sein, sondern er will sich auch — erkenntnismäßig — haben. Es ist dies aber die erste oder die letzte Form einer Verhältnissetzung von Subjekt und Objekt, damit die absolute Form einer Distanzbestimmung von Subjekt und Objekt. In der Skulptur geht es demnach auch und vor allem um diese absolute Form der Distanzbestimmung, nämlich der Darstellung des Menschen in seiner Verhältnissetzung zu sich selbst: Um den Menschen »nicht als Objekt einer Wissenschaft, nicht als Subjekt seines Bewußtseins, sondern als Objekt und Subjekt seines Lebens, das heißt so wie er sich selbst Gegenstand und Zentrum ist«.[22]

Auch Giacomettis *Diego* erschöpft sich selbstverständlich nicht in der beispielhaften Vergegenwärtigung des Prinzips der Distanzherstellung. Immerhin nahm Giacometti nicht irgendein beliebiges Gegenüber, um es in dieser Weise zur Erscheinung zu bringen, sondern einen Menschen, nicht irgendeinen, sondern eben seinen Bruder Diego. Indem Giacometti kein beliebiges Gegenüber annahm, sondern einen bestimmten, ihm eng vertrauten Menschen, dessen Merkmale, Wesenszüge usw. ihm genauestens bekannt gewesen sein dürften, offenbart sich aber die Radikalität seiner Position, die im distanzierenden Sehen die alleinige Objektivierungsmöglichkeit des vom Subjekt verschiedenen, anderen erblickt: Selbst das faktisch Vertraute steht unter den Bedingungen des völlig Unvertrauten und muß im Prozeß des Sehens allererst errungen werden.

Nein, Diego ist in Giacomettis Büste nicht abgebildet, nicht in seiner konkreten Gestalt mit eben seinen besonderen Merkmalen vorgeführt. Konkrete Gestalt und fixierbare Merkmale könnten — Giacometti zufolge — allenfalls Hinweise auf Diego geben, ihn schwerlich aber repräsentieren im Sinne von präsent machen. Sie würden etwas an ihm zur Erscheinung bringen, nicht aber ihn selbst. Diego selbst bestimmt sich fundamental als lebendig. Alle Merkmale und Hinweise sind instrumental zu dieser primären Bestimmung zu sehen. Indem Giacometti seinen Bruder nicht aufgrund von Merkmalen darstellt, diese gleichsam in eine neue Materialität — Gips oder Bronze — transponierend, sondern vielmehr in der vorgegebenen Materialität — Gips oder Bronze — das Sich-in-Besitz-Nehmen der Figur als besondere Form, als räumliche und als körperliche Besonderheit darstellt, gewinnt er *Diego* als Erscheinung, Diego unmittelbar erscheinend, gewinnt er aber auch zu Diego als Lebendigem die richtige Distanz. Denn das Sich-in-Besitz-Nehmen der Figur als besondere Form, als räumliche und als körperliche Besonderheit, geschah als Prozeß, in welchem sich aus der verlaufenden Materialität heraus intern Formfiguren erhoben, die zu der von außen gesetzten Umrißform in Beziehung traten: Erst infolge dieser Beziehungssetzung von inneren und äußeren Formen und erst infolge ihrer prozessualen Angleichung konnte sich die Figur als selbständige, eigene in Besitz nehmen.

Folglich beruht die Selbständigkeit der Figur, ihr Eigensein, letztlich auf der Realisierung ihrer Grenzen, dem anschaulichen Resultat von Divergenz und Konvergenz der Grenzverläufe der inneren und äußeren Formfiguren. Nach einer Aussage Helmuth Plessners sind »grenzrealisierende« Dinge »lebendige Dinge«,[23] so, »daß das Phänomen der Lebendigkeit nur auf dem besonderen Verhältnis eines Körpers zu seinen Grenzen beruht«.[24] In diesem Sinn erscheint *Diego* lebendig, nicht weil er als lebendiger abgebildet ist (in Bewegung begriffen o.ä.), sondern weil in der Büste Lebendigkeit als Prinzip der Formgestaltung zutage tritt: Dadurch, daß sich die inneren Formfiguren nicht zur äußeren Form erfüllen, wie umgekehrt die äußere Form sich nicht zu den inneren Formfiguren erfüllt, die gegenseitigen Bezüge aber unmittelbar wahrgenommen werden, aber eben nur wahrgenommen, nicht aber fest und endgültig werden, kann Lebendigkeit im Modus des Formwerdens, der Grenzrealisierung zur Anschauung gelangen.

Natürlich ist die *Diego*-Büste kein »lebendiges Ding«, sondern ein Stück toter Materialität — Gips oder Bronze. Aufgrund aber der Bearbeitung dieser Materie tritt an ihr Lebendigkeit als Potential in Erscheinung,[25] kommen infolge der »divergenten Außen-Innenbeziehung«[26] Form und Lebendigkeit im Formlosen und Unlebendigen zum Vorschein. Und entsprechend der In-Besitznahme der Figur auch als räumlicher und als körperlicher Besonderheit wird dann auch Lebendigkeit auf verschiedenen Stufen thematisch, nämlich über das Prinzipielle hinaus in räumlicher und in körperlicher Anbindung. Dies freilich wiederum nicht als Faktum, sondern als Potentialität der Figurenerscheinung insgesamt.[27] Giacomettis Büste des Diego zeigt folglich nicht, was Diego ist, sie zeigt auch nicht, daß Diego ist und daß er überhaupt ist, sie zeigt vielmehr, daß Diego immer wieder und immer wieder neu als sich Formierender, Lebendiger gesehen, d.h. persönlich erfahren werden muß. Erst infolge dieses immer wieder und immer wieder neu zu machenden Erfahrungsprozesses wird Diego lebendig und damit wirklich, und erst in diesem immer wieder und immer wieder neu zu machenden Erfahrungsprozeß ist die richtige Einstellung zu Diego und dann auch zum Gegenüber schlechthin zu gewinnen.

Bei Berninis *Urban VIII.* war diese Einstellung vom Objekt, d.h. objektiv vorgegeben, und zwar als Mitrealität eines Figur und Betrachter gleichermaßen übergreifenden Raumordnungssystems. Für die Erstellung dieses Systems wurde allerdings eine Korrektur durch das Betrachtersehen notwendig: Der Papst blickte nicht frontal — und das wäre systemkonform — auf sein Gegenüber, sondern wendete sich ab, leicht nach links, so daß tatsächlich der Betrachter die stereometrische Ordnungsfigur vollendet. Indem der Papst in seinem »Tun« die Tiefenrichtung konkret nicht nachvollzieht, die er doch ideell in seiner Gestalt zur Geltung bringt, tritt er in Spannung zu ihr, tritt er in Spannung auch zum System insgesamt; er exekutiert nicht jenes Raumordnungssystem an sich, das er doch durch sich herstellt, sondern verhält sich zu ihm bzw. in ihm. Er bestätigt dessen Norm, indem er von ihr abweicht. Aufgrund aber dieses Aufweises von Freiheit gegen die Norm unter der Norm weist der Papst eben nicht nur ein Ordnungssystem aus (und darin seine zentrale Position als offizielle Aussage), sondern gleichzeitig sich als Besonderheit, als Jeweiligkeit, als Lebendigen in diesem System.[28]

Entsprechend tritt auch der Betrachter zur Figur des Papstes in ein zweifaches Verhältnis. Er verhält sich nicht nur prinzipiell zu ihr (systemkonform), sondern auch individuell: Da der Papst durch seine Wendung gegen das System dieses als ein solches aktualisiert, das die Verortung von Besonderheit und Jeweiligkeit, damit die Aktualisierung von zeitlich fixierter, vorübergehender Existenz zuläßt, schafft er einen Bezugspunkt, eine situationale Beziehung zum Betrachter auch als einer jetzt-bestimmten, individuellen Existenz. Die Freiheit des Sich-Verhaltenkönnens innerhalb eines fest geregelten Systems ist der Grund dafür, daß der Papst dem Betrachter unmittelbar gegenwärtig erscheint, zu dem sich der Betrachter auch unmittelbar verhalten, mit dem er kommunizieren kann. Der Betrachter tritt nicht nur ganz allgemein, als Vertreter für den Menschen schlechthin, in das harmonische Ordnungsgefüge der Büste, sondern auch und gleichzeitig als dieses Individuum, jeweilig, jetzt-bestimmt, findet auch als immer-gegenwärtiger die richtige Einstellung zum Gegenüber.

Das gleichsam mühelose Auffinden der

richtigen Einstellung bei Berninis *Urban VIII.* hatte die Erfindung eines Figur und Betrachter übergreifenden, allgemein verbindlichen Raumordnungssystems zur Grundlage. Die besondere Ausbildung dieses Systems selbst spielte zunächst keine Rolle. Und in der Tat, ob man es nun mit einem dynamisch-zentralistisch bestimmten Raumordnungssystem zu tun hat, bei dem sich die Richtungswerte einer bestimmenden Mitte subordinieren (Bernini), oder ob man es mit einem statisch-konzentrisch bestimmten Raumordnungssystem zu tun hat, bei dem sich die Richtungswerte um eine bestimmte Mitte koordinieren (Donatello), dies scheint im Augenblick unwesentlich. Wesentlich ist allein die besondere Funktion dieser Systeme, nämlich am Gegenständlichen, am Objekt eine Ordnung zur Geltung zu bringen, welche über den besonderen Fall eines so geordneten Objekts hinaus als Ordnung Allgemeinverbindlichkeit erhält und damit eine Vorstellung von Weltordnung verbindlich macht, in der jedwede Verhältnissetzung von Mensch und Ding aufgehoben enthalten ist.

Eine solche, am konkret Gegenständlichen entwickelte und somit objektiv geltende Ganzheitsvorstellung gab es für Giacometti nicht mehr. In der Renaissance zur tragenden Vorstellung erhoben, ging sie bereits im Lauf des 18. Jahrhunderts verloren. Sie ging verloren, weil Gegenständliches zunehmend äußerlich, Gegenstände zu Fakten, die Welt der Dinge zur »Objektwelt der Naturwissenschaften« (Ritter) geworden war, die isoliert und in sich stehend keine innere und damit sinnbestimmte Verbindung zum Menschen mehr besaß. In dem Augenblick aber, wo jene, am konkret Gegenständlichen entworfene, Subjekt und Objekt übergreifende Ordnungssystematik zerbrach, zerbrach auch die Grundlage für die selbstverständliche, zwischen Objekt und Subjekt vorgegebene Distanzbestimmung, ging die richtige Distanz verloren:[29] Distanzbestimmung war unselbstverständlich geworden, sie wurde zunehmend zum Problem.

Houdons Büste des Robert Fulton (Abb. 3)[30] vermag diese problematische Situation in bezug auf Distanzbestimmung zu verdeutlichen. Im Vergleich mit Berninis Papst-Büste erscheint Houdons *Fulton* auf den ersten Blick desorganisiert bzw. widersprüchlich, gebrochen. Betrachtet man z.B. das beiden Portraits gemeinsame Motiv der Kopfwendung, so zeigt es sich in Berninis Büste fest bestimmt und trotz aller Momentaneität unveränderlich, insofern es den notwendigen Schluß eines sich in der Ausbildung der Figur insgesamt dokumentierenden Gestaltungszusammenhangs darstellt. Demgegenüber erscheint die Kopfwendung des *Fulton* eher zufällig, beliebig, damit unbegründet und auch folgenlos. Offensichtlich fehlt hier eine mit Bernini vergleichbare Einbindung des Bewegungsmotivs in innerfigürliche Strukturzusammenhänge. Ja, es fehlt überhaupt eine die Figur insgesamt festlegende Ordnungssystematik, welche den Motivsetzungen eine über das Faktische hinausgehende grundsätzliche Bedeutsamkeit garantiert und sie damit für den Betrachter verbindlich macht. Zwar wird das Nach-außen-Blicken formal durch die Horizontale der Augenbrauen gefaßt, welche über die Nase mit der Horizontale des Mundes verbunden in eine orthogonal bestimmte Formfigur integriert erscheint, aber diese Formfigur besitzt keine unmittelbar ordnende Kraft im Hinblick auf die Anordnungsweise der übrigen Kopfmotive.

Was zum Beispiel die Haargestaltung betrifft, so unterlaufen die Stirnlocken die Formfigur, orientieren sich auf einen neuen Richtwert, nämlich jenen Punkt oberhalb der Schläfe, an dem die Haarformen nach links und rechts hin auseinandertreten. Da die Stirnlocken andererseits in ihrem Verlauf auf die Schräge des Nasenrückens anspielen, aber wiederum richtungsmäßig versetzt, ergibt sich eine Kontextualisierung der Formen und Formungen

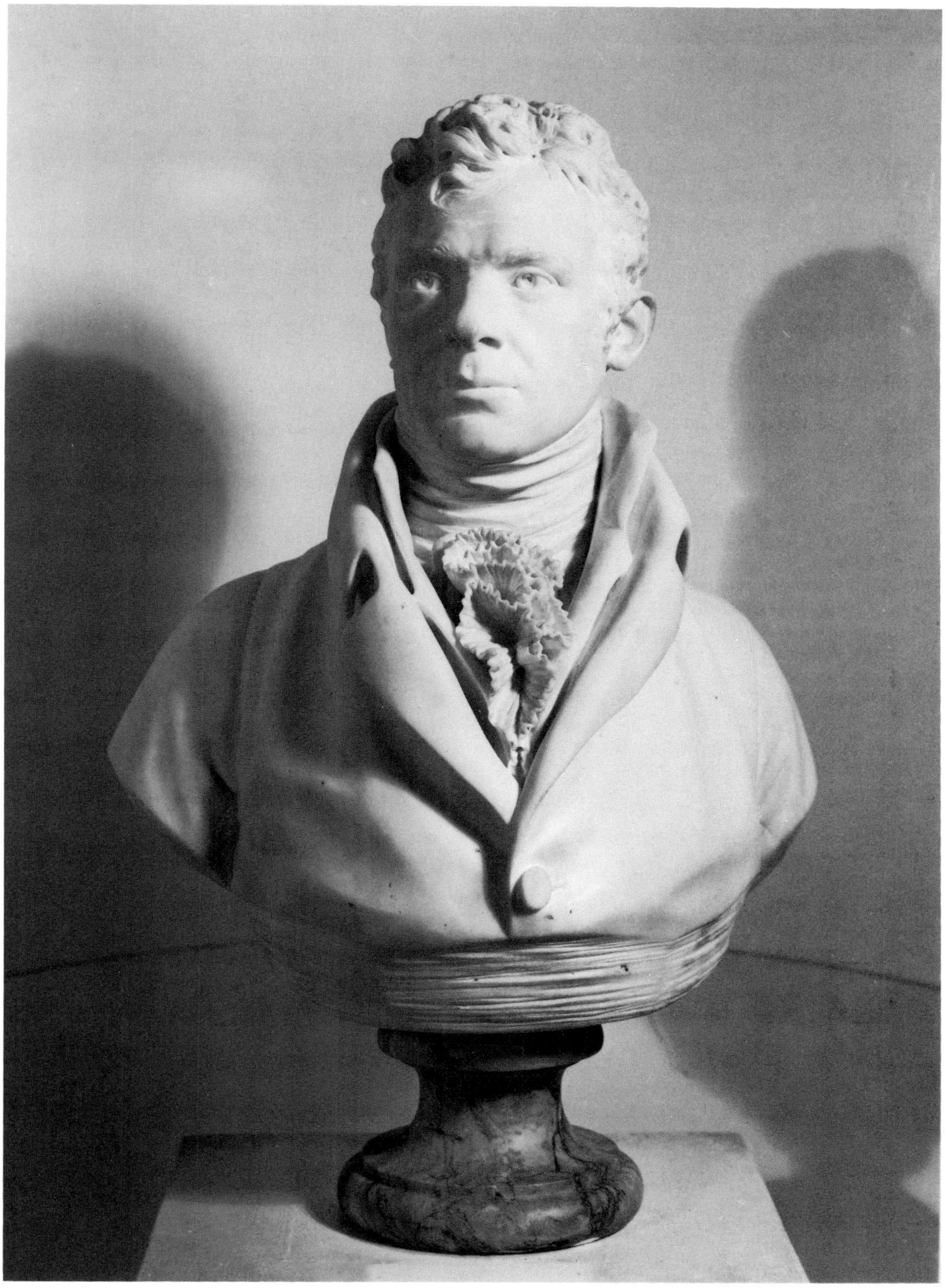

3 Houdon, *Robert Fulton,* 1803, Detroit, Insitute of Arts

erst aufgrund von Verweisen, aufgrund indirekter, gleichsam sprunghaft oder ruckartig erfolgender Beziehungssetzungen.

Dieses ruckartige, überspringende Sich-Beziehen findet sich dann auch bei der Anordnung der übrigen Formen und Motivbereiche. Die Vertikale aus der Formfigur der Gesichtsmotive etwa wird durch die Schleife aufgenommen, aber wiederum nicht unmittelbar, sondern ruckartig, nach Unterbrechung durch die horizontal ausgerichtete Halsbinde. In der gleichen Weise verhalten sich Revers und Innenfalte des abgeschnittenen Oberarms zueinander, nämlich indirekt, unterbrochen durch die Schulterfalten, wie sich auch Schulterfalten und Außenkontur des Oberarms indirekt aufeinander beziehen, nämlich nach Unterbrechung diesmal durch die Innenfalte des abgeschnittenen Oberarms: Motive und Formen treten nicht unmittelbar hervor und ineinander über, so zur Ausbildung eines Gesamt fortschreitend, vielmehr setzen sie sich gegeneinander ab und verweisen nur aufeinander. Da sie infolge dessen immer nur indirekt miteinander kommunizieren, können sie sich auch nur indirekt zu einer Gesamtheit verbinden, auf sie verweisen, sie aber schwerlich konkret herstellen.

Wie bei Berninis Papst-Portrait so besitzen auch hier Motive und Formen bestimmte Ausrichtungen, die über den unmittelbaren innerfigürlichen Zusammenhang hinaus Richtungen des Raumes aufrufen. Allerdings, sie werden hier nicht koordiniert, gerade nicht über ihre je motivisch-situationale Bestimmung hinaus in ein allgemeines Ordnungssystem gebunden, das für Figur und Raum und damit für den Betrachter gleichermaßen verbindlich ist, sie verbindet. Vielmehr bleiben Motive und Formen in ihrer jeweiligen Ausrichtung — in eben der Weise wie bei der innerfigürlichen Zusammenhangsbildung — gegeneinander versetzt, verweisen demnach richtungsmäßig auf Raum, ohne ihn zu systematisieren, ohne ihm eine Gestalt zu verleihen. Indem die Motive und Formen auf den Raum lediglich verweisen, wird er als Potential aktualisiert, aber nicht ordnungshaft bestimmt, nicht gedeutet. Das hat zur Folge, daß die raumimplizierenden Richtungen der Figur umgekehrt als Reaktionen auf den aktuell vorhandenen aber undeutbaren Raum gesehen werden, der als etwas anderes, der Figur Fremdes entgegentritt, so daß die Beziehung der Figur zum Raum gleichsam als ein »Zurückschrecken« vor ihm in Erscheinung tritt: Die Figur nimmt sich erscheinungshaft aus dem Raum zurück, dem sie allererst zur Erscheinung verhilft. Zwar besetzt die Figur faktisch, qua Materialität, einen bestimmten Ort im Raum, gleichwohl erscheint sie ortlos, da sie diesen Ort dem Raum und damit dem Betrachter gegenüber optisch nicht verbindlich machen kann, nicht zu behaupten weiß.

Ihren qua Materialität festen Ort im Raum kann sie auch deshalb nicht halten, weil die optischen Bezüge innerhalb der Figur die materielle Bestimmtheit der Figur und damit die Inanspruchnahme eines festen Orts im Raum zunehmend relativieren und schließlich auflösen. So stehen etwa dem konkret zusammenfassenden, faktisch begrenzenden Motiv des Halstuchs Kopf-und Blickrichtung entgegen; der doppelten Eingrenzung durch Steh- und Jackenkragen widersprechen die nach außen weisenden Schultern, und der Eingrenzung und Zusammenfassung durch die Revers mit der Schließung durch den Knopf sind die nach außen führenden, abgeschnittenen Oberarmteile und die dazu parallelen Schulterfalten entgegengesetzt. Die faktische Ausgrenzung eines selbständigen, Objektiven, eigenen wird optisch zunehmend aufgelöst, insofern das faktisch eingegrenzte Innere zunehmend weniger wird und sich schließlich auf einen einzigen Punkt, den Knopf, reduziert, wohingegen das, was optisch nicht mehr gehalten werden kann, was demnach an das unbestimmbare Außen, den Raum, abgegeben werden muß, zunehmend größer wird, bis sich schließlich — unterhalb des Knopfs — die Figur in der schichtmäßigen Ab- bzw. Auflösung von Jacke und Bauchbinde insgesamt an den Raum zurückgibt.

Da die Figur aus sich heraus nicht in ein bindendes Verhältnis zum Raum zu treten in der Lage ist, kann sie auch von sich aus kein bindendes Verhältnis mit dem Betrachter eingehen, kann sie ihm auch keine verbindliche Einstellung anweisen. Die Figur steht zwar dem Betrachter qua Materialität an einem festen Ort im Raum entgegen, sie vermag diesen Abstand aber nicht optisch einzulösen, nicht als richtige oder gültige Distanz dem Betrachter gegenüber verbindlich zu machen. Die Bestimmung der richtigen Distanz wird folglich nicht mehr vom Objekt, demnach objektiv vorgegeben, sondern vielmehr freigegeben: Der Anspruch des Objekts, die richtige Distanz darzustellen, ist fallengelassen, da die Grundlage für ihre objektive Bestimmungsmöglichkeit, jenes die Figur und den Betrachter gleichermaßen übergreifende und verortende Ordnungssystem, zerbrochen ist.

Kann die Bestimmung der richtigen Distanz nicht mehr vom Objekt her erfolgen, ist es am Subjekt, die richtige Distanz zu finden, sie notfalls zu setzen. Diese neue Rolle des Subjekts, von sich aus die richtige Einstellung zum Objekt zu finden, ist aber nicht nur eine Folge der beschriebenen »Mangellage« der Figur, sondern konkrete Forderung ihres besonderen Gestaltungskonzepts, Mitrealität des Bildwerks. Indem nämlich die einzelnen Motive, Formen und Formungen, gegeneinander versetzt, nur sprunghaft miteinander kommunizieren, demnach auf eine Verbindung nur verweisen, verweisen sie gleichzeitig auf den Betrachter, der im Sehen diese Verbindung allererst realisiert. Und in eben der Weise, wie die Motive und Formen auch nur auf den Raum als ein Potential verweisen, ohne ihn konkret bestimmen zu können, so ist es wieder der Betrachter, der im Sehen die Beziehung von Figur und Raum und damit auch seine Beziehung zur Figur zu realisieren hat: Das Unvermögen der Figur aus sich heraus, verbindliche Beziehungen sowohl innerfigürlich als auch dem Raum gegenüber herzustellen, fordert — solchermaßen zum Prinzip der Darstellung erhoben — das Vermögen des Betrachters ein, diese Beziehung selbst festzulegen, sie durch sich und für sich verbindlich zu machen.

Demnach ist das Sehen des Betrachters aufgerufen und im Sehen der Betrachter selbst, die unverbindlich scheinenden Motive, Formen und Formungen verbindlich zu machen, die richtige Distanz herzustellen. Die richtige Distanz, die richtige Einstellung zum Objekt insgesamt ist aber dann gefunden, wenn der Betrachter sehend erkennt, daß er keine objektiven, im Gegenüber, dem Objekt, vorgegebenen richtigen Einstellungen mehr erwarten kann, daß vielmehr erwartet wird, daß er diese richtigen Einstellungen bei sich selbst, in sich selbst zu suchen hat. Das Objekt gerät so zur Projektion subjektiver Sichtweisen und bringt als solchermaßen verdinglichte Subjektivität dem Betrachter die richtige Einstellung zum Gegenüber als ein von ihm lediglich So-Gesehenes zu Bewußtsein.

Konkret als Gegenüber genommen, als Objekt, bleibt Houdons Büste kontingent; man findet keine richtige Einstellung zu ihr, bzw. alle denkbaren Einstellungen sind möglich in eben der Art, wie bei einem Naturgegenstand die vielfältigsten Einstellungen möglich sind; die Büste selbst gibt keinen Hinweis für eine richtige Distanz, sie schweigt. Indem die Figur aber andererseits so strukturiert ist, daß sie den Betrachter in den Prozeß ihrer eigenen Realisierung mit hineinnimmt (insofern er die gegeneinander versetzten, aber aufeinander bezogenen Formen sehend zusammenbringen muß), gewinnt er einen unmittelbaren Zugang zu ihr, steht er distanzlos zur Figur, gleichsam in ihr. Dadurch wird ihm bewußt, daß sein Sehen für die Existenz der Figur ausschlaggebend ist, erkennt er, daß seine Erwartungshaltung — nämlich im Gegenüber eine richtige Einstellung vorgegeben zu finden — falsch war, und gerät durch das Objekt auf Distanz zu dieser seiner Erwartungshaltung. Der Betrachter gelangt demnach zur richtigen Distanz nicht durch ihre konkrete Darstellung, sondern über den Umweg der Ermächtigung ihres Gegenteils, nämlich durch die Darstellung von Distanzlosigkeit. Die Erfahrung der eigenen Subjektivität als Grundlage für die Bestimmung der richtigen Distanz wird dem Betrachter so über den Umweg einer Verhältnissetzung zu sich selbst, d.h. wiederum als objektive Erfahrung, als Erfahrung am Objekt, ermöglicht.

Die richtige Einstellung, die richtige Distanz als vom Objekt vorgegeben und durch ein Subjekt und Objekt übergreifendes Ordnungssystem garantiert, ist verloren. Sie ging verloren, weil jenes, Subjekt und Objekt übergreifende Ordnungssystem zerbrochen war, weil sich Objektives zunehmend ohne das Subjekt und Subjektives zunehmend ohne Objekte bestimmten: In den Naturwissenschaften, die die Welt zunehmend unter dem Gesichtspunkt des rein Objektiven thematisierten, ging der Mensch verloren, in eben der Weise wie in der Kunst, die die Welt zunehmend unter dem Gesichtspunkt des rein Subjektiven thematisierte, Gegenständliches verloren ging. Diesen Auflösungsprozeß des Gegenständlichen infolge der absolut gesetzten subjektiven Sichtweise auf Welt dokumentiert z.B. Daumiers Büste des Persil (Abb. 4).[31]

Bei Daumiers Büste fällt zunächst der deutliche Abstand zu Houdons *Fulton* oder Berninis *Urban VIII.* auf. Gegenständliches scheint hier in Auflösung begriffen. Die einzelnen, jeweils ein Gesicht oder einen Körper bezeichnenden Motive und Formen sind kaum noch zu erkennen; sie verschwimmen in der pointiert zur Anschauung gebrachten Materialität, der eher amorphen Oberflächenbildung. Die Oberfläche als materiell verlaufende, sich selbst formende und verformende bestimmt die Erscheinung. In diese Formtextur sind dann einzelne, an konkreter Gegenständlichkeit orientierte Motive (die Augen, die Augenbrauen oder der Kragen) eingebaut, die sich gleichsam als Hindernisse, als Widerlager der primären Verlaufsstruktur des Materiellen und ihrer Ausrichtung — nämlich von oben nach unten — entgegensetzen. Sie bilden gewissermaßen Haltepunkte, optische Fixwerte im Prozeß des materiellen Niedersinkens, sind aber weder in der Lage, ein echtes Gegengewicht zu markieren, noch gar das Niedersinken aufzuhalten. Als konkrete Motive bilden sie aber Kontrastwerte zu den in Auflösung begriffenen übrigen Formen und Formungen und verstärken dadurch optisch den im Gang befindlichen Auflösungsprozeß. Mit der Auflösung gegenstandsbezogener Motive, Formen und Formungen in verlaufende Materialität ist aber der endgültige Verlust objektiver Distanzdarstellung eingetreten.

Bestimmte sich Houdons Büste zunächst als ein faktisches Gegenüber, zu dem allerdings keine verbindliche Einstellung zu gewinnen war, so zeigt sich bei Daumiers *Persil* die Vorgabe eines materiell Gegenüberstehenden unmittelbar identisch mit seiner gleichzeitigen Auflösung als einem konkret Gegenüberstehenden, konkret Feststellbaren: Jede Bezugssetzung zum Gegenüber beinhaltet zugleich und unmittelbar Beziehungslosigkeit, jedwede Distanzsetzung zugleich und unmittelbar Distanzverlust. In der Art und Weise aber, wie sich diese Wechselwirkung von Beziehung und Beziehungslosigkeit, von Distanzierung und Distanzverlust jeweils darstellt, kommt Daumiers besondere Thematik, die Karikatur, auch in der Skulptur zum Tragen.

Man würde die Karikatur bei Daumier falsch verstehen, sähe man sie nur als Zerrbild

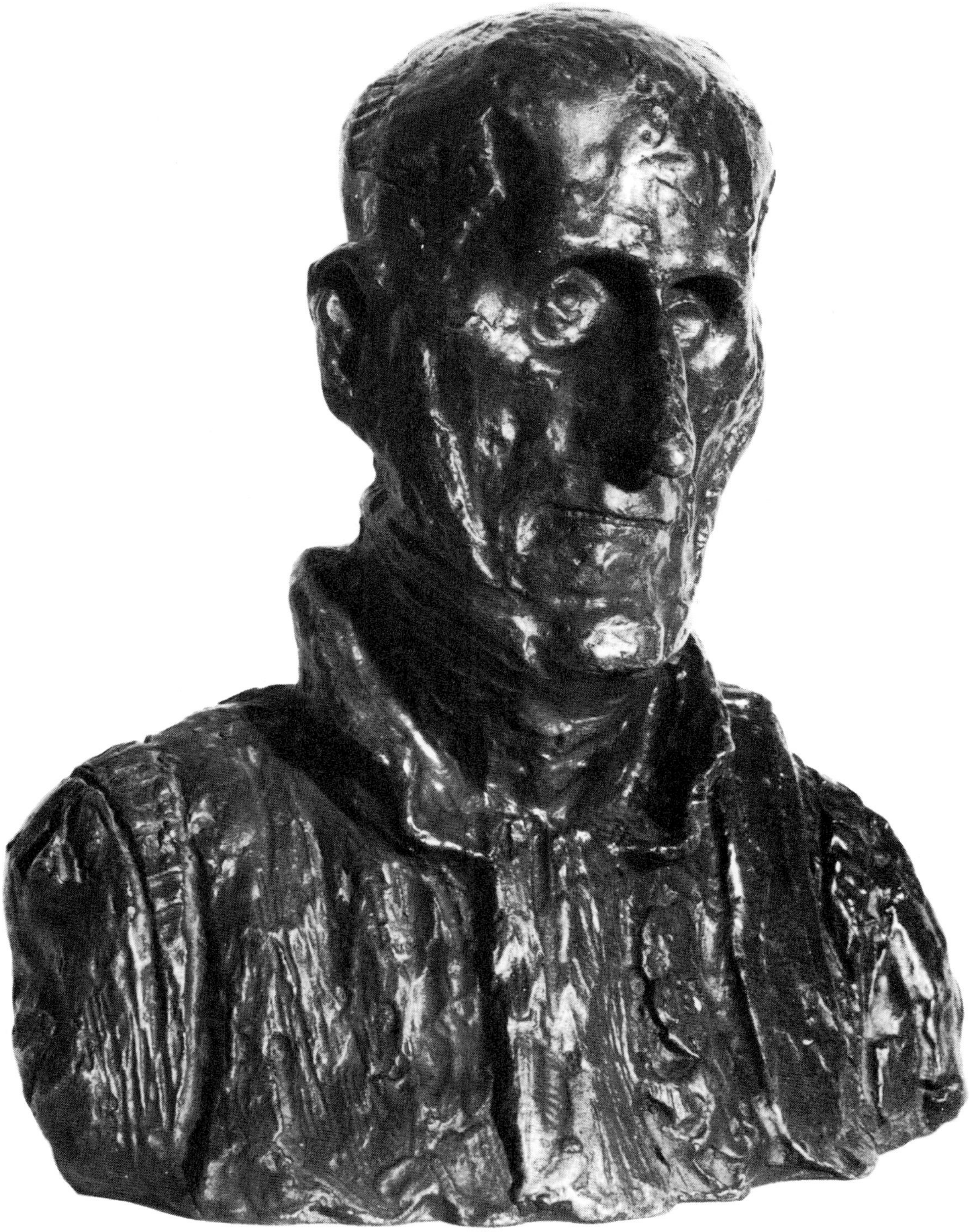

4 Daumier, *Jean-Charles Persil,* 1830—35 und 1927, Marseille, Musée des Beaux-Arts

der Wirklichkeit. Als Zerrbild der Wirklichkeit wäre sie lediglich Reflex auf etwas außerhalb ihrer selbst, stände sie instrumental zu etwas, wäre sie Kommentar, Pointe usw., doch nie etwas eigenes, selbstzweckhaftes. Daumiers Karikatur ist aber, indem sie auch dies ist, nämlich Zerrbild der Wirklichkeit, Kommentar, Pointe, gleichzeitig auch mehr als diese, nicht nur Verweis auf Wirklichkeit, Geißelung von Zuständen der Wirklichkeit, sondern auch und ganz besonders eine Weise der Herstellung von Wirklichkeit, nämlich einer solchen unter der Bedingung ihrer nur noch subjektiv bestimmten Erfahrungsmöglichkeit.[32]

Dementsprechend zeigt sich auch jenes, für die normale Karikatur übliche Spiel mit zwei Verstehensebenen, welches zwei Wirklichkeitsauffassungen voraussetzt, nämlich eine subjektiv bestimmte und eine objektiv bestimmbare, in einem anderen Licht. Das Spiel verhilft nicht mehr nur zu einer Distanzierung von unmittelbaren Ereignissen der Wirklichkeit, entlastet nicht mehr nur den Betrachter von den unmittelbaren Zwängen der Wirklichkeit, sondern wird darüber hinaus seiner Vordergründigkeit, seiner Zweckgebundenheit entkleidet und damit ernst. Das Spiel wird ernst in dem Augenblick, wo die beiden gegensätzlichen Wirklichkeitsauffassungen nicht mehr ein Äußerliches kommentieren, auf etwas in der Wirklichkeit verweisen, sondern selbst zur Wirklichkeit werden können, wo beim Spiel mit gegensätzlichen Wirklichkeitsauffassungen Wirklichkeit und ihre Erfahrbarkeit selbst auf dem Spiel stehen. Konkret wird Daumiers Spiel mit gegensätzlichen Wirklichkeitsauffassungen dort ernst, wo es ihm nicht mehr nur um Kommentierung von Wirklichkeit geht, sondern um Wirklichkeit selbst, wo nicht mehr eine wie auch immer begründete, vorgeblich objektive Norm durch eine subjektive Sichtweise konterkariert, als bloße Setzung, als vordergründige Konvention oder gar als bewußte Manipulation entlarvt, sondern wo darüber hinaus mit aller Schärfe deutlich gemacht wird, daß bereits die Annahme, es könne objektive Normen geben, es könne Wirklichkeit objektiv erfahren werden, als Illusion, als Klischee und letztlich als Wirklichkeitsflucht begriffen wird: Wirklichkeitserfahrung scheint nur noch subjektiv möglich, und alles, was sich einer solchen, subjektiv bestimmten Wirklichkeitsaneignung widersetzt, wird als vorgeschoben, aufgesetzt, als Lüge enthüllt.

Bei Daumiers Büste des Persil bilden einzelne, an konkreter Gegenständlichkeit orientierte Formen gleichsam Haltepunkte in der Verlaufsstruktur der Oberfläche. Diese Formen (Augen, Mund, Kinn und Kragen mit Latz) versuchen — entschieden groß gemacht —, gegen die primäre Verlaufsstruktur einen festen Zusammenhang untereinander, ein Ordnungsgerüst zu erstellen. Solchermaßen groß erscheinen diese Formen überspitzt und — gemessen an ihrem Vorbild — übermäßig und einseitig pointiert. Obwohl diese Pointierung des Charakteristischen eines Gesichts, die Überbetonung von natürlich Betontem, zum Wesen der Karikatur gehört, ist sie doch letztlich für die besondere Bedeutung der »Karikatur« des *Persil* sekundär. Wesentlich ist vielmehr, daß die groß gemachten Formen, indem sie versuchen, einen Zusammenhang untereinander zu erstellen, im Begriff stehen, ein Gegenüber zum Betrachter, damit etwas Festes, Bestimmtes innerhalb des Verlaufenden zu installieren, eine Formfigur, die auf Abstand aus ist, gleichsam eine »Hoheitsform«, die Ansprüche stellt.

Indem aber diese »Hoheitsform« wiederum der verlaufenden Materialität ausgesetzt ist, welche jeglicher Zentrierung und Geschlossenheit zuwider läuft, demnach die Formfigur gerade nicht trägt, wird diese als willkürliche Formsetzung erfahren, als eine solche, die mit dem konkreten, materiell Vorfindlichen im Widerspruch steht, angemaßt erscheint, eine Form, die sich als äußerliche Vorgabe erweist, um dem Betrachter distanziert gegenüberzutreten, um ihn auf Abstand halten zu können. Daß diese angemaßte Formsetzung sich aber aus den charakteristischen Gesichtsmerkmalen eines bestimmten Menschen zusammensetzt, macht das Radikale der daumierschen Deutung aus, eben jenes, das weniger zum Lachen reizt als vielmehr zum Nachdenken und zur Trauer zwingt: Es wird gezeigt, daß das, was den Menschen optisch-konkret ausmacht, das, womit er anderen Menschen gegenübertritt, was Distanz schafft bzw. schaffen soll, eben seine unverwechselbaren Gesichtsmerkmale, falsche Distanzen schafft; sie werden als aufgesetzt, augenblicklich und vorübergehend ausgewiesen, ohne tragenden Grund, ohne Begründung. Bereits der Versuch einer Distanzbestimmung durch das Objekt erscheint Daumier als Anmaßung, als Vorspiegelung falscher, nicht objektivierbarer Tatsachen und wird mit aller Schärfe bloßgelegt.

Auch zu Houdons *Fulton* ist keine objektive Distanz zu gewinnen, aber daß dies so ist, stellte sich an der Büste allererst im sehenden Nachvollzug heraus. Zunächst jedenfalls schienen die Gegenstandsformen objektiv, nämlich motivisch korrekt, wiedergegeben. Infolge dessen konnte man sich der Büste wie einem Objekt nähern, Details ausfindig machen, um sie herumgehen usw. Allerdings, indem man sich so zu ihr als einem konkreten Gegenstand verhielt, wurde deutlich, daß die Büste aus sich heraus keinen Hinweis darauf gab, welcher der verschiedenen, vom Betrachter eingenommenen und einzunehmenden Standpunkte der verbindliche sein sollte, daß keine objektiven Hinweise für eine richtige Einstellung vorgegeben waren. Bei Daumiers *Persil* hingegen ist schon der Versuch, sich zur Figur als einem eigenen, In-sich-Stehenden, Objektiven zu verhalten, zum Scheitern verurteilt. Distanz zum Gegenstand und damit zur gegenständlichen Welt ist allein in Anerkennung der alles bestimmenden Subjektivität des Menschen zu gewinnen: Nur wenn der Mensch einsieht, daß Objektives, daß gegenständliche Welt lediglich ein Konglomerat seiner subjektiven Sichtweisen ist, dann erst kann er eine richtige Einstellung zu ihr gewinnen.

In dem Augenblick aber, wo Gegenständliches sich in optisch immanent geregelte Materialität auflöste und dem Betrachter lediglich sein Selbst, seine Subjektivität als Bedingungsgrund für Welterfahrung genügte, geriete Wirklichkeit, geriete Welt zunehmend zur Spielform subjektiver Willkür. Es bedurfte eines radikalen Neuanfangs, einer Wiedergeburt der Welt, die dort ansetzen mußte, wo man schließlich aufgehört hatte, im Chaos der subjektiv bestimmten, optisch begründeten Materialität. Es ist Giacometti, der auf seine Weise eine Wiedergeburt des Gegenständlichen versuchte. Eine Wiedergeburt des Gegenständlichen wurde ihm dadurch möglich, daß er die Bedingung für objektive Gegenstandserfahrung — die richtige Distanz — selbst zum Gegenstand seiner Darstellung erwählte. Dabei diente ihm die richtige Distanz nicht als Instrument für die Erfahrung von Gegenständlichem, sondern umgekehrt, Gegenständliches wurde zum Instrument für die Erfahrbarkeit der richtigen Distanz: Gegenständliches ist nicht an sich Bestehendes; diese Erfahrung des 19. Jahrhunderts wird beibehalten. Gegenständliches ist determiniert durch subjektive Sichtweisen. Allerdings, diese subjektiven Sichtweisen werden nun radikal anders eingesetzt: Sehen ist nicht länger Instrument der Auflösung des Objektiven, der gegenständlichen Welt, sondern Sehen ist — umgekehrt — eine dem Subjekt innewohnende Fähigkeit, Gegenständliches allererst objektiv zu machen.[33] Durch ein solches distanzierendes Sehen kann Gegenständliches, kann Welt aus dem Chaos allgemeiner Materialität heraus in Erscheinung treten, anschaulich werden.

Vergleicht man Daumiers Büste des Persil mit Giacomettis *Diego*, so wird bei aller anfänglich entgegentretender Ähnlichkeit nicht übersehen werden können, daß Giacomettis *Diego* nicht nach unten wegsinkt, sondern sich nach oben erhebt. Genauso deutlich ist, daß Giacomettis *Diego* sich nicht zum Chaotischen hin entwickelt, sondern umgekehrt sich aus diesem herauszuheben anschickt. Wird bei Giacometti die Gegenständlichkeit des *Diego* als Möglichkeit des distanzierenden Sehens aus dem Chaotischen ursprünglich geschaffen, so geht bei Daumier Gegenständlichkeit infolge des undistanzierten Sehens verloren: Bei Giacometti wandelte sich Daumiers verabsolutierte subjektive Gegenstandserfahrung in eine subjektiv bestimmte, absolute Gegenstandserscheinung. Indem Sehen bei Giacometti hinsichtlich des Gegenständlichen nicht als unmittelbare, distanzlose Exekution des Subjektiven, sondern als ein verobjektivierendes Tun verstanden ist, als ein Sehen, in welchem sich Gegenständlichkeit, als im Sehen distanzierte, prozessual aus dem Chaos allgemeiner Substantialität erhebt, kann bei ihm auch Gegenständliches neu und ursprungshaft in Erscheinung treten. Distanz wird folglich bei Giacometti weder als subjektiv zu Bestimmendes vom Objekt eingefordert (Houdon), noch ist sie durch das Objekt dem Betrachter selbstverständlich vorausgesetzt (Bernini), sie ist auch nicht zugunsten der subjektiven Sichtweisen ersatzlos gestrichen (Daumier), sondern artikuliert sich als Bedingung der Möglichkeit, Gegenständliches zum Vorschein kommen zu lassen.

Um die Bedingung der Möglichkeit gegenständlichen Erscheinens geht es aber nicht nur Giacometti, sondern geht es auch in weiten Bereichen der modernen Skulptur. Dabei geht es nicht darum, neue oder richtige Distanzen für das Erkennen von Gegenständlichem zu schaffen,[34] sondern wesentlich um die Darstellungsmöglichkeit der Distanz selbst, um das Wesen der Distanzdarstellung: Distanz wird nicht geschaffen, um Dinge zu erkennen, sondern das Schaffen von Distanz wird zum Problem an den Dingen. Problematisch wird damit aber auch eine Grundgegebenheit des Mediums Skulptur, die zwar faktisch immer vorhanden war, solchermaßen aber erst in diesem Augenblick bewußt wurde: Erst mit dem Verlust der mühelosen Distanzbestimmung konnte Distanzbestimmung zum Problem und damit sich selbst zum Thema werden, erst mit dem Verlust des Selbstverständlichen konnte sie in ihrer grundlegenden Bedeutung verstanden werden.

Um den Erweis eben dieser Bedeutung der Distanzbestimmung ist es bisher gegangen, d.h. um ihren Grundlagencharakter für das Medium Skulptur. Ausgehend von Giacometti sollte deutlich werden, daß Distanz als die besondere Artikulation des Verhältnisses von Objekt und Betrachter ein tragendes Element jedweder plastischen Darstellung ist und damit grundlegend auch für die theoretische Auseinandersetzung mit den Werken der Skulptur. Zur Erläuterung dienten dabei ausschließlich Portraitbüsten, ohne daß bisher auf das Besondere des Themas (Portrait) bzw. der Werkgattung (Büste) eingegangen worden wäre. Dies soll nachfolgend geschehen.

III. PORTRAIT

Das mehr oder weniger plötzliche Auftreten neuer Gattungen innerhalb der bildenden Kunst, neuer Techniken oder Tendenzen, löst normalerweise nur eine Frage aus, die Frage nämlich nach dem Warum: Warum diese Gattung, diese Technik oder Tendenz, und warum gerade zu diesem Zeitpunkt? Die Frage zielt auf die allgemeinen Bedingungen der Ermöglichung solcher neuen Gattungen, Techniken oder Tendenzen. Die Frage nach den besonderen Bedingungen der Ermöglichung, nämlich die Frage nach dem *Wie*, wird selten gestellt. Nun kann man geteilter Meinung darüber sein, welche Fragestellung wichtiger ist. Die Beurteilung hängt dabei von dem Ziel ab, das man mit der jeweiligen Frage im Blick hat. Stellt man die Frage nach dem Wie, dann sucht man Aufschluß über die kunstimmanenten, formalen Gegebenheiten als Bedingung für die Ermöglichung einer besonderen Gattung, Technik oder Tendenz; stellt man die Frage nach dem *Warum*, sucht man Aufschluß über die allgemeinen historischen oder kulturpolitischen Hintergründe als Bedingungsgrund für das zeitlich bestimmbare Erscheinen einer besonderen Gattung, Technik oder Tendenz.[1] Dabei scheint es nicht unwesentlich, daß die Frage nach dem Warum etwa der Portraitbüste, diese als bereits realisierte Gegebenheit voraussetzt. Das birgt aber die Gefahr, daß man zur Beantwortung der Frage nach dem Warum der Bildnisbüste etwas als Ursache aufgreift, was sich möglicherweise erst als Ergebnis ihrer so erfolgten Realisierung, also im nachhinein einstellte. Ursache und Wirkung scheinen bei der einseitig gestellten Frage nach dem Warum der Bildnisbüste, d.h. ohne das Korrektiv der Frage nach dem Wie, schwerlich exakt bestimmbar. Hier soll deshalb zunächst die Frage nach dem Wie der Ermöglichung der Bildnisbüste gestellt werden, um von dort möglicherweise Aufschluß über das *Was* der Bildnisbüste zu erhalten. Gefragt werden soll nach den formimmanenten Voraussetzungen, die dazu führten, daß die Portraitbüste überhaupt entstehen konnte und so entstehen konnte, wie sie entstand, um sich schließlich zur selbständigen Gattung innerhalb der Bildnerei zu erheben.

Der Begriff *Portraitbüste* umfaßt die Begriffe *Büste* und *Portrait*. Der Begriff *Büste* deckt eine bestimmte Darstellungsform, der Begriff *Portrait* einen bestimmten Darstellungsgegenstand. Dabei ist es wesentlich, daß Portraits nicht notwendig an die Büstenform gebunden sind, während sich umgekehrt Büsten normalerweise auf das Thema Portrait oder Portraitartiges beschränkt zeigen. »Die Büste ist die plastische Darstellung eines Menschen [!] als Halbfigur oder vom Scheitel bis zur Schulterpartie.«[2] Das Thema Portrait erweist sich demnach als konstitutiv für die Gattung Büste, wohingegen das Portrait über seine allgemeinen Bestimmungen hinaus eine Besonderung, eine Differenzierung erfahren müßte, um sich in einer bestimmten Darstellungsform, eben der Büstenform, zu artikulieren. Es gilt demnach zunächst, die Bedingungen des Portraits ausfindig zu machen, um dann nach dessen Spezifizierungen zu fragen, die schließlich das Zusammengehen mit einer bestimmten Darstellungsform, der Büstenform, veranlaßten.

Die Frage, in welchem Fall eine Personendarstellung als Portrait angesehen werden kann, ist so ohne weiteres nicht zu beantworten.[3] Normalerweise wird die Entscheidung davon abhängig gemacht, ob und inwieweit ein bestimmtes Maß an Individualität versinnlicht ist. Was indes als Individualität angesehen und wie Individualität zu bemessen sei, bleibt in der Regel verschwommen bzw. überhaupt der subjektiven

Einfühlung des einzelnen anheimgestellt.[4] Es sei deshalb versucht, den schillernden Begriff der Individualität bzw. des Individuums ein wenig zu konturieren. Das Individuum ist nach Meyers Konversationslexikon von 1896 »... ein Wesen, dem eine eigentümliche Beschaffenheit und Kraft zukommt, wodurch es sich von jedem anderen Wesen seiner Gattung unterscheidet ....«[5] Individualität, somit das, was das Wesen eines Individuums ausmacht, wäre demzufolge auf Vergleichung gegründet. Verglichen wird zunächst ein Wesen mit allen anderen Wesen »seiner Gattung«. Damit wird gefordert und zur Bestimmung vom Individuum festgelegt, daß jenes als Individuum bezeichnete Wesen eine gewisse Gleichheit zu anderen Wesen besitzen muß, und zwar in einem Maße besitzen muß, daß es notwendig scheint, die so vergleichbaren Wesen in eine Gattung zusammen-und damit abzuschließen mit/von allen anderen Wesen, die möglicherweise ebenfalls einer oder verschiedenen Gattungen zuzuordnen wären, aber eben anderen.

Voraussetzung für eine Gattungsbestimmung sind gleiche Merkmale, Strukturen, Gesetzmäßigkeiten. Gattung ist somit der Inbegriff aller, durch gemeinsame Merkmale zu einer Gruppe verbundenen Einzelwesen. Die speziellen Gemeinsamkeiten, die die Gattung konstituieren, prägen auch die Gesamtheit der Gattung und damit diese als besondere, die abzusetzen wäre von der ausgeprägten Gesamtheit anderer Gattungen. Die sich in der Ausprägung von Gattungen zeigende Besonderheit nenne ich Gattungsindividualität.

Individualität im engeren Sinne tritt dann erst in Erscheinung, wenn beim Vergleich von gattungsgleichen Wesen diese sich als jeweils unterschiedliche, gesonderte herausheben. Die unterschiedlichen Merkmale, diesmal aber im Hinblick auf gattungsgleiche Wesen, machen demnach in ihrer Gesamtheit die besondere Individualität eines Wesens aus, die Einzelindividualität, die ich personale Individualität nenne. Gattungsindividualität und personale Individualität bedingen sich also gegenseitig: Wie die Gattungsindividualität auf Individuen angewiesen ist, welche aufgrund gleicher Merkmale diese allererst erzeugen, so ist in eben der gleichen Weise personale Individualität auf eine bestimmte Gattung angewiesen, da sie sich allererst im Vergleichsrahmen der Gattung als solche herausstellen kann.

Inhaltlich konkretisiert soll die Gattungsindividualität Mensch alles das umfassen, was die Gattung Mensch

1. im allgemeinen kennzeichnet und damit abhebt von allen anderen Gattungen, nämlich die allgemeine, physisch-biologische und geistig-seelische Wesensbestimmtheit des Menschen, sowie
2. das, was die Gattung Mensch im besonderen auszeichnet, nämlich die besonderen Verbindungen und Verhaltensgrundlagen der Menschen untereinander, die gesellschaftlichen Besonderheiten.

Dem gegenüber soll die personale Individualität Mensch inhaltlich konkretisiert alles das umfassen, was das Individuum Mensch

1. im allgemeinen kennzeichnet und damit abhebt von allen anderen menschlichen Individuen, nämlich »seine Art und Weise zu reagieren«,[6] sein besonderer Charakter, sowie
2. das, was das Individuum Mensch im besonderen auszeichnet, nämlich die Summe seiner so gearteten »Reaktionen«, sein konkretes Leben.

Auch bei dieser Unterscheidung wird deutlich, daß sich Gattungsindividualität und personale Individualität gegenseitig bedingen, daß sie vielfältig miteinander verflochten sind. So ist die besondere Art und Weise eines Menschen zu reagieren nicht möglich ohne Anstoß dazu, der aber in der Regel von außen kommt, also in der gesellschaftlichen Umwelt seine Ursache besitzt. Weiterhin wird eine solche Reaktion, und in einem nicht geringen Maße, durch die allgemeine, physisch-biologische bzw. geistig-seelische Fundierung des Menschen mitbedingt. Auf der anderen Seite ist aber auch die gesellschaftliche Umwelt, sind gesellschaftliche Strukturen selbstverständlich, und in einem nicht geringen Maße, durch die besondere Art und Weise von Menschen oder gar eines Menschen zu reagieren mitbestimmt. Demnach zeigt sich Individualität im Spannungsfeld von personeller Individualität und Gattungsindividualität als Funktionswert von Gattungsindividualität und personaler Individualität. Individualität wäre dem zufolge ein sich immer wieder und immer wieder neu realisierender Positionswert aus personaler Individualität und Gattungsindividualität.

Wesentlich für die Bestimmung von Individualität ist dann aber, daß sie als Positionswert nicht mit der Position der Gattungsindividualität oder jener der personalen Individualität zu identifizieren ist, daß sie sich vielmehr erst in der Interaktion von personaler Individualität und Gattungsindividualität herausstellt, demnach deren Entzweiung als eine Entzweiung von Mensch und Gesellschaft voraussetzt und reflektiert.[7] Die hier gegebene Definition von Individualität geht folglich davon aus, daß Individualität nicht eine immer schon und überall dem Menschen anhängende Eigenschaft ist, sondern eine solche, die sich infolge einer bestimmten historischen Entwicklung, infolge einer bestimmten Bewußtseinslage des Menschen allererst herausgebildet hat.[8] Es wird damit postuliert, daß Individualität erst in dem Augenblick zum Vorschein kommen konnte, wo sich der Mensch von der Vorstellung einer Mensch und Umwelt übergreifenden, ewig gültigen Ordnung — wie diese auch immer konkret ausgebildet sein mag — emanzipiert hat. Indem sich der Mensch von einer solchen übergreifenden Ordnung emanzipiert, also auf Distanz zu ihr geht, eine Distanz zu ihr setzt, erfährt er sich in der Abgrenzung von und in der Verhältnissetzung zur Umwelt als er selbst, als eigener. Erst in der Abgrenzung gegen die Umwelt, bzw. allgemein: in Abgrenzung gegen die Gattungsbedingungen, findet der Mensch seine personale Individualität, und erst infolge der Verhältnissetzung von personaler Individualität und Gattungsindividualität kann er seine Position gründen, bewußt eine Position einnehmen, seine Position als eine individuell eingenommene begründen. So verstanden ist Individualität das Ergebnis eines, sich im Konflikt von Besonderheit und Allgemeinheit menschlicher Fixierung seiner Position als einer so eingenommenen Position bewußt werdenden Menschen.

Ein solches Verständnis von Individualität existierte z.B. bei den Griechen der klassischen Zeit nicht. Die Zwiespalt von personaler Individualität und Gattungsindividualität, von Mensch und Gesellschaft (Umwelt), war noch aufgehoben in der Idee einer kraft Vernunft notwendigen menschlichen Ordnung, als deren unmittelbare konkrete Ausformung die griechische Polis angesehen wurde. Erst später, im Hellenismus und dann radikal bei den Römern, ist eine Abwendung von dieser Vorstellungswelt, bzw. eine Wende gegen sie, festzustellen, obwohl sie sich schon früher ankündigte.[9] Diese Wende war bestimmt durch die sich durchsetzende Erkenntnis, daß die menschliche Ordnung (im griechischen Sinn die Polis) nicht mehr eine notwendige Ordnung, vor allem nicht eine kraft Vernunft notwendige Ordnung sei, sondern daß sie eine gesetzte Ordnung sei, und zwar eine von Menschen gesetzte.[10] Indem menschliche Ordnungen aber zunehmend als vom Menschen — wie gut oder schlecht auch immer — gesetzte Ordnungen verstanden wurden, beinhaltete diese Wende gegen die Polis, als einer durch Vernunft garantierten und damit gleichsam naturgegebenen, ewig gültigen Ordnung der Lebenswelt, zugleich und ganz beson-

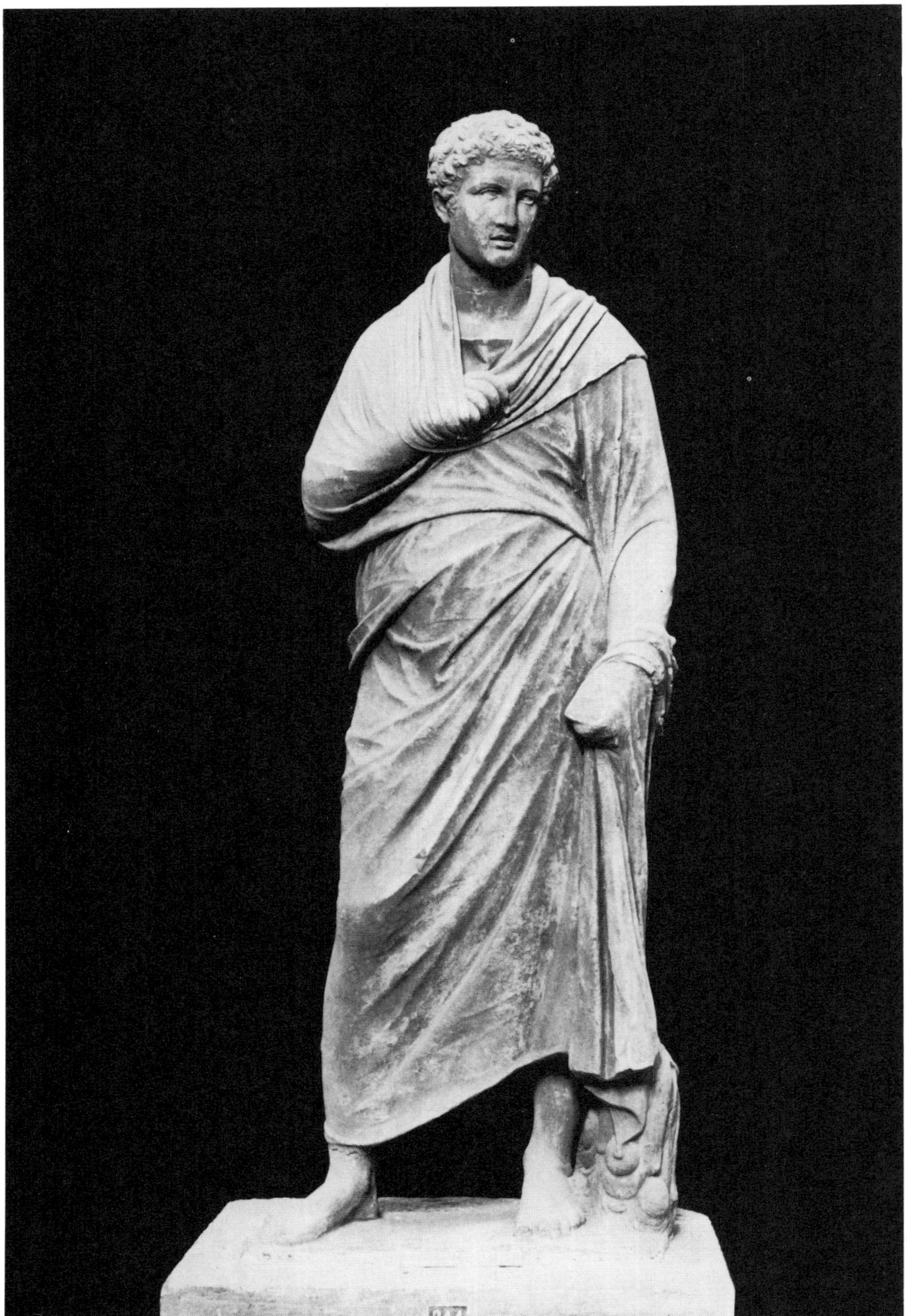

5 Statue eines jungen Mannes aus Eretria, 3. Viertel des 1. Jahrhunderts v. Chr., Athen, Nationalmuseum

ders eine Wende zum Menschen. Denn wenn menschliche Ordnungen nicht mehr durch ewige Vernunftgründe garantiert, sondern vom Menschen gesetzt werden, erscheint es notwendig, mehr über den zu erfahren, der solche Ordnungen setzt, eben über den Menschen. Der Mensch selbst tritt in das Zentrum des Interesses, und zwar ganz konkret: Zentral ist nicht mehr die Frage nach der Idee des Menschen, sondern die Frage nach seinem konkreten So-Sein, seinen Wesenszügen, Verhaltensweisen, Möglichkeiten usw. Es interessieren Erfahrungen über den Menschen und mit Menschen, und es sind diese Erfahrungen, die dann auch ausschlaggebend werden, z.B. für richtiges Handeln. Richtiges Handeln ist nicht länger ein für allemal durch eine kraft Vernunft garantierte Ordnung geregelt, sondern richtiges Handeln erfolgt aufgrund von Erfahrungen, von Fall zu Fall und — gemäß der jeweiligen Situation — auch unterschiedlich. An Stelle der Vernunftsgründe, die Garant waren für richtiges Handeln, treten nun Erfahrungsgründe, an die Stelle des Müssens das Sollen: Es ist der Mensch, der aus eigener oder wie auch immer sonst gewonnener Erfahrung handelt, bestimmt, dies zumindest tun sollte, und zwar auch dann, wenn er gegen geltende abstrakte Normen verstoßen müßte.[11]

Im Hellenismus also und dann radikal bei den Römern bricht die Mensch und Umwelt konkret übergreifende Ordnungseinheit auseinander, treten Mensch und Umwelt auf Distanz, sind die Voraussetzungen für Individualität im Sinne der hier vorgeschlagenen Definition gegeben. Demnach müßte man im Hellenismus, dann aber vor allem bei den Römern mit Portraits, und zwar mit solchen Portraits rechnen können, die als Individualportraits — in der hier angegebenen Bestimmung — anzusehen wären und die sich grundlegend unterscheiden müßten von solchen Portraitdarstellungen hellenistischer oder vorhellenistischer Zeit, die keine Individualportraits sein sollen. Der Vergleich zweier Figuren, der Jünglingsstatue aus Eretreia (Abb. 5)[12] und der männlichen Figur eines Grabreliefs aus Rom (Abb. 6)[13], kann diese als grundsätzlich angesehene Unterscheidung deutlich machen.

Bei beiden Darstellungen haben wir es mit Grabfiguren zu tun, einer Grabstatue und einer Grabstele.[14] Beide Figuren gehen auf ein gemeinsames Vorbild zurück, eine griechische Gewandstatue des 2. Jahrhunderts,[15] zeigen demnach erhebliche Verwandtschaften in Haltungs- und Gewandmotivik. Gerade aber aufgrund dieser Ähnlichkeiten treten die Unterschiede in der Gesamterscheinung der Figuren — sowohl was die Haltung als auch die Gewandbildung angeht — um so deutlicher zutage. Die berechtigte Frage, ob hierbei nicht auch qualitative Unterschiede mit eine Rolle spielen könnten, möge zurückgestellt werden zugunsten einer Erörterung der sich in diesem Vergleich besonders deutlich aussprechenden strukturellen Unterschiede.[16]

Die Haltung der griechischen Figur ist durch das Kontrapostprinzip[17] bestimmt, demnach als eine Bewegungshaltung gegeben, die — basierend auf dem besonderen Standmotiv, nämlich der Differenzierung in Stand- und Spielbein und der daraus resultierenden Verschiebung aller Körperachsen — das Stehen der Figur, ihre Befindlichkeit als das Ergebnis des Ausponderiertseins und damit des gleichgewichtig aufeinander Bezogenseins aller Formen und Formungen deutet. Stehen, Befindlichkeit ist nicht eine momentane Zuständlichkeit, die im nächsten Augenblick wieder verlassen werden kann, sondern ein Zustand, der aus dem harmonischen Zusammenschluß aller möglichen Bewegungen und zeitlichen Differenzierungen resultiert.

Die römische Figur (Abb. 7) hingegen ist nicht kontrapostisch aufgebaut. Das Standmotiv zeigt keine Differenzierung in Stand- und Spielbein. Die Figur scheint überhaupt nicht

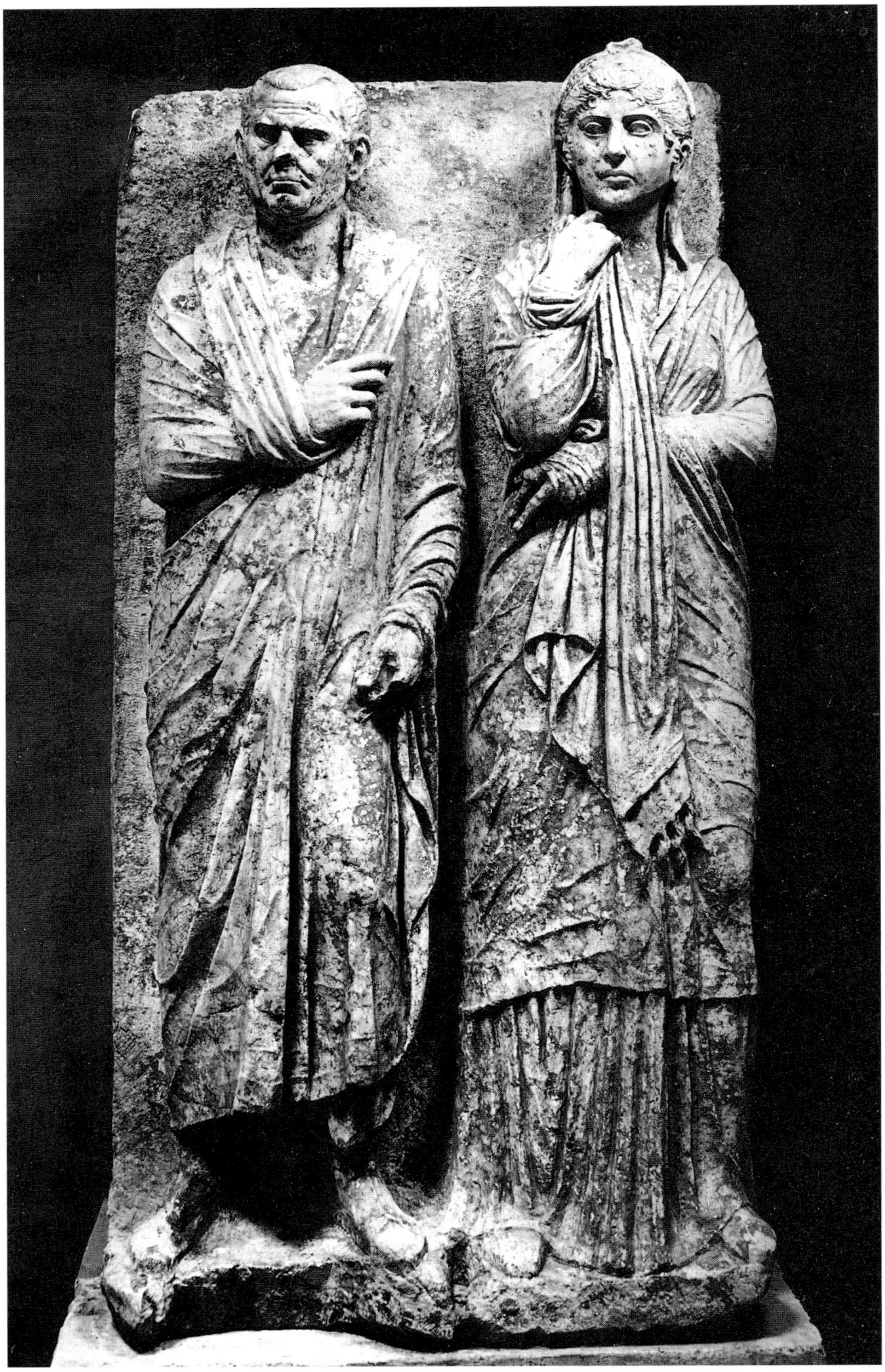

6 Grabrelief eines Ehepaars, 3. Viertel des 1. Jahrhunderts v. Chr., Rom, Palazzo dei Conservatori

recht Fuß fassen zu können: Sie hat etwas Schwebendes, Unbasiertes. Zumindest steht sie nicht selbständig in sich bzw. aus sich heraus, sondern zeigt in ihrem Standmotiv eher ein In-Abhängigkeit-Stehen zu etwas oder von etwas, das durch die konkreten Motive selbst nicht ausgewiesen wird. Die Füße der griechischen Figur beziehen sich auf die Plinthe, die insgesamt von der Fußstellung übergriffen und als Grundlage der sich darüber aufbauenden Figur ausgewiesen wird. Eine solche funktionale Beziehung von Auflagerndem und Auflager ist bei der römischen Figur nicht festzustellen.[18] Die Füße ruhen nicht auf, weisen demnach auch die Plinthe nicht als festes Auflager, als selbständiges Motiv aus, sondern verweisen in ihrer so-gegebenen, nämlich allein richtungsmäßig bestimmten Anordnung auf eine symmetrische Koordinierung über einen abstrakten Mittel-und Richtwert. Stehen ist nicht funktional, als Abstützen des Körpergewichts in einer bestimmten Stellung, sondern habituell aufgefaßt, als Chiffre für Stehen. Es erscheint nicht selbst thematisch, sondern instrumentalisiert.

Die Gewandbildung unterstützt dann jeweils die verschiedenen Ausformungen von Stehen. Während das Gewand der griechischen Figur, indem es seine eigene Stofflichkeit zur Geltung bringt, etwa das Schwersein des Stoffes, das Fallen, das Gezogenwerdenkönnen, das Sichspannen usw., gleichzeitig die einzelnen Körpermotive, sowohl in ihrer momentanen Befindlichkeit als auch in ihrem funktionalen Zu- und Miteinander, anschaulich macht, gibt die Gewandbildung der römischen Figur weder eine Eigenbestimmung der konkreten Stofflichkeit des Gewandes noch eine klare Bestimmung der einzelnen Körpermotive dahinter, geschweige denn einen Hinweis auf deren funktionales Zusammenwirken. Ihr auffallendstes Merkmal ist die abstrakte Systematik, die sie zur Geltung bringt. So betreibt sie aufgrund ihrer Formbildungen eine klare Trennung der Figur in zwei Bereiche, einen linken und einen rechten, wobei die Trennungslinie selbst durch den mittig angeordneten Faltensteg akzentuiert wird. Auf diesen beziehen sich dann die Füße in ihrer richtungsmäßigen Anordnung symmetrisch, bestimmen ihn also gleichsam als Symmetrieachse.

Was nun die Ausbildung jeweils der Körperhaltung insgesamt angeht, so zeigt sich bei der griechischen Figur eine konsequente Entwicklung aus dem Standmotiv heraus. Jene, durch das durchgedrückte Knie des Spielbeins bedingten und schräg von links unten nach rechts oben laufenden Gewandfalten etwa zielen auf eine Stelle oberhalb der Hüfte, an welcher die mittlere, Ober- und Unterkörper trennende Querfalte beginnt, die dann über die gesamte Breite des Körpers und darüber hinaus bis zum Ellbogen links hin verläuft. Kleinere Staufalten zwischen Quer- und Schrägfalten bringen dabei die konkrete Lagerung des Bauches im Verhältnis zu Stand- und Spielbein zur Geltung, welcher selbst, als plastische Form schräg gelagert, aus der gedrehten Hüfte heraus eine Richtungstendenz von rechts nach links, also zum Ellbogen hin, einschlägt.

Vom Ellbogen aus führt dann der linke Arm in einer gegensinnigen Schräge nach rechts hinüber und erwirkt dabei durch das Greifmotiv der Hand jene Gewandschlinge in der Mitte der Figur, über welche Hals und Kopf in die Bewegungssystematik einbezogen sind. Kopfrichtung und unsymmetrisch gebildete Gewandschlinge leiten dann weiter nach rechts zur Schulter hin, von der aus der vertikal herabfallende Arm wieder nach unten führt und den Kreislauf der Bewegung schließt, insofern er sich einerseits — aufgrund des leicht gewinkelten Unterarms und der Hand — in die ursprünglichen Schrägrichtungen um das Spielbein einbindet, andererseits aber — aufgrund des von Unterarm und Hand vertikal herabfallenden Gewandteils — zum Standbein überleitend verhält, damit den eigentlichen Ausgangspunkt der Bewegung aufrufend und so gleichsam Ausgangspunkt und Zielpunkt der Bewegung gleichsetzend.

Bei der römischen Figur fehlt eine solche organisch funktionale, durch eine Körperbewegung zur Anschauung gebrachte Einheit. Vielmehr verlaufen Ober- und Unterkörper unmittelbar, gleichsam »nahtlos« ineinander; Einheitlichkeit besteht aufgrund der primär gegebenen und die körperlichen Einzelmotive nivellierenden Massenform, nicht — wie bei der griechischen Figur — aufgrund von Körperformen, die — bewegungsmäßig und funktional sich gegenseitig bedingend — ein Ganzes herstellen. Wenn aber doch einzelne Körpermotive konkret darzustellen sind wie Arme, Hände, Kopf und Füße, so erscheinen sie gleichsam der Masse anhängend[19] und durch sie in ihrer ursprünglichen Motivik transformiert. Die Armhaltungen z.B. werden nicht funktional begründet — etwa durch eine bestimmte Bewegungssituation der Figur —, sondern als Formwerte gesetzt, als »Zeichen« für Bewegungshaltungen eingesetzt. Entsprechend erfolgt die Einbindung solcher Motive auch nicht organisch funktional, sondern rein formal, nämlich durch die abstrakte Systematik ihrer Richtungen und deren gesetzmäßige Bindung an einen dominanten Richtwert. So verläuft jener mittig angeordnete vertikale Faltensteg bruchlos vom Unter- in den Oberkörper, wird dann aber hier allmählich aus der Mittelachse nach rechts hin verschoben und in dieser Verschiebung unterstützt durch den linken angewinkelten Arm, der gleichfalls über die abstrakt anzunehmende, ideelle Mittelachse hinausgreift. Zurückgenommen bzw. ausgeglichen wird diese Verschiebung durch die Halsschlinge, die — dreiecksförmig — mit der Spitze des Dreiecks auf den ursprünglichen bzw. ideellen Verlauf der Mittelachse zurückverweist, der dann durch den Hals konkret und in der Kopfwendung differenziert wieder aufgegriffen wird. Da die Gewandbildung auch im oberen Teil streng zwischen links und rechts unterscheidet, zeigt sich, daß die vertikale Mittelachse — gegenständlich unterstrichen oder rein formal als Richtwert gegeben — den obersten Gliederungswert für die gesamte Figur abgibt.[20] Als ein solcher oberster Orientierungswert für Formen und Formungen der Figur insgesamt ist die Mittelachse aber — trotz stellenweiser Konkretisierung durch die vertikale Faltenbahn — nicht durch die Figur bestimmt, nicht der Figur eigenes, durch sie Deutbares, final Bestimmbares, sondern lediglich eine sich an der Figur ausweisende und durch sie sich zur Geltung bringende ideelle Größe, eine ideelle Ordnungsnorm. Sie ist nicht motivisch vereinnehmbar, etwa als Anschauungssynonym für ein Sich-Aufrichten der Figur, sondern wird als überindividuell, als zeitindifferent erfahren, als abstrakte Setzung, die keine Geschichte besitzt, sich nicht entwickelt oder verändert, keinen wie immer gearteten Einflüssen unterliegt.

Was aber soll durch die Setzung einer so gearteten Ordnungsnorm zur Anschauung gebracht werden, und was könnte sie für die Figur konkret bedeuten? Um diese Frage zu beantworten, ist es notwendig, auf die jeweilige Besonderheit der unterschiedlichen Formbildungen in den beiden Bereichen links und rechts der Mittelachse und ihre Auswirkungen auf das Gesamt der Figur genauer einzugehen. Im linken Teil verlaufen die Falten von den Außenkonturen weg nach innen und dabei strahlenförmig auf den linken Arm hin zusammen: Die diagonal ausgerichteten Falten des Unterkörpers zielen von unten her auf das Armmotiv hin, die entsprechenden Falten des Oberteils zielen von oben her auf die Handwurzel. Der Arm selbst ist in seiner leicht aus der Horizontalen heraus verschobenen Richtung gleichsam der Richtwert für den gesamten linken Bereich. Auf der rechten Seite weisen dann die Faltenverläufe durchweg vertikale oder der Vertikalen angenäherte Richtungen auf, wobei auch für diesen Teil der leicht aus der Vertikalen gewinkelte, herunterhängende rechte Arm die Orientierungsmarke abgibt. Zeigt demnach die Systematik der Faltenverläufe im linken Teil ein Hereinströmen von Richtungen in das Innere der Figur, in dieser Tendenz dann gleichsam exemplarisch zusammengefaßt durch den nach rechts weisenden linken Arm, so zeigt die Systematik der Faltenverläufe rechts ein im Innern Verhaftet- bzw. Beschlossensein der Richtungswerte, gleichfalls exemplarisch verdeutlicht durch den rechten Arm. Ist die linke Seite eher geöffnet, das Umgebende einlassend, so ist die rechte Seite eher geschlossen, das Umgebende abwehrend. Die im Hinblick auf die vertikale Mittelachse in einen linken offenen und einen rechten geschlossenen Teil getrennten Bereiche sind dann mit dem abrupt aus der vertikalen Mittelachse gewendeten Kopf zusammenzusehen: Der ohne Vorbereitung — etwa durch den Hals oder durch eine bestimmte Körperhaltung — aus der Mittelachse nach links geworfene Kopf wird optisch in Verbindung gebracht — und zwar über die zur Mittelachse symmetrisch angeordnete Halsschlinge — mit dem gegensinnig nach links führenden Arm, dessen Übergewicht — der Arm greift über die Mittelachse hinaus und wird verlängert durch die Hand und die weisenden Finger — dann durch den rechten, herunterhängenden Arm, der zur Mitte zurückverweist, ausgeglichen wird. Der Wendung des Kopfes nach links hin, seinem Hinausgehen auf das Außen, seinem Sich-in-Verbindung-Setzen zum Außen folgt als Reaktion das Hineinströmen des Außen in die Figur, in jenen »offenen« Bereich, das Hineinnehmen des Außen, gemäß dem exemplarischen Richtwert dieser Seite, dem Armmotiv. Das Außen dringt dabei bis zur Mittelachse und — im exponierten Motiv des Arms in Verbindung mit dem Umbiegen der ehemals vertikalen Mittelfalte — sogar über diese hinaus.

Die Hereinnahme des Außen in die Figur

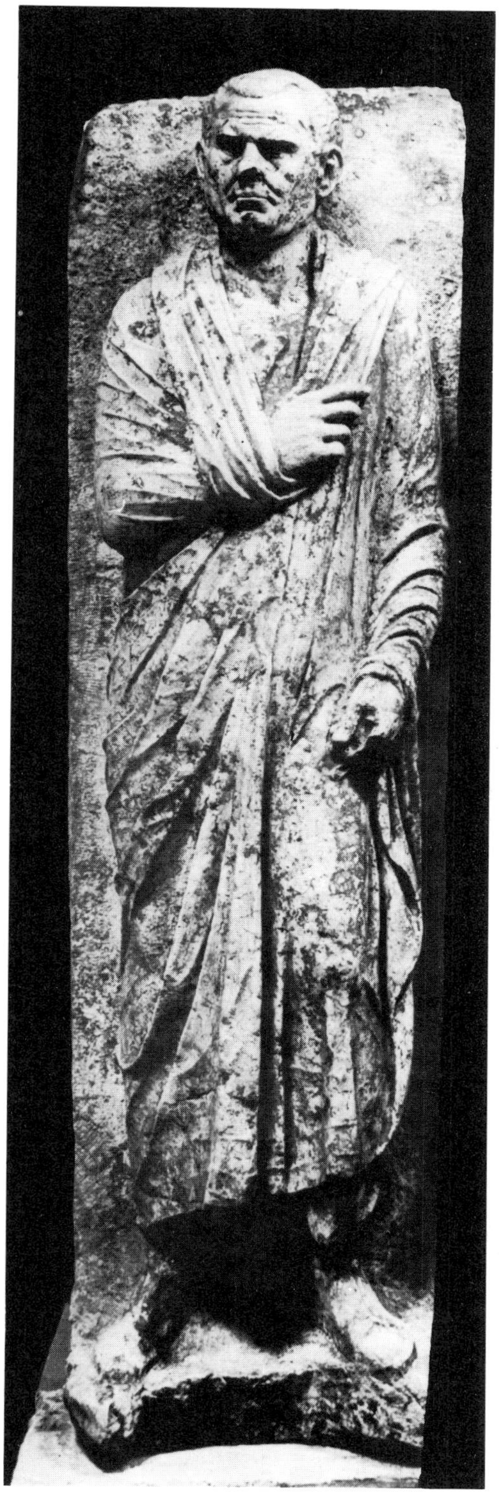

7 Detail vom Grabrelief eines Ehepaars (6)

trifft dann auf den rechten, durch vertikal gerichtete Faltenverläufe bestimmten Teil, der ein konkretes Beisichsein der Figur, ein beschlossenes Eigensein verdeutlicht: Das aktive Verhalten der Figur zur Umwelt (Kopfwendung) und die dadurch ausgelöste Einwirkung der Umwelt auf sie (linke, offene Seite) kollidert mit ihrem Eigensein (rechte Seite). Die Figur thematisiert damit eine für sie bestimmende existentielle Situation, die gekennzeichnet ist durch das Auseinandertreten von eigenem, selbstbeschlossenem Sein (rechte Seite), dem aktiven Aus-sich-heraus-Gehen, der Ausrichtung auf die Umwelt (Kopfwendung), und dem Einwirken der Umwelt auf das eigene (linke Seite).[21] Dabei zeigt sie sich nicht in der Lage, diese ihre Existenz bestimmenden Grundgegebenheiten in sich aufzuheben, sie konkret als durch sie beherrschte zur Anschauung zu bringen. Sie kann aus diesen widerstrebigen Existenzbedingungen keine finale Einheitsbestimmung ableiten, sie kann sie nicht als jeweils unterschiedliche Interpretationsmomente einer eigenen Position deuten.

Wenn auch die widerstrebigen Existenzbedingungen nicht als unterschiedliche Interpretamente einer eigenen Position der Figur ausgewiesen sind, so weisen sie doch gleichwohl auf eine Position hin, in der sie zusammengefaßt, endgültig zu bestimmen wären, eine Position, die — durch die ideelle Mittelachse veranschaulicht — aber von der Figur selbst konkret nicht einzunehmen ist. Fußstellung und Halsschlinge sind zwar auf diese Position hin ausgerichtet, die Figur »möchte« eine solche Position einnehmen, in ihr stehen, in ihr bestehen können, allein, die Figur insgesamt zeigt deutlich, daß diese Position eine nur angestrebte, nicht aber eine durch sie selbst realisierte Position sein kann. Denn das Ausbalancieren der einzelnen Bereiche im Hinblick auf die Mittelachse erfolgt rein formal, d.h. unabhängig von der jeweils gegenständlich motivischen Eigenbedeutung der ausbalancierten Bereiche. Im Motivisch-Gegenständlichen dagegen findet sich gerade kein Ausgleich, keine Balance, sondern Aktion und Reaktion stehen sich prozeßhaft gegenüber, werden nicht konkret vermittelt; der Prozeß kommt zu keinem Ende, bleibt in Gang.

Es brechen so in der Figur zwei thematische Bereiche auseinander und geraten zueinander in Widerspruch, die vorher — etwa in der griechischen Version — im Gesamt der Figur als Einheit aufgehoben waren: Zum einen thematisiert die Figur ihre konkrete Lebenssituation, ihr Einbezogensein in das Geflecht widerstrebiger Existenzbedingungen, das Gegeneinander von eigenem und anderem, Figur und Umhaften, besonderem und allgemeinem, das sich in Aktion und Reaktion prozeßhaft darstellt, zum anderen thematisiert sie an sich die ideelle und von ihr nicht einzunehmende Position einer Vermitteltheit des jeweils Widerstrebigen als Postulat. Konkrete Situation und ideelle Position verweisen zwar aufeinander, sind aber nicht zusammenzubringen: Die konkrete Situation als offener Prozeß muß gelebt werden, die ideelle Position kann allenfalls gedacht werden; auf der einen Seite ist eine bestimmte existentielle Situation dargestellt, als Prozeß von Widerstrebigem, und zwar als Prozeß ohne Ausgang, auf der anderen Seite eine ideelle Position, in der sich gerade eine Aufhebung des im Prozeß jeweils Widerstrebigen dokumentiert, ohne daß aber der Prozeßverlauf, der Weg dahin, angegeben würde. Einerseits wird das Ziel angegeben ohne konkrete Bindung an die Voraussetzungen, andererseits werden die Voraussetzungen angegeben ohne konkrete Verbindung zum Ziel; es gibt für den Menschen keine vorgegebene übergreifende Systematik mehr, in welcher das Konkrete und Ideelle, Zeit und Zeitlosigkeit integrale Bestandteile eines umfassenden Ganzen, eine Einheit wären. Der Mensch findet sich vielmehr in einer konkreten, durch Widerspruch gekennzeichneten Existenzsituation vor, und es ist seine Aufgabe, vielleicht sogar seine ethische

Verpflichtung, eine Position zu finden, in der sich diese Widersprüche auflösen. Eine solche Position, die eine richtige Einstellung, eine richtige Distanz beinhalten würde, ist aber — und das macht die Figur deutlich — konkret, d.h. für sie selbst nicht zu finden, sondern kann durch sie lediglich als ideelle Setzung postuliert werden.

Die Einheit der Figur ist auseinandergebrochen. Wenn dennoch die Figur durch den Bruch nicht faktisch auseinandergerissen erscheint, so deshalb, weil an die Stelle der konkreten, motivisch-organischen Einheit eine andere getreten ist, diese gleichsam vertretend, nämlich jene im Konkreten zum Vorschein kommende, ideell postulierte. Die griechische Figur kennt keine solche Entzweiung. Konkrete Erscheinung und allgemeine Gesetzlichkeit sind vielmehr unauflösbar ineinander überführt, bilden ein Ganzes. Konkrete Erscheinung ist nicht zu denken ohne allgemeine Gesetzlichkeit und umgekehrt. Die Figur als besondere dokumentiert an sich und durch sich die Bedingungen des Allgemeinen, wie umgekehrt das Allgemeine die Spielformen der Besonderheit in sich aufgehoben enthält. Diese besondere Gestaltungsweise der griechischen Figur sei nachfolgend an einem einzelnen, herausgenommenen Formkomplex, der Gewandschlinge im oberen Teil der Figur, dargestellt (Abb. 8).

Die Mantelschlinge entwickelt sich zunächst aus der Lagerung des linken Arms und dem Greifmotiv der Hand, die als solche selbst wiederum eingebunden sind in jene, durch das kontrapostische Standmotiv bedingte Gesamtbewegung der Figur. Die Hand bildet das Zentrum der Mantelschlinge. In ihr endet einerseits die räumliche Richtung des Arms — von hinten nach vorn verlaufend —, andererseits besitzen hier die Falten der linken Seite — aus verschiedenen Richtungen kommend, in Bogenform ausschwingend oder straff gefaßt, in vertikalen Richtungen heruntergezogen — ihren Umschlagspunkt. Ebenso läßt sich aufgrund der kontinuierlich anwachsenden Zahl der Falten zu diesem Punkt hin seine Sonderstellung erweisen.

Als solchermaßen hervorgehobenes Motiv bildet dann die Hand einen Übergang zum rechten Teil der Mantelschlinge. Dieser ist gerade nicht als symmetrisch angeordnetes Komplement des linken Teils gegeben, sondern völlig selbständig: Laufen die Falten des linken Teils eher in vertikalen Richtungen, straff und sehr eng beieinander, so besitzen die Falten rechts überwiegend diagonale Richtungswerte, die sich teilweise der Horizontalen annähern. Zeigt der Faltenteil links in seiner engen und straffen Faltenführung die Last des vom Stoff getragenen Armes, so erscheinen die Falten rechts eher entlastet und in eine bestimmte Richtung hin gezogen. Es ist die Hand, welche die Faltenbildung der linken Seite funktional bestimmt, insofern sie die Last der Hand, ihr Getragenwerden deutlich macht, und es ist wiederum die Hand, die auch die anders geartete Faltenbildung der rechten Seite vorprägt, insofern sie durch das Motiv des Greifens das Gezogensein funktional bedingt, ebenso wie das stärker vereinzelte, freie Verlaufen dieser Falten durch die besondere Art des Greifens, dem eher zufälligen Fassen, ausgelöst zu sein scheint.

Das zunächst als eine Formfigur in Erscheinung tretende Motiv der Mantelschlinge setzt sich also aus zwei unterschiedlich instrumentierten und vom Motivischen her unterschiedlich ausgewiesenen Teilen zusammen. Diese unterschiedlichen Teile werden durch das Motiv der Hand in ihren Unterschiedlichkeiten funktional begründet, gleichzeitig aber durch eben die Hand in einer übergreifenden Motivform, der Gewandschlinge, zusammengebracht. Die Motivform, die Schleife, ist demnach keine abstrakte Setzung, sondern Resultat eines funktional bestimmten Zusammenspiels motivisch selbständiger Teile zum Zweck einer übergreifenden Motiveinheit.

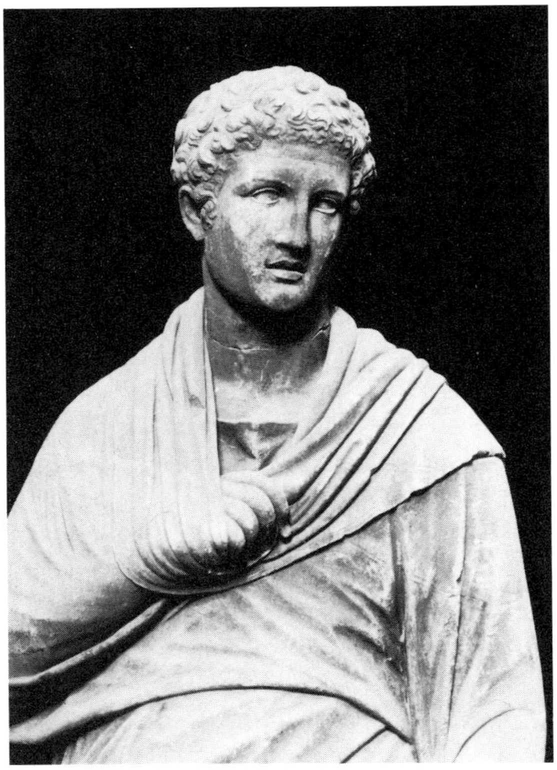

8 Detail von der Statue eines jungen Mannes aus Eretria (5)

Auf beides, die Einheit wie die Unterschiedlichkeit der Teile, nehmen dann wieder Hals und Kopf Bezug. Indem sich einerseits der Hals auf den inneren Teil der Gewandschlinge bezieht, also auf jenen gleichsam V-förmigen Ausschnitt, wird die Einheit der Formfigur hervorgehoben. Indem andererseits der Kopf in seiner Wendung nach rechts die symmetrische V-Form durchbricht, verweist er auf die unsymmetrische Anlage des Gesamtmotivs: Er betont den rechten Teil der Formbildung, dessen Faltenverläufe sich stärker an der Horizontalen orientieren. Die anschließende Einbindung dieser Wendung nach rechts für die Figur insgesamt wird dann durch den wieder nach links weisenden Unterarm rechts hergestellt.

Die griechische Figur kennt demnach keine abstrakten Formsetzungen, sondern alle Formen werden konkret gegenständlich erklärt, d.h. motivisch plastisch begründet. Faltenverläufe dokumentieren keine abstrakte Gesetzmäßigkeit, sondern aktualisieren Gesetzmäßigkeiten als organisch-motivische Zusammenhänge. Dementsprechend läßt sich aus der Ordnung der Motive auch kein abstraktes Ordnungsgerüst herausdestillieren, da jedes Motiv in einem unmittelbaren Bezug zum benachbarten steht, direkte Anweisung für das Aussehen des nächstnachbarlichen in sich enthält. Ordnung, Gesetzlichkeit tritt dem zufolge erst als durchgehaltene innerhalb der gegenständlichen Kontextualisierung, also durch die Motive selbst, in Erscheinung: Die einzelnen Motive tragen die Ordnung in sich. Sie ist eine durch die Motive zur Anschauung gebrachte Vorstellung von Ordnung, die sich in der Figur konkret vorstellt, sich in ihr vergegenständlicht und nur als solchermaßen vergegenständlichte faßbar ist. Ordnung ist nicht etwas zur konkreten Erscheinung der Formen und Formungen anderes, möglicherweise gegensätzliches, sondern sie ist ein mit ihr identisches. Erscheinen und Sein der Figur sind demnach eins: Die Figur steht in sich selbst, sie verweist nicht auf etwas, Ordnung oder allgemeines, sondern stellt dieses zugleich und mit sich identisch in Gänze her. Sie ist, indem sie selbst ist, zugleich das Ganze, damit auch das andere. Sie kann folglich — gemäß der oben gegebenen Definition von Individualität — kein Individualportrait sein.[22]

Nun besitzt auch die römische Figur eine ähnlich geartete Gewandschlinge (Abb. 9), und auch bei der römischen Figur bestimmt diese wesentlich die Ausbildung des Oberkörpers mit.[23] Allerdings ist — im Unterschied zur griechischen Version — gleich festzustellen, daß die Mantelschlinge sich nicht selbstverständlich aus der Gewandbildung insgesamt ableiten läßt. Linker und rechter Teil der Mantelschlinge werden auch nicht funktional miteinander verbunden bzw. funktional erklärt — z.B. durch das Motiv der Hand —, sondern bleiben isolierte Formbereiche, die allein aufgrund der symmetrischen Zuordnung zur ideellen Mittelachse eine übergreifende Gesamtform finden. Entsprechend sitzt auch die Hand weder in der Mitte des Formkomplexes, noch lastet sie auf dem einen Teil, bzw. greift sie in den anderen Teil der Mantelschlinge; sie leitet vielmehr — scheinbar schwerelos — die Richtung des Unterarms über den ausgestreckten Zeigefinger an dem Schlingenteil rechts vorbei. Der Motivkomplex der Gewandschlinge wird demnach durch die Hand nicht nur als Motiv nicht geklärt bzw. funktional begründet (lasten, greifen, ziehen), sondern im Gegenteil als solches geradezu übergangen.

Dem trägt auch die Faltenbildung Rechnung. Beide Bereiche werden relativ gleichartig und unspezifisch ausgebildet, gleichsam gemustert oder gemasert, dadurch das Selbständige, Unverbindliche und Unverbundene der Teile unterstreichend. Ein Zusammenhang wird somit nicht durch die Motivformen selbst oder über ein hinzugefügtes, vermittelndes Motiv anschaulich, sondern erst durch den Verweis auf eine die Motivform übersteigende, formale

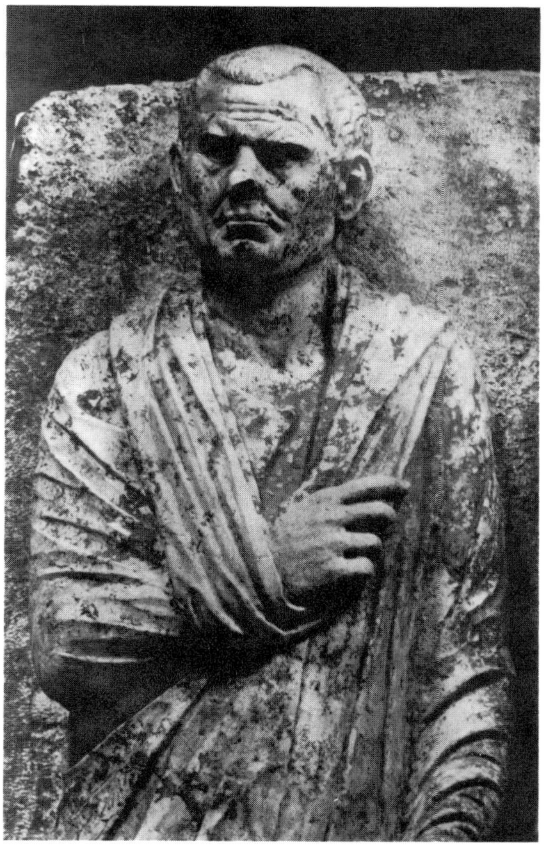

9 Detail vom Grabrelief eines Ehepaars (6)

Ordnung. Sie besitzen demnach diese Ordnung nicht in sich — können folglich diese auch nicht vergegenständlichen —, sondern haben sie außer sich, verweisen nur auf sie. Die Ordnung zeigt sich zwar an ihnen, nicht aber in ihnen. Sie steht ihnen, als konkreten Motiven, entgegen.

Das Auseinandertreten von konkreter Erscheinung und abstrakter Gesetzmäßigkeit als Anschauungssynonym für die sich in der konkreten Lebenssituation ereignende Entzweiung von Besonderem, Personalem (Mensch) und Allgemeinem, Umhaftem (Gesellschaft) mit der Konsequenz, eine eigene Position zu gründen, ist aber der Grund dafür, daß diese Figur als Individualportrait angesprochen werden kann: Erst in dem Herausgehen des Menschen aus dem eigenen mit Blick auf ein Außen, was die Anerkennung eines Gegensatzes von Innen und Außen voraussetzt, erst also in der Auseinandersetzung, im Konflikt mit seiner Umwelt, kann sich der Mensch als eigenes, als Individuum erfahren. Und erst aus dem Bewußtsein heraus, daß diese Konfliktstellung eine notwendige ist, wird der Mensch gezwungen, eine eigene Position zu finden, sie bewußt als ihm eigene einzunehmen. Demnach wird erst durch den Aufweis dieses Konflikts von Mensch und Gesellschaft die Formulierung einer eigenen Position bzw. die Postulierung einer ideellen, Innen und Außen versöhnenden Position als Ziel einer Positionssuche nötig und damit das Individualportrait möglich.

Die hiermit dokumentierte Auffassung von Portrait als Individualportrait hat zur Voraussetzung, daß erst dann die »... Darstellung eines bestimmten Menschen ...«[24] zum Individualportrait wird, wenn sie die Entzweiung von Mensch und Umwelt und die sich daraus für den Menschen ergebende Konsequenz, eine Position zu finden, aufgehoben in sich enthält. Individualität wird somit gesehen als Folge eines Handlungszusammenhanges innerhalb der so dargestellten Figur, als Ergebnis ihres ganz besonderen Verwirklichungsprozesses, nicht aber als Eigenschaft ihrer erscheinungshaften Gegenständlichkeit.[25] Dem gegenüber bildet gerade die Erscheinung des Gegenständlichen, die mehr oder weniger exakte Wiedergabe von Sichtbarkeitsmerkmalen eines Menschen, in der Regel die Grundlage, wenn es darum geht, Individualportraits zu bestimmen.[26]

Dem Versuch, die Bestimmung der Individualität abhängig zu machen von einer mehr oder weniger exakten Abbildung konkreter Sichtbarkeitsmerkmale, liegt wohl die Vorstellung zugrunde, daß die Individualität eines Menschen mit seiner Unverwechselbarkeit gleichzusetzen bzw. durch sie zu substituieren sei. So richtig es auch sein mag, daß eine differenzierte Wiedergabe von Sichtbarkeitsmerkmalen eines Menschen die Verwechslung mit anderen weitgehend ausschließt, insofern es ausgeschlossen erscheint, daß noch ein zweiter Mensch mit ebensolchen Merkmalen und in eben einer solchen Weise ausgebildet anzutreffen wäre, so bleibt es doch fraglich, ob die Unverwechselbarkeit eines Menschen quantitativ, aufgrund einer bestimmten Anzahl von äußeren Erscheinungsmerkmalen, bestimmt werden kann. Denn die Erfahrung lehrt, daß die Unverwechselbarkeit eines Menschen nur zu einem sehr geringen Teil von seinen unverwechselbaren äußeren Gesichtsmerkmalen abhängt, daß sie vielmehr abhängt von seiner besonderen Art, sich zu geben, zu handeln, zu denken, folglich von seinen unverwechselbaren charakterlichen Merkmalen. Jene Vorstellung, welche die Unverwechselbarkeit eines Menschen in der Anhäufung singulär erscheinender äußerer Merkmale zu finden glaubt, läßt den unverwechselbaren Menschen zum bloßen Träger physiognomischer Eigenschaften verkümmern, verkürzt damit die Unverwechselbarkeit des Menschen um ihre wichtigste Dimension, nämlich die der charakterlichen Unverwechselbarkeit.

Das soll nun nicht bedeuten, daß die Darstellung der physiognomischen Besonderheiten unwesentlich wäre. Selbstverständlich lassen sich bei Individualportraits in der Regel realistische oder veristische Tendenzen in der Darstellung feststellen; sie gehören gleichsam zum Individualportrait, aber sie gehören instrumental zu ihm, nicht elementar. Sie gehören instrumental zu ihm, insofern die Entzweiung von Mensch und Gesellschaft — als Grundlage für das Erscheinen von Individualportraits und bedingt durch die Wende des Menschen gegen die Umwelt — gleichzeitig eine Wende zum Menschen beinhaltete, der zufolge dann der Mensch ganz konkret, ohne Einbeziehung einer leitenden, allgemeinen Idee vom Menschen, in seiner Vielfalt, seiner Vielgestaltigkeit, seinen Formen und Formreichtümern interessierte. Das gesteigerte Interesse an den Besonderheiten und den Eigenarten des Menschen, das möglicherweise mit veristischen Tendenzen innerhalb der Portraitskulptur zu analogisieren wäre, ist aber lediglich eine der Folgeerscheinungen jener grundsätzlichen Wende des Menschen gegen die Umwelt und zum Menschen, damit jener grundlegenden Entzweiung, die allererst zum Individualportrait führte. Dem gegenüber wäre der pure Realismus oder Verismus (Fotografie) eine Form der Darstellung des Menschen, die in der exakten Wiedergabe des bloß Faktischen, d.h. ohne den Lebenszusammenhang und folglich auch ohne Konfliktsituation, gerade nicht als grundlegend für Portraitdarstellungen im Sinne des Individualportraits anzusehen ist.

Realistische oder veristische Tendenzen sind demnach als Besonderheit gegenständlichen Erscheinens für Individualportraits sicherlich wichtig, sie sind es aber nicht allein und nicht grundlegend.[27] So können etwa Darstellungen von Menschen, nach lebenden Modellen angefertigt und diese physiognomisch genau in allen Einzelheiten wiedergebend, gleichsam abbildend, ohne weiteres in eine Sacra Conversazione Eingang finden und dort z.B. Apostel »meinen«. Ebenso können Darstellungen eines Menschen, die ein Übermaß an konkreten und nachprüfbaren Sichtbarkeitsmerkmalen aufweisen, Demonstrationscharakter — anatomisch oder dermatologisch ausgerichtet — annehmen, sie müssen deshalb keine Individualportraits sein. Schließlich geraten solche Darstellungen, die etwa nur bestimmte Wesenszüge eines Menschen abbilden, eher zum Typenbild (»die Schöne«, »der Alte«) oder zur Karikatur und sind gleichfalls nicht als Individualportraits anzusprechen.[28] Die wirklichkeitsgetreue Wiedergabe äußerlicher Merkmale eines Menschen kann allenfalls die Personalität eines Menschen zur Anschauung bringen, nicht aber seine Individualität. Individualität kommt erst durch die ganz besondere Kontextualisierung solcher äußerlicher Merkmale zum Vorschein, erst also infolge eines bestimmten Gestaltungskonzepts, das den Widerspruch von Mensch und Umwelt zur thematischen Grundlage hat.

Individualität ist demnach nicht durch Abbildung zu erreichen, d.h. durch die mechanische Überführung von So-Vorgegebenem in eine andere Materialität, sondern allein durch Darstellung, d.h. durch die Überführung des So-Vorgegebenen in einen bestimmten Anschauungszusammenhang, der dann zwar das So-Vorgegebene enthält, dieses gleichzeitig aber auch als ein anderes, nämlich Gedeutetes, und dem So-Vorgegebenen auf Distanz Gegenüberstehendes zur Geltung bringt. Vorgegebenes erscheint deshalb in der Darstellung als es selbst und gleichzeitig als ein anderes. Die Darstellung ist mit dem Darzustellenden nicht identisch, sondern ist — indem sie das Darzustellende darstellt — gleichzeitig auch etwas anderes, eigenes. Sie vertritt[29] das Darzustellende, dies ist in ihr präsent, aber als ein solches, das realiter nicht anwesend ist: Es wird »repräsentiert«.[30]

Hans Georg Gadamer hat im Hinblick auf die Bedeutungsgeschichte des Begriffs *Repräsentation* und zur Verdeutlichung der Seinsweise des Bildes auf den juristischen Repräsentationsbegriff hingewiesen. Dieser beinhaltet, »daß die persona repräsentata das nur Vor- und Dargestellte ist und daß dennoch der Repräsentant, der ihre Rechte ausübt, von ihr *abhängig* ist«.[31] Der Repräsentant ist demnach nicht identisch mit dem zu Repräsentierenden, er ist ein anderer, aber er tritt an Stelle des zu Repräsentierenden, er vertritt ihn. Man könnte dies als Beispiel weiterführen: Ist jemand zu vertreten, so muß es eine Instanz geben, vor der jemand vertreten werden kann. Vertreten wird jemand z.B. bei einer Verhandlung vor Gericht, demnach vor einer von der Allgemeinheit eingerichteten, öffentlichen Instanz mit Urteilsbefugnis. Verhandelt wird über Streitfälle, denen ein Konflikt zwischen Menschen oder zwischen Mensch und Gesellschaft zugrundeliegt.

Der Stellvertreter vertritt nun die Ansprüche und Interessen desjenigen, den er zu vertreten hat, nicht etwa eigene. Seite Hauptaufgabe — soll seine Interessenvertretung überzeugen — besteht dann darin, die einzelnen Ansprüche und Interessen seines Mandanten nicht nur vorzutragen, zu benennen und aufzuzählen, sondern sie zu kontextualisieren, zu begründen und zu deuten. Denn nur so besteht Aussicht auf Erfolg, Aussicht darauf, daß der zu Vertretende (Mandant) seinen Ansprüchen und Interessen gemäß vor der urteilenden Instanz bestehen, sich durchsetzen kann. *Gut vertreten* bedeutet demnach Deuten von Ansprüchen und Interessen. Deuten von Ansprüchen und Interessen meint Verdeutlichung der Hintergründe von Ansprüchen und Interessen. Deutung ist demnach Präsentmachung dessen, was hinter den Interessen steht, letztlich also dessen, der hinter den Interessen steht, also Präsentmachung des Abwesenden (und zu Vertretenden). Ziel einer solchen Deutung ist Eindeutigkeit bzw. Einstimmigkeit der Deutung des Abwesenden aufgrund seiner Ansprüche und Interessen.

Gut vertreten bedeutet dann aber nicht nur eindeutiges Deuten des Abwesenden im Hinblick auf seine Ansprüche und Interessen, sondern *gut vertreten* bedeutet auch und darüber hinaus eindeutiges Deuten im Hinblick auf bestimmte Normen, die vor der Instanz, bei der die Vertretung stattfindet, gelten. Die Art und Weise der Vertretung darf nicht einseitig auf den zu Vertretenden gerichtet sein, sondern muß gleichfalls die geltenden Normen im Blick haben, soll die Vertretung gelingen. Kontextualisierung der Interessen und damit die Präsentmachung des Abwesenden darf demnach nicht nur eindeutig sein im Hinblick auf das zu vertretende Subjekt, sondern muß gleichzeitig und geradeso eindeutig sein im Hinblick auf die geltenden Normen. *Gut vertreten* ist demnach das Durchsetzen von subjektbezogener Eindeutigkeit als objektive Norm.

Bezieht man nun dies Beispiel konkret auf die Portraitdarstellung, so ergibt sich, daß eine als Portrait »beabsichtigte«[32] Darstellung einen nicht (mehr) Vorhandenen vergegenwärtigt, ihn vertritt. Als eine solche, jemand nicht Anwesenden vertretende Darstellung ist sie nach zwei Seiten hin orientiert: Zum einen orientiert sie sich am Darzustellenden selbst, an seinen besonderen Merkmalen usw. (analog zu den »Ansprüchen« und »Interessen« des juristischen Beispiels), zum anderen an jenen Normen, die bei der urteilenden Instanz Geltung besitzen. Für die urteilende Instanz steht hier der Bertrachter. Die Aufgabe der Portraitdarstellung besteht nun nicht darin, die einzelnen Sichtbarkeitsmerkmale zu »benennen« und als äußerliche Fakten wiederzugeben, abzubilden, sondern vielmehr darin, diese äußerlichen Gegebenheiten zu kontextualisieren, innerlich zu begründen und zu deuten, sie als äußere Bestimmungswerte einer innerlich eingenommenen Position vorzuführen.

Deutung war Verdeutlichung der Hintergründe; Deutung von einzelnen Sichtbarkeitsmerkmalen eines Menschen wäre demnach Präsentmachung dessen, der hinter diesen steht, also des Darzustellenden. Diese Deutung erfolgt nun im Hinblick auf die urteilende Instanz, den Betrachter. Sie erfolgt im Hinblick auf den Betrachter und innerhalb bestimmter Normen, die vorgegeben sind, und zwar vorgegeben durch das jeweilige Medium, in welchem die Darstellung erfolgen soll. Erst wenn die Darstellung als Präsentmachung der besonderen Merkmale eines Menschen im Hinblick auf diese Normen (Bedingungen des Mediums) bestehen kann, stehen kann, vermag sie den Betrachter zu überzeugen. Das aber bedeutet, daß infolge der Darstellung eines bestimmten Menschen der so Dargestellte — wiewohl er immer auf den Darzustellenden bezogen bleibt — gleichzeitig aber auch ein eigener, In-sich-Stehender sein muß, demnach auch immer eine Distanz zum Darzustellenden aufzuweisen hat:[33] Darzustellender und Dargestellter gehen nicht restlos ineinander auf, sondern stehen in der Darstellung »zueinander« und in permanenter Wechselbeziehung. Der Darzustellende tritt nur in der Darstellung, d.h. als Dargestellter in Erscheinung, wie umgekehrt die Deutung des Dargestellten innerhalb der Darstellung nur Widerschein des Darzustellenden sein kann.[34]

Es ist demnach die Darstellung — in dem hier dargelegten besonderen Verständnis von Darstellung —, die letztlich den Grund dafür abgibt, daß man die Darstellung eines Menschen als Portraitdarstellung im Sinne von Individualportrait akzeptiert. Sie ist es, die allererst die Erscheinung von Individualität ermöglicht: Nicht das genaue Abbilden von Sichtbarkeitsmerkmalen, sondern deren ganz besondere Kontextualisierung und damit Deutung durch die Gestaltung ist ausschlaggebend. Portraithaftigkeit — im Sinne des Individualportraits — kommt in der Darstellung selbst zum Vorschein, ist in der Darstellung selbst einsichtig, fußt nicht auf der wie immer gearteten »richtigen« Wiedergabe eines Menschen. Entspre-

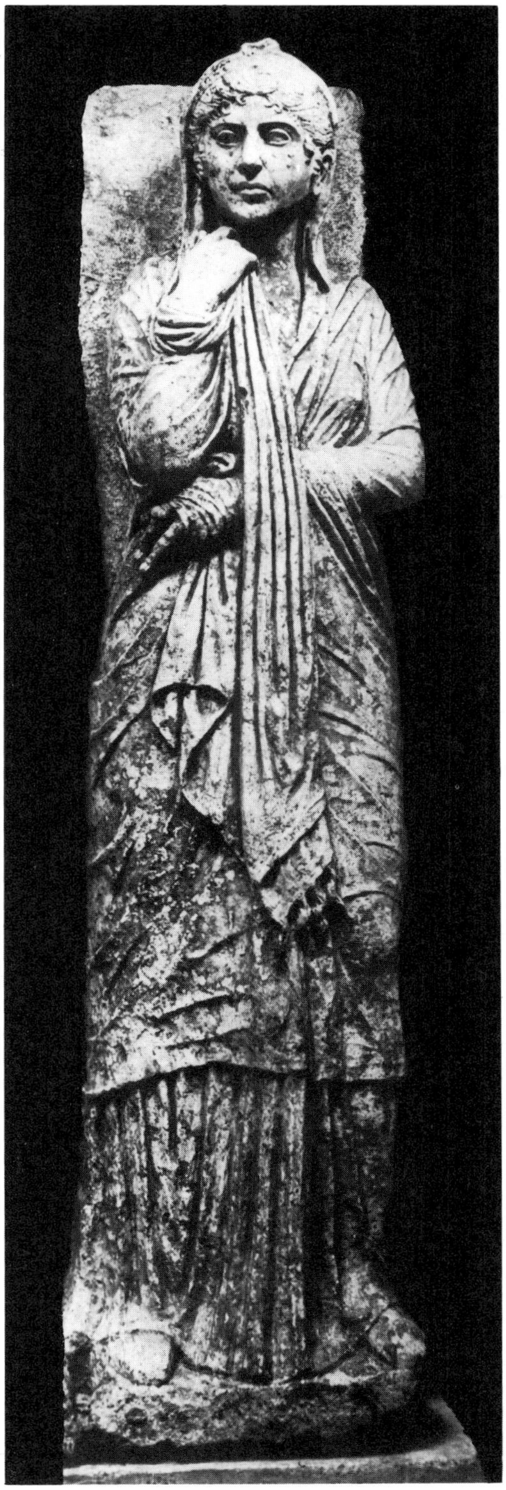

10 Detail vom Grabrelief eines Ehepaars (6)

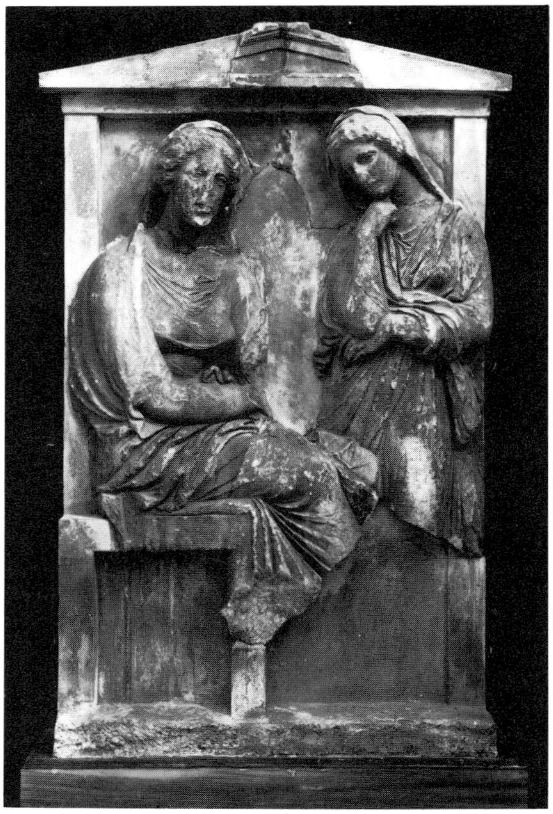

11 Stelenfragment einer Frau mit Dienerin, Ende 4. Jahrhundert v. Chr., Athen, Nationalmuseum

chend kann man Portraithaftigkeit auch bei solchen Darstellungen erfahren, bei denen das Urbild nicht bekannt ist, man deshalb auch nicht entscheiden kann, ob dieses richtig wiedergegeben sei. Portraithaftigkeit, Individualität zeigt sich demnach als Ergebnis der Darstellung selbst, ist ein ihr eigenes. Sie verweist nicht einseitig auf ein Urbild,[35] auf Vergangenes, Nicht-Anwesendes und sucht dort ihre Legitimation, wie das die Abbildung tut, sondern sie bezieht sich ebenso und gleichzeitig auf den Betrachter, damit aufs immer Zukünftige, sucht auch dort ihre Legitimation.[36] Demnach müßten Portraits als Individualportraits auch ohne Quellen, Hinweise, Unterschriften usw., d.h. allein aus der Darstellung des So-Dargestellten selbst erkannt werden können.[37]

Vom Standpunkt wirklichkeitsgetreuer Wiedergabe könnte die zweite, die weibliche Figur des Reliefs aus Rom (Abb. 10)[38] aufgrund der doch eher typisierten Erscheinung des Gesichts wohl kaum als Individualportrait passieren. Aufgrund der Darstellung ist sie das aber ganz zweifellos, und dies trotz idealisierender Tendenzen in der Gesichtsbildung und trotz des zum männlichen Pendant unterschiedlichen Aufbaus. So ist etwa der auch hier zu beobachtende Mittelachsenbezug der Formen und Formungen nicht begleitet von einer konsequent durchgeführten Trennung des Gewandes in zwei unterschiedlich instrumentierte Teilbereiche links und rechts. Die Gewandbildung scheint vielmehr insgesamt symmetrisch ausgebildet, unmittelbar auf die Mittelachse ausgerichtet zu sein. Die Mittelachse selbst ist durch den vertikal herabfallenden Mantelteil auch stärker akzentuiert.

Dennoch lehrt der Vergleich mit einer griechischen Figur, der rechten Figur eines Grabreliefs in Athen (Abb. 11)[39], die dem gleichen Typus — dem Pudicitia-Typus — angehört, daß auch bei der weiblichen Figur des Reliefs aus Rom jenes schon beschriebene und vom griechi-

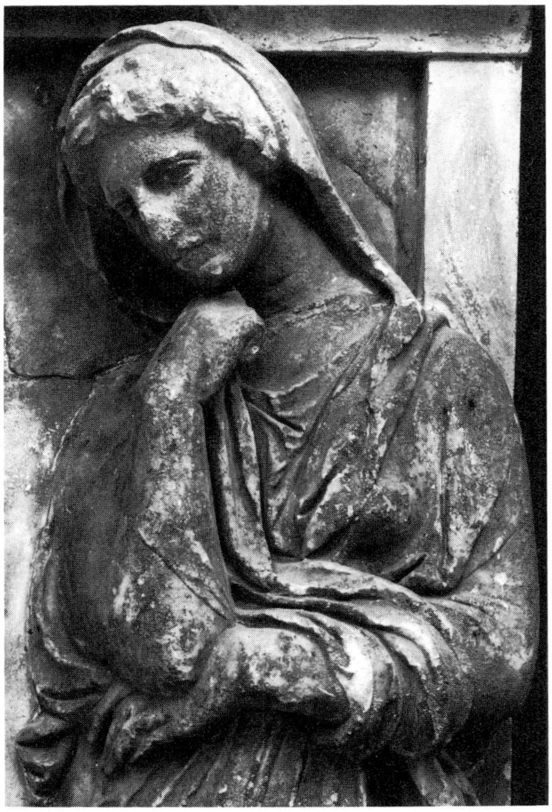

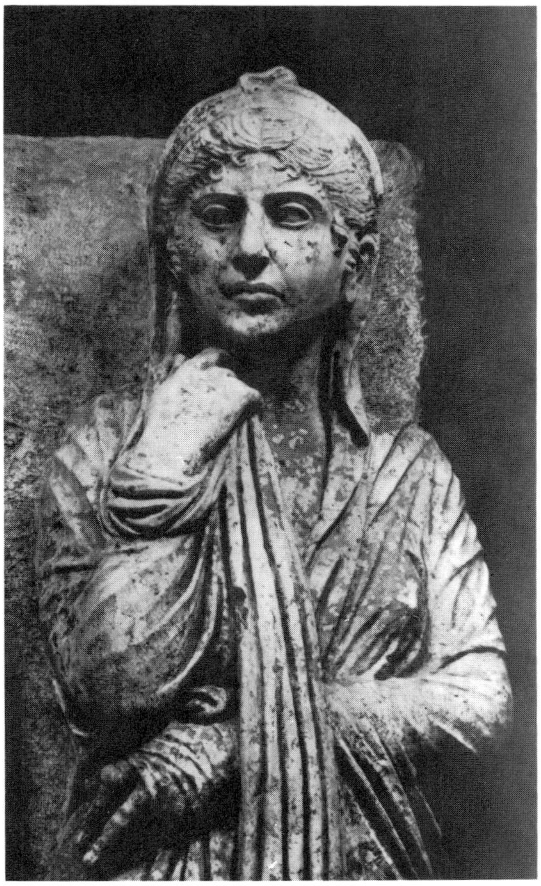

12 Detail vom Stelenfragment einer Frau mit Dienerin (11)

13 Detail vom Grabrelief eines Ehepaars (6)

schen sich fundamental unterscheidende Darstellungsprinzip vorliegt. Die für den Pudicitia-Typus charakteristische Haltungsmotivik (Abb. 12)[40] — fußend auf dem horizontal über den Leib geführten rechten Arm, auf dessen Hand der Ellbogen des linken Armes auflagert, wobei der Unterarm nach oben weist und schließlich mit der Hand, die das Kinn berührt, zum Kopf der Figur zurückleitet —, ist bei der Römerin wieder in ein reines System von Richtungen »umgedacht«, besitzt also keinerlei motivisch gegenständliche Motivation (Abb. 13). So lagert etwa der Ellbogen links nicht tatsächlich auf dem Arm auf, diesen belastend, sondern hier treffen lediglich zwei unterschiedliche Richtungen aufeinander. Auch die Verbindung von Kopf und linker Hand ist nicht funktional begründet; sie verweisen richtungsmäßig aufeinander, werden aber nicht motivisch erklärt, etwa durch das Aufruhen des Kopfes auf der Hand oder ähnliches. Schließlich verbindet auch der Gewandteil in der Mittelachse nicht motivisch die linke mit der rechten Seite, sondern er trennt sie. Ein Blick auf die entsprechenden Stellen der griechischen Figur macht deutlich, daß hier das Zusammentreffen unterschiedlich gerichteter Motive — etwa bei den Armen — sofort funktional geklärt wird, z.B. durch die Gewandbildung — jene, den Winkel begleitende Gewandbahn setzt die unterschiedlich gerichteten Motive, den Unterarm rechts und den Unterarm links, in eine klare motivische Beziehung zueinander — oder durch die besondere Ausbildung der »Kontaktstelle« selbst — der Ellbogen etwa sinkt in den Handrücken ein, die Finger beugen sich usw.

Wird demnach auch die weibliche Figur des römischen Reliefs wesentlich durch rein optisch begründete Richtungswerte bestimmt, so zeigt sie sich doch — verglichen mit der männlichen Figur — ganz anders gedeutet; das Standmotiv ist noch ähnlich. Auch die weibliche Figur signalisiert eine ideell einzunehmende Position. Gewand- und Haltungssystematik aber sind verschieden. Linker und rechter Gewandbereich sind im Hinblick auf ihre Formbildung nicht so krass unterschieden; sie nehmen damit den für die männliche Figur bestimmenden Gegensatz von Offenheit links und Geschlossenheit rechts zurück, und zwar zugunsten einer eher symmetrischen Zuordnung von links und rechts, demnach zugunsten eines eher nach beiden Seiten Geöffnetseins. Dem scheint auch die Kopfwendung Rechnung zu tragen, die nicht so heftig und ruckartig erfolgt. Die Auseinandersetzung mit dem Umhaften, dem Außen, geschieht weniger spontan, der direkte Konflikt, die bewußt aktive Entgegensetzung werden vermieden. Aktion und Reaktion sind eher abgestimmt, beherrscht, auch eher spirituell. So nimmt der rechte, horizontal über den Leib gelegte Arm zwar das Thema der offenen Seite auf, führt aber das Aus- bzw. das Einwirken des Außen nicht — wie bei der männlichen Figur — zur Mittelachse und dann über sie hinaus zur geschlossenen Seite, dem Innen, dem eigenen, sondern zum Arm links, der seinerseits zum Kopf zurückleitet und ausschlaggebend dafür wird, daß die Kopfwendung nach außen nicht unvermittelt, nicht voraussetzungslos gesetzt erscheint. Der starke Horizontalakzent des über den Leib gelegten Arms — unterbrochen lediglich durch die vertikal fallende mittlere Gewandbahn — wird demnach erst durch die klaren, abschließend gedoppelten Vertikalen des linken Armes aufgefangen bzw. dort abgelöst und zum Kopf bzw. zur Mittelachse »umgeleitet«. Die Einwirkungen von außen, denen sich die Figur voll geöffnet zeigt (offene Seiten, keine abschließenden Konturverläufe, fast symmetrische Faltenverläufe, diagonal gerichtet von außen nach innen), stoßen folglich nicht auf ein eigenbestimmtes Innen (geschlossene Seite), sondern richten sich einerseits (in der Gewandbildung) unmittelbar auf die ideelle Ordnungsachse (damit wird das Außen konstitutiv für die ideelle Position, jene also, die eingenommen werden soll), führen andererseits — gebrochen durch die Körpermotive (Arme, Hände) — zum Kopf, der selbst wieder aus der Achse gerückt ist.

Die Bestimmung einer ideellen Position der Frau zeigt sich somit zunächst durch das Außen bestimmt. Diese von außen bestimmte ideelle Position wird dann durch ihr konkretes Verhalten relativiert (Brechen der Systematik durch die Körpermotive), sie geht zu dieser auf Distanz. Demnach zeigt die Frau, als sich dem Außen und seinen Bestimmungen öffnend, daß sie sich ihrer ideellen, von außen gesetzten Position bewußt ist. Sie verhält sich zu dieser Setzung distanziert, überlegend. Sie greift nicht ein, wird nicht selbst aktiv bei der Bestimmung einer ideellen Position, es kommt nicht zum Konflikt mit dem Außen, da sie kein eigenes Innen entgegensetzt, aber sie ist sich des Gegensatzes von ideeller, durch das Außen bestimmter Positionen und ihrer eigenen, zeitlich bestimmten Existenz bewußt und stellt ihn durch sich her.

Indem sie aber den Gegensatz an sich darstellt, stellt sie sich als Individualität dar: Motive und Formen beziehen sich einerseits auf ein Urbild — mögen diese Beziehungen nun mehr oder weniger exakt sein —, andererseits aber auch aufeinander, bilden dadurch ein eigenes, weisen die Darstellung als eine solche aus, die auch in sich stehen kann. Indem nun dieses In-sich-Stehen der Figur als Figur darstellungsmäßig gegründet ist auf den Gegensatz von ideeller Setzung und konkretem Verhalten, zeigt sich dieser Gegensatz als Wesensbestimmung für ihre anschauliche Existenz. Indem sich die Figur innerhalb der Darstellung zu einer ihr von außen vermittelten, ideellen Position distanziert verhält, gibt sie zu erkennen, daß sie sich ihres Eigenseins, ihrer besonderen historischen Situation im Anblick ihrer ideellen Position bewußt ist. Sie bringt ihre Individualität dadurch zur Geltung, daß sie die ideelle Position, die sie durch sich herstellt, gleichzeitig als eine von ihr nicht einzunehmende ausweist, daß sie als anschauungsmäßige Einheit in sich zwischen Allgemeinem und Besonderem, Ideellem und Eigenem, Sein-Sollen und So-Sein differenziert. Im Unterschied zum männlichen Pendant sucht sie nicht selbst, eine ideelle Position durchzusetzen und damit sich als Individuum, sondern sie setzt sich zu einer ihr vorgegebenen ideellen Position ins Verhältnis, erfährt ihre Individualität aufgrund von Reflexion, nicht durch Aktion: War in der Darstellung des Mannes ein aktives Moment entscheidend für seine Erfahrung als Individuum, so zeigt sich in der Darstellung der Frau ein kontemplatives Moment leitend.

Das Auseinandertreten von Mensch und Umwelt und die daraus erwachsende Notwendigkeit für den Menschen, eine eigene Position zu finden und damit eine richtige Einstellung zu sich und zu seiner Umwelt, dies war als Bedingung für die Möglichkeit von Portraitdarstellungen im Sinne des Individualportraits zugrundegelegt worden. Es kann nun nicht übersehen werden, daß die in dieser Weise vorgenommene Grundlegung eine strukturelle Affinität zu jener, in Teil II. erläuterten Grundlage des Mediums Skulptur, der Distanzdarstellung, besitzt. Denn die notwendig gewordene Festlegung einer eigenen, individuellen Position angesichts der Entzweiung von Mensch und Umwelt ist nichts anderes als ein Versuch des Menschen, in der Absetzung gegen die Umwelt die richtige Distanz zu sich und zur Umwelt festzulegen, die gleichzeitig eine Beziehungssetzung zum eigenen, zum Selbst beinhaltet. Indem aber eine allgemeine Darstellungsbedingung (Distanz) und eine besondere Darstellungsthematik (Portrait) strukturelle Übereinstimmungen aufweisen, eröffnet die besondere Thematik des Portraits für die Distanz als einer allgemeinen Darstellungsbedingung des Mediums Skulptur die Möglichkeit, zu sich zu gelangen, sich selbst in Besitz zu nehmen: Im Portrait als einem Individualportrait zeigt sich das allgemeine Prinzip der Distanzdarstellung in einer thematischen Besonderung vergegenständlicht, wie umgekehrt die thematische Besonderung des Portraits im allgemeinen Prinzip der Distanzdarstellung aufgehoben ist. Dieses wechselseitige Bedingungsverhältnis von Distanz als einer allgemeinen, mediumspezifischen Bedingung und Distanz als der besonderen, thematischen Grundlage des Individualportraits wird nachfolgend um die Distanz als einer formalen Besonderung in der Form der Büste zu erweitern sein.

IV. BÜSTE

Die Entstehung der Büste innerhalb der römischen Kunst gab nicht selten Anlaß zu kritischen Bemerkungen. Furtwängler z.B. sah darin einen künstlerischen Mißgriff: »Die ohne Hintergrund gearbeitete Büste der Skulptur ist und bleibt eine barbarische römische Erfindung ...«,[1] eine Sichtweise, die zumindest solange angemessen schien, wie das künstlerische Vermögen der für die Geburt der Büste verantwortlichen römischen Skulptur überhaupt in Frage gestellt war.[2] Hauptvorwurf gegen die römische Skulptur war neben ihrer zu realistisch erscheinenden Darstellungsweise (man vermißte die ideenmäßige Transformation der Motivformen) das Fehlen von organischen Zusammenhängen, so daß man schließlich im Aufkommen der Büste die exemplarische Vergegenständlichung dieser »Entartungen«[3] erblicken konnte. Die ablehnende Haltung der Büste gegenüber wurde zudem durch die griechische Bildnerei selbst befördert, die ja die Büste als selbständige Darstellungsform nicht kannte: »Das Empfinden des griechischen Bildners für die organische Gestalt erlaubte nur die Darstellung des Menschen in seiner unverkürzten Erscheinung.«[4] Folglich mußte die Büste, jedenfalls solange die Gestaltungsprinzipien der griechischen Bildnerei normativ für alle Kunst, zumindest aber für die römische, angesehen wurden, tatsächlich »verdächtig« scheinen. Verdächtig könnte sie freilich auch aus einem ganz anderen Grund sein: Räumt man nämlich der römischen Kunst einen eigenen, selbständigen Gestaltungswillen ein, der sich dann eben auch auf anderes als die griechischen Prinzipien gründen müßte, so könnte die Büste als eine besondere Darstellungsform innerhalb der Skulptur gerade jene Form sein, in der sich dieser Gestaltungswille am nachdrücklichsten zur Geltung bringt; es könnte die Portraitbüste in Verdacht stehen, die höchste Form der bildnerischen Verwirklichung bei den Römern zu sein.

Was aber ist eine Büste, wodurch ist sie geprägt? »Die Büste ist die plastische Darstellung eines Menschen als Halbfigur (!) oder vom Scheitel bis zur Schulterpartie (!)«;[5] sie stellt demnach die Reduktion eines menschlichen Körpers auf den Kopf und einen in seiner Größe und Form variierenden Körperaus- oder -anschnitt dar, meist auf einem Sockel ruhend.[6] Ist aber eine solche Verstümmelung der menschlichen Gestalt ästhetisch möglich und ist sie auch nötig? Zumindest war sie nicht immer nötig, vielleicht aber auch nur, weil sie nicht immer möglich war. Die Griechen z.B. kannten die Büstenform nicht, bzw. sie bedienten sich ihrer nicht, sieht man einmal von dem Sonderfall der Protomen[7] und Hermen ab, deren Herkunft und Entstehung aber noch weitgehend ungeklärt sind.[8] Auch das vereinzelte Auftreten von Büsten in der ägyptischen Kunst[9] kann vernachlässigt werden; es bleibt Ausnahme, Sonderfall. Die Entwicklung der Büste als einer selbständigen, bildnerischen Disziplin innerhalb der Skulptur bleibt der römischen Kunst vorbehalten. Erst in der römischen Kunst wird die Fragmentarisierung des menschlichen Körpers anscheinend nötig. Die Gründe, die dafür ins Feld geführt werden, sind vielgestaltig und reichen von jener, der römischen Kultur insgesamt eigenen ökonomischen Verhaltensweise[10] über die prädominante Rationalität des Römers bis hin zur dadurch bedingten Unfähigkeit, die besonderen Bedingungen künstlerischer Vorstellungswelten überhaupt erfassen zu können.[11] Solche Begründungen suchen die besondere Form der Büste von außen, von ethnischen oder kulturpolitischen Vorgegebenheiten her zu erklären, weniger von innen her, von der sich in der so gearteten Darstellungsform selbst zeigenden inneren Logik. Wie sehr jene allgemeinen Vorgegebenheiten auch für die Entwicklung der besonderen Form der Büste mitbestimmend gewesen sein mögen und — bis zu einem gewissen Grad — auch die Notwendigkeit einer solchen Entwicklung zu erklären vermögen, sie geben keinen Hinweis darauf, ob eine solche Form überhaupt möglich ist. Die Möglichkeit einer solchen Form kann dieser nicht vorgegeben sein, sondern ist ihr ausschließlich mitgegeben.

So erscheint zunächst die besondere Art der Fragmentarisierung eines menschlichen Körpers, nämlich die Reduktion auf den Kopf und einen — wie auch immer gearteten — Oberkörperausschnitt, für die Seinsweise der römischen Büste wesentlich. Warum gerade die Reduktion auf den Kopf? Für unsere heutige Vorstellung z.B. ist eine bestimmte Motivhierarchie des menschlichen Körpers, wie sie etwa bei Hegel anzutreffen ist, nicht mehr unbedingt verbindlich. Für uns sind auch andere Reduktionsformen möglich, bzw. andere Reduktionsformen sind uns durch die Kunst — hier wäre z.B. Rodin zu nennen — möglich geworden. Die Auffassung, daß das Gesicht der wichtigste Teil des Körpers sei, insofern »der geistige Ausdruck ..., obschon er über die ganze leibliche Erscheinung ausgegossen sein muß, ... sich am meisten in der *Gesichtsbildung* zusammen [-faßt], wogegen die übrigen Glieder nur durch ihre *Stellung*, insofern dieselbe aus dem in sich freien Geiste herkommt, Geistiges in sich widerzuspiegeln imstande sind«,[12] demnach der Kopf »als anschaulich organische Einheit den ganzen [!] Menschen vertreten kann«,[13] erscheint uns so selbstverständlich nicht mehr, erschien dies aber auch den Griechen nicht. Denn diese kannten nicht nur keine »Abstraktion« vom menschlichen Körper auf den Kopf, sondern dieser selbst blieb sogar innerhalb der Ausbildung der Gesamtgestalt lange Zeit »unterentwickelt«; so beobachtet Jacob Burckhardt, daß »... der Kopf am längsten konventionell und nach unseren Begriffen unschön und unlieblich bleibt. Während schon die ganze Gestalt der höchsten Vollendung und in ihrer Vielheit dem größten Reichtum und der schönsten Komposition nahe ist, behauptet sich in ihm noch ein gutes Stück Typus und dabei das starre Lächeln, welches bei den Vorgängern offenbar als Andeutung des Lebens als solchem passiert hatte«.[14]

Der Kopf besaß folglich nicht immer schon und von vorneherein eine Sonderstellung, z.B. nicht bei den Griechen, zumindest nicht bis zur klassischen Zeit. Dann allerdings, spätestens seit Platon das Auge als Lichtträger deutete und »die beweglichen Teile des menschlichen Gesichts ... zum Sprecher der Seele ...«[15] avancierten, wurde der Kopf wesentlich, erfuhr der Kopf darstellungsmäßig eine besondere Beachtung. Von nun an läßt sich auch eine zunehmende Differenzierung der Gesichtsmotive feststellen und daraus resultierend eine stärker werdende Beweglichkeit, Spontaneität, die aber zunächst prinzipiell als Moment der Bewegung — Bewegung als Ausdruck des Bewegenden, der Seele — in Erscheinung tritt. Aber Bewegung, Lebendigkeit bleiben — zunächst jedenfalls — prinzipiell geregelt: Situationales wird thematisch im Horizont von Generellem, Übergängiges im Horizont von Dauer.

Demnach erhielt zwar der Kopf innerhalb der hellenistischen Kunstauffassung eine prominente Stellung, diese aber doch nur innerhalb einer übergreifenden Ganzheitsvorstellung der menschlichen Gestalt. Der Kopf wurde nicht so wichtig, daß er sich als Motiv vom übrigen Körper isolieren konnte; die Gewichtigkeit des Kopfes verstärkte sich nicht dermaßen, daß der übrige Körper — als Schwundform angedeutet — zum bedeutungslosen Anhängsel des Kopfes degenerierte. Vielmehr blieb die organisch funktionale Einheit des Körpers intakt, selbst dann, wenn in der Ausbildung der Einzelteile weniger die Idee einer solchen Einheit zur Gestaltung gelangte als vielmehr konkrete Einzelheiten — »solchermaßen beschaffen«, mit solchen »zufälligen« Merkmalen usw.[16] Auch dort also, wo nicht mehr primär die allgemeine Idee einer gesetzlich garantierten, ewig gültigen Einheit des Seins im besonderen Seienden zur Anschauung gelangte, sondern Besonderes als durch Zeit, Gesellschaft usw. mit bedingtes und als solchermaßen situationsgebundenes Daseiendes gleichberechtigt mit verwirklicht wurde, geschah dies noch innerhalb der Grenzen einer im Grunde intakten, ideellen Gestalteinheit des menschlichen Körpers.

Es ist dann die römische Kunst, die jene Grenzen überschreitet. Inhaltlich war eine Grenzüberschreitung notwendig geworden, weil jener Vorstellungsrahmen einer allgemein vorgegebenen, kraft Vernunft garantierten ideellen Ordnungseinheit für die Erscheinung von Daseiendem nicht mehr hielt. Die Zweifel und Einwände, die bereits im Hellenismus vorhanden waren, verdichteten sich zur Gewißheit: Menschliche Ordnungen sind nicht zeitlos gültige Vorgegebenheiten, sondern Setzungen, und zwar vom Menschen vorgenommene Setzungen, zeitlich fixierbar. Mensch und Umwelt, Besonderes und Allgemeines, Situationales und Elementares finden sich nicht mehr aufgehoben in der Idee einer alles übergreifenden und alles in sich einbegreifenden Ordnungseinheit, sondern treten auseinander, werden radikal sie selbst, stehen einander gegenüber.

In dem Augenblick aber, wo ehemals allgemein gültige Normen für die Verortung von Besonderem und Allgemeinem, Mensch und Umwelt nicht mehr tragen, fällt den Menschen die Aufgabe zu, von sich aus eine Beziehung, eine Relation des Gegeneinanderstehenden herzustellen, eine Position zu finden, von der aus sich Allgemeines und Besonderes verorten läßt. Diese Notwendigkeit, eine Verortung von Allgemeinem und Besonderem selbst vornehmen zu müssen, hatte aber eine gleichzeitige Verortung des Menschen jeweils durch sich selbst zur Konsequenz, damit die bewußte Erfahrung seiner Besonderheit, seiner Individualität. Dies war dann als allgemeine Situation angesehen worden, in der innerhalb der Darstellung des Menschen die Darstellung der Individualität nötig und im Individualportrait auch möglich wurde. Möglich wurde die Darstellung des Menschen als Individualdarstellung dadurch, daß der Konflikt von Besonderem und Allgemeinem, Mensch und Umwelt innerhalb der Figurendarstellung selbst aktualisiert wurde, eben dadurch, daß die Aus- und Zueinandersetzung von Mensch und Umwelt, Besonderem und Allgemeinem zur Bestimmungsgrundlage der Figurenkonzeption selbst erhoben wurde.

Untersucht man nun einmal den menschlichen Körper im Hinblick auf solche Organe, welche primär der Zu- und Auseinandersetzung des Menschen mit der Umwelt dienen, zeigt sich, daß sie allesamt im Bereich des Kopfes angesiedelt sind: »Im Gesicht sind die Körperformen konzentrierter als irgend sonst und alle Artikulation der Formen lebt im Gesicht; die wichtigsten Sinnesorgane sind im Gesicht als Sinnesträgerformen sichtbar; das heißt: im Gesicht werden zum guten Teil die Beziehungen des Menschen zur Um- und Mitwelt sichtbar.«[17] Indem aber alle jene Organe am Kopf angeordnet sind, durch welche die Zu- und Auseinandersetzung von Mensch und Umwelt primär erfolgen, erscheint die in der römischen Kunst vorgenommene Reduktion des menschlichen Körpers auf das Gesicht als ein notwendiger, weil aus dem inhaltlichen, thematischen Anspruch der Individualdarstellung sich folgerichtig herleitender Schritt. Ist demnach die Entwicklung der Büste gemäß dem inhaltlichen Anspruch des Individualportraits als eine zumindest notwendige, da konsequente Formentwicklung anzusehen, so bleibt die Frage, ob die in der Form der Büste durchgeführte Grenzüberschreitung auch als ein in formal-ästhetischer Hinsicht begründeter Schritt angesehen werden kann: Es gilt, dem

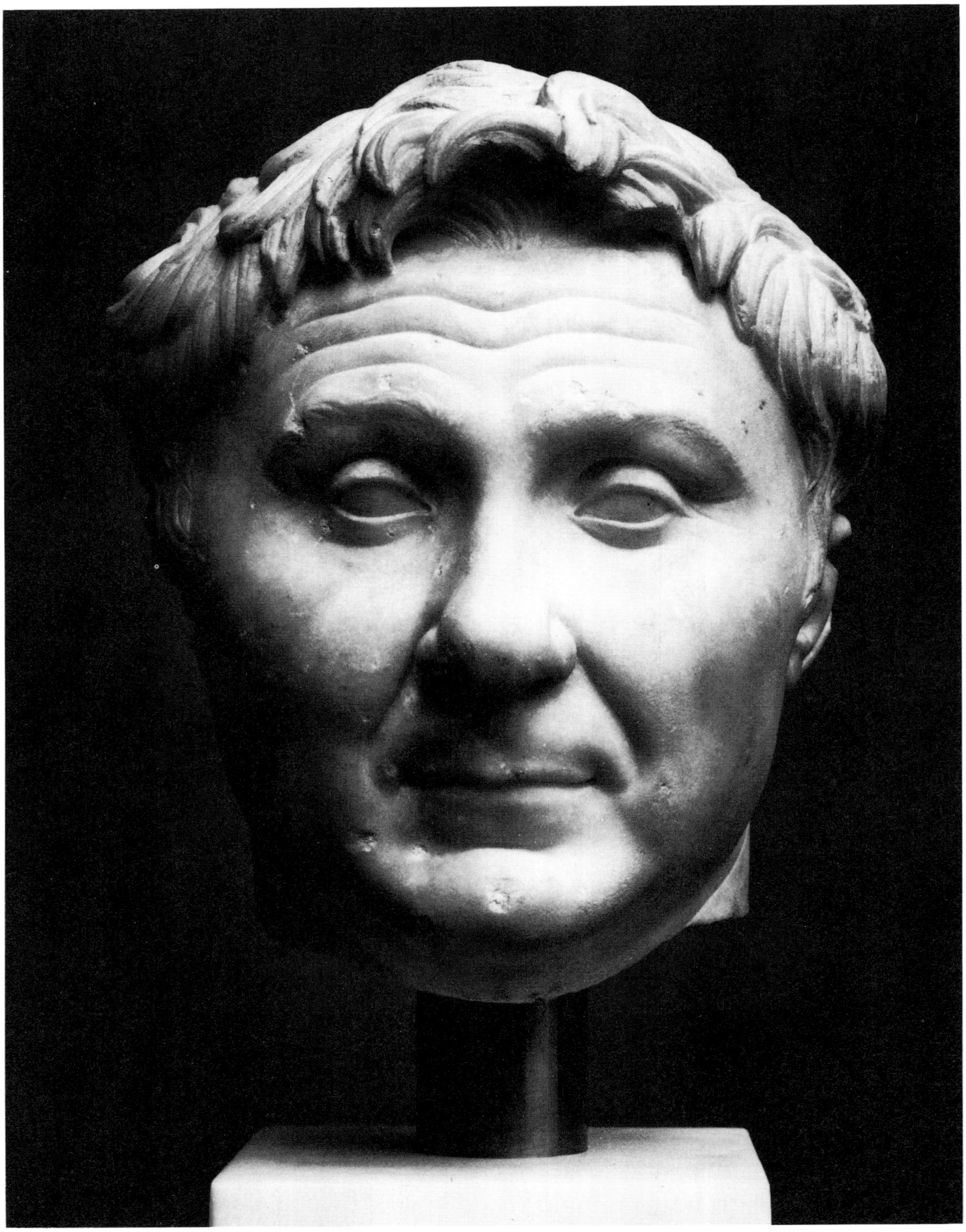

14 *Kopf des Pompeius,* um 55—50 v. Chr., Kopenhagen, Ny Carlsberg Glyptotek

Vorwurf zu begegnen, Rationalität und Pragmatismus hätten in der römischen Kunst, z.B. bei Portraitdarstellungen, das künstlerische Formempfinden verdrängt.

Innerhalb der Entwicklung des Hellenismus ist eine zunehmende Differenzierung der Motivformen und damit eine sich steigernde Übergängigkeit und Situationalität innerhalb der Figurenerscheinung festzustellen. Ein entscheidender Wendepunkt innerhalb dieses Differenzierungsprozesses wird schließlich dort erreicht, wo die Vielfalt und Kleinteiligkeit der Einzelformen und die daraus resultierende gesteigerte Übergängigkeit und Situationalität die allgemeine, sie tragende Struktur — Garant für Dauer und Generelles — nicht nur überspielen oder vergessen machen, sondern sich in der rein optisch differenzierten, veräußerlichten Oberfläche zur Geltung und in Gegensatz zur ehemals tragenden Struktur bringen. Konkret wird dieser Wendepunkt dort erreicht, wo — infolge der sich stetig steigernden Differenzierung — nicht mehr die Motivformen selbst, sondern deren Grenzwerte primär für die optische Erfahrung einer Figur ausschlaggebend sind. In dem Augenblick aber, wo formale Grenzwerte und nicht gegenständliche Formwerte für die Erscheinung einer Figur bestimmend sind, wo demnach eine funktional bestimmte Darstellungsweise durch eine formal geregelte ersetzt wird, werden Fragmentarisierungen des menschlichen Körpers ästhetisch möglich. Sie werden deshalb möglich, weil nun nicht mehr allgemeine Prinzipien des Organisch-Funktionalen über das ästhetisch Mögliche einer Figurenerscheinung entscheiden, sondern allein die inneroptische Evidenz des So-Erscheinenden selbst. Infolge dessen kann auch eine ästhetische Begründung für die Fragmentarisierung des menschlichen Körpers in der römischen Kunst z.B. als Büste nicht vorgegeben werden, sie muß ihr unmittelbar mitgegeben sein.[18]

Der *Pompeius-Kopf* (Abb. 14)[19] wird häufig als Beispiel für das Einwirken griechisch-hellenistischer Formvorstellungen auf die römische Gestaltungsweise herangezogen. So glaubt Helga v. Heintze eine »Diskrepanz zwischen Form und Inhalt« feststellen zu können, zwischen »künstlerischer Form« und »diesem gewöhnlichen Gesicht«.[20] Helga v. Heintze versteht unter künstlerischer Form offensichtlich jene ikonographisch durch die griechische Kunst besetzten Formen und Formkanones, die hier in einem anderen und dem ursprünglichen Kontext auch widersprechenden Zusammenhang Verwendung fanden. So richtig diese Beobachtungen im einzelnen auch sein mögen, sie zielen am eigentlichen Problem vorbei, da lediglich die Formen selbst betrachtet und im Hinblick auf ihre Herkunft untersucht werden, nicht aber »die Form« ihrer Kontextualisierung, d.h. die Gestaltbildung selbst, die Bildnisstruktur, die ihnen zugrundeliegt: Künstlerische Form wird nicht mit künstlerischer Formung korreliert, künstlerische Form und künstlerische Formung werden einfach gleichgesetzt. So ist zwar zuzugeben, daß die Formen griechisch-hellenistisch geprägt sind und dabei durch die hinzukommende römische Formkonkretisierung »gewöhnlich« erscheinen, zu fragen bleibt aber, ob hier lediglich eine triviale Formusurpation stattgefunden hat. Wurden hier Begriffe einer alten Sprache durch neue Worte verballhornt, oder werden hier alte Worte als Begriffe einer neuen Sprache vorgeführt? Darüber aber können nicht Worte und Begriffe selbst Auskunft geben, sondern nur die jeweilige Syntax, d.h. konkret das jeweils zugrundeliegende Gestaltungsprinzip. Der Vergleich des *Pompeius-Kopfes* mit dem *Kopf eines hellenistischen Herrschers* (Abb. 15, 16)[21] könnte hier eine Klärung herbeiführen.

Die gesamtplatische Form des griechisch-hellenistischen Kopfes gliedert sich zunächst in drei Einzelbereiche, die Stirnpartie bis zu den

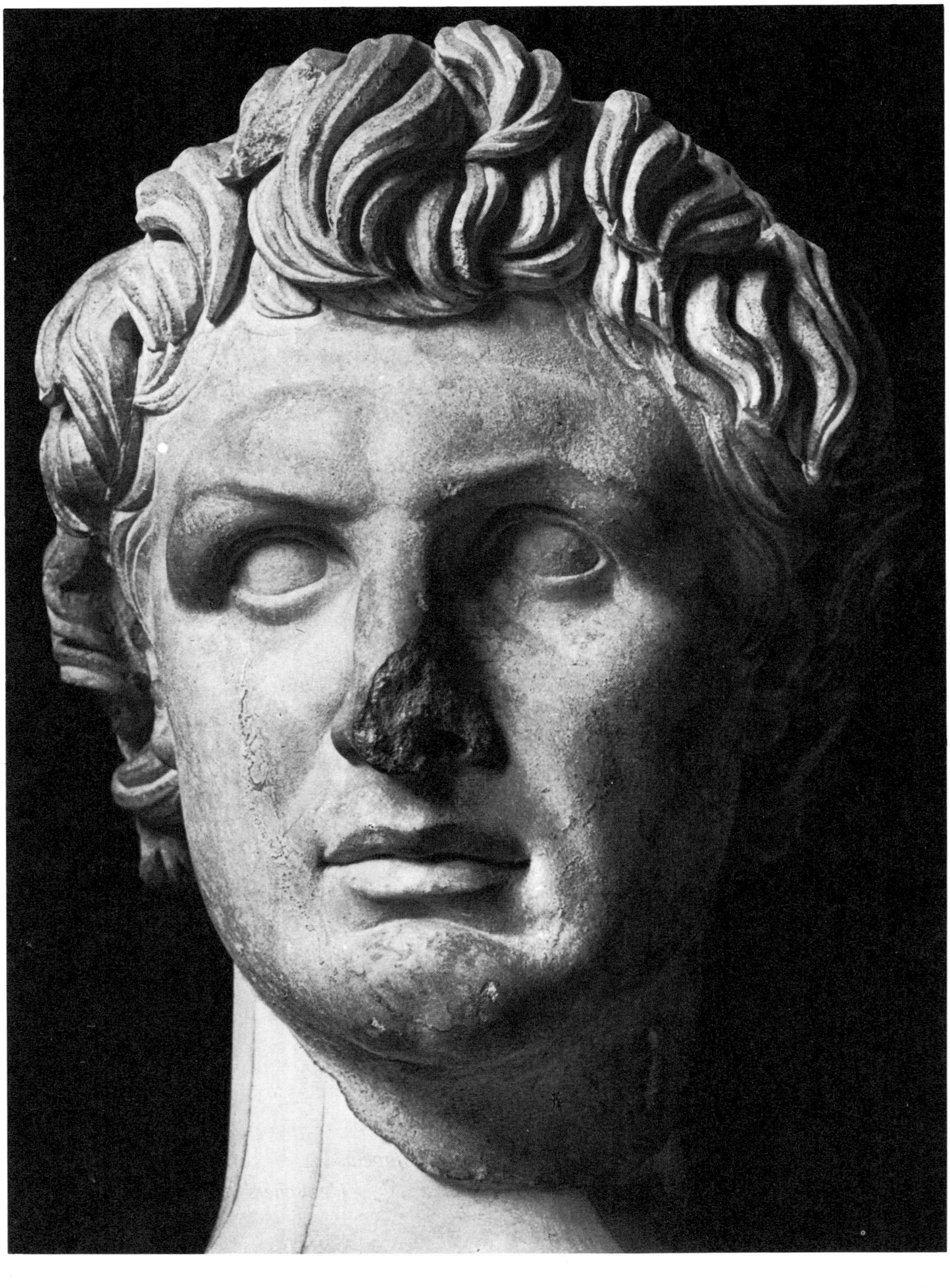

15 *Kopf eines hellenistischen Herrschers,* sog. *Attalos I.,* wahrscheinlich *Eumenes II.,* 1. Viertel des 2. Jahrhunderts v. Chr., Berlin, Staatliche Museen

Augenbrauen, die anschließende Mittelpartie bis zum Mund und die Kinnpartie. Auch beim *Pompeius-Kopf* scheint eine solche Großgliederung vorzuliegen. Doch zeigen sich sogleich Unterschiede, was die Eigenständigkeit der einzelnen, unterteilten Bereiche betrifft. So ist z.B. beim griechisch-hellenistischen Kopf die Nase als vertikaler Gliederungswert unmittelbar zusammenzusehen mit den parallel verlaufenden Wangenkonturen und den Außenkonturen der Haarkalotte — wobei letztere zunehmend nach oben hin zu Schrägwerten mutieren —, so daß sich der mittlere Gesichtsabschnitt als eine gesamtplastische Form konstituiert. Indem diese gesamtplastische Form verschiedene Motivbereiche (Nase, Wangen usw.) übergreift und in sich enthält, tritt sie als plastische Grundform in Erscheinung. Durch die primär vertikal bestimmte Ausrichtung dieser Grundform wie dadurch, daß nicht die Nasenflügel, sondern der Mund den unteren horizontalen Abschluß dieser Form bildet,[22] die Nase als zentrales Motiv also innerhalb der ausgewiesenen Grundform nach oben verschoben erscheint, einen Bewegungsimpuls nach oben hin versinnlichend, wird die Grundform insgesamt als ragend, als stehend vorgeführt.

Gegen das Ragen, das Stehen des mittleren Bereichs ist dann der obere, der Stirnbereich, als horizontal gelagerter deutlich abgesetzt. Er ruht — funktional gesehen — gleichsam als Last auf dem stehenden oder tragenden Mittelteil, während der dritte, der untere Bereich, die Kinnpartie, die stärker rund geschlossen ausgebildet ist, als Basis fungiert innerhalb dieses deutlich durch Tektonik bestimmten Aufbaus des Kopfes. Der Kopf ist demnach nicht nur durch eine Gesamtform gegeben, etwa als Kugel, wobei dann an diese oder in diese Gesamtform die einzelnen Gesichtsmotive an- oder eingefügt würden, sondern die Gesamtform des Kopfes ergibt sich auch aus der motivisch funktionalen Zuordnung einzelner, eigenständig

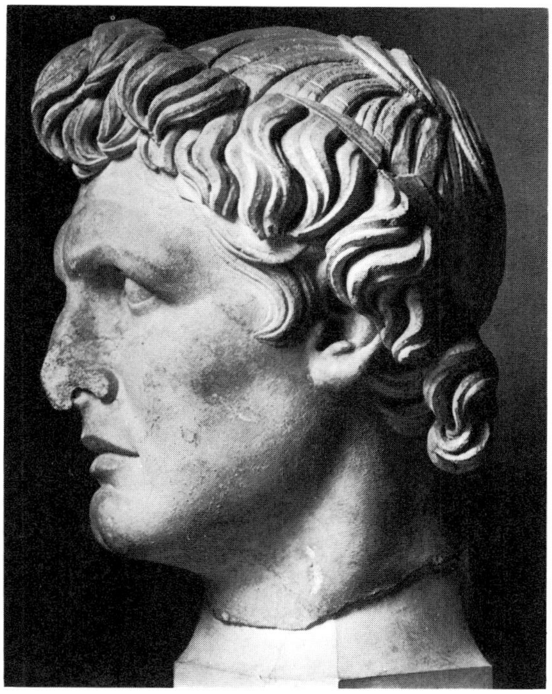

16 Seitenansicht des *Kopfes eines hellenistischen Herrschers* (15)

ausgewiesener plastischer Bereiche, demnach aus einem motivisch funktionalen Zusammenhang heraus: Das Ganze wird hervorgebracht durch das einzelne, wie umgekehrt das einzelne sich innerhalb des Ganzen als eines funktional bestimmten erfüllt.

Diese am Prinzip des Tektonischen orientierte und funktional begründete Aufbausystematik zeigt sich auch in der Ausbildung der Einzelmotive selbst und deren Kontextualisierung. Der mittlere Bereich etwa wird nach oben abgeschlossen durch die Augenbrauenbögen, welche die zunehmend nach oben hin sich verbreiternden und auseinanderlaufenden Konturen des Nasenrückens aufnehmen und gleichsam weiterführen. Der Mittelteil wird also vom Stirnteil nicht einfach durch eine horizontale Grenze abgetrennt, sondern der Grenzverlauf »deutet« die jeweils hier zusammenstoßenden Bereiche. Einmal weist er in zwei Spitzen (der Augenbrauenbögen) nach oben in die Stirnpartie hinein, zum anderen über der Nasenwurzel in einer Spitze nach unten in den mittleren Bereich hinein: Der mittlere Bereich wird als aufragend, tragend potentiell in den lastenden Bereich hineingenommen, der obere Bereich als aufruhend, lastend potentiell in den tragenden Bereich. Das Funktionale von Tragen und Lasten wird so noch einmal an jener Stelle, wo Tragendes und Lastendes aufeinandertreffen, durch den ganz besonderen Grenzverlauf hervorgehoben und optisch klargestellt.

Dieser Grenzverlauf der Augenbrauenbögen bleibt nun nicht linear isoliert, sondern zeigt sich darüber hinaus als Grenzwert zweier aufeinanderstoßender plastischer Grundformen. Nicht nur, daß die Augenbildung und die Augenrichtung auf den Verlauf der Augenbrauenbögen abgestimmt sind, der Verlauf der Brauenbögen insgesamt wird im Verlauf des unteren Haarkonturs der Haarkalotte parallelisiert und bildet zugleich die Grundlage für die Gliederung der Haarpartie. So weisen die Spitzen der Augenbrauenbögen auf jene Stellen in der Haarbildung hin, an denen sich die Gesamtheit der Haarkalotte unterteilt, nämlich in einen mittleren, durch die Mittellocke in sich zentrierten Haarteil und in eben jene, sich jeweils seitlich anschließenden Haarteile. Diese sind dann aufgrund ihrer Lockenbildung nach außen gerichtet, in dieser Tendenz verstärkt durch den hier schräg verlaufenden unteren Abschlußkontur des Haares. Zum Schrägverlauf des unteren Abschlußkonturs wiederum parallel verlaufen die Augenbrauenbögen — jeweils nach den »Spitzen« — wie ebenso der obere Kontur der Haarkalotte.

Den an diesen Formen zutage tretenden zentrifugalen Richtungstendenzen sind die zentripetalen etwa der Haarlocken des mittleren Teils, die mit ihren Spitzen zur Mitte hin ausgerichtet sind, entgegengesetzt, die darüber hinaus auf die Bildung der Augenbrauenbögen vor den »Spitzen« anspielen. Wie der obere Abschlußkontur der Haarkalotte insgesamt in seinem, von den Seiten her stetigen Aufsteigen zur Mitte hin auf die Gesamtheit des oberen Bereichs verweist, so macht er andererseits doch deutlich, daß diese Bestimmung eines Gesamts erst aus der Zusammenfassung einzelner Teilbereiche resultiert, so daß keine abstrakt verfügte Linienführung für die Erfahrung des Gesamts bestimmend ist, diese sich vielmehr als Resultante der verschiedenen Einzelformen erst herausbildet.

Auf eben diese Weise ist dann auch die Verbindung von mittlerem Bereich und Kinnpartie durchgeführt. Der Mund schließt den Mittelteil nach unten hin horizontal ab. Aus der Phasenverschiebung der Nase ergab sich die besondere Artikulation des Aufragens dieses Teils. Der Mund ist aber nicht in den aufragenden Teil integriert, sondern fungiert gleichsam als Scharniermotiv zwischen mittlerem und unterem Bereich. Wie der Verlauf der Oberlippe in der Spitzenbildung eine latente Vertikaltendenz aus der horizontalen Grenzsetzung heraus zur Anschauung bringt — dadurch auf den Mittelteil verweisend —, so spielt die Unterlippe in ihrem unteren Konturverlauf auf die rundplastische Geschlossenheit der Kinnpartie an. Die Kinnpartie selbst stellt sich in ihrer konzentrierten Form als optischer Ursprungswert dar, als Basis, auf der sich in Verbindung mit den schräg laufenden Wangenkonturen[23] das Gesicht tektonisch aufbaut.

Der tektonische Aufbau ist demnach wesentlich für die Erscheinung des griechisch-hellenistischen Kopfs, ein Bauprinzip, das sich sehr deutlich aus der Relationssetzung der einzelnen Teile ergibt. Nicht nur die einzelnen Teile als solche sind dabei von Belang, sondern ebenso ihr rationales Zusammenwirken untereinander. Augen, Mund, Nase usw. sind nicht nur als selbständige Motive wesentlich, sondern ebenso in ihrer Beziehung zueinander und zum Ganzen: Das einzelne, Besondere verhält sich unmittelbar zum Allgemeinen, Grundsätzlichen wie das Allgemeine, Grundsätzliche sich im Konkreten, Besonderen dokumentiert.

Genau diese Ineinsbildung von Besonderem und Allgemeinem ist aber beim *Pompeius-Kopf* nicht anzutreffen. Gerade die Entzweiung von Besonderem und Allgemeinem ist das hervorstechende Merkmal dieses Kopfes. So ziehen sich die Gesichtsmotive zusammen, bilden — wenn man so will — ein »Vordergesicht« in der Ebene und setzen sich damit in Gegensatz zur plastischen Gesamtform des Kopfes, die einen kugelartigen Zuschnitt hat. Besondere Gesichtsmotive und allgemeine Kopfform stehen aber nicht nur gegeneinander, sie beharren auch in ihrer jeweiligen Stellung, unverbunden. Es gibt kein Bezugnehmen, keine Vermittlung. So wird z.B. die Nase als Vertikalwert nicht von den Wangenkonturen parallelisiert oder aufgenommen (die Richtungen der Nase und der Wangenkonturen divergieren um ein Beträchtliches), es werden keine übergreifenden, plastischen Zusammenhänge herausgearbeitet oder gar plastische Grundformen ausgebildet, sondern die Motive bleiben vereinzelt, für sich. Zwar gibt es eine Verbindung z.B. von Nase und Augenbrauen, aber diese besteht nur formal, erwächst allein aus den, vom konkret Gegenständlichen abstrahierten linearen Werten, ist nicht auch funktional, d.h. durch die Eigenbestimmung der zu verbindende Motive selbst begründet. Formales und Motivisches sind nicht mehr beieinander, sich gegenseitig bedingend und erklärend, sondern stehen gegeneinander.

Die formale Selbständigkeit linearer Werte gegenüber den ihnen zugeordneten konkreten Motivformen — analog zu sehen zur Entzweiung von Allgemeinem und Besonderem, von Ordnung und zu Ordnendem — hat aber zur Folge, daß die Gliederung des Kopfes in einzelne, selbständig geordnete und miteinander funktional in Verbindung stehende Motivbereiche — wie sie beim griechisch-hellenistischen Kopf anzutreffen war — hier nicht mehr besteht. Die einzelnen Motivbereiche sind nicht mehr als plastische geordnete Formbereiche ausgewiesen, die sich funktional mit den anderen zu einem Ganzen verbinden, sondern diese erscheinen unterschiedslos zusammengefaßt und ungegliedert als ein Ganzes, als kubische Masse, aus der sich dann einzelne Motive und Formen aufgrund linearer, optisch geregelter Differenzierung herauslösen. So bleibt etwa die Stirn als Form oder gar als plastische Grundform unbestimmt — es gibt keine zwingende Verbindung von Augenbrauenkontur und Kontur des Haaransatzes. »Bestimmt« wird sie durch Linien, nämlich durch die Querfalten. Sie erhält damit eine optisch geregelte Differenzierung, eine momentane Aktualität, aber keine plastisch funktionale Motivierung, keine plastische Formgesetzlichkeit. Die Stirn ist dann auch nur aufgrund der allgemeinen Massenformen mit dem Haarteil verbunden. Motivisch funktional erscheinen Stirn und Haar unabhängig voneinander, was zur Folge hat, daß die Haarkalotte wie eine Perücke wirkt, die übergestülpt wurde, folglich keine organische Verbindung mit dem Kopf besitzt. Auch die Gesichtsmotive werden als solche isoliert erfahren, nämlich in oder auf die plastische Gesamtmasse des Kopfes gesetzt, zwar linear bzw. richtungsmäßig aufeinander verweisend, aber ohne übergreifende, plastisch funktionale Bestimmungswerte im Hinblick auf die Gesamtform des Kopfes und dessen Gliederung. Z.B. durchmessen die Augen in Verbindung mit den Augenbrauenbögen gerade nicht die Gesamtbreite des Gesichts, fassen demnach auch die Oberflächenbildung um Augen und Augenbrauen nicht bis zum Außenkontur des Gesichts hin zusammen, sondern ziehen sich vielmehr auf sich zurück, verinseln. Selbst so stark plastisch herausgearbeitete Motive wie die Wangen bleiben als pure Motivsetzungen auf sich beschränkt, entlassen aus sich keine übergriefenden Bestimmungswerte zu benachbarten Motivformen, um diese zu integrieren oder zu interpretieren.

In Verbindung treten die so motivisch isolierten Formen allein optisch, durch aufeinander abgestimmte, von den jeweiligen Motiven abgelöste und selbständig erscheinende Linienverläufe. Selbstverständlich gab es auch beim griechisch-hellenistischen Kopf Linien, aber diese waren immer als Grenzwerte von einzelnen, hier aufeinanderstoßenden plastischen Bereichen oder Motiven ausgewiesen. Sie zeigten sich nicht als selbstgesetzte, selbstwertige Linien, sondern als gewordene, sich erst aus dem Kontext des Motivischen konstituierende. Gar als Verbindungslinien traten sie ausschließlich im Zusammenhang mit motivisch sich verbindenden Formen und Formungen in Erscheinung. Dagegen verbinden beim *Pompeius-Kopf* Linien auch und gerade deshalb, weil sie formal eigenständig, d.h. vom konkreten, zugehörigen Motiv ablösbar und selbstbestimmt erscheinen können. Zwar kündigte sich bereits im Hellenismus ein neues Verhältnis von Linie und zugehöriger Motivfläche an, insofern bei der immer stärker werdenden Differenzierung der Gesamtoberfläche die einzelne Motivfläche selbst einen immer kleineren, die Flächengrenzen dafür einen immer größeren Umfang einnahmen, immer zahlreicher wurden, bis sie letztlich die Gesamterscheinung primär bestimmten; doch erst in der römischen Kunst emanzipierten sich dann diese Grenzwerte von ihrer Funktion, Grenzwerte von Motivflächen zu sein, erst in der römischen Kunst wurden sie eigenständig, traten sie in Widerspruch zu Motivflächen.

Linien aber, die losgelöst von Motivflächen als selbständige in Erscheinung treten, verweisen — wenn sie nicht willkürlich gesetzt sind — auf ein Ordnungssystem, das abstrakt verfügt, nicht aber gegenständlich funktional begründet ist. Ein ebensolches, abstrakt verfügtes Ordnungssystem liegt auch dem *Pompeius-Kopf* zugrunde. So beziehen sich — in Analogie mit den Figuren des Grabreliefs aus Rom — alle Gesichtsmotive auf eine ideelle Mittelachse, erfahren erst von dort einen übergreifenden Zusammenhang. Symmetrisch auf die Mittelachse ausgerichtet zeigen sich die Konturverläufe der Haarkalotte, die Stirnfalten, die Augenbrauen, die Augen, die Nase, die Nasenfalten usw. Es hat geradezu den Anschein, als seien diese Gesichtsmotive »mutwillig« auf die Mittelachse hin zusammengezogen, auf sie hin konzentriert. Dem Ausschließlichkeitscharakter dieser symmetrischen Zuordnung haftet aber etwas Gewolltes, Gezwungenes an. Die Ausrichtung der Formen und Formungen auf die Mittelachse hin, die einer »Abrichtung« gleichkommt, erscheint künstlich, vordergründig; der Dargestellte nimmt eine Pose ein, aber keine Position. Gleichwohl steht auch hinter dieser Pose letztlich eine angestrebte, ideelle Position. Nur ist die Voraussetzung, nämlich der Konflikt, der zur Einnahme einer Position allererst veranlaßt, thematisch anders gelagert. Er resultiert weniger aus der Entzweiung von Mensch und Umwelt, von Individuum und Gesellschaft als vielmehr aus der Entzweiung von Sein und So-Sein des Menschen, der Entzweiung von allgemeiner Seinsvorstellung und konkreter Seinsverfassung, zeigt sich stärker elementarisiert, weniger situational. Als Anschauungssynonym für die Entzweiung von Sein und So-Sein des Menschen dient die Entzweiung von allgemeiner plastischer Gesamtform des Kopfes und den konkreten Gesichtsmotiven. Eine Auflösung dieses Konfliktes, eine Synthese aus Sein und So-Sein, würde ein Sein-Sollen beinhalten, demnach eine Position, die — bei der Allgemeinheit und Grundsätzlichkeit der Konfliktstellung — eine das Einzelindividuum negierende, allgemeine Idee von der Seinsverfassung des Menschen zum Inhalt haben würde, folglich eine grundsätzliche, immer gültige Vorstellung von der Seinsverfassung des Menschen, womit aber die besondere Vorstellung von der Jeweiligkeit der Einzelindividualität des Menschen ausgelöscht wäre. Eben eine solche ideale Vorstellung, welche die Ineinssetzung von selbständigen Einzelmotiven und plastischer Gesamtform des Kopfes über eine abstrakt verfügte, ideelle Ordnungssystematik notwendig hat, scheint angestrebt, »gewollt«.

Indes, das sich völlig einem Ideal Anheimstellen (Symmetrie als Grundlage einer Verbindung von Einzelmotiven und Gesamtform über die beiden gemeinsame Mittelachse) und damit verbunden das Unterdrücken möglichst aller eigenen, momentanen und persönlichen Regungen (Einzelformen), bzw. deren sofortige Reglementierung und Zurücknahme durch die Symmetrie, gelingt nicht. Es gelingt deshalb nicht, weil die einzelnen Formen und Formungen nachdrücklich zur Symmetrie »gerufen« werden müssen, dieser nicht freiwillig folgen, d.h. von ihrer motivischen Bildung her nicht auf eine solche ideelle Ordnung angelegt sind. Denn allererst infolge der strukturstiftenden Potenz der Linienwerte, die dadurch, daß sie einerseits den konkreten Motivformen angehören, andererseits aber von diesen abgelöst, formal selbständig erscheinen können, besonders geeignet sind, dem abstrakten Ordnungsruf der Symmetrie bei den einzelnen Formen und Formungen Geltung zu verschaffen, werden ja die einzelnen Motivformen und -formungen überhaupt der ideellen Ordnungsgesetzlichkeit angeschlossen. Freilich behalten sie einen Rest an motivischer Eigenvalenz, Eigenvalenz des So-Seins, das sich der angestrebten Idealität widersetzt und damit der Vereinnahmung des Individuellen durch das ideelle Sein-Sollen. Aufgrund aber der Differenz von ideellem Sein-Sollen, das Individuelle Ausschließendem, und konkretem So-Sein, das Individuelle Behauptendem, erweist sich dann am identischen Da-Seienden die dargestellte Idealität der Figur als Pose und in der Darstellung der Pose die Figur als Individuum.

Die von Helga v. Heintze beobachtete Disidentität von »künstlerischer Form« und »diesem gewöhnlichen Gesicht« ist demnach gerade nicht Zeugnis dafür, daß dem Bildhauer das Bildnis beim Versuch, »... die Diskrepanz zwischen Form und Inhalt zu überbrücken«,[24] mißglückte, sondern ist vielmehr Hinweis darauf, wie sehr es ihm als ein Individualportrait gelang. Denn erst der mißglückte Versuch einer Verbindung von »Form und Inhalt«, von vorgegeben Idealem und real Gegebenem, erst deren Auseinandertreten macht das Portrait als Individualportrait möglich. Die besondere Qualität dieses Stücks als Individualportrait beruht demzufolge darauf, daß die Identifizierung eines konkreten Menschen mit (s)einer Idealvorstellung nicht gelang. In den Verschiebungen und Unregelmäßigkeiten der Formen und Formungen, dem Ausbrechen aus der sklavischen Symmetrie und dem dadurch ermöglichten Eindringen von Bewegung, von Zeitlichkeit, von Eigensein der Person, zeigt sich eine Distanzierung zur Idealvorstellung, zeigt sich die ideell vorgestellte Position gebrochen, gebrochen durch die Valenz des Individuellen.

Wenn auch die formale Ordnungssystematik in der hier durchgeführten Form einer rigiden Symmetrie im Hinblick auf das So-Sein der Einzelformen negativ gedeutet ist, so bestimmt sie sich dennoch als Gestaltunsgrundlage: Nur über den formalen Zusammenhang von allgemeiner Gesamtform des Kopfes und besonderen Gesichtsmotiven, d.h. im Rahmen dieser abstrakten Ordnungssystematik, erweist sich das Gegeneinanderstehen von Form-Sein, So-Sein und Sein-Sollen. Erst mit Bezug auf die abstrakte Ordnungsgesetzlichkeit kann sich Besonderes als Individuelles erweisen.

Insofern es aber eine abstrakte Ordnungssystematik ist, die allererst den Ordnungsrahmen abgibt, nicht eine am organisch Funktionalen orientierte Systematik, ist die Reduktion auf den Kopf und damit die Fragmentarisierung des menschlichen Körpers, damit die Form der Büste, nicht nur — gemäß den Gestaltungszielen der römischen Bildnerei — folgerichtig, sondern auch möglich. Sie ist das auch in der vorliegenden, rein zufälligen und nicht ursprünglichen Form der Fragmentarisierung. Denn dort, wo eine rein formal bestimmte Systematik, an Körperformen veranschaulicht, die organisch funktional bestimmte Systematik, durch Körperformen vergegenständlicht, abgelöst hat, können konsequenterweise Bedingungen einer organisch funktional bestimmten Systematik — z.B. die körperliche Unversehrtheit — nicht mehr als Ordnungsnormen in Anwendung gebracht werden. Demnach muß dort, wo die organische Gegenständlichkeit als Grundlage für Ordnungssysteme ausfällt, diese vielmehr formal gesetzt werden, die Entscheidung, ob etwas künstlerisch möglich ist oder nicht, allein von der optischen Evidenz solchermaßen geordnet ausgewiesener Objekte abhängig gemacht werden: Das Objekt selbst, seine besondere Gestaltung und Thematik sowie das sich daraus ergebende Sinnganze, folglich die immanente Erscheinungslogik des Objektes allein, kann als Entscheidungsgrundlage dienen. Deshalb trifft auch der Hinweis Deckerts nicht, daß wir »... durch seine geschlossene Form das Gesicht nicht nur als Teil des Körpers sehen sondern als organische [!] Einheit ..., was bewirkt, daß das Gesicht den [ganzen] Menschen anschaulich vertreten kann, nicht jedoch ein Arm ... oder ein Fuß: die Hände sind seine Hände, das Gesicht ist er«,[25] da ja gerade keine wie auch immer geartete organische Einheit thematisch ist und damit »künstlich« nachzuweisen wäre, sondern eine spirituelle, die der Individualität, die sich als Einheit, d.h. hier als »zur Gänze überzeugend« erweisen müßte: Individualität bestimmt sich nicht durch äußere Formen — die allein vollständig oder unvollständig sein könnten —, sondern tritt allererst aus einem optischen Handlungszusammenhang, als Ergebnis einer Interaktion, als Wirkungspotential, demnach als etwas Spirituelles hervor.

Nun ist die Fragmentarisierung des *Pompeius* in der vorliegenden Form zufällig, ja es ist nicht einmal zu entscheiden, ob er überhaupt fragmentiert sein sollte. Umstritten ist, ob der Kopf ursprünglich zu einer Büste oder zu einer Gesamtfigur gehörte,[26] was beim griechisch-hellenistischen Kopf ganz unstrittig ist, der selbstverständlich zu einer Gesamtfigur gehörte. Daß man aber nicht entscheiden kann, ob der *Pompeius-Kopf* zu einer Büste oder zu einer Gesamtfigur gehörte, liegt wesentlich in der Darstellung des Kopfes selbst begründet: Man erhält von dort her keine Hinweise, wie man das Fragment vervollständigen könnte, das Fragment erweist sich absolut indifferent solchen Überlegungen gegenüber, macht sie damit auch überflüssig. Der Kopf zeigt sich infolge seiner Gestaltung als optisch vollständig, insofern er das Besondere, die Darstellung der Individualität, zur Gänze anschaulich macht. Diese hat nichts mit dem konkret Gegenständlichen eines

Menschen zu tun, sondern zeigt sich als Wirkungspotential von Formen und Formungen am Menschen, ist eine spirituelle, vom Gegenständlichen selbst abgehobene Qualität, beruht demnach auf einer ganz anderen »Ganzheitsvorstellung«, nämlich einer solchen, die allererst infolge der optischen Evidenz entsteht.

Man könnte an den Kopf verschiedene Körperhaltungen anschließen, sie wären alle gleich möglich oder nicht, sie wären vor allem aber überflüssig, weil die Darstellung der Individualität durch den Körper nicht gesteigert, allenfalls illustriert, eher jedoch geschwächt, auf keinen Fall aber überboten werden könnte. Die Fragmentarisierung der menschlichen Gestalt auf den Kopf erscheint demnach nicht nur künstlerisch möglich, sondern sogar künstlerisch nötig. Dagegen hat der griechisch-hellenistische Kopf gerade eine ihn tragende Körperform nötig. Ja, die durch den Verlust des Körpers bedingte, momentan anmutende Bewegung des Kopfes, die durch den Kopf selbst nicht eingeholt wird und demnach unmotiviert erscheint, fordert geradezu die Begründung durch eine bestimmte Körperhaltung: Die in der Darstellung am unvollständig Erscheinenden zutage tretende definite Einheit von Besonderem und Allgemeinem, konkreten Einzelformen und plastischem Gesamt, bedarf, damit sie vollständig in Erscheinung treten kann, der Vollständigkeit des Erscheinenden.

Beim *Pompeius-Kopf* haben wir es möglicherweise nicht mit einer Portrait-Büste zu tun, obwohl er in seiner so erscheinenden Fragmentarisierung auf diese besondere Form anzuspielen scheint. Das Trajan-Portrait aus dem Vatikan (Abb. 17)[27] ist dagegen eine »echte« Portraitbüste und soll hier als Beispiel für die »klassische« Ausprägung der römischen Portraitbüste passieren. Innerhalb der verschiedenen Bildnistypen des *Trajan* vertritt die vorliegende Version den offiziellen Dezennalientypus.[28] Die Büste erscheint zunächst durch den Sockel und den Körperabschnitt frontal auf den Betrachter ausgerichtet. Die plastisch motivische Ausarbeitung der Brustpartie, deren Abschnitt im Unterschied zu den vorangegangenen Darstellungen tiefer genommen ist,[29] unterstützt einerseits die frontale Ausrichtung, andererseits bringt sie in der symmetrischen Entsprechung von links und rechts die Mittelachse zur Geltung. Durch die Anordnung des Schwertbandes und die einseitige Belastung der rechten Schulter durch das Paludamentum wird dann die frontal-symmetrische Anordnung gestört. Geradezu durchbrochen aber wird diese Anordnung durch den Kopf, der — vorbereitet durch den Hals — in einer Wendung nach links hin begriffen ist. Da sich diese Wendung weder durch eine bestimmte Körperhaltung noch durch Einbeziehung der Büste in ein Ensemble motiviert zeigt, erscheint sie momentan gesetzt, als Resultat eines persönlichen Wollens, das selbstbestimmte Hinausgehen auf ein Außen dokumentierend. Optisch wird die Kopfwendung dann aufgefangen durch das plastische Übergewicht des einseitig angeordneten Paludamentums und den zur Blickrichtung gegensinnig gegebenen Verlauf des Schwertbandes, demnach nicht organisch-motivisch, sondern formal, durch die kompositionelle Einbeziehung dieser Accessoires.

Die, durch die formal geregelte Gestaltungsweise ermöglichte, kompositionelle Integration von Formen unterschiedlichster Motivlichkeit hat nun aber auch Konsequenzen für das Verständnis der so vereinnahmten Motivformen selbst: Sie werden nicht mehr nur in der ihnen ursprünglich eigenen Motivbedeutung erfahren, solchermaßen selbstbestimmt, sondern können darüber hinaus durch ihre besondere kompositionelle Einbindung, durch die Einbindung in einen speziellen Formkontext, bedeutungsmäßig neu orientiert werden; sie bedeuten dann nicht mehr nur etwas an und für sich, sondern werden bedeutsam auch und vor allem im Zusammenhang mit anderem. So muß z.B. ein

Schwertband nicht mehr nur Ausweis dafür sein, daß der Betreffende ein Schwert trägt, und darüber hinaus, daß jener, der ein Schwert trägt, ein Kommando hat, sondern ein Schwertband kann aufgrund einer bestimmten Formkonstellation auch dazu dienen, das Wesen eines Menschen, sein Inneres, seinen Charakter usw. zur Anschauung zu bringen. In der gleichen Weise muß ein Paludamentum nicht lediglich Hinweis auf den bestimmten Rang eines Menschen sein, sondern könnte aufgrund einer bestimmten Formkonstellation z.B. dazu dienen, eine besondere Situation des Menschen zu aktualisieren.[30] Hinzugefügte Motive können demnach im Rahmen eines formal-optisch geregelten Gestaltungssystems ihren bloßen Verweischarakter auf Außerfigürliches verlieren und zu integralen Bestandteilen eines einmaligen, individuellen Figurenzusammenhangs avancieren.

Auch bei der Trajan-Büste scheinen die hinzugefügten Motive, die Accessoires, unmittelbar mit der Situation des Dargestellten verknüpft; so wird das Herausgehen auf ein Außen (Kopfwendung und Blickrichtung) durch das Schwertband gegensinnig auf ein Innen zurückgeführt, das seinerseits durch das Paludamentummotiv mitbestimmt ist. Die »Bekleidungsstücke« bilden demnach nicht nur einen optischen Ausgleich zur Bewegungsmotivik des Kopfes, sondern zugleich — indem sie diesen Ausgleich auf eine ganz bestimmte Art und Weise erwirken — eine Deutung der momentanen Bewegungssituation. Zunächst ist die Bewegung nach außen nicht auf das Motiv der Kopfwendung beschränkt, sondern — differenziert — auch in der Bildung der Gesichtsmotive bestimmend. Diese zeigen aufgrund ihrer Anordnung — und im Zusammenhang mit der Haarfrisur — eine deutliche Konzentration auf die vertikale Mittelachse des Kopfes, die gegenüber jener, innerhalb der Büste ausgewiesenen Achse, nach außen verschoben ist. Im Unterschied zum *Pompeius-Kopf* erscheint dann die Konzentration der Gesichtsmotive auf die vertikale Mittelachse weniger als ein Konzentrat denn vielmehr als ein Sich-Konzentrieren: Die Horizontalrichtungen von Augenbrauen, Augen und Mund werden durch den Vertikalwert der Nase richtungsmäßig verklammert. Die Verklammerung vollzieht sich, wird nicht als »Gerüst« schematisch vorgegeben. Indem sich aber die Gesichtsmotive in solcher Art verklammern, bringen sie eine Synchronisierung eben jener Sinnesorgane zur Geltung, welche die Auseinandersetzung mit der Umwelt primär tragen, nämlich Auge und Mund: Sehen und Sprechen; Agieren und Reagieren werden optisch koordiniert, stehen in einer unmittelbaren Beziehung zueinander; Agieren und Reagieren sind aufeinander abgestimmt, bilden ein innerlich festes Handlungsgefüge. Das Hinausgehen auf ein Außen, zunächst getragen von der Kopfwendung, wird somit durch die Einzelmotive des Kopfes spezifiziert, insofern deutlich gemacht wird, auf welche Art und Weise die Auseinandersetzung mit dem Außen erfolgen soll, bzw. mit welchen Mitteln.[31]

Dieser deutlichen Hinwendung und Bezugnahme zum Außen wirkt nun das diagonal über den Körper gelegte Schwertband entgegen, das, über die Mittelachse hinaus verlängert, zur rechten Seite der Büste herübergeführt ist, um dort auf das in klaren Vertikalfalten nach links hin abschließende Paludamentum zu treffen. Schwertband und Paludamentum sind zunächst reine Accessoires und könnten entfernt werden, ohne daß die motivisch körperliche Vorstellung auch nur geringfügig beeinträchtigt würde;[32] im Gegenteil, die rechte Schulter würde sogar körperlich »geklärt«. Beeinträchtigt aber, wenn nicht gar zerstört, würde die optisch bestimmte, situationale Erscheinungseinheit der Figur. Der Vergleich mit einer unbekleideten Büste, die allerdings schon den Nachfolgern des Dezennalientypus' zugerechnet wird (Abb. 18)[33], möge dies bestätigen. In dieser Version werden die

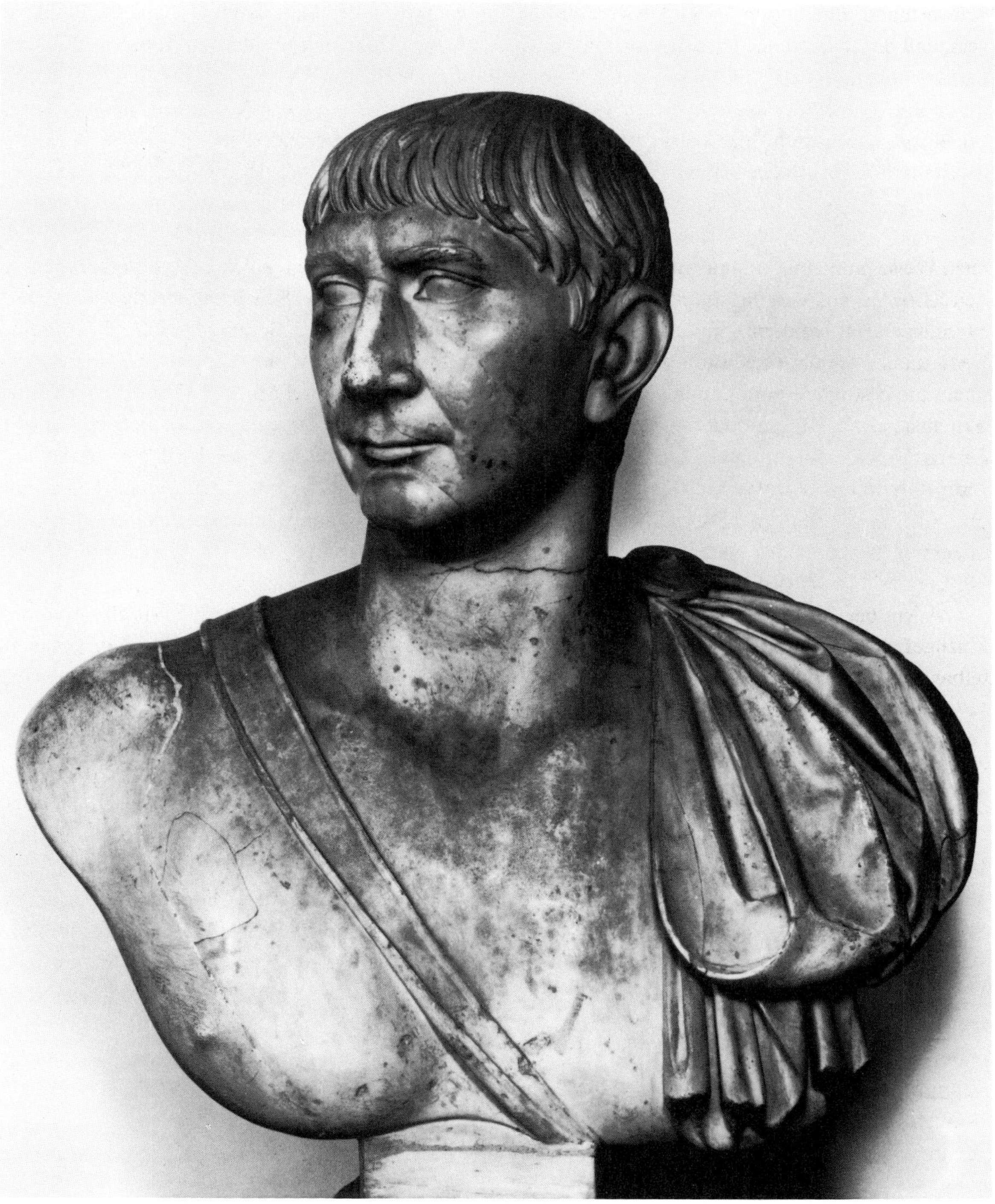

17 *Trajan,* nach 108 n. Chr., Rom, Vatikanische Museen

Wendung des Kopfes und der sie vorbereitende, gedrehte Hals gerade nicht durch »Zusätze« optisch ausgeglichen. Da dies nicht geschieht, müßte — damit eine Anschauungseinheit erreicht würde — die Kopfwendung anders ausgeglichen werden. Da aber keine formalen Ausgleichsmöglichkeiten angeboten werden, sucht man einen solchen Ausgleich im Motivisch-Gegenständlichen; Büste, Hals und Kopf werden so auf mögliche organisch funktionale Verbindungen hin durchgesehen, was aber erst recht zu Schwierigkeiten führt. Denn einem solchen, auf Organisch-Funktionales ausgerichteten Sehen kann der Zusammenhang von Büste, Hals und Kopf nur »unnatürlich«, als Verrenkung erscheinen: Der Hals ist gegen die Büste verrenkt, der Kopf gegen den Hals. Das Gestaltungskonzept der Figur rechnet eben nicht mit einer solchen Seheinstellung, obwohl die konkrete Ausführung der Figur zu einer solchen Sichtweise veranlaßt.

Der Kopf im Vatikan hingegen vermeidet alternative Seheinstellungen. So holt das Schwertband die nach außen zielende Richtung des Kopfes formal wieder ins Innen zurück und leitet über die Mittelachse hinüber zum vertikal schließenden Paludamentumumschlag, der selbst wiederum — vertikal verlaufend — zum Kopf zurückführt. Das Paludamentum insgesamt weist nun zwei verschiedene Schichtungen auf, wobei die obere stärker als zusammengefaßte Form, die untere eher als frei fallender Gewandteil in Erscheinung tritt. Während der untere Teil in seiner Faltenbildung die Vertikale des linken Paludamentumumschlags aufnimmt, zeigt der obere, durch die Fibel zusammengehaltene Teil Faltenbildungen in Diagonalrichtungen, die den Verlauf des Schwertbandes paraphrasieren. Die Fibel selbst, auf welche die Falten zu laufen, hält dabei die Verbindung zum vertikalen Paludamentumumschlag.

Beide Teile des Paludamentums, sowohl der offene, eher vertikal strukturierte als auch der geschlossene, an die Fibel zurückgebundene Teil, bezeichnen ein gleichsam innerlich Festes für die Figur, ein optisches Widerlager für das Nach-außen-Heraustreten durch den Kopf und das wieder Nach-innen-Zurückführen durch das Schwertband. Insofern aber das Paludamentum als Motiv hinzugefügt und damit auch abnehmbar ist, artikuliert es als ein solchermaßen innerlich optisch Festes nichts charakterlich eigenes der Figur, sondern etwas ihr von außen Zukommendes, aber für sie insgesamt Charakteristisches, das nun im Hinblick auf die Darstellung der Individualität eine wesentliche Rolle spielen wird: Für die Darstellung der Individualität des Trajan ist nicht nur sein Eigensein, seine Persönlichkeit entscheidend, sondern in eben dem Maße auch seine besondere, offizielle Position, die er dem Außen gegenüber einnimmt; entsprechend erfolgt die Darstellung seiner Individualität mit Bezug auf diese seine äußerliche Position, sie wird zum integralen Bestandteil seiner Individualitätsdarstellung. Daher ist auch die, aufgrund des Gegeneinander von eigenem Beschlossensein im Inneren und Hinausgehen auf ein Außen einzunehmende, ideelle Position nicht eine solche, die allein aus dem allgemeinen, menschlicher Existenzerfahrung grundsätzlich vorausgehenden Konflikt resultiert, sondern eine solche, die darüber hinaus aus einem besonderen, nämlich durch die besonderen Gegebenheiten eines Amtes oder einer bestimmten Stellung, in der sich der Mensch befindet, mit bedingten Konflikt resultiert: Der Mensch agiert und reagiert nicht nur im Hinblick auf sein persönliches Sein, bringt damit nicht nur seine Eigenart zur Anschauung, sondern gleichzeitig und damit verbunden die Besonderheiten eines bestimmten Amtes oder einer bestimmten Stellung. Die allgemeine Konfliktsituation, aus der heraus das Individuum seine Position zu finden hat, erfährt damit eine Einschränkung oder Erweiterung. Sie ist nicht mehr allgemein menschlich bestimmt, sondern »historisch« als

Situation, die von den Bedingungen und Erfordernissen eines bestimmten Amtes oder einer bestimmten offiziellen Stellung wesentlich mit bedingt ist: Wir haben es beim Bildnis des Trajan nicht mit einem privaten Bildnis, sondern mit einem offiziellen, mit einem Herrscherbildnis zu tun.

Diese Einschränkung oder Erweiterung der allgemein menschlichen Konfliktsituation bedeutet nun aber nicht unbedingt eine Einschränkung oder Erweiterung, damit aber eine mögliche Verunklärung des eigentlich Individuellen, sondern kann ebensosehr einer stärkeren Aktualisierung des Individuellen, seiner momentanen Zuspitzung dienen. Die besondere Stellung des Amtes, das ein Individuum innehat, muß nicht notwendig zur Normierung des Amtsträgers, der offiziellen Person bzw. seines zur Anschauung gelangenden Verhaltens führen, sie kann ebensogut eine Verstärkung der Konfliktsituation herbeiführen, nämlich dadurch, daß die Bedingungen und Erfordernisse eines Amtes oder einer offiziellen Position mit denen einer persönlich einzunehmenden Position kollidieren und so eine Spezifizierung oder Differenzierung der menschlichen Konfliktsituation veranlassen. Eben eine solche spezifizierte Konfliktsituation scheint auch der Trajan-Darstellung zugrunde zu liegen; Trajan identifiziert sich nicht mit seiner Stellung. Die ideell einzunehmende Position ist nicht durch ihn selbst verwirklicht, er zeigt sich nicht als Verkörperung einer solchen ideellen Vorstellung von Mensch und Amtsträger. So sind etwa die Abzeichen seiner Stellung entweder gegen die Mittelachse verschoben (Paludamentum) oder unterlaufen diese (Schwertband), sie werden auch nicht durch die Kopfhaltung gleichsam ideell auf diese überführt, sondern die Mittelachse stellt faktisch einen Richtwert zu all diesen Angaben dar, in welchem sie konvergieren sollten, es aber konkret nicht tun. Die einzunehmende Position bleibt Postulat, ist nicht tatsächlich verwirk-

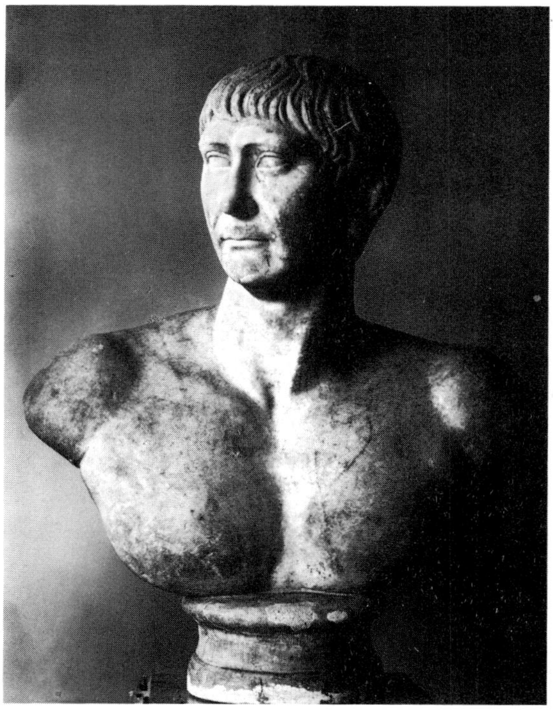

18 *Trajan,* nach 108 n. Chr., Wien, Kunsthistorisches Museum

licht. Demnach zeigt sich auch in dieser Darstellung eine Positionssuche aufgrund einer bestimmten Konfliktsituation, wobei durch die besondere Art und Weise, in der sich die Positionssuche vollzieht, die Individualität dessen zur Erscheinung gelangt, der dargestellt ist.

Der Vergleich mit einer anderen Herrscherdarstellung, der Portraitbüste des Hadrian aus dem Konservatorenpalast (Abb. 19),[34] kann deutlich machen, daß — bei gleicher Position und ähnlichen Versatzstücken — gerade die Darstellung der jeweils unterschiedlich artikulierten Individualität auch bei Herrscherbildnissen thematisch ist; allein der Horizont, in dem sie sich thematisch setzt, der Horizont der Herrschaftssituation, hat sich gegenüber den zunächst betrachteten Darstellungen des Grabreliefs geändert. Die vorliegende Büste gehört zum Typus der Panzerbüste. *Hadrian* ist mit einem Panzer bekleidet, der über einem Untergewand (Tunika) angelegt ist, dessen Saum am Hals und an den Oberarmteilen sichtbar wird und der wiederum das Paludamentum trägt, welches den rechten Teil der Büste weitgehend abdeckt. Links dagegen sind Panzerschließe — parallel zum vertikalen Abschlußkontur des Paludamentums —, Schulterstück mit Tunika und Lederlaschen dem Blick freigegeben. Der Kopf ist diesmal nach rechts, also zur Seite des Paludamentums hin gewandt. Die Haarbildung zeigt sich durch Lockenformen bestimmt, die sich teilweise individuieren, jeweils von außen nach innen zur Mitte hin ausgerichtet sind und über der Nasenwurzel — allerdings nach rechts verschoben — zusammentreffen.

Im Unterschied zum *Trajan-Kopf* zeigen sich die Gesichtsmotive des *Hadrian* weniger stark zusammengezogen, weniger momentan gegeneinander geführt und in einem »Vordergesicht« konzentriert, sondern eher entspannt, weniger stark hervorgehoben, unbestimmter. Die entschieden strenge Kompositionsfigur aus Augenbrauen, Augen, Nase und Mund des *Trajan* ist verlassen, die Eigenwertigkeit der Motive gesteigert, die zwingende Bestimmtheit und damit das willentlich Gesetzte als zentrale Erscheinungsmerkmale des *Trajan* sind aufgegeben. Diese Änderungen sind nun nicht lediglich Zeichen einer stilistischen Wandlung oder das Ergebnis einer besonderen Bart- und Haartracht, die einer entschieden auf die Mittelachse des Gesichts gerichteten Konzentration entgegenwirkt, wie diese Änderungen ebenfalls nicht nur als Wiedergabe der faktischen Gegebenheiten der unterschiedlichen Physiognomien der Dargestellten begriffen werden können, sondern sie sind auch und nicht zuletzt Hinweis auf die ganz besondere Individualitätsdarstellung des Hadrian. Denn die Änderungen besitzen einen inneren Zusammenhang, erfolgen nicht punktuell, zufällig, sondern gemäß einer Systematik, die Kopf und Büste, das Einzelne und das Gesamt übergreift. So ist die Horizontale des Mundes nicht nur nicht in einen eindeutigen Zusammenhang mit der Horizontalen der Augen und der Augenbrauen — über die Nase hinweg — gebracht, sondern erscheint auch als Motivform verändert: Der Mund ist weniger zu einer horizontalen Linie zusammengepreßt, vielmehr scheint er sich von einer solchen eher gelöst zu haben, sie zu umspielen. Ebenso wirken die Falten an den Nasenflügeln unbestimmt, durch den Oberlippenbart eher nach außen gezogen als nach innen, auf die Nase hin konzentriert zu sein. Die Nase selbst wird aufgrund des Oberlippenbartes stärker mit den Augen in Verbindung gebracht, der Mund isoliert sich, ohne aber zu diesen in ein entschiedenes Verhältnis treten zu können, da jetzt, durch die Führung wiederum des Oberlippenbartes bedingt, die Schrägwerte der Augenbrauenbögen optisch betont erscheinen.

Das eher Unentschiedene, zumindest nicht Sicher-Bestimmte, in der Motivbildung des Gesichts wird dann durch das Motiv des Kinn- und Backenbartes verstärkt, der vom eigentlichen,

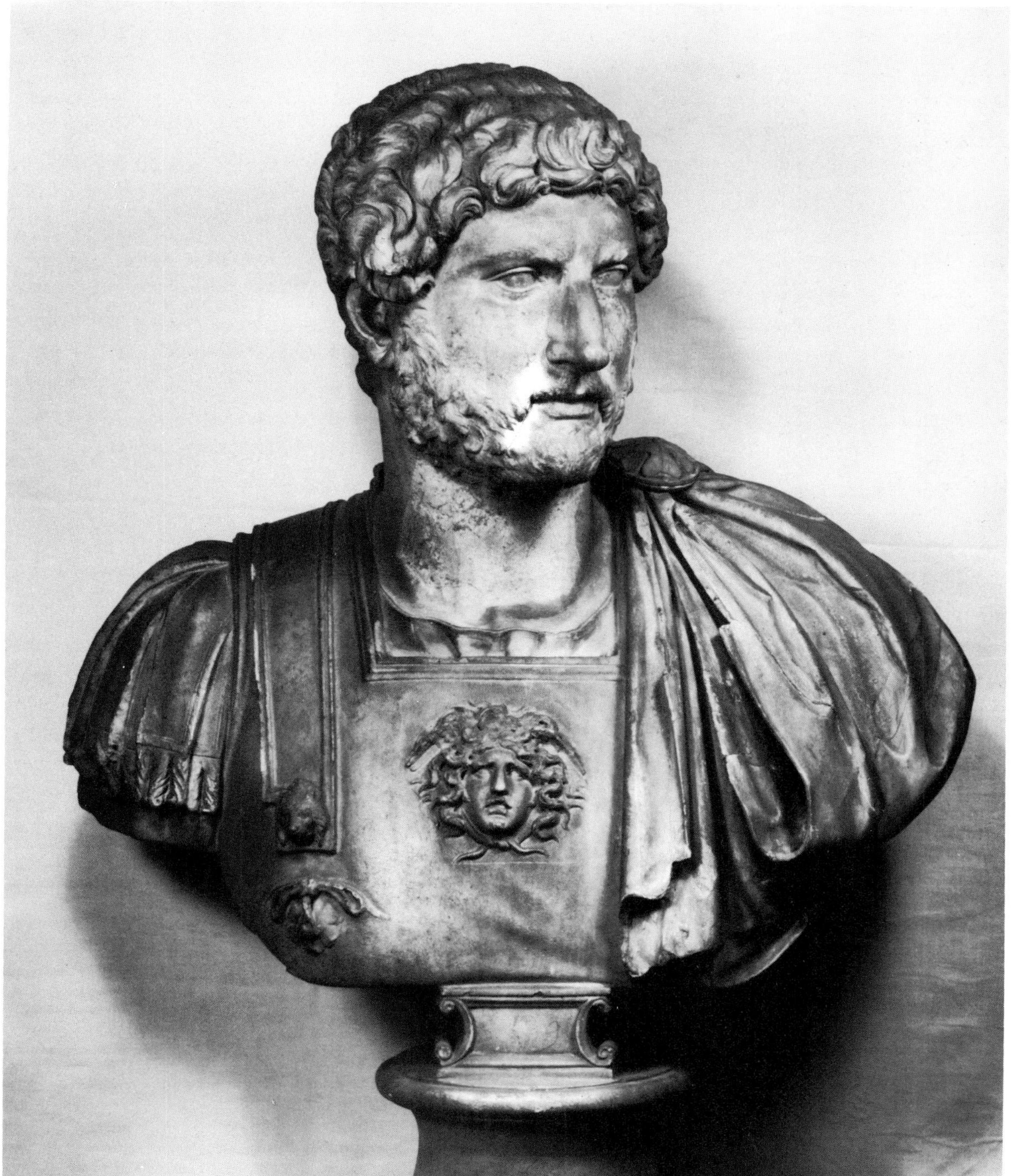

19 *Hadrian,* um oder nach 127 n. Chr., Rom, Palazzo dei Conservatori

willensbetonten Aktionszentrum (Augen-Nase-Mund) ablenkt, insofern er eine neue optische Größe, und zwar an der Peripherie des eigentlichen Gesichts, zur Geltung bringt. An dieser Dezentralisierung nimmt auch das Haupthaar teil, das zunächst ähnlich wie beim *Trajan* von hinten nach vorn gekämmt ist, dann aber nicht in scharfen Strähnen unmittelbar auf das Zentrum zielt, sondern auf dieses scheinbar nur zufällig verweist: Die Haare locken sich, rollen sich ein, werden selbständig, scheinen das eigentliche Ziel zu »vergessen«, darin aber wiederum ganz gezielt.

Das Unentschiedene, auf zeitliche Zwischenstufen, auf das »Auch-Mögliche« Anspielende der Gesichtsbildung findet sich gleichfalls in der Ausbildung der Büste bzw. in der Verbindung von Büste und Kopf wieder. Der Kopf ist nach rechts gewendet, aber die Wendung wird nicht sofort frei, da sie zunächst auf eine Vertikale stößt, d.h. auf eine Achse, die eine Grenze anweist,[35] das Paludamentum. Das Paludamentum stellt sich zunächst als Hindernis für die Öffnung nach außen dar. Auch hier ist das Paludamentum wieder in zwei Teile gegliedert, jenen vertikal fallenden, unabgeschlossenen hinteren und jenen in Diagonalrichtung zur Fibel hin zusammengeschlossenen, vorderen Teil. Der offene vertikale Teil steht optisch mit den anderen vertikal ausgerichteten Formen, wie der Panzerschließe und den vertikalen Grenzwerten des Halsausschnitts des Panzers, in Verbindung. Aufgrund der Vielzahl der vertikal gerichteten Formen und Formungen zeigt sich zunächst ganz allgemein eine stärkere Betonung des Innen, ein Verharren im eigenen. Das Heraustreten aus dem eigenen wird erschwert einerseits dadurch, daß die Kopfwendung nicht unmittelbar zum Außen durchdringt, sondern erst das optische »Hindernis« des Paludamentums zu überwinden hat. Da andererseits der Backenbart — der die Wendung des Kopfes wesentlich mitträgt — die gleiche Richtung besitzt wie der Diagonalteil des Paludamentums, der aber gerade die Verbindung zum Außen abblockt, da er sich nach innen, zur Fibel hin aufrollt und dadurch die optische Grenzwirkung unterstützt, erscheint das Hinausgehen der Figur auf ein Außen gleichsam befangen, stärker als Potentialität gegeben und nur indirekt, nur auf Umwegen möglich.[36] Entwickelte *Trajan* seine Individualität sozusagen vor dem Hintergrund seiner besonderen Stellung, seines besonderen Amtes, so scheint *Hadrian* seine Individualität eher im Wechselspiel mit seiner besonderen Stellung, seinem besonderen Amt zu bestimmen, wobei unentschieden bleibt, was für die Darstellung einer ideellen Position obsiegt, die Bedingungen seiner äußeren Stellung, seines besonderen Amtes oder die besonderen Gegebenheiten seiner Person, seines Charakters. *Hadrian* deutet sich weniger aufgrund seiner Stellung als vielmehr mit ihr, dabei möglicherweise weniger sich als Besonderen als vielmehr diese seine besondere Stellung.[37]

Im Hinblick auf die Büstenform und die Möglichkeit ihrer erscheinungsmäßigen Ganzheit ist zu beachten, daß hier die Kopfwendung nicht unmittelbar — wie durch das Schwertband beim *Trajan* — optisch ausgeglichen, sondern gleichsam sukzessiv ausponderiert wird, indem z.B. die körperlich erscheinende Hauptmasse, nach links hin verlegt, das durch die Kopfwendung handlungsbedingte Übergewicht der rechten Seite auffängt, oder indem der stärker motivisch-plastische Akzent des nach oben, zur Fibel hin hochgenommenen Paludamentumteils durch die Panzerschließe und die nach unten abfolgenden Formen von Laschen, Riemen und stilisierter Brustwarze ausgeglichen wird. Wesentlich aber ist, daß auch hier ein Ausgleich stattfindet und dieser gleichfalls nicht organisch-funktional erfolgt, sondern sich formal vollzieht, eben durch die optisch gleichgewichtige Bezogenheit aller Formen und Formungen auf eine ideelle Ordnungsachse.

Nun kann aber nicht übersehen werden, daß sich jene Form der Fragmentarisierung eines menschlichen Körpers, wie sie beim Trajan- und Hadrian-Portrait anzutreffen ist, eben die kanonische Form der Portraitbüste, doch deutlich von der des *Pompeius-Kopfes* unterscheidet. Es wurde zwar behauptet, daß die Portraitdarstellung des Pompeius auch in der heute vorliegenden Fassung möglich sei, da sie Individualität »gänzlich« zur Erscheinung bringe, doch zeigt sich nun, daß im Hinblick auf die durch die Darstellung allgemein nahegelegte, hier aber in einer besonderen Form vorliegende Fragmentarisierung eine Differenzierung des vorher Gesagten notwendig ist. Beim *Pompeius-Kopf* ist die Fragmentarisierung, obwohl in der Darstellung des Kopfes als notwendig und möglich ausgewiesen, in ihrer faktischen Erscheinung das Resultat eines bestimmten Erhaltungszustands, also ein der Darstellung Äußerliches, im Unterschied zum Trajan- oder Hadrian-Portrait, bei denen die Fragmentarisierung das Ergebnis einer bestimmten Formsetzung ist, damit ein der Darstellung Inneres. Der Unterschied besteht darin, daß der *Pompeius-Kopf* dazu auffordert, seine *äußerlich* unvollendete Form gedanklich zu vollenden, während beim Trajan- oder Hadrian-Portrait auch das äußerlich Unvollendete formvollendet ist: Der *Pompeius-Kopf* ist demnach ein Torso, die Portraits von Trajan oder Hadrian sind dies nicht.[38] In diesem Zusammenhang sei auf die Bemerkung von Schmoll gen. Eisenwerth verwiesen, daß die »Antike ... den Torso als selbständige Form nicht [kannte] ... Wo die Antike ... Teilbildungen eines lebendigen Körpers zur plastischen Darstellung bringt, erfindet sie auch immer gleich die formale Abrundung, eine Schließung, die Umprägung zur künstlerischen ›Figur‹.«[39] Daraus ergibt sich aber, daß letztlich die Fragmentarisierung eines menschlichen Körpers in der Form der Büste eine ganz bestimmte Form der Fragmentarisierung ist, der eine formale Konzeption zugrunde liegt, der zufolge das Mögliche des Ausschnitts in das Notwendige einer »künstlerischen Figur« umgedeutet wird. Für eine solchermaßen notwendige, künstlerische Figur ist folglich nur eine ganz bestimmte Form der Fragmentarisierung möglich, eben jene der Reduktion des menschlichen Körpers auf Kopf mit wechselnden Körperanschnitten.

So zeigt sich etwa im Vergleich von *Pompeius-Kopf* und Trajan- bzw. Hadrian-Büste, daß gerade auch der Körperausschnitt wesentlich zur »künstlerischen Figur« gehört. Die klare Horizontale des Abschnitts selbst als untere Begrenzung und die Breitenerstreckung des Oberkörpers bringen ein Gegengewicht zur ragenden Vertikalität des Kopfes. In diesem Gegeneinander von Oberkörper und Kopf, von Horizontaler und Vertikaler, ist aber das Gegeneinander von Mensch und Umwelt — die besondere Thematik der Darstellung selbst — bereits vorgeprägt und als Gegensatz von Vertikalem (Individuation, Kopf) und Horizontalem (Kommunikation, Körperausschnitt)[40] gleichsam zeichenhaft anschaulich: Die »klassische« Ausbildung der Büstenform in der römischen Bildnerei, als eine ganz bestimmte Form der Fragmentarisierung des menschlichen Körpers, besitzt demnach in ihrer so gegebenen allgemeinen Formulierung eine unmittelbare Entsprechung zum thematischen Anspruch des Portraits, nämlich der Darstellung von Individualität.

Wenn sich aber die Entwicklung der Büstenform innerhalb der römischen Bildnerei dergestalt nicht nur als notwendig, sondern auch als künstlerisch möglich begreifen läßt, müßte entsprechend begreiflich werden, daß z.B. Ganzfigurenportraits innerhalb der römischen Bildnerei — wenn auch unter Umständen möglich, so doch aber zumindest künstlerisch — nicht mehr nötig waren. Es müßte sich erweisen lassen, daß gerade die körperliche Unversehrtheit eines Ganzfigurenportraits die »spirituelle Unversehrtheit« der Individualität ge-

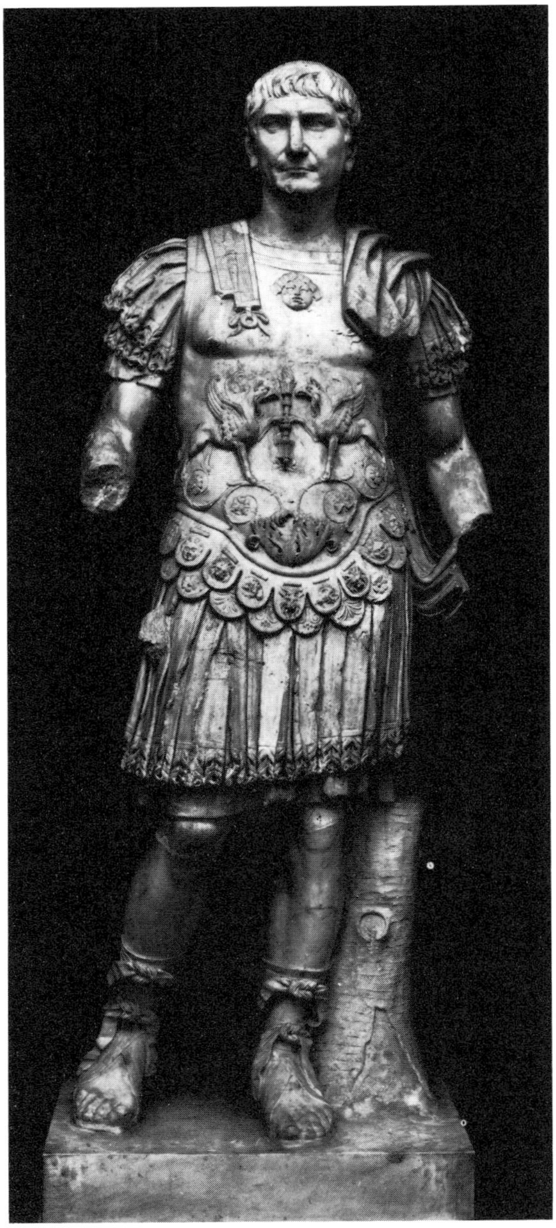

20 *Trajan,* nach 108 n. Chr., Kopenhagen, Ny Carlsberg Glyptotek

fährden könnte. Die ganzfigurige Darstellung des Trajan aus Kopenhagen (Abb. 20)[41] möge hier als Beispiel dienen, eine Figur, die — wie W. H. Gross formulierte — »den Kaiser als den Menschen dar[stellt], der er — geschichtlich gesehen — war«.[42] Die Bestimmung, daß hier Trajan als Mensch dargestellt sei, zielt nun nicht auf eine Darstellung des Trajan als Individuum — in der hier postulierten Bedeutung —, sondern vielmehr auf einen ganz bestimmten Typus, dem die Statue angehört, den Typus der Panzerstatue: »Ganz allgemein kann man sagen, daß Standbilder mit Panzer und Toga stets den Menschen, nackte Statuen und solche mit göttlichen Abzeichen stets den Heros bzw. einen Gott in der Erscheinungsform des betreffenden Kaisers meinen.«[43] Ob darüber hinaus diese Darstellung auch als Darstellung eines Individuums — in der hier postulierten Bedeutung — zu verstehen sei, bleibt zu fragen.

Was eigentlich ändert sich dadurch, daß hier der Portrait-Kopf des Trajan nicht mit einer Büste, sondern mit einem unversehrten Körper zusammengebracht wird? Zunächst einmal ändert sich die für die Büste insgesamt bestimmende, überragende Bedeutung der Wendung des Kopfes. Sie erscheint hier weniger einem persönlichen Wollen entsprungen, weniger auch Produkt einer momentanen Situation, sondern eher als Teil einer Gesamtbewegung, eingebunden in eine motivisch-organische Körperbewegung, als Ergebnis einer allgemeinen Befindlichkeit. Hinzu kommt, daß in der konkreten Bewegungshaltung des *Trajan* eine idealtypische »zitiert« wird, nämlich die des praxitelischen Doriphoros. Die Wendung des Kopfes wird also körperlich organisch aufgefangen, wobei das formal optische Darstellungsprinzip des Kopfes mit einem am konkret gegenständlich orientierten Darstellungsprinzip zusammenstößt. Da aber die jeweils unterschiedlichen Prinzipien nicht durch eine übergreifende Systematik versöhnt bzw. aufgehoben werden, bleibt die Darstellung insgesamt kontrovers.

Doch auch die Darstellung des Körpers selbst ist in sich kontrovers, insofern der durch den Panzer bekleidete Körperbereich — etwa in der Anordnung der Ornamente auf dem Panzer — Ordnungstendenzen zu erkennen gibt, die weniger funktional-motivisch als vielmehr formal-optisch bestimmt sind. Der Körperhaltung insgesamt liegt zwar ein organisch-funktional geregeltes Original zugrunde, in der Veränderung dieses Originals aber — z.B. durch die Bekleidung — machen sich anders gerichtete Ordnungsvorstellungen bemerkbar. Durch den Hinweis auf das zugrundeliegende Idealbild werden organisch-funktionale Vorstellungsweisen geweckt, die dann in wesentlichen Bereichen der Figur — der Kopfbildung und den bekleideten Teilen — nicht eingelöst werden können. Dadurch wirkt die Körperhaltung insgesamt gebrochen, künstlich, sie gerät zur Pose: Es wird etwas in die Vorstellung gerufen, was konkret nicht vorgestellt werden kann; Vorgestelltes und die, durch das Vorgestellte aufgerufene Vorstellung kommen nicht zusammen.

Nun ändert sich aber bei der ganzfigurigen Fassung des Trajan-Portraits nicht nur die besondere Bedeutung der Kopfwendung, sondern auch die Bedeutung des Kopfes selbst. Der Kopf wird nicht mehr allein als in Bewegung befindlich gesehen, sondern andere Körpermotive sind gleichfalls in Bewegung. Damit fällt die eindeutige Konzentration auf den Kopf und seine Gesichtsmotive weg, damit auch die Zuspitzung der Figur auf jene Motive, die primär die Auseinandersetzung mit dem Außen tragen, damit die Zuspitzung auf Individualität. Eine Statue besitzt eben an sich schon eine stärkere Neigung zum Allgemeinen, Überindividuellen. Körperformen wie Arme und Beine, auch wenn sie momentan bewegt sind, scheinen eher austauschbar;[44] sie artikulieren aufgrund ihrer Bewegung eher eine allgemeine Situation, in der sich der Dargestellte befindet, demnach eine allgemeine Befindlichkeit des Dargestellten, weniger die besondere Situationalität einer geistigen Befindlichkeit des Dargestellten: Die Artikulation einer allgemeinen Befindlichkeit tendiert zum Typus, zur kanonischen Ausbildung einer Bewegungshaltung, in der das Besondere unter die Gesetzmäßigkeit eines Allgemeinen, eines Immer-so-Seins gestellt ist.

Insofern wird in der Panzerstatue aus Kopenhagen Trajan weniger als Mensch dargestellt, d.h. als Einzelindividuum, im Unterschied etwa zur vatikanischen Büste, sondern in einer Zwitterstellung zwischen Individuum und Typus: Der durch den Portraitkopf gesetzte Anspruch kann in der besonderen Form der Portraitstatue nicht eingelöst werden, wie umgekehrt der durch den Hinweis auf das griechische Original in der Körperhaltung gesetzte Anspruch in der besonderen Ausbildung des Portraitkopfes nicht eingelöst werden kann. Ganz offensichtlich ist die Form, in der bestimmte Ansprüche geltend gemacht werden bzw. geltend gemacht werden sollen, nicht unbedingt beliebig, austauschbar, und die Tatsache, daß die Römer gerade der Portraitbüste eine vorrangige Stellung innerhalb ihrer plastischen Betätigungen einräumten, mag ein Hinweis darauf sein, daß sie sich der formal-künstlerischen Möglichkeiten mit Bezug auf ihre besonderen Darstellungsabsichten wohl doch bewußt gewesen sind.

Wie dem auch sei, die Büste — und dies sollten die Analysen belegen — ist als eine besondere Darstellungsform innerhalb des Mediums Skulptur eine solche, in welcher der Gegensatz von Fragment und Totalität durchaus aufgehoben enthalten ist: Indem die Büste die menschliche Gestalt auf den Kopf mit wechselndem Oberkörperausschnitt reduziert, ist sie Fragment mit Bezug auf konkrete Körperlichkeit. Indem sie andererseits ihre Fragmentarisierung formal als spirituelle Ganzheit zu erweisen in der Lage ist, stellt sie gleichwohl eine Totalität mit Bezug auf Sinn her. Indem aber die Büste zum einen als Fragment in Erscheinung tritt, das Totalität als körperlich organische Ganzheitsvorstellung außer sich hat, zum anderen aber in ihrer Erscheinungsweise als Fragment Totalität als sinnbestimmte Ganzheit ästhetisch zu repräsentieren in der Lage ist, kann die besondere Form der Büste als eine solche gesehen werden, in welcher der Gegensatz von einzelnem und Gesamt, von Besonderem und Allgemeinem, Situationalem und Generellem gleichsam inkorporiert, d.h. als ein solcher Gegensatz aufgehoben enthalten ist. Als eine solchermaßen den Gegensatz von Besonderem und Allgemeinem inkorporiende Form stände dann die Büste wiederum in einem strukturellen Zusammenhang zur Distanzherstellung, insofern die Büste als Form selbst eine besondere Form von Distanzherstellung darstellt. Mit Bezug auf Distanz als der Aus- und Zueinandersetzung von Besonderem und Allgemeinem Situationalem und Elementarem, Individuum und Umwelt besteht demnach eine innere Verwandtschaft von Medium, Form und Thema der plastischen Bildnisbüste.

V. RENAISSANCE

In der Portraitkunst der Römer ging es wohl zum ersten Mal um die Darstellung der Individualität des Menschen. Die Möglichkeit einer solchen Darstellung hatte die Entzweiung von Mensch und Umwelt, den Konflikt von Individuum und Gesellschaft zur Voraussetzung, wobei die Auflösung des Konflikts lediglich ideell, durch die Setzung eines abstrakten Ordnungsschemas, das vom konkret Gegenständlichen loszulösen war, postuliert, nicht aber tatsächlich verwirklicht werden konnte. Was die Geschichte des römischen Portraits (in seiner Spezifizierung als Büstenportrait) insgesamt betrifft, so läßt sich — wenn auch nicht kontinuierlich vom Ende des 2. Jahrhunderts an — zunehmend ein Übergewicht des Ideellen, Nicht-zu-Verwirklichenden auf Kosten des Wirklichen, des konkreten So-Seins des Menschen feststellen. Die Portraitierten werden immer stärker von einem abstrakten Sollens-Prinzip bestimmt, das sie immer weniger selbst durch ihr So-Sein, durch ihr So-Handeln, also durch sich ausweisen, sondern dem sie vielmehr als einem vorgegebenen, gesetzten Prinzip unterworfen sind. Es ist dann schließlich die christliche Kunst,[1] die — im weitesten Sinn darauf aubauend — das ideell bestimmende Prinzip verabsolutierte, insofern sie dieses in ein abstraktes, allem Konkreten vorgegebenes Ordnungssystem umdeutete, das so zum letzten oder zum ersten, damit zum absoluten Bestimmungsgrund allen wie immer gearteten So-Seins des konkret Gegenständlichen avancierte. Es ist dieses übergeordnete abstrakte Prinzip der christlichen Kunst, das die Entzweiung in der römischen Kunst aufhob, insofern es absolut gilt, jedwede Gegensätzlichkeit übergreift, demnach auch den Gegensatz von Mensch und Umwelt.

Das Prinzip der christlichen Kunst setzte die Entzweiung innerhalb der römischen Kunst außer Kraft, darin vergleichbar mit der griechischen. Sie unterscheidet sich dann aber fundamental vom Einheitsprinzip der griechischen Kunst dadurch, daß das wie immer geartete Konkrete unmittelbar zum vorgegebenen Abstrakten steht, Konkretes also nur scheinbar konkret ist und sich sinnbestimmt im Abstrakten auflöst, während in der griechischen Kunst das Allgemeine, Abstrakte unmittelbar zum Konkreten steht, Allgemeines also nur scheinbar allgemein ist und sich sinnbestimmt im Konkreten auflöst: Zeigt sich in der griechischen Kunst Wirklichkeit bestimmt durch die konkrete Anwesenheit des Prinzipiellen, so zeigt sich in der christlichen Kunst Wirklichkeit bestimmt durch das Prinzip eines konkret Abwesenden. Beide, griechische Kunst und christliche Kunst, sind aber darin vergleichbar, daß sie nicht den Menschen als Individuum, den einzelnen Menschen als ihn selbst thematisieren, sondern als einen solchen, dem ein durch das Einheitsprinzip des jeweiligen Systems bestimmter, festgelegter Platz zugewiesen ist. Nicht also der Mensch als Individuum ist jeweils gemeint, sondern die Rolle des Menschen innerhalb der wie immer konkret oder abstrakt verfügten Einheit des jeweiligen Systems.

Dem entsprechend dürften auch in der christlichen Kunst — ähnlich wie in der griechischen — zunächst keine Individualdarstellungen, also keine Portraits — gemäß der hier gegebenen Definition — anzutreffen sein und folglich auch — unmittelbar damit verbunden — keine Portraitbüsten. In der Tat verschwand die Portraitbüste völlig aus der mittelalterlichen Bildnerei, nicht aber die Büste.[2] Da scheint zunächst ein Widerspruch vorzuliegen, wurde doch für die Entstehung der Büstenform bei den Römern das Thema Portrait als grundlegend angesehen. So richtig es ist, daß die Portraitthematik für die Entwicklung der Büstenform bei den Römern ausschlaggebend gewesen ist, so war sie es doch wiederum nicht ausschließlich und nicht allein. Vielmehr bildete das besondere, vom Griechischen deutlich unterschiedene Gestaltungskonzept der römischen Kunst allererst die Voraussetzung dafür, daß Fragmentarisierungen des menschlichen Körpers überhaupt möglich wurden, während die besondere Thematik des Portraits dann eine bestimmte Form der Fragmentarisierung des menschlichen Körpers veranlaßte, nämlich die Form der Büste. Die besondere Darstellungsweise der römischen Kunst muß demnach als die allgemeine Bedingung für die Möglichkeit von Büsten angesehen werden, und diese war optisch formal ausgerichtet. Formal-optisch ist aber auch die mittelalterliche Gestaltungsweise ausgerichtet,[3] so daß in ihr Reduktionsformen des menschlichen Körpers darstellbar sind, auch die Reduktionsform der Büste. Allerdings, in der mittelalterlichen Kunst besitzen Reduktionsformen des menschlichen Körpers, z.B. die Büste, keine Selbständigkeit — wie ja auch vollständig gebildete Körper keine Selbständigkeit beanspruchen können —, sondern sie stehen als solche Reduktionsformen im Zusammenhang eines übergreifenden Ganzen: Büsten erscheinen als bauplastischer Schmuck oder als Behältnisse für Reliquien. Infolge dessen erweist sich ihre Fragmentarisierung von außen, vom Allgemeinen verfügt, nicht innerlich, z.B. durch eine besondere Thematik wie das Portrait, veranlaßt, ihnen selbst zugehörig.

Damit sich aber Büsten wieder als eigene in Besitz nehmen, d.h. ihre äußere Form als das ihnen innerlich Zugehörige bestimmen konnten, und damit schließlich Kopffragmente wieder als Portraitbüsten in Erscheinung treten konnten, mußte — so wäre zu folgern — entwicklungsgeschichtlich eine Situation eintreten, die strukturelle Ähnlichkeiten zu jener des Hellenismus aufzuweisen hat, in deren Folge eine Abwendung vom übergreifenden Einheitsprinzip möglich und eine Zuwendung zum Menschen nötig wurde. Es ist die Epoche der Renaissance, der eine ähnlich geartete geistige Situation zugrunde liegt, und es ist dann diese Situation der Renaissance, welche eine Abwendung vom allgemeinen möglich und eine Zuwendung zum Menschen nötig machte: War für die Wende in der Antike eine Krise verantwortlich, nämlich jene der als Norm gesetzten historischen Formation, der Polis und ihres Selbstverständnisses, so ist für die Wende zur Renaissance gleichfalls eine Krise verantwortlich, nämlich jene der göttlichen Heilsordnung und ihres Selbstverständnisses. War für die antike Wende die Krise einer über den einzelnen Menschen hinauszielenden politischen Formation ausschlaggebend, so ist für die neuzeitliche Wende die Krise einer über den einzelnen Menschen hinauszielenden Heilserwartung ausschlaggebend. In dem Maße nämlich wie die göttliche Heilsordnung in der Naherwartung, d.h. im Hinblick auf das konkrete Leben des einzelnen, fragwürdig wurde, da sie offensichtlich weder Heil noch Ordnung zu bringen in der Lage war, ergab sich eine tiefgreifende Verunsicherung innerhalb der weltlichen Wirklichkeit. Da Gott als Urheber der Heilsordnung nicht zugleich Urheber dieser heillosen Unordnung sein konnte oder durfte, wurde eine Neuorientierung nötig. Gott durfte nicht länger als »absolute Vernunft«[4] begriffen werden und damit als Garant für eine rational einsehbare Heils- und Weltordnung, sondern mußte — da die Welt in Unordnung geraten war — von dieser Funktion entlastet werden. Er wurde dadurch entlastet, daß er als »absoluter Wille« begriffen wurde.[5]

In dem Maße aber, wie Gott als absoluter Wille für die konkrete Bestimmung der Weltordnung ausfiel, da er eben keine rational einsehbaren Bestimmungen mehr für eine Ordnung der Lebenswelt lieferte, mit ihm als Willkürgott (Nominalismus, Voluntarismus) im Hinblick auf eine Ordnung des täglichen Lebens nicht mehr zu rechnen war, mußte man sich nach jemand anderem umsehen, der gegebenenfalls die Verantwortung für die Ordnung der Welt zu tragen bereit wäre, jemand anderen, der in die von Gott frei gelassene Stelle eintreten konnte.[6] Es war der Mensch, der die Stelle zu übernehmen hatte, der eingesetzt wurde bzw. sich einsetzte. Da infolge dessen eine Bestimmung des Konkreten, einzelnen nicht mehr vom Allgemeinen, Transzendenten her garantiert wurde, mußte man aufgrund des einzelnen, Konkreten versuchen, Garantien zu schaffen, Bestimmungen zu erlassen, um schließlich von hier aus die Bestimmung des Allgemeinen zu versuchen: Das Konkrete, einzelne wurde mobilisiert. Vom einzelnen, Voraussetzungslosen aus mußte eine Ordnung der Lebenswelt geschaffen werden, eine Ordnung, die dann zum Allgemeinen, Grundsätzlichen hinleiten, dieses vom einzelnen, Konkreten her begreifbar machen würde. Nicht mehr eine abstrakt bestimmte, transzendente Weltordnung bildete die Voraussetzung für Erkenntnisse, sondern umgekehrt, das Erkennen der konkreten Gesetzmäßigkeit gegenständlicher Erscheinungen, das Erkennen durch Beobachtungen, durch Versuche, durch anschauliche Erfahrung, demnach voraussetzungsloses Erkennen, bestimmte die Grundlagen, auf denen dann Ordnungen aufgebaut werden sollten.[7]

Da aber auch voraussetzungsloses Erkennen eine Voraussetzung hat, nämlich denjenigen, der erkennt, also ein Erkenntnissubjekt, demnach den Menschen, der Mensch also die Bedingung eines solchen voraussetzungslosen Erkennens ist, mußte er auch selbst Gegenstand eines solchen Erkennens werden, selbst Erkenntnisgegenstand werden. Denn wenn er es ist, der die Bedingungen für Erkenntnis setzt, diese also nicht mehr allgemein vorausgesetzt sind, scheint es notwendig, mehr über den zu erfahren, der solchermaßen erkennt und aufgrund des solchermaßen Erkannten eine Ordnung der Welt aufzubauen im Begriffe steht. Der Mensch selbst gerät in den Blick, und zwar als er selbst, nicht mehr als Versatzstück einer alles übergreifenden Welt- und Heilsordnung.

Dem gemäß besitzen die Wendungen zum Menschen in der Antike und in der Renaissance deutliche Verwandtschaften. Es sind jeweils Wendungen vom verfaßten Menschen (politisch oder heilsgeschichtlich) zum Menschen gemäß seiner konkreten, eigenen, nämlich seiner Naturverfassung.[8] Allerdings, der Ausgangspunkt dieser Wendungen ist jeweils verschieden: Mußte bei der antiken Wende die Identität von Allgemeinem und Besonderem im Immer-Diesseitigen aufgebrochen werden, damit der Mensch in der Konfrontation von eigenem und Allgemeinem sich seiner eigenen Position bewußt werden konnte, so muß bei der neuzeitlichen Wende die Identität von Allgemeinem und Besonderem im Immer-Jenseitigen aufgebrochen werden, damit sich der Mensch in dieser Konfrontation als er selbst überhaupt wahrnehmen kann. Wandte man sich in der Antike vom verwirklichten Ideal des Menschen ab, um sich als Mensch real verwirklichen zu können, so wendet man sich in der Neuzeit von der Unwirklichkeit einer ideellen Sinnbestimmung des Menschen ab, um in der Wirklichkeit des Menschen allererst einen Sinn finden und bestimmen zu können.

Wie aber äußert sich diese neuerliche Wende zum Menschen konkret, woran ist sie zu erkennen, und was wird durch sie bestimmt?[9] Mit dem *Markus* des Donatello (Abb. 21, 24)[10] läßt man üblicherweise die neuzeitliche Skulptur beginnen, und der Vergleich mit einer wenig früheren Ghiberti-Figur, *Johannes der Täufer* (Abb. 22, 23)[11], scheint diese allgemeine Auffassung zu bestätigen: Hier eine noch der mittelalterlichen Konzeption verpflichtete Gewandfigur, dort die erste neuzeitliche Ponderationsfigur. Ob man dies nun aus dem erwachenden Be-

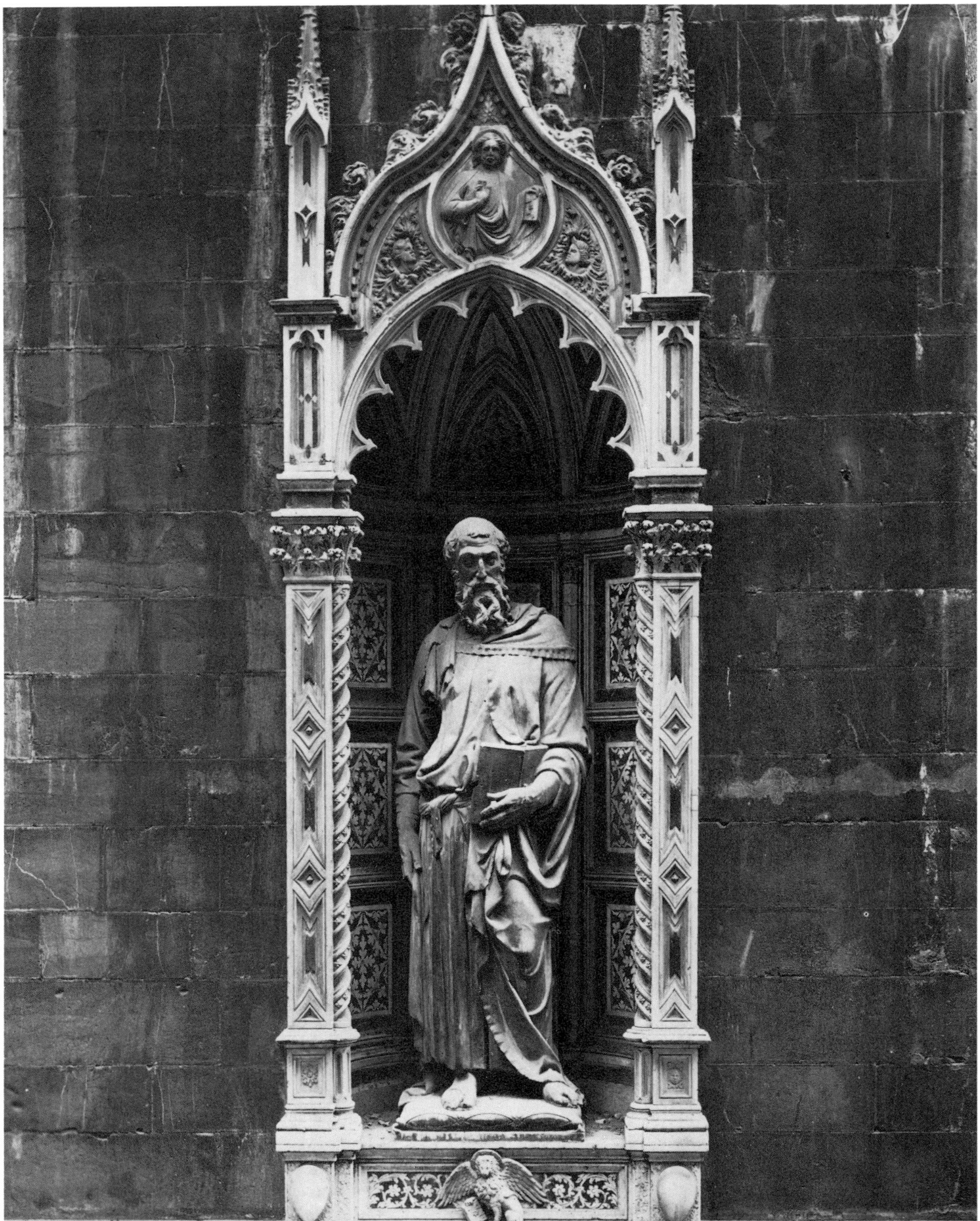

21 Donatello, *Markus,* 1411—1413, Florenz, ehem. Or San Michele

wußtsein für das Wirkliche erklärt, dem Sinn für Realismus oder aus der Orientierung an der Antike, die Selbständigkeit der Figur, ihr Stehenkönnen sowie die konkret motivische Wahrscheinlichkeit ihrer Erscheinung ist das, was sie auszeichnet, auch und vor allem gegenüber Ghibertis Figuren. Es kann aber bei einer solchen weitreichenden Entscheidung nicht lediglich darum gehen, die jeweiligen Unterschiede in der Erscheinung der Figuren aufzuzeigen und zu benennen, um dann ein geändertes Bewußtsein als Bedingung für diese Unterschiede verantwortlich zu machen; vielmehr scheint es nötig, indem man die jeweiligen Erscheinungsgegebenheiten der Figuren auf das ihnen jeweils zugrundeliegende Gestaltungskonzept zurückführt, das geänderte Bewußtsein selbst, die Struktur des Wandels zu erfassen. Denn erst im Hinblick auf das Gestaltungskonzept werden die Unterschiede in der konkreten Gegenstandserfahrung elementar verankert und nicht nur situational vorgeführt, erst im Hinblick auf das Gestaltungskonzept enthüllt sich ihre über das Besondere hinausgehende, grundsätzliche Bedeutung.

Bei Ghibertis *Johannes* (Abb. 22, 23) kann man zunächst ohne Schwierigkeiten zwei unterschiedliche Formbereiche erkennen, einmal den Bereich des vom Gewand bedeckten Körpers, zum anderen den der unbekleideten Körperteile. Während die unbedeckten Körperteile sehr deutlich die Grundrichtungen des Raumes artikulieren, also die Vertikale (Kopf, Arm links mit Kreuzstab, rechter Fuß) und die Horizontale (rechte Hand), zeigt sich der bekleidete Bereich, der eigentliche Körper, aufgrund der Gewandbildung von gerundeten und gegeneinander versetzten, schalenartigen Formen und Formungen beherrscht. Dieser Gewandbildung liegt ein abstrakt organisierendes System zugrunde, das weder durch den Hinweis auf konkrete Körperlichkeit noch auf konkrete Stofflichkeit (des Gewandes) zu erklären ist. Als ein solches, gegenständlich nicht definierbares,

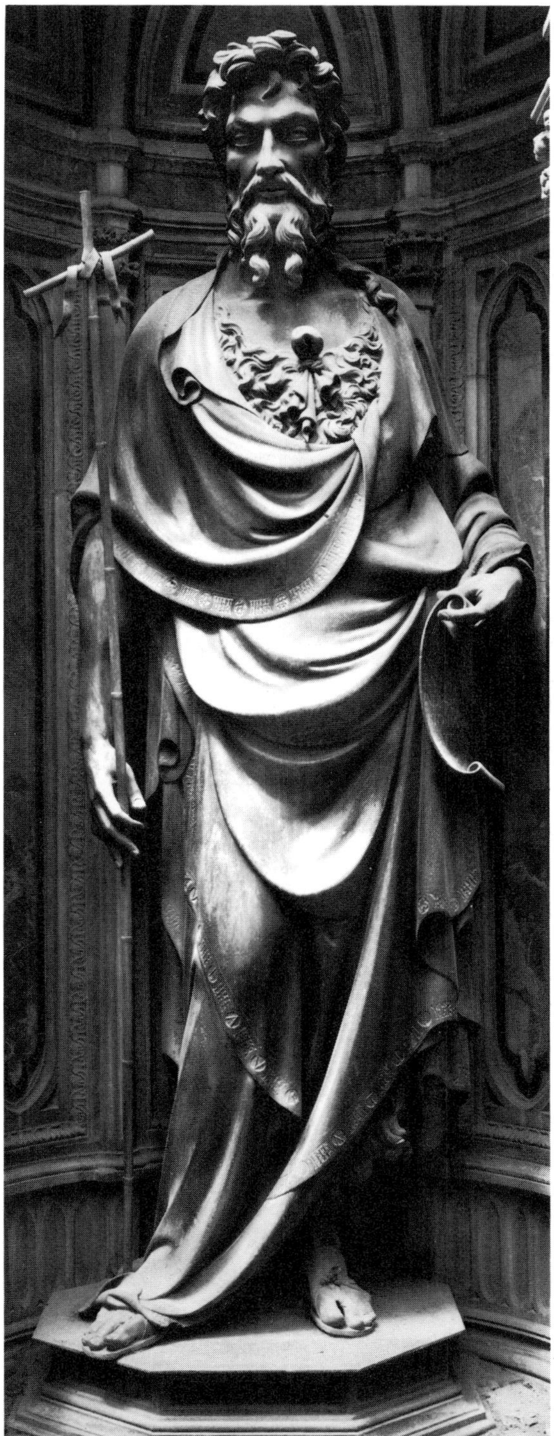

22 Ghiberti, *Johannes d. T.*, 1414, Florenz, Or San Michele

bleibt es abstrakte Setzung, steht es für etwas, z.B. für Körperlichkeit oder Stofflichkeit, ganz allgemein; es bietet ein Schema für die Darstellung bzw. für die Erscheinungsweise von Körperlichkeit oder Stofflichkeit, bringt diese aber nicht selbst als konkret anwesende zur Erscheinung.

Das Gewandsystem beginnt mit einer großen Form, der Kreisform anstelle der Brust (dieser Kreisform ist das Untergewand aus Fell einbeschrieben), welche sich dann in zwei unterschiedlich große und unterschiedlich differenzierte Schalenformen verzweigt, die jeweils nach außen verweisen, nämlich nach links zum Ellbogen und nach rechts zur Hand. Eine zweite große Falte, nach links hin orientiert, übergreift dann in Höhe der hier zu vermutenden Hüfte — der Körper selbst kommt ja konkret nicht vor — die Figur und faßt sie zusammen. Darüber hinaus entläßt sie über eine weitere, nun genau mittig angeordnete Schalenform, die große, das Spielbein umfahrende Faltenfigur, die sich aus der von der rechten Hand ausgehenden, lang herunterführenden Diagonalfalte und den links abschließenden Gewandsäumen zusammensetzt. Diese Faltenfigur artikuliert im wesentlichen den Unterkörper, da nach rechts hin lediglich einzelne, vertikal fallende Faltenkaskaden angefügt sind.

Durch die besondere Anordnungsweise der einzelnen Schalen (Zusammensein, Auseinandertreten zu den Rändern, wieder Zusammenfinden und Übergang zur Großform) wird einerseits eine allgemeine plastische Befindlichkeit für den Körper ausgewiesen, andererseits aber — durch die richtungsmäßige Differenzierung der Schalenform — ein Bezug zu den unbekleideten Körperteilen hergestellt: Wie durch das Gegeneinanderschichten der Schalenform Körperlichkeit, das Volumen der Figur nur ganz allgemein zur Geltung gebracht wird, nämlich als Prinzip für Körperlichkeit oder anstelle von konkreter Körperlichkeit, ebenso wird auch die Verbindung von bekleidetem Figurenbereich und unbekleideten Körperteilen »systematisch« vorgeführt, nicht als konkrete motivische Verbindung. Die getrennten Bereiche werden lediglich durch Richtungsverweise gekoppelt, finden zu keiner motivisch relevanten Verbindung, etwa infolge einer einheitlichen Körperhaltung oder Körperbewegung. Aus dem System für die Darstellung von Körperlichkeit ganz allgemein und dessen systematischer Beziehung zu konkreten Körperteilen am *Johannes* wird dann erst durch die Hinzufügung von besonderen Attributen die »besondere« Figur des Johannes: Es sind allein jene, den Johannes bezeichnende Attribute, welche die Sonderstellung der Figur als Johannes ermöglichen.

Dabei ist die Art und Weise, wie die besondere Kennzeichnung durch die Attribute erfolgt, wesentlich. Kreuzstab und Schriftrolle werden jeweils in den Händen gehalten; sie sind folglich mit jenen Körperteilen verbunden, die vom eigentlichen Körpermotiv, dem gewandeten Mittelteil, optisch getrennt gegeben waren. Insofern bilden Bezeichnetes und Zu-Bezeichnendes keine unmittelbare Einheit, sondern bleiben jeweils für sich, voneinander isoliert. Kreuzstab und Schriftrolle werden dann so gehalten, daß sie — vertikal ausgerichtet — den eigentlichen Körperbereich zu den Seiten hin begrenzen. Dabei stellen sie nicht nur formal Grenzwerte dar, sondern diese auch inhaltlich fest, weisen demnach formal und inhaltlich einen Rahmen an, in dem systematisch artikulierte Körperlichkeit für einen besonderen Körper stehen kann.

Kreuzstab und Schriftrolle vermögen dies aber nicht aus sich heraus, allein, sondern berufen sich bei diesem Unternehmen auf eine übergeordnet bestimmende Instanz, die Architektur der Nische (Abb. 23). Es ist die Architektur, die in letzter Instanz den Rahmen festlegt, der — aktualisiert dann in den besonderen Attributen von Kreuzstab und Schriftrolle — der Figur allererst Halt gibt. Das ist ganz wörtlich zu verstehen: Die Figur kann aus sich heraus nicht stehen, sie bedarf der konkreten Verortung, um bestehen zu können; nur aufgrund der formalen Festlegung eines Ortes durch die Architektur kann die Figur stehen, und nur aufgrund der inhaltlichen Festlegung durch die Attribute, die sie in Händen hält, kann sie als Johannes bestehen.[12]

Donatellos *Markus* (Abb. 21, 24) hingegen erscheint selbständig, scheint stehen und als *Markus* auch ohne Architektur bestehen zu können. Dieser Eindruck gründet wesentlich in der deutlich an der empirischen Gegenständlichkeit orientierten Formensprache Donatellos. Abstrakte Formen zeigen sich verdinglicht — *Markus* steht z.B. auf einem Kissen, nicht wie *Johannes* auf einer Plinthe —, allgemeine Ordnungssysteme im konkret So-Angeordneten aufgehoben: Aus den Gewandformen läßt sich kein abstraktes Schema gewinnen, das — als solches selbständig — auch auf andere Figuren übertragen werden könnte. Formen und Formungen des Gewandes machen deutlich, daß sie in ihrer Anordnung sowohl der Stofflichkeit des Materials, in dem sie erscheinen, wie auch den körperlichen Gegebenheiten, die sie zur Erscheinung bringen, Rechnung tragen.[13] So bauscht sich das Gewand an der Hüfte, wird über dem Spielbein gespannt oder fällt — gemäß der Schwerkraft — einfach nach unten, wie über dem Standbein. Gleichzeitig weist es dadurch auf den Körper »dahinter«, z.B. auf einzelne Körperabschnitte wie Ober- und Unterkörper, die — in der Gürtelzone — motivisch funktional getrennt werden, oder auf einzelne Körpermotive in ihrer bewegungsmäßigen Abhängigkeit voneinander, wie z.B. auf Stand-und Spielbein.

Kein Zweifel, Donatello geht im Unterschied zu Ghiberti vom einzelnen, nicht von einem Gesamt, vom Konkreten, nicht vom Allgemeinen, und dann vom Plastisch-Körperlichen, nicht vom Abstrakt-Flächenmäßigen aus; er fügt zusammen, komponiert, er unterteilt nicht; seine Komposition beruht eher auf der funktionalen Gesetzmäßigkeit, ist an der Empirie orientiert, bezieht sich nicht auf eine allgemeine, gegenstandsindifferente Systematik. Zur Verdeutlichung dieser unterschiedlichen Auffassungen möge die Betrachtung der Oberkörperbildung jeweils beim *Markus* und *Johannes* dienen. Ghiberti entwickelt den Oberkörper des *Johannes* aus einer zentralen Rundform, welche die Schulter mit einschließt und sich dann in zwei Flächenformen teilt, die jeweils zu den Seiten hin nach links und rechts auseinandertreten, dabei die primäre Flächenform ins Räumliche transponierend. Die einzelnen Formungen werden abstrakt gesetzt und abstrakt geteilt. Sie besitzen weder motivisch stoffliche Eigenwerte, noch geben sie Hinweise auf konkrete Körperformen. Sie sind integrale Bestandteile einer allgemeinen Ordnungssystematik, die anstelle von Stofflichkeit und Körperlichkeit steht.

Donatello hingegen entwickelt die Oberkörperbildung aus konkreten Motivformen, die winklig gegeneinander geführt werden. So bildet die Schulter in ihrer klaren, horizontalen Ausrichtung einen Abschluß gegen den vertikal aufragenden Oberkörper, unterstützt durch den leicht aus der Horizontalen verschobenen Saum des Gewandes im Oberkörper. Die jeweils von der Mitte nach außen weisenden Faltenformen — vergleichbar mit denen des *Johannes* — sind als solche aber gerade nicht durch eine abstrakte Teilungssystematik entstanden, sondern situational aus der besonderen Stofflichkeit des Gewandes und der besonderen Körperhaltung begründet. Sie entspringen zunächst einer Faltenkonzentration über der rechten Schulter, werden von dieser aber abgeschirmt durch den horizontalen Saum, der ihren aktuellen Ausgangspunkt auf die Mittelachse der Figur verlegt. Ihr Verlauf zu den Seiten hin wird dann funktional bestimmt, links durch die Stauung in der Gür-

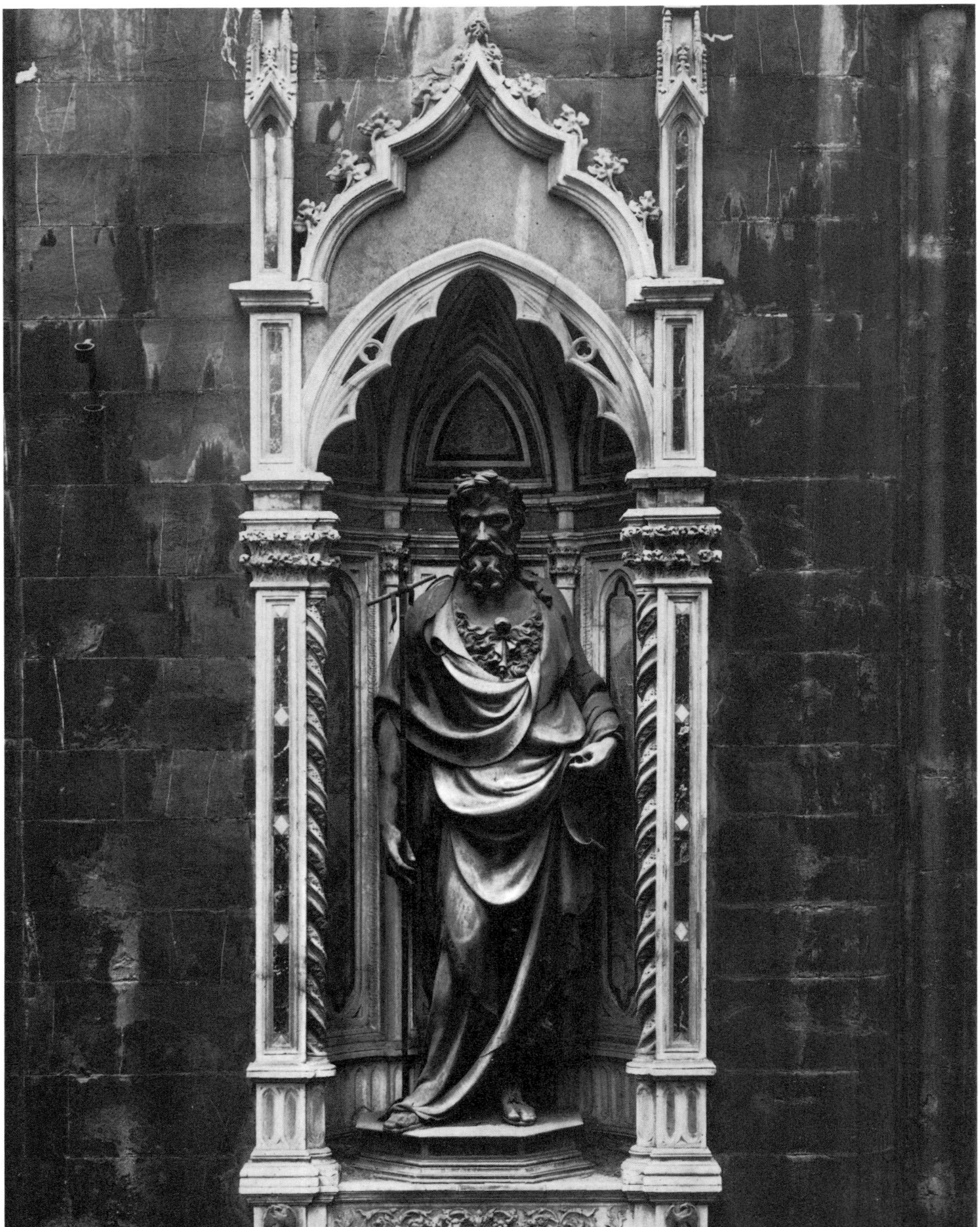

23 Ghiberti, *Johannes d. T.* (22)

telzone, rechts durch das Auflagern auf dem nun in die Figur hineingenommenen Attribut des Evangelisten, dem Buch. Form und Formung der Falten zeigen sich so einer konkreten Motivsituation verpflichtet, bringen nicht eine allgemeine, auf verschiedene Themen und Möglichkeiten übertragbare Ordnungssystematik zur Geltung.

Doch wie sehr Formen und Formungen auch dem Konkret-Empirischen, Situationalen des Gegenständlichen verpflichtet sein mögen, sie sind es nicht ausschließlich. Unbeschadet ihrer empirischen Erscheinungsweise artikulieren sie deutlich die Grundrichtungen des Raumes. So wird die Vertikale der Standbeinseite durch den lang herunterhängenden Arm aufgenommen und bis zur winklig entgegengesetzten, horizontal gelagerten Schulter geführt. Die horizontale Lage des Oberkörpers selbst erhält dann durch den Oberarm rechts eine vertikale Grenze, die bis zum wieder horizontal gestellten Buch führt. Wird die Horizontale des Oberkörpers, vor allem durch die Saumlinie, als von links nach rechts fluchtend gesehen, so gibt die Horizontale des Buches, vor allem aufgrund der Beziehung zu Unterarm und Hand rechts, eine gegensinnige Gerichtetheit an, nämlich von rechts nach links. Diese Richtung wird dann im horizontal angeordneten Gürtel aufgenommen und zur Standbeinseite, Ausgangspunkt der Richtungsverläufe, zurückgeführt. Die Grundrichtungen des Raumes werden folglich nicht mehr — wie noch bei Ghiberti — der eigentlichen Figur hinzugesetzt, sondern in ihr selbst bzw. durch sie aktualisiert. Sie werden dann aber nicht nur jeweils für sich als Richtungspotenzen optisch ausgewiesen, sondern koordiniert, zu einer geschlossenen Ordnungsfigur zusammengebunden. Mußte bei Ghibertis *Johannes* eine allgemeine Befindlichkeit des Körpers (Gewandbereich) über den Rahmen der — in den Grundrichtungen fixierten — unbekleideten Körperteile in einen allgemeinen Ordnungszu-

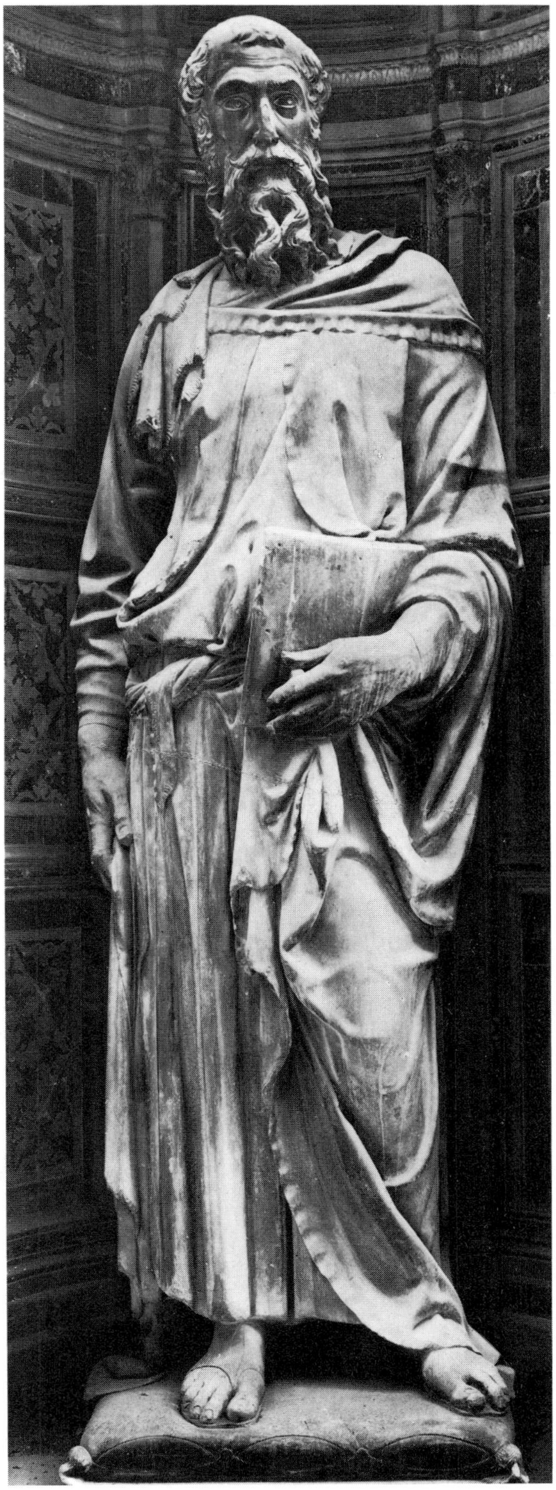

24 Donatello, *Markus* (21)

sammenhang (durch die Architektur bestimmt) eingebaut werden, um in diesem — durch die besonderen Attribute ausgewiesen — als »besondere Figur« überhaupt bestehen zu können, so stellt der *Markus* des Donatello diesen allgemeinen Ordnungszusammenhang bereits in sich oder aus sich heraus her. Die Grundrichtungen des Raumes werden nicht mehr separiert an die Figur angefügt und erst durch die Architektur zusammengeführt (wobei gemäß der spätgotischen Tradition kein Gleichgewicht der Richtungen angestrebt ist, sondern die Dominanz der Vertikalen herausgestellt wird), vielmehr sind die Grundrichtungen in die Figur selbst hineingenommen, bestimmen den Aufbau, sind in ihr zusammengefaßt, koordiniert, ausgeglichen und endlich: Die linke Figurenseite zeigt eine durchgehende vertikale, der Oberkörper (Schulterpartie) eine horizontale und die rechte Seite unten eine diagonale Ausrichtung. *Markus* verweist nicht auf die allgemeinen Ordnungsbestimmungen der anschaulichen Welt, die Grundrichtungen des Raumes, sondern verkörpert sie paradigmatisch in seiner konkreten Erscheinung als endliches, geschlossenes und harmonisch geregeltes Ordnungssystem.[14]

Es ist aber dieses Ordnungssystem, das durch die am konkret Empirischen orientierten Formen und Formungen zur Anschauung gelangt, dasjenige, was die Wende Donatellos ihrem Wesen nach charakterisiert. Nicht so sehr die empirische Erscheinungsweise der Formen und Formungen selbst kennzeichnet das Neue, Unvorhergesehene, sondern vielmehr das dieser neuen Anschauungsweise des Gegenständlichen zugrundeliegende Ordnungsdenken, damit jenes besondere Ordnungssystem des Raumes und das sich in ihm versinnbildlichende Prinzip einer »prästabilierten Harmonie«,[15] insofern es eine gänzlich neue Verhältnissetzung von Figur und Raum, von Figur und Nische (bzw. übergreifender Architektur) und — damit verbunden — von Figur und Betrachter veranlaßt: Indem *Markus* die Grundrichtungen des Raumes in sich hineinnimmt, sie zu Strukturwerten seiner konkreten Erscheinung umdeutet und sie dabei als harmonisch geregelt, endlich und konzentrisch ausweist, gibt er dem Raum insgesamt eine gesetzliche Regelung paradigmatisch vor. Er stellt an sich dar, worin er sich darstellt, gibt, indem er sich einen Ort zumißt, dem Umhaften insgesamt eine Verortungsmöglichkeit. Indem aber *Markus* durch sich den Raum ganz allgemein definiert, bedarf es auch keines architektonisch definierten Nischenraumes mehr zu seiner Verortung. Seine Postierungsmöglichkeit im offenen Raum hat demnach die Selbständigkeit gegenüber der Nischenarchitektur zur Folge, allerdings auch seine Abhängigkeit von den Gegebenheiten des Raumes, der durch ihn ausgewiesen wird: Das Bezogensein auf die Architektur wird ersetzt durch das Einbezogensein in den gesetzmäßig geregelten Raum und damit durch die Beziehung zum Betrachter; indem *Markus* den Raum, in dem er sich darstellt, bei sich hat, hat er den Betrachter vor sich. Er steht ihm konkret gegenüber, muß sich ihm auch stellen; indem sich *Markus* im offenen Raum aufstellt, muß er sich auf den Betrachter einstellen, um stehen zu können. Dadurch wird die Anwesenheit des Betrachters zur Mitrealität der figürlichen Gestaltung: Die Geschlossenheit der Figur im Raum muß mit einer potentiellen Offenheit auf den Raum hinaus korrelieren, das Sich-Beschließen der Figur muß Momente des Sich-Öffnens einschließen, muß dem Betrachter gegenüber offensichtlich gemacht werden.

Der diagonal vorstoßende Unterarm rechts schloß das System der Grundrichtungen ab, insofern er zum Buch, zum Gürtel usw. überleitete, welche selbst in der Horizontalen wiederum zur vertikalen Ausgangsposition der linken Seite zurückführten. Der diagonal vorstoßende Unterarm muß aber auch im Zusammenhang gesehen werden mit den gegensinnig verlaufenden Diagonalrichtungen der Falten über dem

Spielbein, die nach außen führen und darin die Kopfstellung parallelisieren. Das Abgeschlossensein der Figur wird somit nicht nur im rechten unteren Bereich unterlaufen, sondern das dominante Abschlußmotiv selbst, der Unterarm rechts, dient als Barriere, über die der Kopf hinausblickt, über die hinaus *Markus* mit dem Umhaften und demnach mit dem Betrachter kontaktiert. Das Sich-Beschließen der Figur wird dem Betrachter offen dargelegt, ihm einsichtig gemacht, ihm gleichsam zur Beurteilung vorgelegt; das Sich-Erstellen einer Ganzheit erfolgt nicht als Setzung, sondern als einsehbarer Prozeß: Die Gegenstandswelt besitzt keine allgemein garantierte Selbstverständlichkeit mehr; sie ist nicht unabhängig, unmittelbar »so richtig«, sondern muß sich als solche erst für das betrachtende Subjekt ausweisen, sie muß ihm einsichtig sein.[16]

Dieses Einsichtigmachen gehört dann aber zur inneren Logik des Gestaltungskonzepts Donatellos, zeigt sich als Prinzip der Gestaltung, nicht nur als Gegebenheit einer bestimmten Motivsituation, und es zeigt sich als solches im Prinzip der Kommensurabilität.[17] Dieses besteht darin, daß zwei unterschiedliche Werte durch einen hinzugefügten dritten optisch miteinander vermittelt werden, ohne daß die einzelnen Werte jeweils ihre Selbständigkeit einbüßen. Indem aber zwei verschiedene Werte durch einen hinzugefügten dritten optisch vermittelt, d.h. kommensurabel gemacht werden, geschieht dies im Hinblick auf jemanden, der diese Vermittlung nötig hat, der sie sehen kann, d.h. im Hinblick auf den Betrachter, der dadurch in den Aufbau der Figur aktiv einbezogen ist. So sind etwa die Diagonalfalten des Oberkörpers zunächst motivisch eigenständig, funktional begründet. Darüber hinaus verbinden sie die linke, vertikal instrumentierte Standbeinseite mit der rechten Seite, wobei hier die Horizontale des Buches in Verbindung mit den horizontalen Ellbogenfalten thematisch ist. Die Diagonalfalten vermitteln somit optisch zwischen links und rechts, Vertikalem und Horizontalem und veranschaulichen schließlich in ihrem Verlauf die funktional bestimmten Eigenarten der beiden Seiten: Die linke Falte reicht weiter nach unten, freischwingend, die rechte Falte ist kürzer und aufgelegt gegeben. Die Diagonalfalten vermitteln aber nicht nur zwischen links und rechts, Vertikalem und Horizontalem, Tragen und Auflagern, sondern sie tun dies auch bei gleichzeitiger Vermittlung zum Kopf, der nun seinerseits einen Vermittlungswert darstellt. Der Kopf ist leicht aus der Mitte versetzt, nach links geneigt und nach rechts hin gewendet. In seiner Neigung bezieht er sich auf die Vertikale der Standbeinseite, die durch den von der linken Schulter fallenden Gewandzipfel zur Bekräftigung richtungsmäßig noch einmal aufgenommen wird und aus der er herausgeht. In seiner Wendung bezieht er sich dann — unterstützt durch die Augenbrauenbildung und in Verbindung mit dem Oberlippenbart und dem horizontal verlaufenden Gewandsaum — auf die horizontale Ausrichtung des Oberkörpers.

Dabei ist wesentlich, daß der Kopf jeweils auf Vertikale und Horizontale verweist, aber konkret weder horizontal noch vertikal ausgerichtet ist. Er setzt diese Richtungen bewegungsmäßig in Beziehung, weist sie als Ausgangspunkt und Zielpunkt seiner momentanen Haltung aus. In seiner konkreten Stellung aber diagonal gerichtet — damit momentan Horizontale und Vertikale miteinander verbindend —, bezieht er sich auf die offenen Diagonalen der Spielbeinseite, geht folglich deutlich über die in Relation gesetzten Teilbereiche der Figur hinaus auf den Betrachter zu, diesen gleichsam zur Beurteilung der so zu einer Gesamtheit versammelten Teilbereiche aufrufend. Die Vermittlung unterschiedlich gegebener Teilbereiche durch hinzugesetzte, vergleichende Werte wird demnach nicht nur faktisch vollzogen, sondern als ein solches Unternehmen selbst noch einmal

»vermittelt«, nämlich dem Betrachter gegenüber, insofern dieser selbst innerhalb des Vermittlungsprozesses aufgerufen, bzw. seine Einsicht in diese Vermittlung gleichsam eingefordert wird.

Aufgrund dieses besonderen Verfahrens, daß alle Teile miteinander in Verbindung treten und miteinander über dritte, vermittelnde Werte kommunizieren, dabei sich gegenseitig steigern oder relativieren, gibt es auch keine Motive mehr, die ihrer mitgebrachten Bedeutung wegen, die ihnen also außerhalb der plastischen Realisierung mitgegeben sind, bereits bedeutungsvoll für die Figur sein müssen. Bedeutungsvoll werden einzelne Formen und Motive erst durch die Gestaltung, d.h. in der plastischen Realisierung der Figur insgesamt: Bedeutung von Motiven und Formen kann nicht für diese vorhergesehen, sondern muß durch diese eingesehen werden. Deshalb ist hier z.B. ein Buch nicht schon von vornherein in seiner Bedeutung festgelegt, etwa als Abzeichen für eine Figur (Evangelist), wie das bei Ghiberti der Fall ist (beim *Matthäus*), sondern es kann diese Bedeutung über- oder unterbieten, da es seinen faktischen Stellenwert erst im aktuellen Kontext der Figur, d.h. aufgrund einer ganz bestimmten Formkonstellation innerhalb des Figurganzen, zuerkannt bekommt.

Andererseits können zunächst »unbedeutende« Motive und Formen aufgrund einer bestimmten Anordnungsweise, einer bestimmten Formkonstellation, bedeutungsvoll werden, wie z.B. hier der linke Arm des *Markus*. Ein Arm oder eine Hand gehören normalerweise zum Formkatalog einer Figur. Darüber hinaus können solche Motive Bedeutung gewinnen als Träger von Merkmalen oder Abzeichen. Von daher gesehen wäre der linke Arm des *Markus* an sich bedeutungslos: Er tut nichts, er hält nichts, er hängt einfach herunter. Dennoch ist er nicht bedeutungslos; der Arm verbindet zunächst den linken unteren Bereich der vertikal ausgerichteten Faltenformen über dem Standbein mit dem Oberkörper und konkret mit jenem horizontal über die Brust gelegten Gewandsaum. Indem er so eine abschließende Verbindung von Vertikaler und Horizontaler ermöglicht, weist er von dem sich horizontal nach rechts ausrichtenden Oberkörper weg und zurück nach unten, auf das Stehen, das Standmotiv hin. Dadurch wird der Betrachter noch einmal nachdrücklich auf das Stehen bzw. das Stehen-Können aufmerksam gemacht. Auch das Stehen ist demnach nicht selbstverständlich, sondern bedeutungsvoll. Es wird optisch unterstrichen und als dieses einem Gegenüber, dem Betrachter, »vorgeführt«. Keine allgemeine Befindlichkeit drückt sich folglich in diesem Stehen-Können aus, sondern eine besondere, dem Betrachter gegenüber deutlich erklärte Positionsbestimmung, das Einnehmen dieser Position.

Nun verwiesen ja auch die Figuren vom Grabrelief in Rom auf eine bestimmte Position, die allerdings als solche durch die Figuren selbst nicht zu verwirklichen war. Grundlage für diese nur ideell einzunehmende Position des Menschen war die Entzweiung von Mensch und Umwelt. Auch bei Donatello zeigt sich eine Dualität von Mensch und Umwelt: *Markus* schließt sich vom Umgebenden ab. Er betont die Grenzsetzung zum Außen durch den Unterarm rechts, die Hand und das Buch. Er nimmt sich als etwas eigenes vom Umgebenden weg, thematisiert sich als etwas Besonderes im Unterschied zu einem anderen, Allgemeinen. Allerdings ist dieses Besondere, eigene des *Markus* nicht bestimmt durch den Gegensatz von Richtungen und — darin einbeschlossen — etwa durch den Gegensatz von Innen und Außen, der lediglich im Hinblick auf einen ideell gesetzten Ordnungswert aufzulösen wäre, wie bei den römischen Figuren. Beim *Markus* zeigen sich die gegensätzlichen Richtungen vielmehr koordiniert, in einem konzentrisch geordneten, harmonisch geregelten und endlich bestimmten System zusammengeschlossen, in welchem auch der Gegensatz von Innen und Außen als aufgehoben enthalten zur Anschauung gelangt. Denn das Sich-Absetzen der Figur gegen die Umwelt ist zugleich als Beziehungssetzung zu ihr vorgeführt, da die Bedingungen der Absetzbewegung dem Betrachter offen-sichtlich gemacht, ihm offengelegt werden: Die Distanzsetzung der Figur zum Betrachter erweist sich damit als die Bestimmung einer festen Distanz zwischen Figur und Betrachter, als Verhältnissetzung von Figur und Betrachter.

Die Beziehung zur Umwelt führt demnach bei *Markus* gerade nicht zu einer Relativierung seiner konkret eingenommenen Position, sondern umgekehrt, seine eingenommene Position wird der Umwelt und damit dem betrachtenden Subjekt als Paradigma, als Exempel für die Erfassung von Existenz ganz allgemein einsichtig gemacht. Die Position des *Markus* ist die Bedingung dafür, daß er sich an die Umwelt wenden kann, und es ist die Einsehbarkeit dieser Position für die Umwelt, ihre optisch rationale Fundierung, durch die sie zum Exempel für Welterfahrung ganz allgemein avancieren kann. *Markus* wird nicht von der Umwelt bestimmt bzw. in seiner Position durch die Umwelt relativiert, sondern *Markus* bestimmt aufgrund seiner eingenommenen Position die Umwelt: Es ist die Bestimmung dieser Position des *Markus*, die Umwelt zu fixieren, indem er die Bedingungen seiner Position der Umwelt gegenüber einsichtig, einsehbar zu machen hat.

Nun ist diese Position zweifellos nicht durch ihn selbst bestimmt, durch ihn selbst individuell verantwortet. Er ist vielmehr in diese Position hineingestellt, und er hat ein Bewußtsein davon, daß er in diese Position hineingestellt wurde (das Weisen der linken Hand). Er ist als Vertreter für etwas in diese Position gekommen, vertritt etwas, aber nicht sich selbst, bzw. nicht nur sich selbst. Er vertritt in dieser Position, indem er sich selbst vertritt, ein anderes, nämlich jenes grundsätzlich geltende, gesetzmäßig geregelte, endliche, konzentrische und harmonische Ordnungsprinzip, jene prästabilierte Weltordnung, die er durch sich dem Betrachter gegenüber einsichtig macht: Er ist die aktuelle, gleichsam historische Verkörperung dieses zeitlos gültigen Prinzips.

Daß *Markus* nicht nur sich selbst darstellt, sondern zugleich und darüber hinaus ein anderes, das wird vor allem deutlich durch den besonderen Stellenwert, den das Buch innerhalb der Gesamtkomposition der Figur besitzt: Es bildet die kompositionell wichtigste Stelle. Einerseits leitet es in Verbindung mit dem Unterarm rechts und der Hand zur Standbeinseite zurück, bedingt demnach die Schließung der Figur als eine besondere, eigene, vom Umhaften, Allgemeinen isolierte, andererseits bezeichnet es die vorderste Schicht der Figur, steht also auf der Grenze zwischen Innen und Außen. Diese Grenzstellung wird auch dadurch unterstrichen, daß hier — also in Verbindung mit dem Buch — jene Falten, die nach außen verlaufen — also die der Spielbeinseite —, ihren Anfang nehmen, so der linke Saum des hochgenommenen Gewandes, der unmittelbar an den linken, vertikalen Kontur des Buches anschließt, während die Mitte des Buches optisch in Verbindung gebracht wird mit der Trennung des Gewandes in zwei Teile, nämlich einmal in den noch geschlossenen Teil, den Ärmel, der bereits aus zwei Diagonalwerten zusammengesetzt ist, die sich über dem Unterarm verbinden, und dann, überleitend, in jenen anderen Teil, der sich nach verschiedenen Brechungen um das durchgedrückte Knie herum schließlich in die nach außen führenden diagonalen Faltenformen öffnet.

Das Buch wird somit zur Scharnierstelle zwischen dem Innen und dem Außen, zwischen dem Sich-Beschließen der Figur, das wesentlich durch das Buch mitgetragen ist, und dem Sich-Zuwenden zum Außen, das gleichfalls über das Buch hinweg geschieht. Ist somit das Buch in die Systematik der Figur eingeordnet, d.h. formal festgelegt, so scheint es dagegen motivisch verunklärt; es wird nicht eigentlich getragen oder gehalten, es passiert auch nichts mit ihm: *Markus* liest nicht in dem Buch, er schreibt nichts hinein, er weist auch nicht auf das Buch hin. Das Buch wird demnach weder als Attribut vorgewiesen noch unmittelbar situational durch eine Handlung der Figur erklärt, sondern erhält vor allem aufgrund seiner besonderen Position im Gestaltungszusammenhang der Figur insgesamt eine besondere Bedeutung. Insofern sich das Buch gerade erst im Gesamtkontext der Figur erklärt, beinhaltet diese Erklärung nicht nur eine Klärung der Bedeutung des Buches über die Figur, sondern zugleich eine Klärung der Figur über das Buch. So ist es das Buch, welches dem *Markus* die Möglichkeit gibt, sich abzuschließen und die Position einzunehmen, auf die er so nachdrücklich mit der linken Hand verweist, und es ist letztlich über das Buch hin, daß er mit der Umwelt kontaktiert, demnach nicht frei aus sich heraus. Position und Verhalten zur Umwelt werden durch das Buch mitbestimmt, werden gleichsam durch das Buch als Medialwerte kommensurabel gemacht.

Selbstverständlich weist das Buch auch auf *Markus* als den Evangelisten hin. Aber im Unterschied zu früheren Darstellungen ist es hier nicht mehr Abzeichen für *Markus*, sondern es wird zur Wesensbestimmung des *Markus*, zum Schlüssel seines Seins und Handelns, d.h. seiner besonderen, historischen Existenz. *Markus* ist existentiell Evangelist. Er stellt an sich die Gesetzmäßigkeit der Existenz exemplarisch dar, er vertritt demnach konkret durch sich, was er schriftlich — im Buch — niedergelegt hat,[18] stellt konkret durch sich her, was er schriftlich dargestellt hat. Er verweist nicht als allgemein Existierender auf seine besondere Rolle als Evangelist (Ghiberti, z.B. *Matthäus*), sondern umgekehrt, seine besondere Existenz wird über das Buch zum Exempel für Existenzbestimmung schlechthin: Durch seine konkrete Existenz gibt er ein Beispiel für sinnbestimmte Existenz ganz allgemein, macht er das — wenn man so will — von ihm Geschriebene dem Betrachter gegenüber an sich selbst aktuell und einsichtig. Indem sich so die Figur über das Buch hin individuiert und die Bedingungen für ihre Individuierung dem Betrachter zur Einsicht vorlegt, sich also auf ihn hin öffnet, setzt sie sich als etwas Objektives von einem betrachtenden Subjekt ab. Sie tut dies so, daß ihre Distanzierung gleichzeitig eine beziehungsvolle Distanzierung ist, d.h. eine solche, die durch die Figur dem Betrachter einsichtig gemacht, ihm offen ist. Indem die Figur das Richtungspotential des Raumes — die Grundbedingung für Existenz schlechthin — an sich als ein geordnetes, geschlossenes System ausweist und zugleich dieses System für den Betrachter einsichtig macht, gibt sie ihm die einzig richtige Distanz für die Erfahrung seiner selbst im Anblick des anderen. Damit zeigt sich bei Donatellos *Markus* wohl zum ersten Mal jenes Konzept, welches für die Gesamtentwicklung der europäischen Skulptur bis hin ins späte 18. Jahrhundert — mehr oder weniger variiert — grundlegend bleiben sollte: Die Festlegung einer Position im Raum durch die Festlegung des Raumes, damit die Festlegung einer Position dem Betrachter gegenüber, in Distanz also zum Betrachter, was aber gleichzeitig eine Beziehungssetzung, die Statuierung eines festen Verhältnisses zwischen Figur und Betrachter bedeutet.

Die Festlegung einer besonderen, eigenen Position in Distanz zum Umhaften, zur Umwelt war als eine der Grundbedingungen für die Möglichkeit von Portraitdarstellung postuliert worden. Selbstverständlich ist der *Markus* des Donatello aber kein Portrait. Er ist zumindest deshalb kein Portrait, weil seine eingenommene Position keine individuelle, selbstgesetzte Position ist, demnach auch nicht aus der Entzweiung von individuellem So-Sein und Umwelt resultiert, sondern eine solche ist, welche Besonderes und Allgemeines aufgehoben in sich enthält und durch *Markus* lediglich aktualisiert, nicht aber begründet wird. *Markus* steht in einer besonderen Position, er führt sie vor, er bestimmt sie aber nicht; vielmehr zeigt sich in ihr für ihn Bestimmendes: *Markus* vertritt in dieser ein allgemeines Ordnungsprinzip für Existenz, nicht aber die Position eines konkret Existierenden. In der Entgegensetzung von Figur und Umwelt wird *Markus* zwar als Existenz individuiert, aber diese Individuierung ist nicht die Individualisierung eines Existierenden, sondern die Aktualisierung bzw. die beispielhafte Verkörperung eines allgemeinen Ordnungsprinzips von Existenz schlechthin.

Ist der *Markus* von Donatello demnach keine Portraitdarstellung, so ermöglicht doch seine besondere Gestaltungsweise die Darstellung von Portraits. Denn in eben dem Maße, wie die allgemeine, übergreifende Ordnungsgesetzlichkeit sich innerhalb ihrer figürlichen Konkretisierung als geschlossen, endlich und konzentrisch ausweist, d.h. mit dem Konkreten in Einklang steht, erhält das Konkrete, erhält die Gesetzlichkeit des Empirischen, Körperlichen, Motivischen eine neue Gewichtigkeit: Sie wird als diese selbst wesentlich, als diese selbst bedeutsam, insofern sie als Analogon zur übergreifenden, allgemeinen Gesetzlichkeit begriffen, ja mit dieser identisch gesetzt wird. Die Ordnung der Welt wird mit der so-geordneten Welt identifiziert, wobei es der Mensch ist, der — indem er Einsicht in das So-Geordnete der Welt gewinnt — Einsicht in die Weltordnung selbst erhält und sich damit in die Lage versetzt sieht, die Welt selbst zu ordnen.

Die Analogie bzw. Identifizierung von Geordnetsein der Welt als Besonderem und Ordnung der Welt als Allgemeinem trägt so lange, wie Existenz nur prinzipiell zur Debatte steht. In dem Augenblick, wo der einzelne Mensch, wo der konkret Existierende in den Blick rückt, kommt es zu Schwierigkeiten, geraten Besonderes und Allgemeines in Konflikt. In dem Augenblick, wo der Mensch nicht mehr als Menschheit begriffen wird, d.h. allgemein, sondern als einzelner Mensch, d.h. als Individuum in den Blick gerät, und zwar als Folge der fortschreitenden Ermächtigung des Besonderen, Empirischen, wird das Harmoniemodell, das Ausgleichsmodell von Besonderem und Allgemeinem, von Offenem und Geschlossenem, von Figur und Betrachter fragwürdig und dadurch die Darstellung von Individualität bildwürdig. In dem Augenblick, wo bei fortschreitender Ermächtigung des Besonderen, das auch als Weise für die Erfahrung des Allgemeinen dient, die unmittelbare Ausgleichsmöglichkeit abreißt, demnach das Besondere in Distanz zum Allgemeinen gerät, weil das Besondere zu nah erscheint, um noch das Allgemeine ausweisen zu können, und das Allgemeine zu fern erscheint, um noch das Besondere aufnehmen zu können — im Sinne einer Identifizierung von Allgemeinem und Besonderem, bzw. im Sinne eines Aufgehoben-Seins von Besonderem und Allgemeinem —, kommt es zum Portrait. Es kommt zum Portrait, weil Allgemeines und Besonderes nicht mehr deckungsgleich sind, sondern sich nur noch zueinander »verhalten«, damit jenen Bruch aufreißen, in dem Individualität allererst hervortreten kann. Erst infolge der Unterscheidung von Allgemeinem und Besonderem und durch den Verweis darauf, daß diese Unterscheidung eine nicht wegzurationalisierende Grunderfahrung menschlicher Existenz ist, erscheint es nötig, eine Position einzunehmen, um diese Unterscheidung jeweils für sich, individuell zu klären und damit sich als Individuum zu erklären.

Was nun die Büste anbetrifft, so stand sie zunächst als Formgebilde den Neuerungstendenzen des frühen Quattrocento entgegen.[19] Diese zielten ja auf das empirisch Mögliche — ein durchgeschnittener Oberkörper ist aber

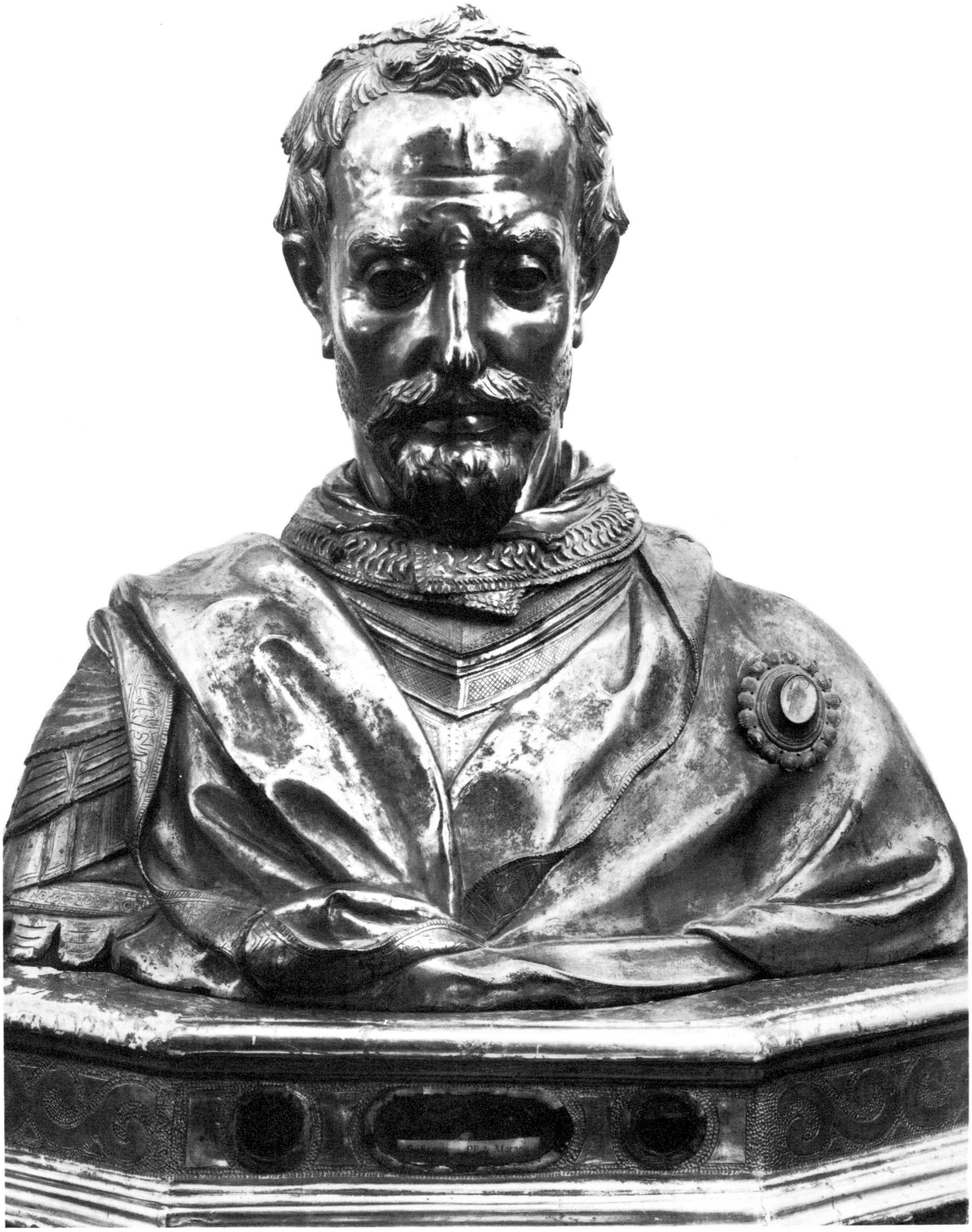

25 Donatello, *San Rossore,* um 1424, Pisa, Museo di San Matteo

empirisch gesehen nur als ein verkrüppelter Oberkörper möglich —, auf organische Körperlichkeit — die mit der Form der Büste unvereinbar erscheint — und auf motorisch in sich Stimmiges, Einheitliches, Geschlossenes, das — jedenfalls so ohne weiteres — mit der Büste nicht zu haben ist.[20] Als Reduktionsform mit durchgeschnittenem Oberkörper erscheint die Büste gestaltmäßig eher mittelalterlichen Vorstellungen entgegenzukommen, die ja weniger an körperlicher Unversehrtheit, Organizität usw. orientiert waren als vielmehr an abstrakten Systembildungen. War demnach die Büste als Formgebilde unzeitgemäß, so stellte sie andererseits doch eine der wesentlichen Bildgattungen der Antike dar, der nachzustreben künstlerisches Credo der Renaissance war, und die von daher künstlerisch einfach berücksichtigt werden mußte. In diesen Kontext der Wiederentdeckung und Weiterführung antiker Kunst- und Wissenschaftspraxis könnte man dann auch das neuerliche Auftreten der Portraitbüste im Quattrocento bedenkenlos einordnen, würde man nicht durch deren, sich von der allgemein verbindlichen Form antiker Büsten grundsätzlich unterscheidenden Formgebung unmittelbar an mittelalterliche Büstenreliquiare erinnert.[21] So gemahnt Donatellos Büste des *San Rossore* (Abb. 25, 26), die möglicherweise als Inkunabel der neuzeitlichen Portraitbüste in Italien anzusehen ist,[22] nicht nur an Büstenreliquiare, sondern sie ist selbst ein solches. Demnach sollte weniger der Bezug zu mittelalterlichem Formgut und zu mittelalterlichen Formvorstellungen problematisch sein als vielmehr der Bezug zur Portraitbüste in der hier vorgenommenen Definition: Hat man es hier tatsächlich mit einem Wendepunkt zu tun, einer Darstellung, die im traditionellen Gewand des mittelalterlichen Büstenreliquiars den Weg der neuzeitlichen Portraitbüste aufschließt?

Der Büstentypus, Halbfigur mit hartem Horizontalabschluß, die strenge Frontalität und

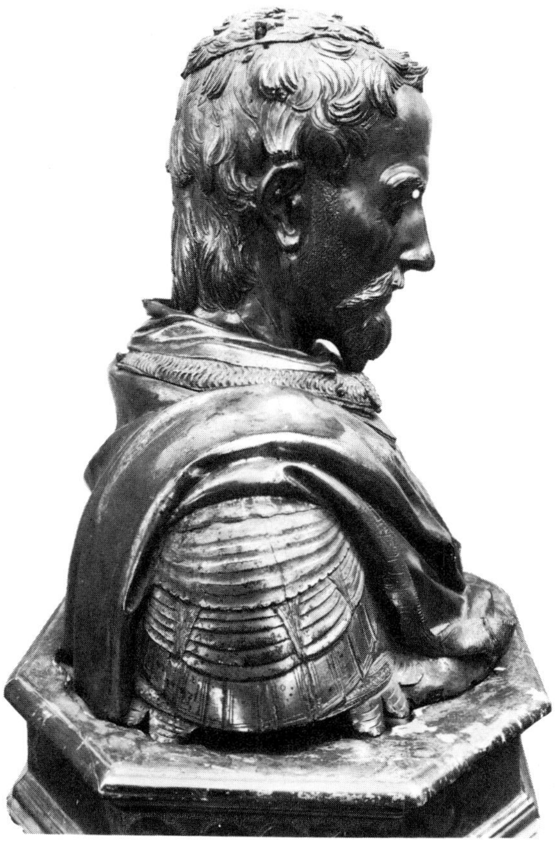

26 Seitenansicht von Donatellos *San Rossore* (25)

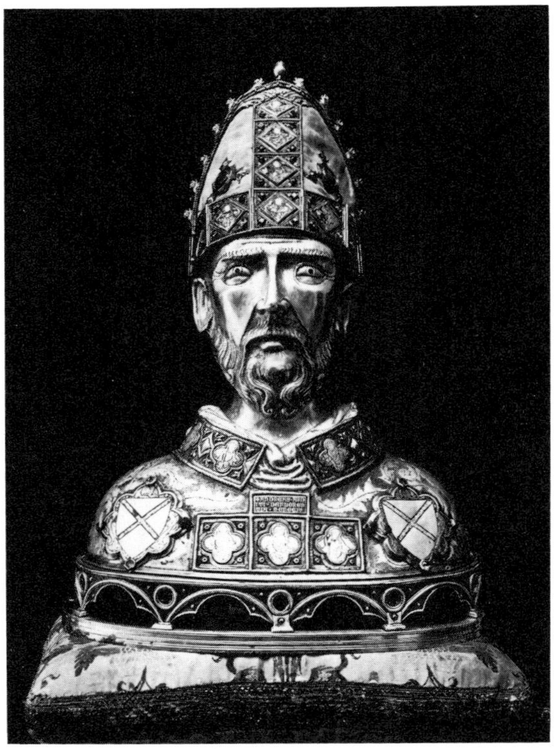

27 Andrea Arditi, *St. Zenobius,* 1331, Florenz, Museo dell' Opera di S. Maria del Fiore

das relativ Unbewegliche der Gesamterscheinung machen die Nähe des *San Rossore* zu mittelalterlichen Kopfreliquiaren deutlich. Im Vergleich aber mit einem solchen Büstenreliquiar, etwa dem *St. Zenobius* (Abb. 27)[23], wird deutlich, daß strenge Frontalität noch nicht Starrheit ist, daß relative Unbeweglichkeit noch nicht abstrakte Formelhaftigkeit bedeuten muß. Das hat nichts mit Qualitätsunterschieden zu tun, sondern mit einem anders gearteten Gestaltungszusammenhang. So werden beim *St. Zenobius* die einzelnen Motive und Formen additiv aneinandergefügt und allein über abstrakte Richtungswerte verbunden. Sie werden gleichsam einzeln aufgezählt, sind jeweils Nennwerte, haben keine motivische Verbindung untereinander: Weder reagieren sie aufeinander noch sind sie bewegungsmäßig koordiniert; sie bringen demnach auch keinen inneren, von der Figur selbst her gesteuerten Motivzusammenhang — etwa im Sinne einer Ausdruckseinheit — zur Geltung. Genau das ändert sich bei Donatellos *San Rossore*. Hier ergeben sich motivische Zusammenhänge, Übergänge, momentane Beziehungen, und das nicht nur innerhalb der Gesichtsbildung selbst, sondern gleichfalls auch in der Gestaltung der Büste und innerhalb der Verbindung von Büstenteil und Kopf. Zwar ist ähnlich wie beim *St. Zenobius* auch beim *San Rossore* die vertikale Mittelachse als abstrakter Richtwert dominant, aber im Unterschied zum *St. Zenobius* verhalten sich beim *San Rossore* Formen und Formungen zu diesem Richtwert, sie exekutieren ihn nicht einfach durch sich bzw. an sich.

Der Kopf etwa ist leicht nach links geneigt und nach rechts gedreht, eine Verschiebung gegen die Mittelachse bezeugend, während der verzierte Kragen, der Hals und Untergewand umschließt,[24] die Mittelachse überspielt; er ist dabei nicht rund geschlossen, sondern weist in seinen sich überlappenden Enden nach links und rechts zu den Seiten hin. Der Hinweis nach links erfolgt noch innerhalb der Rundführung des Kragens, wohingegen das nach rechts weisende Endstück aus dem rund geschlossenen Motiv nach unten ausbricht.

In der Ausbildung des Panzers wird die Mittelachse wieder aufgenommen, aber dergestalt, daß sie als ideeller Bezugswert aktualisiert in Erscheinung tritt. Denn die einzelnen Teile des Halsstücks des Panzers sind so angeordnet, daß ihre durch die Ziselierung hervorgehobenen mittleren Grenzwerte sich nicht zu einem durchlaufenden Vertikalkontur verbinden, sondern sich leicht gegeneinander verschieben, und zwar nach links hin, so die leichte Wendung des Kopfes ausgleichend. Im übrigen ist der Panzer als konkrete Gegenständlichkeit durch das darüber gelegte Gewand so ausgeschnitten, daß er in seiner Restform weniger auf seine motivischräumliche Gesamtgestalt verweist, sondern — motivisch fragmentarisiert — stärker allgemeine Richtungswerte angibt, die auf die Mitte hin zielen und sich dabei von oben nach unten hin ausrichten.

Das Gewand fällt jeweils von den Schultern in einzelnen Bahnen nach vorn herab, wobei trotz des auch hier bestehenden Bezugs zur Mittelachse deutlich Differenzierungen festzustellen sind. Der Gewandbereich der linken Seite gliedert sich in zwei Bahnen, einen vorderen, breiteren Teil, der diagonal zur Mitte hin verläuft, wobei der rechte Kontur in Höhe der Mittelachse eine vertikale Richtung annimmt, und einen hinteren Teil, der links unter dem vorderen hervorkommt und — obwohl ebenfalls durch Faltenformungen diagonal zur Mitte hin gerichtet — im seitlichen Abschlußkontur und im Umschlag vertikale Richtungen aufweist. Diese zweite Gewandbahn gibt dann wieder den Blick auf den Panzer bzw. das Armstück des Panzers frei, das in diagonal verlaufende Teile gegliedert ist, welche sich gegensinnig zu den Diagonalwerten der Gewandbahnen verhalten und so den vertikalen Grenzwert der linken Gewandbahn als Richtwert aufrufen. Das Armstück hingegen endet in einer horizontalen Schmuckborte mit Laschen, die unmittelbar in den hier rechtwinklig in die Horizontale umbrechenden Saum mit Schmuckborte des unteren Gewandteils überleitet.

Die linke Seite der Büste zeigt somit in ihrer Gliederung einen vertikalen Richtwert (Außenkontur der hinteren Gewandbahn), auf den sich — in verschleierter Symmetrie — die schräg gelagerten Formen des Armteils des Panzers und die gegensinnig schräg ausgebildeten Formungen der Gewandbahnen ausrichten. Auch der von der rechten Schulter fallende Gewandumschlag verläuft schräg auf die Mittelachse zu, wird dann dort vom Gewandbereich der linken Seite überschnitten, wobei die rechte Konturlinie wie ebenso die umschlagende Schmuckborte unmittelbar in die Schmuckborte und den durch sie ausgezeichneten Gewandbausch der linken Seite hinüberführen, damit in jene links unten horizontal abschließenden Formungen. Nachfolgend vermitteln einzelne plastische Formen die Schrägrichtung des Gewandumschlags mit dem horizontalen Gewandabschluß.

Infolge dessen läßt sich innerhalb der plastischen Ausgestaltung der Büste eine Akzentuierung der Grundrichtungen des Raumes erkennen, nämlich der Vertikalen als Fixwert in der Gewandbildung der linken Seite, der Horizontalen in der Abschlußbildung der Büste unten und der Tiefenrichtung in der Ausbildung der Panzerringe des Halsstücks sowie einer vermittelnden Diagonalrichtung innerhalb der Gewandbildung der rechten Seite. Damit wurde aber jenes, an den konkreten Gegebenheiten der organisch körperlichen Motivik orientierte Prinzip der Koordination von Raumrichtungen zu einem geschlossenen, endlichen und konzentrischen System, das wir beim *Markus* kennengelernt hatten, auf einen Motivbestand übertragen, der eine konkrete körperlich organische Fundierung dieser Systematik zu leisten, gerade nicht in der Lage ist. Das System ist als solches offenbar selbständig und zum Modell geworden, das auf unterschiedliche Gegenstandsbereiche übertragen werden, als Chiffre gleichsam für die Erscheinungsgegenwart von Gegenständlichem im Raum und unabhängig von dessen je besonderer Motivbeschaffenheit gelten kann. Aber selbstverständlich findet auch hier eine Deutung der Erscheinungsgegenwart des Gegenständlichen am Gegenständlichen statt, d.h. eine Beziehungssetzung von Systematik und konkreter Motivbeschaffenheit.

Im Hinblick auf eine solche Deutung fällt zunächst auf, daß im Unterschied zum *Markus* jener Appell an den Betrachter, jene Einforderung des Betrachtersehens durch die zu betrachtende Figur selbst nicht mit verbildlicht ist. *San Rossore* blickt nicht heraus, wendet sich über die vermittelnden Diagonalen hinüber nicht nach außen. Entsprechend fehlen auch in der Ausbildung des Gewandes jene nach außen führenden Formungen, wie sie an der Spielbeinseite des *Markus* zu beobachten gewesen waren. *San Rossore* blickt statt dessen, leicht gegen die vermittelnden Schrägwerte der rechten Seite gewendet, herunter, bleibt demnach intentional, willensmäßig in das geschlossene System eingebunden; er setzt sich nicht in Beziehung zu einem Außen, weist sich und seine Erscheinung nicht einem Außen gegenüber aus, nimmt das Außen nicht wahr. Keine Frage, die Büste des *San Rossore* ist keine Portraitbüste, was sie ja auch von der vorgegebenen Thematik her gar nicht sein kann.[26]

Und dennoch, obwohl *San Rossore* sich nicht in einen Gegensatz zum Außen setzt, sich nicht zu einem Außen »verhält«, ist er doch nicht einfach die gegenständlich aktualisierte Formel für einen Heiligen, sondern präsentiert seine aktuelle Gegenständlichkeit in Distanz zu seiner Funktion, Heiliger zu sein. *San Rossore* blickt herunter. Die Differenzierung seines Gesichts wie seine Kopfhaltung insgesamt verweisen auf die Mittelachse der Figur, und zwar so, daß sich diese als bestimmend erweist, auch und gerade im Hinblick auf die Systematik der Richtungsabfolge im Büstenteil. Denn diese zeigt eine andere, alternative Schwerpunktbildung, und zwar auf der linken Seite der Büste. Dort traten innerhalb der Gewandbildung vertikale und horizontale Richtungswerte winklig gegeneinander (besonders deutlich in der Saumführung des Gewandbereichs, der die Grenze zum Armstück des Panzers markiert), und auf eben diese Winkelsetzung bezogen sich die Schrägwerte der Gewandformen der rechten Büstenseite. Büstenteil und Kopf beziehen sich folglich auf unterschiedliche Richtwerte, erscheinen infolge ihrer kompositionellen Schwerpunktbildung gegeneinander verschoben. Der systematische Ausweis für die konkrete Anwesenheit der Figur im Raum einerseits (Gewandsystematik) und jene von der Figur selbst zu leistende, gleichsam willentliche Ausdeutung dieser allgemeinen Anwesenheit als ihre konkrete Gegenwart andererseits (Ausbildung des Kopfes) bilden keinen unmittelbaren Zusammenhang, gehen nicht unmittelbar ineinander über oder auseinander hervor, sondern bleiben gegeneinander abgesetzt, auf Distanz, verweisen nur aufeinander.

Dadurch wird aber der Betrachter, der in der gleichen Weise wie beim *Markus* durch die Definition des Raumes innerhalb der Gewandbildung der Büste mit thematisiert ist, durch die Figur selbst bzw. durch den Kopf von seinem konkreten Anknüpfungspunkt (dem Büstenteil) weg auf eine neue Mitte hin, die ideelle Mittelachse der Figur, verwiesen, die sich demnach als ein solcher, die Figur insgesamt bestimmender, zeitindifferenter Bezugswert allererst aus der Jeweiligkeit der Formen und Motive der Figur herausstellt. Die Gegenwart der Figur wird folglich nicht durch eine momentane Beziehung zum Außen begründet (wie bei *Markus*, der aus dem geschlossenen Figurensystem herausblickt), sondern zurückgeführt auf ein Innen, eine ideelle Setzung — nicht eine »innere Haltung« —, nämlich auf die Mittelachse als einem zeitlos gültigen, grundsätzlichen Bestimmungswert, dem gegenüber sich die Bestimmungen von Raum und Zeit als Ausweis der konkreten Anwesenheit als vorläufig, marginal erweisen.

In der Figur des *San Rossore* zeigt sich folglich Bleibendes, Grundsätzliches im Horizont des Jeweiligen thematisiert. Bleibendes, Grundsätzliches wird nicht einfach gesetzt, festgestellt, sondern stellt sich allererst im Jeweiligen, Kontingenten heraus, realisiert sich. Indem die Figur des *San Rossore* in der beschriebenen Weise in sich auseinandertritt, tritt sie nicht mehr als Chiffre, als Formel für einen Heiligen auf, wobei dieser dann die besondere Funktion der Figur, Behältnis einer Reliquie zu sein, zu versinnlichen hätte, sondern als *San Rossore* in die Gegenwart. Qua Büstenteil wird *San Rossore* präsent, bzw. hat er Präsenz, steht er unmittelbar zum Betrachter. Indem er darüber hinaus — wiederum an sich selbst — deutlich macht, daß die unmittelbare Präsenz als vorübergehend, als Hülle gedeutet, gleichsam ein Behältnis, marginal ist, verweist er den Betrachter auf seine ideelle Präsenz als Heiliger, als zeitlos Gegenwärtiger: Unter der Bedingung, daß seine konkrete Anwesenheit, sein jetzt und hier Da-Sein gerade das Vorläufige, das Unwesentliche ausmacht — und erst unter der Bedingung der Thematisierung dieser vorläufigen Anwesenheit wird die Bedeutung seiner eigentlichen Anwesenheit als Heiliger einsichtig —, ergibt sich für den Betrachter der Anknüpfungspunkt, um diese seine ideelle Anwesenheit konkret zu erfassen.

Die Büste des *San Rossore* stellt — gemäß dem thematischen Vorwurf — ein Büstenreliquiar dar; aber im Unterschied zu mittelalterlichen Büstenreliquiaren in der Art des *St. Zenobius* thematisiert er diese seine Funktion, macht er sie einsichtig, individuiert er sich in dieser Funktion, hat er sie als Resultat seiner optischen Realisierung, ist sie nicht das Faktum einer allgemeinen Setzung. Die Repräsentation des *San Rossore*, seine Präsentmachung als Bedingung für die Erfahrung eines zeitlos Gültigen, fußt auf jener Konzeption, die mit der Ganzfigur des *Markus* vorgestellt und als System einer prästabilierten Harmonie bezeichnet worden war. Wie beim *Markus* so zeigt sich auch hier eine Koordinierung der Grundrichtungen des Raumes zu einem harmonischen, geschlossenen und endlichen Ganzen. Die horizontale Ausbreitung der Büste und das vertikale Aufragen des Kopfes werden innerhalb der Gewandbildung vermittelt, so daß eine Bindung der allgemeinen Grundwerte am konkret gegenständlich Zu-Erfahrenden über das konkret Gegenständliche hinaus als Ordnungsprinzip für Gegenstandserfahrung schlechthin einsichtig wird. Es ist aber diese Einsicht in die prinzipielle Geltung eines solchen harmonischen, endlichen und konzentrischen Ordnungssystems der Grund dafür, daß die besondere, nämlich unabgeschlossene, fragmentarisierte Form der Büste bewältigt werden konnte. Denn an einem Gegenstandsfragment, an einem gegenständlichen Unvollständigen erweist sich eine Vollständigkeit des Gegenständlichen dem Prinzip nach, am konkreten Gegensatz von Vertikaler (Kopf) und Horizontaler (Büste) erweist sich ihr aufgehobenes Miteinander. Es ist die prinzipielle Geltung des harmonischen, endlichen und konzentrischen Systems, die an einem Teil des Ganzen die Ganzheit als ungeteilte zum Vorschein kommen läßt, die am Fragment, am Besonderen die Erfahrung der Vollständigkeit, des Allgemeinen eröffnet.

Im Unterschied zum konkreten Ganzen, also zur Ganzfigur, ist aber zu beachten, daß der horizontal gelagerte Teil, jener, der konkret im Raum verankert (nämlich der Büstenteil aufgrund der horizontalen Schnittstelle) und aufgrund seiner Ausrichtung — horizontal — auf

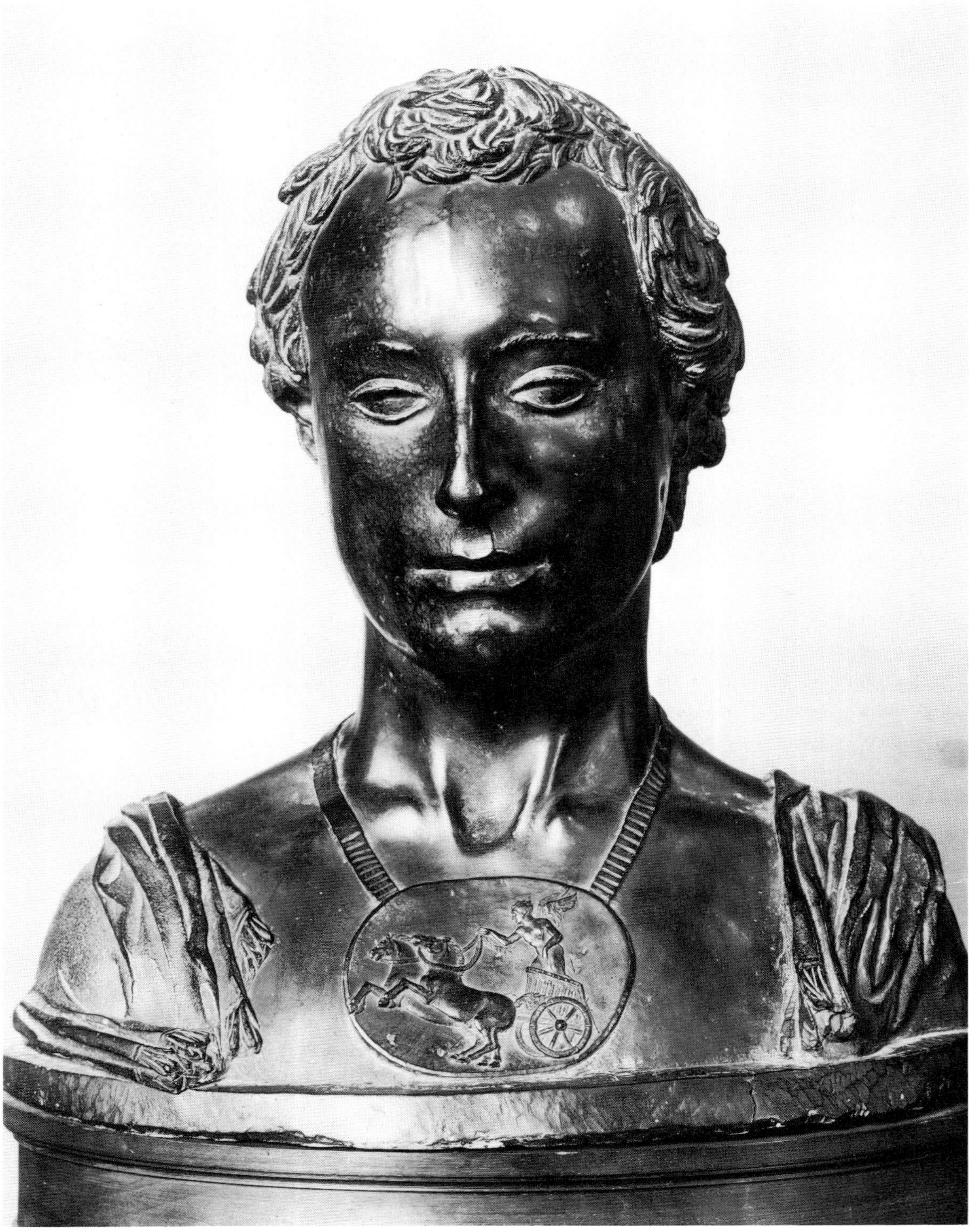

28 Donatello, »*Platonischer Jüngling*«, um 1440, Florenz, Museo Nazionale

Kommunikation angelegt ist (die Horizontale ist die Achse der Kommunikation), den Ausgangspunkt für die figürliche Erscheinung bildet, von dem aus sich erst der vertikal aufragende Teil, jener, der auf Individuation aus ist (die Vertikale ist die Achse der Individuation), entwickelt. Bei der Ganzfigur dient als Ausgangspunkt ein aufragender Teil, das Standmotiv, damit ein Motiv, welches Selbständigkeit, das Selbst-Stehenkönnen und damit die Unterscheidung vom anderen, Umgebenden betont. Erst dann folgt der horizontal sich ausbreitende Oberkörper und damit — von der allgemeinen Form her — die Möglichkeit einer Verbindungssetzung zum Außen. Individuation und Kommunikation treten dabei stärker als relative Bestimmungswerte in Erscheinung, die innerhalb der einzelnen Motivbereiche durch besondere Haltungen, Bewegungen usw. gerade auch im Gegensatz zu den, von der allgemeinen Form der einzelnen Bereiche her bestimmten Ausrichtungen variiert werden können. In der Büste hingegen bleiben die originären Ausrichtungen aufgrund der allgemeinen Formverbindlichkeit von Büste und Kopf bestehen. Entsprechend wird der Gegensatz von Individuation (Kopf) und Kommunikation (Büste) einerseits radikalisiert, andererseits bleiben die Bestimmungen von Individuation und Kommunikation auch weitgehend auf die jeweiligen Komplexe, nämlich Büste und Kopf, beschränkt. Auch beim *San Rossore* ist einerseits der Gegensatz von vertikalem Aufragen und horizontalem Lagern deutlich, er wird aber andererseits vermittelt durch die Gewandbildung und dadurch als integraler Bestandteil eines übergreifenden, harmonischen, geschlossenen und konzentrischen Systems erfahren.

Bei einer weiteren, freilich umstrittenen Büste von Donatello, dem sogenannten *Platonischen Jüngling* (Abb. 28, 29)[27], zeigt sich dieses System gleichfalls bestimmend, trotz oder vielleicht gerade wegen seiner Gefährdungen, die

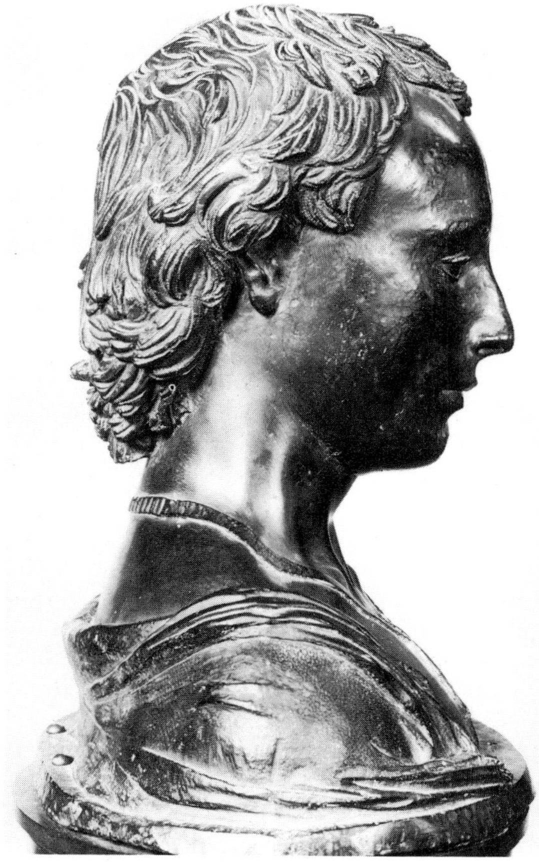

29 Seitenansicht von Donatellos »*Platonischem Jüngling*« (28)

nicht zu übersehen sind. Auch die Büste des *Platonischen Jünglings* gehört dem, von den Büstenreliquiaren übernommenen Halbfigurentypus an, obwohl der Oberkörperausschnitt wesentlich kleiner genommen ist und die strenge Frontalität des Gesichts aufgegeben scheint. Der Kopf, leicht nach links geneigt und in den Gesichtszügen entspannt, ist dann auch in seiner Gesamtform weniger auf eine Vertikale hin »zugespitzt«, sondern eher als kubisch geschlossene, ausgeglichene Rundform gegeben. Dennoch bleibt auch hier — infolge der symmetrischen Anlage der Gesichtsmotive — die Beziehung zur Vertikalen als einem bestimmenden Ordnungswert weiterhin bestehen.

Die leichte Neigung des Kopfes wird in der Bildung des Halses, vor allem der Halsstränge, kontrapostisch aufgefangen, wobei dann formal aufeinander bezogene Formen von der kubischen Geschlossenheit des Kopfes zur relativ flächenhaften Offenheit der Büste überleiten. So beziehen sich die haarnadelförmig zusammengeschlossenen Halsstränge auf die im Kinnmotiv zusammenlaufenden seitlichen Gesichtskonturen, die ebenfalls wie die Halsstränge als Form nach oben hin geöffnet und nach unten hin abgeschlossen erscheinen. Dagegen zeigt sich die Kette, an der eine große Kamee befestigt ist,[28] obwohl optisch auf die Formen von Gesichts- und Kinnkontur bzw. auf die Form der Halsstränge bezogen, nach unten bzw. nach vorn hin nicht mehr selbständig geschlossen, wie sie selbstverständlich auch nicht mehr zu den eigentlichen Kopfmotiven zu rechnen ist, sondern bereits dem Büstenteil angehört. Geschlossen wird diese Kette erst durch eine neue Form, ein neues Motiv, die Kamee, die — selbst als Queroval gegeben — dem Längsoval der Kette entgegensteht. In ihrer querovalen Ausrichtung aber weist die Kamee auf die Breitenentfaltung der Büste hin, welche bis auf die rahmenden Gewandfetzen rechts und links unbekleidet ist. In der Abfolge der ähnlichen Formen von Kopf, Gesichts- und Kinnkontur, Halssträngen und Kameekette ergibt sich demnach eine Überleitung von Kopf und Büste, wobei in der besonderen Art und Weise dieser Überleitung, nämlich von der Geschlossenheit und Zentrierung auf die Mitte hin (Kopf) zu einer Offenheit und dem nach den Seiten hin Auseinandertreten (Büste), gerade auch der Gegensatz von Büste und Kopf mit thematisch wird. Vertikale und Horizontale, als Bestimmungswerte von Kopf und Büste, zeigen sich nicht mehr unmittelbar durch eine Vertikale und Horizontale integrierende Systematik — etwa innerhalb der Gewandbildung wie beim *San Rossore* — zusammengehalten, sondern erst durch vermittelnde, dabei selbständige Formen ausponderiert. Zwar läßt sich in dem »Rahmenstücken« des Gewandes rechts eine vertikale Faltenanordnung, links dagegen eine Kombination aus horizontalen und diagonalen Formausrichtungen beobachten, wobei die aufgefächerten, diagonal geschichteten Formen links in einen Parallelverlauf zur Kette der Kamee einmünden, aber es kann nicht übersehen werden, daß eine faktische Vermittlung dieser Formenwerte unmittelbar nicht mitgegeben, diese vielmehr zunächst offen gelassen ist.

In diese offene Stelle tritt nun die Kamee, die keine faktische Verbindung bzw. Vermittlung herstellt, sondern anstelle einer solchen Verbindung, einer solchen Vermittlung steht, gleichsam stellvertretend für eine konkrete Vermittlung. Sie »symbolisiert« diese Vermittlung, die konkret nicht zu haben ist. Als querovale Form ist sie richtungsmäßig auf die beiden Gewandzipfel an den Schultern bezogen; aufgrund ihrer eigenen Bilddarstellung, dem Zweigespann (Biga), wird diese Ausrichtung als eine Bezugsetzung, von rechts nach links hin verlaufend, deutlich gemacht. Als solches, die Beziehung von rechts und links aufrufendes und damit die Gesamtheit der Büste aktualisierendes Motiv spielt die Kamee letztlich in ihrer querovalen

Form auch auf das Fundament der Büste insgesamt an, den Oberkörperabschnitt, der als Querschnitt ebenfalls ein Queroval als Grenzfläche besitzt: Die Kamee gibt so das faktische Fundament der Büste aktuell als Bild in der Ebene, reproduziert aktuell eine Bindung, eine Einheit, die faktisch, in der konkreten Erscheinung der Figur selbst, gefährdet erscheint.

Die Kamee mit ihrer Darstellung des Zweigespanns war Gegenstand sehr eingehender ikonographisch-ikonologischer Untersuchungen.[29] Ausgehend von Wittkower und Chastel bis zu Panofsky und unter Verweis auf Cumont deutete man das Zweigespann mit der geflügelten Jünglingsgestalt (ein Erote mit Rute) als Darstellung der platonischen Auffassung von der Seele des Menschen.[30] Chastels und — in der Nachfolge — Panofskys Deutungen der Figur des Jünglings basieren fast ausschließlich auf der Kamee, deren möglichen Vorbildern und deren möglicher — wiederum an möglichen Vorbildern römischer Sarkophage orientierten[31] — Uminterpretation.[32] Im Hinblick auf die Gesamtdarstellung des Jünglings wurde die Kamee selten untersucht, im Hinblick auf ihre Einbindung in die Figur blieb sie nahezu unbefragt. Man bemerkte allenfalls ihre Größe, die dann aber auch nur zur Legitimation dafür diente, sich ausschließlich mit ihr zu befassen, sich ihrer ikonographisch-ikonologischen Implikationen und Quellen zu widmen. Solche ikonographisch-ikonologisch ausgerichteten Vorgehensweisen isolieren einzelne, wenn auch wesentliche Motive einer Gesamtdarstellung, die dann eine Schlüsselstellung für die Interpretation der Gesamtdarstellung gewinnen, ohne daß diese selbst in den Blick käme.[33] Nicht das Werk selbst dient hier als Quelle für die Interpretation, vielmehr dient ein herausgenommenes Motiv zum Absprung in den historischen, geistes- oder kulturgeschichtlichen Kontext eines Werks, aus dem heraus seine Deutung erfolgt. Nicht das Werk wird mit diesem Zugang zum Sprechen gebracht, sondern am Werk der historische, kultur- oder geistesgeschichtliche Kontext. So avanciert ein einzelnes, herausgenommenes Motiv zum »Zeitsymbol«, es wird zum »Abzeichen« einer Zeit, das — unbeschadet seines jeweiligen Trägers und dessen besonderer Situation oder Individualität — eine allgemeine Anschauung oder Überzeugung zum Ausdruck bringt, demnach weniger den Träger selbst charakterisiert als vielmehr ein Allgemeines, das möglicherweise auch für den Träger, sicher aber für viele andere übereinstimmend als gültig gesehen werden muß.

Dem gegenüber wäre festzustellen, daß doch erst in dem Augenblick, wo sich der Träger eines solchen Abzeichens unmittelbar zu diesem verhält, dieses auch wesenhaft für seine Individualität, seine besondere Situation usw. stehen kann. Erst in dem Augenblick, wo das Abzeichen als integraler Bestandteil der Figurenkonzeption insgesamt erkannt wird, kann es sich auch als wesensbestimmend für den Träger herausstellen. Dazu müßte aber wiederum die Figur insgesamt in den Blick genommen werden, müßte der Gestaltungszusammenhang der Figur befragt werden; erst aufgrund der immanenten Gestaltungslogik der Figur könnte man eine solche Beziehung von Abzeichen und Figur, von Zeichen und Bezeichnetem als gegenseitig sich bedingend und begründend feststellen. Diesen Arbeitsgang aber spart die Ikonographie-Ikonologie aus. Sie geht vom einzelnen, Denotierten aus und sucht eine übergreifende Deutung aufgrund äußerer, historisch, kultur- oder geistesgeschichtlich bestimmter Konnotationen, nicht aber aufgrund von Konnotationen innerhalb der Figur selbst.

Wenn nun die Kamee tatsächlich eine solche, die Figur insgesamt bezeichnende Bedeutung besitzen sollte, müßte sich diese aus dem Gesamtzusammenhang der Figur erklären lassen, aus eben jenem Kontext, in dem dieses Motiv zu anderen Motiven und Formen steht und in dem ihr ein besonderer Stellenwert zugemessen sein müßte. Kein Zweifel, die Kamee nimmt schon aufgrund ihrer Größe, sodann auch aufgrund ihrer Form und Plazierung eine besondere Position ein. Kompositionell hat sie zunächst die Aufgabe, eine Verbindung von rechts und links zu schaffen. Sie realisiert eine solche Verbindung nicht konkret, sondern veranschaulicht sie sowohl aufgrund ihrer Form als auch aufgrund der ihr innewohnenden Darstellung, dem sich in Fahrt befindlichen Zweigespann. Indem aber die Kamee die Verbindung von rechts und links und damit den Abschluß, die Vollständigkeit der figuralen Erscheinung nicht tatsächlich herstellt, sondern lediglich darstellt, muß davon ausgegangen werden, daß eine solche Vollständigkeit, eine solche figurale Einheit erst erreicht werden wird oder soll, daß sie aber jetzt, in dem Augenblick, noch nicht gegeben ist. Diese Vollständigkeit bzw. Einheit ist zwar durch die Kamee ideell festgestellt, sie ist aber nicht konkret gegeben, sie ist dargestellt innerhalb der Darstellung des Jünglings, nicht aber hergestellt als konkrete Seinsqualität seiner Erscheinung: Die Identifizierung von allgemeiner Ordnungssystematik für Existenz (prästabilierte Harmonie) und konkret Existierendem (Jüngling) ist innerhalb des Existenzvollzugs (Erscheinung in Raum und Zeit) nicht tatsächlich verwirklicht, sondern nur als ideelle Einheit vorgestellt.

Versucht man aber von diesen Vorgegebenheiten her eine Erklärung und Deutung der Kameedarstellung, so läge eine Bestimmung als Apotheose-Motiv nahe: Erst der Mensch, durch den Tod hindurchgegangen, der »neue Mensch«, kann die ideelle Einheit von Besonderem und Allgemeinem, Zeitlichem und Zeitlosem konkret verwirklichen. Die Kamee verweist auf diese Einheit, indem sie sie darstellt und indem sie sie prinzipiell vorstellt, nämlich als die Mitgegebenheit des endlichen, konzentrischen und harmonischen Ordnungssystems, das in der Figur des Jünglings insgesamt zur Anschauung gelangt.

Immerhin, die Realisierung dieser Einheit, soweit sie als Verwirklichung im Gegenständlichen betroffen ist, scheint gefährdet. Gegenständliches, Besonderes und Systematisches, Allgemeines treten in Distanz zueinander, Kontingenz und Notwendigkeit sind nicht mehr selbstverständlich miteinander verbunden: Besonderes verhält sich zu einem Allgemeinen — wie dieses auch immer bestimmt sein mag[34] —, setzt sich zu ihm in Beziehung, bringt sich als etwas eigenes dem Allgemeinen gegenüber zur Geltung, geht in diesem nicht mehr restlos auf. Zwar ist bei Donatellos *Platonischem Jüngling* die Opposition von Besonderem und Allgemeinem, eigenem und Übergreifendem letztlich innerhalb des prästabilierten Ordnungssystems aufgehoben, bei Mino da Fiesoles Büste des *Rinaldo della Luna* (Abb. 30)[35] kommt sie dann aber in aller Deutlichkeit zum Vorschein. Die unterschiedlichen Richtungen etwa von Kopf und Büste werden nicht mehr in einem Ausgleichsmodell für Raumrichtungen, demnach in einer übergreifenden Systematik aufgefangen, sondern bleiben als solchermaßen gegensätzliche erhalten. Kopf und Büste treten als gegensätzliche Bereiche auf und einander gegenüber. Als solche gegensätzliche und sich voneinander isolierende Bereiche veranschaulichen sie aufgrund ihrer jeweiligen Gesamtform und — daraufhin orientiert — in ihrer Strukturierung jeweils unterschiedliche Möglichkeiten menschlicher Existenzerfahrung: Der Kopf, vertikal ausgerichtet, bringt Individuelles und — in der Radikalisierung bis zum Veristischen hin[36] — Einmaliges zur Anschauung, während die Büste, horizontal ausgerichtet, Allgemeines, Unspezifisches, das, was für jede Existenz gilt, demnach für alle Verbindliches, zur Anschauung bringt. Und sie tun dies weitgehend ausschließlich. Allgemeines, Grundsätzliches und Besonderes, Augenblickliches sind auseinandergetreten, finden innerhalb des konkret Motivischen nicht mehr zu einer übergreifenden Einheit zusammen.

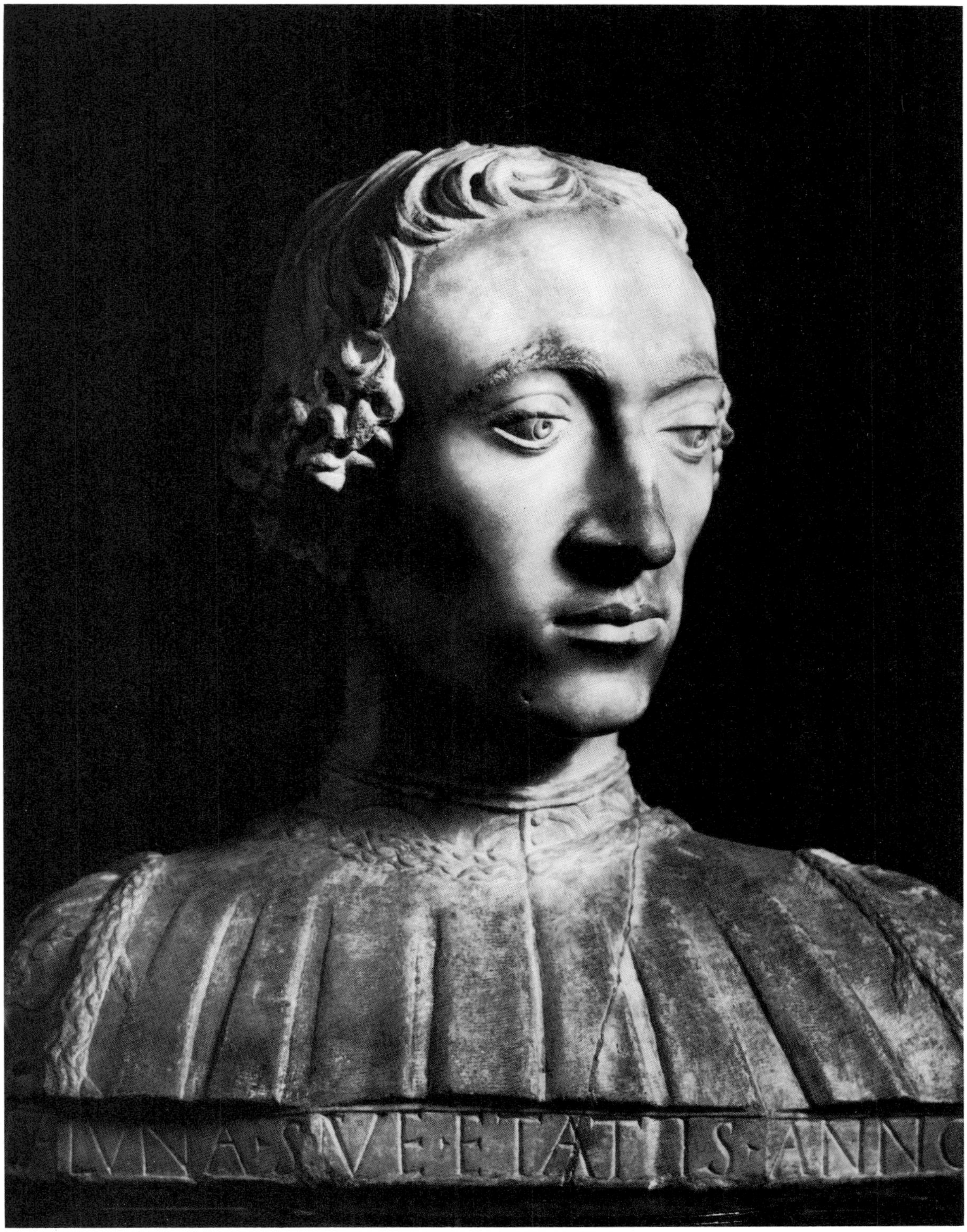

30 Mino da Fiesole, *Rinaldo della Luna,* 1461, Florenz, Museo Nazionale

Die Position der Figur im Raum, ihre faktische Anwesenheit, bestimmt durch die Büste und ihre Gestaltung, nämlich als Reihungsstruktur vertikaler Faltenformen, welche Zeitlichkeit als puren Verlauf und prinzipiell zur Anschauung bringen, wird von der Figur selbst her, d.h. mit Bezug auf das Kopfmotiv und dessen wiederum besondere Strukturierung, nicht mehr abschließend gedeutet. Zur objektiven allgemeinen Befindlichkeit des Menschen im Raum (Büste) verhält sich die augenblickliche individuelle Existenzbefindlichkeit (Kopf) entgegengesetzt. Zwar lassen sich bei diesen entgegengesetzten Verhaltensweisen überspringende, gleichsam kontrapostisch bestimmte Verbindungsmöglichkeiten entdecken — so ist die horizontal gelagerte Büste in ihrer Lagerung durch vertikale Faltenformen strukturiert, während der Kopf, vertikal ausgerichtet, durch die primär horizontal gelagerten Gesichtsmotive, nämlich Augen, Augenbrauen, Stirn und Mund, strukturiert wird —, aber diese Verbindungen haben jeweils nur Verweisungscharakter, sie ermöglichen keinen Verbindungsvollzug: Das Allgemeine (Büste) wird »handgreiflich«, ohne auf ein Besonderes, eine augenblickliche Situation des Menschen bezogen werden zu können, wie umgekehrt das Besondere (Kopf) faktisch wird, ohne im Hinblick auf ein Allgemeines, Grundsätzliches verortet werden zu können.

Der horizontal gelagerte, knapp genommene Büstenabschnitt des *Rinaldo della Luna* weist in einem hoch geschlossenen Gewand regelmäßig abfolgende, vertikal ausgerichtete Falten auf. Er wird folglich durch Formen strukturiert, die als solche zur gelagerten Grundform der Büste insgesamt gegensinnig ausgerichtet sind. Demnach finden sich Oppositionsverhältnisse nicht nur in der Makrostruktur von Kopf und Büste, sondern ebenso in den einzelnen Bereichen selbst. Der Gegensatz zwischen horizontaler Ausrichtung der Büstenform und ihren vertikal orientierten Strukturwerten, der sich als Gegensatz von allgemeiner Grundform und besonderer Oberflächenstrukturierung beschreiben läßt, wird dann nicht konkret vermittelt, sondern formal aufgelöst. Die Oberflächenstrukturierung zeigt sich nämlich durch das Prinzip der Reihung bestimmt, folglich durch eine Ordnungssystematik, die eine horizontale Ausdehnung aufgrund der, in immer gleichen Abständen abfolgenden Vertikalglieder zur Geltung bringt, die demnach eine zeitlich-sukzessiv sich erstellende horizontale Ausrichtung anschaulich macht, welche die gesetzte, horizontal festgelegte Grundform der Büste zeitlich-momentan nachvollzieht, damit aktualisiert und verstärkt.[37] Die Dominanz der horizontalen Ausdehnung wird schließlich durch den Ringkragen unterstrichen, der sich in einer harten Trennungslinie gegenüber Hals und Kopf absetzt.

Im Gegensatz zu der sich in der Horizontalen ausbreitenden Büste ist dann der Kopf als fest geschlossene, vertikal ausgerichtete plastische Grundform gegeben. Dieser vertikal ausgerichteten Grundform des Kopfes stehen die primär horizontal gelagerten Gesichtsmotive wie Augen, Augenbrauen, Mund, Stirn usw. entgegen. Auch im Kopfbereich findet sich jener Gegensatz von vertikaler und horizontaler Ausrichtung, von allgemeiner Grundform und besonderer Strukturierung, allerdings — verglichen mit dem Büstenteil — richtungsmäßig invertiert. Und auch hier wird der Gegensatz von vertikaler und horizontaler Ausrichtung nicht konkret vermittelt, sondern formal aufgelöst, nämlich dadurch, daß sich die horizontal gelagerten Gesichtsmotive sowohl durch Symmetrie als auch durch ihren Zusammenschluß zu einem »Vordergesicht« an eine vertikale Ordnungsachse binden, die dann gegenständlich durch die Nase ausgezeichnet ist. Folglich bringen die Gesichtsmotive als horizontale, lagernde und auf Verbindung angelegte Formen vermöge ihrer

Anordnungsweise den dominanten Bestimmungswert der allgemeinen Grundform des Kopfes, die sich aufrichtende Vertikale, zur Geltung. Sie aktualisieren demnach als horizontal gelagerte, aber auf die Vertikale hin konzentrierte Oberflächenmotive jene, sich in der Vertikalen isolierende Grundform des Kopfes, weisen dessen abgeschlossene Besonderheit als Besonderes, Augenblickliches aus. Wie bei der Büste, deren horizontal gelagerte Erscheinung durch die Reihungsstruktur der vertikal gegliederten Faltenformen aktualisiert wurde, in der gleichen Weise wird beim Kopf dessen Aufgerichtetsein in der Vertikalen durch die Konzentration der horizontal gelagerten Gesichtsmotive auf die vertikale Mittelachse aktuell: Beide Bereiche, Kopf-und Büstenbereich, zeigen sich in ihrer optischen Valenz durch die jeweils ihnen gegensätzlich ausgerichteten Flächenstrukturierungen betont.

Wenn auch beide Bereiche jeweils eine strukturelle Verbindung von Vertikaler und Horizontaler aufweisen, so dient diese Verbindung doch vor allem dazu, jeweils eine der Richtungen als dominant herauszustellen und damit die Opposition von Büste und Kopf zu verstärken: Das allgemeine Gesetztsein des Menschen in Raum und Zeit (Büste) scheint ebenso verabsolutiert wie die Besonderheit des Menschen, der so in Raum und Zeit gesetzt ist (Kopf). Die allgemeine Existenz des Menschen (Büste) und die besondere Existenzsituation eines Menschen (Kopf) haben sich jeweils emanzipiert, sind sie selbst und miteinander unvereinbar geworden. Der Mensch zeigt sich nicht mehr in der Lage, das allgemeine seiner Existenz und das Besondere seiner Existenzsituation zusammenzubringen, zu koordinieren, zu einem Gesamt zu vereinigen; der Mensch kommt zu keiner abschließenden Sinndeutung seiner Existenz.

Dennoch zerfällt die Büste des *Rinaldo della Luna* nicht einfach in zwei Teile, die sich allenfalls überspringend komplettieren, sondern sie erscheint als Einheit. Indes, diese Einheit wird nicht von den jeweiligen Teilen selbst getragen, sondern durch eine abstrakte Setzung vorgetragen, welche — losgelöst von der konkreten Motivik des Zu-Verbindenden — eine Verbindung von Kopf und Büste herstellt, nämlich durch die umlaufende Konturlinie. Die Konturlinie ist »gesetzt«: Sie setzt sich nicht zusammen, etwa aus einzelnen Werten, die, durch die Motive oder Formbildungen des »Inneren« der Büste bestimmt, im Kontur zusammengefaßt werden, sondern sie zeigt einen eigenwertigen, selbstbestimmten Verlauf, der unabhängig von Formen und Formungen des Inneren, unabhängig also von dem, was im Inneren passiert, besteht. Die Konturlinie ist — wenn man so will — eine »schöne« Linie in dem Sinne, daß sie ihren Krümmungsradius, ihr Umbiegen usw. selbst festlegt, selbst regelt. Harald Keller spricht in diesem Zusammenhang von einem »... sehr bewußte[n] Kunstmittel des reifen Quattrocento, den Körper der Halbfigur sehr breit zu bilden, um in den Genuß zweier ganz langsam ansteigender Konturlinien zu kommen, die von den Ärmeln über die Schultern zum Ringkragen aufsteigen ...«[38] Als solchermaßen ihren Verlauf selbständig regelnde Linien umreißen die Konturlinien aber eine Form, in der die horizontal gelagerte Büste und der vertikal aufragende Kopf zusammengebunden werden. Der kontinuierliche Verlauf der Linien schließt die jeweils unterschiedlichen Richtungstendenzen von Kopf und Büstenbereich durch rund laufende Grenzsetzungen zusammen, vermittelt folglich Kopf und Büste in einer selbstgesetzten Ausgleichsform, welche als eine vom Kontur gesetzte Einheitsform Horizontales und Vertikales als gleichermaßen Wirksames in sich aufgehoben enthält. Dabei gerät aber die aus der laufenden Vermittlung von vertikaler und horizontaler Ausrichtung entstandene Einheitsform erst dann in den Blick, wenn man vom konkret Motivischen der in ihr geschlossenen Teile »absieht«, wenn man gleichsam nur die Projektionswerte von Kopf und Büste betrachtet. Als eine solche Einheitsform ist sie damit vor- oder nachgesetzt, nicht aber unmittelbar mit den in ihr beschlossenen Teilen zusammengesetzt.

Es zeigt sich folglich neben der Verselbständigung des Besonderen (Kopf) und der Verselbständigung des Allgemeinen (Büste) auch eine Verselbständigung der Einheitssetzung von Besonderem und Allgemeinem (Konturform). Diese ist verfügt, unbedingt, ausschließlich; sie ist eine Modellform, zu der sich Kopf und Büste gleichermaßen verhalten, ohne in ihr konkret motivisch aufzugehen: Besonderes und Allgemeines kommen nicht mehr von sich aus zu einer übergreifenden Einheitsbestimmung, sondern treten als solche auseinander, auch und gerade im Hinblick auf eine nur noch ideell — nämlich durch die los- oder abgelöste Konturführung — zu bestimmende Einheitsvorstellung. Allgemeine zeitliche Existenz des Menschen (Büste) und die konkrete Bestimmung seiner augenblicklichen, jetzt-fixierten Existenz (Kopf) können nur noch im Rahmen einer ideellen, von dem jeweils Konkreten unabhängig gegebenen Einheitsvorstellung zusammengebracht werden; allgemeine Existenzbedingungen und persönliche Existenzbedingungen greifen nicht mehr nahtlos ineinander — wie dies bei Donatello innerhalb seines endlichen, konzentrischen und harmonischen Systems garantiert war —, sondern treten in Distanz zueinander. Besonderes und Allgemeines treten in Distanz zueinander wie andererseits beide zu einer ideellen Ganzheitsvorstellung in Distanz treten. Insofern Besonderes und Allgemeines aber auseinandertreten und dabei aus einer übergreifenden Gesamtvorstellung heraustreten, hat man es bei der Bildnisbüste des *Rinaldo della Luna* mit einer Darstellung zu tun, die Individualität zur Anschauung bringt, diese aber im Hinblick auf die allgemeinen Bedingungen ihrer Ermöglichung darstellt und nicht als konkrete Möglichkeit herstellt: *Rinaldo della Luna* spricht vom Individualportrait, er spricht aber nicht als Individualportrait. Er nennt die Bedingungen, unter denen die Einnahme einer individuellen Position möglich ist, er macht auch deutlich, daß eine solche Positionsbestimmung notwendig ist, aber er bezieht faktisch keine Position, er ist nicht in der Lage, die widerstrebigen Bedingungen seiner Existenz durch sich zu verorten, mit Bezug auf sich selbst festzulegen.

Besonderes, Allgemeines und Gesamtes sind in die Besonderheiten des je einzelnen auseinandergetreten. Als solchermaßen einzelnes sind Besonderes, Allgemeines und Gesamtes aber verfügbar geworden, übertragbar und als solchermaßen Übertragbares vielfältig kombinierbar. Entsprechend entwickelte sich ein bestimmter Typus für Büstendarstellungen, bei dem das Formrepertoire prinzipiell gleich, fest genormt blieb, ein Baukastensystem, das — jeweils den Besonderheiten eines Auftrags gemäß leicht variiert — die Grundlage der Büstenproduktion in der zweiten Hälfte des Quattrocento bildete. Alle führenden Meister des reifen Quattrocento, sei es nun Mino da Fiesole (etwa mit der Büste des Piero de' Medici)[39] oder Antonio Rossellino (etwa mit den Büsten des Giovanni Chellini und des Matteo Palmieri, Abb. 31, 32)[40], sei es Benedetto da Maiano (etwa mit den Büsten des Pietro Mellini und des Filippo Strozzi, Abb. 33, 34)[41] oder gar Antonio Pollaiuolo (mit der Büste eines Unbekannten im Bargello, Abb. 35)[42], sie alle bedienten sich dieses Typus'. Wir haben es dabei mit einer Portraitbüste zu tun, die — frontal ausgerichtet — einen breit gelagerten, eher knapp bemessenen Büstenabschnitt besitzt, der mit einem hoch geschlossenen Obergewand, dem »giustacuore« bzw. dem »fassetto«, bekleidet ist, das sich durch gereihte Vertikalfalten strukturiert, und — davon abgesetzt — einen Portraitkopf, der — vertikal aufragend — häufig eine geradezu kleinteilig veristische Oberflächenbildung aufweist. Die einzelnen Bestandteile dieses Typus' decken sich also im großen und ganzen mit jenen Formen und Formwerten, die wir bei der Portraitbüste des *Rinaldo della Luna* kennengelernt haben. Aber trotz dieser Orientierung an einem bestimmten Büstentypus hat man es dennoch im reifen Quattrocento nicht mit einer gleichförmigen und gleichartigen Büstenproduktion zu tun, sondern mit teilweise sehr unterschiedlichen, variantenreichen Erzeugnissen. Nicht zuletzt gab das Auseinandertreten von Büste, Kopf und Gesamtheit immer wieder Anstöße, überspringend eine Abstimmung von Büste und Kopf zu versuchen, um dadurch die Opposition der Teile, ihr Getrenntsein, wenn schon nicht aufzuheben, so doch wenigstens zu mildern. Ja, aufgrund der Art und Weise, wie man versuchte, eine solche überspringende Verbindung von Kopf und Büste herzustellen, läßt sich sogar eine Entwicklung feststellen.

Zunächst sei jedoch darauf hingewiesen, daß zur Erläuterung jenes, für das Quattrocento bestimmenden Portraittypus' am Beispiel des *Rinaldo della Luna* Vereinfachungen, wohl auch Vergröberungen angesichts der optisch viel differenzierteren Tatbestände dieser Bildnisbüste wie auch der übrigen dieses Typus' unerläßlich schienen. Selbstverständlich sind etwa die Vertikalfalten des Büstenbereichs nicht immer schematisch, d.h. völlig regelmäßig gereiht, gegeben, sondern teilweise rhythmisiert, gruppenbildend angeordnet. Als Vertikalwerte treten sie auch nicht grundsätzlich einzeln auf, isoliert und dabei am unteren Büstenrand beginnend, um in der Fläche um den Ringkragen herum auszulaufen, sondern erscheinen teilweise miteinander verbunden, haarnadel- oder spitzbogenförmig zusammengeschlossen, wie sie selbstverständlich auch nicht immer exakt in der Vertikalen ausgerichtet sind, sondern diese Richtung häufig nur als Orientierungswert angeben. Kurz, sie weisen in der Art ihrer je besonderen Erscheinungsweise Differenzierungen auf, die — wenn sie denn einen Sinn haben sollten — in Verbindung mit den Portraitköpfen oder deren erscheinungsmäßigen Besonderheiten gesehen werden müßten.

So zeigen sich etwa bei der Portraitbüste des *Giovanni Chellini* (Abb. 31) von Antonio Rossellino[43] die Motive des Kopfes sehr kleinteilig ausgebildet, dabei scharf umrissen und relativ eng um die vertikale Mittelachse herum zusammengezogen. Die den einzelnen Motiven — Augen, Augenbrauen, Mund usw. — vorgegebenen Horizontalrichtungen werden möglichst reduziert, oder die Motive schließen sich selbst unmittelbar an Vertikalrichtungen an: so etwa die Augenbrauen, die unmittelbar winklig aus der Nasenwurzel entspringen, so der Mund, der — zusammengepreßt — auf beiden Seiten symmetrisch zur Mittelachse hin schräg absinkt, so die eingefallenen Wangen, welche die Breitenentwicklung des Kopfes in mehrmaligen Vertikalformen abfangen, ebenso die eng anliegende Haarkalotte und die in den Kopfkontur hineingenommenen Ohren, welche die Ansichtigkeit der vertikal bestimmten Gesamterscheinung ungetrübt zur Geltung kommen lassen. Die Dominanz der Vertikalachse, die Schärfe der einzelnen, auf sie hin orientierten Motivformen und die sich darin aussprechende Strenge und Beherrschtheit, die sich bis zur Starrheit steigern kann, bestimmen die Erscheinung des Portraitkopfes.

Nun wäre es ja denkbar, daß diese Erscheinungsweise des Kopfes, jene Mischung aus maskenhafter Bewegungslosigkeit und kleinteiligster Oberflächendifferenzierung, einfach die konkrete Erscheinung des Portraitierten wiedergibt, daß die Jeweiligkeit seiner Erscheinung gleichsam in einem bestimmten Augenblick eingefroren und so für die Nachwelt konserviert wurde. Es wäre denkbar, daß hier eine Lebend- oder Totenmaske vorliegt, die — in Marmor transponiert — die konkreten physiognomischen Merkmale des Giovanni Chellini einfach abbildet.[44] Gegen diese Möglichkeit einer rein mechanischen Abbildung des Chellini sprechen zwei Tatbestände, nämlich erstens die Tatsache, daß trotz der jeweils mehr oder weniger stark vorhandenen Kontingenz der Gesichtsformen eine übergreifende Ordnungsstruktur für die Erfahrung des Kopfes insgesamt bestimmend ist, deren zufälliges Vorhandensein (als pure Gegebenheit der konkreten Physiognomie) äußerst unwahrscheinlich ist, vor allem dann, wenn zweitens diese besondere Ordnungsstruktur des Portraitkopfes in der Ausbildung des Büstenteils überspringend aufgenommen wird, dadurch Notwendigkeitscharakter erhält und infolge dessen als Bestimmungsgrundlage für die Figurenerscheinung insgesamt verpflichtend wird.

Die Ausbildung des Büstenteils weist zunächst eine Differenzierung der Faltenreihung dahingehend auf, daß sich um die Mittelachse der Büste Faltenformen massieren, die sich dadurch wie auch durch ihr Einschwingen am unteren Büstenabschluß als Gruppe, als Teilbereich vom übrigen absetzen, isolieren, etwa von den seitlich anschließenden Bereichen, die — durch größere Faltenabstände charakterisiert — sich selbst wiederum absetzen von den Eckstücken der Büste, welche — als solche gleichfalls eigenständig — durch »Scharniermotive«, nämlich haarnadelförmig gebildete Faltenformen, eingeleitet werden und einen noch weiteren Faltenabstand aufweisen. Aus diesem Wechsel von weiten und schmalen Faltenabständen einerseits und aufgrund der besonderen Erscheinung der Faltenformen selbst andererseits, die ihren primär an der Vertikalen orientierten Verlauf gegebenenfalls variieren oder paraphrasieren, ergibt sich dann eine rhythmische Differenzierung der Reihungsstruktur der Büste, der zufolge ein Mittelteil herausgehoben erscheint. Als solchermaßen herausgehobener wird dieser Mittelteil dann noch einmal auf einen Mittelwert hin konzentriert, die Faltenform in der Mittelachse, die sich als bestimmend nicht nur durch die rhythmische Anordnung der Falten insgesamt erweist, sondern auch dadurch, daß sie unmittelbar in den horizontal abschließenden Ringkragen, der sich hier teilt, hinein verläuft und darüber hinaus — unterstützt durch die Anordnung der drei Knöpfe — direkt zum Portraitkopf und zu seiner vertikalen Ordnungsstruktur überleitet.

Die Differenzierung innerhalb der Reihungsstruktur des Büstenbereichs, welche eine Hervorhebung der vertikal bestimmten Mittelform veranlaßte, »reagiert« folglich auf den besonderen Erscheinungscharakter des Portraitkopfes, insofern sie auf dessen besondere, streng vertikal ausgerichtete Gliederung antwortet. Reaktion und Antwort sind aber nicht im Sinne eines dialogischen Verhältnisses, eines Dialogs von Kopf und Büste zu verstehen. Auch beim *Chellini* stehen Kopf und Büste als solche unvereinbar gegeneinander. Aber es ergibt sich aufgrund der strukturellen Abstimmung von Kopf und Büste gleichsam eine Korrespondenz der radikal unterschiedlichen Formbereiche der Figur und von daher eine ausdrucksmäßige »Gestimmtheit« ihrer Erscheinung: Die Falten des Büstenbereichs etwa sind gratartig gebildet und der Fläche gleichsam aufgesetzt, dabei relativ eng gerollt, geschärft, und zeigen sich in der rhythmischen Anordnungsweise streng geregelt, beherrscht. Dem entspricht die Formgebung der Gesichtsmotive und die durch sie begründete Gesamterscheinung des Portraitkopfes, jene Strenge, jene Beherrschtheit und Regelhaftigkeit, welche demnach als Resultat der Portraitdarstellung, nicht aber als Vorgegebenheit für eine mehr oder weniger mechanische Portraitherstellung verstanden werden muß.

Dies wird auch bestätigt durch eine weitere Portraitbüste Antonio Rossellinos, nämlich die Büste des Matteo Palmieri (Abb. 32),[45] die bei einer völlig unterschiedlichen Physiognomie des Dargestellten auch eine weitestgehende Verän-

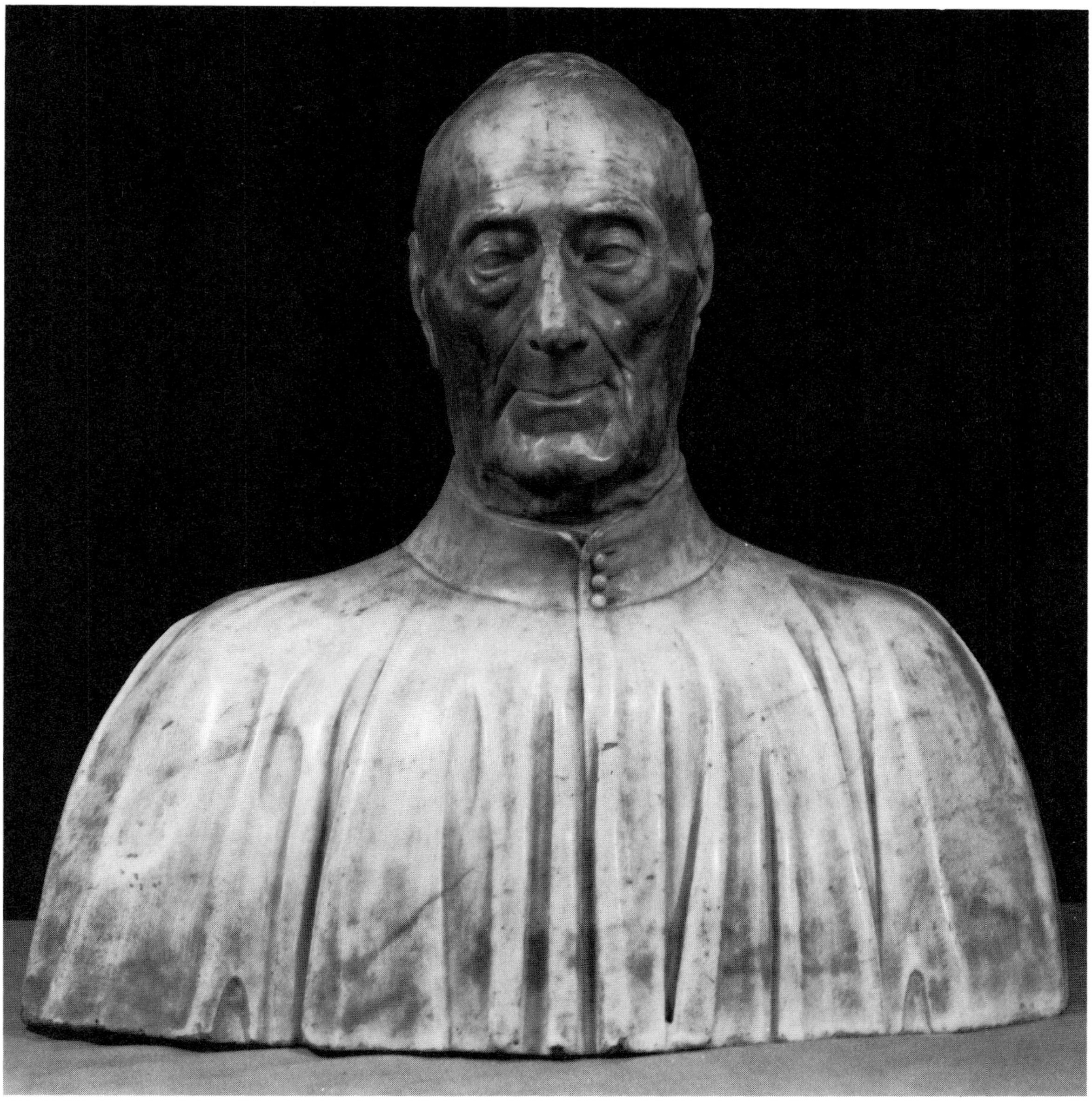

31 Antonio Rossellino, *Giovanni Chellini,* 1456, London, Victoria and Albert Museum

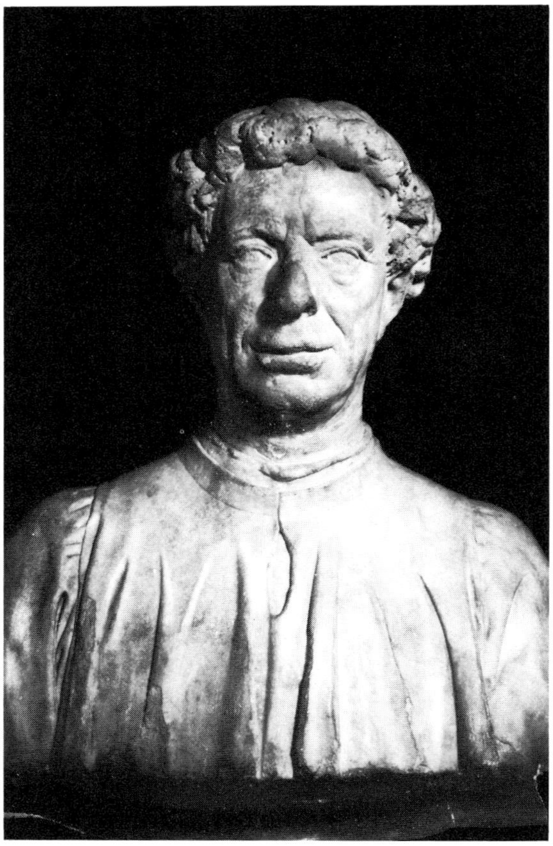

32 Antonio Rossellino, *Matteo Palmieri,* 1468, Florenz, Museo Nazionale

derung in der Gewandbildung der Büste aufweist. Die Vertikalfalten etwa sind hier sehr weit auseinandergezogen, dabei weniger auf die Fläche aufgesetzt, individuiert, sondern mit ihr motivisch-plastisch verbunden, sich aus ihr erhebend und in sie zurücksinkend. Sie sind auch im Verhältnis zueinander verschieden ausgebildet, dabei stärker situational aufeinander reagierend, weniger systematisch gereiht, und erscheinen zufälliger, regelloser. Sie »reagieren« damit auf den Portraitkopf, dessen Motivformen ebenfalls stärker in die Fläche eingebunden sind und dadurch weniger straff organisiert, sondern entspannter, freier, großflächiger wirken, teilweise sogar verschwimmen. Sie betonen — im Unterschied zum *Chellini*-Kopf — ihre horizontale Lagerung, breiten sich aus und bilden so ein Gegengewicht zur auch hier dominierenden vertikalen Gesamtausrichtung. Man vergleiche etwa die breit entwickelte Kinnpartie, den sehr großen, fleischigen Mund, der gelöst zu den Seiten verläuft, ohne die Mittelachse irgendwie kenntlich zu machen, die Augen, die weit auseinanderstehen, in Verbindung mit den Augenbrauenbögen, die nicht winklig von der Nase wegspringen, sondern einen Winkel um die Augen selbst bilden, damit deren Lage, deren Entfernung in der Horizontalen hervorkehrend.

Auch die Haarbehandlung paßt sich dieser Tendenz zur Verbreiterung, zur Entspannung des Gesichts und seiner Dezentralisierung an, nimmt an der Entwertung der dominanten Vertikalbindung teil: Als plastische Masse, flockig hervorgehoben, begrenzt die Haarkalotte als eigene plastische Schicht die Stirn, bringt damit eine neue horizontale Gliederungslinie in die Gesichtsbildung ein und verstärkt das ohnehin schon auf Ausbreitung angelegte Motiv der Stirn. Die Haare selbst gipfeln nicht zur Mittelachse hin auf wie beim *Chellini*-Kopf, verweisen folglich auch hier nicht auf einen vertikalen Richtwert, sondern betonen in ihrem horizonta-

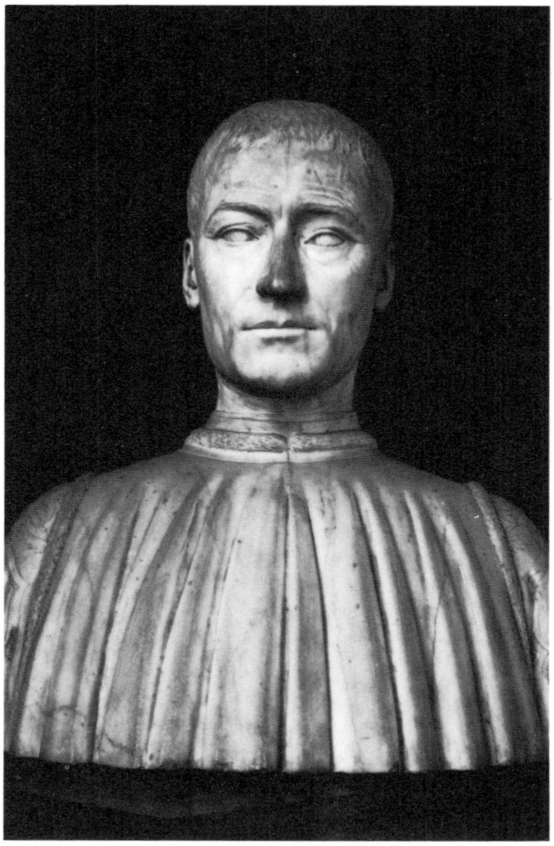

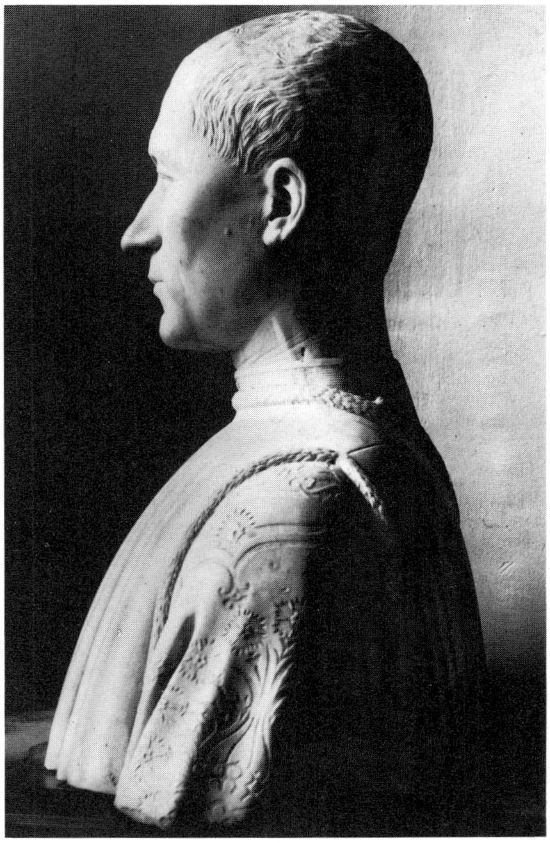

33 Benedetto da Maiano, *Filippo Strozzi,* um 1491, Paris, Louvre

34 Seitenansicht von Benedetto da Maianos *Filippo Strozzi* (33)

len Geschichtetsein das Auflagern des gesamten oberen Kopfbereichs. Hierzu paßt, daß diesmal der Kragen in seiner abschließenden Funktion verstärkt wird, da er sich aus mehreren, demnach die Horizontale mehrmals aufnehmenden Teilen zusammensetzt, dabei auch nicht gestört wird durch eine vertikale Falte oder Knopfleiste — wie beim *Chellini*-Kopf —, sondern als Grenze kontinuierlich durchläuft. Schließlich zeigt sich die Entwertung der Mittelachse auch darin, daß sie — wiederum im Unterschied zum *Chellini*-Kopf — nicht durch einen hervorgehobenen Faltengrat vergegenständlicht wird, sondern unbetont in der Fläche, zwischen den zwei mittleren Faltenformen verlaufend, angenommen werden muß.

Die Analysen des Chellini- und des Palmieri-Portraits machen deutlich, daß Kopf und Büste als gegeneinanderstehende Bereiche einer Gesamtfigur nicht willkürlich zusammengestellt und lediglich durch den abstrakt hinzugesetzten Büstenkontur festgezogen werden, sondern daß Büste und Kopf zumindest voneinander »wissen«, ausdrucksmäßig aufeinander angewiesen sind. Jene ausdrucksmäßige Stimmigkeit von Büste und Kopf, jene Korrespondenz radikal unterschiedlicher Formbereiche, charakterisiert zwar die Figur, insofern sie ihr eine Einheitlichkeit garantiert, sie individuiert sie aber nicht tatsächlich, da jene Einheitlichkeit der Figur äußerlich bleibt, nicht die grundsätzliche Unterschiedlichkeit der einzelnen Bereiche tangiert. Ja, die solchermaßen eine Figur insgesamt charakterisierende ausdrucksmäßige Einheit löst sich vom So-Charakterisierten, wird zu einem Charakterbild, welches das je besondere Gegensätzliche im Rahmen eines allgemeinen, ausdrucksmäßigen Ganzen, im Rahmen eines Charaktertypus' thematisch setzt: *Chellini* erscheint im Rahmen des Melancholikers, Palmieri im Rahmen des Jovialen. In dieser Weise bildet aber die ausdrucksmäßige Einheit der Figur ein Äquivalent zur formalen Einheitssetzung der Konturlinie, welche ja gleichfalls nicht individuell verortet war, sondern das Individuum ideell verortete: Die Einheit der Figur ist keine von der Figur individuell verantwortete, sondern eine für die Figur gesetzte, sie bleibt ihr hinzugesetzt.

Dieses gilt auch für Benedetto da Maianos Portrait des Filippo Strozzi (Abb. 33, 34).[46] Auch hier sind Kopf und Büste prinzipiell getrennt, auch hier werden Kopf und Büste nicht aus sich heraus miteinander verbunden. Im Unterschied zum *Chellini* scheint die Faltenbildung im Büstenbereich des *Strozzi* stärker schematisiert, uniform. Die einzelnen Faltenformen wirken wie selbständige, tektonisch plastische Formungen, die auf die Fläche versetzt wurden. Das herbe, systematische und unbedingte Verfügtsein dieser Formen wird durch die besondere Faltenführung noch verstärkt. Die zunächst an der Vertikalen orientierten Falten neigen sich jeweils in ihrem Verlauf zur Mitte hin, fassen dadurch die Büste insgesamt auf die Mitte hin zusammen, zentrieren sie. Beim *Chellini* hatte man es mit einer durch Rhythmisierung der vertikalen Falten ausgelösten Mittelachsendominanz zu tun, folglich einer solchen, die sich aus der besonderen, rhythmischen Strukturierung der Faltenformen allererst herausstellte. Beherrschtheit und Strenge in der Figurenerscheinung als Folge eben dieser Mittelachsendominanz wurden demnach auch als Ergebnis einer zeitlichen Entwicklung, als Gewordenes gesehen. Beim *Strozzi* hingegen ist der Mittelachsenbezug unmittelbar gegeben, unbedingt erfahrbar, gleichsam demonstrativ als unveränderbarer Zustand dargeboten. Das Beherrschtsein des *Chellini* erweist sich beim *Strozzi* als herrisch, das Bestimmtsein als bestimmend. Entsprechend verzichtet auch die Kopfbildung auf Entwicklungsstrukturen bzw. auf zeitliche Differenzierungen innerhalb der Motivformen: Die Fläche ist gespannt, wie von innen her gestrafft; die Motivangaben werden systematisch einge-

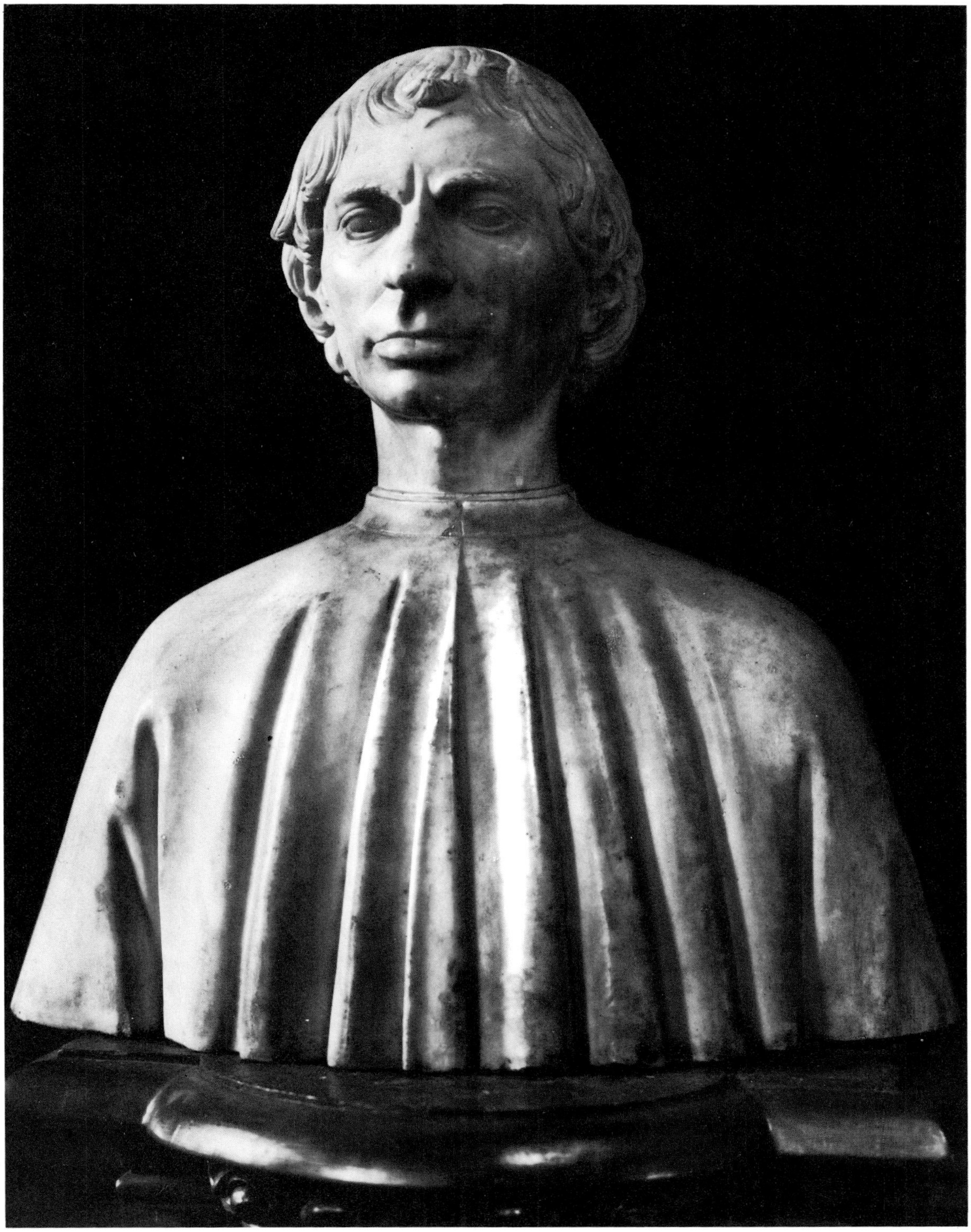

35 Pollaiuolo (?), Bildnis eines Unbekannten, um 1495, Florenz, Museo Nazionale

baut, wieder unter Betonung der Vertikalen, und nur wenige leichte Verschiebungen sind erlaubt oder möglich. Alles erscheint hart und geschärft, unnahbar.

Daß ein solchermaßen streng geregeltes System bei nur geringfügigen Änderungen völlig verschiedenen Ausdrucksmöglichkeiten zur Erscheinung verhelfen kann, dies möge Antonio Pollaiuolos Portraitbüste eines unbekannten Mannes (Abb. 35) belegen.[47] Ähnlich wie beim *Strozzi* sind die Faltenformen der Büste relativ gleichmäßig gegeben, symmetrisch auf die Mittelachse hin ausgerichtet und in ihrem Verlauf nach oben zur Mitte hin geneigt. Aber die Wirkung ist hier eine ganz andere: Nicht das Beherrschen oder das Herrschen ist betont, damit der nach außen hin dokumentierte Anspruch des Portraitierten, sondern eher ein reflektiertes Verhalten, von Innen her bestimmt, ein allenfalls geistiger Überlegenheitsanspruch. Dies ist selbstverständlich eine Wirkung, die zunächst durch den Portrait-Kopf selbst und seine besondere Motivausbildung ausgelöst wird. Doch erst durch die Fassung der Büste erhält diese zufällige, möglicherweise nur durch die besondere Physiognomie des Dargestellten hervorgerufene Wirkung Notwendigkeit, erweist sie sich als intendiert und für die Figur insgesamt charakterisierend.

Die Ausbildung der Büste scheint jener des *Strozzi* eng verwandt. Dennoch zeigt sich ein grundlegender Unterschied darin, daß hier nicht aufgesetzte Faltenformen, plastisch erhoben als Kraftlinien, optisch wirksam sind, wobei die Fläche, auf der sie erscheinen, sekundär bleibt, sondern daß hier Faltenformen und Fläche gleichgewichtig für die optische Erscheinung mitsprechen, ja die Faltentäler sogar optisch ein Übergewicht beanspruchen. Das Sich-Entwickeln der Struktur aus und mit der Fläche steht dabei für den »geistigen« Vorgang einer Strukturbildung, für die Erarbeitung einer Struktur und demnach im Gegensatz zur unmittelbar gegebenen Struktur beim *Strozzi*, die sich nicht entwickelte, sondern endgültig bestimmend war. Im übrigen wird bei Pollaiuolos Portrait der mittlere Teil der Büste insgesamt hervorgehoben und von den Seitenteilen abgesetzt, so daß die hier lang laufenden Vertikalformen ein Sich-Erheben der Gesamterscheinung der Figur, insbesondere aber ein Herausheben des Kopfes erwirken. Dadurch ergibt sich eine deutliche Vertikalausrichtung auch im primär horizontal gelagerten Büstenteil und insofern die Möglichkeit, eine vom umschließenden Außenkontur unabhängige, figureninterne Verbindung von Kopf und Büste durchzusetzen. Das Sich-Herausheben des Kopfes wird infolge dessen als Resultat einer Entwicklung gesehen, als ein Herausgehobenwerden, nicht als ein Herausgehobensein wie beim *Strozzi*.

Selbstverständlich suchte man auch nach internen Verbindungen von Büste und Portraitkopf, versuchte man, den Zwiespalt von allgemeiner Existenz des Menschen und seiner besonderen, augenblicklichen Existenzsituation auch intern aufzulösen, auch intern eine Einheitsvorstellung durchzusetzen und damit ein Äquivalent zur externen, durch die umlaufenden Konturwerte bestimmten Einheitssetzung zu gewinnen. Dabei sind vor allem solche Versuche, bei denen eine interne Verbindung von Büste und Portraitkopf auch und gerade auf Kosten der Bindung an das, für das Quattrocento normative Gestaltungsmaterial erfolgte, besonders aufschlußreich: Etwa Desiderio da Settignanos Büste einer weiblichen Figur in Berlin oder Andrea del Verrocchios *La Dama del Mazzolino*. Desiderio versucht bei seiner Frauenbüste, der sogenannten *Marietta Strozzi* (Abb. 36, 37)[48], den Gegensatz von Büste und Portraitkopf dadurch aufzulösen, daß er die für die Büste bestimmende Horizontalausrichtung auflöst. Er tut dies, indem er die üblicherweise durch die Rhythmik vertikaler Faltenformen sich ereignende optische Differenzierung von

Mittel- und Seitenteilen in eine gegenständlich faktische Unterteilung umsetzt. Das Gesamt des Büstenteils wird in drei Motivbereiche, nämlich die beiden seitlichen Oberarmstümpfe und den Oberkörper, den Rumpf, aufgeteilt, die dadurch jeweils tendenziell vertikale Ausrichtungen erhalten und mit dem Kopf momentan zusammenwirken können. Die primär richtungsbestimmte Festlegung der Motivbereiche von Kopf und Büste ist verlassen zugunsten ihrer aktuellen Motiverscheinung, das Sein reduziert zugunsten des So-Seins, das Elementare zugunsten des Situationalen. Die Figur insgesamt erscheint augenblicklich, übergängig, damit unmittelbar und spontan. Dieser Eindruck gründet denn auch weniger in einer bestimmten, Zeitlichkeit implizierenden Motivik als vielmehr in dem prozessual sich vollziehenden Ausgleich der Gegensätze (Büste und Portraitkopf, Offenheit und Geschlossenheit, oben und unten, links und rechts), dem labilen Gleichgewicht der Figur.

Marietta ist mit einem Untergewand bekleidet, das an den Oberarmstümpfen sichtbar wird und über das ein in der Mitte, vermöge einer lang gezogenen vertikalen Knöpfung zu schließendes Mieder gelegt ist. Die untere Zierborte, in gleichmäßiger Plissierung, grenzt den mittleren Teil, den Rumpf, nach unten hin ab, während die seitlichen Armstümpfe, nur durch wenige, horizontal gerichtete Faltenformen optisch vorbereitet, relativ abrupt enden. Die bestimmenden Richtungswerte innerhalb des Mieders sind also der horizontale Abschluß unten und die genau in der Mitte befindliche, nach oben hin leicht konisch zulaufende Knopfleiste, die auch den unteren Horizontalabschluß durchstößt und so den Rumpf insgesamt vertikal teilt.

Nach oben zu schließt das Mieder halbkreisförmig und bildet über den Schultern Träger aus, an die sich dann die Oberarme in der faltenreichen Bekleidung des Untergewandes anschließen. Die unteren Konturen dieser Träger besitzen dabei Schrägrichtungen, die gegensinnig zu jenen, vom Hals aus zu den Seiten hin gerichteten Schulterkonturen gesehen werden müssen, wobei wesentlich ist, daß diese gegensinnigen Richtungen nicht unmittelbar aufeinander treffen, sondern durch die Träger selbst jeweils getrennt werden, einen »Vorhalt«, eine zeitliche Differenzierung zur Geltung bringen, und erst dann zu den leicht gerundeten Außenkonturen der Oberarmstümpfe überleiten. Infolge dessen erscheint der Konturlauf nicht in dem Maße kontinuierlich umlaufend und in seiner Verlaufsform eigengesetzlich, wie das bei den vorher gesehenen Büsten zu beobachten war; er wird vielmehr mehrfach gebrochen, zeitlich differenziert, in einzelne Phasen aufgespalten. Erscheint somit der Kontur nicht mehr eigenständig, sondern »reagierend«, damit in einer Ausbildung, die nicht mehr von ihm allein verantwortet ist, so verliert er auch seine vorher besessene absolute Bindungs- und Bestimmungskraft für die Figur. Er deutet damit an, daß eine Bindung von Büste und Kopf auch anderweitig, z.B. durch die Motivbereiche selbst, erfolgen kann.

In der Tat ergibt sich bei der horizontalen Grenzziehung zwischen Büste und Portraitkopf eine klare Vermittlungsfigur, die nicht allein durch die besondere Kostümierung zu begründen ist: Der halbkreisförmige Brustausschnitt bezieht sich auf die versetzt angeordnete, halbkreisförmige Konturführung von Kinn und Wangenpartie des Kopfes ebenso, wie die nach außen weisenden Konturlinien der Schulter-Hals-Partie durch die gegensinnig verlaufenden Konturen der Träger nach innen zu und wiederum versetzt zurückgebunden werden. Indem so die vom Hals weg nach außen weisenden Schulterkonturen in den Konturen der Träger wieder nach innen gebunden werden, zeigt sich eine proportionale Erscheinungsgleichheit von Rumpf insgesamt und Hals, damit eine Ausstrahlung der Halspartie in die Rumpfpartie,

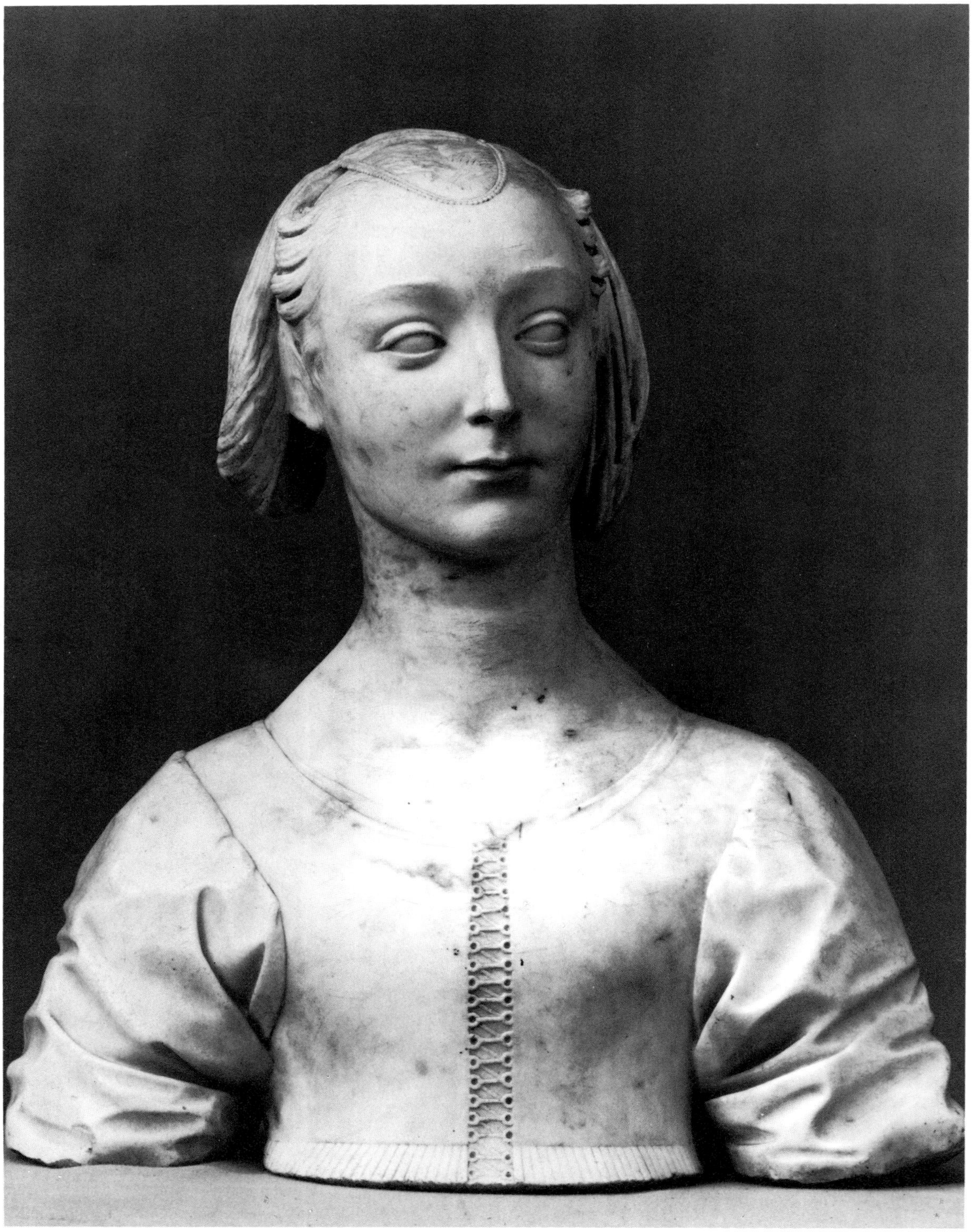

36 Desiderio da Settignano, Büste einer weiblichen Figur, *Marietta Strozzi (?)*, 1460—1464, Berlin, Staatliche Mussen

wie ebenso auf der Basis dieser Vermittlungsfigur eine optisch verbindliche Abfolge von vertikaler Knopfleiste und Brustausschnitt zum Kinn-Wangenkontur und Vertikalakzent des Kopfes festzustellen ist.

Der schräg gestellte, leicht gedrehte Hals bereitet die Drehung des Kopfes und den nach rechts oben gerichteten Blick vor. Auch hierbei werden wieder leichte Verschiebungen, zeitliche Differenzierungen sichtbar, die — charakteristisch für Desiderios Konzept insgesamt — Verbindungen nicht unmittelbar, sondern immer nur zeitlich versetzt, »verspätet« zustande kommen lassen, so daß die in dieser Weise verbundenen Motive und Formen nie festgelegt, endgültig erscheinen, vielmehr aufeinander reagierend, sich prozessual auseinander entwickelnd. Auch der Hals ist entsprechend nicht genau vertikal ausgebildet, den Rumpf unmittelbar aufnehmend, sondern leicht geneigt — die Konturen verlaufen schräg —, damit die Wendung des Kopfes und die Blickrichtung vorbereitend, welche selbst wieder — jeweils leicht gegeneinander versetzt — zeitliche Entwicklung, ein Werden zur Anschauung bringen, nicht aber Endgültiges, Sein.

Selbst die, in den dominant gegebenen, plastischen Verlauf der Oberfläche eingebundenen Gesichtsmotive sind nicht eindeutig fixierbar. Sie zeigen sich zwar in ihrer Anordnung insgesamt dem Richtwert der Nase verpflichtet, erscheinen aber aufgrund ihrer jeweils unterschiedlichen und teilweise asymmetrischen Ausbildung augenblicklich, übergängig. Das hat sicher auch damit zu tun, daß sie als Motivformen nicht linear abgegrenzt werden, sondern in sehr weichen Übergängen — gleichsam wie bei einem *rilievo schiacciato* — mit der Oberfläche verschmelzen. Hinzu kommt die delikate Oberflächenbehandlung selbst, die Politur, welche Licht und Schatten in den feinsten Nuancen auffängt und so die Fläche insgesamt in das Spiel des Übergängigen, Verlaufenden, Mo-

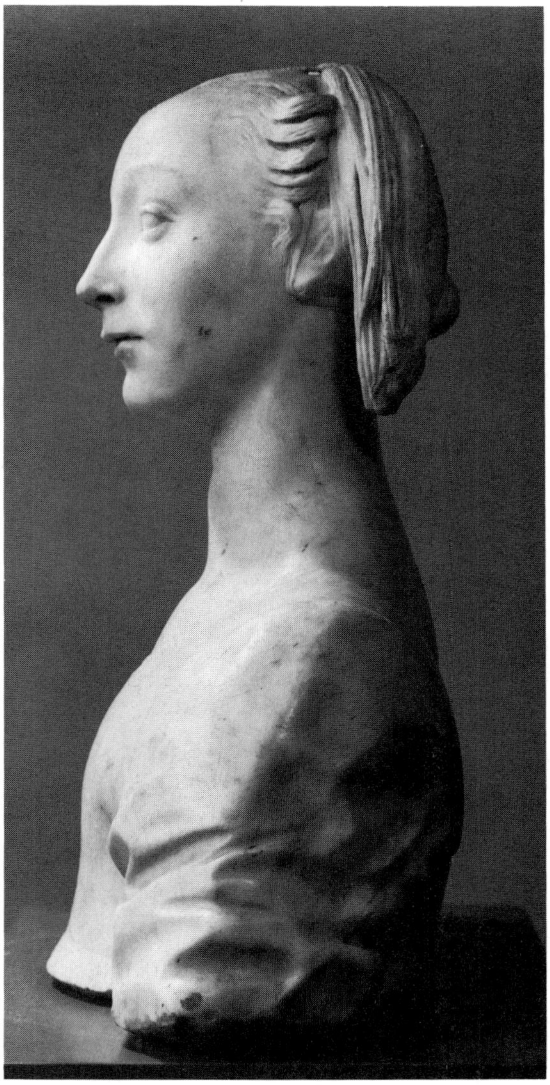

37 Seitenansicht von Desiderio da Settignanos Büste einer weiblichen Figur (36)

mentanen einbezieht.[49] Der Kopf selbst ist als plastische Rundform gegeben, an die sich zwei eigenwertige plastische Bereiche, die räumlich abgesetzten Haarteile, wie »Pendelgewichte« anschließen. Als solche Pendelgewichte gleichen sie zunächst die Bewegung des Kopfes optisch aus, wie sie jene selbstverständlich auch als Gegengewichte optisch verstärken. Darüber hinaus bilden sie — auf die Büste insgesamt bezogen — eine überspringende Verbindung zu den ebenfalls vom Rumpf getrennt angeordneten, plastischen Formationen der Armstümpfe. Da mithin Kopf- und Büstenteil jeweils durch eine Dreierform selbständiger plastischer Bereiche gegliedert sind, treten sie als makrostruktural analog organisierte Bereiche in einen unmittelbaren optischen Kontakt zueinander. Darüber hinaus zeigen sich Kopf- und Büstenteil aber nicht nur gliederungsmäßig aufeinander bezogen, sondern innerhalb der Gliederung der einzelnen Bereiche auch gewichtsmäßig aufeinander abgestimmt. Wurde durch die Teilung der Büste in drei plastische Einzelbereiche die innerhalb der Büste übliche Dominanz der Horizontalen relativiert und auf eine Vertikalakzentuierung hin »korrigiert«, so wird bei der Kopfgestaltung umgekehrt durch die Ausbildung dreier selbständiger plastischer Bereiche die Vertikaldominanz des Portraitkopfes relativiert und im Hinblick auf eine Horizontalakzentuierung »korrigiert«. In diesen Korrekturen des jeweils einen mit Bezug auf das je andere tritt der Versuch einer Angleichung von Kopf- und Büstenteil durch Ausgleichen zutage, demnach der Versuch, Kopf und Büste intern durch ein optisches Gleichgewicht zu verbinden, wobei sich freilich diese Einbindung von Kopf und Büste in eine Gleichgewichtsstruktur als Prozeß herausstellt, als ein Gleichgewichten, das ein labiles Gleichgewicht zum Ergebnis hat.

Immerhin, Kopf und Büste verbinden sich innerhalb dieses Ausgleichsprozesses auch unmittelbar miteinander, müssen nicht erst über einen abstrakt hinzugesetzten, umlaufenden Kontur zusammengefaßt werden. Besonderes und Allgemeines nähern sich einander an, werden gleich gewichtet, gleich wichtig. Annäherung zeigt sich auch ganz äußerlich; so nimmt das Allgemeine der Büstenform stärker Züge des Besonderen an: Die »typische« Büstenform geht verloren, eine besondere Büstenfassung wird gefunden, das Modische kommt stärker zum Tragen. Umgekehrt richtet sich das Besondere stärker aufs Allgemeine aus: Das Gesicht erhält eine bestimmende Gesamtform, die Gesichtsflächen werden stärker zusammengefaßt, vereinheitlicht, die Erscheinung insgesamt idealisiert. Kein Zweifel, Desiderio suchte einen Ausgleich der elementaren Gegensätze, und er versuchte diesen Ausgleich dadurch zu gewinnen, daß er die typologisch festen Bestimmungen von Kopf- und Büstenteil in »Bewegung« brachte, sie — über die Thematisierung des Transitorischen — zueinander in Bewegung brachte, sie aufeinander abstimmte. Infolgedessen zeigt sich *Marietta* momentaneisiert, augenblicklich, in einer bestimmten Situation. Sie bringt dadurch ihre Individualität nicht als Position und demnach grundsätzlich zur Geltung, sondern individuiert sich infolge einer sie bestimmenden Situation, charakterisiert sich im Augenblicklichen ihres Erscheinens.[50]

Desiderios Ausgleichskonzeption bringt aber auch — und dies sollte nicht verschwiegen werden — Schwierigkeiten, welche die Büstenform und ihre untere Abschlußbildung betreffen. Die Auflösung der Büste in einzelne plastische Bereiche, die gegenständlich differenziert sind, verlangt eigentlich auch eine gegenständliche Motivation des unteren Abschlusses. In der kompakten Zusammenfassung der Büste als allgemein horizontal gelagerte Grundform waren solche Probleme, wie sie nun etwa bei den Armabschlüssen zutage treten, vermieden. Das Unmotivierte dieser Abschlüsse und das damit hervortretende Unklare der Basierung der Figur, welche unmittelbar die erscheinungsmäßige Vorläufigkeit ihrer motivischen Setzung bedingen, mag zwar dadurch gerechtfertigt sein, daß die Figur insgesamt als sich im Vollzug befindlich thematisiert ist. Ja, es könnte fast so scheinen, als würde die Verunklärung ihrer Verortung im Raum ein notwendiges Korrelat zum Augenblicklichen, vielleicht auch Ephemeren der Figurenerscheinung selbst bilden. Allein, die Frage, ob dies in dieser und dann nur in dieser Form des unteren Abschlusses geschehen konnte, sei immerhin gestellt.

Verrocchio jedenfalls geht bei seinem Versuch, Büste und Kopf innermotivisch zusammenzubinden, einen anderen Weg (Abb. 38, 39). Er bringt tatsächlich einen motivierten Büstenabschluß, und zwar dadurch, daß er die Arme bei seiner Büste der *Dama del Mazzolino*[51] um den Oberkörper, den Rumpf der Figur herumlegt. Er vermeidet damit einerseits die Fragmentarisierung der Arme — kann sie motivisch vollständig wiedergeben —, andererseits weiß er durch ihr Motiv des »Sich-Umarmens« die faktische Unvollständigkeit und Offenheit des Rumpfes in ein aktuelles Geschlossensein umzuwerten: Der Büstenabschnitt tritt unter die Vorherrschaft einer Gebärde, das Faktische des Abgeschnittenen unter das aktuelle Motiv des Sich-Umschließens der Arme.

Das besondere Motiv der vollständig wiedergegebenen Arme bedingt zunächst eine Vergrößerung des Oberkörperausschnitts. Dadurch zeigt sich die Büste insgesamt gestreckt, eher als hochrechteckige Form mit Vertikaltendenz denn als quergelagerte Form mit Horizontaltendenz. Als eine solche eher hochrechteckige Form aber verhält sich die Büste proportional zum Kopf, der nun seinerseits durch die beiderseitig angeordneten Haarteile und seiner primären Vertikalausrichtung entgegen zum Quadrat verbreitert scheint. Zeigt demnach die Büste aufgrund ihrer Größenerstreckung eine vertikale Ausrichtung und damit als allgemeine plastische Grundform eine Ähnlichkeit zur plastischen Grundform des Kopfes, so ist doch für die interne Verbindungsmöglichkeit von Büste und Kopf etwas anderes entscheidender. Durch das Motiv der um die Büste herumgelegten Arme wird die Setzung der Büste in den Raum, ihr »Sitzen-Können« im Raum, nicht mehr als so gegebene Faktizität belassen, um dann eventuell durch Rhythmisierung oder durch motivische Aufspaltung (Desiderio) mit einer anderen, »aufgesetzten« Form, dem Kopf, verbunden zu werden, sondern sie wird als eine solche, im Raum »sitzende« Form gedeutet. Die Arme und Hände umgreifen die Figur, aktualisieren ihre faktische, räumlich körperliche Präsenz, vermitteln dadurch zur ebenfalls individuellen Besonderheit des Portraitkopfes: Die Figur umgreift sich mit den Armen, schließt sich als ein allgemein in den Raum Gesetztes vom umgebenden Raum ab und in sich zusammen, besondert sich.

Der linke Arm nimmt dabei in seiner Ausbildung auf die Gesamtheit der Büste Bezug. Der Oberarm markiert die seitliche Grenze zum Raum, veranschaulicht das Maß ihrer vertikalen Ausdehnung und bestimmt in Verbindung mit dem Oberarm rechts die Gesamtform der Büste als nach oben zu kontinuierlich schmaler werdende, pyramidenstumpfartige Erscheinung. Der Unterarm dagegen umgreift die Breitenausdehnung der Büste, veranschaulicht das Maß ihrer Erstreckung in der Horizontalen und paraphrasiert den unteren Abschluß. Insgesamt bildet der linke Arm eine winklige Klammer, in der die Form der Büste beschlossen erscheint, um dann in Verbindung mit dem rechten Oberarm als solche endgültig festgelegt zu werden. In der Funktion des Beschließens und schließlichen Festlegens der Büstenform durch die Arme ist aber noch keine Deutung, keine Erklärung der Büstenform als so-gesetzter gegeben, sondern lediglich der optische Ausweis ihrer sogesetzten Form. Doch die Arme begrenzen nicht

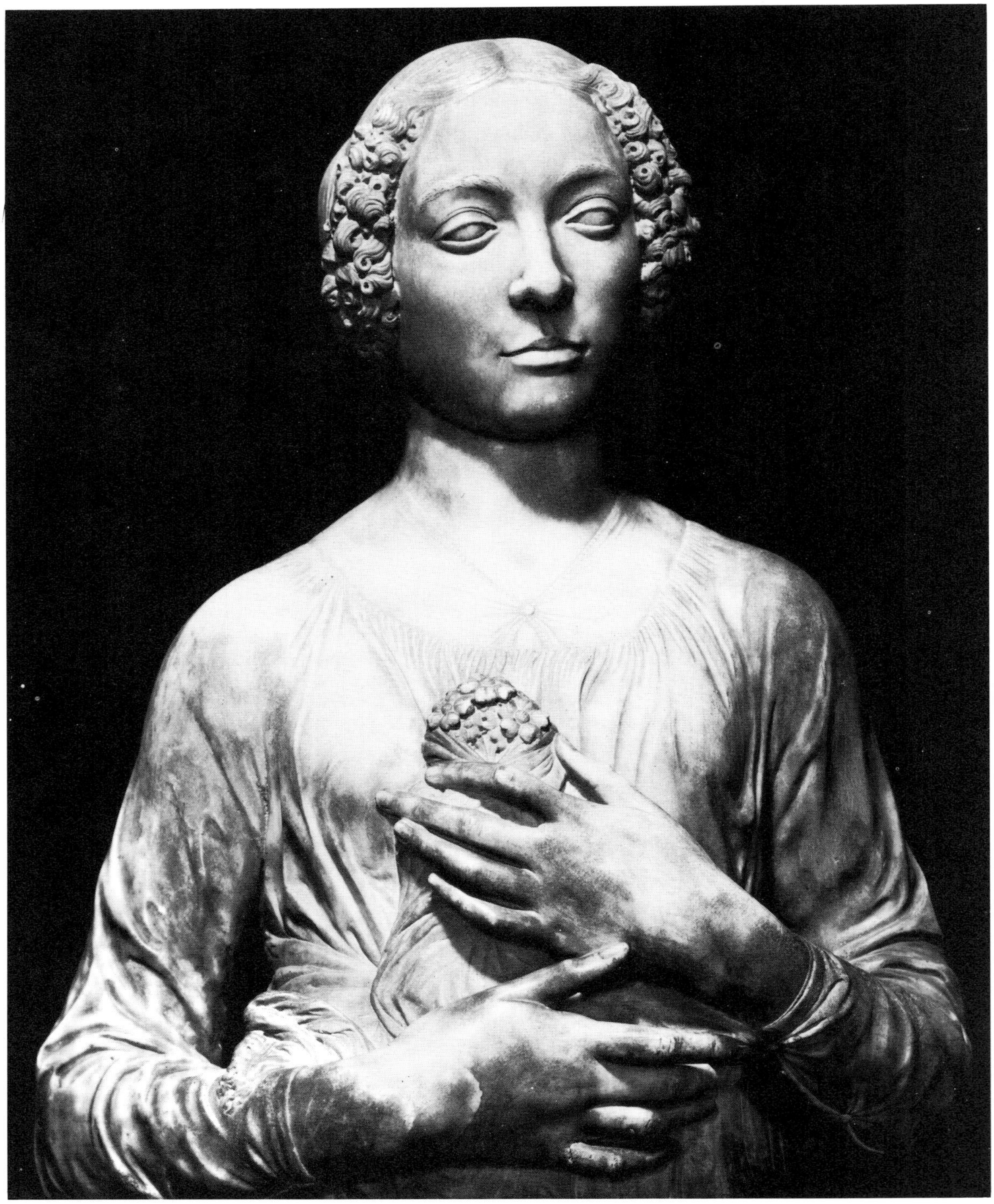

38 Andrea del Verrocchio, *La Dama del Mazzolino,* 1475—1480, Florenz, Museo Nazionale

nur die Büstenform, bestimmen nicht nur ihren Umriß, sondern — indem sie auch dieses tun — deuten darüber hinaus deren Setzung als Motiv. Sie tun dies, indem sie, solchermaßen begrenzende, formausweisende Motive, zueinander nicht festgelegt sind, sondern sich vielmehr zueinander verhalten und sich dabei einander entgegensetzen: Weder treffen die Hände faktisch zusammen, noch bilden sie ideell oder formal einen Abschluß in der Horizontalen; der linke Arm etwa vollzieht den unteren Horizontalabschluß der Büste konkret nicht nach, sondern paraphrasiert ihn, während der rechte Arm — in die Schräge gelegt — auf die horizontale Grenzsetzung des linken gar nicht antwortet, sondern sich davon absetzt, so daß durch das Gegeneinander der beiden Arme kein definitives Geschlossen-, vielmehr ein latentes Offensein des Umschlossenen zur Geltung gebracht wird. Auf dieses Nicht-Definite der Schließung verweist auch das jeweils motivische Sich-Öffnen der Hände, ihr Nichtzufassen, ihr Einschwingen nach oben oder ihr Einsinken nach innen.

Das Gegeneinander-Versetztsein der Arme im allgemeinen, wie das der Hände im besonderen, eröffnet nun aber eine Entwicklung, einen Prozeß des Sich-Zurücknehmens des allgemeinen Gesetztseins der Figur (Horizontalabschluß mit motivierenden Armen) auf sich selbst, ein Prozeß, der auch beschrieben werden könnte als die allmähliche Zurücknahme der unteren horizontalen Abschlußlinie zugunsten der mittleren Vertikalen, der Zurücknahme des Gesetztseins zugunsten einer sich entwickelnden Aufrichtung der Figur. Begleitet wird dieser Prozeß durch die Gewandung, die in ihrer kleinteiligen, faltenreichen Ausbildung und gleichsam fließenden Bewegung zwar auf die Grundrichtungen — nämlich Vertikale und Horizontale — bezogen werden kann, diese jedoch konkret nie nachvollzieht, sondern vielmehr umspielt. Hierfür charakteristisch erscheint jener Gewandteil, der die übereinanderliegenden Hände miteinander

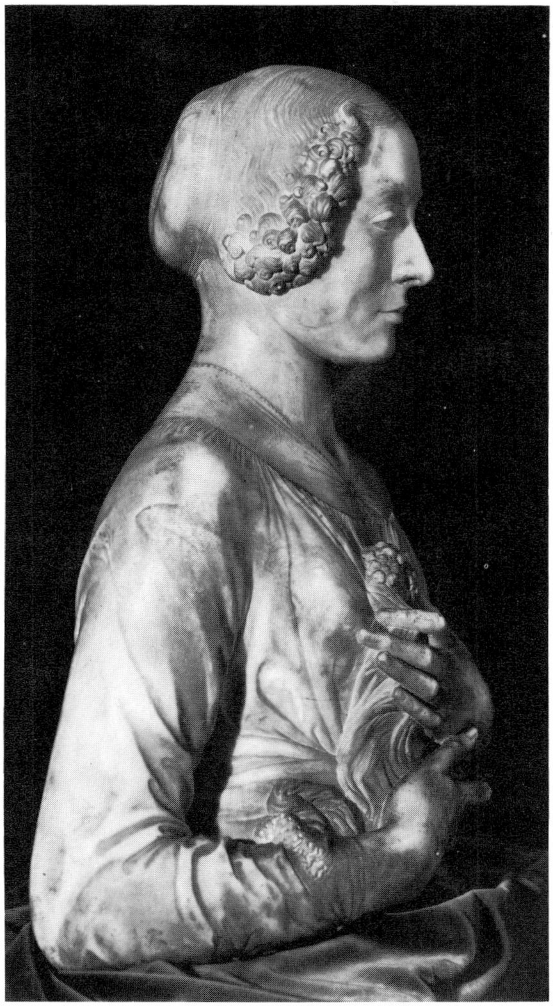

39 Seitenansicht von Andrea del Verrocchios *La Dama del Mazzolino* (38)

verknüpft, indem er in seinem S-förmigen Verlauf auf die Vertikale anspielt, als konkrete Formung dieser Richtung aber eben gerade ausweicht.

Die durch die Armmotive initiierte aktive Rückbeziehung der Figur auf sich selbst und damit einhergehend die Auszeichnung der Vertikalen als Leitwert gegenüber der Horizontalen setzt sich dann optisch fort in dem gerundeten, wesentlich aber unregelmäßigen Verlauf des Gewandausschnitts[52] und von dort — variiert — in dem V-förmigen Ausschnitt des Untergewandes, der wiederum auf die Kinn-Wangenlinie verweist. Hieraus ergibt sich eine von unten nach oben immer enger werdende Entwicklung der Umschließungsmotive und -formen bei zunehmender Dominanz der Vertikalen als Leitwert, welche dann über das turmartige Gebilde des Halses zum Kopfmotiv führt. Selbstverständlich finden sich auch hier keine direkten Bezugssetzungen. Auch hier sind die unmittelbar aufeinander bezogenen Teile gegeneinander verschoben oder versetzt: Sie weisen keine statische Ordnungssituation aus, sondern einen dynamischen Ordnungsvollzug an.

Die Gesichtsbildung dagegen erscheint konzentrierter, geschlossen. Die Bewegtheit der Gesichtsmotive ist weniger von der Oberflächenbildung her (Desiderio) gesteuert als vielmehr durch die gesamtplastische Form begründet, demnach durch ein »Innen«. Das Gesicht tritt zwischen den seitlich rahmenden Haarteilen hervor, schräg nach rechts vorn bewegt, wird aber gleichzeitig über die klaren Horizontalen der Augenbrauen in Verbindung mit dem Haar-Stirnkontur in die Rahmenformen sowie in die plastische Gesamtform zurückgebunden bzw. eingebunden. Wie die allgemeine Setzung der Büstenform durch die besondere Artikulation der Arme und der Gewandbildung als eigene und damit aktuelle in Besitz genommen wurde, so zeigt sich das Besondere der Gesichtsmotive im Rahmen der plastischen Gesamtform des Kopfes erfüllt. In eben der gleichen Weise, wie sich aus dem Allgemeinen des horizontalen Büstenabschnitts — innerhalb der Gestaltung — das Besondere der vertikalen Aufrichtung der Büste entwickelte, so zeigt sich die besondere Konzentration der Gesichtsmotive auf die Vertikale horizontal zurückgebunden an das Allgemeine der plastischen Grundform des Kopfes: Jeweils im Übergang vom einen zum anderen, vom Allgemeinen zum Besonderem, vom Horizontalen zum Vertikalen und umgekehrt, stimmt die Figur gleichsam nahtlos zusammen. Sie stimmt zusammen, nicht weil sie einen motivisch kontinuierlichen Übergang von Büste und Kopf findet, sondern weil Büste und Kopf selbst Übergängigkeit thematisieren. Übergängigkeit ist dabei nichts Äußerliches, kein Hilfsmittel, um die Figur zur Einheit zu binden, sondern betrifft die Wesensbestimmung der Figur. Das Übergängige ist Thema der Darstellung von Kopf und Büste, nicht Hilfsmittel für eine Verbindung von Kopf und Büste. Oder, um es anders auszudrücken: Kopf und Büste werden nicht thematisch gesetzt im Horizont des Übergängigen, sondern das Übergängige wird thematisch gesetzt im Horizont von Kopf und Büste als verbundener.

Die von rechts her kommende Hand hält einen Veilchenstrauß,[53] dem gleichsam als »Verpackung« die Fortsetzung jenes S-förmig geschwungenen Gewandteils dient. Selbstverständlich hält die Hand diesen Veilchenstrauß nicht wirklich; diese Hand kann nicht — ebensowenig wie die von links kommende — tatsächlich zugreifen. Sie ist vielmehr Ausdrucks-chiffre. Bildet die von links kommende Hand in ihrer konkreten Ausbildung das anschauliche Synonym für einen Abschluß, der gleichzeitig etwas Unabgeschlossenes, Nicht-Endgültiges, Offenes hat, so bildet die von rechts kommende Hand um den Mittelfinger herum eine quasi symmetrisierte Formfigur, welche, lagemäßig und kompositionell variiert, im Veilchenstrauß aufgenommen erscheint; lagemäßig variiert, insofern der Veilchenstrauß im Unterschied zur Schräglage der Hand vertikal ausgerichtet ist, kompositionell variiert, insofern die konisch zum Mittelfinger hin zusammenlaufenden einzelnen Finger der Hand eine zur Mitte hin zusammengebundene Gesamtform zur Anschauung bringen, wohingegen die einzelnen Veilchen von der Mitte her abstrahlen, nach außen zielend angeordnet werden.

Da nun die Fassung des Veilchenstraußes in der V-förmigen Gewandung überspringend im V-förmigen Halsausschnitt des Untergewandes wiederkehrt und da die zu den Seiten hin von der Mitte abstrahlend gegebenen Veilchen Blüten tragen, die in ihrer plastischen Ausbildung auf die Locken der seitlichen Haarteile des Kopfes anspielen, während andererseits der Eingrenzungsprozeß der Arme und Hände auf eben den Veilchenstrauß hin verläuft, erweist sich dieser als kompositionell herausgestellte »Mitte« der Figur, als ein Motiv, das neben seiner konkreten Bedeutung eine die Figur insgesamt deutende Bedeutsamkeit besitzt. Indem die Figur in der Beziehung auf sich selbst (Arme und Hände) sich auf dieses Blumenmotiv hin bindet und dieses gleichsam in der Überleitung des Halsausschnitts des Untergewandes als Leitmotiv auch für die Darstellung des Kopfes verbindlich macht, wird gezeigt, daß erst die Herausnahme aus dem allgemeinen, natürlichen Lebenszusammenhang (horizontales Gesetztsein, Allgemeines) und die Entwicklung eines eigenen, individuellen Ordnungsvollzugs (Vertikalachse) eigenes, Unmittelbares bewußt machen kann, daß erst die Trennung vom Umgebenen die Entfaltung des eigenen, Unmittelbaren, Schönen ermöglicht.

Allerdings ist zu beachten, daß gerade in der Anlage der Figur, welche Übergängiges, Gegeneinandergerichtetes und dennoch wieder Miteinanderverbundenes innerhalb der Formen und Motive thematisch setzt, mit gleicher Berechtigung auch eine Umkehrung des eben beschriebenen Sachverhalts angenommen werden kann; folglich nicht ein von unten Aufsteigen und allmählich zum Kopf hin sich Zusammenführen und wieder zum Außen Auseinandertreten, sondern umgekehrt eine von oben nach unten fortschreitende Entwicklung, folglich eine Entwicklung vom Geschlossenen, das sich als solches dem Offenen, der Umwelt gegenübergestellt weiß (Kopf), zu einer immer stärker werdenden Öffnung dem Außen gegenüber, zu einem Sich-Öffnen-Müssen, einem sich nicht mehr Halten-Können, bis hin schließlich zu einem konkreten nach unten Hinausgehen, einem Weggegebensein, dem dann nur noch der Veilchenstrauß entgegengehalten werden kann, der Veilchenstrauß, der in dieser Sichtweise als Symbol der Vergänglichkeit menschlicher Existenz, des Ephemeren der Schönheit zu deuten wäre. In dieser Sichtweise würde Vergänglichkeit thematisch gesetzt im Horizont der Selbstbestimmung, der Bewahrung des eigenen, während in jener die Selbstbestimmung, die Bewahrung des eigenen thematisch gesetzt würde im Horizont des Vergänglichen. Gerade aber auch in der Ambivalenz dieser Deutungsmöglichkeiten zeigt sich das Prinzip des Übergängigen, nicht abschließend Definitiven, das letztlich Rätselhafte in der erscheinungsmäßigen Präsenz dieses Portraits von Andrea del Verrocchio, welches das berühmteste »rätselhafte« Portrait ins Gedächtnis ruft, eben jenes Frauenportrait seines Schülers Leonardo da Vinci, die *Mona Lisa*.[54]

Verrocchios *La Dama del Mazzolino* nimmt nun tatsächlich eine individuelle Position ein, insofern sich das Allgemeine der Büste und das Besondere des Portraitkopfes im Hinblick auf den Veilchenstrauß zusammenfinden. *La Dama del Mazzolino* bezieht damit eine Position, die sie — als übergängig artikuliert — zwar nicht selbst zu fixieren weiß, der sie aber zumindest symbolisch, d.h. durch den Verweis

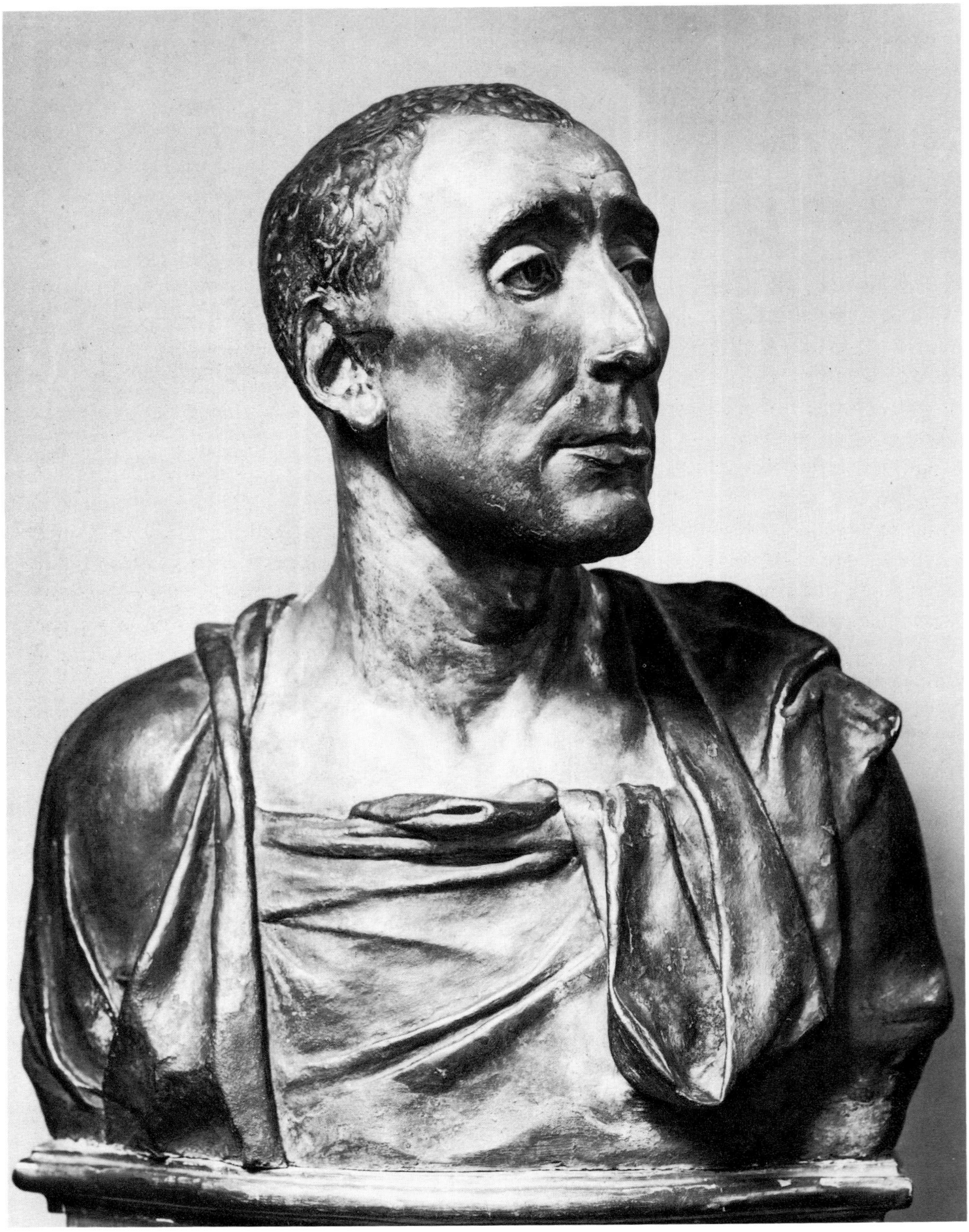

40 Donatello, »*Niccolò da Uzzano*«, um 1436, Florenz, Museo Nazionale

auf ein anderes, zur Anschauung verhelfen kann. Zeigt sich demnach in Verrocchios Portrait *La Dama del Mazzolino* eine individuelle Position in sinnbildhafter Darstellung, so wird eine solche in der Portrait-Darstellung des sog. Niccolò da Uzzano von Donatello aus der ersten Hälfte des Jahrhunderts vom Portraitierten selbst eingenommen.

Die heute umstrittene Büste des Uzzano (Abb. 40, 41)[55] galt Hans Kauffmann als erstes Individualportrait überhaupt.[56] Die Schwierigkeiten der Quellenlage, sowohl die Autorschaft Donatellos als auch die Persönlichkeit des Dargestellten betreffend, werden von ihm keinesfalls leicht genommen; daran aber, daß man es beim Uzzano-Portrait mit einem ganz hervorragenden Kunstwerk zu tun habe, besteht für ihn kein Zweifel.[57] Für Reymond allerdings ist das Portrait eher mangelhaft,[58] und auch Middeldorf weiß etliches auszusetzen.[59] Milanesi,[60] Planiscig,[61] Dvorâk[62] und andere ziehen die Autorschaft Donatellos in Zweifel bzw. weisen auf andere mögliche Künstler hin.[63] Angesichts der Zweifel von Janson und der verzweifelten Hinweise von Middeldorf, trotz der Ausführungen von Planiscig, Dvorâk und Lányi und gerade wegen der Kritik von Reymond möchte ich mit Tschudi, Kauffmann, Colasanti und anderen bei der Zuschreibung an Donatello bleiben. Was aber wichtiger ist als die Frage der Zuschreibung oder gar Benennung der Büste, eben die Frage der Qualität des Stücks, so steht für mich außer Zweifel, daß man es bei diesem Portrait mit einem der überragenden Stücke quattrocentistischer Portraitskulptur zu tun hat.[64]

Der Büstenbereich des *Uzzano*[65] stellt sich in einer leicht querrechteckigen Form dar, die sich — aufgrund der Gewandbildung — in drei Bezirke aufgliedert. So werden links durch eine Vertikalfalte Schulter und Oberarm von einem mittleren Teil, der durch den horizontal verlaufenden Gewandausschnitt strukturiert ist, getrennt, während durch die rechts von der Schul-

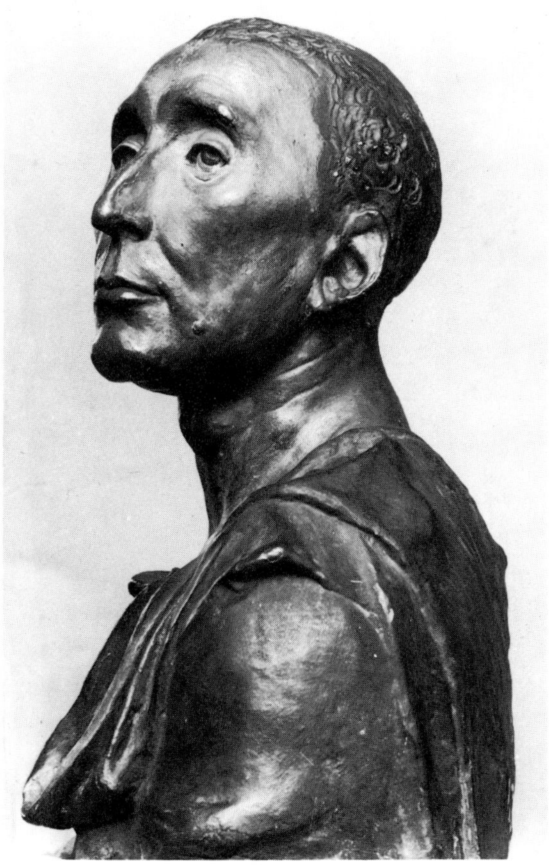

41 Seitenansicht von Donatellos »*Niccolò da Uzzano*« (40)

ter herabfallende Gewandschlinge ein weiterer Bezirk ausgeschieden wird, der — wieder Schulter und Oberarm umfassend — vor allem vertikal bzw. leicht diagonal gerichtete Formungen aufweist. Die aktuelle Einteilung des Oberkörpers hat aber im Unterschied etwa zur *Marietta* Desiderios keine faktische Unterteilung des Oberkörpers in einzelne Körpermotive zur Folge, sondern erweist sich als optisch geregelte Differenzierung eines Gesamten, das selbst innerhalb der aktuellen Differenzierung noch einmal durch die Formfigur des Halsausschnitts und dessen Ähnlichkeit mit der Büstenform insgesamt hervorgehoben ist.

Als ein aktuell ausgegliederter Bereich sind nun Schulter und Oberarm links wieder durch Faltenformen zusammengefaßt, die von den Rändern her diagonal zur Mitte hin verlaufen und »gespitzt« in der Vertikalen nach unten weisen. Folglich vertritt — in Analogie zum *Markus* — dieser Bereich die Standbeinseite und damit die Position des Dargestellten, den »Standort«, auf welchen die zentralen Faltenformen nachdrücklich hinweisen. Der anschließende mittlere Teil ist dagegen primär horizontal orientiert (den Richtwert bildet die Grenzlinie des Gewandausschnitts) und bringt demzufolge eine Vermittlungsposition zwischen links und rechts zur Geltung, während dann der Bereich rechts, nach der Grenzsetzung durch den von der Schulter herabfallenden Gewandzipfel, wieder primär vertikale Richtungsangaben aufweist.

Die Makrostruktur der Büste zeigt demnach und in Analogie zum *Markus* eine Kombination von zwei, zu den Seiten hin abschließenden, primär vertikal geordneten Teilen mit einem mittleren, horizontal strukturierten und auf Kommunikation zwischen links und rechts ausgerichteten Bereich. Im Unterschied aber zu *Markus* und in Verbindung zum *San Rossore* ist auch hier die Struktur nicht mit konkreten Körpermotiven zusammengebracht (Standmotiv, Armhaltung usw.) bzw. in diese überführt und damit eingebunden in eine Gesamtkörperhaltung, sondern wieder prinzipiell gegeben, als Struktur einer Gewandbildung anstelle von konkreter Körperlichkeit, und ist von daher grundsätzlicher, regelhafter.

Was nun die Verbindung dieser zunächst einander gegensätzlich bestimmten Bereiche angeht, so läßt sich — hierin wiederum mit dem *Markus* vergleichbar — eine Vermittlung, ein gegenseitiges Sich-Erklären und damit Kommensurabel-Machen der unterschiedlichen Bereiche durch ein besonderes Motiv feststellen, nämlich durch die Gewandschlinge rechts. Die Gewandschlinge entwickelt sich aus jener, den Halsausschnitt links zur Seite hin begrenzenden, die vertikale Trennungslinie unterlaufenden und leicht schräg geneigten Faltenform, die — hinten um den Hals herumgeführt — rechts hervorkommt, dabei wiederum als seitliche Begrenzung des Halsausschnitts — diesmal nach rechts hin — dient, sich dann aber als Motiv verselbständigt, zur Gewandbahn wird, die nach vorn herunterfällt, um dann nach einer Schlingenbildung einerseits zum Halsausschnitt — diesmal aber zu dessen horizontalem Grenzverlauf —, andererseits zu den Gewandformen der Schulter rechts zurückzuleiten. Die Faltenschlinge vermittelt als selbständige Form (Schlinge vor dem Körperausschnitt hängend) zwischen horizontalem Mittelteil (durch die Verbindung zum horizontalen Verlauf des Gewandausschnitts) und seitlich abschließendem Vertikalteil rechts, demnach zwischen vorn und hinten und — unterstützt durch die Kopfwendung[66] — auch zwischen links und rechts. Dazu treten dann die Diagonalfalten des mittleren Bereichs hinzu, die von der Gewandschlinge rechts ausgehen, über den gesamten Bereich bis zur vertikalen Trennungslinie hin verlaufen, dort teilweise Spitzen bilden — die »Stoßrichtung« angebend, also dem Kopf entgegen —, um schließlich — von unten nach oben enger werdend — sich in eine horizontale Parallelführung mit dem Kontur des Halsausschnitts einzufinden.

Die einzelnen, für sich gegliederten Bereiche werden folglich durch die Gewandschlinge rechts vermittelt und zu einem Gesamt verbunden, somit die Richtungen des Raumes in ein System bindend, das — in dieser Sichtweise losgelöst vom konkret Motivischen, Situationalen der Portraitbüste — ganz allgemein als endliches, konzentrisches und harmonisches schlechthin Gültigkeit beansprucht. Andererseits ist aber das Besondere, Situationale des Portraitkopfes in dieses harmonische, konzentrische und endliche System hineingenommen. Die linke Konturlinie etwa des Halses — in Verbindung mit dem Halsstrang — nimmt die Vertikale des linken Teilbezirks versetzt auf und leitet zum Ohr, in dem dann die für das eigentliche Gesicht bestimmenden Rahmenwerte, nämlich der Schläfen-Haarkontur und der Wangen-Kinnkontur, sich als nach rechts hin öffnende, gegensinnig verlaufende Schrägwerte zusammenzufinden. Diese rahmende Öffnung verengt sich durch die gerahmten Gesichtsmotive, d.h. über die Augenbrauen, Augen wie ebenso über Kinn, Mund und Nasenfalten, auf das Motiv der Nase hin, die einerseits in ihrer Schwingung gegensinnig auf den Kontur des Hinterkopfs links zurückverweist (dieser Kontur des Hinterkopfs entspringt ebenfalls im Ohrmotiv) und andererseits auf das Motiv der Gewandschlinge unten vorausweist, zumindest auf dessen rechten Teilbereich. Im übrigen zeigen sich makrostrukturale Entsprechungen innerhalb der Form der Büste, zwischen dem Halsausschnitt und den winklig gegeneinanderstehenden Konturen von Koteletten und Haupthaar.

Der Kopf nimmt also die Thematik der Büste auf, aktualisiert sie in seiner konkreten Erscheinung, identifiziert sich aber nicht mit ihr. Er bezieht sich auf sie, verweist auf sie als allgemein bestimmend, tritt aber selbst zu ihr in Distanz. Denn im Unterschied zum vergleichbaren Verfahren bei der Markus-Figur ist hier der Kopf nicht als Vermittlungswert der verschiedenen Richtungen auf den Betrachter hin ausgerichtet, diesem gegenüber das geschlossene, harmonische, endliche und konzentrische System seiner Erscheinung ausweisend, sondern er ist vom Betrachter abgewendet. Die Kopfhaltung nimmt zwar formal das Vermittlungsmotiv der Gewandschlinge auf, gerade aber dessen motivisch räumliche, auf den Betrachter zukommende Richtungspotenz wird dabei umgeleitet, zur Seite hin und am Betrachter vorbei: Die Identifizierung von allgemeinem System der Erscheinung (Büste) und besonderer Erscheinungssituation (Portraitkopf) ist aufgegeben zugunsten einer Distanzierung von Allgemeinem und Besonderem, einer Distanzierung freilich, die sich innerhalb der Grenzen des vorgegebenen, gleichsam prästabilierten Systems vollzieht und dieses lediglich der Tendenz nach im Hinblick auf eine konkrete Einzelsituation in Frage stellt.

Kein Zweifel, *Uzzano* exemplifiziert nicht mehr durch sich und an sich das allgemeine Ordnungssystem und dieses dann für den Betrachter, sondern weist diesen vielmehr auf eine Differenz hin, eine Differenz zwischen idealtypischer Existenzordnung und persönlicher, konkreter Existenzerfahrung, demnach auf eine Offenheit, in welcher Individualität — in der hier definierten Bedeutung — zur Anschauung gelangt. In seiner Distanzsetzung zum geschlossenen, endlichen, konzentrischen und harmonischen System zeigt sich *Uzzano* als ein solcher, der sich angesichts der allgemeinen, grundsätzlichen Ordnungsbestimmtheit menschlicher Existenz seiner besonderen Zeitlichkeit, seiner Historizität und demnach seiner Besonderheit als Individuum bewußt ist. Insofern er an sich die allgemeinen Gegebenheiten menschlicher Existenzbestimmung als systematisch geordnet, als harmonisch, endlich und konzentrisch ausweist, thematisiert er den allgemeinen Rahmen seiner

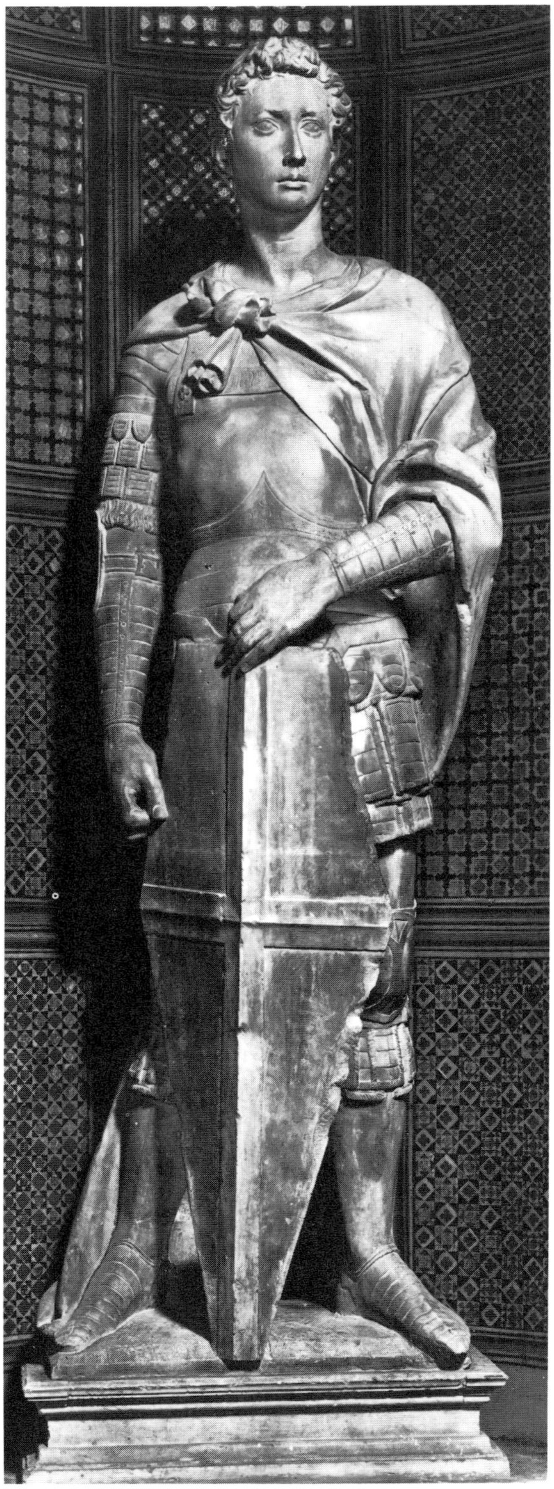

42 Donatello, *Hl. Georg,* 1415—1416, Florenz, Museo Nazionale

Existenz. Indem er diesen Rahmen aber nicht durch sich als Besonderem (Portraitkopf) affirmiert, sondern sich dazu in Spannung setzt, verhält er sich zu diesem allgemeinen Rahmen, weist er ihn als für sich bestimmend, aber im Gegensatz zu ihm stehend aus, fordert er das eigene angesichts des Allgemeinen ein, dokumentiert er, daß seine Position innerhalb der gesetzten Rahmung eine »bewußt« eingenommene ist, eben eine solche, die sich des Eingenommenen einer solchen Position in Anschauung des Gegensatzes von Besonderem und Allgemeinem inne ist.

Gerade aber dieses Bewußtsein des Gegensatzes von Allgemeinem und Besonderem und die damit verbundene bewußte Einnahme einer Position im Hinblick auf Allgemeines und Besonderes unterscheidet *Uzzano* wesentlich von den bisher gesehenen Portraitbüsten des Quattrocento. Denn dort wurde zwar die Unvereinbarkeit von Besonderem und Allgemeinem thematisiert, aber nicht in einem von den Dargestellten selbst her realisierten, figurenimmanenten System aufgehoben und zum Gegenstand der besonderen Position der Dargestellten umgewandelt. Vielmehr wurde auf eine abstrakte, vor- oder nachgegebene Einheitsform von vertikal orientiertem Kopf und horizontal orientierter Büste rekurriert, auf eben jene Konturführung, welche insgesamt eine abstrakte Ausgleichsform, einen abstrakt gesetzten Medialwert[67] dargestellt. Dieser wurde aber nicht hergestellt, und schon gar nicht durch den Dargestellten selbst, sondern als Postulat vorgestellt.

In der Entwicklung der Portraitbüste des Quattrocento zeigt sich folglich nicht nur eine Wende zum Individualportrait, sondern es zeigen sich auch und vor allem Schwierigkeiten, welche aus dieser Wende entstanden. Typologisch hervorgegangen aus dem mittelalterlichen Büstenreliquiar, dessen allgemeine Grundform sie beibehält, kann die Portraitdarstellung zunächst als säkularisierte Form einer Heiligendarstellung angesehen werden, insofern sie — etwa beim *San Rossore* — Endgültigkeitsansprüche unter den Bedingungen des Jeweiligen, Kontingenten zur Geltung bringt. Gleichzeitig aber und mit gleichem Recht kann die Portraitdarstellung auch als die sakralisierte Form einer Profandarstellung verstanden werden, insofern sie — etwa beim *Platonischen Jüngling* — das Jeweilige, Besondere eines konkret Existierenden unter Bedingungen des Endgültigen, Grundsätzlichen zum Thema erhebt.

Um aber Endgültigkeit im Modus des Jeweiligen und Jeweiliges im Modus des Endgültigen ansprechen zu können, bedarf es einer Rhetorik, die beides, Jeweiligkeit und Endgültigkeit, Kontingenz und Notwendigkeit, gleichermaßen umfaßt, beides gleichermaßen überzeugend zur Aussprache bringen kann. Es bestimmt die herausragende Stellung Donatellos, daß er eine solche Rhetorik fand, indem er jenes System der prästabilierten Harmonie erfand. Dieses System, das auf der Koordinierung der Grundrichtungen des Raumes zu einem geschlossenen, konzentrischen und harmonisch geregelten Gesamt basiert, eröffnete ihm die Möglichkeit, nicht nur Sakrales und Profanes, Allgemeines und Besonderes jeweils in der gleichen Ausdrucksweise vorzutragen, sondern dieses auch zugleich auszusprechen, damit zueinander in Beziehung zu bringen und miteinander zu versöhnen. Nicht genug, indem es die Raumrichtungen sind, die solchermaßen koordiniert die Grundlage des Systems abgeben, demnach den Raum — die physiologische Grundgegebenheit menschlicher Anschauung — als im System geordnet ausweisen, wird auch der Betrachter mit angesprochen, zeigt sich eine Versöhnung auch von Geschlossenheit und Offenheit, von Figur und Raum bzw. von Figur und Betrachter.

Die Harmonisierungskraft dieses Systems ist dabei so stark, daß in ihm selbst Distanzsetzungen zu ihm möglich sind, Individuelles, da-

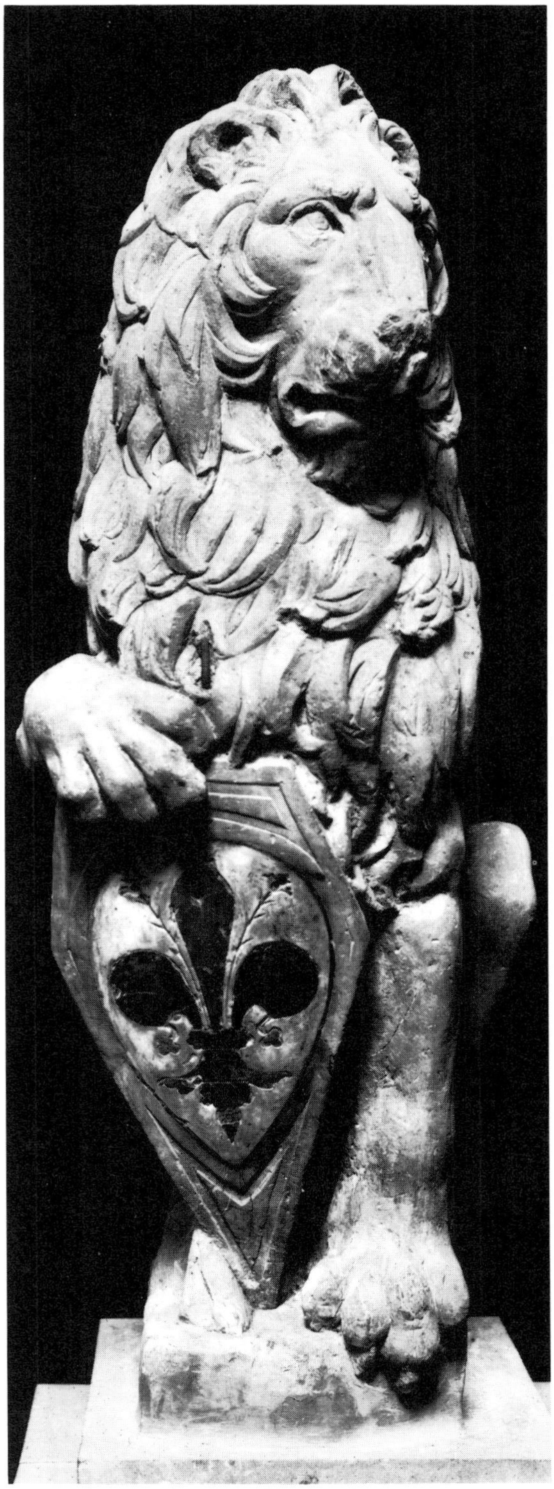

43 Donatello, »*Marzocco*«, 1418—1420, Florenz, Museo Nazionale

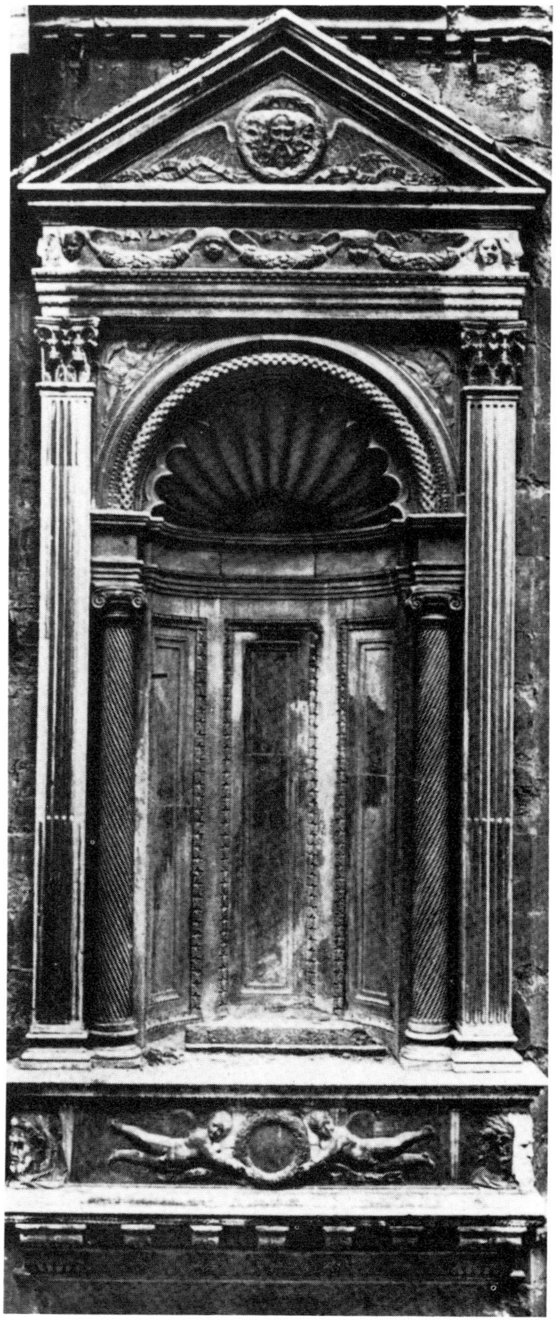

44 Donatello, Nische für den *Hl. Ludwig,* 1422, Florenz, Or San Michele

mit Verhältnissetzungen zum System, toleriert und verkraftet, d.h. zu Verhältnissetzungen im System umgewertet werden können. Entsprechend führt die Darstellung von Individualität beim *Uzzano* nicht zu einem Konflikt von Allgemeinem und Besonderem, wiewohl sie den Gegensatz von Allgemeinem und Besonderem zur Voraussetzung hatte, sondern ermöglicht die Aktualisierung einer bestimmten Position des einzelnen im Gesamtkontext des Allgemeinen, kommt es zu keinem Bruch, sondern zu einer systemintern geregelten Versöhnung von Jeweiligkeit und Grundsätzlichkeit. Diese systeminterne Ausponderierung — schon beim *Platonischen Jüngling* gefährdet — geht dann der typischen Quattrocento-Büste verloren, welche sich nach der Mitte des Jahrhunderts, beginnend mit Mino da Fiesoles Portrait des Piero de Medici, ausbildete. Nun dominieren die Gegensätze, der Gegensatz der Raumrichtungen (Vertikale — Horizontale), aktualisiert durch den Gegensatz von Portraitkopf und Büste, und damit anschaulich der Gegensatz von Besonderem und Allgemeinem: Die Bindung der unterschiedlichen Elemente zu einem Gesamt ist zerbrochen, die harmonische Verbindung in ihre Bestandteile zerlegt. Donatellos Einheitsprinzip — so könnte man formulieren — zeigt sich auf das ihm konkret zugrundeliegende Material zurückgeführt. Die Grundrichtungen des Raumes etwa treten nicht als miteinander verbundene und in einem übergreifenden System geordnete auf, damit situational, sondern jeweils für sich isoliert, damit elementar. Entsprechend werden ihre unterschiedlichen Ausrichtungen unmittelbar wirksam, und zwar in der Weise, daß sie die Figur, in der sie als Richtungen auseinandertreten, gleichfalls richtungsmäßig zerlegen, nämlich in das horizontal orientierte Element der Büste und das vertikal orientierte Element des Portraitkopfes. Dabei vertieft die konkrete Ausbildung der Elemente ihren strukturellen Gegensatz, insofern der Portraitkopf bis zum

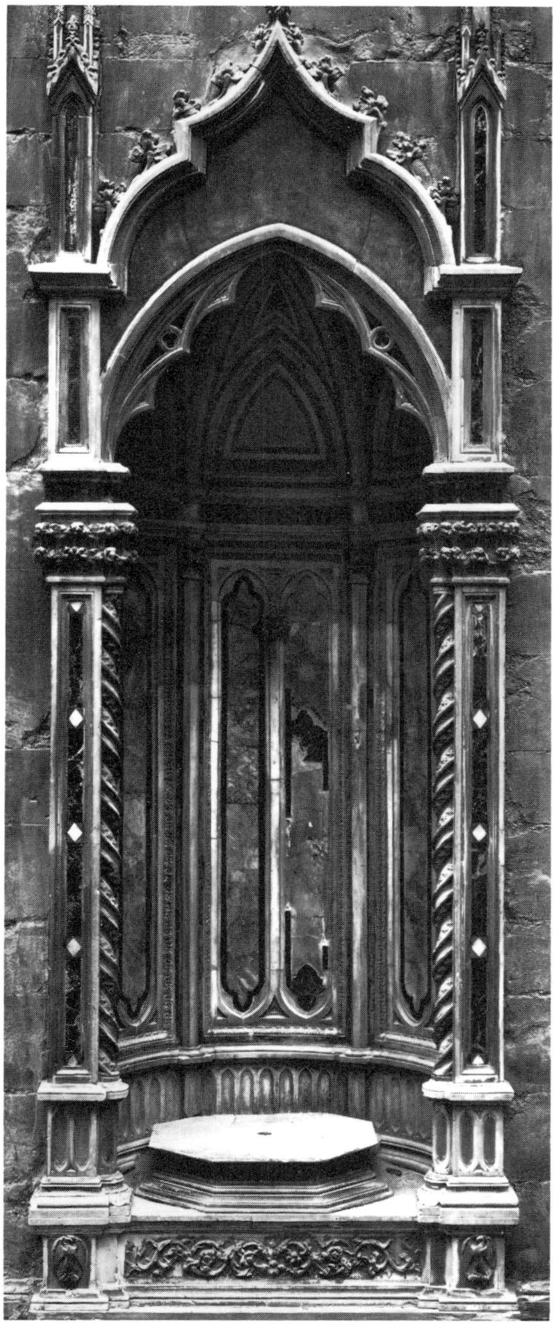

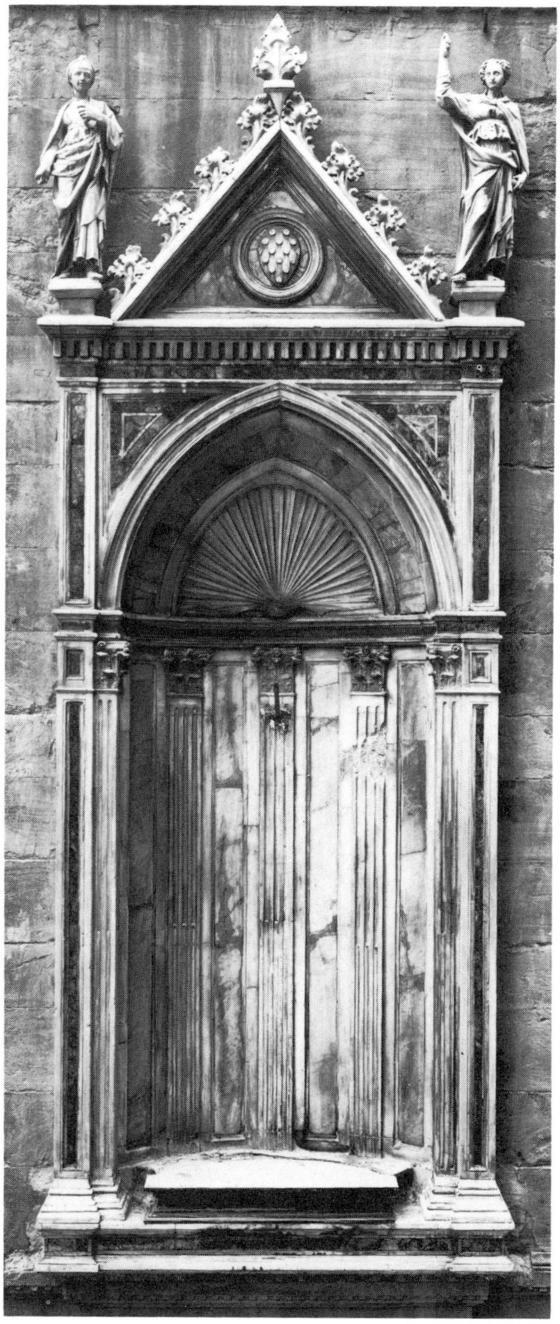

45 Nische für *Johannes d. T.,* Florenz, Or San Michele

46 Nische für den *Hl. Matthäus,* 1422, Florenz, Or San Michele

Veristischen hin besondert, die Büste dagegen bis zum »Normstück« verallgemeinert wird. Entsprechend zeigt sich auch die Darstellung elementarisiert, in gegensätzliche Darstellungsmodi auseinandergetrieben: Einerseits gerät sie zum Abbild eines Menschen (Portraitkopf), andererseits zum Bild vom Menschen (Büste).

Kopf und Büste, die Vertikale als Achse der Individuation und die Horizontale als Achse der Kommunikation, Besonderes und Allgemeines, Abbild und Bild stehen folglich in der typischen Quattrocento-Büste elementar gegeneinander, unversöhnt. Der autonom gewordene Mensch hat offensichtlich Schwierigkeiten mit seiner Selbständigkeit, mit seiner Individualität. In der radikalen Wendung zum Konkreten zeigt er sich außerstande, die allgemeinen Bedingungen seiner Existenz (Büste) und die besonderen Gegebenheiten seiner Existenzsituation (Portraitkopf) abschließend zu koordinieren, sie in sich, d.h. individuell, zu einer Einheit zusammenzubringen. Er kann eine solche existentielle Einheit nicht durch sich realisieren, er muß sie statt dessen für sich postulieren. Es ist jene selbstbestimmt umlaufende Konturlinie, welche die optische Einheit der Figur allererst ermöglicht, insofern sie extern eine ideelle Ausgleichsform aus Vertikaler und Horizontaler umreißt, mit der sie die internen Gegensätze überfängt, ohne diese aber tatsächlich ausgleichen oder auflösen zu können. Die Ausgleichsform bleibt extern gesetzt, zum unausgeglichenen Innen distanziert; sie stellt die Einheit elementar vor, nicht aber situational her. Individualität, die positionale Verhältnissetzung von Besonderem und Allgemeinem, zeigt sich folglich in der typischen Ausprägung der quattrocentistischen Portraitbüste auf ihre Fundierungen hin zurückgeführt und gleichsam in diesen gefangen, ohnmächtig: Individualität wird am Dargestellten analysiert, in einen Katalog von Voraussetzungen überführt, sie wird aber nicht im jeweils Dargestellten aktuell vorgeführt, durch diesen verwirklicht; am Dargestellten stellen sich die widersprüchlichen Bedingungen für Individualdarstellungen dar, sie stellen Individualität aber nicht in der Darstellung des aktuell Dargestellten her.

Selbstverständlich gab es Versuche, die elementaren Gegensätze intern zu versöhnen, intern einen Ausgleich zu finden, sei es durch eine überspringende, ausdrucksmäßige Abstimmung von Büste und Kopf, sei es durch eine zeitlich momentane (Desiderio) bzw. zeitlich prozessuale (Verrocchio) Formierung von Kopf und Büste. Allein, dies sind Ausgleichsversuche, welche die Oppositionsstruktur von Kopf und Büste als vorgegeben voraussetzen und sich damit grundsätzlich von Donatellos Büsten, dem *San Rossore*, dem *Uzzano* und dem *Platonischen Jüngling,* unterscheiden, die genau umgekehrt eine Koordinationsstruktur, eine Einheitsstruktur als prästabilierte voraussetzen. Es ist die Voraussetzung dieser prästabilierten Einheitsstruktur, welche die drei genannten Büsten zu einer Gruppen zusammen- und damit von den übrigen Büsten abschließt, jene Einheitssystematik, die dann in den einzelnen Büsten selbst eine unterschiedliche Ausprägung erfuhr. Zeigte sie sich beim *San Rossore* primär vom Gewand her zur Geltung gebracht, weniger von der Figur selbst, so zeigte sie sich beim *Platonischen Jüngling* primär von der Figur selbst her ausgewiesen, weniger vom Gewand, während sie sich beim *Uzzano* gleichsam in der Spannung von Gewand und Figur herausstellte; *San Rossore*, der *Uzzano* und der *Platonische Jüngling* stellen Variationsformen ein und desselben Themas, eben jenes *cantus firmus* der prästabilierten Harmonie dar, der sich als eben solcher auch in gattungsspezifischen und medialen Variationen bewährt.[68]

Tatsächlich haben wir es bei der Portraitbüste des *Uzzano* mit einem Individualportrait im Sinne der hier gegebenen Definition zu tun, und zwar — wenn diese Büste wirklich von Donatellos Hand stammt, was hier angenommen wird — mit dem ersten Individualportrait der Neuzeit. Eine solche »Neuerfindung« würde auch ohne weiteres ins Donatello-Bild passen, sie würde sich nahtlos in die Reihe seiner sonstigen Neuerfindungen — erste Ponderationsfigur der Neuzeit (*Markus*), erste ringsum vollwertige Aktfigur der Neuzeit (Bronze-*David*)[69], erstes Reiterstandbild der Neuzeit (*Gattamelata*)[70], erstes Flachrelief der Neuzeit (Drachenkampf)[71] — einfügen. Auch die Tatsache, daß die besondere Konzeption der Uzzano-Büste keine unmittelbare Nachfolge fand, spricht nicht unbedingt gegen eine Autorschaft Donatellos, da auch andere, aus unserer Sicht heraus epochale Neukonzeptionen Donatellos, wie etwa der Bronze-*David*, keine unmittelbar festzustellenden Nachwirkungen zeitigten.[72]

Man hat verschiedentlich versucht, die Büste des Uzzano einem Künstler des Cinquecento zuzusprechen, und dies zumeist rein äußerlich begründet, z.B. mit der starken Kopfwendung, die an Michelangelos Brutus-Büste gemahne. Tatsächlich aber ist das Gestaltungsprinzip des Uzzano-Portraits, vermöge dessen eine Einheitsbildung bei gleichzeitiger Distanzierung von ihr als Wesensbestimmung des Dargestellten zur Erscheinung gelangte, mit jenen des Cinquecento unvereinbar, auch oder vielleicht sogar wegen Michelangelo. Denn trotz offensichtlicher Verbindungen von Brutus-Büste (Abb. 47, 48)[73] und Uzzano-Portrait zeigt sich gerade bei diesem Vergleich die nun völlig gewandelte Auffassung des Cinquecento vom Menschenbild.

Jacob Burckhardt nannte Michelangelos Brutus-Büste ein »Charakterbild, ... physiognomisch abstoßend und dabei grandios behandelt«.[74] Zweifellos ist Michelangelos Büste nicht als Portraitbüste anzusehen, d.h. als Darstellung eines bestimmten Menschen, sondern als frei erfundene möglicherweise auch durch eine antike Kamee inspirierte Menschendarstellung.[75] Burckhardts Begriff des Charakterbildes scheint geeignet, das Besondere dieser Darstellung zu umreißen: Die Brutus-Büste stellt keinen bestimmten Menschen dar, sondern ein Bild vom Menschen; sie stellt auch keine Individualität im Horizont eines bestimmten Charakters dar, sondern den Charakter der Individualität. Die Brutus-Büste ist kein Individualportrait, wohl aber ein »Portrait« der Individualität schlechthin und damit »ein Gegenstand, der dem trotzigen Sinn des Meisters nahelag«, wie Burckhardt schreibt.[76]

Im Vergleich mit der Portraitbüste des Uzzano wird die besondere Thematik schlagend deutlich: Die Eigengesetzlichkeit des Menschen, die Gewalt seiner subjektiven Energien, die Herausforderung des Allgemeinen durch den individuellen Durchsetzungswillen des einzelnen ist in dieser Radikalität nicht wieder verbildlicht worden. Möglich wurde diese Darstellung dadurch, daß Michelangelo sich radikal von den für das Quattrocento gültigen Gestaltungskriterien abwandte, sie gleichsam in ihr Gegenteil verkehrte. Bildete etwa die Koordinierung der Grundrichtungen des Raumes beim *Uzzano* einen elementaren Rahmen für die Figur, innerhalb dessen sie Halt fand, bzw. zu dem sie sich verhalten konnte, so zeigen sich hier diese Grundrichtungen ins Innere der Figur verlegt, gegeneinander geführt und situational hervorgebracht. Die quattrocentistische Norm des Richtungskontextes ist aufgelöst im Medium von Richtungen, insofern sich ihr Ausgerichtetsein in ein Sich-entgegen-Richten verkehrte. Aber nicht nur zum *Uzzano*, auch zu der typischen Portraitbüste des Quattrocento steht *Brutus* im Gegensatz, insofern deren elementare Ausrichtung von Kopf und Büste auf die Grundrichtungen des Raumes zugunsten von in sich geschlossenen, richtungsindifferenten Rundformen für Kopf und Büste verlassen ist. Der äußere Rahmen der Figur wird bei Michelangelo weder durch die Koordination noch die

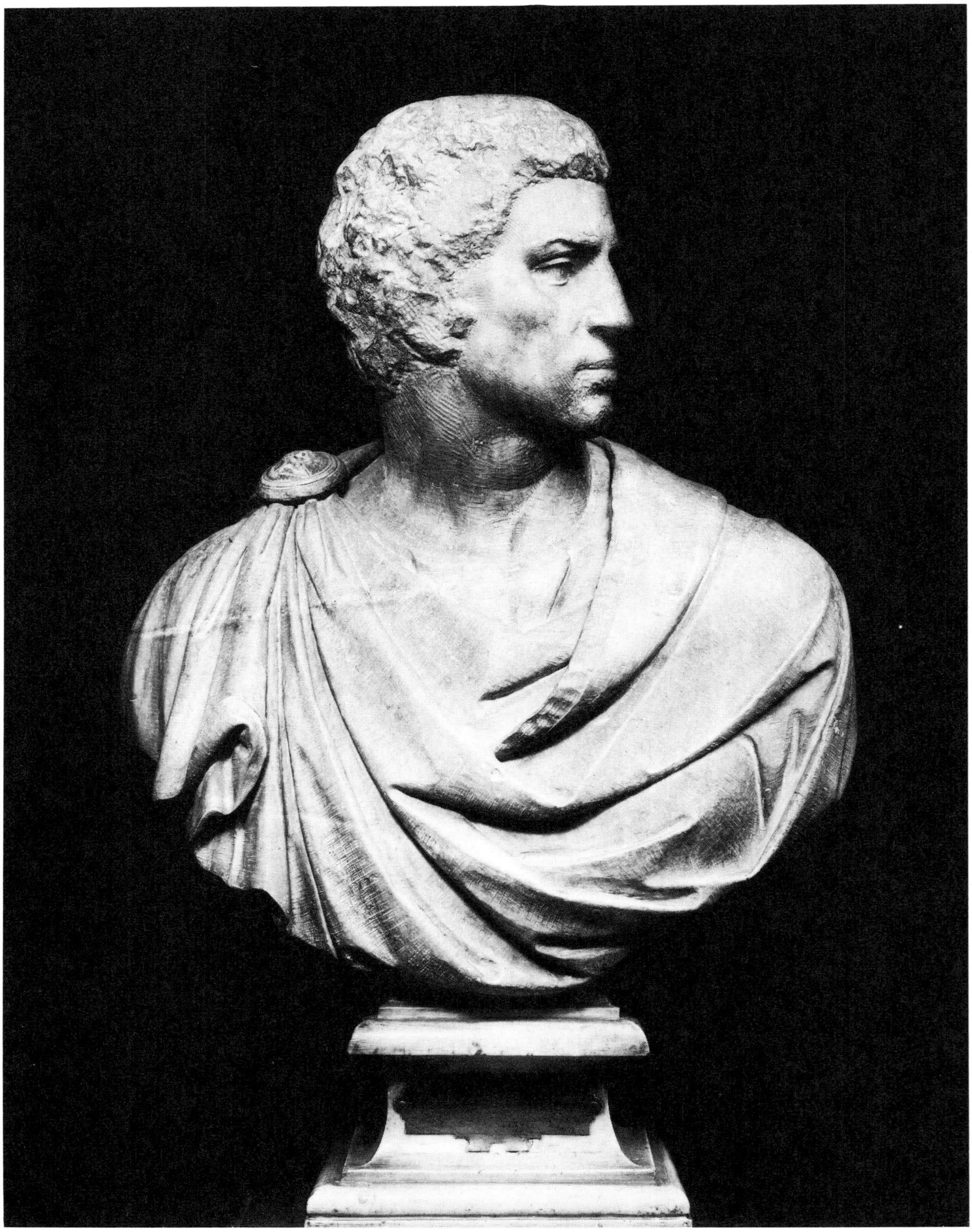

47 Michelangelo, *Brutus,* um 1538, Florenz, Museo Nazionale

Opposition der Grundrichtungen garantiert, sondern durch eigengesetzte, plastische Grundformen.

Dies bedingte aber zunächst eine Neuformulierung des Büstenbereichs.[77] Michelangelo setzte mit seiner Brutus-Büste der, für das Quattrocento normativ geltenden Halbfigurenbüste mit ihrem unteren Horizontalabschluß und ihren vertikalen Faltenreihungen[78] eine querovale Büstenform entgegen, welche Schulter, Oberarm usw. in einer einzigen, rundgeschlossenen plastischen Gesamtform zusammenschnürt. Damit verliert die Büste ihre konkrete Versockelung, ihren festen Ort im Raum, ihr Auflager, wie sie ebenso ihre Funktion als konkreter Ausweis des Eingebundenseins in das Allgemeine, die Ebene der Kommunikation (Horizontale) einbüßt, damit auch die besondere Veranschaulichung der allgemeinen Existenzbedingungen eines Menschen: Bei Michelangelo ist auch der Büstenteil auf sich hin konzentriert, isoliert, vom Umgebenden abgesetzt, wenn auch die querovale Form als solche potentiell eine horizontale Ausrichtung einfordert. Im Unterschied aber zu den konkret horizontal ausgerichteten Büsten des Quattrocento bleibt diese Forderung »gefangen«, ohne Möglichkeit, sich tatsächlich zu realisieren. Die plastische Grundform der Büste betont in ihrer Abgeschlossenheit gerade auch die Isolation dem Raum gegenüber, wobei dieses Sich-Isolieren kein Sich-aus-dem-Raum-Zurückziehen ist, also kein Vorgang, der — von einer Befindlichkeit im Raum ausgehend — diese zunehmend verwirft, sondern ein Zustand, der eine grundsätzliche, unwandelbare Existenzbedingung benennt: Raum erweist sich durch die besondere Darstellung des *Brutus* als das zur plastischen Körperform schlechthin andere, nicht Zu-Bestimmende, als jenes, das die Entfaltungsmöglichkeit, die Entwicklung der Figur verhindert.

Die Faltenbildung im Inneren trägt dem Rechnung: Keine horizontale Reihung vertika-

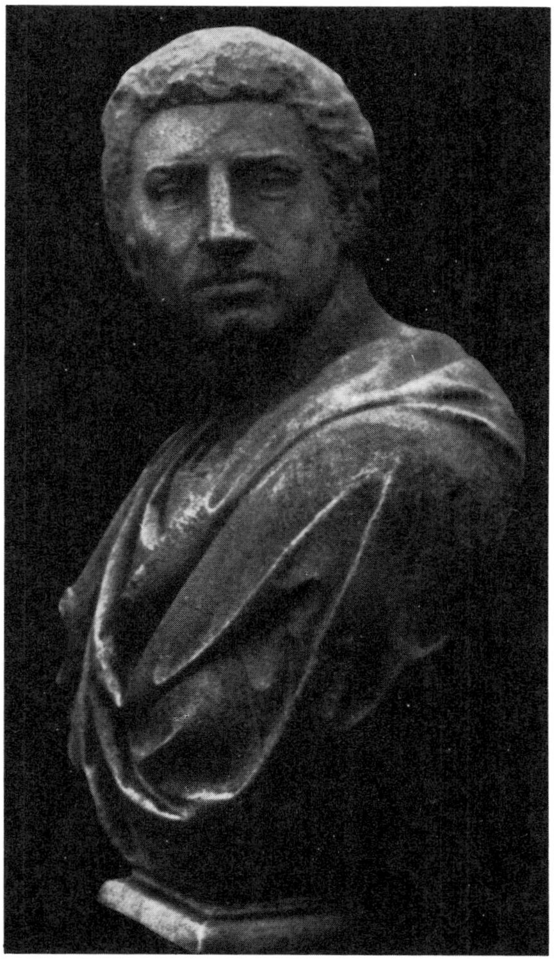

48 Seitenansicht von Michelangelos *Brutus*

ler Faltenformen mehr, auch keine vertikale Untergliederung des horizontal Gelagerten, sondern Zusammenfassung der horizontal gedehnten Rundform der Büste nach innen zu, auf die Mittelachse; von oben und von den Seiten her, dabei die Außenkonturen paraphrasierend, verschachteln sich die gerundeten Verlaufsformen der Falten in der Mittelachse, in ihren Spitzenbildungen bald nach rechts, bald nach links weisend, immer aber vom Umgebenden getrennt. Allerdings, sie zeichnen dann in ihren Verläufen nicht einfach den äußeren Konturverlauf nach, konform mit der Vorgegebenheit der Büste, sondern — indem sie auch dies tun — bringen Gegensätze ins Spiel, Differenzierungen. Nicht nur, daß sie in der Mitte gegeneinander verlaufen, sich verschneiden, sie bringen darüber hinaus auch eine Unterteilung der Gesamtbüstenform in einen linken und einen rechten Bereich zur Geltung. Während die Falten- und Gewandformen auf der rechten Seite vom Außenkontur der Büste und teilweise mit diesem konform — horizontal orientiert — zur Mitte hin abfolgen, zeigt sich links eine ins Innere der Büste hineingenommene Vertikalgrenze — Auslösepunkt für die vertikal fallenden Falten ist die Fibel an der Schulter —, von der aus erst die Falten der linken Seite zur Mitte hinleiten. Infolge dessen steht gegen die frontal ausgerichtete Grundform der Büste eine Faltenstruktur, die — indem sie die Form der Büste aufnimmt — einen Gegensatz zwischen links und rechts, zwischen latent horizontaler und latent vertikaler Ausrichtung aufmacht, um dann weiter als eine solche Struktur links primär von Gewandfalten, rechts dagegen primär von Gewandflächen ausgewiesen zu werden.

Die in sich geschlossene, horizontal gedehnte Grundform der Büste wird demnach durch die Faltenbildung als vom Außen fest abgeschlossen gedeutet, aber so, daß sie nicht als in sich ruhend und in sich fest, sondern in sich widerstrebig, konfliktgeladen erscheint: Gegen die latente Horizontale der Grundform erwächst infolge der Gewandgliederung eine sich optisch durchsetzende Vertikale, während dann links eine motivisch ausgewiesene vertikale Grenzsetzung im Gegensatz steht zu den sich rundbogig bis zum Außenkontur dehnenden Gewandformen rechts; eine latente Positionssetzung (Vertikale, links) gegen eine latente Dehnung zum Außen (Rundbogen, rechts). Doch letzteres sind nur Verweise, vielleicht Reminiszenzen, gefangen im Inneren der fest abgeschlossenen Grundform, die weder eine konkrete Verortung im Raum noch eine konkrete Beziehung zu ihm zuläßt. Demnach stellt die sich durchsetzende vertikale Mittelachse den primär bestimmender Richtwert der Büste dar. Im Kopf weist sich dagegen die Horizontale als primär bestimmender Richtwert aus: Die Wende zum Außen, die Ausrichtung auf das Umgebende wird hier in geradezu angestrengter Weise thematisch. Der Kopf ist — im Unterschied zum *Uzzano* — nicht zur Seite gewendet, sondern gleichsam zur Seite hin »verdreht«, in eine Seitenansicht festgestellt, erscheint demnach — die Frontalität der Büste genau umkehrend — in einer reinen Profilansicht. Büste und Kopf sind nicht mehr nur voneinander getrennt, sondern darüber hinaus in zwei unterschiedliche Ansichtsseiten auseinandergetreten.

Wie schon die Büste, so ist auch der Kopf in eine allgemeine plastische Grundform eingeschlossen, und wie bei der Büste, so bleibt diese auch für den Kopf abschließend bestimmend. Sie bleibt dies trotz der, zur Büste ganz entgegengesetzten Ausrichtung der Binnenformen, die hier nicht nach innen weisen, sondern nach außen streben. Die Mitte wird entwertet, die Motivformen drängen an die Grenzen, dabei aber wieder nicht einheitlich, koordiniert, sondern in Gegensätzen. Dem sich nach außen dehnenden, geschlossenen Kontur des Hinterkopfs steht der offene, durch die einzelnen Gesichtsmotive nur sprunghaft sich zusammenfindende

Kontur der rechten Seite gegenüber. Langlaufende und sich stufende Diagonalwerte, einmal der in Schwingungen verlaufende Kontur der Haare, zum anderen der Kontur aus Ohr und Kinnlade, verstärken die Ausrichtung der Motivformen nach außen und dabei die dominante Ausrichtung nach rechts.[79] Kopf und Büste bilden sich demnach radikal gegensätzlich aus: Der reinen Frontalansicht der Büste steht die reine Profilansicht des Kopfes entgegen, dem Nach-außen-Gewendetsein des Kopfes und seinem Leitwert, der Horizontalen, das Nach-innen-Zusammengefaßtsein der Büste mit ihrem Leitwert, der Vertikalen, wie ebenso der jeweils fest geschlossenen Grundform von Kopf und Büste die Richtungen der Binnenformen entgegenlaufen.

Nun war ja auch bei den Quattrocento-Büsten ein Gegensatz von Kopf und Büste festgestellt worden. Die Thematisierung dieses Gegensatzes ist folglich nicht neu, wohl aber die Intensität, mit der dieser Gegensatz in Erscheinung tritt, die Dramatik, die dieser Gegensatz in der Erscheinung der Figur insgesamt auslöst. Im übrigen ergab sich dann bei den Quattrocento-Büsten eine Vermittlung dieses Gegensatzes von Kopf und Büste entweder über die Formulierung einer Ausgleichsform durch die Konturführung oder aber durch die Integration der Richtungs- und Formgegensätze in eine, durch die Figur selbst ausgewiesene, übergreifende Systematik, die als harmonisch, endlich und konzentrisch beschrieben worden ist. Eine solche Vermittlung aber ist bei Michelangelo nicht vorgesehen. Weder veranlaßt der Konturverlauf die Bildung einer vertikale und horizontale Ausrichtungen vermittelnden Einheitsform (Medialform bei der typischen Quattrocento-Büste), noch findet eine Koordinierung der Richtungsgegensätze statt (Donatello). Statt dessen gibt Michelangelo eine Verbindung von Kopf und Büste, welche die Gegensätze nicht nur auflöst, sondern sie geradezu hervorhebt. So wird der äußere Konturverlauf der Büste über die Schulterlinien formal im Inneren des Gesichts aufgenommen — die Schulterlinie rechts verläuft unmittelbar in den Kontur der Kinnlade, während sich die Schulterlinie links in der Grenzlinie von Haar und Gesicht fortsetzt —, ohne die äußere Form des Kopfes zu tangieren, wie umgekehrt die äußere Form des Kopfes innerhalb der Gewandformen des Bürsteninneren wiederkehrt, ohne den äußeren Konturverlauf der Büste zu tangieren: Äußere Bestimmungswerte der Büste werden mit inneren Formwerten des Kopfes zusammengebracht, wie innere Formwerte des Kopfes sich mit äußeren Bestimmungswerten der Büste verbinden; Kopf und Büste werden weder kontural zusammengefaßt noch richtungsmäßig koordiniert, sondern so aneinander angeschlossen, daß einerseits jene, die Büste nach innen hin abschließenden Außenkonturen die nach außen weisende Binnenstruktur des Kopfes festlegen, wodurch die verbindenden Linien bald vom Außen abschließend, bald wieder auf das Außen ausgerichtet gelesen werden müssen, folglich bald als Grenzwerte der Grundform und bald als Strukturwert der Binnenmotive; andererseits erweisen sich jene, den Kopf nach innen hin abschließenden Außenkonturen in der Büste als Binnenstruktur des Gewandes, wodurch die verbindenden Linien bald vom Außen abschließend, bald das Innere aufschließend, demnach bald als Grenzwerte der Grundform und bald als Strukturwert der Binnenmotive gelesen werden müssen. Abgeschlossenheit und Aufgeschlossensein gehen auseinander hervor, wie ebenso Allgemeines (Büste) und Besonderes (Kopf) ineinander übergehen und als Gegensätzliches verzahnt sind: Das Streben nach einer gültigen Beziehung zur Umwelt (Kopf) kann nicht gesehen werden ohne die absolute Beziehungslosigkeit zur Umwelt (Büste), wie das Streben nach konkreter Verortung nicht gesehen werden kann ohne die völlige Ortlosigkeit der Figur insgesamt.

Zwar gibt es auch eine motivische Verbindung von Kopf und Büste, und diese ist auch stark hervorgehoben, nämlich durch den »unusually broad, bullike neck«,[80] welcher Kraft und Bewegung aufs nachdrücklichste zur Geltung bringt, aber diese Bewegungsenergien bleiben auf das Motiv des Halses beschränkt, isoliert. Der Kopf zeigt sich infolge der formalen Bestimmung der Konturwerte in der Seitenansicht grundsätzlich festgestellt und unfähig, auf den Bewegungsimpuls zu reagieren.

Die sich innerhalb der Brutus-Büste durchhaltende Entgegensetzung aller Formen und Formungen, die eine definitive Orientierung unmöglich macht, beläßt dann auch den Betrachter nicht unbehelligt. Insofern *Brutus* zwei sich widersprechende Ansichtsseiten, eine klare Frontal- und eine ebenso klare Profilansicht (Abb. 48), zur Geltung bringt, ist er nicht mehr von einem Punkt aus adäquat zu verstehen. Er verweist den Betrachter auf die Notwendigkeit alternativer Standpunkte, zwingt ihn zu alternativen Betrachtungsweisen, nämlich von vorn und von der Seite, und überträgt damit den in ihm aufgebrochenen Konflikt auf die konkrete Betrachtersituation. In der Duplizität des Betrachterstandpunkts und der damit zusammenhängenden Unmöglichkeit einer endgültigen Beziehungssetzung von Betrachter und Büste vermittelt sich aber jene, vom Objekt selbst her eingeforderte »richtige« Einstellung zu ihm: Sehend verliert der Betrachter seinen festen Standpunkt und damit auch seinen eigenen Standort; er erfährt dadurch die konflikthafte Situation des *Brutus* ganz unmittelbar, nämlich im Hinblick auf seine aktuelle Standortbestimmung.

Die Doppelansichtigkeit der Büste ist verschiedentlich betont worden,[81] wobei auch festgestellt wurde, daß die zwei Ansichten nicht zwei Ansichten ein und desselben seien, sondern jeweils für sich bestehende, selbständige, die zudem verschiedene Aussagequalitäten besäßen: »In der Hauptansicht gibt er [*Brutus*] das Bild gesammelter Ruhe und Energie. Von vorn gesehen spiegelt er, kaum gebändigt, Zorn, Haß und bittere Verachtung wider.«[82] Diese Beobachtung brachte man dann in Verbindung mit jenen, dem Auftrag vorhergehenden geschichtlichen Ereignissen,[83] die z.B. für Herbert von Einem unmittelbar in die Interpretation der Büste einfließen: »Vor dem Hintergrund dieser Zeitgeschichte, an der der Florentiner Michelangelo, der in Rom mit den fuorusciti verkehrte, lebhaften Anteil nahm, muß die Brutus-Büste — die einzige Büste Michelangelos[84] — verstanden werden. Sie ist ein politisches Kunstwerk.«[85] Was immer unter einem »politischen Kunstwerk« speziell zu verstehen sein mag, der Michelangelo des *Jüngsten Gerichts* — das etwa zur gleichen Zeit wie die Brutus-Büste entstand — scheint völlig unfähig, künstlerisch oder menschlich zum politischen Handeln aufzurufen, Wege, Hinweise und Ziele für politisches Handeln angeben zu können. Jeglicher Stoff, sei er vom Ausgangspunkt her gesehen auch noch so politisch aufgeladen oder brisant, wird ihm unter den Händen zum Selbstzweck seiner individuellen Problematik, welche bestimmt ist durch den unaufhebbaren, fortdauernden Widerspruch zwischen radikaler Eigenbestimmung des Menschen und völligem Determiniertsein von außen, dem absoluten Widerspruch zwischen Wollen und Sein, Figur und Raum, Besonderem und Allgemeinem: Die Figur des Brutus fordert weder zum Handeln auf oder heraus, noch rechtfertigt sie bereits geschehene Handlungen;[86] sie kann es gar nicht, da sie allein die Unfähigkeit zum Handeln, das letztlich Nutzlose der Auseinandersetzung mit dem Umgebenen thematisiert. *Brutus* ist nicht der heroische Tatmensch, der Tyrannenmörder, der eine notwendige und gerechte Tat ausführte, sondern ein Mensch, der trotz intensivsten Strebens nach Auseinandersetzung mit dem Umhaften, nach handlungsmäßiger Entladung seiner plastischen Energien sich der Nutz- und Bedeutungslosigkeit dieses seines eigenen Strebens bewußt bleibt. Eher ein negativer Heros, der um das Scheitern seines Wollens, um die Sinnlosigkeit seines Tuns und letztlich seiner Existenz weiß. Und wenn eine politische Aussage gemeint sein soll, dann doch wohl diese: Jedes Handeln — wie auch immer berechtigt oder nicht — erweist sich letztlich als ein »Sich-Drehen um sich selbst«, als ein Tun, das im Außen keine Werte setzt.

Dies betrifft aber nicht nur *Brutus* in seiner Rolle als Tyrannenmörder, sondern auch und vor allem den Menschen ganz allgemein, der sich in dieser Rolle verkörpert sieht. Der Mensch ganz allgemein ist unfähig, eine feste Position einzunehmen und von daher Handlungen dem Außen gegenüber verbindlich zu machen, oder umgekehrt, durch seine Handlungen mit Bezug auf ein Außen eine Position für sich festzulegen; der Mensch ganz allgemein ist gemeint und als solcher radikal unterschieden von dem, den das Quattrocento gemeint hat. Gerade im Vergleich mit dem *Uzzano*, trotz, vielleicht auch wegen der nicht zu übersehenden Übereinstimmungen, zeigt sich dieses ganz andere des *Brutus*, zeigt sich die völlig gewandelte Auffassung vom Menschen; und auch dies macht der Vergleich deutlich: Die neue Auffassung vom Menschen bei Michelangelo basiert konzeptuell auf einer konsequenten Umdeutung aller für die Quattrocento-Büste bestimmenden Werte.

Zunächst wurde die, für die Quattrocento-Büste typische Bindung von allgemeiner Richtungsbestimmtheit des Raumes und konkreter Motivausrichtung von Büste und Kopf aufgelöst. Kopf und Büste bringen nicht mehr durch ihre pure Motivgestaltung die Grundrichtungen des Raumes zur Geltung, sondern zeigen sich auf allgemeine, in sich geschlossene plastische Grundformen zurückgeführt. Vertikale und Horizontale treten als Richtungen erst innerhalb des Geschlossenen, Begrenzten auf bzw. aus diesem heraus.

Damit wurde zweitens auch die für die Quattrocento-Büste typische Zuordnung von Figur und Raum aufgelöst. Die Figur ist nicht mehr elementar in den Raum eingebunden wie im Quattrocento, wo die Makrostruktur der Figur die Raumrichtungen festlegte, sei diese nun als Integrationsstruktur (Donatello) oder als Oppositionsstruktur (typische Quattrocento-Büste) ausgewiesen, sondern dem Raum radikal entgegengesetzt: Im Elementaren ihrer plastischen Volumina bestimmt sich die Figur als eigene, abgeschlossene und damit den umgebenden Raum als das zu ihr schlechthin andere; im Raum erscheint sie gleichsam ausgesetzt, nicht verortet, ohne feste Bindung zu ihm. Es gibt keine übergreifenden, Figur und Raum gleichermaßen einbeziehenden Ordnungsbezüge mehr, keine für Figur und Raum gleichermaßen geltende, damit objektive Ordnungskategorien. Ein Bezug von Figur und Raum kann infolge dessen nur von innen her, aus der Figur heraus, damit aber nur subjektiv erfolgen, er kann nur willentlich gesetzt werden.

Darin kam drittens eine weitere Umkehrung zum Vorschein, nämlich die von Objektivität und Subjektivität mit Bezug auf Ordnung. Ordnung wird nicht mehr als etwas allgemein Vorgegebenes, Objektives verstanden, welche sich — im Hinblick auf ein einzuordnendes Besonderes, Subjektives — entweder als Integrationsmodell, die Gegensätze einstellend (Donatello), oder aber als Oppositionsmodell, die Gegensätze herausstellend (typische Quattrocento-Büste), zu erkennen gibt, sondern Ordnung wird gesehen als Resultat subjektiver Kraftentfaltung, zeigt sich gebunden an den Durchsetzungswillen individueller Ansprüche mit dem Ziel objektiver Gültigkeit. Der Mensch erfährt sich primär als isoliert, als bindungslos, frei. Das ihn allgemein Bestimmende ist seine Besonderheit, seine Einzigartigkeit, seine Freiheit. Dagegen liegt seine besondere Bestimmung darin, sich mit dem anderen zu verbinden, seine

Isolation zu überwinden, eine übergreifende, verbindliche Ordnung zu finden: Seine Besonderheit wird im subjektiven Willen erkannt, sich mit dem anderen gemein zu machen. Entsprechend brachte eine letzte Umwertung die Inversion der Richtungsbestimmtheit von Kopf und Büste. War bisher die Horizontale als Achse der Kommunikation der Büste dem Allgemeinen vorbehalten, der sich dann der Portraitkopf in der Vertikalen als der Achse der Individuation entgegenstellte, so zeigt hier die Büste als Leitwert eine sich durchsetzende Vertikalachse, während der Kopf deutlich eine horizontale Gerichtetheit aufweist.

Kein Zweifel, der Anspruch des Individuums, aus sich heraus, gleichsam voluntaristisch verbindliche Ordnungen zu setzen, eben jener Anspruch, der gern für den Menschen der Renaissance insgesamt in Anspruch genommen wird, zeigt sich in dieser Konsequenz allererst bei Michelangelo. Er zeigt sich konkret in der Verlegung des ehemals objektiv Vorgegebenen der Raumrichtungen ins Innere des Menschen, nunmehr sinnlicher Ausdruck individueller Energien, er zeigt sich in der Substitution des ehemals objektiven Ordnungssystems durch einen subjektiv bestimmten Ordnungsvollzug. Allerdings, der Mensch kann diesem Anspruch offensichtlich nicht genügen, er scheitert an ihm, indem er ihn stellt. Er wird mit seiner absolut gesetzten Individualität nicht fertig, erleidet sie, erfährt sie als ausweglose Situation. Die angestauten Energien können sich nicht entladen, bleiben gefangen, kommen über den allgemeinen Rahmen seiner Subjektivität nicht hinaus. Sie bleiben, indem sie sich auf ein Außen richten, für das Außen unverbindlich, gehen gleichsam ins Leere. Individualität zeigt sich als ein vom Menschen absolut gesetztes, subjektiv bestimmtes Maß, Wirklichkeit zu bestimmen, das an der Wirklichkeit scheitert. Individualität zeigt sich als radikale Forderung an die Wirklichkeit, nicht aber als zu verwirklichende Position.

Die Brutus-Büste ist folglich kein Individualportrait in dem hier bestimmten Sinn, sondern eher ein Portrait der Individualität als solcher, die Darstellung der zu sich gekommenen Individualität. Ist demnach die Brutus-Büste keine Portraitdarstellung, so hatte sie doch großen Einfluß auf die Portraitdarstellungen der nachfolgenden Zeit. Rein äußerlich machen sich solche Einflüsse in der Übernahme der neu konzipierten Büstenform bemerkbar, dem Oval sowie der Kopfwendung, obwohl Büstenform und Kopfwendung sogleich variiert werden: Das in die Breite gedehnte Oval des *Brutus* gerät zum Hochoval, die reine Profilansicht zur Dreiviertelansicht.[87]

Benvenuto Cellinis Büste des Cosimo I. Medici (Abb. 49, 50)[88] mag als Beispiel für die Übernahme und Umdeutung des michelangelesken Formdenkens dienen. Die geschlossene Büstenform ist aufgenommen, ebenso die Kopfwendung, aber die michelangeleske Entschiedenheit der gegensätzlichen Ausrichtungen, das radikal Unvereinbare ist verlassen. Die ovale Büstenform etwa ist nicht als Grundform exponiert, sondern als »Ereignisform« realisiert und steht als solche in Verbindung mit einer streng symmetrischen, axialen Kompositionsfigur, durch welche das die Büste intern bestimmende Motiv, der Panzer, ausgezeichnet ist. Durch die kräftige Betonung des Brustkonturs innerhalb der Panzerform zeigt sich zunächst ein horizontaler Gliederungswert kompositionsbestimmend, der sich mit einer Vertikalen, ausgewiesen durch die Ornamentik des Panzers, gewichtsmäßig die Waage hält. Die Vertikale, konkret bezeichnet durch das Goldene Vließ und das Gorgoneion, setzt sich von unten nach oben immer stärker als Orientierungswert in Szene — betont sowohl durch die symmetrische Anordnung der Ornamente des Panzers wie der Panzerschließen —, leitet dann über den Halsring — durch die Flügel des Gorgoneions vorbereitet — und über den Hals zum Kopfmotiv, während die horizontale Brustlinie eine Entsprechung in jenem, die Büste unten abschließenden und horizontal über den Panzer gelegten Gewandteil besitzt.

Gegen jene strenge kompositionelle Systematik des Büsteninneren setzt sich die freie, unsymmetrische, gleichsam zufällige Fassung der Büstenbegrenzung ab. Diese Grenzen bestimmen sich sukzessiv, von Motivfragmenten her, nämlich Teilen eines Mantels, die in verschiedenen, voneinander divergierenden Richtungen über den Panzer gelegt sind: Auf der rechten Seite schneidet ein Mantelstück die Schulter diagonal ab, wobei der Panzer selbst, durch Motivformen unterschiedlichster Art[89] überdeckt, als Motivmasse bis zu jener Spitze ausgedehnt wird, die sich im rechten Außenkontur der Büste in Höhe der horizontalen Brustlinie dadurch ergibt, daß hier eine gegensinnig gerichtete Diagonale mündet, aus den Panzerlaschen des Armstücks und dem anschließenden Panzerkontur gebildet. Die gegensinnig verlaufende Diagonale führt nun andererseits zum unteren, in der Mitte geknoteten und die Büste horizontal begrenzenden dreigeteilten Mantelteil. Dieser Teil leitet dann seinerseits, nach der Knotung in der Mitte und bei allmählich stärker werdender Schrägrichtung, zu einem vertikal strukturierten Zipfel, der in seiner vertikalen Untergliederung die vertikal fallenden Panzerlaschen des linken Armstücks auffängt und genau dort den horizontal bis schräg verlaufenden Mantelteil überschneidet, wo der eigentliche Panzer endet.[90] Die bereits im unteren, horizontal bis schräg verlaufenden Mantel — besonders im oberen Kontur — zu beobachtende, deutlich nach links hin stärker werdende Schrägrichtung setzt sich im Bereich des Mantelzipfels fort,[91] verstärkt sich dann nach dem Zipfel im dreigeteilten Mantelstück zu einer Rundführung, welche die Panzerlaschen und das Armstück des Panzers umfängt, um schließlich hinter der Schulter ganz zu verschwinden.

Durch das Hinzufügen eines neuen Motivs, des Mantels, und zwar in dieser fragmentarisierten Form, ergibt sich nun für die intern axial geordnete Büste ein abschließender Grenzverlauf, durch den sich eine querovale Form ausweist, ohne daß diese konkret — wie bei Michelangelo — als allgemeine Grundform festzumachen wäre. Denn sie erstellt sich nicht nur sukzessiv und dabei aus verschiedenen Motivfragmenten, sondern sie erstellt sich darüber hinaus aus solchen Motivfragmenten, welche auch räumliche Verlaufsfiguren zur Anschauung bringen. So kommt das Mantelstück rechts hinter dem Hals hervor und legt sich über die Schulter, um dann gleich wieder hinter die Panzerlaschen des Oberarmstücks zurückzuweichen. Am unteren Abschluß der Büste taucht der Mantel wieder auf, horizontal über den Panzer gelegt, wird dann links von einem weiteren Mantelteil überdeckt, um dann schließlich in einer Rundführung die Lederlaschen des Armstücks links freizugeben und hinter der Schulter wiederum zu verschwinden. In gegensätzlichen Ausrichtungen erfolgt somit eine räumliche Einkreisung der Büste: Die linke Schulter ist frei, die rechte verdeckt, während der rechte untere Büstenteil frei ist und der linke verdeckt wird.[92]

Die äußere Form der Büste stellt sich demnach als eine räumliche Verlaufsform dar, welche die interne, orthogonal bestimmte Ausrichtung der Büste prozessual in den Raum einrichtet, wiewohl sich diese Einrichtung der Figur im Raum infolge des Sich-Umkreisens und Sich-Begrenzens zunehmend als eine Weise der Isolation vom Raum herausstellt. In diese, die Büste gleichermaßen verortende und ortlos machende Verlaufsfigur der äußeren Begrenzungsmotive ist dann auch die Kopfwendung einbezogen. Im Unterschied zum *Brutus* ist der Kopf des *Cosimo* nicht im Profil gegeben, sondern in 3/4-Sicht. Er wird demnach nicht eindeutig fixiert, sondern erscheint in einer Zwischenstellung, dadurch bewegungs- bzw. handlungsfähig. Das

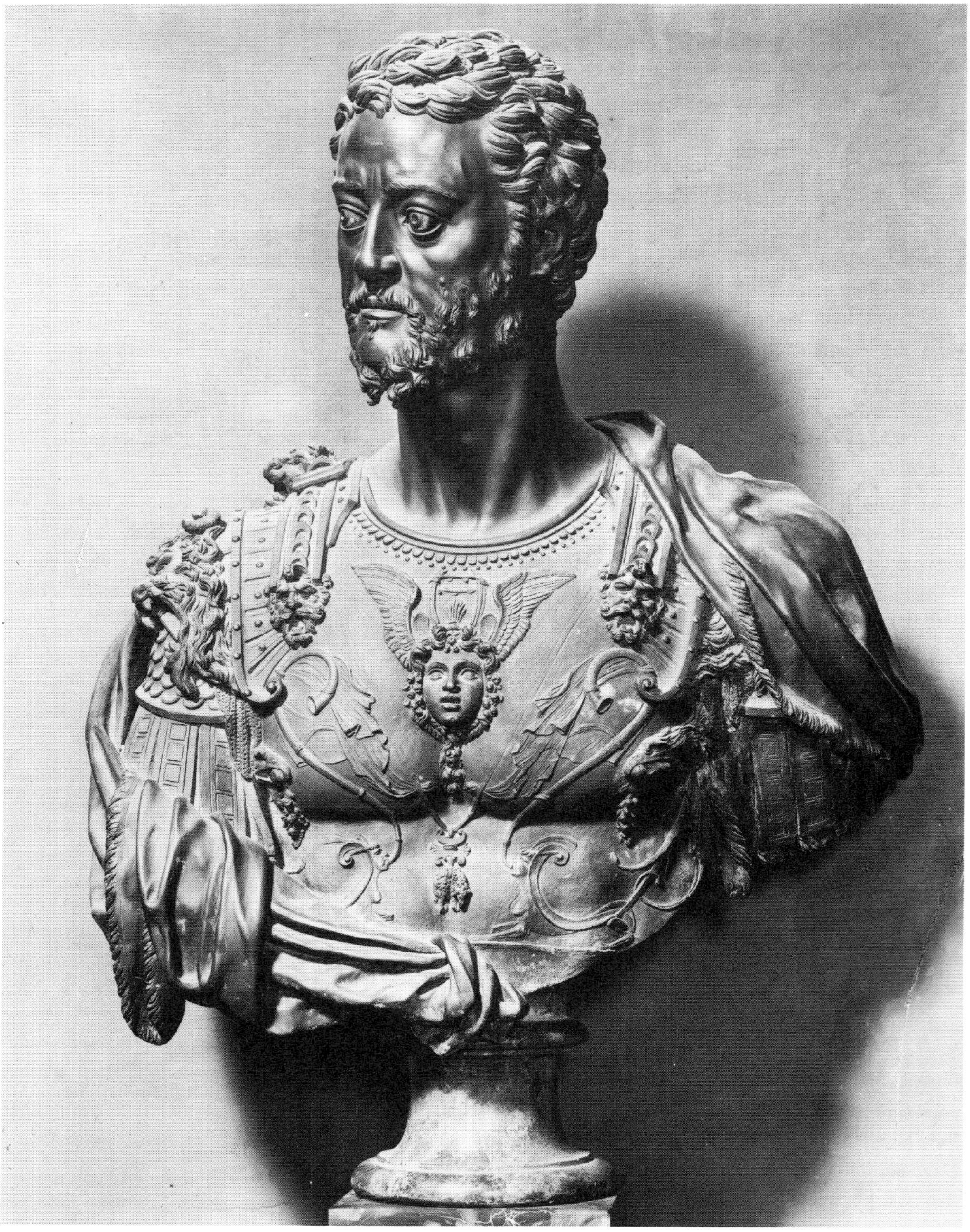

49 Cellini, *Cosimo I. de' Medici,* 1546—1548, Florenz, Museo Nazionale

wird auch daran deutlich, daß der Blick nicht fixiert, sondern in einer Ausrichtung nach links auf verschiedene Ziele hin offen scheint.[93]

Die Ausbildung des Kopfes selbst erfolgt analog zur Systematik der Büste; die Gesichtsmotive sind intern streng symmetrisch angeordnet und beziehen sich dabei auf die Nase als Symmetrieachse, während sich die abschließende Konturführung der Verlaufsstruktur des Büstenteils anschließt. Der Kontur der linken Schulter etwa wird richtungsmäßig im Kinn-und Backenbart aufgenommen, dann über die Konturen von Hinterkopf (räumlich tiefste Stelle) und Haupthaar zum leicht gerundeten Gesichtskontur links zurückgeführt bis zum Kinn; die Gesichtsform links findet — leicht modifiziert und versetzt — eine Fortführung im Halsausschnitt des Panzers, der selbst um den Hals herum in die Tiefe leitet und zu jener Stelle hin, an welcher das die rechte Schulter abdeckende Mantelstück hervorkommt, um nun seinerseits die Kreisbewegung der Büste in Gang zu setzen.

Hierbei wird deutlich, daß die Verbindung von Kopf und Büste zwar formal an Michelangelo orientiert durchgeführt ist, daß diese Verbindung aber im Unterschied zu Michelangelo Kopf und Büste nicht endgültig festgelegt, sondern aufgrund der Transitorik der Motivformen einen Spielraum für die Figur eröffnet, in dem sie potentiell handeln kann: Der Kopf etwa kann sich bewegen, könnte eine andere Stellung einnehmen, er hat die Möglichkeit, sich selbständig zu verändern. Er deutet damit auf ein bestimmtes Maß an Entscheidungsfreiheit, die dem *Brutus* radikal verweigert war. Es ist aber die Eröffnung eben dieses Spielraums für selbstbestimmtes Handeln der Figur, was Cellini über Michelangelo hinausgehen läßt, was schließlich den *Cosimo* im Unterschied zum *Brutus* zum Individualportrait macht.

Allerdings, das selbstbestimmte Handeln wird nur in einem Spielraum toleriert. Die Gestaltung der Figur macht deutlich, daß die Er-

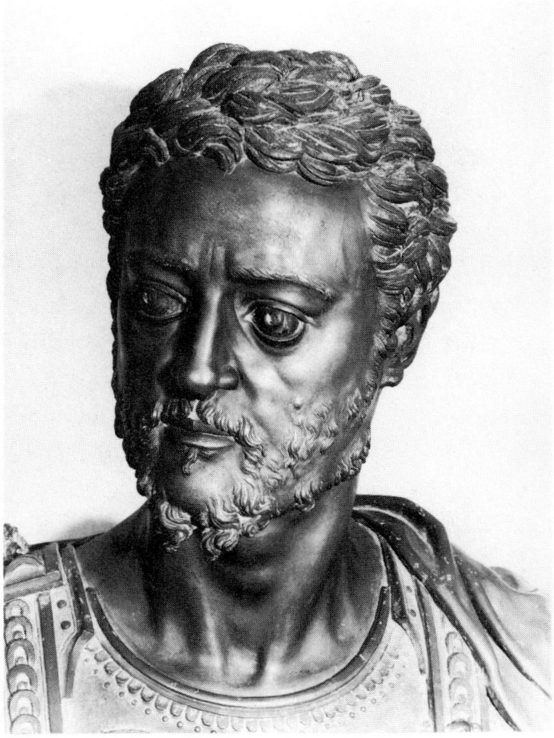

50 Detail von Cellinis *Cosimo I. de' Medici* (49)

öffnung dieses Toleranzraumes nicht über die eigengesetzten Grenzen hinausgeht, nicht den umgebenden Raum mit einbezieht. Im Gegenteil, die Ausweisung des Toleranzraumes erfolgt prozessual über Motivfragmente, welche die Figur räumlich umkreisen, sie damit vom umgebenden Raum absondern, so daß dieser als ein zum Toleranzraum radikal anderer in Erscheinung tritt. Folglich wird eine intern axialsymmetrisch ausgerichtete Figur in einen zeitlich-räumlichen Vollzugszusammenhang nach außen gesetzt, wobei sich die intern vorhandene ideelle Position innerhalb ihrer zeitlichen Realisierung dem Umgebenden gegenüber abschließt. Die Konkretisierung der ideell gesetzten Position, d.h. ihre Einbindung in das Umhafte, gelingt nur unter der Bedingung ihrer gleichzeitigen Isolation von diesem. Indem sich die Figur durch momentane, Zeit und Raum implizierende Motive und Formen in das Umgebende versetzt, isoliert sie sich von diesem, schließt das Umgebende von sich aus. Sie dreht sich um ihre interne Position, damit um sich selbst, dreht sich in sich. Jenes Blicken, das kein Ziel im Aussen findet, darf hierfür als exemplarisch angesehen werden. Der Blick geht nach außen, konzentriert sich aber nicht auf ein bestimmtes Ziel, sondern divergiert, wird zur Seite hin abgedrängt, weitergeleitet und so in die Systematik der Figur insgesamt wieder hineingenommen, der zufolge eben alles ums sich kreist, ohne Anfang, ohne Ende. Aber es ist wesentlich und bestimmt Cellinis Konzeption gegenüber Michelangelo, daß *Cosimo* überhaupt blicken kann, daß Blicken als Moment des Transitorischen, Nicht-Vorbestimmten und damit als freies Tun überhaupt möglich ist, selbst dann, wenn es letztlich zu keinem Ziel führt.

Demnach erreicht auch Cellini keine Auflösung der Konfliktsituation Michelangelos, aber jene, diese Situation bestimmenden Gegensätze sind doch nicht mehr absolut bestimmend: Hier gibt es die Möglichkeit von Bewegung, einen Spielraum für individuell bestimmte Abläufe, Entwicklungen, während bei Michelangelo alles in höchster Anstrengung gegeneinandergeführt war, sich gegenseitig in Schach hielt und bei äußerster Bewegungsanstrengung bewegungslos, bei äußerster Anspannung verspannt blieb. Cellini verzeitlichte den Konflikt Michelangelos, deutete ihn als die persönliche Konfliktsituation eines bestimmten Menschen, entkleidete ihn seiner allgemeinen, grundsätzlichen Geltung für den Menschen überhaupt: Auswegloses zeigt sich nicht mehr in Absolutheit, sondern als Erfahrung der zeitlichen Realisierung des Menschen, als Erfahrung seines konkreten Existenzvollzugs. Gegensätzliches ist so konzipiert, daß es sich weder gegenseitig lähmt noch gegenseitig auflöst, sondern jeweils auf anderes verweist und dabei selbst auf wiederum anderes reagiert, folglich in Bewegung steht und nicht in sich verharrt. Dadurch eröffnen sich Entwicklungen mit der Option auf zukünftige Lösungen, die freilich niemals eintreffen, da das Problem konkret nur weitergereicht, delegiert wird vom je einen zum je anderen und vom je anderen zum je einen, dabei um die Figur, im Kreise herum. Aber es ist wesentlich, daß überhaupt ein Handlungsspielraum für subjektive Eigenbestimmung eröffnet ist: Das konflikthafte Gegeneinander der Formen und Formungen hat seine gleichsam kosmische Zuständlichkeit verloren und damit seine Anonymität, zeigt sich vermenschlicht, als konkrete Erfahrung innerhalb des Lebensvollzugs eines bestimmten Menschen; Gegensätze und Widersprüche werden als Erfahrungswerte eines sich seiner Individualität bewußt werdenden Menschen dargestellt (Cosimo), nicht mehr als Bestimmungswerte für individuellelle Existenz ganz allgemein hergestellt (Michelangelo).

Dies bedingt selbstverständlich auch eine bei Michelangelo und Cellini unterschiedlich artikulierte Verhältnissetzung von Figur und Betrachter. Bei der Brutus-Büste gab es zwei sich alternativ verstehende Ansichtsweisen, die eine durch die Frontalität der Büste, die andere durch die Profilausrichtung des Kopfes eingefordert. Der Betrachter fand keinen endgültigen Standpunkt zur Büste, sondern geriet vor ihr selbst in eben jenen, durch die Büste insgesamt beschworenen Zwiespalt, indem er jeweils bei dem einen von ihm eingenommenen Standpunkt durch die Büste auf den je anderen von ihm alternativ einzunehmenden Standpunkt verwiesen wurde. Beim *Cosimo* hingegen ist die Standpunktalternative aufgegeben; die Büste kann in Gänze von einem Standpunkt her erschlossen werden. Dieser wird festgelegt durch die intern gegebene, symmetrisch-axiale Ausrichtung der Figur. Allerdings tritt auch hier der Betrachter nicht in einen unmittelbaren Zusammenhang zur Figur, da eben diese Standortzuweisung durch die Figur von ihr selbst wiederum radikal in Frage gestellt wird. So artikulieren die Mantelfragmente in Verbindung mit Panzermotiven und der Kopf — also gerade jene Formen und Motive, die das Besondere, Zeitlich-Historische der Figur ausmachen — räumliche Verlaufsfiguren, die insgesamt gesehen die Figur spiralförmig umkreisen und damit — idealiter — den Betrachter um die Figur herumführen, ohne ihm eine feste, geschlossene, damit endgültige Ansicht zuzuweisen. Folglich stellt sich die mögliche, bindende Zuordnung des Betrachters zur Figur in dem Augenblick als Fiktion heraus, wo die konkrete Eigenrealisierung der Figur ins Spiel kommt, wo jene, die Figur als historisch bestimmt ausweisenden Motive (Mantel usw.) eine neue »Verortung« der Figur durchsetzen. Dieser neuen Verortung zufolge erscheint die Figur als eine im Raum anwesende, sich gleichzeitig aber von ihm isolierende, auf sich beschränkende, um sich kreisende. Erscheint sie dadurch in eben der Weise ortlos wie der *Brutus* des Michelangelo, so erstellt sich diese Ortlosigkeit doch als Resultat ihres konkreten Existenzvollzugs, d.h. in Beziehung zum Betrachter: Ihre Ortlosigkeit wird gleichsam historisch verortet, nämlich aktuell begründet und dadurch dem Betrachter einsichtig, wenngleich dies für ihn eine Einsichtnahme in das ganz andere, hermetisch Geschlossene der Figur bedeutet.

Gerade die Erfahrung des hermetisch Geschlossenen der Figur, die Erfahrung des ganz anderen im Gegenüber, verstärkt sich noch in der Bildnisbüste des Bindo Altoviti (Abb. 51)[94]. Zunächst ist die Breitenlagerung des Büstenovals zugunsten eines Hochovals aufgegeben, wie ebenso die ausgeglichene interne Orthogonalität einer dominanten Vertikalausrichtung weichen mußte. Damit verliert die Büste den letzten Rest von Gelagertsein (Horizontale); das Unbasierte innerhalb der Erscheinung dominiert eindeutig: Die vertikale Gewandöffnung in der Mitte ist als interner Ordnungswert bestimmend, so daß bereits im Inneren das Gewicht deutlich auf die Individuation gelegt scheint. In Verbindung damit ist auch die Änderung der Kopfhaltung zu sehen. *Altoviti* schaut nicht nach außen, etwa über die Schulter hinweg, ist auch nicht abrupt zur Seite hin gewendet, sondern blickt nach »innen«, den Kopf leicht nach rechts unten geneigt. Die Kopfform selbst zeigt sich stärker eingegrenzt, dem Hochoval der Büste angeglichen, wie auch die Gesichtsmotive von Kopfbedeckung und Bart umrundet werden.

Das Versetztsein des Kopfes gegen die vertikale Mittelachse wird durch die Mantelformen der Büste aufgenommen, die noch entschiedener als bei der Cosimo-Büste bewegungsmäßig um die Figur herumleiten. Der Wendung des Kopfes nach rechts steht die Mantelführung in ihrer deutlichen Abschließung nach rechts hin und ihrer Öffnung nach links entgegen, wobei letztere sich durch das Verschwinden des horizontal bestimmten Mantelverlaufs am unteren Abschluß der Büste ergibt. Diese offene Stelle wird aber gleich wieder durch einen von hinten her neuerlich hervorkommenden Mantelabschnitt geschlossen, der — durch vertikale bis leicht schräge Faltenformen gegliedert — sich über die linke Schulter legt, um dann gleich wieder nach hinten, zum Nacken hin zurückzuweichen, den Hals zu umrunden und — über der rechten Schulter hervorkommend — den Kreislauf neu zu beginnen.

Kopfwendung und Blick werden demnach nicht — wie beim *Cosimo* — vom Mantel aus dem Außen zurückgeholt und ins Innen gebunden, sondern sind bereits in die Kreisfigur der Mantelformen eingebunden, damit um sich selbst kreisend, um die eigene Position, setzen demnach die Geschlossenheit bzw. die Abgeschlossenheit der eigenen Existenz bewußtseinsmäßig voraus, reflektieren sie. Folglich geht es hier weniger um die Herstellung jener Konfliktsituation zwischen Individuum und Umgebendem, zwischen Besonderem und Allgemeinem und zwischen Jeweiligkeit und Grundsätzlichkeit, als vielmehr um die Darstellung des Resultats dieser Konfliktsituation, nämlich um die Darstellung der »Entfremdung«[95] von Individuum und Umwelt, von Besonderem und Allgemeinem: »Wohin man auch blickt, wiederholt sich das gleiche Schauspiel: die Menschen fühlen sich von allem, was ihrem Leben bisher Sinn und Ziel verliehen hat, wie abgeschnitten, von allem, was ihnen vertraut war, getrennt und entfernt.«[96] Das, was dem Menschen gegenübersteht, wird nur als Reflex seines eigenen erkannt und auf ihn selbst zurückgeführt, gewinnt keinen Ort außerhalb des Menschen. Der Mensch ist allein, isoliert, ohne Verbindung. Das Kreisen um sich selbst bzw. in sich selbst bringt letztlich die völlige Abkehr vom Außen, vom Umgebenden. Der Mensch dreht sich um sich selbst, verliert sich, indem er das Außen verliert, verliert einen Standpunkt zu sich selbst.

Cellini transponierte den bei Michelangelo ausgebrochenen Konflikt von Besonderem und Allgemeinem, von Mensch und Welt auf die Ebene der persönlichen Existenzerfahrung. Damit bleiben die Widersprüche zwar bestehen, werden aber ihrer absoluten Valenz entkleidet und durch die Einbindung in den individuellen Existenzvollzug lebbar gemacht. Die Gegensätze gehen in den Lebensvollzug ein, werden in eine Zeitabfolge »integriert«, damit vermenschlicht und verlieren den Terror, den sie in der michelangelesken Konzeption ausübten. Diese, die Widersprüche aufnehmende Zeitabfolge oder umgekehrt jene, die Zeitabfolge erst in Gang bringenden Widersprüche schließen sich als eine end- und anfanglose Verlaufsstruktur um den Menschen herum zusammen, isolieren ihn vom Umgebenden. Der Mensch ist in seine zeitliche Existenz verstrickt, in ihre nicht zu steuernden Abläufe, in ihren Gegensätzlichkeiten und Zwiespältigkeiten gleichsam gefangen;[97] er ist dies aber als individuelle Persönlichkeit. Und dies ist wesentlich; es unterscheidet Cellini vom Vorausgegangenen (Michelangelo, Quattrocento) ebenso wie es ihn vom Nachfolgenden (Bernini) unterscheidet: Zeigte sich Individualität im Quattrocento eingebunden in ein situationales, prästabiliert bestimmtes Ordnungssystem (Donatello) oder in ein elementares, oppositionell bestimmtes Ordnungssystem (typische Quattrocento-Büste), so trat bei Michelangelo Individualität zum ersten Mal in radikal subjektiver Eigenbestimmung auf. Allerdings, diese Befreiungstat des Individuums durch Michelangelo schaffte neue, unüberwindliche Zwänge; der radikale Anspruch subjektiver Eigenbestimmung der Figur konnte nur realisiert werden unter der Bedingung einer generellen Fremdbestimmtheit des Umgebenden, er führte zum absoluten Widerspruch zwischen Figur und Raum, zwischen Besonderem und Allgemeinem, zwischen dem Selbst und dem anderen. Indem nun Cellini die Widersprüche und Gegensätze Michelangelos verzeitlichte, in eine zeitliche Abfolge stellte, schaffte er einen Toleranzspielraum für subjektive Eigenbestimmung, zeigte sich die Transitorik seiner Figuren als subjektive Handlungs-

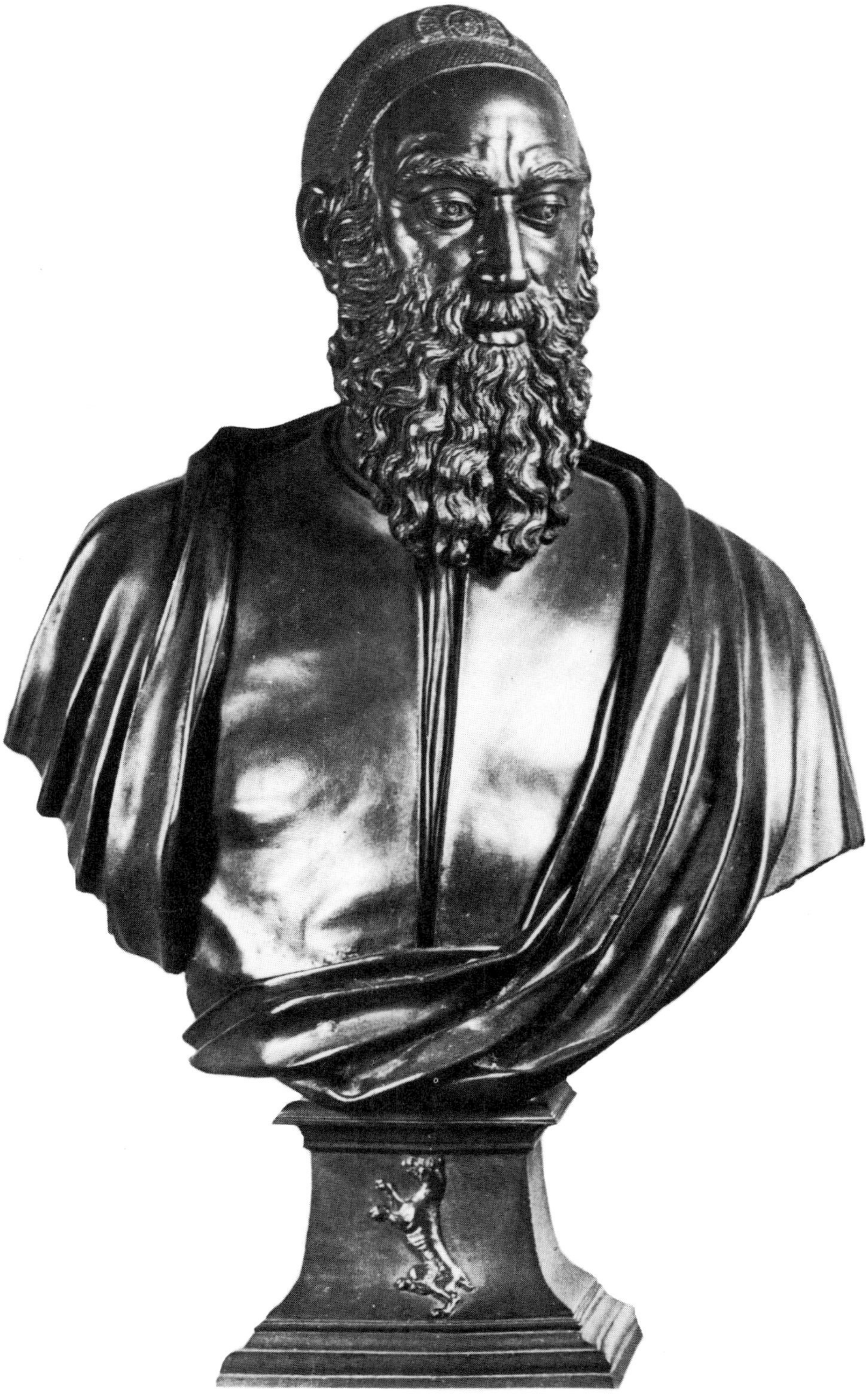

51 Cellini, *Bindo Altoviti,* um 1550, Boston, Isabella Stewart Gardner Museum

möglichkeit innerhalb eines bestimmten Spielraums. Es wird Bernini sein, der in seinen Portraits die subjektive Eigenbestimmung aus den Grenzen dieses Spielraums befreien und sie zum Bestimmungswert für Figur und Raum schlechthin verbindlich machen wird.

Dazu aber war ein Neuanfang nötig; ein Neuanfang war nötig, um den Menschen aus seiner hermetischen Abgeschlossenheit, seiner wie immer zum Außen oder vom Innen erzwungenen Zurücknahme auf sich selbst zu befreien. Das Gefängnis seiner Eigenbespiegelung, seines Sich-Drehens um sich selbst, ohne sich je zu finden, mußte gewaltsam aufgebrochen werden: Der Mensch mußte sich von sich selbst befreien, um wieder zu sich kommen zu können.

VI. BAROCK (BERNINI)

»Der Mann des Schicksals war bekanntlich Lorenzo Bernini von Neapel ...«[1] Mit diesem Satz leitet Jacob Burckhardt in seinem »Cicerone« den Abschnitt über die Barockskulptur ein. Freilich, das Schicksal, welches nun die Skulptur betraf, wird — im Unterschied etwa zur Malerei — von Jacob Burckhardt negativ gesehen: »... in der Skulptur gehen die wichtigsten Grundsätze der Gattung ... verloren und es entsteht kein größeres, namentlich ideales Werk mehr, das nicht einen schweren Widerspruch enthielte. Nicht ohne Schmerz sehen wir ganz ungeheuere Mittel und einzelne sehr große Talente auf die Skulptur verwendet, welche die folgenden anderthalb Jahrhunderte hindurch (1630—1780) über Italien und von da aus über die ganze Welt herrschte. Ihr Sieg war schnell und unwiderstehlich, wie überall, wo in der Kunstgeschichte etwas Entschiedenes das Unentschiedene beseitigt.«[2]

Die Beurteilung der Barockskulptur — wie des Barock insgesamt — hat sich seit Burckhardt wesentlich gewandelt.[3] Gewandelt hat sich dagegen nicht die Beurteilung der Stellung Berninis als Mann des Schicksals, als desjenigen Künstlers, der die Skulptur aus der Sackgasse des Manierismus herausführte, als desjenigen Künstlers folglich, der einen neuen Anfang setzte.[4] Ihm gelang dieser Neuanfang, weil es ihm gelang, den bei Michelangelo aufgebrochenen und im Manierismus »umformten« Konflikt zu lösen, weil er Mittel fand, jene bei Michelangelo und im Manierismus unüberbrückbaren Gegensätze von Figur und Raum, von Besonderem und Allgemeinem zu überbrücken. Was ihm konkret gelang, beschreibt Panofsky mit folgenden Worten: »Bernini beseitigte nicht nur die Grenzlinie zwischen zwei verschiedenen Techniken [gemeint sind Malerei und Bildhauerei], er bot einer Anzahl von weit wesentlicheren Schranken Trotz: Den Schranken zwischen empirischer und metaphysischer Zeit (oder Ewigkeit); der Schranke zwischen Lust und Schmerz; und schließlich den Schranken zwischen Leben und Tod.[5] Ich sage ›er bot Trotz‹ nicht ›er leugnete‹, weil sein Stil — im Gegensatz zu trompe-l'oeil-Effekten, die gelegentlich versucht und erreicht wurden, wo immer die Kunst gelernt hatte, die Mittel der Perspektive zu handhaben — alle diese Dualismen nicht etwa als nicht existierend behandelte: Er erkannte sie klar und deutlich und löste sie alsdann auf.«[6] Die Auflösung aber jener Dualismen, die in der Kunst Michelangelos aufgebrochen und nachfolgend im Manierismus perennierten, führte zu einem neuen Gleichgewicht des ehemals Widerstrebigen, zu einer neuen Harmonievorstellung, welche an jene der Renaissance erinnert. Nicht zu Unrecht spricht deshalb Hubala im Zusammenhang mit der Kunst des 17. Jahrhunderts von einer »Re-Renaissance«.[7] Hubala versteht darunter den »Rückgriff auf die Klassik der Hochrenaissance ... auf der Grundlage eines sympathischen, psychologisch vertieften Weltverständnisses.«[8] Wenn auch mit Bezug auf die Portraitbüste weiter zurückgegriffen werden mußte — nämlich auf Donatello —, scheint doch dieser Rückgriff aufs Vergangene, bedingt durch den Angriff aufs Gegenwärtige (Manierismus),[9] den Zugriff auf ein Neues wesentlich mitgetragen zu haben. Allerdings, das neue Gleichgewicht, die neue Harmonievorstellung zeigt sich nicht als Wiederherstellung eines ehemals Überwundenen auf einer neuen Grundlage, sondern bezeichnet die Grundlage einer neuen Vorstellung, welche das Überwundene und das Überwindende gleichermaßen in sich einbegreift. Diese Grundlage am Beispiel der Portraitbüsten Berninis zu erläutern, wird nachfolgend versucht.

Es scheint zunächst bemerkenswert, daß die barocke Portraitbüste und ihr Initiator — eben wieder Gian Lorenzo Bernini — niemals in der Weise attackiert wurden, wie dies z.B. den Statuen von Heiligen oder mythologischen Darstellungen in der Regel widerfuhr; im Gegenteil, Berninis Büsten machten ihn nicht nur zum gefragtesten Portraitisten seiner Zeit,[10] auch später, als etwa seit der Mitte des 18. Jahrhunderts seine Architektur und seine übrigen plastischen Werke heftig kritisiert wurden,[11] blieb seine Bildniskunst ausgespart; auch bei Jacob Burckhardt: »Es versteht sich nun von selbst, daß er Berniniụ nd seine Schule diejenigen Aufgaben am besten löste, bei welcher der Naturalismus im (wenn auch nicht unbedingten) Rechte ist. Hierher gehört das Portrait. Schon in vorherigen Perioden eines echten und halbfalschen Idealismus war die Büste durchgängig gut, ja bald die beste Leistung dieser Kunst gewesen, und dies Verhältnis dauert nun in glänzender Weise fort.«[12] Zugespitzt formulierte Max von Boehn: »Hätte er auch nichts hinterlassen als seine Büsten, man würde Bernini schon ihretwegen zu den größten Künstlern rechnen müssen.«[13]

Eine solche ungeteilte Wertschätzung der Portraitskulptur Berninis bei teilweise heftigster Ablehnung des übrigen plastischen Werks gibt zu denken. Burckhardts Hinweise auf das Recht des Naturalismus beim Portrait kann hier nicht ausreichen, müßte doch gerade dem Naturalismus z.B. das Recht der Büste, Fragment zu sein, einen durchgeschnittenen Körper zu präsentieren, als Unrecht erscheinen. Es ging wohl auch in erster Linie gar nicht um die Angemessenheit von Naturalismus oder Idealismus im Hinblick auf eine bestimmte Thematik (Portrait, Heiligenstatue usw.), sondern vielmehr um die Möglichkeit ihrer bildnerischen Verwirklichung im Medium der Skulptur überhaupt, folglich darum, ob bestimmte Konzeptionen mit den wie immer normativ angesehenen Gegebenheiten der Skulptur als Medium vereinbar seien oder nicht. Dabei zeigt sich, daß die Toleranzgrenze dem gegenüber, was zulässig ist und was nicht, bei der Portraitbüste offensichtlich weiter gespannt war als bei den übrigen Werkgattungen der Skulptur: Hier prangert man bereits als unzulässig an, was man dort noch ohne weiteres passieren läßt. Die Portraitbüste bleibt anscheinend offen auch für solche Konzeptionen, die — für den Barock typisch — von einem klassizistisch gefärbten Standpunkt her gesehen außerhalb der Büste jedenfalls nicht mehr toleriert wurden. Von daher müßten aber Hinweise sowohl auf die Besonderheit der barocken Konzeption insgesamt als auch auf die Besonderheit der Gattung Büste gerade im Hinblick auf ihr wechselseitiges Sich-Bedingen zu gewinnen sein.

»La prima opera, che uscisse dal suo [Berninis] scarpello in Roma fu una testa di marmo situata nella chiesa di S. Potenziana; avendo egli allora il decimo anno di sua età appena compito«, so schreibt Baldinucci in seiner »Vita del Cavaliere Gio. Lorenzo Bernino, Scultore, Architetto, e Pittore«, Florenz 1682.[14] Fraschetti hat klargelegt, daß mit diesem Kopf die Portraitbüste des Bischofs Giovan Battista Santoni[15] in der Kirche S. Prassede in Rom gemeint ist (Abb. 52).[16] Zweifellos gehört diese Portraitbüste zu den frühesten Werken Berninis, doch ist das aus Baldinuccis Angabe zu errechnende Entstehungsdatum 1608 wohl nicht zu halten. Baldinuccis Bestreben, Bernini als Wunderkind, das er in der Tat auch war, herauszustellen, muß hierbei berücksichtigt werden.[17] Allerdings, die übliche Datierung der Büste, um 1615,[18] ist gleichfalls unzutreffend, wie Lavin deutlich gemacht hat.[19] Demnach dürfte eine Datierung um 1610 wohl am wahrscheinlichsten sein.

Die Büste des Santoni ist Teil eines Grabdenkmals (Abb. 53) in Form einer *memoria*, ein Epitaph[20] mit Büstenportrait, jenes Genre, »das den ziemlich dürren Zwischenraum zwischen den Altersjahren Michelangelos und dem Auftauchen Berninis am erfolgreichsten überstanden hatte«.[21] Bernini knüpft mit der *memoria* an eine — wenn man so will — blühende oder noch blühende manieristische Tradition an, die sich als eine Neuschöpfung im 16. Jahrhundert durchgesetzt hatte: »Zunächst übernimmt das Wandgrab [im Cinquecento] noch Teile des quattrocentistischen Bestandes: den Sarkophag und ... auch die Madonna, die vormals auf den liegenden Toten herabsah. Alsbald jedoch beschränkte sich der Aufbau auf die architektonisch-ornamentale Rahmung von Büste, Inschrifttafel und Wappen. Die Büste wird vor dem Dunkel ihrer Nische inmitten des rechteckigen Rahmenfeldes zum Zentralmotiv. Mit der Zeit rückt sie in die obere Zone des Grabmals hinauf bis in die gegiebelte Krönung hinein.«[22] Genau diesem, von Grisebach beschriebenen Typus mit der in die gegiebelte Krönung hineingenommenen Portraitbüste gehört die *memoria* des Santoni an.[23]

Zunächst ist die Büste im Hinblick auf ihre Nischenrahmung zu beachten. Wir hatten es bisher mit Portraitbüsten zu tun, die ohne Nische, frei, etwa auf Tür- oder Kaminsimsen, aufgestellt waren.[24] Selbstverständlich gab es auch im Quattrocento Portraitbüsten mit architektonischer Rahmung, erwähnt seien nur das Selbstportrait Ghibertis[25] oder die Köpfe im Fries des Baptisteriums von San Satiro in Mailand[26] oder auch die *imagines clipeatae* bei Andrea della Robbia.[27] Aber diese Darstellungen waren doch eher Ausnahmen, bewußte Rückgriffe auf die Antike. Der normale Büstentypus war jener oben beschriebene mit horizontalem Oberkörperabschnitt, der somit sein Sitzen im Raum dokumentierte, sein Festsein, sein »Selbständigsein«.

Von dieser sicheren Eigengründung des Portraitierten ging man im Anschluß an Michelangelo ab, nicht nur formal, weil man von der quattrocentistischen Büstenform selbst abging und statt dessen die ovale Form Michelangelos aufnahm, die ja nicht fest zu gründen war, sondern auch inhaltlich, weil man seine Sicht des Menschen aufnahm, der zufolge die Thematisierung der unbedingten Individualität des Menschen zugleich seine absolute Bedingtheit, sein vom Außen Umschlossensein offenbar machte.[28] Man suchte deshalb einen die Figur tragenden Rahmen, gleichsam eine Behausung, und wandte sich an die Architektur, die aber zum Gefängnis geriet. Auch darin war Michelangelo vorausgegangen. Er sperrte als erster das selbständige, körperhaft individuelle Motiv der Säule in einen Kasten (Laurenziana) oder ganze Figuren in »Gefache« (Medici-Kapelle), welche selbstverständlich Säule und Figur nicht trugen, sondern von Säule oder Figur ertragen werden mußten. Es wird Bernini sein, der — indem er an den manieristischen Darstellungstypus des Menschen und der damit verbundenen Vorstellung vom Portrait mit rahmender Architektur anknüpft — die Portraitbüste wieder aus dem Rahmen der Architektur lösen, sie zu einer selbständigen Darstellungsform erheben und ihr damit ein eigenes »Innesein« in der Welt verleihen wird. Dies ist aber ein Vorgang, den wir in ähnlicher Weise bereits im Quattrocento, bei Donatello, kennengelernt haben, der demnach prinzipiell vergleichbar ist, hier aber zu anderen Resultaten führen wird.

Die Befreiung der Portraitbüste aus dem architektonischen Verband erfolgt als Prozeß, der — über verschiedene Stationen verlaufend — mit der Portraitbüste des Scipione Borghese abschließen wird und geeignet scheint, die Entwicklung des jungen Bernini zu beleuchten. Als solche Stationen, die den Verlauf des Emanzipationsprozesses von der Architektur beispielhaft verdeutlichen, sind die Memoiren des Santoni,[29] des Vigevano (Abb. 55)[30], des Montoya (Abb. 57)[31] und des Bellarmine (Abb. 60)[32] zu nennen, die nachfolgend im Zusammenhang besprochen werden sollen. Rein äußerlich ist dieser Prozeß einerseits durch eine zunehmende

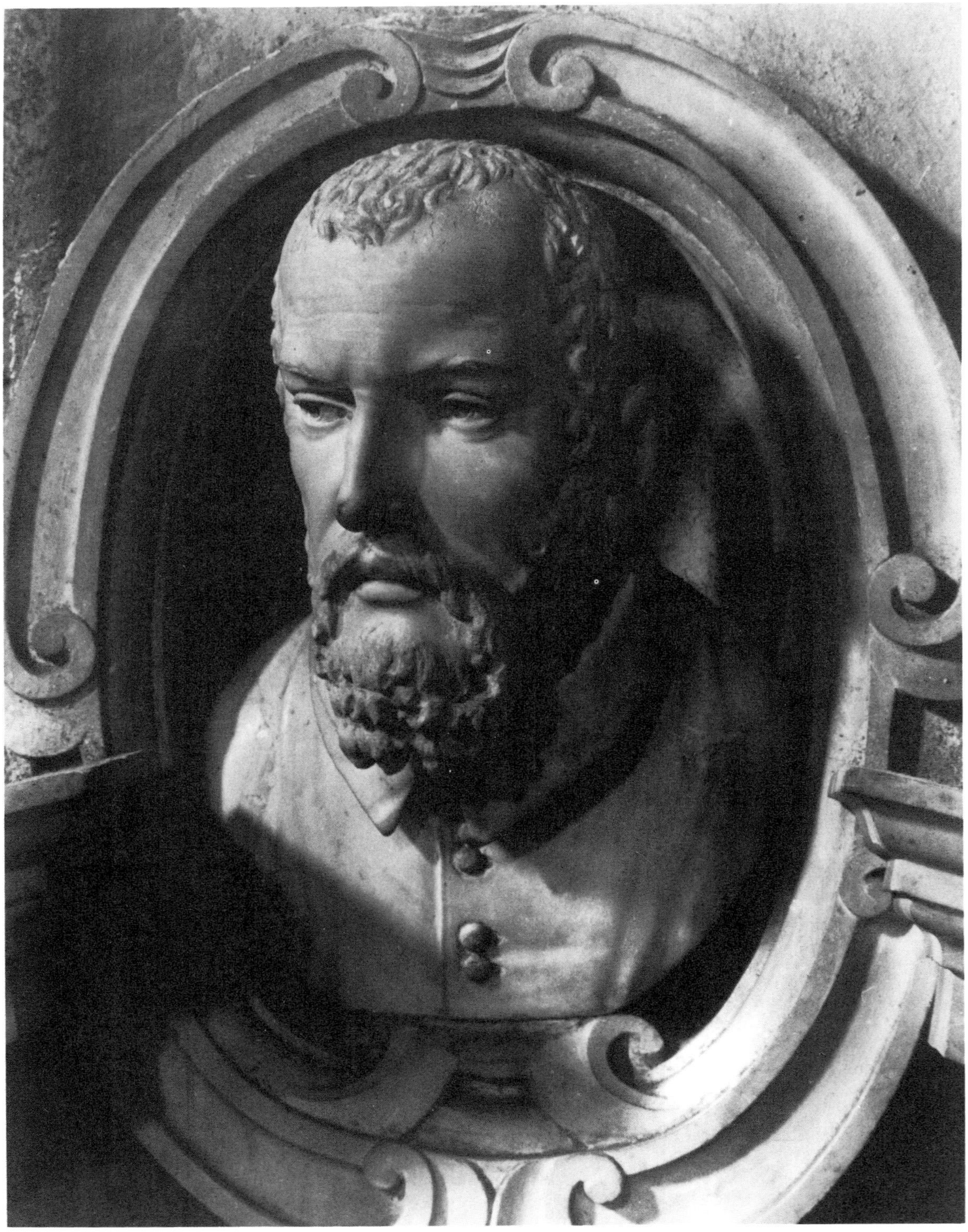

52 Bernini, *Giovan Battista Santoni,* um 1615, Rom, San Prassede

Vergrößerung und damit Gewichtung des Büstenteils der Figuren bestimmt, andererseits — und damit verbunden — durch die sich wandelnde Verhältnissetzung von Portraitkopf und Büstenteil sowie von Portraitbüste insgesamt und architektonischem Rahmen: Aus einem knappen, oval geschnittenen Bruststück, das in seiner platten, fragmentarischen Art durch das eng anliegende und wenig differenzierte Gewand verstärkt wird (*Santoni*), entwickelt sich eine ovale Büstenform (*Vigevano*) mit differenzierter Gewand- und Motivbildung, die dann — über eine nochmalige Vergrößerung des Büstenausschnitts (*Montoya*) — schließlich zu einem Halbfigurenportrait (*Bellarmine*) aufwächst. Dieser Entwicklung der Größenverhältnisse des Büstenabschnitts parallel verläuft der Emanzipationsprozeß der Büste insgesamt von der architektonischen Rahmung. Allerdings, die architektonische Rahmung ist teilweise nicht zeitgleich mit der Büste[33] und meistens nicht von Bernini selbst ausgeführt. Dennoch lassen sich z.B. aufgrund der Möglichkeit, eine Büste nachträglich in einen späteren architektonischen Verband einzubeziehen (*Vigevano*), Schlüsse auf das der Büste innewohnende Konzept — etwa mit Bezug auf eine relative Selbständigkeit der Büste — ziehen. Infolge dessen wird es im weiteren weniger um die faktische Einbindung der Portraitbüste in die rahmende Architektur gehen als vielmehr darum, ob und gegebenenfalls wodurch die Portraitbüste eine solche Einbindung aktuell nahelegt, bzw. ob sie diese vielleicht überflüssig macht. Die — wie dann auch immer zu bewertende — Beziehungssetzung von Portraitbüste und rahmender Architektur sei zunächst am Motiv des Sockels erläutert.

Beim *Santoni* (Abb. 53) entwickelt sich der Sockel als Ornamentform aus dem Ovalrahmen, der seinerseits eingefügt ist in den gesprengten Segmentgiebel, welcher die Gedächtnistafel nach oben hin abschließt. Der Sockel geht dabei aus dem inneren, gekehlten Profil-

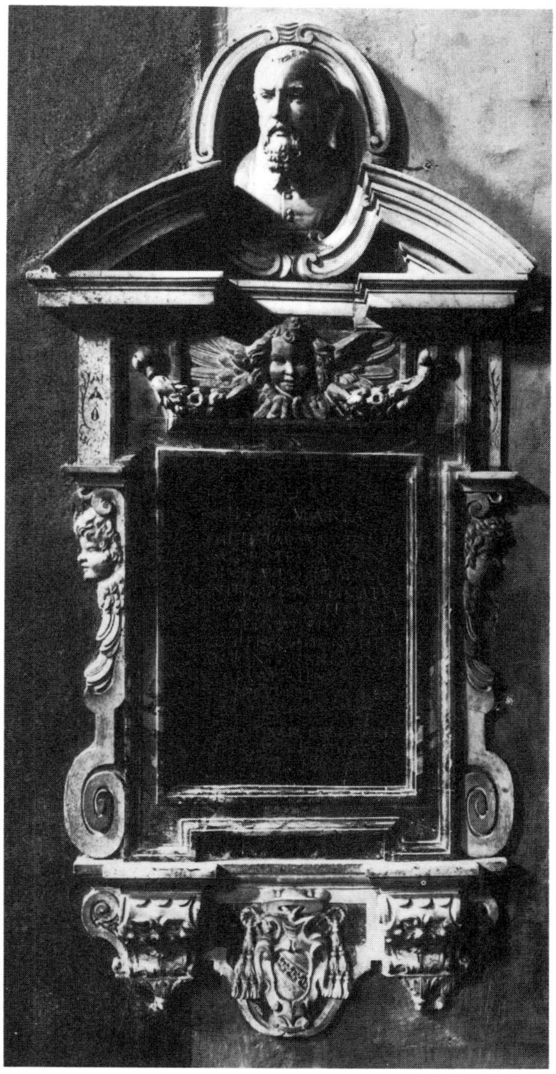

53 Memoria des Giovan Battista Santoni, Rom, San Prassede

stück des Medaillons hervor und variiert in seiner Form die zentrale Einrollung des Hauptprofils des Medaillonrahmens. Auf dem Sockel sitzt dann die Büste auf, deren Form deutlich von dem Rahmen abhängig ist und wie ausgestanzt wirkt.

Die Portraitbüste des *Vigevano* (Abb. 55) hingegen besitzt einen Sockel, der eher der Büste selbst als dem Architekturrahmen zugeordnet ist, und zwar deshalb, weil der Sockel weder Ornamentformen der Architektur aufnimmt noch auch gegenständlich mit der Rahmenform im Zusammenhang steht, sondern als Versatzstück in die Rahmung hineingesetzt auf dem inneren Nischenrand aufruht. Die Büste nimmt gleichfalls Bezug zum Rahmen, wird aber diesmal in ihrer Form nicht von der Rahmung festgelegt, sondern erfährt ihre Formbestimmung durch die Mantelschlinge, also durch ein der Büste selbst zugehöriges Motiv. Die Büste wird in ihrer Form nicht vom Rahmen festgelegt, sondern verhält sich als eigenbestimmte zur rahmenden Nische.

Auch beim *Montoya* (Abb. 57) ist der Sockel nicht aus dem Rahmen entwickelt, er ist auch nicht in ihn hineinversetzt; vielmehr durchbricht er ihn, so daß er unmittelbar auf der Gedächtnistafel aufzusitzen scheint. In der gleichen Weise bleibt auch der Kopf nicht im Rahmen, sondern geht über ihn — nach oben — hinaus. Weiterhin ist die Büste zwar in ihren Abschlußkonturen auf den Rahmen bezogen, in ihrer Gestaltung aber setzt sich eine völlig andere, nämlich innere Form durch, die sich dann als Bestimmungswert für die Portraitbüste insgesamt erweisen und dabei die Überschneidungen des Rahmens durch Sockel und Kopf optisch begründen wird. Der Rahmen gerät zur allgemeinen Verortung, von der aus sich die Figur als eine selbständige erhebt.

Bei der Portraitbüste des *Bellarmine* ist die architektonische Rahmung nicht mehr erhalten, aber durch eine Zeichnung, die Fraschetti abbildet,[34] sind wir über die ursprüngliche Fassung einigermaßen gut unterrichtet (Abb. 60). *Bellarmine* erscheint in der ihn umgebenden Architektur wie in einem Fenster; die halbfigürliche Portraitbüste des *Bellarmine* und die architektonische Rahmung verhalten sich indifferent zueinander; die architektonische Rahmung gibt lediglich den Raum an, in dem sich die nun völlig verselbständigte halbfigürliche Portraitbüste bewegt, ohne daß eine konkrete Verbindung von architektonischer Rahmenform und Form der Büste festzustellen wäre. Entsprechend fällt der Sockel, das Bindeglied zwischen Architektur und Büste weg, wobei dann das Durchgeschnittensein der Figur, sonst durch formale Ähnlichkeit von Architekturrahmung und Büstenabschnitt aufgefangen, als Problem neuerlich entgegentritt. Bernini behilft sich hier mit dem besonderen Motiv der Ewigen Anbetung:[35] Einerseits schließen Arme und Hände die Figur im Augenblick des Betens zusammen, wodurch andererseits ihr Durchgeschnittensein — aufgrund der Spontaneisierung der Figur insgesamt — als ein »Moment«, als Übergang und folglich als durch eine besondere, augenblickliche Ansicht bedingte Erscheinung gesehen wird.

Das sich wandelnde Verhältnis von Büste und Architektur, äußerlich festzumachen am Wandel des Verbindungsstücks zwischen Büste und Architektur, dem Sockel, ist selbstverständlich von innen her fundiert, d.h. durch die sich wandelnde Konzeption der Gestaltung der Büste selbst, die sich etwa in der besonderen Bezogenheit von Büstenteil und Portraitkopf dokumentiert. War die Portraitbüste des Santoni vermittels ihres Sockels unmittelbar in die architektonische Rahmung der Nische und über diese in die übrige Rahmenarchitektur »verwickelt«, d.h. in ihrer Gesamterscheinung vom Außen, vom Umgebenden formal abhängig, so zeigt sich, daß auch die Verbindung von Büste und Portraitkopf nicht innerlich, nicht durch die Figur selbst veranlaßt ist, sondern ebenfalls von außen bestimmt wird; Portraitkopf und Büste (Abb. 52) gehen keine selbständige, motivisch oder formal begründete Form- oder Motiveinheit ein, sondern werden einzig aufgrund der Nischenrahmung zur Einheit gebunden. Infolge dessen bleibt auch die Wendung des Kopfes nach links hin beliebig, da überspringend — innerhalb des Körperausschnitts — keine Reaktion erfolgt. Vielmehr verstärkt sich im Büstenabschnitt die Frontalausrichtung aufgrund der wenigen, hier symmetrisch angeordneten Faltenformen: Portraitkopf und Büste stehen innerhalb des umgreifenden Einheitsrahmens gegeneinander, gelangen nicht aus sich heraus zu einer aktuellen Einheit; Kopf und Büste werden jeweils für sich genannt, nacheinander, verhalten sich nicht zueinander.

Dieses additive Kompositionsverfahren findet sich dann auch in der Ausbildung des Kopfes selbst. Augen, Nase, Haare und Bart sind einzeln, für sich gegeben, in ihrer Einzelausbildung psychologisierend interessant gemacht, besitzen aber untereinander keinen unmittelbaren Zusammenhang; sie sind für sich bedeutend, ohne insgesamt etwas zu bedeuten.[36] Erst durch eine übergreifende Form, die Kopfform, die selbst wiederum am Architekturrahmen orientiert ist, kommt es zu einer Einheitssetzung, welche die Gesichtsmotive von sich aus herzustellen, nicht in der Lage scheinen.

Infolge dessen haben die einzelnen Motive ebenso wie die einzelnen Motivbereiche einen übergreifenden Rahmen nötig, erweist sich die architektonische Rahmung als lebensnotwendig für die optische Einheit der Portraitbüste.[37] Was den Dargestellten betrifft, so hat dies zur Folge, daß er nicht als er selbst und aus sich heraus gegenwärtig erscheint, sondern daß lediglich bestimmte Merkmale an ihm in einem abstrakten, insgesamt zeitindifferenten Dekorationssystem gegenwärtig gehalten werden. Die Präsenz des Santoni beruht auf dem Präsentieren von individuellen Motiven, besonderen Merkmalen, nicht auf der Repräsentanz seiner individuellen Existenz als Gesamtheit.

Beim *Vigevano* war — im Unterschied zum *Santoni* — eine stärkere motivische Eigenständigkeit festgestellt worden, äußerlich legitimiert durch das selbständige »Stehen-Können« der Portraitbüste innerhalb der Rahmung. Eine möglicherweise auch innerlich begründete Selbständigkeit wäre ausfindig zu machen. Was die einzelnen »Versatzstücke« der Portraitbüste angeht, so hat sich zunächst — verglichen mit dem *Santoni* — wenig verändert (Abb. 54); freilich, der Körperabschnitt wurde durch ein Mantelmotiv bereichert, das Bernini sogleich für ein Handlungsmotiv nutzte, und hierin ist das entscheidend Neue zu sehen: Der Mantel und das Greifmotiv bringen ein Moment der Zeitlichkeit, des Augenblicklichen ins Spiel, damit die Möglichkeit einer Aktualisierung des Dargestellten, die dem *Santoni* gänzlich fremd war. Der Mantel ist zunächst der Büste hinzugefügt, nicht unmittelbar mit ihr verbunden — es zeigen sich zwei motivisch-plastisch unterschiedliche Schichten —, demnach Akzessorisches. Allerdings, der Mantel bleibt nicht Hinzugefügtes, nicht nur Akzessorisches. Aufgrund seiner Faltenformen bezieht er sich einerseits auf die allgemeine Rundform der Büste, die dadurch einen zeitlich differenzierteren Grenzverlauf erhält und insgesamt aktualisiert erscheint.[38] Andererseits zieht er eben die gleichen Falten innerhalb der Büste zu einer besonderen Motivform, der Mantelschlinge zusammen, die dann — als momentan sich erstellende Formation — durch das Greifmotiv der Hand bestätigt wird.[39] Folglich wird durch das hinzugefügte Motiv des Mantels nicht nur die allgemeine Form der Büste aktualisiert, sondern sie wird auch als eine äußerlich gesetzte auf eine innerlich sich formierende »Ereignisform« ausgerichtet. Die allgemeine, zeitindifferente Setzung der Büstenform zeigt sich auf eine zeitlich akzentuierte Gewandformation zugespitzt.

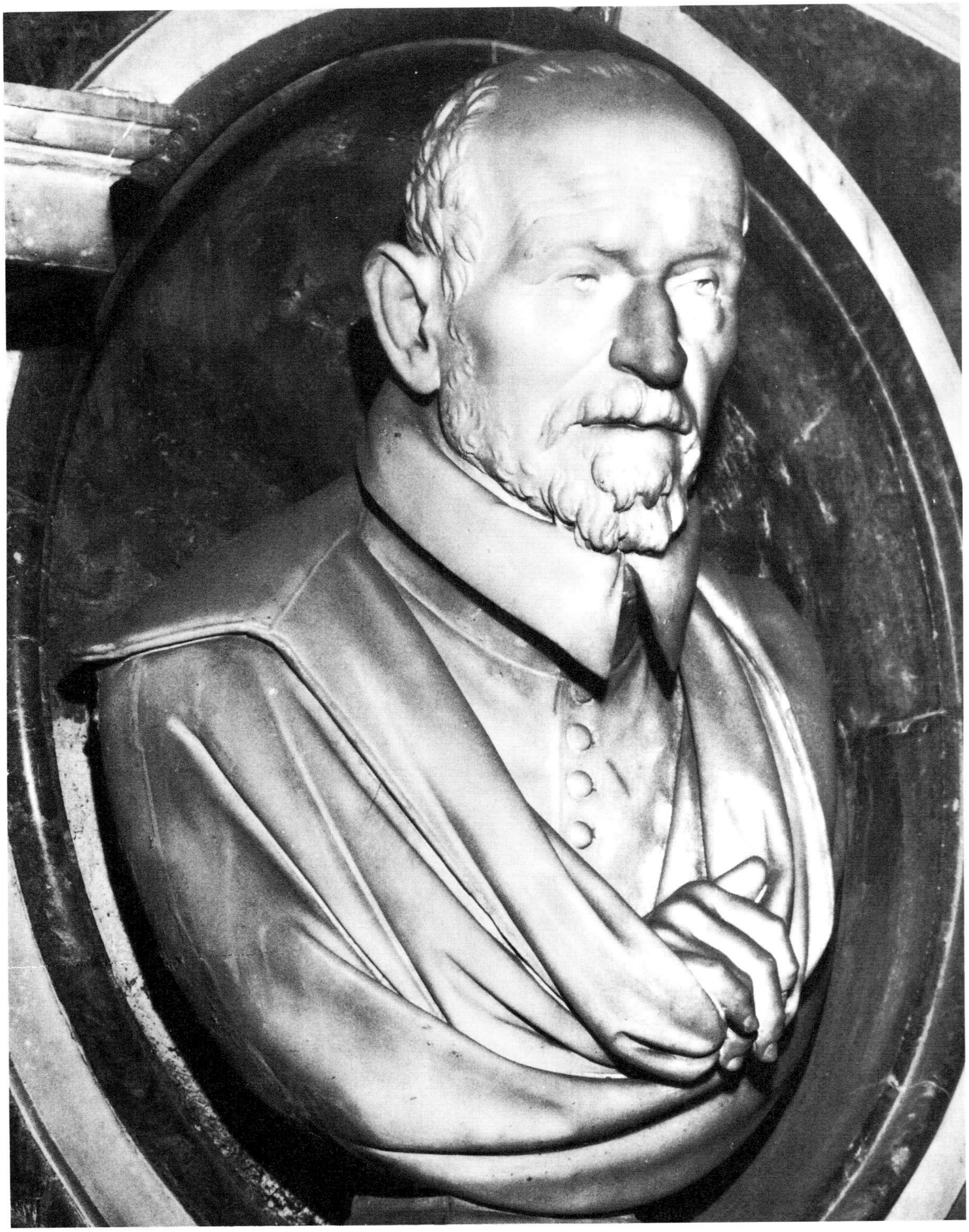

54 Bernini, *Giovanni Vigevano,* um 1618, Rom, S. Maria sopra Minerva

Auf diese besondere Gewandformation, die Mantelschlinge, richtet sich dann auch der Portraitkopf aus. So »paßt« nicht nur das Überleitungsmotiv, der Kragen, in die Gewandschlinge hinein,[40] sondern die Kopfform selbst spielt auf die Form der Gewandschlinge an, komplettiert gleichsam die nach oben offene Gewandfigur. Darüber hinaus nimmt die Kopfneigung jene Verschiebung der Mantelschlinge aus der Mittelachse auf, die in der Knopfleiste gegenständlich ausgewiesen ist, erscheint folglich als Reaktion auf die Bildung der Mantelschlinge, setzt sich zu ihr in ein motivisch-zeitliches Verhältnis. Es ist demnach das hinzugefügte Motiv des Mantels, das eine unmittelbare Verbindung von Kopf und Büste gewährleistet und die Anschauung einer inneren Einheit des Dargestellten befördert; die besondere Haltung des Kopfes, seine momentane Wendung, bleibt nicht isoliert, pure Motivgegebenheit — wie beim *Santoni* —, ebenso wie die psychologisierende Durchbildung der Gesichtsmotive nicht isoliert auf diese beschränkt bleibt. Die besondere Haltung des Kopfes, seine momentane Haltung zeigt sich vielmehr motivisch begründet durch eine momentane Motivsituation der Büste, nämlich als Reaktion in einer besonderen Situation, wie die psychologisierenden Motive gleichsam durch diese Reaktion kontextualisiert werden.[41] Nicht mehr wird eine bestimmte Gesichtstopographie[42] mit dem dazugehörigen Körperabschnitt durch einen abstrakt übergreifenden Architekturrahmen zusammengebracht, sondern Portraitkopf und Büste vereinigen sich im Hinblick auf ein besonderes Motiv, die Mantelschlinge, bilden eine zeitlich momentan begründete Motiveinheit: *Vigevano* erscheint gegenwärtig, insofern er als so und nicht anders Sich-Verhaltender erscheint; er wird präsent, insofern er als physisch-psychische Einheit repräsentiert ist.

Beim *Montoya* hatte sich die figürliche Selbständigkeit der Portraitbüste auch und vor

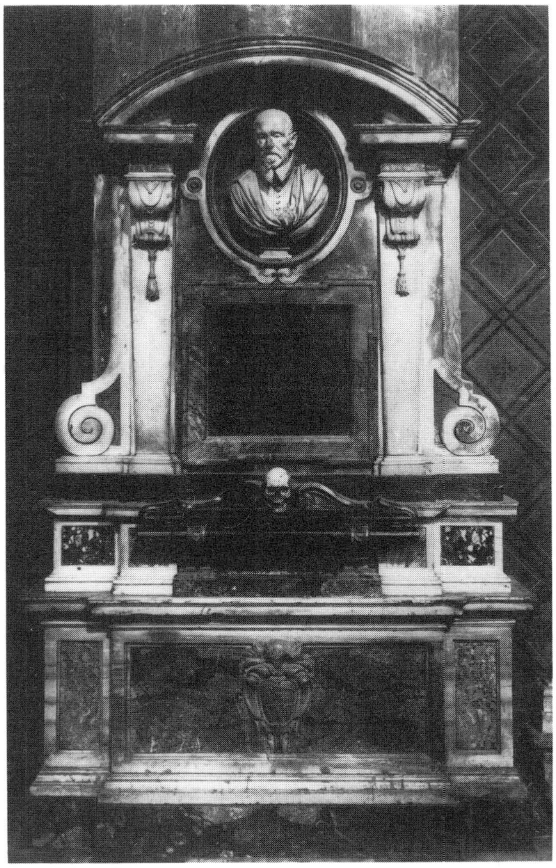

55 Memoria des Giovanni Vigevano, Rom, S. Maria sopra Minerva

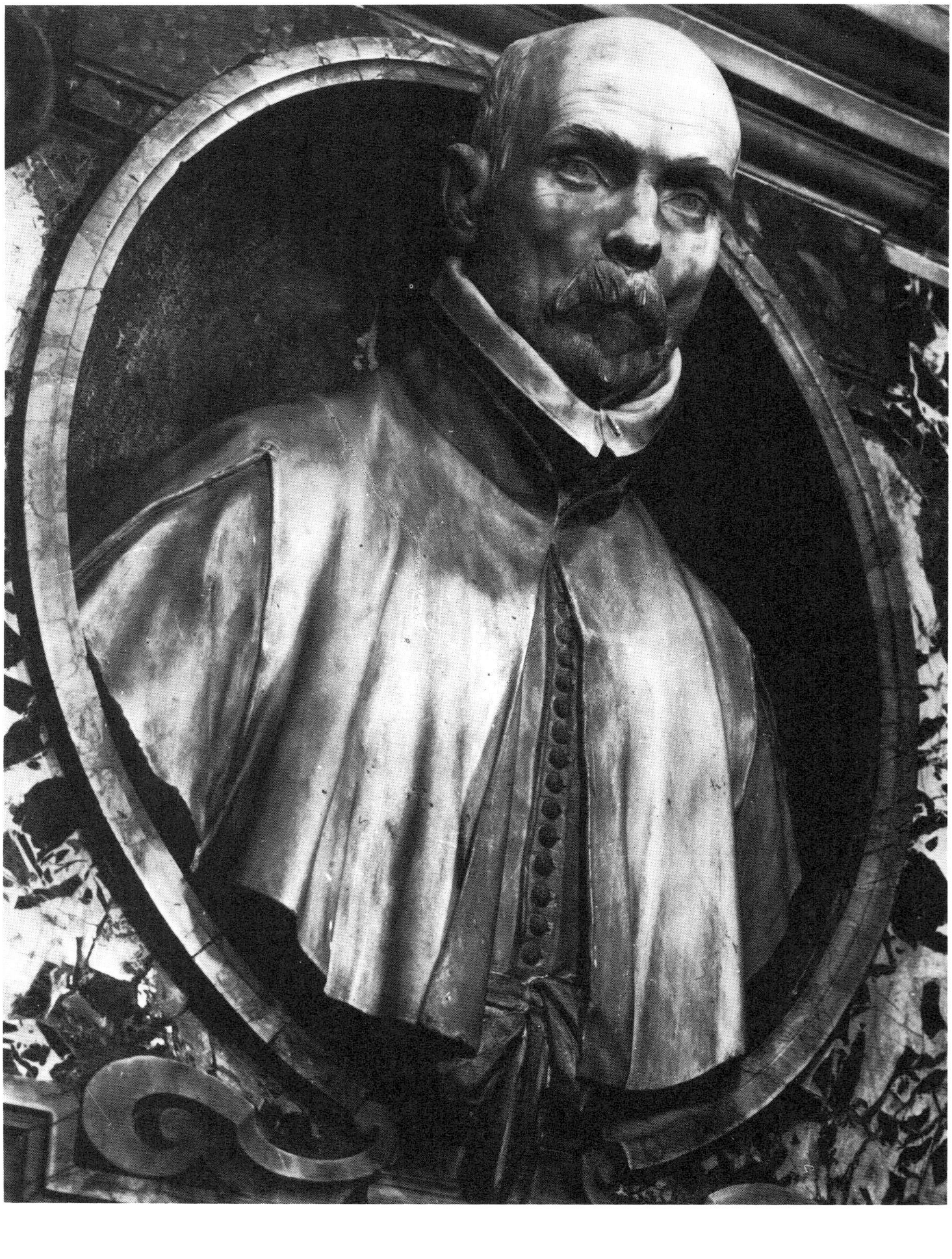

56 Bernini, *Pedro de Foix Montoya,* 1622, Rom, S. Maria di Monserrato

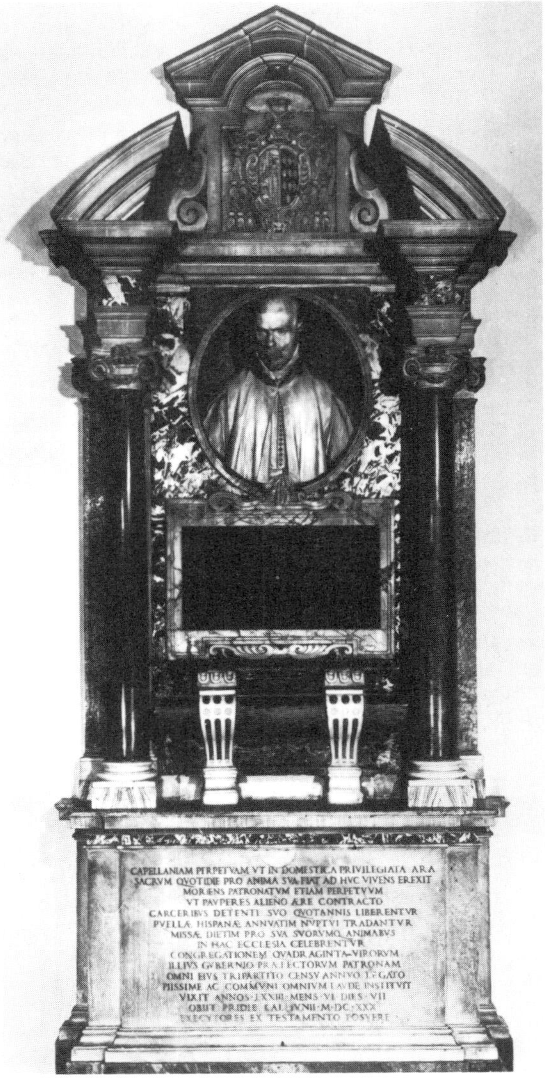

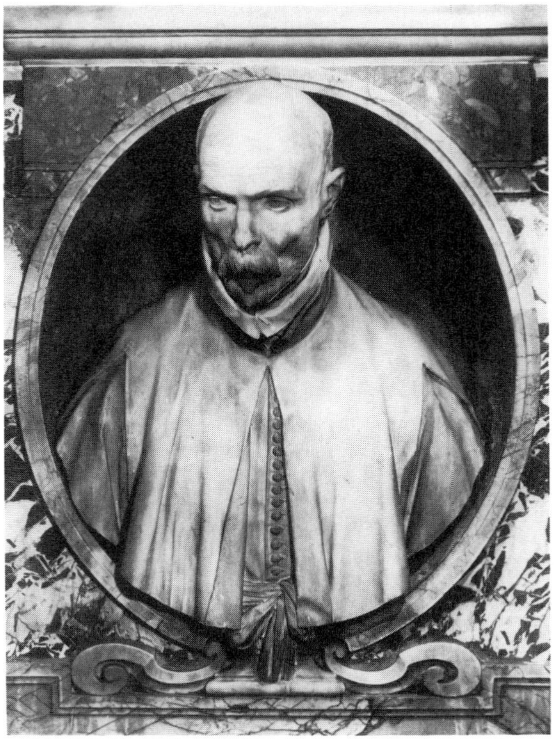

57 Memoria des Pedro de Foix Montoya, Rom, S. Maria di Monserrato

58 Bernini, *Pedro de Foix Montoya,* 1622, Rom, S. Maria di Monserrato

allem daran gezeigt, daß sie entschieden über die architektonische Rahmung hinaustrat.[43] Die Portraitbüste verhielt sich demnach nicht mehr nur als eine selbständige in und zu einem architektonischen Rahmen (*Vigevano*), sondern setzte sich auch als eine solchermaßen selbständige über diesen Rahmen hinweg:[44] Von dieser größeren Selbständigkeit aus müßte auf eine weitergehende Einheitsbildung von Portraitkopf und Büste zu schließen sein (Abb. 56, 58).Der Büstenausschnitt ist zunächst so gewählt, daß er unmittelbar mit der rahmenden Nische zusammenstimmt, während der Sockel die Nischenrahmung unterbricht und sie zwingt, in Ornamentformen zur Gedenktafel, auf welcher der Sockel der Büste aufruht, überzuleiten. Der Büstenabschnitt selbst ist nicht mehr in seiner allgemeinen Formsetzung durch ein hinzugefügtes Accessoire (Mantel) zeitlich aktualisiert, sondern dadurch, daß er in seiner allgemeinen Form durch ein Accessoire gleichsam vertreten wird. Der Büstenabschnitt ist mit einer besonderen Gewandform, der Mantilla, identifiziert; die »natürlichen« Grenzen der Mantilla bezeichnen die Grenzen des Körperschnitts, der demnach als allgemeine Form in die besondere Formung eines Accessoires inkorporiert erscheint: Das Gewandteil in seiner zufälligen, kontingenten Ausbildung, mit seinen unregelmäßigen, durch die Faltenformen hervorgerufenen, gleichsam offenen Konturen, löst den Körperabschnitt als eine allgemeine plastische Grundform ab. Diese wird folglich insgesamt verzeitlicht, kontingent, in stofflich Materielles transsubstantiiert.

Umgekehrt dazu erfolgt dann die Verbindung von Büstenabschnitt und Kopf nicht mehr durch deren jeweilige Zurichtung auf eine augenblickliche Motivsituation hin, gleichsam in einem motivisch äußerlichen Handlungskontext, sondern spiritualisiert durch eine strukturelle Analogie von Büste und Portraitkopf, damit gleichsam formimmanent in einem Wirkungskontext. Die Mantilla als Büstenform weist zunächst verschiedene, scheinbar zufällig sich ergebende, meist aber schräg und spitzwinklig zulaufende Faltenformen auf. Als Orientierungswert für diese Faltenverläufe und damit als ordnungsgebend läßt sich unschwer der Mantillaschlitz in der Mitte der Büste erkennen, welcher den Blick auf die Knopfleiste des Untergewandes freigibt. Auf die Schrägwerte dieses Schlitzes beziehen sich dann die verschiedenen Faltenformen rechts und links, wobei auch die Schultern bzw. die Oberarmmotive an diese Systematik angebunden bleiben. So werden die Oberarme durch Schlitze »erschlossen«, die einerseits die Figur runden, insofern sie die Ansichtsebene der Figur räumlich aufschlitzen, während sie andererseits wiederum in der Ansichtsebene mit dem mittleren Schlitz zusammen die Makrostruktur des Büstenbereichs insgesamt festlegen.

Vor dem Hintergrund dieser Makrostruktur lassen sich dann Differenzierungen feststellen, welche die symmetrische Gesamtausrichtung der Büste variieren. Auf der linken Seite etwa sind neben den Schrägwerten auch vertikal orientierte Faltenformen mit diesen kombiniert zu erkennen, durch die linke Hälfte des mittleren Schlitzes selbst in dieser Kombination gleichsam leitmotivisch eingeleitet, die — als Gewandumschlag motiviert — über die Vertikale mit einer Schrägrichtung verbunden sind. Demgegenüber weisen die Falten rechts, nach der entschieden schräg gestellten rechten Hälfte des Mittelschlitzes, eher vertikal orientierte Verläufe auf. Entsprechend ist dann der Kopf nach links hin ausgerichtet, während als optisches Gegengewicht die Leibbinde nach rechts hin weist.

Der mittlere Schlitz führt zu den Kragenformen, die, ihrerseits spitzwinklig ausgebildet, die Leitform des Büstenabschnitts gegensinnig gerichtet aufnehmen. Indem zwei annähernd symmetrisch angeordnete und die Schrägwerte des Mittelschlitzes parallelisierende Faltenformen — jeweils vor den seitlichen Schlitzen der Oberarme — die Kragenformen optisch begrenzen, schält sich innerhalb des Gesamtbereichs der Büste ein deutlich akzentuierter Teilbereich heraus, der — auf den Mittelschlitz hin konzentriert — diesen in seiner optischen Gewichtung entschieden steigert. Der Kopf selbst entwickelt sich in seinen Motivformen synchron mit den Keilformen des Kragens. Kinn, Kinnlade, Bartformen, Wangenfalten usw. schließen sich — jeweils schräg auf die Mittelachse zulaufend — spitzwinklig zusammen, wiederholen folglich die formale Leitfigur des Büstenbereichs, eben jenen mittleren Schlitz, allerdings — wie schon der Kragen — invertiert: Während sich bei der Leitfigur des Büstenbereichs zunehmend von unten nach oben eine Bewegung vom Offenen zum Geschlossenen herausstellte, ist umgekehrt beim Kopf zunehmend von unten nach oben eine Bewegung vom Geschlossenen (der Mund ist bis auf einen Punkt gleichsam verkürzt) zum Offenen hin (Augen) zu bemerken.

Es ist aber diese, Kopf und Büste gleichermaßen, wenn auch gegensinnig bestimmende Formfigur (Keilform), welche die Einheit der Portraitbüste insgesamt veranlaßt, eine Einheit, die demnach spiritueller Art ist, insofern sie auf einer inneren Systematik, einer inneren Gesetzlichkeit der Figur selbst basiert und als solche erst aus der Figur gleichsam nach außen herauswächst. Als solche aus der Figur herauswachsende Einheitsstruktur erweist sie sich als »geistige Haltung« des Portraitierten, als etwas, das trotz des Besonderen und Übergängigen der Motivik besteht, etwas, das sich als Festes in der Unmittelbarkeit des Anschaulichen durchhält, auch und gerade gegenüber der äußeren Ordnungssetzung durch die architektonische Rahmung. So ist nicht mehr ein hinzugefügtes, besonderes Motiv ausschlaggebend für die Einheit von Kopf und Büste (die Gewandschlinge beim *Vigevano*), sondern eine sich innerhalb der Formen und Formungen von Büste und Portraitkopf durchhaltende, zentrale Ordnungsstruktur, die als »innere Form« in Erscheinung tritt. Es ist diese »innere Form« als vom gegenständlich Motivischen her unabhängige, eigene Setzung, welche der Figur Gegenwart verleiht, und es ist die ideelle Zurückführung des *Montoya* auf diese bestimmte Form als einer inneren Haltung, welche ihn gegenwärtig hält.

Motivisch gesehen hatte sich dann die Figur des Bellarmine endgültig von der sie umgebenden Architektur gelöst; sie bewegte sich »frei« in ihr, erschien wie an einem Fenster. Formal gesehen aber hat sie die Architektur dringend nötig. Denn das Abgeschnittensein als halbfigürliche Büste wurde nicht mehr von ihr selbst, also innerhalb der Büstenform begründet, sondern bedurfte des architektonischen Rahmens. Zwar begründete die Architektur nicht das Faktische des Körperabschnitts, aber sie deutete dieses Abgeschnittensein als aktuellen Erscheinungszustand, dem zufolge die Figur nur im Augenblick fragmentarisiert gesehen wurde (wie an einem Fenster), prinzipiell aber als Totalität vorstellbar blieb. Das stimmt zusammen mit dem Konzept der Figurenbildung selbst, das — genau betrachtet — als Weiterführung der *Vigevano*-Konzeption verstanden werden muß (Abb. 59). Wurde dort durch ein momentanes Motiv, die Gewandschlinge, die Figur insgesamt auf einen bestimmten zeitlichen Augenblick hin ausgerichtet, so wird der *Bellarmine* durch das Motiv einer bestimmten Verhaltensweise (Beten) insgesamt verzeitlicht. Und in der gleichen Weise wie der *Vigevano* durch seine Ausrichtung auf das Zeitlichkeit implizierende Motiv der Gewandschlinge vergegenwärtigt wurde, und zwar durch seine Verhältnissetzung zu diesem, nicht aber durch das Motiv selbst, in eben der Weise wird auch *Bellarmine* nicht durch sein momentanes Handeln (Beten), sondern durch die Verhältnissetzung zu seiner Position als Betender vergegenwärtigt.

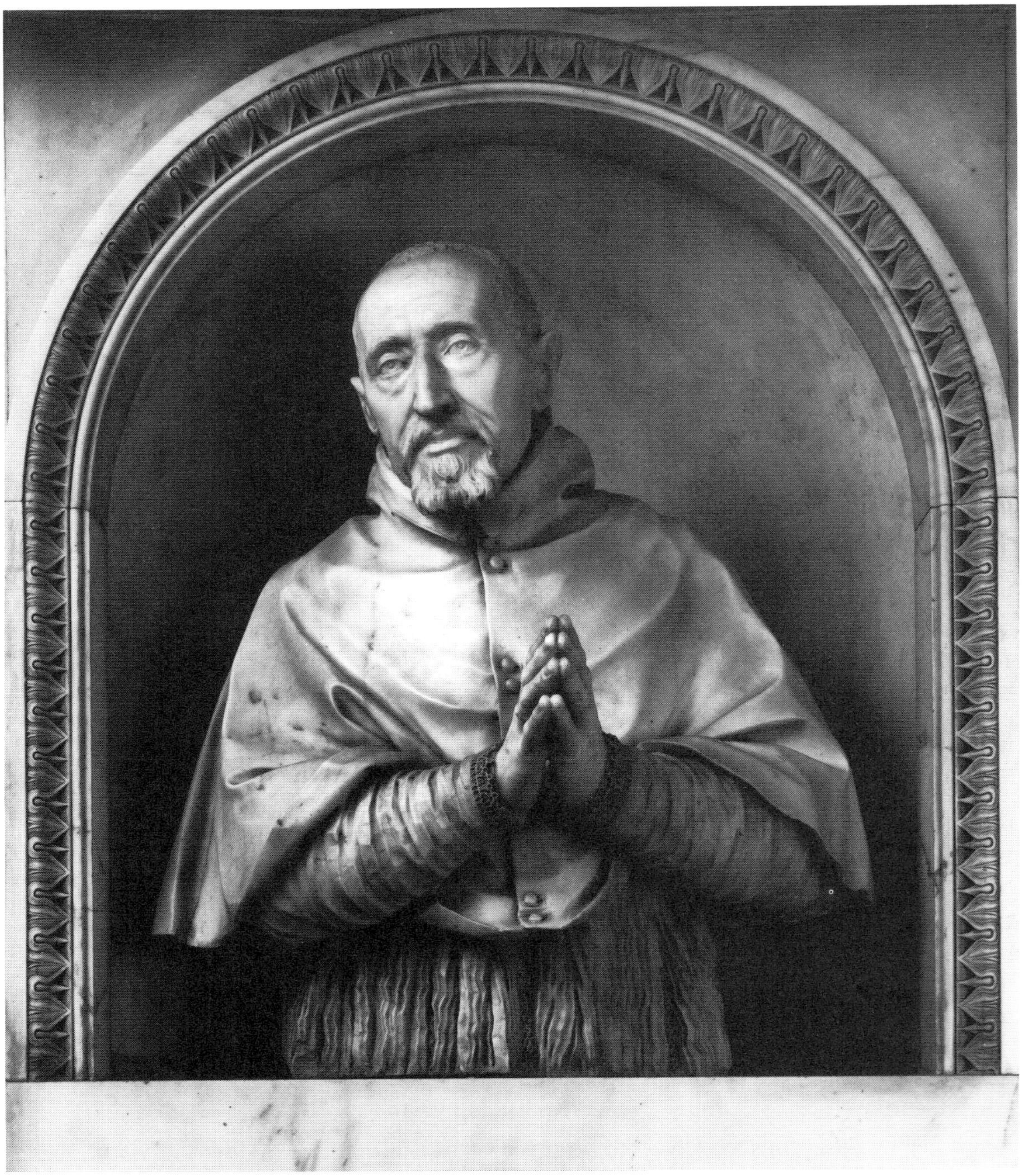

59 Bernini, *Kardinal Roberto Bellarmine,* 1623—1624, Rom, Il Gesù

Alle Motive und Formen des *Bellarmine* sind zunächst auf den Betgestus der Hände ausgerichtet oder von ihm abhängig. So ist die Faltenbildung der Mantilla auf die Hände hin ausgerichtet bzw. durch das Motiv der Hände veranlaßt — die Diagonalen laufen auf die Hände zu —, wie ebenso die Vertikale der Knopfleiste oder die Horizontalen der Arme in Abhängigkeit von der Handstellung gesehen werden. Die Hände selbst sind frontal nach oben gerichtet, dabei leicht nach links hin geneigt, stehen damit in Kontrast zur Ausrichtung des Kopfes, der zwar ebenfalls frontal ausgerichtet ist, dabei aber leicht nach unten tendiert und sich nach links hin neigt. Indem die Kopfform die schräg von der Schulter nach unten verlaufenden, symmetrisch zur Knopfleiste angeordneten Falten aufnimmt, ebenso die unterhalb der Hand sichtbar werdende Abschlußform — die, wenn man so will, innere Formgestalt der Mantilla —, bezieht sich der Kopf formal auf den Betgestus, während er sich motivisch abwendet und nach links hinausblickt, gleichsam in Distanz zum Tun des Betens. Sich solchermaßen zu seinem Tun (Beten) in ein Verhältnis setzend, betet *Bellarmine* nicht tatsächlich; er präsentiert sich vielmehr im Gebet, d.h. er wird als Bellarmine gegenwärtig im Gebet: Bellarmine wird nicht in einer bestimmten, übergängigen Situation begriffen, sondern diese seine aktuelle Situation wird ihm zum Anlaß, sich als Individuum zu präsentieren, präsent zu machen.[45] Da die Einheit der Figur und damit verbunden die motivische Begründung ihrer Fragmentarisierung stark situational, vom Äußerlichen her mitbestimmt ist, kann das Bellarmine-Portrait seiner Konzeption nach als Weiterentwicklung des Vigevano-Portraits angesehen werden, an dem zum ersten Mal die Einheit der Figur aufgrund einer handlungsbedingten Formierung ihrer Form-und Motivgegebenheiten angestrebt ist.

Auf der anderen Seite könnte man die 1632 ausgeführte Portraitbüste des Scipione Borghe-

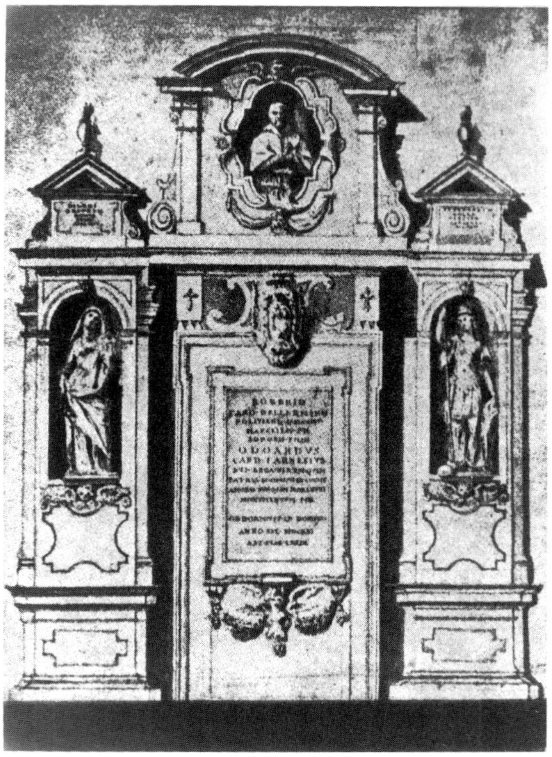

60 Memoria des Kardinals Roberto Bellarmine, ursprüngliche Anordnung

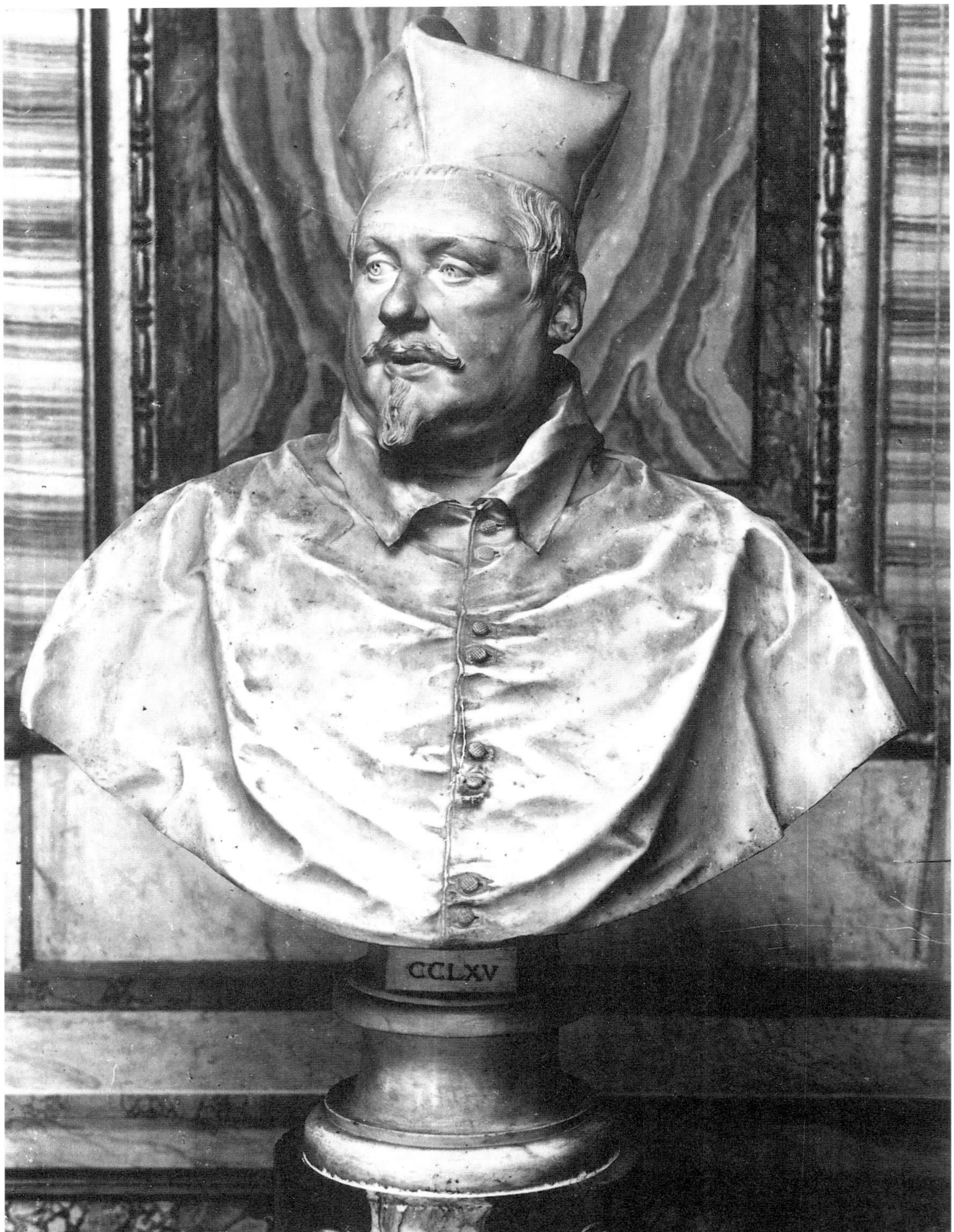

61 Bernini, *Scipione Borghese,* 1632, Rom, Galleria Borghese

se (Abb. 61)[46] als die konsequente Weiterentwicklung des Montoya-Portraits verstehen, im Hinblick nämlich auf die Weiterentwicklung der in diesem Portrait bestimmenden »inneren Form«. Die Büste des Scipione Borghese gehört zu den herausragenden Portraitleistungen nicht nur im Werk Berninis, sondern auch ganz allgemein.[47] Von Bernini selbst wird berichtet, daß er, als er in fortgeschrittenem Alter diese Büste wieder einmal in Augenschein nahm, ausrief: »Oh quanto poco profitto ho fatto io nell'arte della scultura in un sì lungo corso di anni, mentre io conosco che da fanciullo maneggiava il marmo in questo modo!«[48] Darüber hinaus erlangte die Büste vor allem auch durch die besonderen Umstände ihrer Entstehung — es zeigte sich bei der Arbeit an der Büste ein Sprung im Marmor, der die Stirn verunstaltete, was Bernini veranlaßte, unbemerkt und in nur fünfzehn Nächten eine Kopie anzufertigen (Abb. 62) — einen besonderen Bekanntheitsgrad.[49]

Wir haben es beim Scipione-Portrait zunächst — im Unterschied zu den bisher gesehenen Büstenportraits von Bernini — mit einer Büstenrealisierung ohne Architekturrahmen zu tun, einer Büste demnach, die Selbständigkeit nicht nur hat, sondern tatsächlich auch selbständig ist. Sicher könnte man sich den *Vigevano* ohne Architekturrahmen denken, auch den *Montoya*, aber auf keinen Fall könnte man den *Scipione* in eine Nische versetzen. Die Präsenz dieser Figur, ihre unmittelbare Anwesenheit ist so stark, daß sie jedweden und wie immer gearteten Architekturrahmen sprengen und ihn als absolut unangemessen erscheinen lassen würde. Die Figur kommuniziert unmittelbar mit dem Außen, befindet sich im Außen und bestimmt dies auf sich hin, hat keinen »skulpturinternen« Raum, keinen »Innenraum«, aus dem heraus sie sich erst mit einem Außenraum in Verbindung bringen müßte. Hier zum ersten Mal ist die vom Manierismus ererbte Abgeschlossenheit der Figur, das »Sich-um-sich-Drehen« völlig verlassen: Die Figur ist »unter uns«.

Zunächst hat sich der Schnitt der Büste geändert. Die Büstenform ist stärker in die Breite gedehnt. Dabei orientiert sie sich weder an einer konkreten Gegenstandsform oder fällt mit einer solchen zusammen — wie beim *Montoya* —, noch bezieht sie sich auf eine wie immer auch positiv zu benennende geometrische oder stereometrische Grundform; sie ergibt sich auch nicht aus konkreten Körperformen; sie erstellt sich vielmehr in der Spannung von zwei Segmentbogenformen, die sich deshalb nicht zu einer übergreifenden Gesamtform zusammenschließen, weil die Formungen innerhalb dieses gespannten Rahmens gerade nicht auf diesen Bezug nehmen. Formen und Formungen des Innen zeigen Bewegungsverläufe, die zufällig erscheinen, regellos; sie bilden sich zu Dellen aus oder schließen sich zu Faltenornamenten zusammen, die übergängig bleiben und sich teilweise wieder auflösen; kurz, sie zeigen sich als solche Formen und Formungen, die paradigmatisch für Akzessorisches stehen und dadurch die äußere Form der Büste ebenfalls als zufällig, übergängig und demnach offen erklären.

Diese Selbstaussprache des Akzessorischen durch die Oberflächenformen ist dann so gewichtet, daß es den Anschein hat, als seien jene Grenzen überschritten, innerhalb derer das konkret Motivische, nämlich Stofflichkeit, und das konkret Materielle, in welchem Stofflichkeit erscheint, nämlich Stein, sich wechselseitig bedingen. Die Erscheinung des Stofflichen scheint über die Seinsweise des Steins, in dem es erscheint, zu obsiegen. Die Oberfläche ist primär Stofflichkeit, Gewand, und sie ist dies absolut, nämlich unabhängig von dem, was darunter ist, z.B. ein Körper oder eine ideelle, plastische Grundform. Insofern muß die Büste des Scipione in der Tat — um Riegl zu zitieren — als »der erste Versuch, ein körperliches Volumen ganz in Licht und Schatten [also jene Kategorien des Übergängigen, Akzessorischen] umzusetzen und doch den Eindruck tastbarer Begrenzung und Ausladung festzuhalten«[50] angesehen werden.

Der Vergleich mit der Montoya-Büste mag dies verdeutlichen. Auch dort gab es zufällige Faltenkonstellationen, aber sie erschienen vergleichsweise systematisiert, geordnet vor dem Hintergrund einer immer noch bestimmenden Gesamtform der Büste, wenn diese auch durch die Identität mit einer zufälligen Gegenstandsform — der Mantilla — selbst verzeitlicht wurde. Beim *Scipione* dagegen ist die Oberfläche als solche verzeitlicht, weitgehend unabhängig von einer Form, damit Verlaufsform des Materiellen, die Gegenwärtigkeit unmittelbar an sich zur Anschauung bringt. Solchermaßen in Formverläufe aufgelöst, vermittelt die Oberfläche keine konkret faßlichen Bewegungen, weder im Hinblick auf das Gewand noch gar im Hinblick auf einen dahinter zu denkenden Körper, sondern bringt Beweglichkeit an sich als allgemeine Qualität zur Geltung, damit Übergängiges, Transitorisches: Nicht motivierte Schwingungen oder geschwungene Motive (*Montoya*), sondern willkürliche Schwingungen, motivindifferente Verlaufsformen des Materiellen bestimmen die Erscheinung. Die Büste ist ein Bezirk kontingent erscheinender Stofflichkeit und als eine solche momentaner Wirklichkeitsausschnitt.

Aber selbstverständlich bleibt die Büste nicht offen, regellos, kontingent. Vielmehr erhebt sich aus dem Veraufenden, Chaotischen der Formen und Formungen eine Faltenfigur, die — verglichen mit jener Keilform des *Montoya* — nun entschieden groß gemacht ist, eben jene korbbogenartige Form, welche einen mittleren Bereich innerhalb des Büstenbezirks umreißt und die Erscheinung der Portraitbüste insgesamt bestimmt. Im Unterschied zur vergleichbaren »inneren Form« der Montoya-Büste ist diese innere Form nicht nur entschieden vergrößert und unmittelbar ordnungssetzend, sondern sie ist darüber hinaus auch spiritualisiert, nämlich motivisch unabhängig; sie wird nicht von bestimmten Motivformen oder -gegebenheiten, etwa der Kleidung, abgeleitet und erst dann als abstrakte Formfigur für das Gesamt der Büste verpflichtet, sondern sie entwickelt sich völlig selbständig aus den konkreten Formverläufen der Oberfläche. Indem sie dies tut, hebt sie die Kontingenz und Übergängigkeit des Stofflichen nicht einfach auf, sondern überführt jene in eine Ordnungsform, die — als gewordene — Kontingenz, Übergängigkeit, kurz Zeitlichkeit »sammelt«, um solchermaßen sich bestimmend einen inhaltlichen Rahmen abzugeben, in dem dann der Portraitkopf erscheint.

Als Form verhält sich die innere Form symmetrisch zu einer Mittelachse, der vertikalen Knopfleiste, die selbstverständlich auch ohne die innere Form vorhanden ist, durch jene aber erst strukturelle Bedeutung erlangt: Sie gerät zur optischen Leitlinie der sich aus den kontingenten, zeitlich verlaufenden Formungen der Büste heraushebenden Kopfmotive. Allerdings wird die Vertikalachse im Portraitkopf nicht unmittelbar weitergeführt, sondern nach links versetzt, eine Phasenverschiebung ausweisend und damit die Wendung des Kopfes nach links hin als momentane Wende kontextualisierend. »Korrigiert« wird die Achsenverschiebung durch das Barett, welches — verrutscht auf dem Kopf sitzend — mit seiner Mittelachse schräg auf die Vertikalachse des Büstenteils zurückzielt.

Der Portraitkopf selbst weist nun die gleichen Erscheinungsmerkmale auf wie die Büste. Der Kopf erscheint primär als Masse, das Gesicht primär als Oberfläche, übergängig und regellos sich formende Materie, aus der dann die einzelnen Gesichtsmotive auftauchen und in die sie auch wieder zurücksinken. Es gibt keine festen Konturen, keine klaren Grenzsetzungen, keine Motivrahmungen, damit auch nichts endgültig Bestimmtes: Die Darstellung des rein Stofflichen, nämlich Fleisch, ist wichtiger als das, worin es erscheint, nämlich Stein, und sie ist dies radikal, nämlich unabhängig von den konkreten Motiven, die mit dargestellt sind. Bestimmend für die Erscheinung des Kopfes ist seine konkrete Materialität, das Weiche, Sich-Rundende, Verfließende des Fleiches, nicht eine wie immer geartete Form, in eben der Weise, wie für die Büste die konkrete Materialität von Atlas bestimmend ist, das Feingratige, Knittrige und der Schimmer, nicht ihre Form, sei diese nun von einem dahinter zu vermutenden Körper oder durch eine Grundform bedingt zu denken. Die unterschiedliche Stofflichkeit von Atlas und Fleisch bewirkt folglich die Unterscheidung von Kopf und Büste, die aber wiederum in Verbindung gesehen werden können aufgrund ihrer jeweils primären Bestimmung als Stofflichkeit.

Infolge dessen stehen Kopf und Büste nicht mehr grundsätzlich gegeneinander, formal isoliert, sondern bilden im Hinblick auf ihre primäre Erscheinung als Stoffliches nur relative Gegensätze. Der Kopf ist nicht mehr per se Besonderes, und die Büste ist nicht mehr per se Allgemeines, sondern Kopf und Büste sind gleichermaßen besondertes Allgemeines, besondere Stofflichkeit, die erst durch eine innere Strukturierung unterschiedliche Sinnbestimmungen erfährt. So wird der Kopf — zunächst konkret Stoffliches und damit eine übergängige Formung — erst über die formale Bindung an die innere Form »fest«, bleibend, und zwar — im Unterschied zur Büste — insgesamt; denn die Innere Form kann auf die äußeren Grenzverläufe des Kopfes bezogen werden, welche dadurch ihre Vorläufigkeit verlieren und sich zu einer festen Formfigur zusammenschließen, die dann als ein ideeller Bestimmungswert das Übergängige, Jeweilige der Formungen des Innen zur Ordnung ruft.

Indem sich aber die Form des Kopfes durch die Analogie zur inneren Form als solchermaßen feste erst herausstellt, ergibt sich ein äußerst komplexes Beziehungsverhältnis von Büste und Portraitkopf. Zeitlichkeit und Übergängigkeit werden als Material der Büstenformungen in der Inneren Form gesammelt. Diese leitet sowohl als Form wie auch durch die Ausweisung der Knopfleiste als optischem Richtwert auf den Kopf hin. Der Kopf selbst ist unter Aufnahme der Inneren Form wie — versetzt — der Mittelachse nach links hin gewendet, damit zu den ordnenden Anweisungen der Büste in Distanz gesetzt.[51] Dagegen wird das momentane Herausgehen des Kopfes aus den Ordnungsanweisungen der Büste wiederum zeitlich korrigiert durch das Barett, welches — der Axialität des Kopfes entgegen — auf die Mittelachse der Büste zurückverweist: *Scipione* verhält sich zur gesammelten Zeitlichkeit, aus der er herauswächst, erfährt eine positionale Bestimmung seiner selbst dadurch, daß er sich zu sich selbst, nämlich zu seiner Inneren Form, dem Resümee seiner »gelebten« und damit historischen Zeit, verhält. Er tut dies, indem er gleichzeitig herausblickt, nach außen, wobei dieses Herausblicken, ein Herausgehen aus sich selbst, durch das Barett gleich wieder, und zwar abschließend, auf ihn selbst zurückgenommen, auf sein Selbst zurückgeführt ist. In der situationalen Zusammenfassung der unterschiedlichen Handlungsmomente, der Verhältnissetzung zu sich selbst, der Beziehungssetzung zum Außen und der Rückbeziehung auf sich selbst, wird *Scipione* in seiner Individualität unmittelbar gegenwärtig, nämlich als so und so Agierender oder Reagierender, dabei aber nicht konkret so oder so agierend oder reagierend, sondern dies jeweils nur in Potentialität.

Kein Zweifel, Scipione Borghese ist unter uns, anwesend; er ist dies aber nicht nur motivisch, infolge seiner konkreten Gegenständlichkeit (offener, sprechender Mund, Augenbildung usw.), sondern grundsätzlich, wesenhaft, infolge der formalen Gestaltung und deren Versöhnungskraft von Offenem und Geschlossenem, Übergängigem und Bleibendem, Statuarischem und Akzessorischem, Figur und Raum, darin einbegriffen von Figur und Betrachter.[52] Offenes und Geschlossenes, Übergängiges und Bleibendes, Statuarisches und Akzessorisches, Figur und Raum und darin einbegriffen Figur und Betrachter stehen sich nicht als Gegensätzliches gegenüber oder gar als Sich-Ausschließendes, sondern werden als Kontrastwerte thematisch, welche in einem gleichgewichtig geordneten, polyphonen Gesamt zusammenstimmen. Um aber eine solche Synthese zu erreichen, welche die Gegensätze eben nicht einfach negiert, sondern sie sehr wohl anerkennt, um sie dann als Kontrastwerte aufzulösen, waren radikale Umwertungen notwendig. Diese beziehen sich auf Grundvorstellungen sowohl der Skulptur ganz allgemein als auch der Büste im besonderen.

Was die Umwertungen im Hinblick auf Grundvorstellungen der Skulptur ganz allgemein betreffen, so muß die Auflösung der geschlossenen plastischen Form wohl als die weitreichendste angesehen werden. Bernini gibt den dingumgrenzenden Kontur preis, stellt damit den Bestand der Dinge, der traditionellerweise als durch die Konturlinie garantiert angesehen wurde, in Frage.[53] In Frage gestellt wird damit das Objekthafte des Dings zugunsten des Erscheinungshaften, das Immerdar zugunsten des Eben-Jetzt, das Statuarische zugunsten des Akzessorischen, das Sein zugunsten des Erscheinens: Eine Figur ist nicht und sie ist nicht immer schon so, sondern sie wird und stellt sich als solche allererst heraus; sie entwickelt sich und entwickelt sich dabei aus Gegensätzen, die sich innerhalb ihrer Entwicklung als Kontrastwerte erweisen.

Die Auflösung der dingumgrenzenden Konturlinie bedeutet zunächst eine Auflösung der Identität von Ding- und Seinsgrenze. Die objektive Vorgegebenheit der Figur wird radikal veräußerlicht, zur puren Materialität der Figur, zur Stofflichkeit, die zufällig oder willkürlich begrenzt erscheint. Dem gegenüber zeigt sich die Seinsgrenze als eine spirituelle Eingrenzung im Inneren, als Innere Form, die sich aus der Materialität des Vorgegebenen allererst herausstellt, zu einer solchen erst anschaulich wird. Die Seinsgrenze, ehedem objektiviert als Dinggrenze, gerät bei der radikalen Veräußerlichung des Dings ins Innere und erweist sich in der Inneren Form als verinnerlichte, damit subjektgebundene Form der äußerlichen Figurengrenze. Insofern sich aber die Innere Form allererst aus der Materialität erhebt, diese demnach für ihr Formwerden nötig hat, steht sie als solchermaßen gewordene Form nicht im Gegensatz zum Formlosen der Materialität, sondern in einem Bedingungsverhältnis, zeigt sich mit der Inneren Form ein gleitender Übergang von objektiver Vorgegebenheit der Figur zu ihrer subjektiven Erscheinung, eine Verhältnissetzung von veräußerlichtem Allgemeinen und verinnerlichtem Besonderen und damit eine Bestimmung des Allgemeinen, Äußeren durch das Innen, das Besondere der Figur.

Die Auflösung der dingumgrenzenden Konturlinie bedeutet sodann eine Auflösung des Gegensatzes von Statuarischem und Akzessorischem. War das Statuarische üblicherweise an plastische Formen gebunden, die — unbeschadet ihrer wie auch immer zu bestimmenden Motivlichkeit — die Anschauung primär auf geometrische bzw. stereometrische Grundformen verwiesen, damit auf endgültig festgesetzte, abstrakte Werte, so zeigte sich das Akzessorische lediglich als Belebung des Grundsätzlichen, als Akzidentielles am festen Bestand des Geometrischen oder Stereometrischen. Dieser Auffassung entsprechend rangierte das Unbekleidete, die reine Form, eindeutig vor dem Bekleideten, den abgeleiteten Formen. Indem Bernini an seiner Figur zunächst Stofflichkeit zur Geltung bringt, und zwar grundsätzlich, nämlich nicht nur die Stofflichkeit von Atlas, sondern in eben der Weise auch die Stofflichkeit von Fleisch, macht er keinen prinzipiellen Unterschied mehr

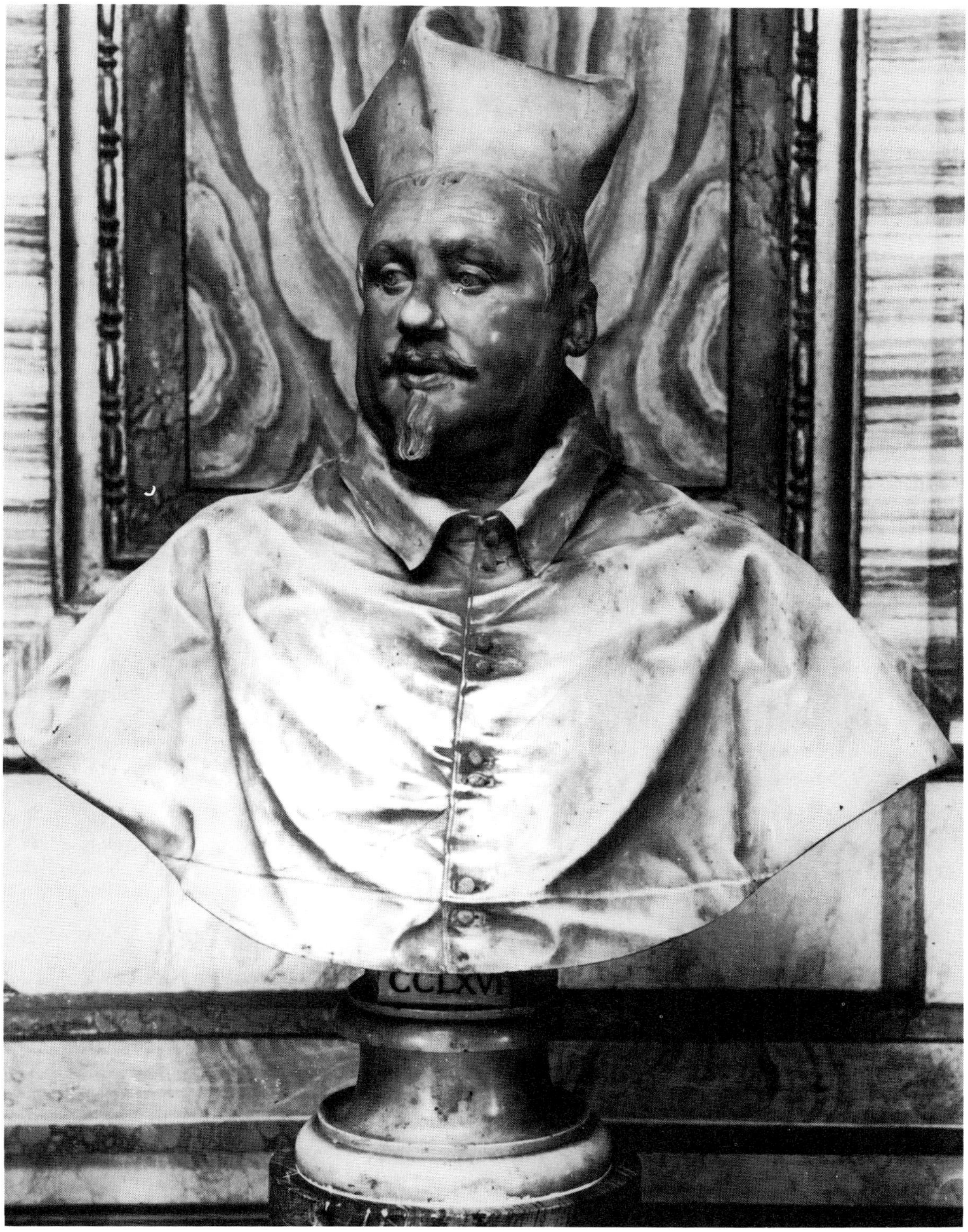

62 Bernini, *Scipione Borghese* (2. Fassung), 1632, Rom, Galleria Borghese

zwischen Körper und Gewand; Körper und Gewand sind gleichermaßen primär Akzessorisches, gleichsam Oberfläche, und unterscheiden sich allein im Hinblick auf ihre unterschiedliche Stofflichkeit, nicht aber mit Bezug auf ihre formstiftende Fähigkeit.

Das Unstatuarische, Akzessorische bildet also die Grundlage der Figur, welche sich als solche, als statuarisch feste, allererst aus dem Übergängigen, Stofflichen herausstellt. Es ist die besondere Gestaltung der zunächst regellosen und willkürlichen Formverläufe zu einer Inneren Form, die Umgestaltung des gestaltlosen Materials zu einer ideellen Gestaltform, die der Figur das Bleibende, Feste, Statuarische sichert. Die Figur ist nicht von sich aus statuarisch, sie wird es erst innerhalb des Formungsprozesses.

Hierbei ist die Umwertung des Wertes einer Falte zu beachten: Wurden Faltenverläufe in der Regel so eingesetzt, daß sie bestimmte Körperformen (in ihrer Lagerung, ihrer Bewegung usw.) als dahinterliegende zur Anschauung brachten, folglich im Besonderen, Übergängigen das Allgemeine, Grundsätzliche, so wird hier umgekehrt durch die Faltenformen bzw. durch ihre Formierung zur Inneren Form das Bleibende garantiert. Es findet demnach ein Umschlag statt in dem Sinne, daß sich Bleibendes an der Oberfläche zeigt, während sich Übergängiges, Zufälliges zum allgemeinen Grund verkehrt. Riegl scheint eben dies im Blick zu haben, wenn er schreibt, daß »Bernini ... in der Falte an[strebt] , was Michelangelo mit dem nackten Körper angestrebt hat. Damit ist sogar wörtlich gesagt: Bernini gibt mit äußerlichen Mitteln, was Michelangelo möglichst innerhalb gefaßt haben wollte.«[54] Bleibendes zeigt sich im Übergängigen und stellt sich als augenblicklich Aktuelles heraus. Das Bleibende ist nicht zeitindifferent, sondern unmittelbar Gegenwart, Präsenz; Bleibendes und Übergängiges, Statuarisches und Akzessorisches bilden folglich keine Gegensätze mehr, sondern stehen in einem unmittelbaren Bedingungsverhältnis zueinander, erklären sich gegenseitig als Kontrastwerte eines übergreifenden Ganzen.[55]

Die Auflösung der dingumgrenzenden Konturlinie bedeutet dann schließlich eine Auflösung des Urgegensatzes von Figur und Raum, von Geformtem und Ungeformtem oder Formlosem. Gleichwohl bedeutet auch diese Auflösung von Gegensätzen keine Gleichsetzung etwa von Form und Formlosigkeit. Die Gegensätze werden nicht negiert, sondern genau in den Blick genommen, um dann als Kontrastwerte eines übergreifenden Einheitlichen bestimmt zu werden. Die Öffnung des Konturs bedingt ein Eindringen des Raumes, des Ungeformten oder Formlosen in das Geformte, die Figur selbst. Das Eindringen des Ungeformten und Formlosen zeigt sich in der Reaktion des Geformten, nämlich in seinen regellosen, gleichsam willkürlichen Formungen der Randzone. Aus diesen eher zufälligen, ungeregelten Formen entwickelt sich dann die Innere Form als Umformung des kontingenten, offenen Äußeren, demnach so, daß sie als Form nicht radikal in Gegensatz gerät zum Formlosen, sondern mit diesem verbunden bleibt und gleichsam als ein innerer Entwurf des Umgeformten zur Anschauung gelangt: Form stellt sich als Innere Form in der Formung des Formlosen allererst heraus, ist nicht das zum Formlosen oder Umgeformten schlechthin andere, in der gleichen Weise wie Formloses oder Ungeformtes nicht ein zur Form oder zum Geformten schlechthin anderes ist, sondern sich innerhalb der Formung als geregelt, als formal bestimmt herausstellt. Formloses oder Ungeformtes zeigt sich demnach durch die so geartete Formung nicht als Gegensatz zum Geformten, sondern als solches lediglich in einem anderen Aggregatzustand des Stofflichen, das innerhalb der formalen Gestaltung ebenfalls eine Gestalt erhält.

Figur und Raum, Form und Formloses werden nicht mehr als Gegensätze begriffen, z.B. radikal getrennt wie bei Michelangelo, Figur und Raum beziehen sich aber auch nicht nur aufeinander, sei es, daß die Figur in jeweils voneinander getrennten Formationen auf die Grundrichtungen des Raumes verweist (typische Quattrocento-Büste), sei es, daß die Einheit der Figur den Raum als systematisch geordneten zur Anschauung bringt (Donatello), sondern Figur und Raum bilden gegenseitig sich bedingende Kontrastwerte in einem übergreifenden Ganzen, das in dieser Weise alle vorherigen Verhältnissetzungen gleichsam zur Einheit vermittelt. So weist sich die Figur vermöge der Inneren Form als dem Raum gegenüber eigenes aus, aber mit ihm vermittelt. Auf die Grundrichtungen des Raumes verweist sie aus ihrem Ordnungsvollzug heraus, also in Verbindung mit einem eigenen Ordnungsystem, demnach übergreifend, während sich dann dieses Ordnungssystem selbst nicht als statisch, prästabiliert zu erkennen gibt, sondern als sich dynamisch Erstellendes und aufgrund individueller Bestimmung sich Stabilisierendes: Aus der breit gedehnten Büste, welche mittelbar auf eine Horizontale verweist (die aber als eigener Formwert konkret nicht mitgegeben ist), erhebt sich die Innere Form, die ihrerseits die Entwicklung der vertikalen Mittelachse befördert und zum Kopf leitet, der — in seiner Wendung nach links — die Zentralisierung des Raumes auf die Vertikalachse hin wieder nach außen in den Raum wendet. Dabei ist deutlich, daß im Unterschied etwa zu Donatello nicht mehr die Koordination der Raumrichtungen systembestimmend ist, sondern ihre Subordination unter die Vertikalachse, daß dieses System nicht mehr konzentrisch, sondern zentrisch ausgerichtet ist, damit auch nicht mehr endlich, geschlossen erscheint, sondern offen, der Tendenz nach un-endlich.

Diese Umwertungen mit Bezug auf Grundvorstellungen der Skulptur ganz allgemein haben selbstverständlich Auswirkungen auch auf die Büste im besonderen. Die Besonderheit der Büste bestand darin, daß sie im Hinblick auf die konkrete Gegenständlichkeit des Körpers Fragment war. Es kam nun darauf an, dieses ihr Fragmentarisiertsein zu begründen, zu rechtfertigen. Das konnte formal geschehen durch den Hinweis auf eine allgemeine plastische Grundform, in welcher die Büste erschien (Michelangelo), oder durch den Verweis auf ein prästabilisiertes System, in welchem die Zufälligkeit des Ausschnitthaften grundsätzlich aufgehoben war (Donatello), das konnte motivisch geschehen durch den Hinweis auf eine besondere Situation, in der sich die Büste gegenständlich befand (z.B. Verrocchio). Das Fragmentarisiertsein der Büste erschien aber in allen Versionen zunächst als Insuffizienz einer bestimmten Werkgattung, die erst in der besonderen künstlerischen Gestaltung ausgeglichen werden konnte.

Hier nun wendet sich die Sachlage infolge der allgemeinen Umwertungen in ihr Gegenteil. Die besonderen Gattungsbedingungen der Büste werden jetzt positiv veranschlagt, insofern sie unmittelbar in Verbindung zum umgewerteten plastischen Konzept stehen, das primär auf Zufälligkeit, auf Offenheit, auf Akzessorisches abzielt. Beim *Scipione Borghese* hat die Büste ihre ehemals fest bestimmte Grundform verlassen, ist sie zu einem »Stück« Materialität geworden, damit prononciert offen, fragmentarisch, zufällig. Die Form der Büste als fragmentarische, als durchgeschnittene Körperform muß nicht mehr formal oder motivisch »ergänzt«, als vollständige ausgewiesen werden, sondern ihre zufällige, fragmentarisierte Form wird gleichsam zum tragenden Fundament der Gestaltung. Denn insofern diese primär weder auf allgemeine, plastische Grundformen noch auf konkrete Motivformen (Oberkörper) zielt, sondern zunächst reine Stofflichkeit thematisiert, wird gerade das Besondere der Büste, das ehemals die plastische Einheit Gefährdende, zur allgemeinen Voraussetzung und damit zur Bedingung einer sich neuartig formierenden, plastischen Einheitsvorstellung. Das Problem der Büste, das vor allem ein Problem des Büstenabschnitts war, zeigt sich in dem Augenblick gelöst, wo Akzessorisches gleichberechtigt neben Statuarischem steht, wo infolge eines Prinzips des »Sowohl-Als-auch« abgeschlossene und offene Formen nicht mehr gegeneinander stehen, sondern lediglich relative Gegensätze bilden im Hinblick etwa auf eine Formgestalt — die Innere Form —, die beides in sich vereinigt, nämlich Offenheit und Geschlossenheit, Abhängigkeit und Eigenständigkeit, Gewordensein und Bleiben. Die Form der Büste als primär ausschnitthaft offene, kontingente avanciert damit gleichsam zur »Inneren Form« der Skulptur, insofern sie als konkrete Formgestalt das Formprinzip aller Bildwerke Berninis ideell in sich birgt.

Indem Bernini die Grenzlinie von Figur und Raum, von Statuarischem und Akzessorischem, von Besonderem und Allgemeinem, von Ganzfigur und Büste dadurch beseitigte, daß er die dingumgrenzende Konturlinie auflöste, löste er eine Reihe, die Skulptur bislang bestimmender Dualismen auf. Die Auflösung dieser Gegensätze als Kontrastwerte in seinem Einheitssystem des »Sowohl-Als-auch« vollzog sich schrittweise, als Prozeß, der — an ausgewählten Portraitbüsten seiner Frühzeit nachvollzogen — schlaglichtartig noch einmal an der sich ändernden Ausbildung der Portraitköpfe selbst verdeutlicht werden mag. Ging Bernini bei der Gesichtsbildung des *Santoni* von den einzelnen Gesichtsmotiven, nämlich Augen, Nase, Mund usw., aus und dabei von deren individuellen, plastischen Formen, die »interessant« gemacht wurden, während die Bindung dieser interessant gemachten Motive schematisch erfolgte, nämlich durch einfach gerundete, »leere« Flächen bzw. durch den Zusammenhang einer kontural bestimmten gesamtplastischen Form des Gesichts, so legte Bernini beim *Vigevano* sein Augenmerk stärker auf die konkrete Verbindung dieser Motive, demnach auf das, was sich zwischen den individuellen Einzelformen befindet. Die »Leerstellen«, die Stellen des Übergangs wurden mit berücksichtigt, differenzierter gegeben, wenn auch noch nicht gleichberechtigt zu den Gesichtsmotiven. Entsprechend trat die geschlossene Form des Kopfes als plastisch bestimmte Grundform zurück. Beim *Montoya* zeigten sich dann die Leerstellen zu gleichberechtigten Strukturwerten umgedeutet. Individuelle Gesichtsmotive und individuelle Gesichtsstruktur wurden nicht mehr allein über die Gesichtsmotive bestimmt, sondern ebenso durch die gegenstandsindifferenten Formungen der Leerstellen, der puren Fläche. In die Haut wurden gleichsam »Korsettstangen« eingezogen, welche das Übergängige als Strukturwertiges ins Verhältnis zu den Gesichtsmotiven setzten, wobei die Gesamtform des Kopfes selbst auf die, von Gesichtsmotiven und Leerstellen gleichermaßen ausgewiesene, besondere Struktur bezogen blieb. Beim *Scipione Borghese* schließlich dominierten die ehemaligen Leerstellen. Das Übergängige selbst war thematisch, das Sich-Wölben und -Senken, -Falten und -Glätten, und aus diesem Zusammenhang des Übergängigen wuchsen die Gesichtsmotive erst heraus, ohne freilich diesen Zusammenhang aufzugeben. Entsprechend gab auch die Form des Kopfes keine plastische Grundform ab, sondern ergab sich vielmehr »zufällig« aus den primär gesetzten Oberflächenformungen, realisierte sich als Formgestalt und als solchermaßen fest bestimmte erst durch die Beziehung auf die Innere Form, eben jene groß gemachte Faltenfigur innerhalb des Büstenteils.

Damit war ein neuer Zusammenhang von Kopf und Büste erreicht, eine Einheit, die sich begreift als momentan aus dem allgemein Kontingenten herausgehobene, innere Einheit, die strukturell, geistiger Art ist und jenseits vom konkret Motivischen oder Materiellen besteht, folglich eine Einheit, die von der Figur selbst abhängig ist, nämlich von der Durchhaltekraft

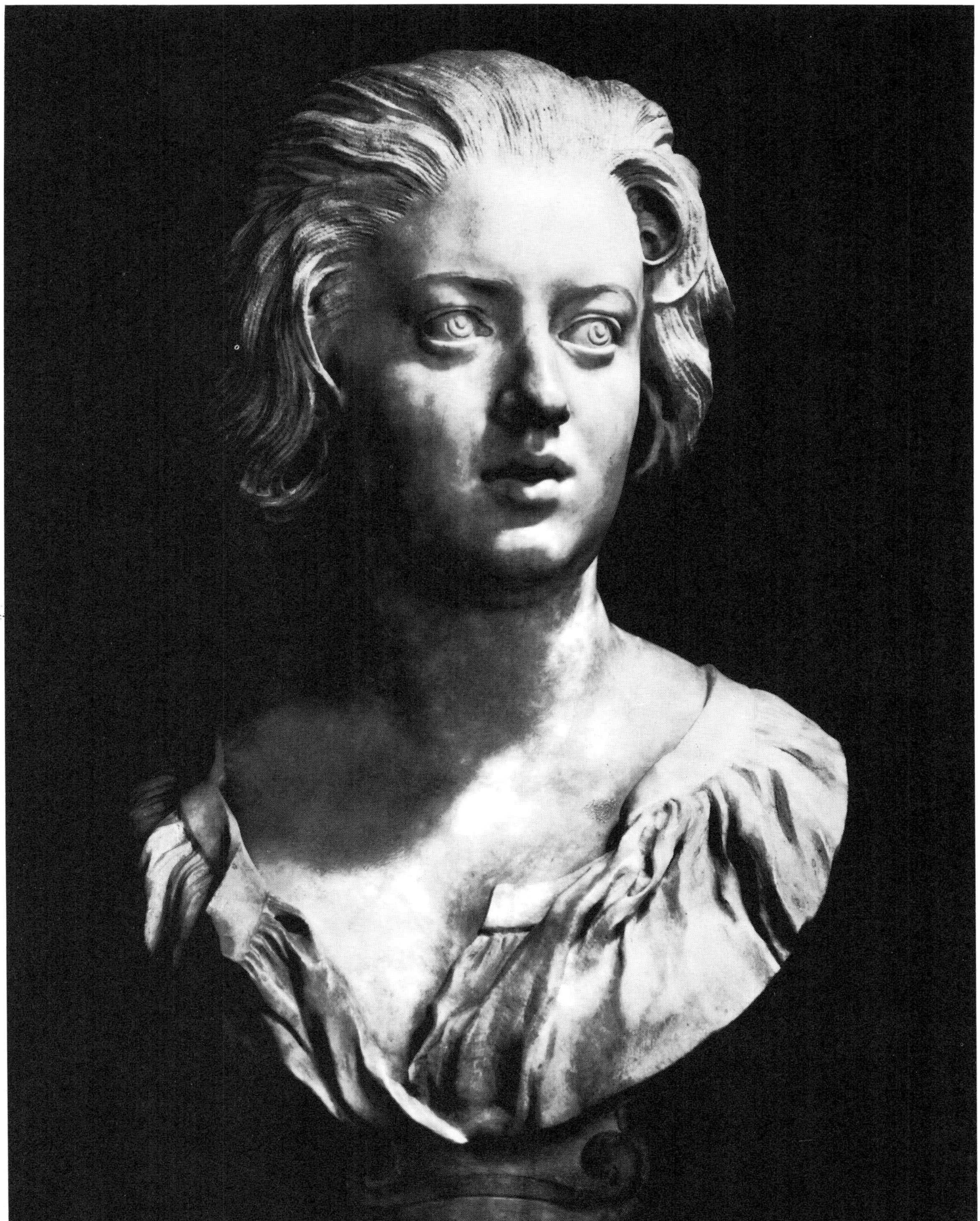

63 Bernini, *Costanza Buonarelli,* um 1635, Florenz, Museo Nazionale

ihrer inneren, psychisch fundierten Haltung. Individualität zeigte sich somit in der Figur des *Scipione* nicht als Auseinandersetzung des Dargestellten mit dem allgemeinen seiner Existenzbedingungen (Büste) bzw. mit seiner konkreten Umwelt (Raum), sondern im Durchhaltevermögen einer Inneren Form, einer inneren Haltung gegenüber dem Übergängigen des Materiellen, in welcher Erscheinungsform auch immer, als Atlas oder als Fleisch oder als Raum. Die Darstellung des Scipione Borghese geriet so zum »Psychogramm«, in welchem das Besondere, Individuelle begriffen wird als Aufschein des Innen im Außen, der innerlichen Präsenz im Modus eines äußerlichen Sich-Präsentierens.

Als Inbegriff eines solchen Psychogramms könnte man die gegen 1635 entstandene Portraitbüste der Costanza Buonarelli (Abb. 63)[56] ansprechen. Baldinucci erwähnt die Büste eher beiläufig,[57] aber doch mit einer sehr bezeichnenden Wendung: »li due putti sopra l'arme furono intagliati da Matteo *Buonarelli*, altro discepolo del Bernino, marito di quellatale *Gostanza*, di cui si vede un *ritratto*, testa con poco di busto in marmo fatto dal Bernino . . . .«[58] »Con poco di busto«, damit ist der Sachverhalt genau getroffen. Nur der frühen Portraitbüste des Santoni war ein vergleichsweise ähnlich knapper Büstenabschnitt gegeben, eine Büste, die insgesamt aber mit der Portraitbüste der Costanza nicht zu vergleichen ist, da die Unmittelbarkeit ihrer körperlichen Gegenwart, auffallendstes und ausschlaggebendes Merkmal, bei jener noch kaum entwickelt war. Im übrigen diente der knappe Büstenausschnitt beim *Santoni* dazu, den Kopf nahtlos in die bestimmende Form der rahmenden Architektur einzubeziehen, während er hier die Aufgabe hat, die Dominanz des Gesichts und dessen Unmittelbarkeit im Modus einer nur ansatzweisen Vermittlung zu verstärken.

Die Büste selbst ist als Rundform ausgebildet und mit einem Hemd bekleidet, das — geöffnet — den Blick auf den unbekleideten Körper leitet. Das Hemd wirkt zerknittert, in seiner Fältelung ungeordnet und in unterschiedliche Richtungen auseinanderlaufend. Den oberen Abschluß des Hemdes bildet eine Borte, die — wellenförmig gegeben — einerseits auf den ursprünglichen Verlauf der Grenzwerte der Büstenform anspielt, sich andererseits aber dadurch, daß das Endstück der Borte links räumlich nach vorn umknickt und offen gelassen ist, auch als selbständige Formung ausweist. In dieser Borte kann man die Restform einer Inneren Form sehen, allerdings einer solchen, die sich durch ein konkretes Motiv — also äußerlich — bestimmt, die dann durchbrochen, geöffnet wird und sich nach links unten hin auflöst. Im Gegensatz dazu ist der Kopf nach rechts oben gewendet, dabei durch die wellenförmig nach hinten abstrahlenden Haare bloßgelegt und motivisch gleichsam nach vorn »quellend«

Das sich nach vorne links öffnende Gewand wie das nach links hinten abstrahlende Haar bilden somit die räumlich motivischen Kontrastwerte zu dem sich nach rechts vorn herausdrängenden Kopf, der insgesamt aus gerundeten, schwellenden Formen gebaut ist und gleichsam strukturlos, knochenlos erscheint. Darauf abgestimmt zeigen sich die einzelnen Gesichtsmotive, etwa die weit geöffneten Augen oder die ebenfalls geöffneten wulstigen Lippen, die weder motivisch noch strukturell zusammengefaßt, koordiniert werden, sondern gleichsam unbeherrscht, willenlos, als reine Ausdruckswerte in die schwellenden Formungen der Oberfläche eingesenkt erscheinen. Das Sich-Auflösen der Inneren Form oder genauer das Herausgerissenwerden der Figur aus der Inneren Form hat dann aber zur Folge, daß das Übergängige, Momentane des rein Stofflichen (Fleisch) nicht mehr auf eine über das Zufällige, Momentane hinausgehende, grundsätzliche Fassung, damit eine innere Haltung der Dargestellten bezogen werden kann, daß diese viel-

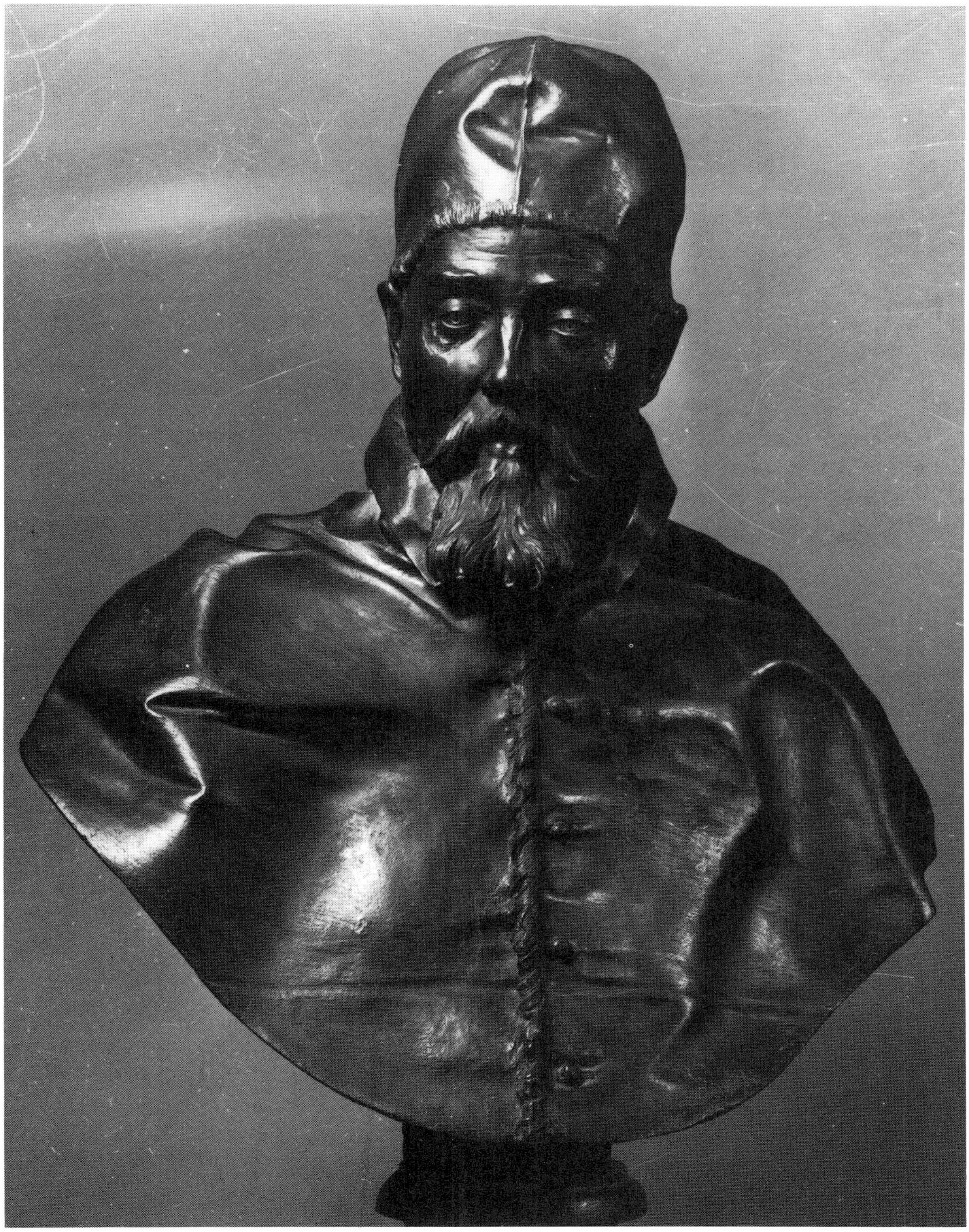

64 Bernini, *Urban VIII.*, um 1637, Rom, Biblioteca Vaticana

mehr zerbricht unter der Wucht des Unmittelbaren ihrer physisch körperlichen Präsenz, so daß das Haltlose, das Getriebensein, das Übergängige selbst zur Form ihrer Existenz gerät. Die Offenheit — Leitmotiv dafür sind etwa der Mund, die Augen und das bloßgelegte Gesicht — als schrankenloses Geöffnetsein, als auf immer Zukünftiges, Neues Ausgerichtetsein erweist sich als der Bestimmungsgrund ihres Wesens, ihrer Individualität. Wie sehr man das Portrait der Costanza Bonarelli auch autobiographisch verstehen kann, es handelt sich dabei sicher nicht um die Kompensation eines unglücklichen Liebesabenteuers Berninis,[59] um den Rechenschaftsbericht über »ein dramatisches Erlebnis des Meisters«,[60] sondern auch und vor allem um die Herstellung einer äußersten Erfahrungsmöglichkeit von zeitlicher Existenz und Gegenwärtigkeit, von bewußtloser Unmittelbarkeit.

Wenige Jahre später entstand die Portraitbüste des Papstes Urban VIII. (Abb. 64).[61] Die Unterschiede und Gegensätzlichkeiten könnten nicht größer sein: Hier Geschlossenheit und dort Offenheit, hier Abwendung, dort Zuwendung, hier Vergangenheit, dort Zukunft. Für diese Unterschiede und Gegensätzlichkeiten könnte zunächst die unterschiedliche Auftragslage geltend gemacht werden: Hier ein öffentliches Portrait, dort ein Privatportrait, hier eine Auftragsarbeit, dort eine Arbeit ohne Auftrag, hier die Darstellung eines Papstes, dort die Darstellung einer »Frau aus dem Volke«. Tatsächlich erinnert die Büstenform an das Scipione-Portrait, das ebenfalls ein Auftragsportrait war und eine gesellschaftlich hochstehende Persönlichkeit darstellte.

Dennoch kann die Auftragslage zumindest nicht allein für die so deutlich ins Auge fallenden Unterschiede verantwortlich gemacht werden, denn auch im Vergleich mit dem Scipione-Portrait sprechen die Unterschiede stärker als die Gemeinsamkeiten. Es fehlt z.B. die Innere Form. Aber auch die äußere Form der Büste, die zunächst verwandt schien, weist Änderungen auf. Jene Bogenformen, die den allgemeinen Schnitt der Büste angeben, sind weniger gespannt als die entsprechenden Formen beim Scipione-Portrait. Der obere Bogen etwa wird konform zum Schultermotiv geknickt, während er beim *Scipione* — unbekümmert um konkrete Motivlichkeit dahinter — frei weiterschwang. Das Moment des Abgeknicktseins nach unten wird dann in der unteren Bogenform wieder aufgenommen und dadurch weitergeführt, daß — analog zum abgeknickten Verlauf — die untere Bogenform zunächst steiler ausgebildet ist, der mittlere Bereich gleichsam durchhängt. Infolge dessen erscheint die Gesamtform weniger in der Breitenachse gedehnt als vielmehr in der Vertikalachse, und zwar nach unten tendierend, durchhängend. Da schließlich jene, beim *Scipione* bestimmende Innere Form als sich nach oben öffnende fehlt, die Büste folglich nur durch eine vertikale — nämlich jene durch den Pelzbesatz besonders hervorgehobene Knopfleiste — und durch wenige im Mittelbereich angeordnete horizontale Faltenformen strukturiert wird, bleibt das Durchhängen, das Nach-unten-Gezogensein für die Erscheinung des *Urban* bestimmend.

Wie beim *Scipione*, so ist auch hier der Kopf nach links gewendet, dabei aber nicht gedreht, augenblicklich bewegt, sondern geneigt, gleichsam »von etwas« in diese Richtung gezogen, im übrigen auch nicht leicht aufwärts gewendet, sondern abwärts gesenkt. Die Ausbildung der Gesichtsmotive im einzelnen wiederholt dann jene in der Büste bereits beschriebene Systematik: Die Gesichtsmotive sind auf die vertikale Mittelachse ausgerichtet, aber so, daß sie ein Nach-unten-Absinken, ein Nach-unten-Gezogenwerden deutlich machen. Von der Horizontalen der Augenbrauenbildung aus zeigt sich über den Augenschnitt, die Tränensäcke, die Nasenfalten, den Oberlippenbart bis zum nach unten durchhängenden Kinnbart zunehmend ein Absinken der Formen in Schrägrichtungen, wobei der Kinnbart den Abschluß bildet. Man vergleiche dagegen nur das Gespannte, Gespitzte und gleichsam Quellende der Bartgestaltung und -anordnung beim *Scipione*.

Schließlich trägt auch *Urban* eine Kopfbedeckung, das Camauro, und auch diese Kopfbedeckung ist nicht nur Rangabzeichen, sondern ebensosehr pures Motiv, Stofflichkeit, die es ermöglicht, Augenblicklichkeit einzufangen; aber hier ist das Augenblickliche, Zeitliche der Kopfbedeckung nicht eingesetzt, um auf die vertikale Mittelachse der Figur zurückzuführen (*Scipione*), damit Zeitlichkeit als Ausweis des Gegenwärtigseins, als potentielles Offensein des Dargestellten zwischen links und rechts deutlich zu machen, sondern die Kopfbedeckung zeigt selbst Spuren des Zeitlichen (Dellungen), thematisiert Zeitlichkeit als Einwirkung auf Gegenständlichkeit, diese verändernd, ja beschädigend. Entsprechend führt das Camauro die Richtung des Kopfes nicht auf die Mittelachse der Büste zurück, sondern aufgrund ihres Mittelakzents noch weiter nach links hin, nach außen, verstärkt also das Moment des Nach-links-Gezogenwerdens des Kopfes, deutet dieses nicht als momentane Bewegung mit der Potenz einer jederzeit möglichen Richtungsänderung, etwa zur Mittelachse zurück, sondern deutet diese Bewegung als eine solche, der die Figur — durch Zeitlichkeit bestimmt — unterworfen ist.

Ausgehend von der Gestaltung der Büste ergibt sich so das Bild einer zunehmenden Auflösung der Bestimmungskraft, der Koordinationskraft von Raum und Zeit durch den Menschen als Erfahrung seiner eigenen Position. Zeigte sich innerhalb der Formung der Büste im unteren Teil eine Kombination von vertikaler Knopfleiste und horizontalen Faltenverläufen, demnach eine bestimmte Ordnungschiffre für Raum und Zeit — allerdings innerhalb eines ungeordnet verlaufenden Kontextes im Stofflichen

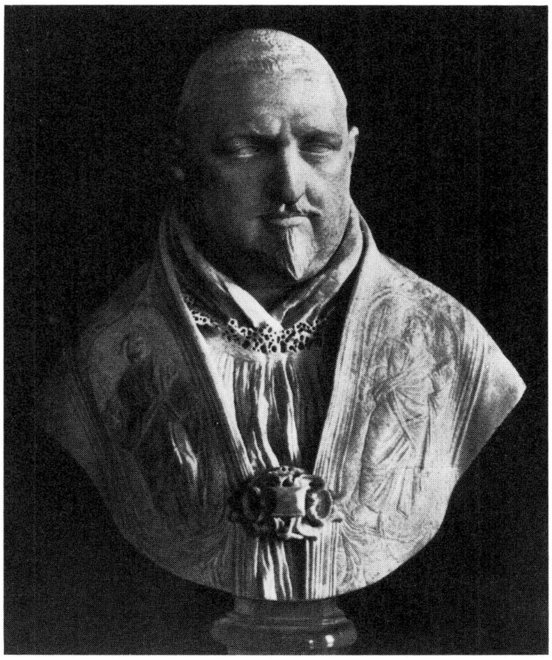

65 Bernini, *Paul V.*, 1618, Rom, Galleria Borghese

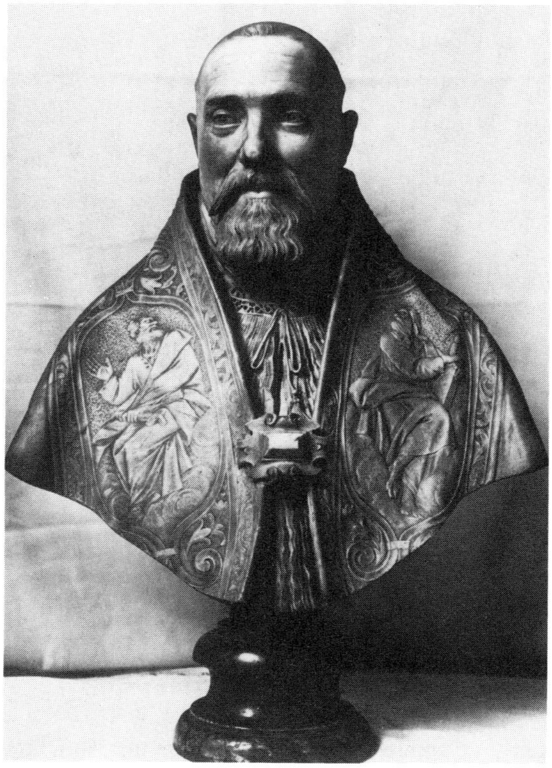

66 Bernini, *Urban VIII.* um 1623, Rom, San Lorenzo in Fonte

und demnach als eine sich innerhalb des Zeitlichen selbst herausstellende Ordnungsmöglichkeit —, so zeigt sich im oberen Bereich der Büste diese Ordnungschiffre bereits in Auflösung begriffen; die Horizontalwerte beginnen, sich zu »bewegen«, selbst wieder in die Zufälligkeit des Stofflichen zurückzusinken, während schließlich der Kopf in seiner Wendung nach links dokumentiert, daß seine mögliche Position in einer allgemeinen Ordnungsbestimmung von Raum und Zeit (im Hinblick auf einen Ausgleich von Vertikaler und Horizontaler im Sinne eines Achsenkreuzes) durch individuelle Erfahrung von Zeitlichkeit, d.h. durch die Erfahrung seines Selbst, zu relativieren ist. Die Position des Papstes als ordnungssetzend für die Umwelt wird *Urban* zum Ausweis seiner individuellen Begrenztheit. Aber — und das ist wesentlich — es entsteht kein Konflikt zwischen allgemeiner Existenz (Position des Papstes innerhalb der Wirklichkeit ganz allgemein) und besonderer Existenz Urbans (seiner historischen Position als Papst), sondern am einen weist sich das andere aus und umgekehrt; das eine wie das andere sind untrennbar miteinander verbunden und als das eine und das andere nur in gegenseitiger Fundierung möglich.

Diese besondere und von den vorher gesehenen Büsten unterschiedliche Darstellungsweise des Papst-Portraits hat Howard Hibbard — im Hinblick auf die Papst-Portraits insgesamt — folgendermaßen zu erklären versucht: »The impassiveness of the Pope derives from the greater inertia inherent in images of noble subjects.«[62] Selbstverständlich können Unterschiede in der jeweiligen Darstellungsweise von Portraits auch durch unterschiedliche Auftragslagen begründet sein; indes scheint es kaum vorstellbar, daß unterschiedliche Auftragslagen allein auch zu unterschiedlichen Stilausprägungen im Œuvre eines Künstlers führen sollten, vor allem dann, wenn es sich bei dem Künstler um eine solche Künstlerpersönlichkeit handelt, wie sie Bernini gewesen ist.[63] Wahrscheinlicher dagegen ist, daß sich hier mit diesem Urban-Portrait eine besondere und von jener des *Scipione* und der *Costanza* gleichermaßen unterschiedliche Vorstellung in bezug auf menschliche Individualität durchsetzt, ohne doch den allgemeinen Rahmen des »privaten« Portraits zu verlassen. Denn hier geht es offenbar nicht mehr nur um das Wesen des Menschen selbst, um die Darstellung seines eigenen, Inneren, sondern auch und gerade um das Wesentliche eines Menschen, um die Darstellung seines Eigenseins in Relation zu seiner besonderen Position, etwa als Papst, die dann das Eigensein wesentlich mitprägt. Infolge dessen hätten wir es bei dieser Darstellung des Urban nicht mit einem Psychogramm des Darzustellenden zu tun, sondern mit einer Persönlichkeitsschilderung, in der eigenes und Allgemeines mit Bezug auf Individualität korreliert sind.

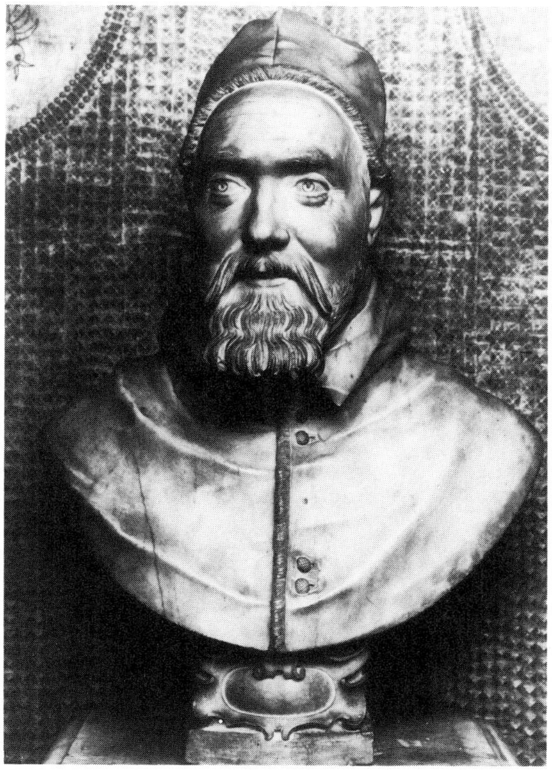

67 Bernini, *Urban VIII.*, um 1625, Rom, Palazzo Barberini

Um aber nachweisen zu können, daß es sich bei dieser Darstellung Urbans VIII. tatsächlich um eine besondere, in bezug auf die besondere Thematik des Papst-Portraits gewonnene Version der eher privaten Portraitauffassung des mittleren Bernini handelt, demnach eher um ein Pendant zum Psychogramm und nicht um eine Darstellungsweise, die — von der allgemeinen Entwicklung isoliert — allein aus der spezifischen Thematik des Papst-Portraits resultiert, um also deutlich zu machen, daß die Papst-Thematik lediglich eine »Filtrierung« der allgemein bestimmenden Portraitauffassung des mittleren Bernini bewirkte, erscheint es notwendig, das besprochene Portrait Urbans VIII. in Relation zu den früheren Papst-Darstellungen Berninis zu betrachten, um von daher die analoge Entwicklung zu den übrigen Portraits darlegen zu können.

Die Reihe der Papst-Portraits Berninis beginnt mit der Büste des Papstes Paul V. (vermutlich 1618) und endet 1676, zwei Jahre vor Berninis Tod, mit der Portraitbüste des Papstes

Clemens X. Das Thema des Papst-Portraits begleitete Bernini sein ganzes Leben hindurch. Im Hinblick auf die stattliche Anzahl der Papst-Büsten stellt sich die Frage nach einer einfachen Ordnungsmöglichkeit. Rein äußerlich ergibt sich eine solche durch die Einteilung in Gruppen gemäß der Bekleidung, und zwar

1. in jene Gruppe von Papst-Portraits, die den Papst mit dem Pluviale bekleidet zeigen,
2. in jene Gruppe von Papst-Portraits, die den Papst lediglich mit Talar und Camauro bekleidet zeigen, und schließlich
3. in jene Gruppe von Darstellungen, die den Papst mit Camauro und Talar bekleidet zeigen, darüber hinaus aber mit einer über den Talar gelegten Stola.

Diese rein äußerlich bestimmte Ordnung erweist sich dann von der konkret zeitlichen Abfolge der Papst-Portraits gleichsam innerlich gestützt: Zunächst finden sich nur solche Darstellungen, die den Papst mit dem Pluviale bekleidet zeigen, beginnend mit dem Portrait des Papstes Paul V. (Abb. 65)[64] bis zur frühen Darstellung Urbans VIII. in S. Lorenzo in Fonte (Abb. 66)[65]. Es folgen zeitlich dann jene Darstellungen, bei denen die Päpste Talar und Camauro tragen, beginnend mit dem Portrait des Papstes Urban VIII. aus dem Palazzo Barberini (Abb. 67)[66] und endend mit den beiden Portraits Innocenz' X. (Abb. 68, 69), deren Datierung und Zuschreibung allerdings kontrovers sind.[67] Wittkower datiert sie mit Faldi um 1647 und um 1650. Wären diese Datierungen zutreffend, dann würden sich diese Gruppe und die nachfolgende, in der die Päpste Talar, Camauro und Stola tragen, überschneiden. Denn diese letzte Gruppe beginnt gleichfalls mit einem Portrait des Papstes Urban VIII. im Louvre (nach 1640, Abb. 70)[68] und endet mit dem Halbfigurenportrait des Papstes Clemens X. (1676).[69]

Neben dem Schönheitsfehler, daß sich die Gruppen 2 und 3 nicht säuberlich trennen lassen — zumindest deshalb nicht, weil die Datierungen der Louvre-Büste des Papstes Urban VIII. wie der Marmorbüsten des Papstes Innocenz X. nicht endgültig festzulegen sind —, gibt es eine große Ausnahme, nämlich die Bronze-Büste des Papstes Urban VIII. in Spoleto.[70] Diese zeigt den Papst wie die Darstellungen der Gruppe 1, also mit dem Pluviale bekleidet, obwohl sie nachweislich zwischen 1640 und 1644 angefertigt wurde, eigentlich also zur Gruppe 3 oder zur Gruppe 2 gehören müßte, demnach entweder Talar, Camauro oder Stola oder nur Talar und Camauro tragen dürfte. Da hier aber der Papst nicht nur keinen Talar und keine Stola, auch kein Camauro trägt, sondern die Mitra, ein Motiv, das bei Portraitbüsten sonst überhaupt nicht vorkommt, lassen die gehäuften Besonderheiten dieser Büste — sie ist im Unterschied zu den übrigen auch überlebensgroß — nun tatsächlich an eine ganz bestimmte Auftragslage denken.[71]

Die zunächst äußerlich erscheinende Begründung für die hier vorgenommene Gruppenbildung der Papst-Büsten zeigt sich dann nicht allein durch die zeitliche Abfolge innerlich legitimiert, sondern vor allem auch dadurch, daß sich in den unterschiedlichen Bekleidungsweisen unterschiedliche Portraitkonzeptionen zur Geltung bringen, sich innere Entwicklungen veräußerlichen: Grob gesagt hat man es in der ersten Gruppe mit eher offiziellen Versionen des Papstes zu tun, solchen Versionen, in denen die besondere Position des Papstes den Ausgangspunkt für eine Individualdarstellung des jeweiligen Papstes abgibt — nicht umsonst ist das Pluviale so dargeboten, daß die innerhalb der Zierborte sichtbar werdenden Gestalten von Petrus und Paulus den »Rahmen« für die eigentlichen Portrait-Darstellungen bieten —; in der zweiten Gruppe dagegen eher mit »privaten« Portraits des Papstes, solchen Versionen also, in denen das Besondere, Individuelle des Papstes der Auslösefaktor für die Darstellung ist; während dann die dritte Gruppe eine Synthese aus Offiziellem und Privatem bringt, Offizielles und Privates im Hinblick auf Charakteristisches miteinander verbindet.

Die frühen Papst-Portraits von Paul V. und Gregor XV. bis hin zur ersten Darstellung von Urban VIII. thematisieren also stärker das Offizielle im Unterschied zum Privaten. Sie zeichnen sich aus durch eine besondere, dabei sich ändernde Verhältnissetzung von Portraitkopf und Büste, die in Analogie gesehen werden kann zur besonderen, dabei sich wieder ändernden Verhältnissetzung von Portraitbüste und rahmender Architektur der anfangs besprochenen Memorien. In dieser Analogiesetzung würde die Büste die Funktion der rahmenden Architektur übernehmen, da sie hier — wie dort die architektonische Rahmung — die Position der Figur und damit ihren besonderen »Ort« bestimmt, während dann der Portraitkopf die gesamte Portraitbüste der Memorien zu vertreten hätte.

Bei der Portraitbüste des Papstes Paul V. (Abb. 65) etwa bilden das Pluviale und die darunter angeordneten Gewandformen in der Tat einen festen, gleichsam in sich stehenden architektonischen Rahmen, zu dem sich der Portraitkopf verhält, insofern er sich — bei Aufnahme der gespitzten Form des Kragens und des eng gefalteten, vertikal strukturierten Untergewandes, der Alba, durch den Kinnbart wie der Gesamtbreite der Pluvialeöffnung durch die Kopfform — nach rechts heraus wendet. Die leicht nach links unten hin ausgerichtete Pluvialeöffnung wird durch die stärkere Kopfwendung nach rechts hin ausgeglichen, ohne daß es aber tatsächlich zu einem einheitlichen, durch die Handlung der Figur bestimmten Zusammenhang der unterschiedlichen, leicht gestückelt wirkenden Motivformen käme. Diese scheinen vielmehr jeweils für sich gesetzt und als solche »interessant« gemacht zu sein,[72] um allein durch die Rahmenform des Pluviale zur Ordnung, zu einer optischen Gesamtheit gerufen zu werden.

Dagegen zeigt sich die Bronze-Büste Pauls V. in Kopenhagen (Abb. 71) straff zusammengefaßt, aber auch lapidarer in der Formgebung.[73] Das Gesicht ist auf die Mittelachse hin konzentriert; obwohl der Kopf nicht gewendet ist, scheint er selbstbedeutend, zentral zu sein, da sich die Linienwerte des Pluviale und der übrigen Gewandformen auf ihn hin ausrichten und in der Ausbildung des Portraitkopfes als Strukturwerte wiederkehren. Das Pluviale als »architektonische Rahmung« und der Portraitkopf erscheinen gleichgewichtig gegeneinander gesetzt.

Bei der Bronze-Büste des Papstes Gregor XV. (Abb. 72) stehen dann Portraitkopf und »Pluviale-Architekturen« als Kontrastwerte gegeneinander.[74] Der Kopf nimmt zwar Formen der Pluviale-Architektur auf, so den Ausschnitt, die Agraffe usw., erweist sich dann aber in der innermotivischen Kontextualisierung dieser Richtwerte zu deren gestraffter Formerscheinung und zu deren harten Winkelsetzungen genau entgegengesetzt. Der Kopf verschwimmt gleichsam, auch und vor allem im Hinblick auf die Architektur des Gewandes. Er ist dem entsprechend nicht in der Lage, die vorgegebenen Richtungswerte der Gewand-Architektur mit Rücksicht auf eine Eigenidentifizierung als von ihm beherrschte Richtungskonstellation auszuweisen. Vielmehr zeigt sich eine Diskrepanz zwischen der individuellen Ausgestaltung jener, vom Gewand vorgegebenen Rundwerte innerhalb der Kopfbildung und der Gewand-Architektur selbst: Individualität erhebt sich unabhängig von der, durch die Gewand-Architektur festgelegten Position, wiewohl sie dies selbstverständlich noch innerhalb des, durch die Gewand-Architektur festgelegten Rahmens tut.

Beim frühen Urban-Portrait (Abb. 66) schließlich ändert sich die Form des Pluviale. Seine Teile treten nach unten hin stark auseinander, so daß die Agraffe Mühe hat, sie zusam-

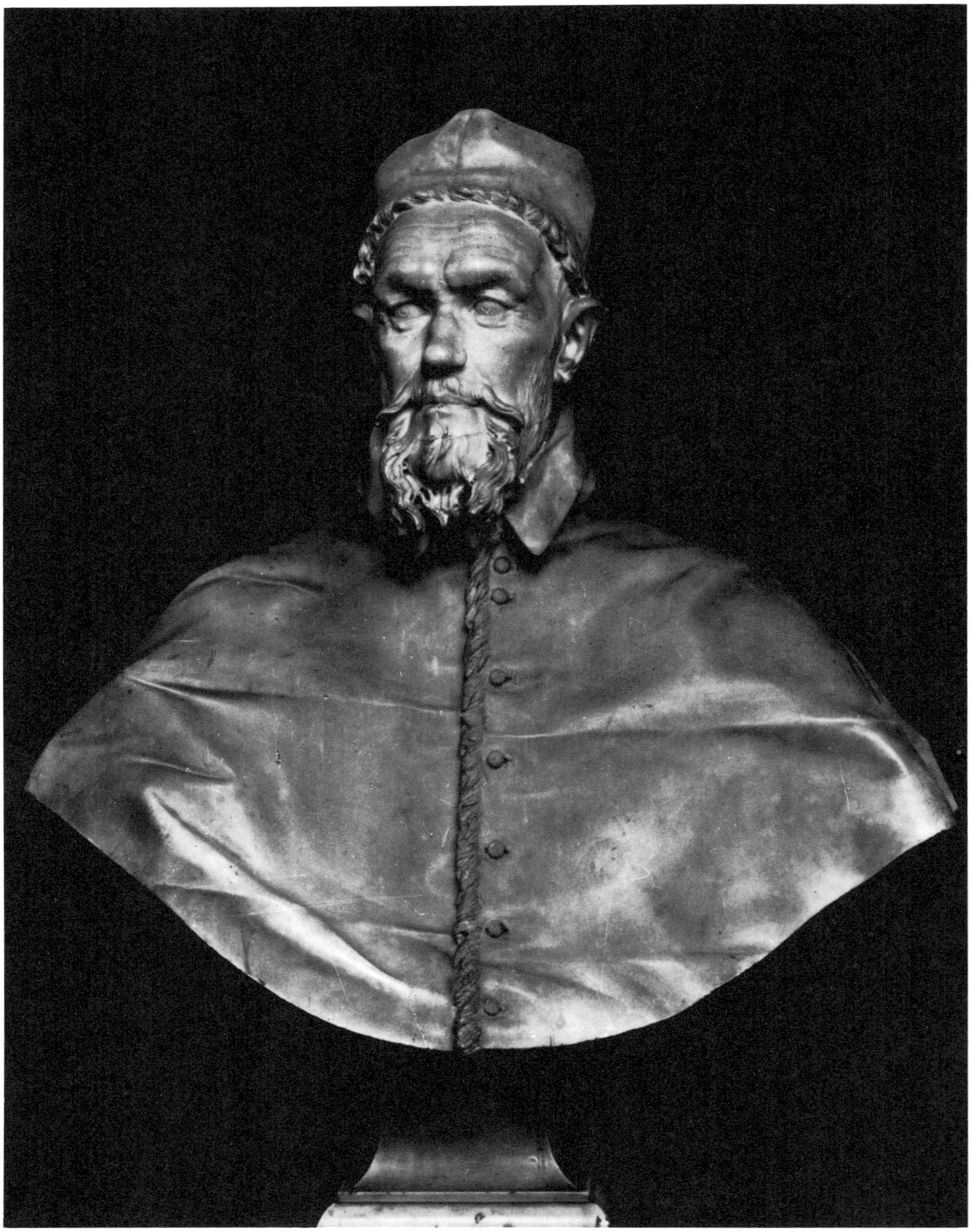

68 Bernini, *Innocenz X.*, um 1647, Rom, Galleria Doria Pamphili

menzuhalten. Dadurch erscheint die Pluviale-Architektur augenblicklich, verzeitlicht;[75] sie verliert ihre architektonische Strenge, zeigt sich stärker fragmentarisiert und zu solchen Formen umgedeutet, die nicht mehr das Ganze unter Einbeziehung des Kopfes rahmen, sondern die nun selbst — verstofflicht und übergängig — zur Ordnung gerufen werden müssen. Dadurch wird aber das »Darunter« in der Vertikalität seiner Faltenbildung für die Gesamterscheinung der Figur bestimmend, ohne daß die vertikale Mittelachse selbst schon bestimmend wäre, wie ja auch das »Darin«, der Kopf, bereits im Schnurrbart und den Gesichtsmotiven auf die Formen des Untergewandes reagiert: Das Besondere, eigene des Papstes und damit das »Inoffizielle«, Private macht sich mit allem Nachdruck bemerkbar, um sich dann in der *Urban*-Version aus dem Palazzo Barberini (Abb. 67)[76] ausdrücklich zu Wort zu melden.

Wittkower hat darauf hingewiesen, daß diese Portraitbüste Urbans VIII. »foreshadows the development of the 1630's«,[77] und es kann kein Zweifel sein, daß wir es hier mit einer Darstellung zu tun haben, welche exakt die Wende von der eher offiziellen, frühen zur mehr privaten, späteren Portraitauffassung bezeichnet. Es ist aber jene Wende, die wir bereits in der Entwicklung der Portraitbüsten innerhalb eines Memoria-Verbandes kennengelernt haben, die sich dort zwischen dem Montoya- und dem Scipione-Portrait ereignete, aber als solche nicht an einem Beispiel festzumachen war.[78] Hier dagegen ist mit dem Urban-Portrait die Wendemarke selbst verbildlicht.

Zunächst ist der Büstenabschnitt knapper genommen; er hat sein Übergewicht eingebüßt und erscheint zufällig begrenzt, kontingent. Das Gewand besitzt keine architektonische Funktion mehr, steht nicht mehr als ein Gehäuse um die Figur und damit selbständig, sondern zeigt sich radikal verstofflicht, formal unselbständig, akzessorisch. Strukturiert wird es einerseits

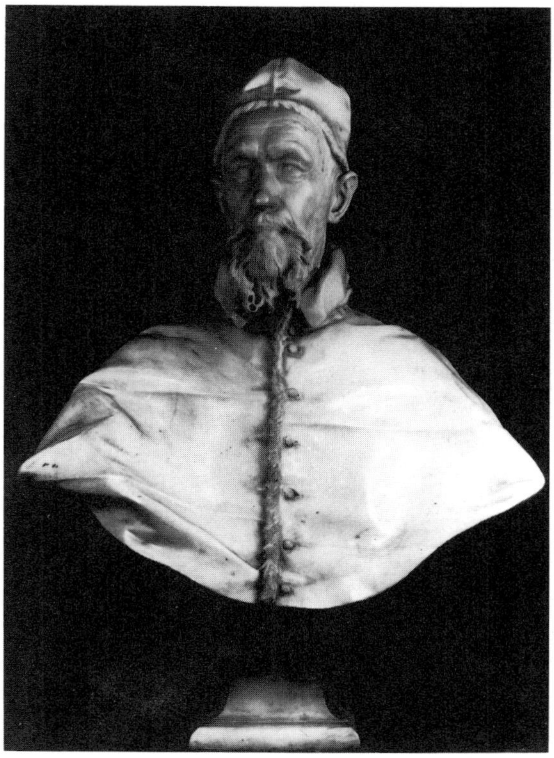

69 Bernini, *Innocenz X.* um 1650, Rom, Galleria Doria Pamphili

durch die hervorgehobene Vertikale der Knopfleiste, andererseits durch Faltenformen, die sich aus der konkreten Stofflichkeit des Gewandes herleiten und die — rund geführt — die zufälligen Büstengrenzen paraphrasieren. Auf diese, nach oben zu offenen Strukturwerte antwortet die invertiert rund geführte Konturlinie des Camauro, so daß der Portraitkopf — formal eingespannt — zwischen diesen Bogenlinien gleichsam »hervorquillt« bzw. sich herausdrückt. Dieses Sich-Herausdrücken des Kopfes wird dann in seiner Ausbildung selbst durch die schwellenden Formen, die weit geöffneten Augen und den, Kragen und Büste überschneidenden Bart, aufgenommen: Die unmittelbare Präsenz des Dargestellten, das sich aktuelle Präsentieren in einem Handlungsvollzug unterscheidet ihn von seinen Vorgängern.

Wesentlich aber und für die Stellung dieser Portraitbüste als Wendemarke innerhalb der Entwicklung von den eher offiziellen zu den eher privaten Portraits entscheidend ist die Kombination von deutlich hervorgehobener Vertikalachse und rund geführten inneren Faltenformen. Sie zeigt jene beiden Möglichkeiten in nuce verbunden, welche dann jeweils für sich die Darstellung der unmittelbaren Gegenwärtigkeit einer Person befördern, nämlich die »Innere Form« und die «Innere Ordnung«. Die Innere Form zeigt sich vorgeprägt im Verhältnis von Faltenformen, Büstenabschnitt und Portraitkopf, die Innere Ordnung dagegen im Verhältnis von dominantem Vertikalwert, übergängigen Richtungen der Oberfläche und Portraitkopf. Die Innere Ordnung ist gleichsam ein Gegenstück zur Inneren Form, mit dieser verwandt im Hinblick auf die Thematisierung des Besonderen, Privaten, unterschiedlich aber darin, daß sie das Besondere, Private des Dargestellten nicht besondert darstellt, dominant hervortreten läßt, sondern eher verallgemeinert, nämlich im Zusammenhang einer Gesamtordnung, die sich freilich von innen her begründet. Zwar ist auch die Innere Ordnung keine Ordnungssetzung, sondern — wie die Innere Form — eine sich realisierende weil durchsetzende Ordnungsstruktur, zu der sich dann der Portraitkopf jeweils verhält. Sie ist als Innere Ordnung eine Variante der Inneren Form, mit dem Ziel einer größeren Allgemeinverbindlichkeit des Dargestellten, und von daher sicherlich durch die besondere Thematik des Papstportraits mit bedingt. Aber sie stellt keinen Bruch zur allgemeinen Entwicklung dar, sondern lediglich eine Variationsform auf der Stufe der eben jetzt gültigen Portraitauffassung, die das Private stärker thematisiert, auf Kosten des eher Offiziellen.

Aus der Art und Weise nun, wie sich der Portraitkopf zur Inneren Ordnung verhält, bestimmt sich das eigene des Portraitierten, seine Individualität. Bei den frühen Papstdarstellungen war die besondere Position des Papstes als etwas äußerlich Gegebenes bestimmt (Pluviale), zu dem sich dann die Figuren jeweils besonders verhielten; hier nun ist die äußerliche Position (die Stellung des Papstes in der weltlichen Wirklichkeit) verinnerlicht, zu einer inneren Struktur geworden, welche als ein allgemeiner Ordnungsrahmen in die Figur selbst inkorporiert erscheint und mit dem Dargestellten selbst identifiziert wird. Und es ist dann wiederum die besondere Verhältnissetzung des Dargestellten zu dieser ihm eigenen, allgemeinen Ordnungsstruktur, die ihn als eigenen, individuellen ausweist. Der Vergleich zweier Urban-Portraits, nämlich der bereits im zweiten Kapitel besprochenen Portraitbüste aus dem Palazzo Spada (Abb. 2) mit jener aus der Galleria Nazionale in Rom (Abb. 73)[79], mag dies verdeutlichen.

Die Unterschiede der Büsten, was die jeweils dargestellte Individualität betrifft, sind erheblich und lassen sich aus dem je unterschiedlichen Verhalten des Dargestellten zur Inneren Ordnung erklären. So zeigt sich die Innere Ordnung in dem Portrait Urbans aus dem Palazzo Spada in einer ganz besonderen Weise vom Dar-

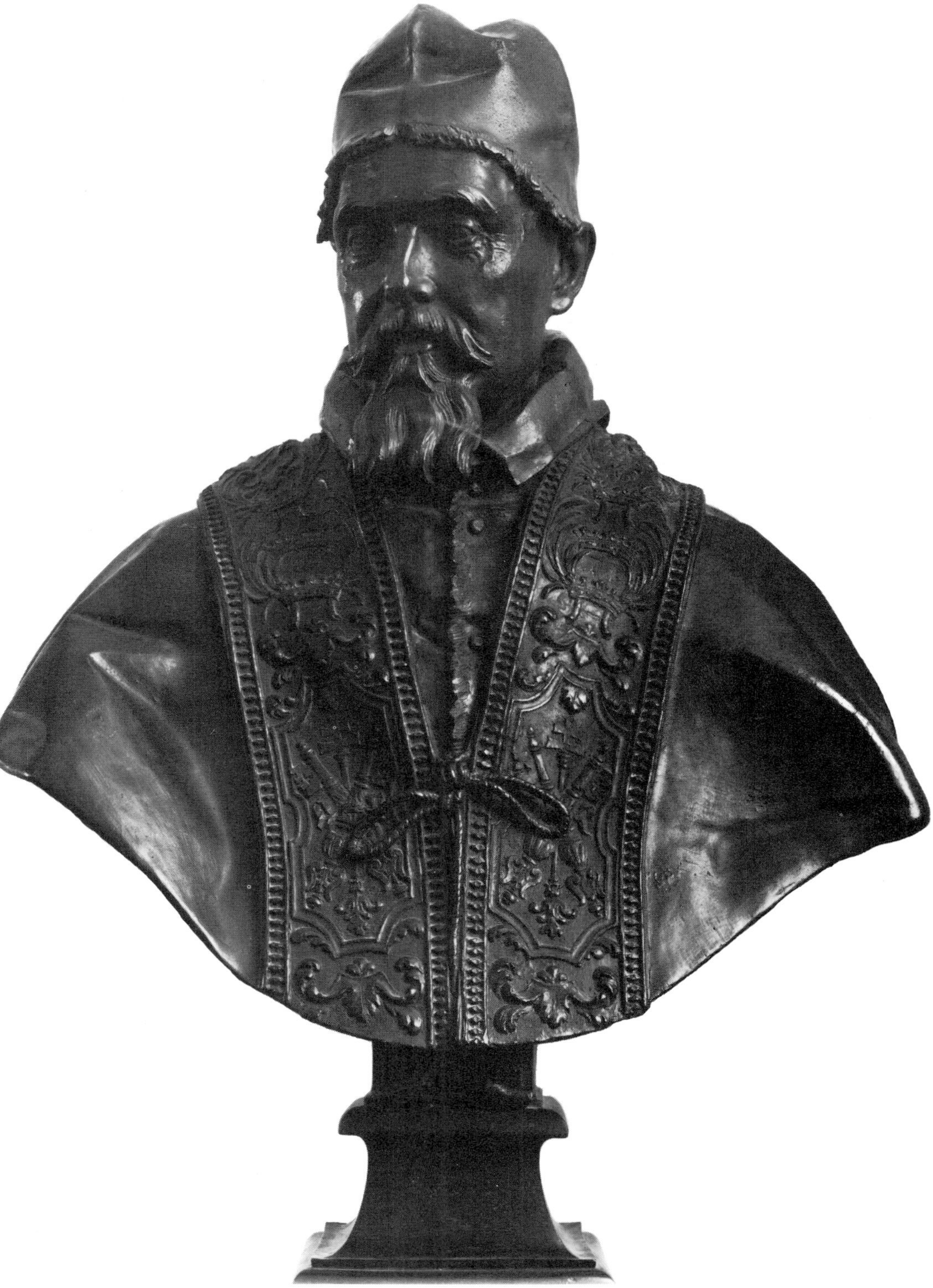

70 Bernini, *Urban VIII.*, nach 1641, Paris, Louvre

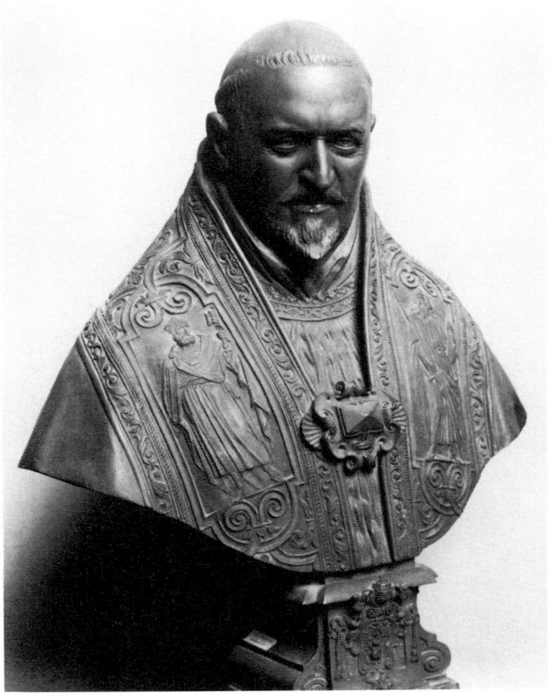

71 Bernini, *Paul V.*, um 1621, Kopenhagen, Ny Carlsberg Glyptotek

gestellten selbst angenommen. Das hat zunächst mit der Ausbildung der Büste zu tun. Der untere Abschnitt etwa der Spada-Version hängt nicht durch, sondern erscheint — wie beim *Scipione* — gespannt. Die in diesem Bereich bestimmende Horizontalfalte (links und rechts je unterschiedlich ausgebildet) durchläuft an jener Stelle die Gesamtheit der Büste, wo diese ihre größte Breitenerstreckung aufweist. Sie bleibt folglich nicht — wie bei der früheren Version aus der Galleria Nazionale — eine eher zufällige Grenzsetzung, sondern erhält Bestimmungskraft für den gesamten Büstenteil, vor allem auch deshalb, weil sie in einem leichten Bogen verläuft und dadurch als gespannte auf den unteren Konturwert anspielt. Darüber hinaus löst sie sich als solchermaßen fixierter Bestimmungswert auch nicht nach und nach im oberen Büstenbereich auf — wie in der früheren Version —, sondern zeigt sich — durch Faltenformen in Schrägrichtungen umgeleitet — auf das Kragenmotiv hin zugespitzt und auf den Kopf hin konzentriert. Der Kopf selbst ist — wie bei der früheren Version — nach links hin gewendet, aber nur sehr leicht, schließt demnach die Ordnungskoordinaten (die Horizontale und die Vertikale) nicht definitiv durch sich zusammen, setzt sich folglich auch nicht abschließend als Mitte des Raumrichtungssystems, wenngleich er dies dann indirekt doch tut, insofern das Camauro in seiner mittleren Dellenform deutlich auf die Vertikalachse zurückverweist: Das Ordnungssystem der Raumrichtungen wird als grundsätzlich bestimmend in der Figur des Papstes ausgewiesen und durch sie repräsentiert, wenn sich auch der Dargestellte selbst mit dieser positionalen Repräsentation nicht völlig identifiziert.

In der frühen Version kann aber von einer auch nur andeutungsweisen Identifizierung von allgemeiner Position des Papstes und seiner besonderen Existenz als Papst keine Rede sein. Der Kopf ist stärker zur Seite gewendet, das Camauro weist nicht zur Mittelachse zurück, sondern verstärkt die Abwendung, insofern es noch gegen die Achse der Nase nach links hin verschoben ist. Die Richtungskoordination verliert von unten nach oben zunehmend ihre Bestimmungskraft, die Horizontalen gehen verloren. Kein Zweifel, die von unten nach oben fortschreitende Auflösung der Richtungskoordination in Verbindung mit dem nach außen und dabei gleichsam nach unten gezogenen Kopf signalisieren einen Kontrast zwischen dem offiziellen Anspruch der Position des Papstes und seiner persönlichen Situation als Papst. Losgelöst von den Emblemen des Offiziellen, der »Pluviale-Architektur«, tritt das Private in den Vordergrund. Aber die offizielle Position ist nicht ausgeschlossen, sie ist mit thematisch, wenn auch nicht problem- oder konfliktlos integriert. Die Individualitätsbestimmung aus Privatem und Offiziellem begreift noch nicht beides gleichermaßen ein — wie in der späteren Spada-Version —, findet noch nicht zu einer beides ausgleichenden, verbindlichen Ordnungsgesetzlichkeit.

An die dann in der Spada-Version erreichte Ausgleichssystematik schließen die beiden Marmorbüsten des Papstes Innocenz X. (Abb. 68, 69) an, verstärken sie. Das wohl frühere Portrait (Abb. 68)[80] weist — verglichen mit der Spada-Version des *Urban VIII.* — in der Büstenform eine weitergehende Ausdehnung in die Breite auf. Zudem sind die horizontalen Faltenformen höher gelegt, näher zum Kopf hin, wie auch die Vertikale erheblich verstärkt wurde, damit das Aufragen der Figur insgesamt, das mit der hier ganz entschiedenen Haltung des Kopfes und der klaren Blickführung zusammenstimmt. Dabei zeigt die Differenzierung der Büste in rechts und links eine neue, nämlich räumliche Qualität. Der linke Gewandbereich ist nach vorn, der rechte zurück genommen. Die Schultern scheinen sich zu bewegen und dadurch jene Gewandbewegung auszulösen, was

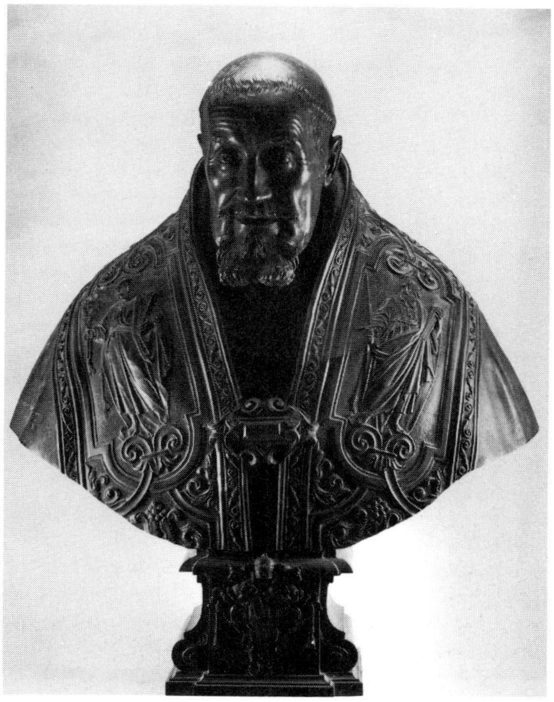

72 Bernini, *Gregor XV.*, um 1621, Bologna, Museo Civico

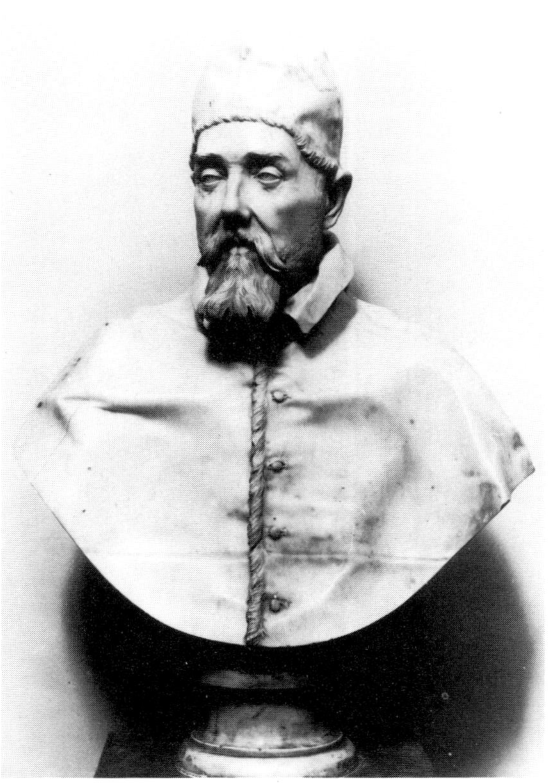

73 Bernini, *Urban VIII.*, um 1637, Rom, Galleria Nazionale d'Arte antica

selbstverständlich nicht wörtlich genommen werden darf, da auch hier die Valenz des rein Stofflichen primär thematisch ist. Allerdings, die sich nun auch räumlich artikulierende Oberflächenbewegung legt eine solche Hilfsvorstellung nahe.

Indem aber die Formungen der Oberfläche konkret Räumlichkeit anweisen, begreift sich die Figur nicht nur ideell als Zentrum eines Raumrichtungssystems, sondern ganz konkret als Zentrum eines auf sie hin und von ihr aus entworfenen Raumganzen. Dies wird bei der zweiten Version (Abb. 69) dann vollends deutlich, da hier die Artikulation des konkret Räumlichen durch das sich links — wie durch einen Windstoß bewegt — aufbauschende Gewand im Unterschied zur rechten, sich abrundenden Seite geradezu handgreiflich wird. Dabei ist der Kopf selbst fast frontal gegeben, nur leicht gegen die Mittelachse hin verschoben, so daß in diesem Portrait des Papstes Innocenz X. die wohl weitestgehende Identifikation von besonderer Individualität und allgemeiner Position des Papstes zu sehen ist, und zwar unter der Bedingung einer inneren, durch das Individuum selbst getragenen, damit freiwilligen Ineinssetzung von Amt und Person.

Mit der Büste Urbans VIII. aus dem Palazzo Spada und den beiden Büsten Innocenz' X. hat sich indes eine neue Portraitauffassung durchgesetzt, die für Portraitdarstellungen der Spätzeit Berninis — und zwar insgesamt, nicht nur für Papstportraits — bestimmend sein wird. Bernini sucht eine Verbindung, einen inneren Ausgleich von Persönlichem und Allgemeinem, Individualität und äußerlicher Position, während er anfangs das Allgemeine, die äußerliche Position stärker betont hatte, um dann hernach das Besondere, das Individuelle als Privates hervortreten zu lassen.[81] Bernini sucht und verwirklicht schließlich diese Versöhnung von Besonderem und Allgemeinem, Privatem und Offiziellem, und zwar in einer Darstellungsform, wel-

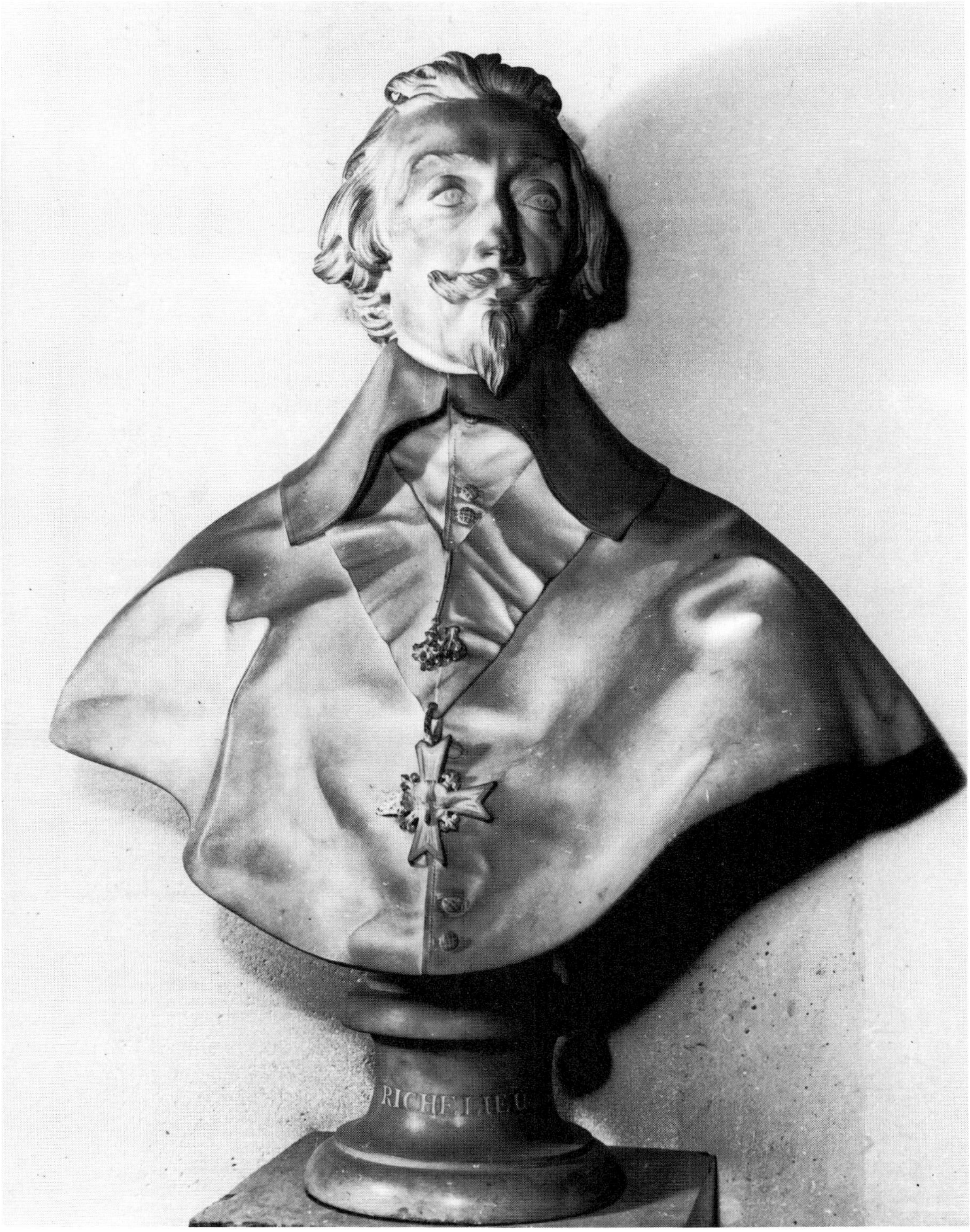

74 Bernini, *Kardinal Richelieu,* um 1641, Paris, Louvre

che — im Unterschied zum Psychogramm bzw. zur Persönlichkeitsdarstellung als den besonderen Darstellungsformen der mittleren Epoche — als Ideogramm[82] bezeichnet werden kann.

Der Übergang zu dieser Spätphase berninesker Portraitdarstellung liegt am Anfang der 1640er Jahre. Er wird normalerweise mit der Portraitbüste des Kardinals Richelieu belegt (Abb. 74)[83]. Auch dieses Stück ist umstritten, diesmal aber nicht wegen seiner Datierung, da sind wir einigermaßen gut unterrichtet, sondern im Hinblick auf die Autorschaft Berninis. Wittkower etwa, der mit guten Gründen — wenn auch unter gewissen Schwierigkeiten — an der Autorschaft Berninis für die Louvre-Büste festhält, macht, was die konkrete Ausarbeitung angeht, erhebliche Abstriche: »The execution however, must to a large extent have been due to a pupil.«[84] Die Büste des Kardinals Richelieu ist vor allem deshalb wichtig, weil hier zum ersten Mal jene, bei den Darstellungen des Papstes Innocenz X. bereits beobachtete räumliche Differenzierung der beiden Gewandteile links und rechts festzustellen ist, nämlich das Nach-vorn-Kommen diesmal des rechten Bereichs und das Nach-hinten-Zurückweichen des linken Bereichs innerhalb der, diesen Bewegungen übergeordneten Oberflächenbewegung des Stofflichen.[85]

In diesem Zusammenhang einer sich konkret räumlich differenzierenden Stofflichkeit muß dann aber der Verlust der Inneren Form auch bei den eher privaten Portraits — im Unterschied zur Werkgattung der Papstportraits, die ja anstelle der Inneren Form eine Innere Ordnung besaßen — gesehen werden. Innerhalb des sich nun auch gegenständlich räumlich artikulierenden Stofflichen findet sich keine Form mehr, die als innerer Bestimmungswert für die Figur insgesamt Geltung beanspruchen könnte. Das hängt nicht nur damit zusammen, daß Bernini all jene Personen, die er gerade zu dieser Zeit portraitierte, nicht persönlich kannte — er arbeitete häufig nur nach Gemälden, also nach Portrait-Darstellungen —, sondern vor allem damit, daß seine neue Konzeption einer Versöhnung von Innen und Außen, Besonderem und Allgemeinem, Individualität und allgemeiner Position des Individuums auf der Grundlage der Individualität den Rahmen weiter spannte, daß eine solche Versöhnung nicht mehr auf die private Sphäre oder die personale Stellung eines Papstes beschränkt bleiben, sondern universal wirksam werden sollte.

Beim Portrait des Kardinals Richelieu könnte man vielleicht den Rest einer Inneren Form in dem Ordensband sehen, demnach auf einer Schwundstufe, in der Form ihrer Veräußerlichung, ihrer Vergegenständlichung. So weist zwar das Ordensband in seiner Form auf die Kopfform des Kardinals voraus und verstärkt optisch dessen Wendung nach rechts hin, diese Form ist aber von außen gesetzt, nichts eigenes, nichts innerlich Gewordenes und deshalb auch mit dem Ordensband abnehmbar, ein Versatzstück, das nicht selbstbestimmend sein kann, das vielmehr instrumental auf das Bestimmende, den Kopf, vorbereitet. Dieser erhält dadurch eine besondere, gleichsam uneingeschränkte Macht über die Büste, wie es in ähnlicher Weise bereits bei den Büsten des Papstes Innocenz X. zu beobachten war. Damit verliert der Büstenteil nicht nur seine Form — als geschlossene war diese Form ja bereits beim Scipione-Portrait verlassen —, sondern er verliert auch seine formale Mitbestimmung. Er wird radikal verstofflicht und in Bewegungsströme ausgerichtet, die allein durch den Kopf als geordnet ausgewiesen werden, allein durch den Kopf eine endgültige Bestimmung erfahren; außerhalb des Kopfes ist alles akzessorisch, den Raum ausdeutend und erklärend für die bestimmende Motivik des Kopfes.

Auch diese neue Konzeption ist selbstverständlich nicht »plötzlich da«, sondern entwickelt sich, braucht einzelne Stationen bis zur

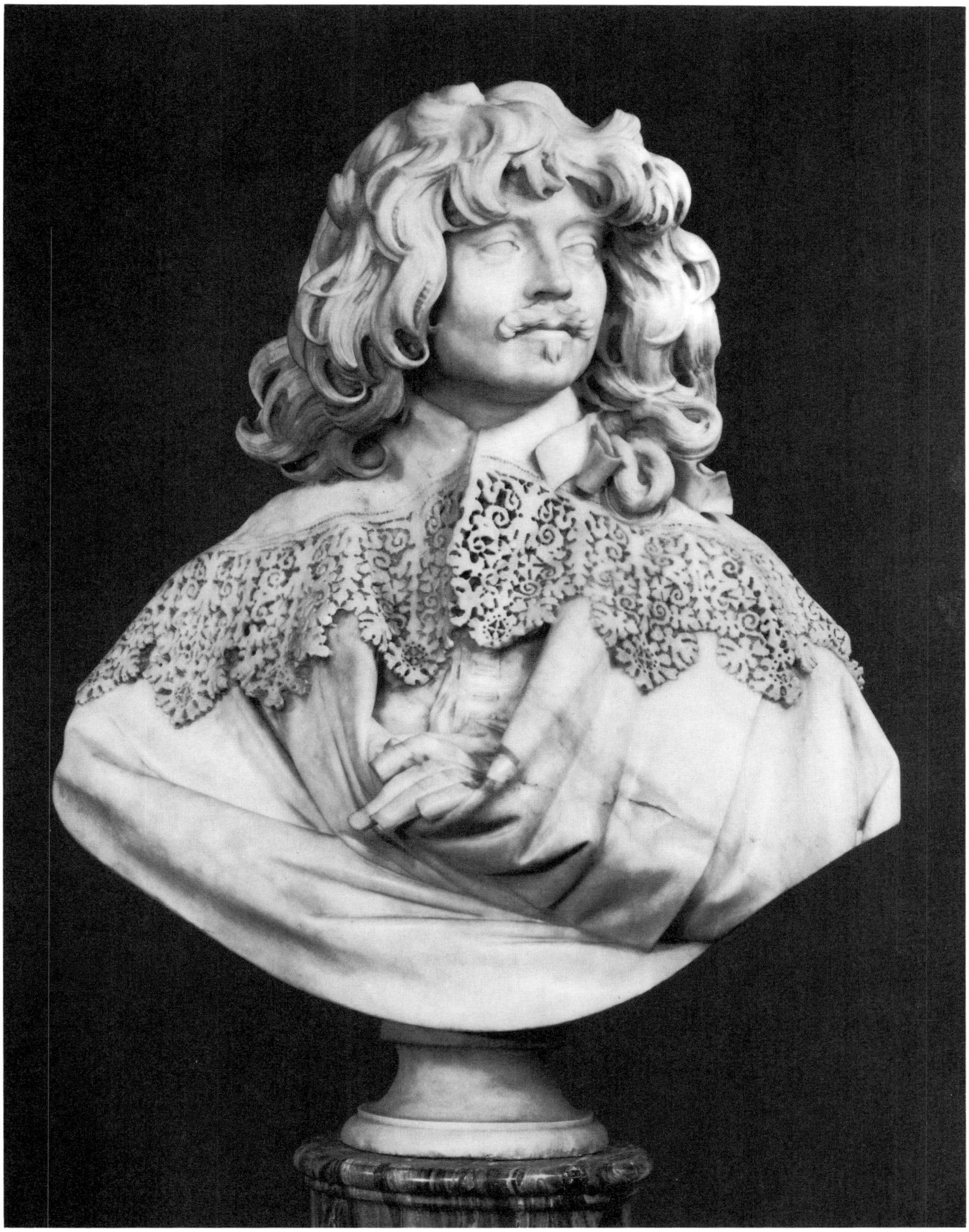

75 Bernini, *Thomas Baker,* 1638, London, Victoria and Albert Museum

endgültigen Formulierung. So gibt es — scheint mir — eine Darstellung, in der jene Stufe erreicht ist, wo die Auflösung der Inneren Form und die damit einhergehende Zunahme der Bedeutungssteigerung des Kopfes ungeklärt, in der Schwebe belassen ist. Diese Stufe eines Übergangs, diese Stufe eines noch nicht abgeschlossenen Wachwechsels von Innerer Form und herausgehobener Stellung des Kopfes, führte aber nicht zu einer zwiespältigen Darstellung, sondern zu einer Darstellung des Zwiespältigen selbst: Ich meine die Portraitbüste des Thomas Baker (Abb. 75)[86]. Die Darstellung des Thomas Baker knüpft in der Ausbildung der Büste zunächst an ein aus der Frühzeit bekanntes und beim *Vigevano* besprochenes Motiv an, nämlich die Gewandschlinge mit eingehängtem Arm. Beim *Vigevano* war in diesem Motiv eine Präfiguration der Inneren Form gesehen worden; hier, beim *Thomas Baker*, müßte man entsprechend von einem Nachklang auf die Innere Form reden: Die Innere Form hat sich motivisch verselbständigt, ist nicht mehr formal »gewordene« (wie beim *Scipione*), aber auch noch nicht als Ding hinzugefügt wie beim *Kardinal Richelieu*.

Im Unterschied zur Vorform des *Vigevano* und zur Schwundform des *Richelieu*, ebenso wie im Unterschied zur tatsächlichen Form des *Scipione*, kann sich hier die Innere Form nicht frei entwickeln; sie wird abgeblockt, überdeckt durch ein entgegen gerichtetes Motiv, nämlich jenen technisch virtuos ausgearbeiteten, aber leicht schematisch wirkenden venezianischen Spitzenkragen.[87] Die Richtung des Spitzenkragens gleicht jene des eingehängten Arms und der dadurch evozierten weiterführenden Falten aus und leitet den Blick zu den Seiten der Büste hin, nach außen. Die Vertikale der Gewandschlinge scheint demnach relativiert zugunsten einer Breitenentwicklung der Büste. Das hat zur Folge, daß der Kopf in seiner Wendung nach rechts unbasiert erscheint, da seine Form — vom Haar teilweise verdeckt — unklar bleibt, dadurch unbeziehbar, ebenso wie seine durch die Nase vergegenständlichte Gesichtsachse. Statt dessen antwortet auf die »Innere Form« der Schlinge die Haarbildung selbst, die überspringend die Grenzwerte der Schlingenbildung aufnimmt. Die schon veräußerlichte Innere Form der Büste wird also nicht vom Kopf als Strukturwert aufgenommen, sondern von einer wiederum äußerlichen Motivbildung, den Haaren, die einen Rahmen um den Kopf bilden. Die Wendung des Kopfes bleibt folglich nur auf äußerliche, aufgesetzte bzw. hinzugefügte Motive beziehbar, ist dabei nicht festgelegt, kann auch selbst nichts festlegen, verschwimmt in den Motivanhäufungen.

Damit stellt sich folgender Sachverhalt dar: Eine Innere Form (Gewandschlinge) wird durch eine äußere Handlung (das Legen des Arms in eine Gewandschlinge) motiviert, wobei dann die solchermaßen äußerlich motivierte Innere Form über den venezianischen Spitzenkragen an das Außen — über die Seiten hin — zurückgebunden wird. Überspringend greifen die Haare diese Innere Form auf, wobei das Gesicht, nach rechts gewendet, in den Haaren verschwimmt. Damit ist weder der Kopf bestimmend für die Büste, im Gegenteil, noch aber ist die Innere Form tatsächlich eine Innere Form, d.h. formal bestimmend für den Kopf. Die Auflösung der Inneren Form, sowohl als Form wie als Bestimmungswert für den Portraitkopf, trifft auf eine Selbständigkeit des Kopfes, die als solche aber wiederum völlig unbegründet, nämlich auf keinerlei übergreifende Ordnungswerte gegründet ist und den Kopf wie abgeschnitten erscheinen läßt. Das hat zur Folge, daß die Darstellung des Thomas Baker zu einer Karikatur seiner selbst gerät: Seine Position wird von äußerlichen Motivkonstellationen bestimmt. Die Motive umhüllen ihn, legen seinen Ort fest; er selbst hat keinen festen Ort, er ist von der Vertikalen abgeschnitten. Durch seine Kopfwendung weist

Baker darüber hinaus das Umhafte auf diese seine Motivhäufungen hin, die für ihn, an seiner Stelle stehen, ihn dem Außen gegenüber vertreten. Das äußerlich Kontingente, rein Motivische, nämlich die Armhaltung, die Gewandschlinge, die Haarbildung und der Spitzenkragen, ist dasjenige, was die individuelle Besonderheit des *Thomas Baker* ausmacht. In sie hinein versetzt er sich, sie stellt ihn als Thomas Baker allererst her: Äußerlich, geziert, positionslos, glatt und nichtssagend, Fassade. Nicht er spricht, sondern seine Accessoires, nicht er hat eine Position im Außen, sondern eine äußerliche Position hat ihn.[88]

Wurde hier der sich vollziehende Wachwechsel von Innerer Form und herausgehobener Stellung des Kopfes gerade in seiner Übergängigkeit für die ganz besondere Deutung des *Thomas Baker* fruchtbar, so erweist sich dieser Wechsel in der Büste des Kardinals Richelieu fast abgeschlossen: Die Innere Form ist konkret veräußerlicht, verdinglicht zum Gegenstand, den man auch abnehmen könnte, der dann aber — im Unterschied zur Bildung beim *Thomas Baker* — aufgrund seiner Form und seiner symmetrischen Anordnungsweise um die Mittelachse herum der Figurendarstellung insgesamt eine gewisse Festigkeit verleiht. Dem gegenüber scheint die Portraitbüste Königs Karl I. von England (Abb. 76) mit der quer über den Brustpanzer gelegten Schärpe bereits auf die späte Büstenkonzeption vorzuverweisen, für welche die Auflösung des Büstenteils in räumliche Richtungsströme charakteristisch sein wird.[89] Zumindest an der Kopie wird deutlich, daß der bestimmende Schrägwert der Schärpe die Büste als Motiv in Frage stellt und sie — ohnehin Fragment — gleichsam noch einmal fragmentarisiert. Der Büstenteil als Körperform tritt zurück, der Kopf als körperliches Motiv wird verstärkt, erhält eine dominierende Position: Richtungsmäßig auf die Schärpe bezogen scheint er vom Büstenteil befreit, zentral und zentralisie-

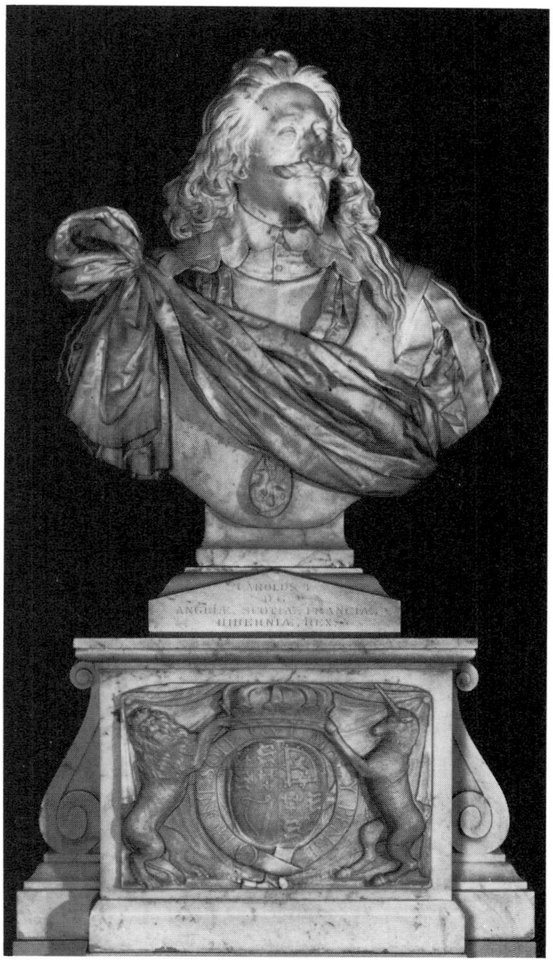

76 Kopie nach Bernini, *Charles I.,* 1636—1637, London, Windsor Castle

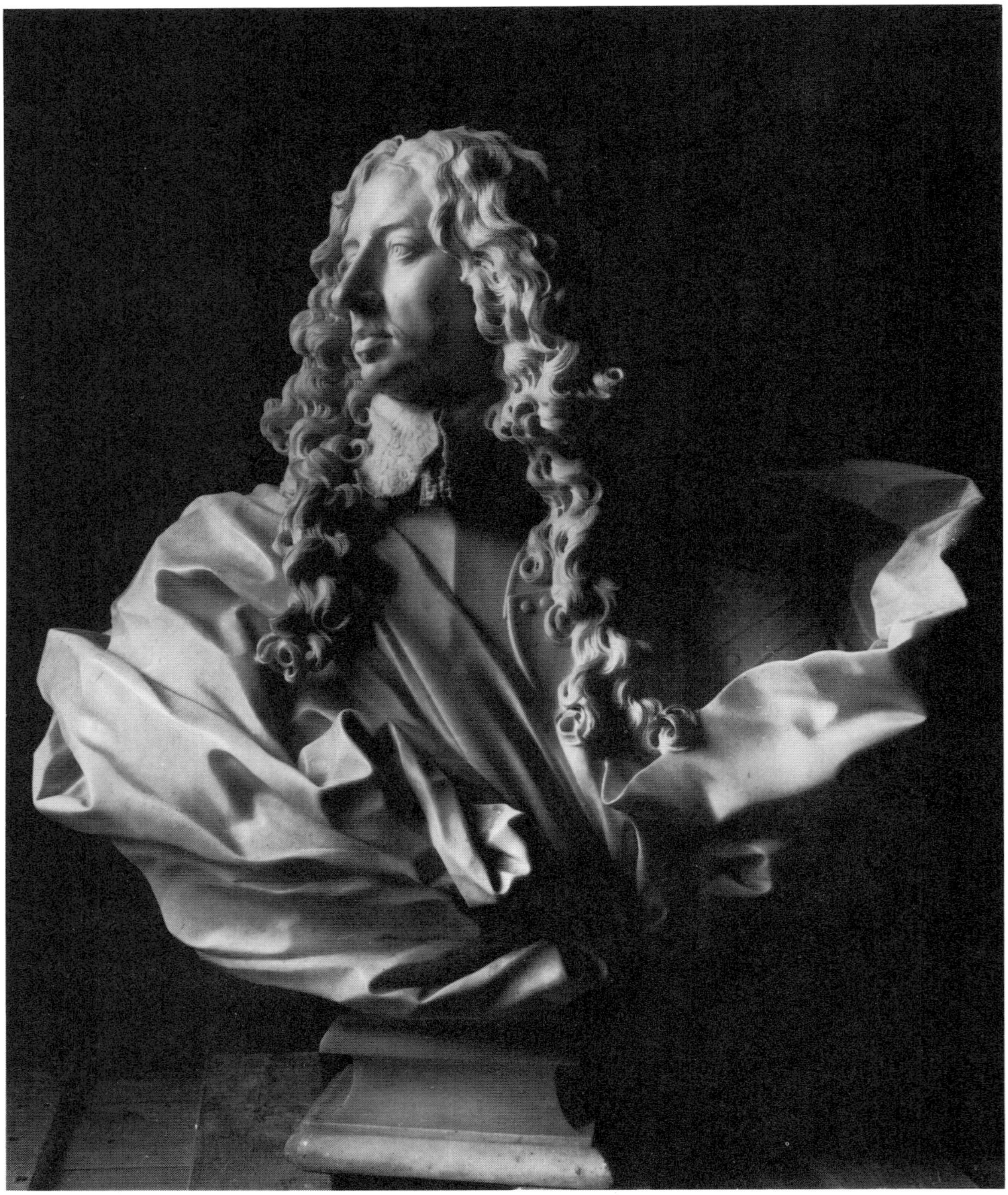

77 Bernini, *Francesco d'Este,* 1650—1651, Modena, Galleria Estense

rend zugleich. Demgegenüber aktualisiert der in Richtungsbahnen aufgebrochene Büstenteil den Raum als Potential, dem freilich erst der krönende Kopf Ordnung und Stabilität verleiht.

Diese neue Konzeption — sowohl im Hinblick auf das Verhältnis von Büstenteil und Gesamterscheinung der Büste wie ebenso im Hinblick auf das Verhältnis von Büstenteil und Kopf — tritt aber erst bei dem Portrait des Francesco d'Este (Abb. 77)[90] in aller Deutlichkeit zu Tage. Die Büste, durch eine wie auch immer, zufällig oder nicht, gegebene Form ehedem bestimmbar, existiert nicht mehr; es gibt nur noch einen allgemeinen Büstenbereich, der in durch Diagonalrichtungen strukturierte, kontingente Stofflichkeit aufgelöst ist. Typologisch hat man es hier mit einer Panzerbüste zu tun, über die ein Mantel gelegt ist; aber solche Motivbeschreibungen treffen den optisch aktuellen Bestand nicht mehr. Vielmehr zeigt sich Stofflichkeit in verschiedenen Aggregatzuständen, die bruchlos ineinander übergehen und dabei bestimmte Richtungsbahnen anweisen.

So vollzieht die Stofflichkeit der linken Seite einen Richtungsübergang von der Horizontalen (unterer Abschluß) zur Diagonalen, die über die Mittelachse nach unten ausgreift und das Ende der anfänglich horizontalen Formungen rechts berührt, während dann dieser Berührungspunkt von den vertikal herabhängenden Locken aufgenommen wird, die gleichfalls als reine Stofflichkeit dargeboten sind und zum Kopf leiten. Der rechte Büstenbereich zeigt den Panzer, der zur Seite hin von einem gleichfalls in Schrägrichtungen ausgewiesenen, dabei aber stark gezackten und bewegten Gewand umfangen wird, das, im Unterschied zum von links diagonal über die Mitte vorkommenden und nach unten ausgerichteten Gewandteil, nach hinten und nach oben zu flattert. Die innerhalb des Panzers angedeutete Vertikalachse, die — bezogen auf den unteren Horizontalabschluß der Büste — nach rechts hin verschoben ist und sich lediglich im Hinblick auf die sich in Schrägen ausbreitenden Gewandteile als Mitte durchsetzt, wird beiderseits gerahmt von den vertikal fallenden Lockenteilen, die mit der Fülle des Haares den Kopf umrunden und ihn — gegen den sperrenden Kragen — im unteren Büstenbereich verankern.

Die Figur scheint sich dadurch gleichsam im Raum, in jenem durch die richtungsmäßig strukturierte Stofflichkeit aktualisierten Kraftfeld zu materialisieren. Das Erscheinungshafte der Figur wird zur Seinsweise; ihr Gegenstandwerden zur physischen Erscheinung in den Ordnungsbestimmungen von Raum und Zeit ist thematisch und wird mit der Gegenwart, ihrer psychischen Präsenz identifiziert: Psychische Gegenwart und physische Präsenz fallen zusammen. Das Sich-zur-Erscheinung-Bringen der Figur als psychische Präsenz — Thema der mittleren Periode — korreliert mit ihrer faktischen Erscheinung im Raum, ihrer physischen Präsenz. Indem aber die faktische Präsenz der Figur und ihr aktuelles Erscheinen auf der systematischen Ausweisung eines Raumpotentials basiert, das vom Kopf beherrscht wird, zeigt sich auch eine Ausweitung der Individualdarstellung im Hinblick auf eine sinnbildliche Deutung dieser Individualität: Hier ist der Mensch nicht mehr dargestellt in seiner konkreten Umwelt und durch seine Verhältnissetzung zu dieser, sondern hier ist durch die Zurichtung der als Raumpotential systematisierten Umwelt auf das Individuum hin ein universelles Ordnungssystem hergestellt, das vom Menschen bestimmt, durch ihn geregelt, von ihm beherrscht wird.

Allerdings, die Figur ist zwar auf eine bestimmende Vertikale hin ausgerichtet, die auch vom Kopf in der Rahmung der vertikal fallenden Haarlocken aufgenommen wird, aber der Kopf selbst ist zur Seite gewendet, von der Mittelachse weg. Dadurch stellt sich die Vertikale als der alles beherrschende Wert nur indirekt im

Kopf dar. Es sind vor allem die Formen und Formungen der Büste, welche die vertikale Mittelachse als bestimmende Ordnungsnorm anschaulich machen, und sie tun dies elementar. Das räumliche Vor und Zurück der Büstenform etwa ist nicht mehr integraler Bestandteil einer kontinuierlichen, durchgehenden Stofflichkeit, eines Gewandes — wie noch beim *Richelieu* —, sondern ist motivisch unabhängig, grundsätzlich, gleichsam allgemein verstofflichter Strukturwert. Die Umwelt der Figur hat sich zur Welt geweitet. Indem die Figur sich aber zu dieser Welt, die sie durch sich ordnet, verhält, insofern sie sich in ihr verhält und dadurch gleichsam einen Spielraum innerhalb des Systems offen hält, bringt sie ihre Individualität ins Spiel. Dieser Freiraum innerhalb des Systems erweist sich dann aber nicht nur als Spielraum für Individualität, sondern ebenso als Ausweis der Individualisierungsmöglichkeit des Systems selbst, als Hinweis auf den universellen Anthropozentrismus dieses Systems.[91]

Es kann deshalb auch nicht verwundern, wenn Bernini 15 Jahre später, als er den Auftrag bekommt, eine Portraitbüste Ludwigs XIV. anzufertigen, die Grundkonzeption dieser Portraitbüste des Francesco d'Este übernimmt, galt es doch, einem König ein Denkmal zu setzen, der die universelle Zentrierung auf seine Person hin zur Staatsideologie erheben sollte (Abb. 78)[92]. Über die Entstehung dieser Portraitbüste Ludwigs XIV. sind wir so genau informiert wie selten über ein Werk Berninis. Paul Fréart, Sieur de Chantelou, der Bernini während seines Parisaufenthalts 1665 als Attaché und Dolmetscher beigeordnet war, hat in seinem Tagebuch minuziös den Verlauf dieser fast fünf Monate festgehalten. Alle Begebenheiten, angefangen von den Besuchen, die empfangen oder gemacht wurden, über die Siztungen der Baukommission bis hin zur Arbeit an der Königsbüste, wurden notiert und der Nachwelt überliefert.[93] Wir erfahren dabei viel von Berninis theoretischen Vorstellungen über die Portrait-Bildnerei, aber auch von seiner praktischen Vorgehensweise, etwa daß er den König »in Aktion« skizzierte, oder daß er — wenn er in Marmor arbeitete — die Skizzen möglichst nicht mehr zu Rate zog, »um nicht mich selbst zu kopieren, statt ein Original zu schaffen«.[94] Darüber hinaus gibt das Tagebuch auch Aufschluß über jene Idealgestalt, die Bernini in der Bildung des Portraits Ludwig XIV. mit verwirklichte: »... sein Kopf ... gleicht ... einem Alexanderkopf, besonders in der Stirnbildung und im Gesichtsausdruck«.[95] Es ist aufschlußreich, daß Bernini den König nicht mit Attributen einer Idealgestalt — etwa jener, dann von Ludwig selbst für sich reklamierten, nämlich des Appollon — umkleidete, sondern von dessen konkreten Gesichtszügen ausging, sich von diesen zu einer Idealgestalt inspirieren ließ, wie es ebenso aufschlußreich ist, daß er dabei nicht eine abstrakte, zeitlos gültige Göttergestalt als Ideal im Blick hatte, sondern einen Menschen, eine historische Persönlichkeit.

Bernini ist in bezug auf die Büste Ludwigs XIV. häufig kritisiert worden, unter anderem mit dem Hinweis darauf, daß er die Konzeption des *Francesco d' Este* hier einfach wiederholt habe.[96] Die Verbindung zur Büste des Francesco d'Este ist unbestritten, wenngleich die Ludwig-Büste keinesfalls als Kopie angesehen werden kann. Wittkower hat die Unterschiede folgendermaßen beschrieben: »while in Francis I's bust diagonals play a dominant part Louis's is based on horizontals and verticals; and while the former is precariously balanced on the rounded — off lozenge-shaped trunk, the latter rests firmly on the broad horizontal sweep of the drapery ... More over, in the bust of Francis I the free piece of drapery, which envelops the left shoulder with large decorative folds, forms a buoyant and majestic finale to the movement, while in that of Louis XIV the free end of the drapery coils up almost convulsively. Here,

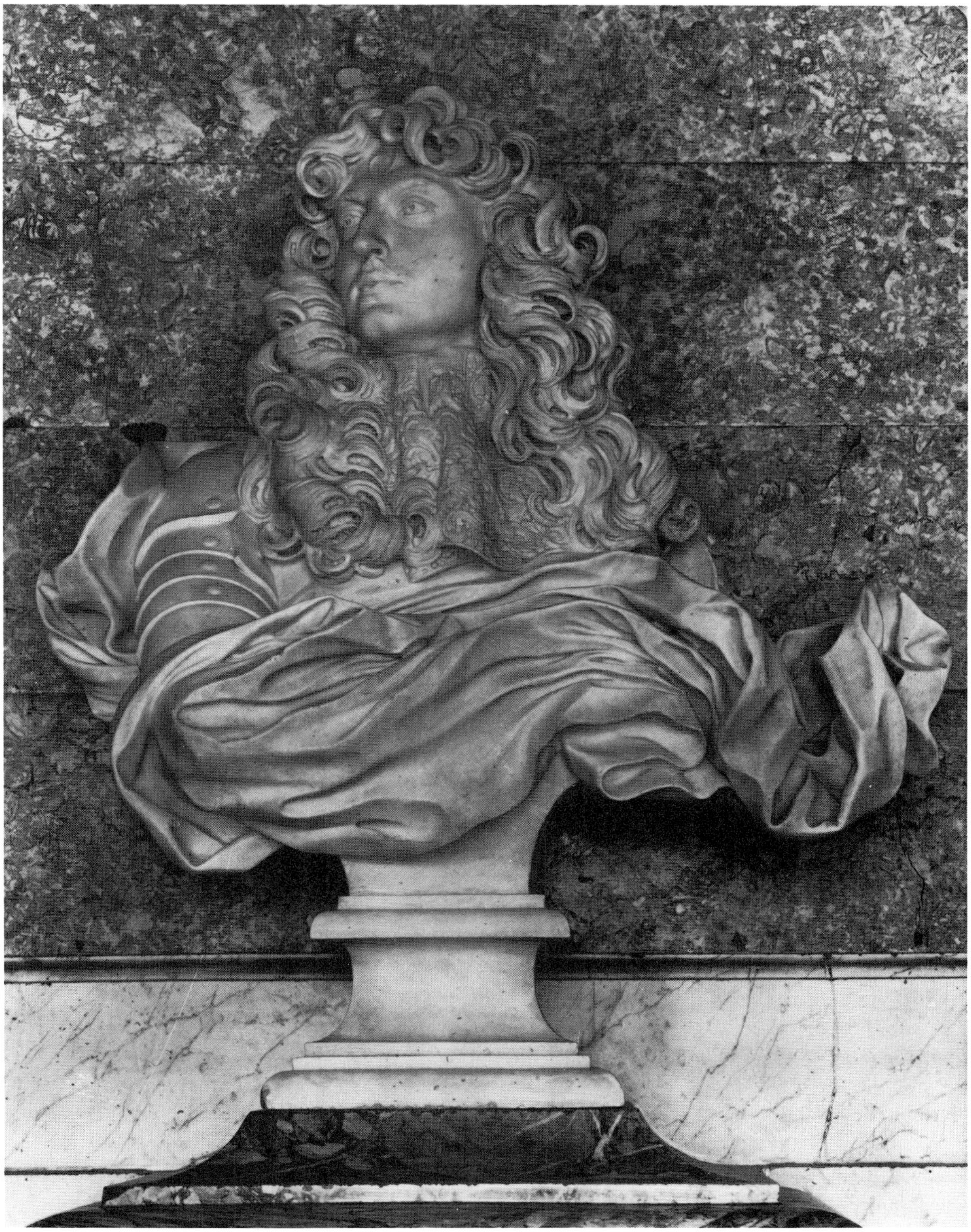

78 Bernini, *Louis XIV.*, 1665, Château de Versailles

vionlently strained, tense plastic masses are controlled by the axially opposed directions, and this is, as has been shown before, characteristic of Bernini's late period. The stylistic differences between these two busts are exactly paralleled by the differences between the St. Teresa and the Blessed Lodovica Albertoni.«[97]

Diese von Wittkower beschriebenen Unterschiede sind aber nicht nur stilistisch zu verstehen, sondern haben selbstverständlich inhaltliche Konsequenzen. Die Ausrichtung aller Motive, Formen und Formungen auf den Grundgegensatz von vertikaler und horizontaler Richtung, der dann durch die Kopfwendung des Dargestellten vermittelt wird, bringt eine neue Deutung des So-Dargestellten und seiner besonderen, individuellen Position. Nimmt man *Francesco d' Estes* besondere Position, seine zentrale Stellung innerhalb des Figurenganzen für selbstverständlich und gleichsam unreflektiert wahr, so zeigt sich die Position *Ludwigs XIV.* als eine solche, die gleichsam vorgeführt, als eine mit Notwendigkeit eingenommene bewußt gemacht wird: Die Richtungsströme des Akzessorischen der Büste sind nicht mehr frei (diagonal), sondern unmittelbar verbunden mit jenen, durch die Haltung der Figur selbst ausgewiesenen Grundrichtungen von Vertikaler und Horizontaler. Damit verkörpert sich im Portrait Ludwigs XIV. paradigmatisch die Ordnungsgegebenheit des Stofflichen, wie umgekehrt das Besondere seiner Erscheinungsgegebenheit in der Lage ist, die Ordnung des Allgemeinen, Stofflichen defintiv festzulegen; die Ordnung des solchermaßen strukturierten Stofflichen der Büste und damit das Allgemeine, Universelle wird mit der persönlichen Erscheinung Ludwigs XIV. identifiziert, unmittelbar gleichgesetzt: Ludwig stellt die Ordnung des Universums gleichsam durch sich her, gibt ihr Gestalt, ist Garant ihrer Stabilität.

Was die Büste selbst betrifft, so sind die Auflösungstendenzen des konkret Stofflichen wie der motivischen Formen noch weiter fortgeschritten, damit die Spontaneität und Unmittelbarkeit des Dargestellten verstärkt. Die Büste ist als plastische Substanz in der Welt, wiewohl sie der Form nach weder begrenzt noch eindeutig zu bestimmen ist. In dem Augenblick, wo in der Büste aber Raumrichtungen auftreten, die jegliche Form, jegliche Festigkeit als Form verhindern, erhält die Büste eine neue Bedeutung. War sie bisher immer noch geformte Substanz, deren Form in der besonderen Formulierung der Inneren Form zwar überwunden, als solchermaßen überwundene aber immer noch vorhanden war, so zeigt sich in der Entwicklung danach eine zunehmende Verstärkung innerer Kräfte gegen die Innere Form — demnach Werte, die nicht auf geschlossene Formen oder Figuren aus sind, sondern allein auf Richtungen. War beim *Scipione* die Büstenform letztlich der Auslösepunkt für deren Überwindung in der Inneren Form, d.h. in einem Verzeitlichungsprozeß durch Faltenformen, so war beim Urban-Portrait aus dem Palazzo Spada die Form selbst bereits dadurch verzeitlicht, daß die Falten sich nicht mehr zu Formen zusammenschlossen, sondern als integrale Bestandteile der Büste diese letztlich richtungsmäßig »durchliefen«. Schließlich zeigt sich in den Büsten des Francesco d' Este und Ludwigs XIV. eine Konzentration des plastischen Materials auf diese durchlaufenden Strukturwerte, so daß eine völlige Auflösung der Büste als Form zugunsten einer Raumstruktur zutage tritt, in der dann einerseits Francesco als sie krönend erscheint und die dann andererseits mit der sie krönenden Erscheinung Ludwigs identifiziert wird.

Das Momentane, Augenblickliche der Erscheinung wird aber dadurch zu einer Form der Dauer, des Immerdar, des Gültigen, und zwar in einem solchen Maße, daß auch jenes, das Augenblickliche, Momentane der Erscheinung allererst Erzeugende, nämlich die Fragmentarisierung und Übergängigkeit der Motive und Formen der Büste, völlig übersehen wird.[98] Dieses Übersehen ist so vollständig, die Illusion der Dauer des Momentanen und damit die Gültigkeit des So-Erscheinenden so zwingend, daß z.B. der »alte Herr Colbert« vor der Büste Ludwigs XIV. den doch immerhin überraschenden Ausspruch tun konnte: »Wahrhaftig, ich sehe den König leibhaftig vor mir, wie er vor einigen Jahren in Reitstiefeln [in Reitstiefeln!] vor dem Parlamentsgericht erschien.«[99]

VII. SCHLUSS

Zweifellos markieren Berninis Portraitbüsten einen Höhepunkt innerhalb der Werkgattung der Portraitbüste. Diese Sonderstellung seiner Büsten gründet sich auf die Besonderheit seiner Gestaltungskonzeption, der zufolge das Thema Portrait in der Form der Büste und innerhalb des Mediums Skulptur gleichsam nahtlos zu einem übergreifenden Ganzen gestaltet wird, das zwar die jeweils übergriffenen Besonderheiten und Eigenarten von Thema, Form und Medium nicht verleugnet, diese aber in der Anschauung »vergessen« macht. Selbstverständlich »überredet« Bernini in seinen Büsten, aber wie er überredet, das hat schon etwas Grandioses. Denn die Darstellung eines Menschen in der fragmentarisierten Form der Büste bleibt doch immer ein Widerspruch, wie es immer ein Widerspruch bleiben wird, Lebendes in Stein darzustellen: »Aber wie er das untereinander gearbeitet hat, wie er durch die Gegenwart seiner Werke imponiert und vergessen macht, daß er nur überredet! Es ist wirklich etwas Göttliches in seinen Werken, völlig wie die Form des großen Dichters, der aus Wahrheit und Lüge ein drittes bildet, dessen erborgtes Dasein uns bezaubert.«[1] So zeigt sich nicht nur keine Relativierung der Besonderheit des jeweils einen (Thema, Form, Medium) zugunsten des jeweils anderen (Thema, Form, Medium), wie sich ebenfalls auch keine Paralysierung der Besonderheiten des jeweils einen durch die gleichberechtigte Thematisierung des jeweils anderen zeigt, sondern die jeweilige Besonderheiten von Thema, Form und Medium werden als solchermaßen fortbestehende dadurch aufgehoben, daß sie sich gegenseitig erklären, sich gegenseitig mit Sinn füllen und so zu einem sinnbestimmten Ganzen fortschreiten. Die mediumspezifische Distanzdarstellung etwa wird als die allgemeine Form einer Distanzierung (Skulptur) im Besonderen der themenspezifischen Distanzherstellung aufgenommen und beispielhaft erklärt (Portrait) in eben der Weise, wie die themenspezifische Distanzherstellung in der formspezifischen Distanzvorstellung (Büste) aufgenommen und erklärt wird. Die Form der Büste erfüllt sich im Ziel des Themas Portrait in der gleichen Weise, wie sich das Thema Portrait auf das Medium Skulptur bezieht und es als eigenes in Besitz nimmt.

Folglich bewährt sich auch auf dieser grundsätzlichen Ebene Berninis Konzept des »et—et«;[2] es versetzt ihn in die Lage, das je Unterschiedliche, Distanzierte und als solchermaßen Unterschiedliches selbst wiederum in sich Distanz, Unterschiedlichkeit Thematisierende in die Einheit eines die Unterschiedlichkeiten sinnbestimmt auflösenden Gesamts zu überführen. Und das nicht dadurch, daß er einfach über die Unterschiede wegsähe, sondern umgekehrt: Indem er die Unterschiede sehr wohl sieht, sieht er gleichzeitig sein Konzept, sie aufzulösen. So bleibt auch bei Bernini die Büste als Form Fragment eines menschlichen Körpers, Abschnitt; aber der Abschnitt wird nicht »verheimlicht«, sondern im Gegenteil herausgestellt, betont; er gerät gleichsam zum Auslösefaktor, unmittelbare Gegenwärtigkeit nicht nur darzustellen (qua Gegenständlichkeit), sondern diese in der besonderen Darstellung der bruchstückhaften Form konkret herzustellen; ebenso bleibt auch bei Bernini das Thema Portrait gebunden an die Herstellung einer Position im Konflikt zwischen eigenem, Innerem und der Auseinandersetzung mit der Welt, dem Äußeren. Aber dieser Konflikt führt nicht zum Postulat einer ideell einzunehmenden Position für Individualität, sondern zur Realisierung einer individuellen Position, ihrer konkreten Vorstellung: Berninis Figuren sind nicht nur Individuen, sondern Berninis Figuren haben Individualität; endlich zeigt sich auch bei Bernini Skulptur als ein objektives Gegenüber, radikal vom Betrachter getrennt, aber — sie bleibt es nicht. Ihr Getrenntsein vom Betrachter ist — so scheint es — nur ein Vorwand, um sich um so nachdrücklicher zu ihm in ein bindendes Verhältnis zu setzen. In dieser Verbindung zwischen Skulptur und Umwelt, zwischen Figur und Betrachter auf der Grundlage eines wechselseitigen Bedingungsverhältnisses, in der sich die Figur allererst herstellt, leben kann, wird dann aber eine universelle Ordnung *copraesent*; sie wird nicht durch die Figur repräsentiert, sondern als solche durch das Wechselverhältnis von Figur und Betrachter unmittelbar gegenwärtig, nicht durch eine Figur belebt, sondern von Figur und Betrachter erlebt: Berninis Figuren benötigen zum Leben »die Resonanz der Mitlebenden, sie wollen auf Gegner und Freunde wirken, nur durch die anderen leben sie«.[3]

Diese Figur und Umwelt übergreifende Einheitsvorstellung, die eine Einheit von Mensch und Universum herstellt, indem sie den Menschen in Einheit mit dem Universum herstellt — im Unterschied zur Einheitsvorstellung der Renaissance, welche den Menschen als Maßeinheit für das Universum darstellte —, vollzieht sich folglich mit und am Menschen, mit und am Betrachter, zeigt sich diesem gegenwärtig, als seine Gegenwart. Der Betrachter ist zwar als er selbst konkret nicht dargestellt, er ist aber für die Darstellung lebensnotwendig: Der Dargestellte (wer auch immer) und der Betrachter bilden aufgrund der Darstellung eine Gemeinschaft in eben der gleichen Weise, wie der Dargestellte mit dem Darzustellenden (dem Modell) eine Gemeinschaft bildet, eben nicht mit jenem identisch ist. Es ist der Dargestellte, der — als solchermaßen selbständig und mit sich identisch — auf den Darzustellenden zurückverweist, wie er gleichzeitig auf den Betrachter vorausweist, damit gemeinschaftsbildend wirkt durch Vergegenwärtigung.

Diese spezielle Verbindungsstruktur von Darzustellendem, Dargestelltem (der hier aufgrund des Vergegenwärtigungskonzepts auch »Darsteller« genannt werden könnte) und Betrachter, brachte Bernini in die Nähe des Theaters. Berninis Affinität zum Theater ist bekannt — er hat selbst Theaterstücke geschrieben,[4] an Inszenierungen mitgearbeitet und ist auch selbst als Schauspieler aufgetreten[5] —, häufig betont und noch häufiger mißverstanden worden. Man sah vor allem das — selbstverständlich auch vorhandene — Theatralische seiner Figuren, das Deklamatorische, die Pose, das — wenn man so will — Künstliche und übersah dabei das Grundlegende, nämlich die strukturelle Analogie von Berninis Gestaltungskonzept mit dem Theater, das Künstlerische. So werden auch im Theater Menschen, Individuen dargestellt, und zwar von Menschen (Darstellern), die selbstverständlich mit den Darzustellenden nicht identisch sind, mit diesen aber eine »Gemeinschaft« bilden; auch im Theater werden solche darzustellenden Menschen nur in bestimmten Situationen, Ausschnitten ihres Lebens dargestellt, die dennoch und gleichzeitig aufgrund der Darstellung ein Elementares, Ganzheitliches für den Betrachter herstellen sollen; ebenso ist auch im Theater der Betrachter vom Darsteller radikal getrennt, wobei er dennoch und gleichzeitig mit ihm — aufgrund der Darstellung — eine Gemeinschaft eingeht, dadurch nämlich, daß der Darsteller den Darzustellenden gegenwärtig macht, ihn in eine Gemeinschaft mit dem Betrachter bringt. Es ist eben diese Struktur, welche wesenhaft in der Koinzidenz von *Praesens* und *Praesenz* besteht, die sowohl Berninis Gestaltungskonzept als auch dem Theater zugrunde liegt, demnach Bernini mit dem Theater auf einer grundsätzlichen Ebene verbindet.[6]

Selbstverständlich mußten einer klassizistisch geprägten Kunstauffassung Anleihen der bildenden Kunst und gar der Skulptur bei Gestaltungsmitteln des Theaters als schlimme Mißgriffe erscheinen. Man denke etwa an die Beschreibungen Burckhardts, barocke Heiligenfiguren betreffend: »... für alle Einzelstatuen wird nur irgendein *Moment* angenommen, der ihre Bewegungen begründen soll ... Aber welcher Moment sollte in die zahllosen Kirchenstatuen, in all die Engel und Heiligen gelegt werden, die auf Balustraden, in Fassadennischen, in Nebennischen der Altäre und an anderen Orten zu stehen kamen? ... die Skulptur ... sucht mit aller Anstrengung nach Nebengedanken; sie gibt dem Heiligen einen Putto bei, mit welchem er Konversation machen kann; sie läßt den Apostel heftig in seinem vorgestützten Buche blättern ... Mocchis S. Veronica (in St. Peter) läuft eilig mit ihrem Schweißtuch; Berninis Engel auf Ponte S. Angelo kokettieren ganz zärtlich mit den Marterinstrumenten ... u. dgl. m.«[7] Kein Zweifel, daß es gerade im Zusammenhang mit der »Vergegenwärtigung« zu argen Auswüchsen kam, daß die Erfindung neuer Figurenconcetti ohne den Rückhalt in einer festen ikonographischen Tradition vor allem bei schwächeren Künstlern zu »Katastrophen« führen konnte. Das aber dürfte nicht zum Anlaß genommen werden, das Prinzip der Vergegenwärtigung insgesamt für die Skulptur zu verdammen. Allerdings, insgesamt verdammt auch Burckhardt nicht. So bleibt die Portraitbüste »von der Verurteilung des einseitigen Kunstrichtertums einer von der Antike geblendeten Nachwelt«[8] ausgespart, und Burckhardt bescheinigt ihr, daß sie »die beste Leistung dieser Kunst gewesen« sei.[9] Ganz offensichtlich werden hier die sonst gebrandmarkten Gestaltungsmittel als adäquat angesehen, jene Überredungskünste, denen zufolge ein fragmentarisiert und in Stein wiedergegebener Mensch uns — scheinbar — als individuelles Lebewesen unmittelbar entgegentritt, mit uns kommuniziert.

Diese Kommunikationsfähigkeit der Figur, welche auf der Vorstellung des sinnbestimmten Geborgenseins des Menschen in seiner Umwelt und darüber hinaus in einem ihn tragenden Ganzen basiert, geht dann seit der Mitte des 18. Jahrhunderts zunehmend verloren. Die in der Bildkonzeption Berninis — die bestimmend werden sollte für den gesamten Barock — zur Einheit gebrachten Teile treten wieder auseinander, werden jeweils selbständig und als solchermaßen selbständige konkret: Die Skulptur wird alsolutes Gegenüber, ohne diese Distanzsetzung durch Darstellung sinnbestimmt aufheben zu können. Im Gegenteil, die Darstellung macht gerade die Unauflösbarkeit dieser Distanzstellung zum sinnbestimmenden Grund des So-Dargestellten. Folglich vergegenständlicht Skulptur in der Thematik Portrait den absoluten Gegensatz von eigenem und Umgebendem, d.h. unter Ausschluß der Möglichkeit einer Positionsfindung aus eigenem und Umgebendem. Das Portrait — in der hier vertretenen Definition aber gerade auf eine solche Positionsfindung oder -einnahme ausgerichtet — verliert damit seine Grundlage, gerät zu einem beliebigen »Abbild«, das — mehr oder weniger idealisiert, mehr oder weniger realistisch — zu keiner übergreifenden oder verallgemeinbaren Sinnbestimmung von Existenz insgesamt mehr fähig ist. Diese Unfähigkeit des Portraits zu übergreifender Sinnbestimmung zeigt sich aber als Thema der Darstellung, demnach als ihr Sinn, resultiert aus dem Gestaltungskonzept, ist nicht Gegebenheit des puren Motivs, etwa des Dargestellten selbst.[10] Was schließlich die Form der Büste betrifft, so verliert sie ihre Ausnahmestellung, ihre — wenn man so will — Insuffizienz als Fragment, da jede wie auch immer geartete Formerscheinung das Nicht-Definite, Nicht-Endliche, Nicht-gültig-Bestimmbare zur Geltung bringt. Salopp gesagt erscheinen nun auch ganzfigurige Darstellungen eines Menschen bruchstückhaft, kontingent, als Spielformen der Büste, insofern sie am gegenständlich (noch) Intakten das Übergängige, Ausschnitthafte als Sinnbestimmendes zur Anschauung bringen.

Folglich wird dem Betrachter weder durch das Medium, noch durch das Thema oder die Form die Erfahrung einer möglichen Ganzheitsvorstellung, die Erfahrung einer verbindlichen, grundsätzlich geltenden Ordnung von Mensch und Universum, von sich und dem Kosmos zuteil. Das Gegenüber, die Skulptur hat die Kraft verloren, aus sich heraus und demnach objektiv eine den Betrachter einbeziehende, damit übergreifende Sinnbestimmung von Existenz zu entlassen. Ist eine solche Sinnbestimmung objektiv nicht mehr zu erhalten, muß sie subjektiv gesetzt werden, und es ist das Thema der Skulptur, den Betrachter auf diese seine Funktion aufmerksam zu machen bzw. von ihm als demjenigen, der aus sich heraus, also subjektiv diese Sinnbestimmung zu finden hat, eine solche auch zu verlangen: Der Betrachter, das sehende Subjekt muß auch sich heraus sinnsetzend tätig werden. Das Objekt, die Skulptur wird zunehmend zum reinen Sehangebot, das Sinn, Bedeutung erst dadurch erlangt, daß es dem Subjekt seine subjektiven Sehweisen als allein für die Erfahrung des Objektiven bestimmend vor Augen führt.

In dem Augenblick, wo das Gegenüber seine Objektivität als Gegenstand und damit seine Gegenständlichkeit einbüßt, insofern es an sich lediglich die subjektiven Sichtweisen des Betrachters thematisiert (Impressionismus), erweist sich aber eine besondere Thematik, z.B. das Portrait, erweist sich eine besondere Darstellungsform, z.B. die Büste, im Hinblick auf das, was innerhalb des Mediums Skulptur zu thematisieren ist, als Vergangenes. Thematisch ist nicht mehr eine so oder so geartete Distanzdarstellung, sondern die Darstellungsmöglichkeit von Distanzdarstellung: Die Darstellung von Distanz ist nicht länger Thema einer konkreten Verhältnissetzung von Skulptur und Betrachter, sondern thematisch ist jene Distanz, die allererst zu gewinnen, d.h. darzustellen ist, bevor an die Darstellung eines wie immer geregelten Verhältnisses von Mensch und Skulptur überhaupt gedacht werden kann. Die Distanz, eine der Mediumsbedingungen der Skulptur, bildet nicht länger den Ausgangspunkt für konkrete Distanzdarstellungen, sondern avanciert zum Gegenstand der Darstellung selbst, wird Darstellungsziel: Es wird daher nicht *etwas* dargestellt, sondern das Dargestellte selbst wird thematisiert, es wird nicht etwas auf oder in Distanz gesehen, sondern das Distanzsehen selbst ist auf Distanz zu sehen. Damit gerät das Portrait — im hier definierten Sinn — außer Sicht. Giacomettis Gedicht: »Kein menschliches Gesicht ist mir so fremd wie ein Antlitz, das sich, je mehr man es anschaut, desto mehr ringsum verschließt und auf Stufen unbekannter Treppen entflieht«,[11] charakterisiert diese Situation, in der das Gesicht außer Sicht gerät, was nicht nur den Verlust des Portraits, sondern auch das Sich-Verlieren des Menschen als Individuum impliziert.

ANHANG

Anmerkungen

ZU I. EINLEITUNG

1 Alberto Giacometti, 1933. Übersetzung nach Hohl (HOHL, R., Alberto Giacometti, Stuttgart 1971, S. 107) siehe S.214

2 ALBERTI, L. B., Della Pittura Libri III, in: Leone Battista Alberti's kleinere kunsttheoretische Schriften, im Originaltext herausgegeben, übersetzt, erläutert, mit einer Einleitung und Excursen versehen von Hubert Janitschek, Wien 1877, S. 90.

3 ALBERTI, L. B., Della Pittura Libri III, S. 92.

4 Siehe hierzu SCHLOSSER, J., Gespräche von der Bildniskunst, in: Präludien, Vorträge und Aufsätze, Berlin 1927, S. 227ff., und dazu grundlegend SCHLOSSER, J., Geschichte der Portraitbildnerei in Wachs, ein Versuch, in: Jahrbuch der Kunsthistorischen Sammlungen des Allerhöchsten Kaiserhauses 29 (1910/1911) S. 171ff.

5 Siehe auch Rave, in: Reallexikon zur deutschen Kunstgeschichte, Stuttgart-Waldsee 1948, s.v. Bildnis, S. 639ff.

6 Zur Geschichte des Portraitbegriffs vgl. BOEHM, G., Elemente der venezianischen Bildnismalerei (Manuskript der ungedruckten Habilitationsschrift, Heidelberg 1974), S. 89ff., und LOHMANN-SIEMS, I., Begriff und Interpretation des Portraits in der kunstgeschichtlichen Literatur, Hamburg 1972.

7 Das Bild ist die allgemeinste Form der Wiedergabe eines Menschen: Man macht sich ein Bild, das etwa den konkreten Gegebenheiten desjenigen, von dem man sich ein Bild macht, nur ganz weitläufig entsprechen muß. Der Eigendeutung des sich so ein Bild Machenden ist die größtmögliche Freiheit belassen, ganz im Unterschied zu demjenigen, der ein Abbild anzufertigen hat. Hier geht es um die exakte Wiedergabe der konkreten Gegebenheiten des Abzubildenden. Der Eigendeutung des Abbildenden ist — im Idealfall — folglich überhaupt kein Spielraum gegeben. Das Bildnis wiederum steht in der Mitte zwischen Bild und Abbild: Einerseits ist das Bildnis stärker auf die Wiedergabe der konkreten Gegebenheiten des Darzustellenden ausgerichtet als dies beim Bild der Fall wäre, andererseits ist der Eigendeutung desjenigen, der ein Bildnis ausführt, mehr »Spielraum« gegeben als bei einem Abbild. Steht das Bild stärker auf der Seite des Darstellenden, das Abbild dagegen stärker auf der Seite des Darzustellenden, so steht das Bildnis in der Mitte, eher ohne »Anlehnung«, d.h. in sich oder aus sich heraus. Es ist selbständiger, etwas eigenes, das auf den Darzustellenden wie auf den Darstellenden lediglich verweist, dabei aber in sich und aus sich heraus *besteht*.

8 BUSCHOR, E., Das Portrait. Bildniswege und Bildnisstufen in fünf Jahrtausenden, München 1960, S. 7.

9 BUSCHOR, E., Bildnisstufen, München 1947, S. 294.

10 BUSCHOR, E., Bildnisstufen, S. 291.

11 BUSCHOR, E., Bildnisstufen, S. 294.

12 Vgl. dazu die erste der drei skizzierten Positionen zum Portrait: Portrait als *Bild* eines bestimmten Menschen.

13 KEMMERICH, M., Die frühmittelalterliche Portraitplastik in Deutschland bis zum Ende des XIII. Jahrhunderts, Leipzig 1909, S. 2; vgl. auch KEMMERICH, M., Die frühmittelalterliche Portraitmalerei in Deutschland, München 1907, S. 1ff.; siehe hierzu auch Bracker, J., Bestimmung der Bildnisse Gordians III. nach einer neuen ikonographischen Methode, Dissertation, Münster 1965, der — wenn man so will — Kemmerichs Vorgehensweise mit Computertechniken zu vervollkommnen sucht.

14 Siehe hierzu die vorsichtigen Bemerkungen Gombrichs (GOMBRICH, E. H., The mask and the face: the perception of physiognomic likeness in life and art, in: GOMBRICH, E. H., Julian Hochberg, Max Black: art, perception, and reality, Baltimore— London 1972, S. 33ff.).

15 Vgl. dazu die zweite der drei skizzierten Positionen zum Portrait: Portrait als *Abbild* eines bestimmten Menschen.

16 KEMMERICH, Portraitplastik, S. 2.

17 KEMMERICH, Portraitplastik, Abb. 1, Text S. 5 f.

18 Für Buschor kann dann selbstverständlich die Namensunterschrift durch individuelle Merkmale ersetzt, oder besser vertreten werden: Auch diese bleiben — wie bei Kemmerich — objektive Beweise für eine Portraitdarstellung.

19 WAETZOLDT, W., Die Kunst des Portraits, Leipzig 1908, S. 1.

20 ... als mögliche Weisen des Betrachtens selbst, als verschiedene »Verstehensebenen« im Sehen.

21 Konkret aufgefaßt wäre dieser Standpunkt zu sehr Ausnahme, als daß man von ihm her grundsätzliche Aufschlüsse zum Wesen des Portraits erhoffen könnte.

22 Wobei die Gesichtspunkte des Künstlers nicht mit künstlerischen Gesichtspunkten, nämlich das Künstlerische ganz allgemein betreffenden Gesichtspunkten, gleichgesetzt werden dürfen. Konkret aufgefaßt als Gesichtspunkte des Künstlers, wäre auch dieser Standpunkt zu sehr auf den Zufall angewiesen, als daß man ihn tatsächlich für die Wesens-

bestimmung von Portraits einnehmen könnte: Ernstzunehmende Künstleräußerungen zu Portraits und gar zu ganz bestimmten Portraits, von dem sich äußernden Künstler selbst angefertigt, sind selten und dann oft enttäuschend, geben sie doch häufig nur allgemeine, zur jeweiligen Zeit vorherrschende ästhetische Auffassungen wieder.

23 Auch hier ist der »unbeteiligte Beschauer« nicht wörtlich zu verstehen, sondern vielmehr als ein solcher, der unvoreingenommen, ohne objekt- oder kunstgebundene Präformierungen schaut.

24 So ist z. B. nicht daran zu zweifeln, daß Leonardos *Mona Lisa* tatsächlich ein Portrait ist, d.h. einen konkreten Menschen mit eben seinen besonderen physiognomischen Merkmalen wiedergibt, wenngleich festzustellen ist, daß die Mona Lisa dem gleichen Frauentypus angehört, den Leonardo z. B. für Madonnendarstellungen verwendete, so in der *Anbetung der Könige*, der *Madonna mit Kind* in München oder auch für die *Leda* bzw. die Anna der *Anna Selbdritt*.

25 GOMBRICH, The mask and the face, S. 8.

26 GOMBRICH, The mask and the face, S. 8.

27 »Clearly we do not all have the same impression of the person's aria or characteristic face« (GOMBRICH, The mask and the face, S. 9).

28 Dies Erfinden der *aria* eines Menschen wird von Gombrich als ein Prozeß beschrieben, bei dem in ein allgemeines, vorgegebenes Schema, z.B. dem eines Kopfes, so lange charakteristische »Daten« eingetragen, miteinander kombiniert und gegeneinander versetzt werden, bis der Ausdruck »stimmt«. Am Beispiel von polizeilichen Fahndungszeichnungen verdeutlicht er diesen Arbeitsvorgang: »The American police sometimes employ draughtsmen to aid witness in the identification of criminals. They may draw any vague face, a random schema, and let witness guide their modifications of selected features simply by saying ›yes‹ od ›no‹ to various suggested standard alterations until the face is sufficiently individualized for a search in the files to be profitable.« (GOMBRICH, E. H., Art and Illusion, A Study in the psychology of pictorial Representation, London 1960, zitiert nach der 2. Auflage, London 1962, S. 77) Selbst wenn der Arbeitsvorgang bei einem Portrait differenzierter zu denken sei, so bleibt für Gombrich fest, »that the correct portrait [was dieses auch immer sei] like a useful map, is an end product on a long road through schema and correction. It is not a faithful record of a visual experience but the faithfull construction of a relational model.« (GOMBRICH, Art and Illusion, S. 78) Abgesehen davon, daß ihm so die Erfindung eines Portraits zu einem mechanisch geregelten, handwerklichen Akt gerät, ist festzustellen, daß er für seine Deutung eines Portraits jene zwei Darstellungsweisen ineinanderarbeitet, die bei Alberti als gegensätzliche Weisen, Menschen darzustellen, die Grenzen abstecken, innerhalb derer Portraits anzusiedeln seien, nämlich die eine, die auf das Elementare des Menschen, und die andere, die auf das Situationale eines ganz bestimmten Menschen zielt: Zum Ausgangspunkt seiner Ausführungen über das Portrait wird ihm die Tatsache, daß »wir in der Natur bei jedem Lebewesen beständig beobachtet sehen, das jedes Einzelne [Individuum] jedem Anderen innerhalb derselben Gattung stehenden überaus ähnlich sei. Andererseits aber wird man in der ganzen Menschenzahl Keinen finden, dessen Stimme der Stimme, dessen Nase der Nase u. dgl. von einem der Uebrigen völlig gliche. Füge dem hinzu, dass die Gesichtszüge derer, welche wir als Knaben gesehen, dann als Jünglinge gekannt, und welche selben du als Männer sahst, jetzt sogar, nachdem sie Greise geworden, zwischen Anderen herauskennst, obgleich die in ihren Zügen durch das Alter Tag um Tag bewirkte Veränderung sehr groß ist. Daraus geht hervor, dass an den Formen der Körper etwas ist, was sich im Laufe der Zeit verändert, etwas aber, das ihm [dem Körper] völlig angestammt und abgeboren ist, wodurch er beständig fest und unveränderlich in der Gattungsähnlichkeit verharrt.« (ALBERTI, L. B., De Statua, in: Leone Battista Alberti's kleinere kunsttheoretische Schriften, im Originaltext herausgegeben, übersetzt, erläutert, mit einer Einleitung und Excursen versehen von Hubert Janitschek, Wien 1877, S. 174; vgl. die hierzu fast identischen Ausführungen bei GOMBRICH, The mask and the face, S. 6ff.) Aus diesen Beobachtungen ergeben sich dann für Alberti die beiden Wege für die Nachbildung eines Menschen: »der eine davon ist, dass irgend welches Abbild, wenn es einmal vollendet ist, einem Lebewesen, hier z.B. Menschen, sehr ähnlich sei. Sehr wenig verschlägt es dabei, ob es [das Bild] dem Sokrates oder Platon oder irgend einem Anderen gleiche: völlig genug ist, der Anschauung Jener entsprechend, geschehen, wenn sie erreichten, dass das Werk, welches sie zustande brachten, einem Menschen überhaupt, auch dem unbekanntesten ähnle. Anders ist die Richtung Jener, welche nicht blos den Menschen im Allgemeinen nachzubilden und darzustellen bemüht sind, sondern die Gesichtszüge und die ganze Körpergestalt dieses oder jenes, z.B. Cäsar's oder Caton's, in ihrer ganz bestimmten Art, in bestimmter Haltung, z.B. zu Gericht sitzend oder vor dem Volke sprechend — und in solcher Weise die irgend eines anderen bekannten Mannes.« (ALBERTI, De Statua, S. 174)

29 WAETZOLDT, Portrait, S. 73ff.

30 DECKERT, H., Zum Begriff des Portraits, in: Marburger Jahrbuch für Kunstwissenschaft 5 (1929) S. 278f.

31 Breckenridge, J. D., Portraiture and the cult of the skulls, in: Gazette des Beaux-Arts, Cent-Sixième Année, VIe Période, Tome LXIII (1964) S. 275.

32 Brilliant, R., On Portraits, in: Zeitschrift für Ästhetik und allgemeine Kunstwissenschaft 16/1 (1971) S. 12.

33 Gombrich, Art and Illusion, S. 154ff.

34 Gombrich, The mask and the face, S. 17.

35 So ist auch Brilliants »Übersetzung« des Waetzoldtschen Modells — »We might be tempted today to present this point of view [das Waetzoldtsche Modell] not in terms of psychological states or attitudes but rather as aspects of the mechanism of message transference from subject through medium to receiver« (Brilliant, On Portraits, S. 13) — sicher unzutreffend, da das Portrait von Waetzoldt auch als etwas seinsmäßig anderes, Selbständiges bzw. eigenes gesehen wird und sich nicht in der reinen Funktionalität (Vermittlungsträger) erschöpft. Selbstverständlich stellt das »richtige Treffen« eine grundsätzliche Forderung für Portraitdarstellungen dar, und selbstverständlich hatten sich die Künstler intensiv mit dieser Forderung auseinanderzusetzen. Davon zeugt nicht zuletzt die Fülle der nachgelassenen Künstleräußerungen zu diesem Problem. Allerdings, die doch eher praktischen Hinweise zu dem Problem, wie man einen richtigen Ausdruck treffe und einen falschen vermeide, gleich als Portraittheorien zu verstehen — wie Gombrich dies tut —, ist wohl kaum zulässig.

36 Gombrich, The mask and the face, S. 17.

37 Deckert, Zum Begriff des Portraits, S. 278.

38 Deckert, a.a.O.

39 Schweitzer, B., Die Bildniskunst der Römischen Republik, Leipzig 1948, S. 31 f.

40 Herder, J.G., Plastik, Einige Wahrnehmungen über Form und Gestalt aus Pygmalions bildendem Traume, Riga 1778, Sämtliche Werke, Band VIII, Nachdruck der Ausgabe Berlin 1892, herausgegeben von Bernhard Suphan, Hildesheim 1967, S. 17.

41 »Endlich die Bildnerei ist *Wahrheit*, die Malerei *Traum*: jene ganz *Darstellung*, diese erzählender *Zauber* ...«, Herder, Plastik, S. 17; vgl. dagegen Kant, der hier differenzierter zwischen »Sinnenwahrheit« und »Sinnenschein« unterscheidet: »Die *bildenden* Künste, oder die des Ausdrucks für Ideen in der *Sinnenanschauung* (nicht durch Vorstellungen der bloßen Einbildungskraft, die durch Worte aufgeregt werden) sind entweder die der *Sinnenwahrheit* oder des *Sinnenscheins*. Die erste heißt die *Plastik*, die zweite die *Malerei* ... Die *erste* ist diejenige, welche Begriffe von Dingen so wie sie *in der Natur existieren könnten*, körperlich darstellt (doch als schöne Kunst mit Rücksicht auf ästhetische Zweckmäßigkeit).« (Kant, I., Kritik der Urteilskraft und Schriften zur Naturphilosophie, Band 8, Edition Wilhelm Weischedel, Darmstadt 1968, S. 423f.) Er wird dafür von Herder polemisch angegriffen: Herder, J. G., Kalligone, zweiter Teil, Von Kunst und Kunstrichterei, 3, Von bildenden Künsten (1800), Sämtliche Werke, Band XXII, S. 169f.; selbstverständlich stört ihn, daß die Plastik *Begriffe* körperlich darstellt, vor allem aber, daß sie sie so darstellt, wie sie in der Natur existieren *könnten*. Denn für ihn *müssen* sie so existieren, wenn er Plastik mit Wahrheit gleichsetzt.

42 Tagebuch des Herrn von Chantelou über die Reise des Cavaliere Bernini nach Frankreich, übersetzt und herausgegeben von Hans Rose, München 1919, S. 272.

43 Herder, Plastik, S. 8; vgl. hierzu auch die Ausführungen Herders in: Kritische Wälder. Oder Betrachtungen über die Wissenschaft und Kunst des Schönen (1769), Viertes Wäldchen, Sämtliche Werke, Band IV, S. 48ff. Die Resonanz auf Herders Überlegungen war denkbar gering; vgl. Goedeke, K., Grundriß zur Geschichte der Deutschen Dichtung, Band IV, Abteilung I, 3, neubearbeitete Auflage, Dresden 1916, § 229. Erst bei Alois Riegl lassen sich dann vergleichbare Gedankengänge feststellen: »... gerade die optische Wahrnehmung ist es eben, die uns die Dinge der Außenwelt in chaotischer Vermengung erscheinen läßt. Sichere Kunde von der geschlossenen individuellen Einheit einzelner Dinge besitzen wir nur durch den Tastsinn.« (Riegl, A., Spätrömische Kunstindustrie, Wien 1901, hier zitiert nach dem unveränderten Nachdruck der 2. Auflage, Wien 1927, Darmstadt 1973, S. 27f.) Gleichwohl werden bei ihm dann Tast- und Gesichtssinn unter Zuhilfenahme des subjektiven Denkprozesses vielfältig miteinander verbunden, also gerade nicht voneinander isoliert, auf bestimmte Medien der bildenden Kunst hin funktionalisiert und dabei hierarchisch geordnet. Auch Adolf von Hildebrand spricht in seiner Schrift »Das Problem der Form in der bildenden Kunst« davon, daß »alle unsere Erfahrungen über die plastische Form der Objekte ... ursprünglich durch Abtasten zustande gekommen [sind]. Sei es nun ein Abtasten mit der Hand oder mit dem Auge.« (Hildebrand, A. v., Das Problem der Form in der bildenden Kunst, 1. Auflage 1893, hier zitiert nach der 9. unveränderten Auflage, Straßburg 1918, S. 6f.) Nachfolgend wird dann aber das Abtasten nicht mehr tatsächlich konkret verstanden, sondern zunehmend im übertragenen Sinn, wie auch — im Unterschied zu Herder und Riegl — nicht das konkrete oder im übertragenen Sinn zu verstehende Anfassen als wesentlich für die Vorstellung des Plastischen erachtet wird, sondern die Kontextualisierung dieser »Berührungsakte« als »Bewegung-

sakt«: »ein Komplex bestimmter Bewegungsvorstellungen heißt eine plastische Vorstellung« (HILDEBRAND, Das Problem der Form, S. 7); vgl. hierzu auch ROSENAUER, A., Studien zum frühen Donatello. Skulptur im projektiven Raum der Neuzeit, Wiener Kunstgeschichtliche Forschungen III, Wien 1975, S. 43ff.

44 Vgl. hierzu auch Galileis Brief an den Lodovico Cigoli vom 26. Juni 1612, abgedruckt in: PANOFSKY, E., Galileo as a critic of the Arts, Den Haag 1954, S. 32 (Appendix I), und dazu Panofskys Ausführungen S. 6 ff.

45 HILDEBRAND, Das Problem der Form, S. 147.

46 HILDEBRAND, Das Problem der Form, S. 147f. (Hervorhebungen vom Verfasser). Bekanntlich hat Hildebrand aufgrund dieser Vorstellungen das Relief als eigentliches Ideal der Skulptur angesehen und damit eine (unzulässige) Verengung der »einheitlichen Wahrnehmung« auf eine bestimmte Seheinstellung vorgenommen. Selbstverständlich kann als »einheitliche Wahrnehmung« (als richtige Distanz) auch optische Widersprüchlichkeit (Distanzlosigkeit u.ä.) thematisiert sein. Dies müßte aber gleichwohl von der Skulptur her dargestellt, dürfte nicht pure Gegebenheit des Objektcharakters einer Skulptur sein. So gibt es auch nicht *die* richtige Distanz, endgültig und für immer, die abstrakt formuliert und zur Norm erhoben tradierbar wäre, sondern jeweils richtige Distanzen, die nicht voraussehbar sind, sondern als solche nur gesehen, erlebt werden können; vgl. hierzu auch die Äußerungen von HERBERT READ, The Art of Sculpture, London, 1956, S. 87.

ZU II. SKULPTUR

1 CHARBONNIER, G., Entretien avec Alberto Giacometti, RTF, Paris, 3. März 1951; gedruckt als: (Premier) Entretien avec Alberto Giacometti, in: Les Lettres Nouvelles (Paris), N.S. 6, 8. Apr. 1959, S. 20ff.; hier zitiert nach HOHL, R., Alberto Giacometti, Stuttgart 1971, S. 278.

2 Zu »scheinbare Größe« und »Abstand« vgl. MERLEAU-PONTY, M., Phänomenologie der Wahrnehmung, übersetzt und eingeführt von Rudolf Boehm, Berlin 1966, S. 299ff.

3 MERLEAU-PONTY, Phänomenologie der Wahrnehmung, S. 304.

4 HEIDEGGER, M., Sein und Zeit, Gesamtausgabe, I. Abteilung: Veröffentlichte Schriften 1914 — 1970, Band 2, Frankfurt 1977, S. 137f.

5 Von der Problematik dieses Unternehmens zeugen die folgenden Ausführungen Giacomettis: »Zu meinem eigenen Entsetzen wurden meine Statuen von 1940 an sogar noch kleiner. Es war eine entsetzliche Katastrophe. Ich erinnere mich zum Beispiel, daß ich aus dem Gedächtnis eine Freundin, die ich liebte, so modellieren wollte, wie ich sie auf dem Boulevard Saint-Michel erblickt hatte. Ich wollte sie ungefähr 80 Zentimeter groß machen. Nun, um die Sache kurz zu machen: Sie wurde so klein, daß ich darauf keine Einzelheiten mehr anbringen konnte. Ich stand vor einem Rätsel. Unerbittlich schrumpften alle meine Figuren auf einen Zentimeter Höhe zusammen. Noch ein Druck mit dem Daumen und hopp! — keine Figur mehr! Erst später habe ich darüber nachgedacht. Zuerst hatte ich die Plastik instinktiv so klein gemacht, um damit die Distanz wiederzugeben, in der ich das Modell gesehen hatte. Jenes junge Mädchen war für mich aus 15 Metern Entfernung nicht 80 Zentimeter groß, sondern etwas über zehn. Und zu dem: Um einen Begriff von der ganzen Erscheinung zu geben, um mich nicht in Einzelheiten zu verlieren, mußte ich die Distanz noch größer wählen. Aber auch dann noch schien mir die Wiedergabe von Einzelheiten der Gesamterscheinung zu widersprechen ..., also rückte ich noch weiter und noch weiter zurück, bis zum Verschwinden.« (CLAY, J., Alberto Giacometti: Le dialogue avec la mort d'un très grand sculpteur de notre temps; in: Réalités (Paris), Nr. 215, Dez. 1963, S. 135ff.; hier zitiert nach: HOHL, Giacometti, S. 274.)

6 Gipsbüste aus der Zeit um 1950, Höhe 26,8 cm; mit Einverständnis des Künstlers erfolgte 1959 ein Bronzeabguß in sechs Exemplaren, von denen sich das vierte (»4/6«) in den Kunstsammlungen der Ruhr-Universität Bochum befindet. Zu Giacomettis *Diego* vgl. IMDAHL, M., Giacomettis »Diego« und Agams »Toutes direction«, in: Paul Dierichs, Kassel 1976, S. 41ff., und IMDAHL, M., KUNISCH, N., Plastik. Antike und moderne Kunst der Sammlung Dierichs in der Ruhr-Universität Bochum, Kassel 1979, S. 116 ff.; darüber hinaus: Alberto Giacometti, Klassiker der modernen Plastik, Bd. 3, Wilhelm-Lembruck-Museum Duisburg, Ausstellungskatalog 1977, mit vollständiger Bibliographie.

7 Imdahl nennt diese besondere Form einer Artikulation der Distanz als Prinzip — in Anlehnung an Sartre — »absolute Distanz«: IMDAHL, Skulptur, S. 120.

8 HOHL, Giacometti, S. 107.

9 ..., was zunächst Aufgabe des Mythos war. Um Blumenberg in der Interpretation Marquards zu zitieren: »... jeder Mythos ist ein Sieg über die angstvolle, sprachlose Verstrickung in die Zwänge überwältigender Wirklichkeit. Mythen sind geglückte Versuche, aus Zwangslagen sich herauszureden: aus dem Schrecken in Geschichten über den

Schrecken auszuweichen ... . Die Mythen sind nicht die Zwänge, sondern Zeugnisse dafür, daß man mit Zwängen fertig geworden ist und weiterhin fertig werden kann.« (in: Terror und Spiel. Probleme der Mythenrezeption, Poetik und Hermeneutik IV, München 1971, S. 528) Nun waren es ja wohl Dichter — im umfassendsten Sinn —, die für Mythenbildungen oder jedenfalls deren Formulierung zuständig waren, was die enge Nachbarschaft von Mythos und Kunst beleuchten könnte. Vielleicht liegt aber hier nicht nur ein enges Nachbarschaftsverhältnis vor, sondern ein Familienverhältnis, vielleicht ist Kunst nur die Weiterführung des Mythos mit anderen Mitteln. Eine Weiterentwicklung des Mythos als Kunst wäre dann möglicherweise darin zu erblicken, daß der »Spielraum« des Mythos als Kunst im Vergleich zum rituell determinierten Mythos als Mythos weiter gefaßt würde, so daß man z.B. aus dem Schrecken der schrecklichen Geschichten über den Schrecken in das Spielerische solcher schrecklichen Geschichten entfliehen konnte.

10 z.B. bei Hegel in der »sich wissenden Vernunft«, in der auf der Stufe des absoluten Geistes Subjekt (Ich) und Objekt, die auf der Stufe des subjektiven Geistes — sich wechselseitig bedingend — auseinandergetreten waren, sich wieder vereinen. Siehe HEGEL, G. W. F., System der Philosophie, Dritter Teil, Philosophie des Geistes, Jubiläumsausgabe, Band 10, Stuttgart 1958, S. 257 und 457ff.

11 Etwa bei Engels, dem zufolge Bewußtsein nicht nur nicht von der Materie (Natur) Getrenntes, eigenes ist, ebensowenig wie Materie (Natur) eigenes, Fixiertes; diese ist lediglich unter der Bedingung ihrer durch den Menschen erfolgenden Veränderung (»sinnlich menschliche Tätigkeit«), jenes aber in Reaktion auf dieses jeweils sich verändernde, zu reflektieren, also gemäß der gesellschaftlichen Praxis, bis jener konfliktfreie Zustand innerhalb der klassenlosen Gesellschaft erreicht ist, in dem Bewußtsein und Natur aufgehoben enthalten sind; siehe ENGELS, F., Dialektik der Natur, in: Karl Marx, Friedrich Engels, Werke, Band 20, Berlin (Ost) 1962, S. 498.

12 z.B. bei Thomas von Aquin, der eine Unterscheidung von Form und Materie vornimmt, wobei jegliche Individuation durch die Bestimmungskraft der Form im Hinblick auf Materie erfolgt. Die unterschiedlichen Erscheinungsweisen des So-Individuierten ordnet Thomas in stetiger Entwicklung von der Stufe der materiellen Form bis hin zur Stufe der immateriellen Form, deren Endstufe wiederum Gott ist. In Gott vereinen sich folglich der Grund für materielles Dasein (»causa efficiens«) und ihr Endzweck (»causa finalis«) als Identität von absoluter Form und Tätigkeit; siehe THOMAS VON AQUIN, Summa contra Gentiles oder Die Verteidigung der höchsten Wahrheiten, übersetzt und mit Übersichten, Erläuterungen und Aristoteles-Texten versehen von Helmut Fahsel, Band III, erste Hälfte des dritten Buches, Zürich 1946, Kapitel 17, S. 75ff.

13 Marmorbüste aus der Zeit um 1640, Höhe 72 cm; zu Herkunft, Beziehung zu den übrigen Portraitbüsten des Papstes Urban VIII. sowie Literatur vgl. WITTKOWER, R., Gian Lorenzo Bernini, The Sculptor of the Roman Baroque, London 1955, 2. Aufl. London 1966, S. 185, Kat.-Nr. 19, 2 c.

14 DELBRÜCK, R., Antike Portraits (Tabulae in usum scholarum VI), Bonn 1912, S. VII.

15 So sind rechts die beiden Horizontalfalten — unter dem mittleren und über dem obersten Knopf — für die Gesamterfahrung dieser Seite ausschlaggebend, während links die gedoppelten Vertikalen und die sich auf die Vertikalen (Knopfleiste und seitliche Staufalten) beziehenden Diagonalen optisch entscheidend sind.
Generell werden die Kennzeichnungen *links* und *rechts* immer vom Betrachter aus getroffen.

16 Das ist deshalb möglich, weil der Kragen in der Mitte nicht geschlossen ist, sich demnach auch nicht als ein festes Motiv bestimmt, dem eine bestimmte Räumlichkeit definitiv zuerkannt werden müßte.

17 Der Kragen nimmt nicht nur links die Diagonalrichtungen auf und wendet sie ins konkret Räumliche, sondern er nimmt als Gesamtform auch den unteren Abschluß der Büste in einer Variationsform auf, um ihn gleichfalls ins Räumliche zu transponieren. Gegensinnig dazu bezieht sich das Camauro auf die obere Büstenbegrenzung, wiederum eine Flächenfigur räumlich ausdeutend, so daß der Kopf durch zwei Motivformen formal und motivisch räumlich umgrenzt wird, die selbst auf die Grenzverläufe der Büste bezogen bleiben.

18 »Dienlichkeit ist jener Grundzug, aus dem her dieses Seiende (ein in einer Form stehender Stoff, z.B. der Krug, die Axt, die Schuhe) uns anblickt ... . In solcher Dienlichkeit gründen sowohl die Formgebung als auch die mit ihr vorgegebene Stoffwahl und somit die Herrschaft des Gefüges von Stoff und Form. Seiendes, das ihr untersteht, ist immer Erzeugnis einer Anfertigung. Das Erzeugnis wird verfertigt als ein Zeug zu etwas.« (HEIDEGGER, M., Der Ursprung des Kunstwerkes, in: Holzwege, Gesamtausgabe, I. Abteilung: Veröffentlichte Schriften 1914 — 1970, Bd. 5, Frankfurt 1977, S. 13)

19 Heidegger zufolge zeigt sich in ihm (dem Gebrauchswert) das »Zeugsein des Zeuges, die Verläßlichkeit« (HEIDEGGER, Holzwege, S. 20).

20 Nach Hegel erlangt der Mensch »praktisch« ein Bewußt-

sein von sich, »indem er den Trieb hat, in demjenigen, was ihm unmittelbar gegeben, was für ihn äußerlich vorhanden ist, sich selbst hervorzubringen und darin gleichfalls sich selbst zu erkennen.« (HEGEL, G. W. F., Vorlesungen über die Ästhetik I, Bd. 13, Theorie-Werkausgabe, Frankfurt 1970, S. 51)

21 Hier ist zu verweisen auf den grundlegenden Aufsatz von KURT BADT, Die Idee der Welt und das Selbst als fundamentale Wesenheiten bildender Kunst, in: Kunsttheoretische Versuche, Ausgewählte Aufsätze, herausgegeben von Lorenz Dittmann, Köln 1968, S. 29ff.; ausgehend von der These Panofskys, daß die »künstlerische Anschauung ... der Gültigkeit ihrer Ergebnisse gerade deswegen sicher sein darf, weil sie selbst ihrer Welt die Gesetzte bestimmt, d.h. überhaupt keine anderen Gegenstände besitzt als solche, die sich allererst in ihr konstituieren ...« (PANOFSKY, E., Idea, Ein Beitrag zur Begriffsgeschichte der älteren Kunsttheorie, Leipzig-Berlin 1924, 2. Aufl. Berlin 1960, S. 71), gelangt Badt zu einer fundamentalen Bestimmung des Wesens von Kunst. Er macht zunächst deutlich, daß Panofskys These lediglich die »existentia«, nicht aber die »essentia« der Kunst betrifft. Erst wenn man den Begriff Welt — in Panofskys Ausführungen — im Sinne von »Kosmos« verstehe, könne die »essentia« begriffen werden. Dann nämlich würde Panofskys These lauten: »Künstlerische Anschauung bringt sichere gültige Ergebnisse hervor, weil sie eine Welt autonomer Gesetzlichkeit schafft, die überhaupt keine anderen Gegenstände besitzt als solche, die sich allererst in diesem Kosmos konstituieren. Welt meint dann nicht Bereich oder Gebiet, sondern die Wirklichkeit nach einer gesetzmäßigen Ordnung aufgefaßt, die sie als *Einheit* verstehen läßt; dabei ist wiederum unter Wirklichkeit verstanden: das *außen* in der Natur und das im *Innern* des Menschen Wirkende. Welt (Kosmos) ist ein Bild, das in seiner Gesetzmäßigkeit die Natur und das erblickende Ich mit umfaßt. Die Idee des Kosmos übergreift notwendigerweise Makrokosmos, Mikrokosmos und die Übereinstimmung der beiden, die Identität des Außen und des Innern in *einer* Gesetzmäßigkeit.« (S. 30)
Was Badt hier leistet, ist nichts weniger, als daß er die in Panofskys These deutlich angesprochene Autonomie der Kunst aus ihrem Abseits von der Wirklichkeit, ihrer in sich stehenden Passivität herausführt und ihr stattdessen eine aktive Kraft innerhalb der Wirklichkeitserfahrung zumißt. Nicht jene, kraft eigener Gesetzmäßigkeit hervorgebrachten Gegenstände der Kunst erscheinen ihm als solche wesentlich, sondern wesentlich erscheint ihm vielmehr ihre Gültigkeit für das »menschliche Leben ›sonst‹« (S. 31). Diese Geltung sieht Badt dann im Hinblick auf jene, der Kunst eigenen Bestimmtheit, daß die Welt, die sie in ihrer eigenen Gesetzlichkeit darstellt, die gleiche Befindlichkeit besitzt wie das Ich, das jene anschaut, weshalb Kunst eine »letzte Übereinstimmung [zur Anschauung bringe], als welche sich die Dinge und das Ich konstituieren« (S. 32). »Dies In-der-Welt-sein aber muß ausdrücklich verstanden werden, nicht als inmitten einer Wirklichkeit befindlich und so noch von ihr getrennt, sondern in-seiend als: sie mit seinem Selbst durchdringend und damit ihr Gesetze gebend, aus denen sich die Wirklichkeiten zu Gegenständen der künstlerischen Welt allererst konstituieren.« (S. 33) Die Kunst antwortet folglich auf die Wirklichkeit nicht mit einer autonom geregelten und in sich stimmigen Gegenwirklichkeit, dem das Selbst ebenso »hilflos« gegenübersteht wie der unstimmigen wirklichen Wirklichkeit, sondern die Kunst beantwortet die Grundfrage der Wirklichkeit, nämlich jene nach dem Verhältnis vom Selbst zu den Dingen, nach dem Verhältnis von Subjekt und Objekt, indem sie dem Selbst ein »Bild vom In-der-Welt-sein des Selbst« gibt. Das »In-sein des Selbst in den Dingen ... und damit die Umschaffung der Dinge zu einer Welt fordern Denken und Glauben, vollzieht aber erst die Kunst« (S. 33). In der Unwirklichkeit des Kunstwerks wird so eine Wirklichkeit geschaffen, in welcher sich das In-Sein des Selbst in der Wirklichkeit realisiert, wirklich ist.

22 PLESSNER, H., Die Stufen des Organischen und der Mensch. Einleitung in die philosophische Anthropologie, Berlin-Leipzig 1928, S. 31.

23 PLESSNER, Stufen des Organischen, S. 126.

24 PLESSNER, Stufen des Organischen, S. 121.

25 Und zwar in einer grundsätzlichen Deutung: Betrachtet man nämlich die sich formierenden Formen der inneren Form im einzelnen, so wird deutlich, daß auf der linken Seite die diagonalen Richtungswerte sukzessiv aufeinander folgen, dabei widerstrebig und kurzatmig, während der gesamte Randbereich rechts allein durch eine langgezogene, teilweise auch ausfransende Diagonalform — gleichsam in einem Zug — vom Sockel bis zur Klammerform um den »Rollkragen« artikuliert ist. Diese Unterscheidung von links und rechts wird auch bei der jeweiligen Verbindung von Diagonalformen und Klammerform beibehalten: Mündet auf der linken Seite eine Diagonalform unmittelbar in die Klammerform ein, so wird diese auf der rechten Seite von der lang geführten Formung lediglich berührt. Dabei spaltet sich hier die Klammerform, und der untere Kontur bricht nach unten weg.
Die unterschiedliche Art der Diagonalbildung einerseits wie die unterschiedliche Art ihrer jeweiligen Verbindung mit der Klammerform (integrieren links, tangieren rechts) andererseits haben aber zur Folge, daß die so artikulierten Diagonalrichtungen als jeweils gegensinnig verlaufend erscheinen: Nämlich auf der rechten Seite ansteigend von unten nach

oben, sich durchsetzend und schließlich in der Klammerform fixiert, links dagegen fallend von oben nach unten, da der bestimmende Diagonalwert die Klammerform oben nur berührt, während er unten in größere plastische Formenbereiche hineingezogen ist. Daraus ergibt sich innerhalb der plastischen Substanzbewegung der Büste ein kreisartiger Bewegungsverlauf um die abstrahlende Mitte herum, ein Gleichgewicht zwischen dem Aufsteigenden links und dem Abfallenden rechts. Es ist aber gerade dieses Zwischen, zwischen Aufsteigen und Abfallen, zwischen Form und Formlosem, zwischen Ordnung und Chaos, welches die Charakterisierung von Leben als der Möglichkeit von Veränderung bei letztlich Unveränderlichem ausmacht, mithin das Organische als Prinzip.

26 »Körperliche Dinge der Anschauung, an welchen eine prinzipiell divergente Außen-Innenbeziehung auftritt, heißen *lebendig*.« (PLESSNER, Stufen des Organischen, S. 89)

27 ... in Analogie zur Distanzbestimmung. So bilden Kopf und Hals einen akzentuierten Vertikalzusammenhang, der in scharfem Kontrast zur horizontalen Lagerung der Büste gesehen wird. Da der Kopf überdies frontal ausgerichtet ist, ruft er vom ausgegrenzten Ort des Kragens aus über die Barriere der Büste hinweg ein Gegenüber, den Betrachter auf. Da sich mithin auf der letzten Stufe des sich im Sehen vollziehenden Distanzierungsprozesses vom Betrachter: Abgrenzung (Büste), Ausgrenzung (Kragen), Eingrenzung (Hals und Kopf), die Figur gleichwohl auf diesen wieder pointiert ausrichtet, wird deutlich, daß die Distanzherstellung keine faktische, objektiv zu bestimmende, sondern eine erscheinungshafte ist, die sich im Vollzug allein des Sehens ereignet und sich — konsequenterweise — auf der höchsten Stufe ihrer Entfernung vom Betrachter wiederum unmittelbar auf ihren Ursprung, das sehende Subjekt, zurückbezieht: Gegenständliches ist nicht, ist nicht immer so und schon gar nicht als lebendiges, sondern wird es erst in Distanz zum sehenden Subjekt, wird es erst infolge seines Gegenständlichkeit erschaffenden, nämlich distanzierenden Sehens.

28 ... und dadurch auch als Individualität. Zum Portrait als einem Individualportrait vgl. Kap. III.

29 Über die Art und Weise, wie sich diese »Verluste« im Medium der Malerei dokumentieren, vgl. WINTER, G., Zur Genese der kubistischen Bildvorstellung bei Picasso, Braque und Gris, in: Zeichnungen und Collagen des Kubismus, Picasso Braque Gris, Bielefeld 1979, S. 328ff.

30 Die Marmorbüste des Ingenieurs, Erfinders und Malers Robert Fulton (1765 — 1815), Höhe 72,4 cm, wurde im Jahr 1803 angefertigt und befindet sich im Institute of Arts, Detroit. Zu Herkunft, Quellen, Stellung im Werk Houdons und Literatur vgl. RÉAU, L., Houdon, sa vie et son oeuvre, Paris 1964, 4 Bände in 2, Bd. 1, S. 162, 465-467, Bd. 2, S. 49, Kat.-Nr. S. 227; sowie ARNASON, H. H., The Sculptures of Houdon, London 1975, S. 100f.

31 Die Büste des Jean-Charles Persil (1785 — 1870) gehört zur Serie der »Parlamentarier«, die Daumier auf Veranlassung Charles Philipons in der Zeit zwischen 1830 — 1835 in Ton modellierte. Einen der Bronzeabgüsse nach einem 1927 angefertigten Tonmodell — nach den Originalen — besitzt das Musée des Beaux Arts, Marseille; zu Material, Technik, Quellen und Literatur vgl. WASSERMANN, J. L., Daumier Sculpture, A Critical and Comparative Study, Ausstellungskatalog Fogg Art Museum, Harvard University 1969, S. 125ff.; vor allem auch S. 9-42; vgl. auch GOBIN, M., Daumier Sculpteur 1808 — 1879, Genf 1952.

32 Das gilt auch für seine Graphik, soweit sie über den Zwang der Kommentierung tagespolitischer Ereignisse hinaus selbstständig künstlerisches Anliegen, also »reine« Karikatur war; so lassen sich nach Brauer-Wittkower »... zwei Arten der Karikatur unterscheiden, die in ihrer reinen Ausprägung selten, häufig in ihrer gegenseitigen Durchdringung vorkommen. Die eine Art könnte man die literarische Karikatur nennen. Die Komik liegt hier nicht in der Zeichnung als solcher, sondern im Akzessorischen. Die Darstellung einer Handlung, eine bestimmte Verknüpfung verschiedener Personen, der verbindende Text oder alle möglichen Arten von Anspielungen lösen den Lachreiz aus. Das Komische dieser Karikaturgattung ist also zeitgebunden — im besonderen, wenn es sich um die Ironisierung von Tagesereignissen oder um die religiöse und politische Satire handelt. Die zweite Art der Karikatur, die man die ›reine‹ nennen könnte, verlegt die komische Wirkung allein in die Zeichnung, unter Ausschaltung jedes literarischen Bezuges.« (BRAUER, H., WITTKOWER, R., Die Zeichnungen des Gianlorenzo Bernini, Berlin 1931, S. 180)

33 Zur Entwicklung dieses Sehens seit dem 18. Jahrhundert vgl. WINTER, G., Zur Genese der kubistischen Bildvorstellung, S. 327.

34 Das scheint außerhalb von Ideologien, die sich selbstverständlich immer und grundsätzlich im Besitz der »richtigen Distanz« — abgewandelt dort als das »richtige Bewußtsein« — wissen oder wähnen, gar nicht mehr möglich. Damit geht es aber auch und gerade um die Möglichkeiten der Skulptur als Medium: »Jetzt, nach dreitausend Jahren, besteht die Aufgabe Giacomettis und der zeitgenössischen Bildhauer nicht darin, die Galerien durch neue Werke zu bereichern, sondern zu beweisen, daß Bildhauerkunst überhaupt möglich ist.« (SARTRE, J.-P., Die Suche nach dem Absoluten, in: Situationen, Reinbek bei Hamburg 1965, S. 90)

ZU III. PORTRAIT

1 So wird das Aufkommen der Portraitbüste bei den Römern — gängigen Thesen zufolge — begründte einerseits durch den »... römischen religiösen Brauch, Ahnenbilder im Hausheiligtum, im Atrium aufzustellen« (Reallexikon zur Deutschen Kunstgeschichte, RDK, Stuttgart 1954, s.v. Büste, S. 259, zitiert nach HERBIG, R., Die italische Wurzel der römischen Bildniskunst. Das neue Bild der Antike, Leipzig 1942, II, S. 85ff.), andererseits durch eine besondere geschichtliche Situation, daß nämlich »... das alte Patriziertum seine Herrschaft und sein Selbstbewußtsein zurückgewann, vor allem in der Zeit Sullas ...« (BIANCHI BANDINELLI, R., Rom. Das Zentrum der Macht. Die römische Kunst von den Anfängen bis zur Zeit Marc Aurels, Universum der Kunst, übersetzt von Marcell Restle, München 1970, S. 79), und in Verbindung mit den diese besondere geschichtliche Situation tragenden sozio-ökonomischen Voraussetzungen: »... das realistische Portrait, das physiognomisch getreu eine bestimmte Person wiedergibt, [ist] immer die Frucht einer städtischen, tief politisch aufgefaßten Kultur gewesen, in der die herrschende soziale Klasse an ihre eigene Tradition gebunden und mit weitreichenden Mitteln versehen ist« (BANDINELLI, Rom, S. 72). Zusammengefaßt und vereinfacht wird damit für die Entstehung der Portraitbüste in Rom folgender Sachverhalt ins Feld geführt: Das wiedererstarkte Patriziertum zeigte ein gesteigertes Bedürfnis nach Portraitbüsten. Warum? Man benötigte wirksame Propagandamittel, um das wiedergewonnene Selbstbewußtsein — nach den Bürgerkriegen — und den damit verbundenen politischen Machtanspruch zu legitimieren und zu dokumentieren. Auf der Suche nach solchen ihren Zwecken dienlichen Möglichkeiten stießen die Patrizier auf den Ahnenkult, der eine günstige Gelegenheit bot, Privates und Öffentliches zu ihrem Vorteil zu verquicken: Sie bedienten sich ihrer Ahnen zur Begründung und Festigung der eigenen gesellschaftlichen Stellung, natürlich besonders jener Ahnen, die sich um das Gemeinwohl verdient gemacht hatten, an welche die Erinnerung eben durch Portraitdarstellungen lebendig gehalten werden sollte. Denn solche Darstellungen »verschwanden« nicht einfach im Hausheiligtum, dienten nicht nur der privaten Erinnerung, sondern wurden bei öffentlichen Opfern ausgestellt »und mit großer Achtung verehrt« (POLYBIOS, Historia, VI, 53, zitiert nach BANDINELLI, Rom, S. 75f.); desgleichen kamen sie beim Leichenzug eines verstorbenen Verwandten zum Vorschein: »Stirbt ein hochgestellter Verwandter, trägt man sie [die Portraitdarstellungen, nämlich Wachsmasken] beim Leichenzug mit und Personen mit ähnlicher Statur und vergleichbarem Äußeren tragen die Masken über ihren Gesichtern.« (POLYBIOS, ebd.) Und Polybios resumiert: »Ein junger Mann, der auf guten Ruf und Geltung hofft, wird schwerlich einem schöneren Schauspiel als diesem beiwohnen können. Wer würde beim Anblick dieser sozusagen lebenden und beschwörenden Bilder berühmter Männer durch deren Verdienste nicht angefeuert? Welches Schauspiel könnte schöner sein als das?« (POLYBIOS, ebd.)

Kein Zweifel, Trauerfeierlichkeiten gerieten zur Selbstdarstellung des Adels, nahmen den Charakter politischer Demonstrationen an, und es ist unschwer einzusehen, daß hier eine wesentliche Quelle für die zunehmende Portraitproduktion und für das Aufkommen der Portraitbüste ganz allgemein zu fassen ist. Zu fragen aber wäre, ob solche Ahnenbilder — wie sie Polybios nennt — mit den Portraitbüsten gleichzusetzen sind, ob Ahnenbilder und Portraitbüsten tatsächlich den gleichen »Hintergrund« besitzen, etwa die Vergegenwärtigung oder das Gegenwärtig-Halten von bereits Verstorbenen. Sind Portraitbüsten wirklich nur »die physiognomisch getreue Wiedergabe bestimmter Personen«, Toten- oder Wachsmasken in Marmor? Spätestens an diesem Punkt müßte die Frage nach dem *Wie* der Portraitbüste ansetzen, spätestens also dort, wo das Verfahren einer rein technisch geregelten Abformung eines Antlitzes mit dem bildhauerischen Verfahren der Herstellung eines Portraitkopfes, welches künstlerisch geregelt ist oder doch zumindest sein kann, nicht mehr so ohne weiteres in Einklang zu bringen ist. Allerspätestens aber dort dürfte die Frage nach dem jeweiligen *Wie* von Portraitbüste und Ahnenbild nicht mehr ausgespart werden, wo die einfache Ableitung der Portraitbüste aus dem Ahnenkult in Zweifel gezogen werden muß aufgrund der nicht zu übersehenden Mitrealität griechisch-hellenistischer Gestaltungsweisen: Ist ein Ahnenbild in griechisch-hellenistischer Gestaltungsweise noch ein Ahnenbild — wie es die Wachsmasken waren —, oder ist es etwas anderes? (Vgl. hierzu auch DRERUP, H., Totenmaske und Ahnenbild bei den Römern, in: RM 87 (1980) S. 81ff.) Erfüllt ein Ahnenbild in griechisch-hellenistischer Gestaltungsweise noch die gleiche Funktion wie eine Wachsmaske, oder hat sie darüber hinaus »anderem« zu dienen?

Diese Fragen sind eindeutig kaum zu beantworten, da sich die Elemente des einen mit den Elementen des anderen verbinden und zu einer Formsymbiose zusammenfinden, so daß die Portraitbüste sowohl auf das eine wie auf das andere bezogen werden kann, ohne doch im einen oder anderen aufzugehen. Die römische Portraitbüste bzw. das römische Portrait ist, obwohl sie sowohl italisches Ahnenbild als auch griechisch-hellenistisches Bildnis ist, mehr als diese, nämlich ein eigenes, Neues, das nicht mehr aus den Quellen, aus denen es sich speist, zureichend erklärt werden kann. Wird das römische Portrait sowohl vom italischen Ahnenbild wie vom griechisch-hellenistischen Bildnis fundiert, so ist es

doch nicht das schlechthin Fundierte, sondern geht über seine Fundierung hinaus, ist mehr als diese, nämlich eigenes, Eigenständiges. Die Fundierungen erklären lediglich die allgemeine Situation, aus der sich das Portrait als etwas Selbständiges, eigenes erhob, nicht aber dieses selbst als etwas Selbständiges, eigenes. Diese allgemeine Situation wäre dann aber vom *Wie*, vom Formalen her vielleicht so zu umreißen: Zwei Positionen, durch ganz bestimmte Gestaltungsweisen festgelegt, sind zu Ende gekommen; die eine, repräsentiert durch das italische Ahnenbild, die andere durch das griechisch-hellenistische Bildnis; aus eigener Kraft scheint ein Weiterkommen nicht mehr möglich: Das griechisch-hellenistische Bildnis kommt in dem Augenblick nicht mehr weiter, wo der, im griechischen Bildnis vorherrschenden, allgemeinen und idealtypischen Vergegenwärtigung des Menschen als lebendem, seiendem der persönlich erfahrene Tod, das konkrete So-Sein des Menschen, damit die persönliche, individuelle Existenzerfahrung immer stärker entgegentritt. Man braucht deshalb Hilfe, sucht eine Instanz, die kompetent ist für das So-Sein des Menschen, und findet sie — unschwer — im italischen Ahnenbild.
Auf der anderen Seite kommt das italische Ahnenbild in dem Augenblick nicht mehr weiter, wo sich bei der radikalen Vergegenwärtigung des besonderen So-Seins bzw. So-Gewesenseins (mechanische Abbildung von Toten in Wachs) die Notwendigkeit eines idealtypischen Menschenbildes als Orientierungsrahmen für allgemein Seiendes immer nachdrücklicher entgegenstellt. Man braucht deshalb Hilfe, sucht eine Instanz, die kompetent ist für das idealtypische Sein des Menschen, und findet sie — unschwer — im griechischen Bildnis. Das griechische Bildnis überlebt im römischen Portrait in der gleichen Weise, wie das italische Ahnenbild im römischen Portrait überlebt, und beide, griechisches Bildnis und italisches Ahnenbild, bleiben im römischen Portrait als »produktive Unruhe« gegenwärtig, insofern einmal stärker die am Idealtypischen orientierte griechische Richtung, zum anderen die am konkreten So-Sein orientierte italische Richtung innerhalb der Entwicklung des römischen Portraits jeweils stärker zum Zuge kommt, durchschlägt. Siehe hierzu auch GIULIANI, L., Individuum und Ideal, Antike Bildniskunst, in: Bilder vom Menschen in der Kunst des Abendlandes, Ausstellungskatalog, Berlin 1980, S. 43f., der freilich die »produktive Unruhe« auf ganz bestimmte Funktionen der Bildnisdarstellung zurückführt, nicht aber auf eine bestimmende Struktur. Ähnlich gelagert erweisen sich dann auch jene Forschungsrichtungen, die etwa im Hinblick auf das aristokratische Portrait überhaupt keinen wirklichen Unterschied zwischen Griechisch-Hellenistischem und Römischem sehen (z. B. ZANKER, P., Studien zu den Augustus-Portraits, I: Der Actium-Typus, in: Abh. d. Göttinger Akademie der Wissenschaften, 1973, S. 34ff., und ZANKER, P., Zur Rezeption des hellenistischen Individualportraits in Rom und den italienischen Städten, in: Hellenismus in Mittelitalien, Abh. der Göttinger Akademie der Wissenschaften, 1976, S. 586ff.) und sich damit absetzen von solchen Richtungen in der älteren Forschung, welche den Unterschied zwischen römischer und griechischer Kunst verabsolutierten (z. B. Furtwängler). Ich glaube nicht, daß sich die These, es gebe keinen wirklichen Unterschied zwischen römischer und griechischer Kunst, halten läßt. Hier werden zweifellos vorhandene Verbindungen zwischen griechischer und römischer Kunst einseitig überbewertet und das Unterscheidende übersehen (vgl. BORBEIN, A. H., Diskussionsbeitrag, in: Abh. d. Göttinger Akademie der Wissenschaften, 1973, S. 605), während die gegensinnige Auffassung die Unterschiede zwischen römischer und griechischer Kunst verabsolutierte, eben das Unterscheidende einseitig überbewertete und das Verbindende übersah. Zutreffend ist wohl eine Mittelstellung: Das Römische ist — als mit dem Griechischen unmittelbar verflochten — Eigenständiges, anderes. Siehe hierzu auch BIANCHI BANDINELLI, R., Sulla formazione del ritratto romano, in: Società 13 (1957) S. 18ff., wiederabgedruckt und übersetzt in: HEINTZE, H. v. (Hrg.), Römische Portraits, Darmstadt 1974, S. 349ff.

2 RDK, s. v. Büste, S. 255.

3 Zur Geschichte des Portraitsbegriffs vgl. BOEHM, G., Venezianische Bildnismalerei, Ms. S. 89ff.; zu Bildnis siehe auch FOERSTE, W., Bild — ein etymologischer Versuch, in: Festschrift J. Trier, Köln-Graz 1964, S. 112ff.

4 So z. B. Brilliant: »Somewhere between the generalized representation of a man and the mechanical reproduction of his physical appearance the creation of a specific and unique likeness and the intent to portray merge into portraiture.« (BRILLIANT, On Portraits, S. 15)

5 Meyers Konversationslexikon, Leipzig-Wien 1896, s. v. Individuum, S. 216; oder orthodoxer: »Individuen aber heißen solche Wesen, weil jedes aus Eigentümlichkeiten besteht, deren Gesamtheit bei keinem anderen jemals dieselbe wird.« (PORPHYRIOS, Eisagoge 7, 21-23, zitiert nach: Historisches Wörterbuch der Philosophie, Basel 1967, s. v. Individuum, Individualität, S. 301)

6 BENJAMIN, W., Illumination, Frankfurt 1961, S. 47.

7 Vgl. dazu die Bestimmung des Begriffs eines »richtigen Menschen« bei Adorno: »Er wäre weder bloße Funktion eines Ganzen, das ihm so gründlich angetan wird, daß er davon nicht mehr sich zu unterscheiden vermag, noch befestigte er sich in seiner puren Selbstheit; eben das ist die Gestalt schlechter Naturwüchsigkeit, die stets noch überdauert.

Wäre er ein richtiger Mensch, so wäre er nicht länger Persönlichkeit, aber auch nicht unter ihr, kein bloßes Reflexbündel, sondern ein Drittes.« (ADORNO, Th. W., Stichworte, Kritische Modelle 2, edition suhrkamp 347, 2. Aufl., Frankfurt 1969, S. 56)

8 »Wenn wir vom Individuum als einer historischen Kategorie sprechen, meinen wir nicht nur die raum-zeitliche und sinnliche Existenz eines besonderen Gliedes der menschlichen Gattung, sondern darüberhinaus, daß es seiner eigenen Individualität als eines bewußten menschlichen Wesens inne wird ...« (HORKHEIMER, M., Aufstieg und Niedergang des Individuums, in: Zur Kritik der instrumentellen Vernunft. Aus den Vorträgen und Aufzeichnungen seit Kriegsende, herausgegeben von Alfred Schmidt, S. 124)

9 Sie kündigt sich bereits bei Sokrates an: »Sein Prozeß scheint die Stufe in der Kulturgeschichte zu bezeichnen, auf der das individuelle Gewissen und der Staat ... beginnen, wie durch einen Abgrund getrennt zu sein. Das Subjekt — der äußeren Wirklichkeit entgegengesetzt — beginnt von sich als der höchsten aller Ideen zu denken.« (HORKHEIMER, Zur Kritik der instrumentellen Vernunft, S. 129)

10 »Der Mensch trat als Individuum in Erscheinung, als die Gesellschaft ihre Bindekraft zu verlieren begann und er den Unterschied gewahrte zwischen seinem Leben und der scheinbar ewigen Kollektivität.« (HORKHEIMER, Zur Kritik der instrumentellen Vernunft, S. 131)

11 »Der Geist des Übergangs beruht deshalb zunächst auf der Entzweiung überhaupt zwischen dem für sich selbständigen Geistigen und dem äußerlichen Dasein. Das Geistige in dieser Trennung von seiner Realität, in welcher es sich nicht mehr wiederfindet, ist damit das abstrakte Geistige, doch nicht etwa der eine orientalische Gott, sondern im Gegenteil das sich wissende, wirkliche Subjekt, welches alles Allgemeine des Gedankens, das Wahre, Gute, die Sitte, in seiner subjektiven Innerlichkeit hervorbringt und festhält und darin nicht das Wissen einer vorhandenen Wirklichkeit, sondern nur seine eigenen Gedanken und Überzeugungen hat«, so beschreibt Hegel eine Wende, und zwar die neuzeitliche. Diese ist aber — wie noch zu zeigen sein wird — der antiken Wende strukturell so ähnlich, daß Hegels Ausführungen auch zur Beleuchtung der antiken Wende in der Lage scheinen; HEGEL, Vorlesungen über die Ästhetik, II, Band 14, Theorie-Werkausgabe, Frankfurt 1970, S. 119.

12 Die ca. 1,90 m große Statue eines jungen Mannes aus Eretria im Nationalmuseum Athen schwankt in ihrer Datierung zwischen dem Ende des 2. und der ersten Hälfte des 1. Jahrhunderts v. Chr. Zu Quellen, Einordnung, stilistischen Abhängigkeiten usw. vgl. BULLE in: BRUNN-BRUCKMANN, Denkmäler griechischer und römischer Skulptur, München 1888-1900, Taf. 519; POLASCHEK, K., Untersuchungen zu griechischen Mantelstatuen, Der Himationtypus mit Armschlinge, Dissertation, Berlin 1969, S. 33ff.

13 Das Grabrelief mit den Figuren eines Ehepaars aus Marmor, Höhe 1,80 m, Breite 0,45 m, wurde an der Via Statilia in Rom gefunden. Das Relief, das ins 3. Viertel des 1. Jahrhunderts v. Chr. datiert wird, befindet sich im Palazzo dei Conservatori, Rom; zu Datierung, Einordnung, stilistischen Abhängigkeiten usw. vgl. KRAUS, Th., Das Römische Weltreich, PKG, Bd. 2, Berlin 1967, S. 252f.; HELBIG, W., Führer durch die öffentlichen Sammlungen klassischer Altertümer in Rom, Band II, Die Städtischen Sammlungen, Die Staatlichen Sammlungen, vierte, völlig neubearbeitete Auflage, herausgegeben von Hermine Speier, Band II, Tübingen 1966, Kat.-Nr. 1631, S. 427.

14 Bei diesem Vergleich kann der gattungsmäßige Unterschied — hier Relief, dort Freifigur — vernachlässigt werden, da die römische Gestaltungsweise vom Prinzip her aufs Reliefhafte drängt und folglich am konkreten Relief am besten zu fassen ist.

15 Zu diesem griechischen Mantelstatuentypus mit Armschlinge vgl. POLASCHEK, K., Untersuchungen zu griechischen Mantelstatuen, S. 18f., S. 33-35 und S. 197-199.

16 Zu möglichen Qualitätsunterschieden siehe Anm. 23.

17 Zur Definition des Kontrapost-Motivs siehe LORENZ, TH., Polyklet, Wiesbaden 1972, S. 7ff.; besonders Anm. 29; H. v. STEUBEN, Der Kanon des Polyklet. Doryphoros und Amazone, Tübingen 1973, S. 9; besonders Anm. 20.

18 Das liegt nun nicht nur daran, daß man es bei der römischen Figur mit einer Reliefdarstellung zu tun hat, sondern beruht auf einem bestimmten, auch sonst in der Figur klar durchgehaltenen Gestaltungskonzept.

19 Die Tatsache, daß hier die Erscheinung des Gesamten als materieller dominiert, das Gesamte sich also nicht aus einzelnen selbständigen Formen organisch zusammensetzt, läßt Buschor an eine »Art Rücklauf« denken, »der von der Spätstufe des Erscheinungsportraits wieder zu einer Art mythisch-kultischen, archaischen Bildnisses zurückführt« (BUSCHOR, E., Das Portrait. Bildniswege und Bildnisstufen in fünf Jahrtausenden, München 1960, S. 133); dem wäre entgegenzuhalten, daß das »archaische Bildnis« in seiner weniger gegliederten Gesamterscheinung eine Einheit von Sein und Erscheinung zur Anschauung brachte, bei Akzentuierung des Seins innerhalb dieser Einheit. Beim römischen Portrait sind aber Sein und Erscheinen gerade auseinandergetreten, bei relativer Dominanz des Erscheinens. Ist hier das Sein nur in der zum Erscheinen nötigen, dem konkreten, augenblicklichen So-Sein radikal entgegengesetzten abstrak-

ten Gesetzlichkeit zu finden, die sich auch ohne weiteres vom konkret Gegenständlichen ablösen läßt, so liegt gerade in der unablösbaren Verbindung von konkretem Gegenständlich-Sein und allgemeiner Ordnung das Wesen des »archaischen Bildnisses« begründet.

20 Dieses auf einer bestimmenden Mittelachse basierende Ordnungsprinzip findet sich dann nicht nur in der Skulptur, sondern auch in den anderen Kunstgattungen, z.B. der Architektur: »... in der axialsymmetrischen Folge seiner Teile, die die Richtung auf ein Ziel in gegliederte Formen umsetzt, unterscheidet sich das römische Atriumhaus bekanntlich in charakteristischer Weise vom griechischen Haus, dessen Glieder ihr eigenes Leben führen« (DRERUP, H., Bildraum und Realraum in der römischen Architektur, in: Römische Mitteilungen, 66 (1959) S. 169).

21 Durch diese Wechselbeziehung von Innen und Außen wird nun auch das Blicken der Figur »fest«, nämlich als das Erfassen des Äußeren, das in die Figur hineingenommen wird, im Unterschied zur griechischen Figur, bei der die Augen lediglich ganz allgemein blicken, aber nichts in den Blick nehmen.

22 Vgl. hierzu die Definition des griechischen Portraits durch Bernhard Schweitzer: »Der Bezug auf das Allgemeine, die Öffentlichkeit, die Welt gehört daher zu den Grundzügen des griechischen Portraits ... Die Dargestellten erscheinen als Träger von Weltkräften, wie sie Wirker in der Welt gewesen sind: sie sind Gründerheroen ... Und wie die Heroen im Glanz ihrer Taten und Attribute als segensreiche Mächte erkannt werden, so bleibt auch in den Portraits der großen Toten stets ein Stück Weltgebäude fühlbar, in dessen Gefüge sie und ihr Werk eingegangen sind. So kommt es, daß jedes griechische Portrait in einem weiten, geordneten, welthaften Raum zu stehen scheint ... — es ist keine andere Welt als die der Götter und der Heroen und später die intellegible des Gedankens, der unveränderliche Seinsraum, in dem alle Dinge ihren Ort und alle Taten ihren Sinn finden.« (SCHWEITZER, Bildniskunst, S. 14f.) Diesen besonderen »Öffentlichkeitscharakter« des griechischen Portraits hat auch Kunisch — im Unterschied zu römischen Portraits — herausgestellt: »Das griechische Portrait zielt ... prinzipiell auf den Ruhm in der Gegenwart. Nicht am Grab, sondern in den öffentlichen Zonen der Stadt — Heiligtum, Markt, Theater — wird das Bildnis als Ehrenmonument aufgestellt. Im Kontext eines Bewußtseins, daß das Ganze vor dem Einzelnen sieht, beschreibt es die Vorbildlichkeit des Allgemeinen in der Form des Individuellen.« (KUNISCH, N., Antike Portraits, in: Max Imdahl, Norbert Kunisch, Plastik, S. 10) Dort auch Zusammenfassung der wichtigsten Literatur zum antiken Portrait.

23 Auch bei anderen Gewand- und Motivbildungen kann kaum übersehen werden, daß das griechische Vorbild noch präsent ist. So gemahnen etwa die diagonale Haarnadelfalte der römischen Figur — auf der linken Seite — und die dazu parallel verlaufenden Falten darüber deutlich an die entsprechenden Partien der griechischen Figur. Aber die besondere Funktion, welche gerade diese Falten — etwa im Hinblick auf das Motiv des sich durchdrückenden Spielbeins und die Ausweisung des Knies — besaßen, ist bezeichnender Weise verloren. In eben der gleichen Weise stellen die parallelen Diagonalfalten keine Verbindung mehr zur rechten Seite her — die Gesamtausprägung des funktional begründeten Standmotivs verdeutlichend —, sondern sie brechen gerade in Höhe der Mittelachse ab. Weiterhin ist die links und rechts unterschiedliche Konturausbildung des griechischen Vorbilds hier wiederzufinden, deren funktional bestimmte Fundierung aber gleichfalls verlorenging. War bei der griechischen Figur der Abschlußkontur links durch das Motiv des sich durch das Gewand durchdrückenden Spielbeins bedingt, während der rechte Abschlußkontur durch das über dem Spielbein frei herunterhängende Gewand motiviert wurde, so fehlt bei der römischen Version jeder Hinweis auf eine funktional begründete Motivation der links und rechts unterschiedlichen Konturausbildungen. Diese müssen vielmehr im Zusammenhang gesehen werden mit der insgesamt durchgehaltenen unterschiedlichen Ausbildung von links und rechts, von linkem und rechtem Gewandbereich. Die Falten geben somit weder eine konkrete Bestimmung für das Motiv des Gewandes, noch Hinweise auf konkrete Körpermotive »hinter« dem Gewand, sondern erweisen sich als optisch bestimmte Oberflächenstrukturierung, die allein einer bestimmten Ordnungssituation verpflichtet ist, die sie optisch ausweist. Indem aber deutlich ist, daß die Veränderungen — im Hinblick auf das griechische Vorbild — nicht willkürlich oder zufällig erfolgen, sondern gezielt, den Änderungen also eine deutliche Richtung anzumerken ist, welche sich auf ein bestimmtes Wollen, ein System gründet, müßte einsichtig sein, daß eine solche Figur nicht mehr nur im Hinblick auf ihr Vorbild beurteilt werden kann. Gemessen am griechischen Vorbild müßte eine solche Figur als Beispiel eines künstlerischen Niedergangs erscheinen. Sie ist aber nicht allein am griechischen Vorbild zu messen, sondern besitzt ein eigenes Maßstabssystem, nämlich eine neue Ordnungssystematik, die von jener der griechischen Figuren radikal unterschieden ist. Bezogen auf diese neue Ordnungssystematik sind dann aber alle jene beobachteten Veränderungen keine Symptome eines künstlerischen Niedergangs oder Unvermögens, sondern im Gegenteil: Sie dokumentieren am nachdrücklichsten das neue Prinzip, das neue Ordnungssystem.

Für Buschor zeigt sich im Jüngling von Eretria das Ende des

»griechischen Erscheinungsportraits«, welches in seiner besonderen Thematik einer Grabstatue deutliche Rückgriffe auf das »Seinsportrait« aufweist, eben jene Art des Portraits, die er für die griechische Portraitkunst als charakteristisch ansieht. Er setzt sie ab vom aufkommenden römischen Portrait, das als »Außenportrait« begriffen wird, auf »mythologiefreien Naturstudien« basiert und schließlich auch »Spiegelportrait« benannt wird (BUSCHOR, Portrait, S. 128, 131). So sehr diese Unterscheidungen einleuchten, so sehr dieser Wandel vom »urplastischen« zum »optisch durchsetzten«, die Oberfläche bewegenden »Modellierstil« nachzuvollziehen ist, so scheint doch der Beurteilungsmaßstab allzusehr vom Griechischen her geprägt. Seine Beobachtung, daß die römischen Portraitköpfe »ein gespaltenes, gebrochenes Menschentum wider[spiegeln]; aus alten Ordnungen herausgetretene, vereinsamte Menschen, Schicksalsträger einer neuen reflektierenden Gattung« (BUSCHOR, Portrait, S. 134), muß nicht unbedingt negativ, als Niedergang, als pure Veräußerlichung und Selbstbespiegelung des Menschen gesehen werden, sondern kann ebensogut positiv bewertet werden, nämlich im Hinblick auf jenen Prozeß des Menschen zu sich selbst, als Dokument einer Positionsfindung, der zufolge sich der Mensch seiner Besonderheit gegenüber dem Allgemeinen bewußt, sich seiner Individualität inne wird. Es ist aber dieser Prozeß, der allererst die Bedingungen für die Möglichkeit von Individualität schafft, da er durch die Entfremdung von Mensch und Umwelt, durch die Entzweiung von Besonderem und Allgemeinem den Menschen zu sich kommen ließ.
Indem Buschor in seinem Verfahren, von den konkreten Motiven einer Figur aus unmittelbar auf den Sinnzusammenhang zu schließen, die jeweiligen Ordnungsstrukturen übergeht, stellt er bei römischen Portraits nur noch Faktisches fest, verzeichnet er für das römische Portrait »eine Menschendämmerung, die von dem mythisch erfahrbaren Leben in das vorwiegend technisch gegründete hinüberführt« (BUSCHOR, Portrait, S. 134). Dennoch betont auch Buschor die Leistung, das Besondere des römischen Portraits, das er als Spiegelportrait klassifiziert: »Diese tragische Welt (Vereinsamung, Gespalten- und Gebrochensein) aufgedeckt und gestaltet zu haben, ist die hohe Leistung dieser Bildnisstufe ... Was haben die drei Jahrhunderte des Spiegelportraits zu der Aufdeckung, oft auch zur Milderung dieser Leiden beigetragen!«

24 DELBRÜCK, R., Antike Portraits, S. VII.

25 Vgl. dazu die Bestimmung von Boehm, daß »wir ... ein Individuum, d.h. einen bestimmten Menschen nur dann [wiedererkennen], wenn er so gegeben ist, daß er die Potenz von Handeln und damit Leben besitzt. Das Bildnis bringt die Handlungsmomente als bloße Handlungsintentionen an der sichtbaren Gestalt des Menschen zur Geltung.« (BOEHM, Venezianische Bildnismalerei, Ms. S. 29f.)

26 Etwa in Abgrenzung gegen »idealisierende« Portraits oder andere; zu den verschiedenen Typen von Portraits vgl. BUSCHOR, Portrait, S. 7ff.; DECKERT, H., Zum Begriff des Portraits, in: Marburger Jahrbuch für Kunstwissenschaft 5 (1929) S. 280ff.; BOEHM, Venezianische Bidlnismalerei, Ms. S. 13ff.

27 »Das Individuum deutet sich in den Bildniszügen, ist aber mit den vorgewiesenen physiognomischen Einzelheiten nicht identisch« (BOEHM, Venezianische Bildnismalerei, Ms. S. 48).

28 So schreibt Deckert zu Dürers *Studie nach einem Greis*: »... diese Zeichnung ist nicht eigentlich Portrait ..., und zwar darum, weil die besonderen Züge dieses Greises als Züge eines Greises, als greisenhafte Züge überhaupt dargestellt sind, weil gar nicht die besondere Individualität dieses Mannes besagt wird, sondern dieser Mann als Exemplum der Greisenhaftigkeit wirkt« (DECKERT, Zum Begriff des Portraits, S. 264).

29 In Anlehnung an Gadamers Definition: »Vertreten aber heißt, etwas gegenwärtig sein lassen, was nicht anwesend ist.« (GADAMER, H.-G., Wahrheit und Methode, Grundzüge einer philosophischen Hermeneutik, 4. Aufl., Tübingen 1975, S. 146)

30 Zum Begriff der Repräsentation vgl. GADAMER, Wahrheit und Methode, S. 134f.

31 GADAMER, Wahrheit und Methode, S. 134.

32 DELBRÜCK, Antike Portraits, S. VII.

33 »Insofern besteht ein unaufhebbarer Seinsabstand zwischen dem Seienden, das ›so ist wie‹, und demjenigen, dem es gleichen will« (GADAMER, Wahrheit und Methode, S. 109).

34 »Denn strenggenommen ist es so, daß erst durch das Bild das Urbild eigentlich zum Ur-Bilde wird ... So paradox es klingt: das Urbild wird erst vom Bilde her zum Bilde — und doch ist das Bild nichts als die Erscheinung des Urbildes.« (GADAMER, Wahrheit und Methode, S. 135)

35 Zu »Urbild« und »Abbild« in Verbindung mit der Bestimmung dessen, »was wir ein *Bild* nennen«, vgl. GADAMER, Wahrheit und Methode, S. 131ff.

36 »Das Abbild ... will immer nur im Hinblick auf das mit ihm Gemeinte gesehen sein. Es ist Abbild, das nichts als die Wiedergabe von etwas sein will und in der Identifikation desselben (z.B. als Paßfoto oder Abbildung in einem Verkaufskatalog) seine einzige Funktion hat ...«, während die Darstellung, das Bild »... seine Bestimmung überhaupt

nicht in einer Selbstaufhebung [hat]. Hier ist das Bild selber das Gemeinte, sofern es gerade darauf ankommt, wie sich in ihm das Dargestellte darstellt.« (GADAMER, Wahrheit und Methode, S. 132) Darstellung ist dann nicht nur Darstellung von etwas und als etwas, sondern ebensosehr auch Darstellung für jemanden, den Betrachter.

37 »Ein Portrait *ist* ein Portrait und wird es nicht erst durch die und für die, die in ihm den Portraitierten erkennen ... Man erkennt das daran, daß ein Portrait einem auch als Portrait erscheint (und etwa eine Personendarstellung in einem Figurenbilde als portraithaft), wenn man den Portraitierten nicht kennt.« (GADAMER, Wahrheit und Methode, S. 139) Eine Erfahrung, die man praktisch bei jedem Museumsbesuch macht: Nicht nur, daß man keine der portraitierten Personen dem Urbilde nach kennt, man kann auch mit sehr großer Sicherheit angeben, welche Darstellungen — als Beweis dient dann die Unterschrift — als Portraits verstanden sein wollen.

38 Es ist aufschlußreich, daß man die Figuren des Reliefs, die doch eigentlich zusammengehören sollten, ohne weiteres voneinander isoliert betrachten kann; bei griechischen Darstellungen von Ehepaaren wäre dies völlig undenkbar.

39 Das ins späte 4. Jahrhundert datierte Stelenfragment, eine Frau mit Dienerin, befindet sich im Nationalmuseum Athen; zu Datierung, Einordnung usw. siehe DIEPOLDER, H., Die attischen Grabreliefs des 5. und 4. Jahrhunderts v. Chr., Berlin 1931, S. 53.

40 Zu den verschiedenen Pudicitia-Typen siehe LIPPOLD, G., Kopien und Umbildungen griechischer Statuen, München 1923, S. 217f.

ZU IV. BÜSTE

1 FURTWÄNGLER, A., Die antiken Gemmen, Geschichte der Steinschneidekunst im klassischen Altertum, Bd. III, Leipzig 1900, S. 162.

2 So wurden zwar die Erzeugnisse der römischen Kunst zur Kenntnis genommen und bearbeitet, aber fast ausnahmslos unter rein historischen Gesichtspunkten. Die Frage nach dem künstlerischen Charakter der römischen Kunst blieb entweder ganz ausgespart oder wurde mit dem Hinweis auf die griechische Klassik negativ entschieden. Selbstverständlich bestand die Norm der griechischen Antike für Kunst schlechthin nicht unangefochten. Spätestens seit Friedrich Schlegel gibt es eine Wende gegen die griechische Klassik und eine Wertschätzung des Nicht-Klassischen, z. B. des Vorklassischen: So verurteilt Schlegel die griechische Klassik ebenso wie Rubens und vor allem Guido Reni, den Liebling seiner Zeit (SCHLEGEL, F., Dritter Nachtrag alter Gemälde, kritische Friedrich-Schlegel-Ausgabe, Bd. 4, Paderborn-München-Wien 1959, S. 134), ohne damit aber die »klassisch-klassizistischen Wertvorstellungen« tatsächlich ernsthaft gefährden zu können.

3 Siehe Furtwänglers Aussage oben. Es war nicht zuletzt Alois Riegl, der, indem er Epochen »künstlerischen Niedergangs« (wie etwa die spätrömische Kunstperiode: 313 — 768 n. Chr.) ihrem eigenen »Wollen« gemäß untersuchte und dabei deren immanente Logik oder Stringenz aufdeckte, den Weg öffnete, um auch anderen, minderwertigen Kunstperioden, vom Standpunkt der für künstlerische Qualität Norm setzenden griechischen Klassik her gesehen, Gerechtigkeit widerfahren zu lassen. Seiner Überzeugung zufolge, »daß es in der Entwicklung [der Kunst] nicht allein keinen Rückschritt, sondern auch keinen Haltepunkt gibt und vielmehr alles beständig vorwärts fließt ...« (RIEGL, A., Spätrömische Kunstindustrie, 2. Aufl., Wien 1927, unveränderter Nachdruck, Darmstadt 1973, S. 18), ist es notwendig, »Kunstwerke [welcher Zeitperiode auch immer] mit unbefangenem Auge zu würdigen« (S. 10). Erst dann werde deutlich, daß es »vom Standpunkte universalhistorischer Betrachtung der Gesamtentwicklung« Verfall nicht gibt, dieser sich lediglich als Produkt subjektiver Kritik herausstellt, »die unser moderner Geschmack an den uns vorliegenden Denkmälern vornimmt. Dieser Geschmack verlangt vom Kunstwerk Schönheit und Lebendigkeit, wobei die Waage abwechselnd nach der ersteren oder der letzteren Seite neigt ...« (S. 10f.) »Es kommt aber alles darauf an, zur Einsicht zu gelangen, daß weder mit demjenigen, was wir Schönheit nennen, noch mit demjenigen, was wir Lebendigkeit nennen, das Ziel der bildenden Kunst völlig erschöpft ist, sondern daß das Kunstwollen auch noch auf die Wahrnehmung anderer (nach modernen Begriffen weder schöner noch lebendiger) Erscheinungsformen der Dinge gerichtet sein kann.« (S. 11)
Der Begriff des »Kunstwollens«, den Riegl in die Kunstwissenschaft einführte, wurde äußerst kontrovers diskutiert und häufig mißverstanden (vgl. dazu PANOFSKY, E., Der Begriff des Kunstwollens, in: Aufsätze zu Grundfragen der Kunstwissenschaft, herausgegeben von Hariolf Oberer und Egon Verheyen, 2. erweiterte und verbesserte Auflage, Berlin 1974, S. 29ff.). Macht man sich Panofskys Definition des Rieglschen Kunstwollens zu eigen, so kann das »Kunstwollen nichts anderes sein, als das, was (nicht für uns, son-

dern objektiv) als endgültiger letzter Sinn im künstlerischen Phänomene ›liegt‹« (S. 35). Träfe diese Bestimmung Panofskys zu — was zumindest im Hinblick auf verschiedene Schriften Riegls zweifelhaft bleiben muß, siehe unten, dann würde sich am Begriff des Kunstwollens Riegls grundsätzliche Zielrichtung exemplarisch verdeutlichen: Nämlich das Abgehen von a priori bestimmten, klassizistisch geprägten ästhetischen Normvorstellungen als letztgültigem Fundament für Kunstwerke (Schönheit, usw.) zugunsten einer völligen Offenheit gegenüber solchen, erst durch die Kunstwerke selbst zu setzenden ästhetischen Vorstellungen. Für ihn gäbe es folglich keine Wertvorstellungen, die absolute Gültigkeit beanspruchen können und gleichsam statisch sind, sondern nur solche, die sich in den je unterschiedlichen Werken je unterschiedlich realisieren und solchermaßen unterschiedlich sind, demnach einer eigenen Dynamik unterliegen.

Riegls Ansatz wurde u.a. von Kurt Badt (BADT, K., Raumphantasien und Raumillusionen, Köln 1963, S. 27ff.) und Lorenz Dittmann (DITTMANN, L., Stil. Symbol. Struktur. Studien zu Kategorien der Kunstgeschichte, München 1967, S. 16ff.) kritisiert, und es kann kein Zweifel sein, daß sowohl der Raumbegriff, gegen den sich Badt wendet, wie auch besonders der Begriff des Kunstwollens, gegen den sich Dittmann wendet, bei Riegl zunehmend zu Formeln gerinnen und ihn verleiten, einen Notwendigkeitscharakter der Kunstentwicklung zu postulieren, aus dem heraus man das einzelne Kunstwerk, ja selbst einzelne Motive allererst begreifen könne. Mag die Kritik an Riegls Konzept und mag die Kritik an vielen seiner Einzelergebnissen noch so berechtigt sein, es kann nicht übersehen werden, daß Riegl in der Kunstwissenschaft jene Wende mit einleitete, welche Fiedler in der Ästhetik und gleichzeitig mit ihm Marées und Hildebrand als reflektierende Praktiker vollzogen. Diese Wende könnte vielleicht am knappsten so umschrieben werden, daß man nun nicht mehr fragte, was Kunst sein soll, sondern wie Kunst ist, oder, um es mit jenen Worten Panofskys zu sagen, mit denen er Heinrich Wölfflins Vorgehensweise anläßlich seines 60. Geburtstages am 21. Juni 1924 beschrieb und die in gleicher Weise auf Alois Riegl zutreffen: »Er mißt die künstlerische Erscheinung nicht mit von außen an sie herangetragenen Maßstäben, indem er sie etwa aus einer bürgerlichen oder höfischen Lebensform, aus religiöser oder profaner Bestimmung zu erklären oder sie auf die mehr oder minder gelungene Nachahmung einer Wirklichkeit (die es ja als ›die‹ Wirklichkeit tatsächlich gar nicht gibt) zu prüfen versuchen würde, — er müht sich aber auch nicht, sie als die Erfüllung normativer, vermeintlich für die künstlerische Tätigkeit als solche maßgebender Postulate begreiflich zu machen; sondern er sucht die in ihr verwirklichten besonderen Formprinzipien aufzudecken, die Anordnung der Massen im Raum, die Gliederung der Bildform in der Fläche, die Auseinandersetzung zwischen Körper und Licht: er will die Dinge sehen und zu sehen lehren, ›wie sie gesehen werden wollen‹.« (PANOFSKY, E., Heinrich Wölfflin, zu seinem 60. Geburtstag am 21. Juni 1924, in: Aufsätze zu Grundfragen, S. 45f.)

4 RDK, s. v. Büste, S. 259.

5 RDK, s. v. Büste, S. 255.

6 Was den Büstenabschnitt betrifft, so lassen sich zunächst drei verschiedene Typen ausmachen, nämlich einmal jener Typus, bei dem der Schnitt durch den Hals gelegt ist, dann jener Typus, bei dem die Brust gerade durchgeschnitten ist, und schließlich jener, bei welchem die Schnittführung ein geschweiftes Bruststück ergibt. »Die dritte und bald siegreiche Lösung des unteren Büstenabschlusses allerdings, die recht eigentlich zum gentilen Portrait der späten Republik gehört, das zunächst sehr schmale, geschweifte Bruststück, steht nicht mehr in rein römischer Tradition. Es ist auch nicht aus der Herme entstanden. Es ist das verselbständigte Einsatzstück des Kopfes in die Statue.« (SCHWEITZER, B., Die Bildniskunst der römischen Republik, Weimar 1948, S. 31f.)

7 Vgl. HAFNER, G., Das Brustbild eines Mannes in Berlin, in: Eikones, Studien zum griechischen und römischen Bildnis, Bern 1980, S. 130ff., besonders S. 132, Anm. 36.

8 Vgl. dazu LULLIES, R., Hermenfragen, in: Würzburger Jhb. (1949 — 50) S. 126ff. Im Hinblick auf den Ursprung der Portraitbüste stellt er fest, »daß die römische Bildnisbüste ihrem Ursprung nach direkt wenigstens nichts zu tun hat mit den griechischen Büsten und Protomen, die seit archaischer Zeit für chthonische Gottheiten gebräuchlich waren und ihre Form, was bei den Büsten der ›Divinità ignote‹ am augenfälligsten in Erscheinung tritt, besonderen kultischen Bedingungen verdanken.« (S. 132) Was die übrigen Reduktionsformen der menschlichen Gestalt innerhalb der griechischen Kunst betrifft — wie etwa Münzbilder oder »Halbstatuen« — vgl. HERBIG, R., Die italische Wurzel der römischen Bildniskunst, in: Das neue Bild der Antike, herausgegeben von Helmut Berve, Bd. II, Leipzig 1942, S. 86f.

9 So wird etwa die berühmte Büste des Ankh-haf aus der 4. Dynastie (2720 — 2550 v. Chr.) von Buschor als »im ägyptischen Bildhauersinn« unfertig bezeichnet, demnach die Abbreviatur als nicht beabsichtigt angesehen (BUSCHOR, E., Bildnisstufen, München 1947, S. 290).

10 Etwa der Gedanke der »Materialersparnis« bei HERBIG, Die italische Wurzel, S. 89f.

11 So wird aufgrund der unzähligen Nachbildungen und Pasticcios den Römern »mangelndes Stilgefühl« vorgewor-

fen und dieses als Symptom eines »mehr aufs Praktische und Brauchbare denn aufs Künstlerische gerichteten Charakters der römischen Kunstproduktion« gewertet (BANDINELLI, Rom, S. 47); oder KELLER, Das Nachleben, S. 23: »Das Scheiden, Aussondern, Definieren und Sich-Beschränken gehört vielmehr ganz zum römischen Charakter ... Der hohe Flug der unerschöpflich strömenden Phantasie, der die Griechen zum ersten Volk der alten Welt gemacht hatte, war den Römern fremd. Ihre realistische Beobachtungsgabe wurde im abbreviierenden Portrait, der Büste schon befriedigt.«

12 HEGEL, Ästhetik, Bd. 14, S. 383; Hegel gründet seine Motivhierarchie des menschlichen Körpers auf die Fähigkeit der einzelnen Motive, »Geistiges auszudrücken«. So »... läßt sich in der Tat nicht leugnen, daß der geistige Ausdruck an der Gestalt sich beschränkt auf das Gesicht und auf die Stellung und Bewegung des Ganzen, auf die Gebärde, die vornehmlich durch die Arme, Hände und die Stellung der Beine sprechend wird ...« (S. 404) »... Die übrigen Glieder dagegen sind und bleiben nur einer bloß sinnlichen Schönheit fähig, und die Unterschiede, die an ihnen sichtbar werden, können nur die der körperlichen Stärke, Ausarbeitung der Muskeln oder der Weiche und Milde sowie die Unterschiede des Geschlechts, des Alters, der Jugend, Kindheit usw. sein« (S. 405).

13 DECKERT, Zum Begriff des Portraits, S. 272; vgl. dazu auch die Ausführungen von CARL SCHNAASE, Geschichte der bildenden Kunst bei den Alten, Düsseldorf 1866, Bd. I, S. 37: »Das Gesicht hat einen vollkommen genügenden Ausdruck für sich; das innere Wesen des Menschen, seine Seele liegt auf seinem Gesichte. Sehen wir aber das Gesicht *mit* dem Körper, so verliert dieses seelenhafte Wesen an seiner ausschließlichen Bedeutung, und es tritt der Zusammenhang mit der körperlichen Natur viel stärker hervor.« Herbig hat darauf hingewiesen, »daß die römische Bildnisart [die Portraitbüste] ... sich im Abendland so völlig durchgesetzt (hat), daß auch das moderne Bildnis fast ausschließlich oder jedenfalls bevorzugt mit den Gesichtszügen der Dargestellten arbeitet und somit in erster Linie den Kopf als Schlüssel zum Wesen des Portraitierten benutzt. Das Antlitz allein vermittelt den Zugang zu Seele und Charakter. Der Leib spielt dabei eine höchst untergeordnete oder auch gar keine Rolle. Es kann kaum einem Zweifel unterliegen, daß hierbei die betonte Leibesverachtung der christlichen Anschauung schließlich von bedeutendem Einfluß gewesen ist. Hinweise darauf finden sich in der spätantiken-frühchristlichen Kunst genügend. Die *Betonung von Haupt und Antlitz in der Portraitdarstellung*, ja ihre immer beherrschendere Rolle in ihr ist aber eben schon heidnisch-römisches Gedankengut ...« (HERBIG, Die italische Wurzel, S. 89) Die dann anschließend von Herbig vorgenommene Ableitung dieser besonderen Auffassung von Kopf und Leib bei den Römern als einer religiös bestimmten, von der griechischen Frühzeit über das Etruskische bis zur römischen Kunst, ist nicht unwidersprochen geblieben: vgl. hierzu: BRECKENRIDGE, J. D., Origins of Roman Republican Portraiture, in: Aufstieg und Niedergang der römischen Welt, Band I, 4, Berlin 1973, S. 848ff., der einen Überblick über die verschiedenen Herkunftstheorien des römischen Portraits gibt, mit einer Zusammenstellung der Literatur (S. 822ff.).

14 JACOB BURCKHARDT, Gesammelte Werke, Bd. VII, Griechische Kulturgeschichte, 3. Band, Darmstadt 1962, S. 19f.

15 HANS ROSE, Klassik als künstlerische Denkform des Abendlandes, München 1937, S. 142: »Platon war der erste, der das Licht als Strahlung und das Auge als Lichtträger gedeutet hat, als sonnenhaft, und diese Erkenntnis hat genügt, um innerhalb der menschlichen Gestalt den Schwerpunkt in den Kopf und innerhalb des Kopfes den Schwerpunkt in das Mimische zu verlegen. Das war nicht immer so gewesen. In den klassischen Bildwerken ist der Kopf zwar nicht unbedeutend gebildet, aber unbetont.« (S. 141)

16 »Die griechische Kunst kannte die Portraitbüste nicht; denn sie duldete keine solche künstlerischen Zerstückelungen des menschlichen Organismus« (BANDINELLI, Rom, S. 80).

17 DECKERT, Zum Begriff des Portraits, S. 271.

18 Vgl. dazu auch die Ableitung der fragmentarisierten Form des menschlichen Körpers als Büste bei Herbig (HERBIG, Die italische Wurzel, S. 93ff.), derzufolge diese römische Entwicklung nicht durch die klassisch griechische hindurchgeschritten ist, sondern diese vielmehr ganz ausgespart hat. In ähnlicher Weise argumentiert Bandinelli: »In der Welt der Etrusker und Römer dagegen — auch bei den Kelten — stellte ein einzelner Kopf bereits den ganzen Menschen dar« (BANDINELLI, Rom, S. 80).

19 Der Marmor-Kopf des Pompeius, Höhe 0,25 m, stammt aus dem Liciniergrab in Rom. Die claudische Kopie eines Originals von um 55 — 50 v. Chr. befindet sich in der Ny Carlsberg Glyptotek, Kopenhagen. Zu Datierung, Einordnung, Literatur usw. vgl. SCHWEITZER, Bildniskunst, S. 86ff.; POULSEN, V., Les Portraits Romains, Band I, République et Dynastie Julienne, Kopenhagen 1962, S. 41; Die Bildnisse des Augustus, Ausstellungskatalog, herausgegeben von Klaus Vierneisel und Paul Zanker, München 1979, S. 86 und S. 118.

20 HELGA VON HEINTZE, Römische Portrait-Plastik aus sieben Jahrhunderten, Stuttgart 1961, S. 6.

21 Der Marmorkopf eines hellenistischen Herrschers, mit

gesondert gearbeitetem Haarteil, sog. Attalos I., wahrscheinlich aber Eumenes II. darstellend, wurde in später Vermauerung am Südabhang der Akropolis von Pergamon gefunden. Der Kopf, der wohl zu einer Kolossalstatue gehörte, befindet sich in den Staatlichen Museen, Berlin. Zu Erhaltung, Datierung, Einordnung, Literatur usw. vgl. WINTER, F., Die Skulpturen mit Ausnahme der Altarreliefs, mit einem Beitrag von Jakob Schrammen, in: Altertümer von Pergamon, Band VII, Nr. 130, S. 144ff.; RICHTER, G. M. A., The Portraits of the Greeks, Band III, London 1965, S. 273.

22 Auf den Mund als Abschluß der mittleren Grundform beziehen sich auch die Ansatzpunkte der Haarkalotte, insofern sie auf gleicher Höhe mit dem Munde liegen.

23 ... die wieder in Parallelität mit den seitlichen Richtungen des unteren Konturs der Unterlippe gesehen werden können.

24 HEINTZE, v., a.a.O.

25 DECKERT, Zum Begriff des Portraits, S. 271.

26 Vgl. die sehr vagen Ausführungen Poulsens (POULSEN, Les Portraits Romains, S. 40) im Hinblick auf eine mögliche Verbindung mit der berühmten Pompeius-Statue der Curia.

27 Die Marmorbüste mit Paludamentum und Schwertriemen, Höhe 0,72 m, gehört zum Typus des Dezennalienbildnisses und befindet sich in den Vatikanischen Museen, Rom. Zu Erhaltungszustand, Einordnung, Literatur usw. vgl. WALTER HATTO GROSS, Bildnisse Traians, in: Das Römische Herrscherbild, herausgegeben von Max Wegner, II. Abteilung, Bd. 2, Berlin 1940, S. 129, Kat.-Nr. 39 und S. 87.

28 Zum Dezennalienbildnis siehe GROSS, Bildnisse Traians, S. 85ff.

29 »Die Büstenform ist neu und interessant. Sie ist so groß, daß sie die Armansätze und die beiden Brustwarzen noch mit begreift.« (GROSS, Bildnisse Traians, S. 86)

30 Dem Hinweis darauf, daß der Büstenteil normalerweise in einem anderen Arbeitsgang, folglich von der Arbeit am Portraitkopf unabhängig ausgeführt wurde, muß entgegengehalten werden, daß man aufgrund der arbeitsteiligen Ausführung von Kopf und Büste nicht schon auf eine völlige Indifferenz im Verhältnis von Kopf und Büste zu schließen hat. Hierin liegt eben u.a. ein Hinweis zur Beurteilung der Qualität von Portraitbüsten, indem z. B. deutlich gemacht werden kann, daß erst bei einer genauen, formallogischen Abstimmung von Büste und Portraitkopf, d.h. erst unter der Bedingung, daß sich Kopf und Büste gegenseitig notwendig machen, eine Portraitbüste nicht nur in einzelnen Partien »interessant« oder »überzeugend« erscheint, sondern insgesamt als künstlerische Einheit zur Erscheinung gelangt.

31 Gerade im Hinblick auf die starke Konzentration des Gesichts auf Auge und Nase und deren exakte Winkelbildung, an die sich dann auch der Mund anschließt, fühlt man sich erinnert an Hegels Auslassungen über den »geistigen Charakter« des menschlichen Antlitzes am Beispiel des griechischen Profils (HEGEL, Ästhetik, Bd. 14, S. 383ff.). Hegel unterscheidet hier die Kopfbildung des Menschen von der des Tieres, indem er diese als bestimmt deutet durch ein praktisches Verhältnis zum Außen, während er jene bestimmt sieht durch ein »theoretisches, ideelles« Verhältnis zum Außen. In eben der Rückbildung des bei der tierischen Kopfbildung dominanten Mauls zugunsten eines zweiten Schwerpunkts, nämlich der oberen Gesichtspartie mit Augen und Stirn, bildet sich die Herrschaft des Geistigen über das rein Praktische, allein dem Naturbedürfnis und den Befriedigungen desselben dienenden, aus. Indem schließlich die Nase, die »als Riechorgan in der Mitte steht zwischen dem praktischen und theoretischen Verhalten zur Außenwelt« (S. 385), eindeutig — wie bei der vorliegenden Trajan-Büste — dem oberen Teil des Gesichts — also Augen und Stirn — zugeordnet wird, erhält der Kopf insgesamt den Charakter des rein geistig bestimmten.

32 Ein Gedankenexperiment, das, bei griechischen Figuren durchzuführen, gar nicht in den Sinn käme. Denn bei griechischen Darstellungen ist die Bekleidung allemal Hinweis auf das und Deutung dessen, was dahinter ist, nämlich des Körpers, diesem folglich konkret verpflichtet, unmittelbar mit ihm verbunden.

33 Die unbekleidete Marmorbüste, Höhe 0,68 m, wurde in Salona gefunden und befindet sich heute im Kunsthistorischen Museum, Wien. Zu Erhaltungszustand, Einordnung, Literatur usw. vgl. GROSS, Bildnisse Traians, S. 130, Kat.-Nr. 51 und S. 99f.

34 Die marmorne Panzer-Paludamentum-Büste des Hadrian, Höhe 0,90 m, gehört zum Typus Stazione Termini und befindet sich im Museo del Palazzo dei Conservatori, Rom; zu Erhaltungszustand, Einordnung, Literatur usw. vgl. WEGNER, M., Hadrian. Plotina. Marciana. Matidia. Sabina, in: Das Römische Herrscherbild, herausgegeben von E. Boehringer, G. v. Kaschnitz-Weinberg, Max Wegner, II. Abteilung, Band 3, Berlin 1956, S. 108 und S. 8.

35 ... welche, verglichen mit der Vertikalgrenze der Panzerschließe links, fester, grundsätzlicher und damit eindeutig bestimmend erscheint.

36 Vgl. hierzu das ganz gegensätzlich geartete, unmittelbar und uneingeschränkt dargebotene Hinausgehen auf das Au-

ßen und Herausgehen aus sich selbst bei Caracalla-Portraits, z. B. der Panzer-Paludamentum-Büste aus dem Museo Vaticano, Busti 292, Rom, abgebildet bei HEINZ BERNHARD WIGGERS, Caracalla. Geta. Plautilla, und MAX WEGNER, Macrinus bis Balbinus, in: Das Römische Herrscherbild, herausgegeben von Max Wegner, III. Abteilung, Band 1, Tafel 18; zu Erhaltungszustand, Einordnung, Literatur usw. siehe ebd. S. 82f. und S. 30.

37 Ganz entschieden seine Stellung als Besonderheit zu dokumentieren, und zwar auf Kosten bzw. anstelle der eigenen Individualität, das ist die Besonderheit der Commodus-Darstellung als Herkules im Museo del Palazzo dei Conservatori, Sala dei Magistrati (Orti Lamiani 20), Abbildung in: WEGNER, M., Die Herrscherbildnisse in antoninischer Zeit, in: Das Römische Herrscherbild, herausgegeben von Max Wegner, II. Abteilung, Band 4, Berlin 1939, Tafel 53; zu Erhaltungszustand, Einordnung, Literatur usw. siehe ebd. S. 265f. und S. 73.

38 Der Begriff *Torso* wird zunächst sowohl für unvollständig erhaltene und unvollendete Figuren als auch für unvollständig gemeinte und demnach in ihrer Unvollständigkeit eigentlich vollständig anzusehende Figuren oder Statuen verwendet. Dabei wäre zu unterscheiden: 1. ein Torso griechischer Provenienz, der faktisch vollständig gemeint und auch durch das der griechischen Kunst eigene Gestaltungskonzept vollständig gedacht werden kann, und zwar deshalb, weil »jeder Teil für sich in seiner Besonderheit vollständig da ist, ebensosehr aber durch den vollsten Reichtum der Übergänge in stetem Zusammenhange nicht nur mit den zunächstliegenden, sondern mit dem Ganzen bleibt. Dadurch ist die Gestalt auf jedem Punkte vollkommen belebt; auch das Einzelnste ist zweckmäßig, alles hat seinen Unterschied, seine Eigentümlichkeit und Auszeichnung und bleibt doch in durchgängigem Fluß, gilt und lebt nur im Ganzen, so daß sich selbst in Fragmenten das Ganze erkennen läßt und solch ein abgesonderter Teil die Anschauung und den Genuß einer ungestörten Totalität gewährt.« (HEGEL, Ästhetik, Bd. 14, S. 381); 2. ein Torso römischer Provenienz, der faktisch vollständig gemeint ist, aber aufgrund des der römischen Kunst eigenen Gestaltungskonzepts gerade nicht oder nur schwer vollständig gedacht werden kann; insofern nämlich ein abstraktes Ordnungsetzen für die Verbindung von Einzelnem und Gesamt ausschlaggebend ist, die einzelnen Teile sich also nicht konkret motivisch oder organisch auseinander ergeben, aufeinander reagieren und so das Gesamt allererst ermöglichen, wie sie als einzelne, so oder so reagierende erst durch das Gesamt möglich sind, indem dies also so ist, kann man eben von dem konkret fragmentarisiert Erhaltenen nur schwerlich auf das Gesamt schließen; von diesen vollständig gemeinten aber unvollständig erhaltenen Figuren wären dann 3. jene Torsi zu unterscheiden, die unvollständig sind, aber als solchermaßen unvollständige gemeint, damit dem Prinzip nach vollständig sind, wie etwa die Büste. Der Unterschied zu den unvollständig erhaltenen Figuren besteht darin, daß hier die Unvollständigkeit nicht zufällig, nicht von äußerlichen Bedingungen abhängig ist, sondern von innen her, figurenimmanent begründet ist. Das Unvollständige gehört damit wesenhaft zur Erscheinung solcher Figuren, ist bewußt gestaltet und damit integraler Bestandteil eines sich als fragmentarisiert thematisierten unfragmentarischen Ganzen. Schließlich wären dann 4. solche Torsi davon abzusetzen, die gerade durch die gewollte Zufälligkeit ihrer Fragmentarisierung die Preisgabe einer in sich bestimmten und geschlossenen Ganzheitsvorstellung der Skulptur in aller Radikalität zur Anschauung bringen wollen. Hier wären z.B. die Torsi Rodins zu nennen, etwa *La Voix interieure* oder *L'Homme qui marche* oder *La Terre* (abgebildet in: Das Unvollendete als künstlerische Form, Ein Symposion mit Beiträgen von Maurice Bémol, André Chastel, Klaus Conrad, Herbert von Einem, Dagobert Frey, Joseph Gantner, Friedrich Gerke, Joseph Müller-Blattau, J. A. Schmoll gen. Eisenwerth, Ernst Zinn, herausgegeben von J. A. Schmoll gen. Eisenwerth, Bern-München 1959, Abb. 43, 55, 54), nicht aber die *Unvollendeten Sklaven* Michelangelos; vgl. hierzu auch die Aufsätze von HERBERT VON EINEM, Unvollendetes und Unvollendbares im Werk Michelangelos, ebd. S. 69ff. JOSEPH GANTNER, Formen des Unvollendeten, ebd., S. 47ff., und J. A. SCHMOLL gen. EISENWERTH, Zur Genesis des Torso-Motivs und zur Deutung des fragmentarischen Stils bei Rodin, ebd. S. 117ff.; dazu HERBERT VON EINEM, Der Torso als Thema der bildenden Kunst, in: Zeitschrift für Ästhetik und Allgemeine Kunstwissenschaft, XXIX (1935) S. 29ff.

39 SCHMOLL gen. EISENWERTH, Zur Genesis des Torso-Motivs, S. 118.

40 ... oder, um mit Hegel zu sprechen, der Gegensatz zwischen dem »geistigen Ausdruck« (die aufrechte Stellung des Menschen und damit die Vertikale wird mit dem Wollen verbunden: »Dies Stehen ist ein Wollen, denn hören wir auf, stehen zu wollen, so wird unser Körper zusammensinken und zu Boden fallen«, HEGEL, Ästhetik, Bd. 14, S. 398) und materiellem Gebundensein: »Der tierische Leib läuft mit dem Boden parallel [also horizontale Richtung], ... und das Tier kann dies sein Verhältnis zur Schwere nicht selbständig aus sich aufheben« (HEGEL, Ästhetik, Bd. 14, S. 397).

41 Die aus der Villa Barberini in Castel Gandolfo stammende marmorne Panzerstatue, Höhe insgesamt 2 m, befindet sich in der Ny Carlsberg Glyptotek, Kopenhagen; zu Erhal-

tungszustand, Einordnung, Literatur usw. vgl. GROSS, Bildnisse Traians, S. 130, Kat.-Nr. 52 und S. 55ff.

42 GROSS, Bildnisse Traians, S. 54.

43 GROSS, ebd.

44 Um DECKERT (Zum Begriff des Portraits, S. 271) zu variieren: Arme sind Arme, Beine sind Beine, nur das Gesicht ist der individuelle Mensch.

ZU V. RENAISSANCE

1 Hierunter wird vereinfachend die Gesamtheit jener Kunstepochen begriffen, nämlich der spätantik-altchristlichen, der byzantinischen und der mittelalterlichen, die Panofsky im Hinblick auf ihre je besondere Verhaltensweise zu einem gleichermaßen tragenden Grund unterschieden hatte (PANOFSKY, E., Die deutsche Plastik des 11. bis 13. Jahrhunderts, Textband, München 1924, S. 5ff.). Leitend für diese Zusammenfassung war der die drei Epochen tragende Grund, sei er nun im Zusammenschluß von Figur und Raum »zu einem gleichsam substanzlosen Gewebe« (S. 9) bestimmend (spätantik-altchristliche Kunst), auf dem dann die byzantinische Kunst beharrte, ohne ernsthafte Versuche, mit diesem »grundsätzlich zu brechen« (S. 10), oder sei er — in der dann erfolgenden besonderen Deutung innerhalb der mittelalterlichen Kunst — für den »Stil der Masse« (S. 12) ausschlaggebend. Allen drei Epochen gemeinsam ist der Versuch, »die stofflich begrenzten Teileinheiten ... mit einem umgebenden Raum ... zu einer homogenen Einheit« (S. 11) zu verschmelzen.

2 »Die antike Büste ist durch das ganze Mittelalter hin durch die byzantinische Kunst tradiert worden, freilich in der leicht veränderten Form als Halbfigur.« (RDK, s. v. Büste, S. 260) Zu einzelnen Beispielen und verschiedenen »Wellen« der Rezeption z. B. in Deutschland siehe ebd. S. 260ff.

3 Wobei das prinzipiell Unterscheidende nicht übersehen werden soll: »So vermögen denn all' die ›optischen‹ Phänomene [der römischen Kunst], indem sie in ihrer eigentümlichen Zusammenhanglosigkeit kaum ein Prinzip ihres Ursprungs, geschweige denn ein Gesetz ihres Vollzugs erkennen lassen, die angestrebte freiräumliche Verbindung der Einzeldinge mehr anzudeuten, als eigentlich zu realisieren: und gerade deshalb scheinen uns selbst die fortschrittlichsten römischen Gemälde, nämlich die Landschaftsbilder, in eine sonderbar unfeste, traumhaft-kimmerische Welt hineinzuführen, die von der sicher gefügten Realität der neuzeitlichen Kunst in letzter Linie grundverschieden ist.« (PANOFSKY, Die deutsche Plastik, S. 7)

4 Etwa bei Thomas von Aquin.

5 Wie etwa bei Wilhelm von Ockham. Für Ockham hat Gott »kraft seiner Allmacht, ›de potentia sua absoluta‹, durch einen freien Akt seines Willens die gegebene Weltordnung geschaffen, die durch einen neuen göttlichen Willensakt jederzeit im Ganzen oder in Teilen verändert, durchbrochen werden kann. Insofern ist das Weltganze in sich und allen seinen Teilen einschließlich der gesamten Glaubenssphäre kontingent, ... ist jeglicher rationalen Deduktion entzogen.« (HOCHSTETTER, E., Studien zur Metaphysik und Erkenntnislehre Wilhelms von Ockham, Berlin-Leipzig 1927, S. 16)

6 Insofern rationale Deduzierbarkeit weggefallen ist, steht der Mensch unmittelbar zu Gott wie zu den Dingen. Die abstrakte Erkenntis wird von der »intuitiven Erkenntnis« abgelöst, damit auf Wahrnehmung und Erfahrung fußend. Der Mensch beginnt, sich selbst eine Welt zu schaffen, indem er — als er selbst — zum Auslösefaktor einer neu zu bestimmenden Ordnung der Welt wird, einer Weltordnung, die nun freilich ein empirisches Gesicht besitzt: Es ist der Mensch, der an die frei gewordene Stelle Gottes tritt bzw. treten muß.

7 Hier liegen die Quellen für den Erfolg der neuzeitlichen Naturwissenschaft und letztlich auch für ihre Ideologie, die Voraussetzungslosigkeit: Die neuzeitliche Naturwissenschaft »erkennt aufgrund einer Faktenzensur, eines numerus clausus für Tatbestände. Sie läßt *nur* Tatbestände zu, die sich experimentell erfahren lassen. Das Experiment ... ist Mittel fürs Zustandekommen einer Erkenntnis ... Es lebt zugunsten der Etablierung eines strikt vertretbaren Erkenntnissubjekts.« (MARQUARD, O., Kant und die Wende zur Ästhetik, in: Zeitschrift für Philosophische Forschung, XVI, Heft 2 (1962) S. 240)

8 Siehe hierzu auch SCHINZEL, H., Raumprobleme des Ganzfigurenportraits in England von 1600 bis 1640, Frankfurt-Bern-Cirencester 1980, S. 12ff., die in der »Verlebendigung« der Darstellung eines Menschen den entscheidenden Schritt der Renaissance zum »physiognomischen Portrait« sieht.

9 Wie schon die antike Wende, so ist auch die neuzeitliche Wende nicht punktuell festzulegen, sondern vollzieht sich in einem größeren Zeitraum. Waren bei der antiken Wende bestimmte Tendenzen des griechischen Hellenismus mit einzubeziehen, so müssen bei der neuzeitlichen Wende ebenfalls

Tendenzen des 14. Jahrhunderts mit einbezogen werden. Dennoch ist festzustellen, daß die antike wie die neuzeitliche Wende nicht durch einzelne Formbildungen, Vorformen usw. beliebig vorverlegt werden kann, sondern sinnvoll erst in der Ausbildung eines neuen Systems insgesamt zu bestimmen ist. Zu den Schwierigkeiten im Hinblick auf die Festlegung der neuzeitlichen Wende siehe HUIZINGA, J., Das Problem der Renaissance — Renaissance und Realismus, unveränderter Nachdruck der 1. Auflage, Tübingen 1953, Darmstadt 1974; BUCK, A. (Hrg.), Zu Begriff und Problem der Renaissance, Darmstadt 1969.

10 »The evolutionary significance of the St. Mark would be difficult to exaggerate. Not only does it mark the first clear-cut break with the tradition of the International Style in Donatello's oeuvre; as the earliest unequivocal instance of a Renaissance figure, antedating Masaccio by some crucial eight years, its impact must have been tremendous.« (JANSON, H. W., The Sculpture of Donatello, Incorporating the notes and photographs the late Jenö Lányi, Volume II, Critical Catalogue, Princeton (New Jersey) 1957, S. 19) Die 2,36 m hohe Marmorfigur (einschließlich Plinthe), befand sich an Or San Michele, Florenz. Die übliche und auch von Janson vertretene Datierung 1411 — 1413 wurde von Wundram bezweifelt (WUNDRAM, M., Donatello und Nanni di Banco, in: Beiträge zur Kunstgeschichte, hrg. von Günter Bandmann, Erich Hubala, Wolfgang Schöne, Bd. 3, Berlin 1969, S. 49ff., besonders S. 55); vgl. dazu die Reaktion JANSONS in: Art Bull. LIV (1972); zu Quellen, Einordnung, Literatur usw. vgl. JANSON, Donatello, S. 16ff.

11 Die erste überlebensgroße (ca. 2,55 m) Bronzefigur seit der Antike befindet sich am ursprünglichen Aufstellungsort an Or San Michele, Florenz. Zu Quellen, Datierung, Einordnung und Literatur siehe KRAUTHEIMER, R., Lorenzo Ghiberti, 2. verbesserte Auflage, Princeton (New Jersey) 1970, S. 71ff. und S. 425ff.

12 Daß der *Johannes* ohne die rahmende Architektur tatsächlich nicht stehen kann, macht eine Abbildung bei Krautheimer (Tafel 4) deutlich, welche die Figur isoliert zeigt. Im Vergleich mit Donatellos *Markus* hat Artur Rosenauer (ROSENAUER, A., Studien zum frühen Donatello, Skulptur im projektiven Raum der Neuzeit, Wien 1975) Ghibertis *Johannes* als eine Figur beschrieben, die sich »in einem eigenartigen Zustand zwischen Stehen und Schweben« (S. 31) befindet. Dieses Schweben resultiert nach Rosenauer aus dem Gegensatz zwischen Körper (der ponderiert sei, demnach auf die Wirkung der Schwerkraft reagiere) und Gewand (das gerade nicht gemäß der Schwerkraft herunterfalle, sondern »um die Figur schwinge ..., als sei es gewichtslos«, S. 31). Es bleibt zu fragen, ob hier denn tatsächlich ein Körper konkret — wie man aus den Beschreibungen Rosenauers folgern muß — etwa unter dem Gewand dargestellt ist, ob man Körper und Gewand im Gewandbereich überhaupt unterscheiden kann, ob hier nicht von Rosenauer eine von Ghibertis Konzeption unterschiedliche Figurenkonzeption auf Ghibertis Figur übertragen wurde, woraus dann die aufgezeigten Widersprüche resultieren.

13 »In seiner Gefügigkeit vereinigt sich das Kleid mit dem Träger zu einer Lebenseinheit: das Entscheidende war, daß das Faltenwerk so erdacht wurde, daß an ihm der Bau und die Arbeit des Organismus abzulesen war. Die Faltengebung ist durch den rührigen Körper motiviert; im Außen ist das Innen vergegenwärtigt.« (KAUFFMANN, H., Donatello. Eine Einführung in sein Bilden und Denken, Berlin 1935, S. 14)

14 Vgl. HUBALA, E., Renaissance und Barock, Epochen der Architektur, herausgegeben von Harald Busch, Frankfurt 1968, S. 11, der für die »Raumgestalt« der Renaissance-Architektur am Beispiel von St. Peter zu ähnlichen Bestimmungen kommt: »Diese Gestalt ist *endlich*, deshalb vermag sie mit uns zu kommunizieren; sie ist *konzentrisch*, deshalb löst sie die auseinanderstrebenden Dimensionen der Höhe, der Breite und der Länge in einer anschaulichen Qualität der Weite auf; sie ist *gegliedert*, zeigt sich also auch im partiellen Anblick als ein Ganzes, das mehr ist als die Summe der wahrgenommenen Teile.«

15 Dieser von Leibniz entlehnte Begriff (vgl. Historisches Wörterbuch der Philosophie, s. v. Harmonie, prästabilierte, S. 1001ff.) meint hier eine Ordnungsvorstellung, der zufolge jedes wie immer konkret empirische Verhalten des einzelnen sinnbestimmt aufgehoben ist in einem grundsätzlich Allgemeinen und Ganzen, welches als ein von Gott als harmonisch Vorbestimmtes in jedwedem Besonderen zur Anschauung gelangt. »Der Glaube an die Entsprechung von Mikrokosmos und Makrokosmos, an die harmonische Struktur des Weltalls, an die Anschauung Gottes unter den mathematischen Symbolen der Mitte, des Kreises, der Sphäre — all diese eng miteinander verknüpften Gedanken, die ihre Wurzeln in der Antike hatten und zu den unbestrittenen Glaubenssätzen mittelalterlicher Philosophie und Theologie gehörten, kamen in der Renaissance zu neuem Leben ...« (WITTKOWER, R., Grundlagen der Architektur im Zeitalter des Humanismus, übersetzt von George Lesser, München 1969, S. 30). »... Hier, im Kreise auserwählter Geister [erhebt sich] die Idee, daß die sichtbare Welt von Gott aus Liebe geschaffen, daß sie ein Abbild des in ihm präexistierenden Vorbildes sei, und daß er ihr dauernder Beweger und Fortschöpfer bleiben werde« (BURCKHARDT, J., Die Kultur der Renaissance in Italien. Ein Versuch. Gesammelte Werke, Band 3, Darmstadt 1962, S. 384f.).

16 Oder, um es mit Rosenauers Worten zu sagen: »Die Fi-

gur wird erst komplett, wenn sie gesehen wird.« (ROSENAUER, Studien, S. 37)

17 Zum Begriff der Kommensurabilität und seiner Bedeutung für die Kunstauffassung der Renaissance vgl. WITTKOWER, Grundlagen, S. 96 und S. 108; HUBALA, Renaissance und Barock, S. 9f.; WINTER, G., J. C. Schlaun. Das Gestaltungsprinzip und seine Quellen, 1. Aufl. Münster 1973, S. 5f.

18 Vgl. dazu die von Vasari überlieferte Antwort Michelangelos auf die Frage, was er von der Figur des Markus halte: »Nie, antwortete Michelangelo, habe er eine Figur gesehen, die mehr das Gepräge eines rechtlichen Mannes an sich trage wie diese, und wenn Markus so ausgesehen habe, könne man ihm wohl glauben, was er geschrieben habe.« (VASARI, G., Le Vite de' più eccellenti pittori scultori ed architettori, hg. von Gaetano Milanesi, Florenz 1878-1885, Bd. VII, S. 278; Übersetzung nach VASARI, G., Künstler der Renaissance. Lebensbeschreibung der auszeichnetsten italienischen Baumeister, Maler und Bildhauer, ausgewählt und mit Anmerkungen herausgegeben von Herbert Siebenhüner, Leipzig 1940, S. 485)

19 Aber nicht nur als Formgebilde, sondern auch vom Thema her: »Zusammen mit den Geschichtsschreibern flochten die Bildhauer den Kranz zum Ruhme des bürgerlichen Gemeinwesens, der Polis, nicht eines Individuums. Darum lag das Bildnis ihren Gedanken fern.« (KAUFFMANN, Donatello, S. 40)

20 Doch insofern konkrete Körperlichkeit auch in der Renaissance nicht aus sich heraus, also rein empirisch die Bedingungen ihrer Erscheinungsweise bestimmte, sondern diese vielmehr aufgehoben enthalten war in einem abstrakten, prästabilierten und harmonisch geregelten System, das zudem den Betrachter mit einschloß, erscheint die Büste als Formgebilde wiederum auch nicht so unmöglich. Denn es ist der Betrachter, der letztlich die so-angeordneten Formen zu beurteilen hat, sie stehen nicht für sich selbst, und es ist vermöge der abstrakten Systematik als einer so-vorgegebenen, daß er überhaupt Urteilsbefähigung erlangte, wie er selbstverständlich sein Urteil auch nur innerhalb der Grenzen dieses Rahmens fällen kann. Folglich wird nicht die wie immer auch abbreviierte Form eines menschlichen Körpers selbst darüber bestimmen können, ob sie »so« möglich sei oder nicht, sondern der Betrachter wird zumindest über das So-Mögliche oder So-nicht-Mögliche einer abbreviierten Form mitbestimmen, insofern er das »so-möglich« oder »nicht« zu beurteilen hat. Vgl. hierzu auch KELLER, H., Die Entstehung des Bildnisses am Ende des Hochmittelalters, in: Römisches Jahrbuch für Kunstgeschichte III (1939) S. 229ff., besonders S. 258.

21 Und in der Tat erweist sich der Traditionsstrang zum Mittelalter zunächst als so stark, daß die Neuerungen aufgrund der Rezeption der Antike sich allenfalls bei einzelnen Formen oder Motiven, nicht aber in der Gesamtgestalt bemerkbar machen. Daneben ist auf eine weitere Quelle für die neuzeitliche Entwicklung der Portraitbüste zu verweisen, das Grabdenkmal: »Seit dem Anfang des 13. Jahrhunderts sind Grabmäler eine Portraitschule gewesen, die vom Bildhauer Höheres forderte als von Malern. An Grabfiguren bildete sich der Blick für das Individuelle heran, und indem das Streben nach Bildnistreue an letzte Schärfen einer Physiognomie sich gewöhnte, machten sie solche zugleich zum Maßstab der Ähnlichkeit ... Im Zusammentreffen der Reliquienbüste mit der sepulkralen Bildniskunst erleben wir die Neuschöpfung der Portraitbüste.« (KAUFFMANN, Donatello, S. 49) Ähnlich argumentiert Heydenreich, wenn er feststellt: »Die Büste, einer der bedeutendsten und in ungezählten Fassungen erhaltenen Schöpfungen der römischen Antike, hat sich als Typus — wenngleich in rudimentärer Form — durch das Mittelalter hindurch, vor allem als Büstenreliquiar erhalten. Aber, wenn Kaiser Friedrich II. die Bildhauer auffordert, antike Büsten zu kopieren, vollzieht sich eine erste rinascità ... Jedoch erst im 15. Jahrhundert wird die Bildnisbüste als solche neu geprägt und wird zum bevorzugten Thema der profanen Kunst.« (HEYDENREICH, L. H., Italienische Renaissance, Anfänge und Entfaltung in der Zeit von 1400 bis 1460, Universum der Kunst, hrsg. von André Malraux und André Parrot, München 1972, S. 214)

22 Vgl. DITTMANN, P., Die formgeschichtliche Entwicklung der Büste im Cinquecento, Dissertation, Gießen 1970, S. 4f.; die vergoldete Bronze-Büste, Höhe 0,56 m, befindet sich heute im Museo di San Matteo, Pisa. Zu Datierung, Quellen, Eigenhändigkeit, Einordnung und Literatur siehe JANSON, Donatello, S. 56ff., und KEUTNER, H., A History of Western Sculpture, London 1969, S. 27.

23 Die vergoldete Silberbüste, Höhe 0,63 m, befindet sich im Museo dell' Opera di S. Maria del Fiore, Florenz; zu Datierung, Zustand usw. siehe TOESCA, P., Il Trecento, Turin 1951, S. 902; KOVÁCS, E., Kopfreliquiare des Mittelalters, Insel-Bücherei Nr. 840, Frankfurt 1964, S. 67; SIMSON, O. v., Das Mittelalter II. Das Hohe Mittelalter, PKG., Band 6, Berlin 1972, S. 416, Kat.-Nr. 445; POESCHKE, J., Donatello. Figur und Quadro, München 1980, S. 31f. und die Anmerkungen 91 und 92, S. 104.

24 Der Kragen wird z. B. von Lányi und Janson als »later addition« angesehen (JANSON, Donatello, S. 58).

25 ... und kommt in dieser Funktion vielleicht sogar noch deutlicher zum Vorschein als etwa beim *Markus*, jenes System, das Hans Kauffmann als Gerüst wie folgt beschrieben

hat: »Fläche und Linie erhalten jetzt auch im Körperbau die Führung. Knappheit herrscht im ganzen und in jedem Teil; schlank und stark, von schmalen Rechtecken umschreibbar, richten sich die Figuren auf, Schweifungen und Schwellungen sind zugunsten einer einfach-klaren Geometrie gerader Strecken und präziser Winkel ferngehalten ...« (KAUFFMANN, Donatello, S. 44); vgl. auch Anm. 67.

26 Donatello erhielt den Auftrag für ein neues Reliquiar, da das alte, vielleicht aus Holz gefertigte Kopfreliquiar unbrauchbar geworden war. Die mit diesem Auftrag möglicherweise verbundenen Auflagen könnten bestimmte »Besonderheiten« der Büste erklären wie z. B. die Barttracht, die zu dieser Zeit unüblich war und vielleicht vom Vorgängerstück übernommen werden mußte. Vgl. hierzu JANSON, Donatello, S. 58, und KAUFFMANN, Donatello, S. 206, Anm. 97, der auch auf die Besonderheiten der Kostümierung eingeht.

27 Die 42 cm hohe Bronzebüste eines Jünglings befindet sich im Museo Nazionale (Bargello), Florenz. Zu Datierung, Quellen, Einordnung, Literatur usw. siehe JANSON, Donatello, S. 141ff.

28 ... welche den Ausgangspunkt bildete — und die alleinige Grundlage — für die Deutung der Jünglingsbüste als *Platonischer Jüngling*; zuerst bei WITTKOWER, R., A Symbol of Platonic love in a Portrait Bust by Donatello, in: Journal of the Warburg Institute I (1937-1938) S. 260f.

29 Nach Wittkower z. B. CHASTEL, A., Le jeune Homme au camée platonicien du Bargello, in: Proporzioni III (1950) S. 73ff., oder PANOFSKY, E., Renaissance and Renascences in Western Art, Uppsala 1960, S. 189, oder JANSON, Donatello, S. 141.

30 Merkwürdig, die platonische Interpretation gleichsam vorahnend, mutet Kauffmanns Äußerung zur großen Kamee an: »Der Antike entlehnt will die von einem Genius gezügelte Biga wohl weniger ein humanistisches Bekenntnis als ein moralisches Symbol darstellen, das die sittliche Persönlichkeit und ihr Tugendideal abspiegelt.« (KAUFFMANN, Donatello, S. 53)

31 Panofsky bezieht sich dabei auf Cumont (CUMONT, F., Recherches sur le symbolisme funéraire des Romains, Paris 1942, S. 348f.), der ein Sarkophagrelief abbildet (S. 348, Fig, 77), das ein Erotenrennen darstellt. Die von Cumont vorgeschlagene Interpretation im Hinblick auf Platons Phaidros und das darin beschriebene Auffahren der gefiederten Seelen zum Gipfel des Himmelsgewölbes (PLATON, Phaidros, Parmenides, Theaitetos, Sophistes, Sämtliche Werke, Bd. IV, nach der Übersetzung von Friedrich Schleiermacher, Hamburg 1958, S. 28ff.) wird von Panofsky übernommen. Daß — verglichen mit der Platon-Stelle — dabei die Flügel von den Pferden zu den Wagenlenkern (die damit zu Eroten werden) gewandert sein müßten, hält Panofsky für eine mögliche und durch Platon selbst gerechtfertigte Umredaktion: »In thus transferring the wings from the horses to the charioteer ... the Roman *tumbarii* as well as the author of the Bargello bust [für den Panofsky wie auch Chastel nicht Donatello annimmt, vgl. Anm. 32] would seem to have identified ... the ›pilot of the soul‹ with Eros himself, whom mortals call ›winged love‹, whereas the immortals call him ›the Wing-Giver‹.« (PANOFSKY, Renaissance, S. 189, Anm. 1) Nun erscheint die Cumont'sche Deutung des Erotenrennens im Sinne des platonischen Auffahrens der gefiederten Seelen zum Gipfel des Himmelsgewölbes alles andere als wahrscheinlich, zeigt doch die Ausstattung der von Cumont abgebildeten Szene alle »Requisiten« eines gewöhnlichen Circusrennens, etwa die am Boden zur Seite kriechenden Eroten, die zum Teil Korbamphoren tragen, folglich Sparsores sind, die aus ihren Körben Sand auf die Rennbahn streuen, oder die auf einem einzelnen Pferd reitenden Eroten, die Jubilatores, die die Gespanne anzufeuern hatten, oder — im Hintergrund — die Aufbauten der Spina, »die aus drei Säulen bestehenden Wendemarken, Metae, an den beiden Seiten, der Obelisk in der Mitte und dazwischen die Ovaria, Gestelle, auf denen gewöhnlich je sieben Eier beziehungsweise Delphine angebracht waren. Nach jedem Umlauf wurde an der einen Meta ein Ei, an der anderen ein Delphin umgedreht und so der Stand des Rennens angegeben. Sieben Umläufe waren die Regel.« (zitiert nach HELBIG, W., Führer durch die öffentlichen Sammlungen klassischer Altertümer in Rom, Bd. I., Die Päpstlichen Sammlungen im Vatikan und Lateran, vierte, völlig neu bearbeitete Auflage, herausgegeben von Hermine Speier, Tübingen 1963, S. 393) Einer solchen, rein profanen Szene mythische Dimensionen abgewinnen zu wollen, scheint doch weit hergeholt; geradezu gefährlich mutet aber die »Übertragungsthese« an, nämlich das Übergehen der Flügel von den Pferden auf die Gespannlenker, und zwar deshalb, weil vorausgesetzt wird, daß es Darstellungen geflügelter Zweigespanne mit solchem platonischen Inhalt überhaupt gegeben habe. Genau dies scheint, dem vorliegenden Bildmaterial zufolge, gerade nicht der Fall zu sein. Darstellungen des Flügelgespanns sind sehr selten. Normalerweise tritt das geflügelte Pferd einzeln auf und ist als Pegasus zu identifizieren. Auch das Flügelgespann erscheint — wenn überhaupt — in ganz bestimmten mythologischen Zusammenhängen (z. B. Pelops). In Ausnahmefällen kann es auch als Symbolisierung von Geschwindigkeit angetroffen werden (siehe dazu STUDNICZKA, F., Über die Bruchstücke einer frühkorinthischen Vase aus Aegina, in: AM, Bd. XXIV (1899) S. 366ff., und THIEME, W.-G., Die Dreifüße

der Sammlung Loeb im Museum für Antike Kleinkunst, München-Erlangen 1967, S. 56). Daneben gibt es eine Darstellung innerhalb der etruskisch-ionisierenden Toreutik, in der ein bärtiger Mann über eine liegende Frau hinweg auf einem, von geflügelten Pferden gezogenen Wagen in die Lüfte getragen wird (SPRENGER, M., BARTOLONI, G., Die Etrusker, Kunst und Geschichte, München 1977, Abb. 107). Hierbei handelt es sich um eine Darstellung am Paradewagen aus Montellone, aus dem Kammergrab am Colle Capitano, jetzt im Metropolitan Museum, New York, die normalerweise als Apotheose (des Achill oder eines Kriegers) gedeutet wird. Von dem erhaltenen Denkmälerbestand deutet also nichts darauf hin, daß es Darstellungen des platonischen Auffahrens der Seelen gegeben hat, welche dann zu Genreszenen profaniert Eingang in die römische Sarkophagkunst gefunden haben müßten.

32 Von dieser Deutung her werden dann auch die übrigen Aussagen zur Büste »festgelegt«; etwa die Datierung in die 70er Jahre (um die Verbindung zum platonischen Kreis um Lorenzo il Magnifico zu halten), weshalb auch die hypothetische Annahme Wittkowers, daß das angenommene Vorbild für die Kamee des Jünglings, eine antike Kamee, dem Lorenzo von seinem Großvater Cosimo vererbt worden sei, zugunsten einer passenderen Hypothese aufgegeben werden mußte, nämlich jener, daß die in Lorenzos Inventar verzeichnete Kamee identisch sei mit jenem »cameus magnus« aus dem Besitz des Kardinals Pietro Barbò, des späteren Papstes Paul II., der diesen erst kurz vor seinem Tod am 28.7.1471 mit einem größeren Teil der »gemmae et margaritae« an Lorenzo il Magnifico verkaufte (PANOFSKY, Renaissance, S. 189). Selbstverständlich finden sich dann auch stilistische Gründe, die Büste dem Donatello abzusprechen, so »the combination of smoothness and over-particularization, especially evident in the »stippled« hair and the detachable eyebrows ...« (PANOFSKY, Renaissance, S. 189). Vgl. hierzu auch LAVIN, I., On the sources and meaning of the Renaissance Portrait Bust, Art Quarterly, XXXIII (1970) S. 212; Dacos, in: DACOS, GIULIANO, PANNUTI, Il Tesoro di Lorenzo il Magnifico, I, Le Gemme, Ausstellungskatalog, Florenz 1973, S. 143 und 162; AMES-LEWIS, F., Art History or Stilkritik, Donatello's Bronze David reconsidered, in: Art History II, Nr. 1 (1979) S. 145f.; POESCHKE, Donatello, Anm. 95, S. 104. Ich halte sowohl an der Autorschaft Donatellos als auch an der Datierung Jansons fest.

33 Zu Ikonographie und Ikonologie siehe KAEMMERLING, E. (Hrsg.), Bildende Kunst als Zeichensystem 1, Ikonographie und Ikonologie (Theorien. Entwicklung. Probleme), Köln 1979; IMDAHL, M., Giotto, Arenafresken, Ikonographie. Ikonologie. Ikonik, München 1980, vor allem S. 84ff.

34 Ob innerhalb oder außerhalb neuplatonischer Vorstellungswelten, erscheint dabei sekundär.

35 Die 0,49 m hohe Marmorbüste befindet sich im Museo Nazionale (Bargello), Florenz. Zu Datierung, Quellen, Einordnung usw. siehe VALENTINER, W. R., Mino da Fiesole, in: Studies of Italian Renaissance Sculpture, London 1950, S. 70ff.; zu Mino da Fiesole allgemein siehe CARRARA, L., Nota sulla formazione di Mino da Fiesole, Critica d' Arte III (1956) S. 76ff.; POPE-HENNESSY, J., Italian Renaissance Sculpture, London 1958, S. 305f.

36 »Man strebt nach ›Naturtreue‹ ebensosehr durch Hervorhebung der physiognomischen Züge wie durch allgemeine Charakterisierung und Frische der Formen ... Die Sorge um ›Naturtreue‹ und Genauigkeit der Gesichtszüge mag den Erfolg der Wachsmasken erklären, einfacher, durch Abdruck leicht herstellbarer Ovale, die einer vorgeformten Büstenpuppe aufgesetzt wurden.« (CHASTEL, A., Italienische Renaissance. Die Ausdrucksformen der Künste in der Zeit von 1460 bis 1500, übersetzt von Franz Graf von Otting, Universum der Kunst, hrsg. von André Malraux und Georges Salles, München 1966, S. 139f.)

37 Die Falten sind selbstverständlich der Vertikalen nur angenähert und dabei zu den Seiten hin immer stärker in Schrägrichtungen gegeben.

38 KELLER, H., Das Nachleben des antiken Bildnisses. Von der Karolingerzeit bis zur Gegenwart, Freiburg-Basel-Wien 1970, S. 99.

39 Die 0,55 m hohe Marmorbüste befindet sich im Museo Nazionale (Bargello), Florenz; zu Datierung, Quellen, Einordnung usw. siehe VALENTINER, Mino da Fiesole, S. 72ff., und POPE-HENNESSY, Italian Renaissance Sculpture, Fig. 79 und S. 55.

40 Die 0,51 m hohe Marmorbüste des Chellini befindet sich im Victoria and Albert Museum, London; zu Datierung, Einordnung usw. siehe PLANISCIG, L., Bernardo und Antonio Rossellino, Wien 1942, S. 25 und S. 52; POPE-HENNESSY, Italian Renaissance Sculpture, S. 56f.; POPE-HENNESSY, Catalogue of Italian Sculpture in the Victoria and Albert Museum, Band I, London 1964, S. 124ff.; MARKHAM-SCHULZ, A., The Sculpture of Bernardo Rossellino and his workshop, Princeton 1977, S. 75ff.
Die 0,60 m hohe Marmorbüste des Matteo Palmieri befindet sich im Museo Nazionale (Bargello), Florenz; zu Datierung, Einordnung usw. siehe PLANISCIG, Bernardo und Antonio Rosselino, S. 36f.; POPE-HENNESSY, Italian Renaissance Sculpture, S. 58.

41 Die 0,54 m hohe Marmorbüste des Pietro Mellini befindet sich im Museo Nazionale (Bargello), Florenz; zu Datie-

rung, Einordnung usw. siehe DUSSLER, L., Benedetto da Maiano. Ein florentiner Bildhauer des späten Quattrocento, München 1924, Abb. 27 und S. 48ff.; POPE-HENNESSY, Italian Renaissance Sculpture, S. 58 und S. 308.
Die Marmorbüste des Filippo Strozzi, 0,51 m hoch, befindet sich im Louvre, Paris. Zu Datierung, Einordnung usw. siehe DUSSLER, Benedetto da Maiano, S. 50f.; POPE-HENNESSY, Italian Renaissance Sculpture, S. 58f.

42 Die 0,52 m hohe Marmorbüste befindet sich im Museo Nazionale (Bargello), Florenz. Die Zuschreibung an Antonio Pollaiuolo ist umstritten. Während Ortolani an der Zuschreibung festhält (ORTOLANI, S., Il Pollaiuolo, Mailand 1948, S. 224f.) wird sie von Ettlinger (ETTLINGER, L. D., Antonio and Piero Pollaiuolo, Complete Edition with a critical catalogue, New York 1978, S. 170f., Kat.-Nr. 67) unter Hinweis auf Sabatini (SABATINI, A., Antonio e Piero del Pollaiuolo, Florenz 1944, S. 99 und S. 123) zurückgewiesen; vgl. dazu auch LAVIN, On the sources and meaning, S. 217.

43 Die Frage, ob dieses Portrait zu Lebzeiten Chellinis angefertigt wurde oder erst nach seinem Tod, ist aufgrund der unklaren Auftragsvergabe nicht eindeutig zu beantworten. Chellinis Rechnungsbücher erwähnen nur einen Künstler, Donatello, so daß der Portraitauftrag möglicherweise erst nach seinem Tod durch seinen Neffen, der auch sein Grabmal in Auftrag gab, erfolgte. Zu Donatello und Chellini siehe JANSON, H. W., Giovanni Chellini's »Libro« and Donatello, in: Studien zur toskanischen Kunst, Festschrift für Ludwig Heinrich Heydenreich, München 1964, S. 131ff.

44 Daß sich das Quattrocento der Lebend- oder Totenmasken für Portraitdarstellungen bedient hat, steht außer Zweifel; vgl. auch SCHLOSSER, J., Geschichte der Portraitbildnerei in Wachs, S. 217ff.

45 Auch wenn Pope-Hennessy den Erhaltungszustand dafür verantwortlich macht, daß mit dieser Portraitbüste »Antonio Rosselino became the Rembrandt of sculptured portraiture« (POPE-HENNESSY, Italian Renaissance Sculpture, S. 58), so ist doch festzuhalten, daß es weniger die Oberflächenbehandlung, sondern vielmehr die strukturelle Anlage dieser Portraitbüste ist, welche eine zur *Chellini*-Konzeption ganz unterschiedliche Ausdrucksqualität des Dargestellten ermöglicht. Daß diese durch die ausgewaschene Oberfläche in unzulässiger Weise gesteigert wird, darf nicht zum Anlaß dafür werden, diese Ausdrucksqualität insgesamt in Frage zu stellen.

46 Vgl. hierzu auch das Strozzi-Portrait aus gebranntem Ton in den Ehemaligen Staatlichen Museen, Berlin-Dahlem, das in der Regel als Entwurf für die Marmor-Büste des Louvre angesehen wird: DUSSLER, Benedetto da Maiano, S. 50f., SCHOTTMÜLLER, F., Die italienischen und spanischen Bildwerke der Renaissance und des Barocks in Marmor, Ton, Holz und Stuck, Königliche Museen zu Berlin, Beschreibung der Bildwerke der christlichen Epochen, Band V, Berlin 1913, S. 82, Kat.-Nr. 198.

47 Die von Dami vorgeschlagene Identifizierung des Dargestellten mit Niccolò Machiavelli wurde und wird einmütig zurückgewiesen (DAMI, L., Il cosidetto Machiavelli del Museo del Bargello, in: Dedalo VI (1925—26) S. 559).

48 Die 0,53 m hohe Marmorbüste befindet sich in den Ehemaligen Staatlichen Museen, Berlin-Dahlem. Zu Datierung, Einordnung, Benennung usw. vgl. SCHOTTMÜLLER, Die italienischen und spanischen Bildwerke, S. 52, Kat.-Nr. 123; BODE, W., Florentiner Bildhauer der Renaissance, Berlin 1921, S. 184ff.; PLANISCIG, L., Desiderio da Settignano, Wien 1942, S. 31f. und S. 47. Die Identifizierung der Dargestellten als Marietta Strozzi (Schottmüller, Bode) wurde u.a. von Planiscig zurückgewiesen; im Katalog: Europäische Bildwerke von der Spätantike bis zum Rokoko, aus den Beständen der Skulpturen-Abteilung der Ehemaligen Staatlichen Museen, Berlin-Dahlem, München 1957, wird an der Benennung festgehalten; siehe auch SCHLEGEL, U., Zu Donatello und Desiderio da Settignano, Beobachtungen zur physiognomischen Gestaltung im Quattrocento, in: Jahrbuch der Berliner Museen 9 (1967) S. 135ff., und MARKHAM, A., Desiderio da Settignano and the workshop of Bernardo Rossellino, in: The Art Bulletin XLV (1963) S. 35ff.; Pope-Hennessy glaubt bei diesem Werk nicht an eine Autorschaft Desiderios und schreibt das Portrait dem Antonio Rossellino zu (POPE-HENNESSY, Italian Renaissance Sculpture, S. 59f. und S. 304). Zu Desiderio allgemein siehe: CARDELLINI, I., Desiderio da Settignano, Mailand 1962.

49 »In seinen Portraitbüsten erweist sich Desiderio als ein Meister von höchster Sensibilität in der Zeichnung der Umrisse und in der Behandlung der Marmoroberfläche, die — mit feinsten Hebungen und Senkungen modelliert — geradezu atmendes Leben gewinnt.« (WUNDRAM, M., Frührenaissance, Kunst der Welt, Ihre geschichtlichen, soziologischen und religiösen Grundlagen, Baden-Baden 1970, S. 95)

50 Die Tatsache, daß man es hier mit weiblichen Portraitbüsten zu tun hat, die — insgesamt gesehen — größere Variationsspielräume, z.B. was modische Besonderheiten usw. anbetrifft, boten, könnte für die freiere Gestaltungsweise insgesamt mit ausschlaggebend gewesen sein.

51 Die 0,61 m hohe Marmorbüste befindet sich im Museo Nazionale (Bargello), Florenz. Zu Datierung, Einordnung, Benennung usw. siehe VENTURI, A., Storia dell' arte italiana, Band X, La Scultura del Cinquecento, Teil I, Mailand 1935, S. 12ff.; PLANISCIG, L., Andrea del Verrocchio, Wien 1941, S. 35ff. und S. 52; MÖLLER, E., La gentildonna dalle

belle mani di Leonardo da Vinci, Bologna 1954; PASSAVANT, G., Andrea del Verrocchio. Skulpturen, Gemälde und Zeichnungen, London-Köln 1969, S. 36ff. und S. 187f., Kat.-Nr. 10.

52 Wie beim Umschließen der Arme so zeigt sich auch beim Umschließen des Brustausschnitts keine defintive Schließung im Sinne von Abschließung der Figur.

53 Mit der exakten Bestimmung des Blumensträußchens macht sich Passavant viel Mühe. Ergebnis der Mühen: Es können keine Primeln sein, wie häufig angenommen wurde; die befragten Botaniker denken eher an »Rosengewächse«; allein von der Anschauung und ohne biologisch-fachliche Absicherung möchte ich — im Hinblick auch auf die Gewichtigkeit dieser Frage — bei der Benennung »Veilchen« bleiben.

54 Was bereits von VENTURI, Storia dell' arte italiana, Band IV, 1908, S. 718, bemerkt wurde und seitdem immer wieder betont wird.

55 Die 0,46 m hohe Ton-Büste befindet sich im Museo Nazionale (Bargello), Florenz. Zu Datierung, Quellen, Literatur usw. siehe JANSON, Donatello, Bd. II, S. 237ff.; STUDNICZKA, F., Niccolò da Uzzano?, in: Festschrift Heinrich Wölfflin, Beiträge zur Kunst- und Geistesgeschichte, München 1924, S. 135ff.; CIARDI DUPRÈ DAL POGETTO, M. G., Una nuova proposta per il Niccolò da Uzzano, in: Donatello e il suo tempo, Atti dell' VIII convegno internazionale di studi sul Rinascimento, Florenz 1968, S. 283ff.; SCHLEGEL, U., Zu Donatello und Desiderio, S. 144ff.; POESCHKE, Donatello, S. 32f. und Anm. 94, S. 104.

56 KAUFFMANN, Donatello, S. 49.

57 »In diesem Bildnis lebte der Aristokrat, der Tatmensch, der von streitbarem Mut und kritischer Wachsamkeit beseelte, idealgesinnte Patriot ... Des hochgespannten Geistes körperliches Ebenbild hat Donatello, wie ich meine, ... verewigt.« (KAUFFMANN, Donatello, S. 51f.)

58 Reymond (REYMOND, M., La sculpture Florentine, Florenz 1897, Band II, S. 116f.) glaubte, die Büste sei eines Donatello unwürdig.

59 MIDDELDORF, U., Rezension von Kauffmann: Donatello. Eine Einführung in sein Bilden und Denken, Berlin 1935, in: The Art Bulletin XVIII (1936) S. 570ff.; Textprobe: »But whomsoever the bust may represent, it must interest us as a — here my pen refuses to write — work of art. Is this bust really a work of Art?« (S. 580)

60 MILANESI, G., Catalogo delle opere di Donatello, Florenz 1887.

61 In Planiscigs Monographie (PLANISCIG, L., Donatello, Wien 1939) fehlt die Uzzano-Büste überhaupt.

62 DVOŘÁK (Kunstgeschichtliche Anzeigen, Innsbruck 1904, S. 77) datiert den *Uzzano* ins 16. Jahrhundert, wobei er ihn in die Nachfolge des *Brutus* von Michelangelo setzt.

63 Schon Reymond verweist auf Michelangelos *Brutus*, in dessen Nähe er die Uzzano-Büste glaubte ansiedeln zu müssen, während Bertaux (BERTAUX, E., Donatello, Paris 1910, S. 134) umgekehrt an eine Beeinflussung Michelangelos durch Donatello denkt — dies wird noch zu untersuchen sein; zumindest ist Donatello als mögliches Vorbild für Michelangelo auch im Hinblick auf andere Figuren im Gespräch; siehe z.B. EINEM, H. v., Michelangelo, Stuttgart 1959, S. 48. Die Spätdatierung aber bleibt beliebt; vgl. PLANISCIG, L., Venezianische Bildhauer der Renaissance, Wien 1921, S. 315ff.; LISNER, M., Das Quattrocento und Michelangelo, in: Stil und Überlieferung in der Kunst des Abendlandes, Akten des 21. Internationalen Kongresses für Kunstgeschichte in Bonn 1969, Bd. II, Berlin 1969, S. 84; LISNER, M., Zum Rahmen von Michelangelos Madonna Doni, in: Studien zur Geschichte der Europäischen Plastik, Festschrift Theodor Müller, München 1965, S. 176; dagegen bleiben CIARDI DUPRÈ DAL POGETTO, Una nuova proposta, S. 288, und SCHLEGEL, U., Zu Donatello und Desiderio, mit dem *Uzzano* im Quattrocento; Schlegel schreibt ihn aufgrund von Detailbeobachtungen Desiderio zu. Sie greift damit einen Hinweis Jansons auf, der eine Verbindung zu Desiderio beobachtet hatte (S. 240). Ausführlich sucht sie zunächst die These zu belegen, daß man es beim *Uzzano* eher mit einer Lebend- oder Totenmaske zu tun habe als mit einer selbständigen künstlerischen Arbeit (S. 144ff). Ihre Zuschreibung an Desiderio da Settignano fußt dann auf Detailuntersuchungen, die vornehmlich am *Uzzano* und an Werken Desiderios vorgenommen werden und bei Donatellos Werken zu kurz kommen. Darüber hinaus ist nicht auszuschließen, daß gerade die angesprochenen Detailbildungen (Augenlider, Nasenwurzel, Ohren usw.) zeittypische Ausbildungen verraten, demnach nicht unbedingt als »handschriftliche« Eigenarten eines bestimmten Künstlers angesehen werden müssen. Die Unsicherheiten einer solchen »mikroskopischen« Untersuchungsmethode zeigen sich vielleicht auch darin, daß etwa Margit Lisner auf dem gleichen Weg zu einer Spätdatierung der Uzzano-Büste gelangen kann. Ciardi Duprè dal Pogetto wiederum datiert sie mit wenig überzeugenden stilistischen Beobachtungen in die 90er Jahre und nimmt Pietro Torrigiani als ausführenden Künstler an. Es ist erstaunlich, auf welch schmaler Basis — psychische Ausdruckswerte, Augenschnitt, Stirn- und Mundbildungen, das eine zu allgemein, das andere zu besondert — so weitreichende »Umschreibungen« getätigt werden können. Selbst wenn Ciardi Duprè ihre »proposta«

als Hypothese verstanden wissen will (S. 289), ist der Mut zu bewundern, mit dem sie dann auch noch eine Identifizierung des Dargestellten als Niccolò Vitelli, Bürgermeister von Città di Castello (gest. 1486), vornimmt. Zweifel sind angebracht. Für Heydenreich indes gibt es — ohne Angabe von Gründen — nichts mehr zu zweifeln: »... nachdem erwiesen ist, daß er [Donatello] nicht als Autor der berühmten Terrakottabüste des sogenannten Niccolò da Uzzano gelten kann ...« (HEYDENREICH, Italienische Renaissance, S. 214).

64 Zweifellos war Middeldorfs Rezension von Kauffmanns Donatello-Buch wesentlich ein Grund für die negative Beurteilung der Uzzano-Büste. Middeldorf stellt den Kunstcharakter der Büste in Zweifel. Er hält sie weniger für ein Kunstwerk als vielmehr für eine »mask of a beautiful and most characteristic Florentine head ... The whole make-up, this ›real‹ drapery, the badly modeled skull, the unpleasant realistic polychromy (not the original one, but certainly based on original remains), all this agrees so well with the complete lack of style in the modeling of the face that I cannot help seeing here one of the first known of those lifelike busts done from life or death masks, which shortly afterwards were filling the house of the Florentine patricians.« (S. 580) Es geht Middeldorf offensichtlich wider die Kunst, wenn Portrait-Skulpturen nach Lebend- oder Totenmasken angefertigt werden. Solche gleichsam technischen Hilfsmittel zu verwenden, bedeutet ihm ein Einbruch in, oder ein Sakrileg gegen die freie Kunst, und nur geringere Künstler, zumindest geringere als der große Donatello, könnten überhaupt auf den Gedanken kommen, sich solcher Mittel zu bedienen. Doch Künstler wie Leonardo oder Vermeer, die meisten Impressionisten und eben auch die Bildhauer des 15. Jahrhunderts griffen auf technische Hilfsmittel zurück, und es wäre eigentlich merkwürdig, wenn Donatello sich nicht der üblichen Verfahrensweisen seiner Zeit bedient hätte.
Im übrigen erscheint es abwegig, den Herstellungsvorgang eines Werkes, wenn man so will das Handwerkliche, zur Meßlatte der Bestimmung von künstlerischer Qualität erheben zu wollen, wo doch alleine die konkrete Erscheinungstotalität eines Werkes für seine künstlerische Qualität ausschlaggebend sein kann. Folglich hätte Middeldorfs Kritik an der Uzzano-Büste nur dann eine Berechtigung, wenn die konkrete Erscheinung des *Uzzano* Mängel aufweisen würde, z.B. wenn realistische oder gar veristische Einzelheiten ohne weiterführende Sinnbestimmung blieben, wenn es lediglich darum ginge, konkret Vorgegebenes in eine andere Materialität umzusetzen, wenn die Büste also nur einen mechanisch genommenen Gesichtsabdruck darstellen würde. Es wird sich aber im folgenden zeigen, daß hier nicht nur kein einfacher Abguß vorliegt, auch keine Abgußvorlage überarbeitet wurde — wie Pohl meint (POHL, J., Die Verwendung des Naturabgusses in der italienischen Portraitplastik, Würzburg 1938, S. 50) —, sondern eine Portraitfigur »erfunden« wurde, die sich gestalterisch sehr eng an das bei den Statuen Donatellos aufgezeigte Konzept anschließt und die um die Mitte der 30er Jahre zu datieren ist.

65 Was die späteren Veränderungen des Büstenbereichs betrifft, vgl. JANSON, Donatello, S. 237 und S. 240; SCHLEGEL, Zu Donatello und Desiderio, S. 147f., besonders Anm. 19.

66 Vgl. auch hier die parallele Konzeption beim *Markus*.

67 ... damit einen Ausgleichswert für die Gegensätzlichkeit von Besonderem und Allgemeinem, einen Vermittlungswert, der »anstelle« einer nicht zu realisierenden Vermittlung gesetzt wurde, damit eine solche symbolisiert, nicht aber konkret herstellt.

68 Die prästabilierte Harmonie fußte auf der Zusammenfassung der Grundrichtungen des Raumes, der Vertikalen, der Horizontalen und der Tiefenrichtung (Diagonale), zu einem in sich geschlossenen, konzentrischen und harmonischen System, das trotz seiner Geschlossenheit dem Betrachter gegenüber vorgeführt, auf ihn zugerichtet wurde, ihm einsichtig war. Dieses System findet sich z. B. in der Figur des hl. Georg (Abb. 42, zu Datierung usw. siehe JANSON, Donatello, S. 25ff.; WUNDRAM, Donatello und Nanni di Banco, S. 30ff.) die linke Seite vertritt die Standbeinseite: lang herunterhängender Arm, Aufnahme der Vertikalen, versetzt im Schild (*Georg* steht nicht in sich, aus sich heraus, sondern findet seinen Stand im Hinblick auf den Schild und das in ihm thematische Kreuz). Die Horizontale der Schulter verbindet die vertikale Schließung des Oberarmes rechts mit der vertikalen Geschlossenheit der linken Seite, wobei der Mantel diese Verbindung kommensurabel macht: Die exzentrische Knotung des Mantels verweist in den durch sie gebildeten Diagonalformen sowohl nach links (diagonaler Gewandzipfel) wie nach rechts (diagonal gegensinnig verlaufender Mantelsaum mit begleitender Falte, wobei die verschiedene Gewichtigkeit dieser Gewanddiagonalen die Bewegung bzw. die Wendung des Kopfes motiviert), unter gleichzeitiger Einbeziehung der horizontalen Schulter (Gewand- und Faltenführung um den Hals). Während dann der Mantelkontur rechts richtungsmäßig in den rechten Kontur der Schulter verläuft und damit die Richtungen in der Figur zusammenführt, wird durch den diagonal gestellten Unterarm rechts eine solche Rückführung auf den Ausgangspunkt, die vertikale Grundrichtung, selbst vorgenommen. Der Schließung der Figur durch die horizontale Zusammenfassung der durch sie aktualisierten Grundrichtungen entspricht dann ihr Sich-Öffnen auf den Betrachter durch Kopfwendung und Blickrichtung (das Blicken über den schließenden Unterarm hinaus), unterstützt durch die

Fußstellung: Von links weg nach innen (Fuß eingebunden in das Gewand) zum nach Vorn-Hinaus des rechten Fußes (aus dem Gewand heraustretend).
Dieses System findet sich aber auch beim *Marzocco* (Abb. 43, zu Datierung usw. siehe JANSON, Donatello, S. 41ff.); auch beim *Marzocco* zeigt sich eine vertikale Standbeinseite (rechts), eine Verbindung zum oberen Vertikalabschluß (links) durch die etagenweise Anordnung der Mähne, eine diagonale Verbindung (unter Einschluß des Wappenschilds) durch die auf den oberen Schildrand gelegte Pfote links ebenso wie ein Heraustreten aus dem geschlossenen System (Kopfwendung). Im Unterschied aber zum *Markus* und *Georg* blickt der Löwe nicht über die diagonal schließende Pfote, sondern parallel zu ihr heraus. Daran wird deutlich, daß der Löwe sich nicht selbst darstellt im Hinblick auf ein bestimmtes Attribut (den Wappenschild), sondern umgekehrt, daß sich der Wappenschild aktualisiert in der so gegebenen Darstellung des Löwen.
Und schließlich findet sich dieses System auch in der Architektur Donatellos: Die Nischenarchitektur des *Heiligen Ludwig* möge hier als Beispiel dienen (Abb. 44, zu Datierung usw. siehe JANSON, Donatello, S. 48ff.; ROSENAUER, Studien, S. 21ff.; LISNER, M., Zur frühen Bildhauerarchitektur Donatellos, in: Münchener Jahrbuch der bildenden Kunst, 3. Folge, IX/X (1958/59) S. 72ff.). Zunächst zeigt sich eine Verbindung von Vertikaler (Pilaster) und Horizontaler (Gebälk), durch den Dreieckgiebel festgelegt, innerhalb der großen Ordnung, damit die Konstatierung einer festen architektonischen Ordnungseinheit, typologisch eine Ädikula. In diese ist eine kleine Ordnungseinheit eingestellt, deren Vertikalmotive nun als Säulen gebildet sind, die jeweils ein kurzes Gebälkstück tragen, auf dem ein Halbkreisbogen aufruht, der links und rechts verbindet. An die Säulenarkade, aber deutlich von ihr abgesetzt, schließt sich dann die eigentliche Figurennische an, deren Gliederung, von Ädikula und Säulenarkade unterschieden, in der Vertikalen durch drei hochrechteckige Felderungen geschieht, die in der Horizontalen durch ein durchlaufendes Gebälk zusammengefaßt werden. Das Gebälk läuft dabei allerdings verkröpft in die Säulenarkade über, schließt die Nische also unmittelbar an die Säulenarkade an, ohne aber eine tatsächliche Integration von Nische und Säulenarkade anzustreben. Denn auch jene, die Nische oberhalb des Gebälks abschließende Muschelform ist so gegeben, daß sie zwar mit der Säulenstellung formal zusammengeht, vom Motiv und der Ausrichtung des Motivs aber zeigt sich eine klare Absetzung gegen die Arkade, insofern die einzelnen Formen der Muschel sich bogenförmig selbst begrenzen und dadurch von innen (aus der Tiefe der Nische) nach außen abstrahlen.
Die Nischenarchitektur besteht somit aus drei unterschiedlich ausgearbeiteten und instrumentierten Ordnungsangeboten, die sich zueinander in ein Verhältnis setzen und sich damit gegenseitig erklären. Die Ädikula bringt eine Verbindung von vertikalen und horizontalen Motiven, welche durch den Dreiecksgiebel als Ordnungseinheit festgesetzt werden. Diese Festsetzung von Architekturmotiven in der Form der Ädikula wird dann durch die in sie eingestellte Säulenarkade kommensurabel gemacht, d.h. im Hinblick auf den Betrachter aktualisiert, damit einsichtig gemacht, insofern in ihr die Verbindung von Vertikaler (Säulen in Verbindung zu Pilaster) und Horizontaler (Gebälkstücke auf den Säulen in Verbindung mit dem Gebälk der Ädikula — verbunden durch den Halbkreisbogen der Arkade, welcher das Gebälk der Ädikula berührt) als ausgeglichenes Verbundensein durch das Motiv des Halbkreisbogens ausgewiesen wird. Der Halbkreisbogen ist ein Ausgleichsmotiv par excellence; in ihm sind Vertikale und Horizontale ununterscheidbar zusammengeschlossen, wobei er gleichzeitig ein von der konkreten Vertikalen und der konkreten Horizontalen unabhängiges, selbständiges Ordnungsmotiv bildet; denn der Halbkreisbogen ist »fest«; er kann nicht durch andere Formen in seiner Gestalt verändert werden; verändern kann er sich nur in seiner Größe, nicht in seiner Form, im konkreten Zusammenhang mit der Ädikula, deutet er diese als eine in sich ruhende, harmonisch geordnete Ausgleichsform der Grundrichtungen (durch den Rundbogen erfolgt eine definitive Festlegung von Höhe und Breite, die ja in der Ädikula lediglich gesetzt, verändert werden könnten; durch den Halbkreisbogen werden sie definitiv festgelegt: Wenn etwa die Höhe der Pilaster verändert werden sollte, müßte auch die Breite — wenn der Halbkreisbogen wieder das Gebälk berühren soll — verändert werden), wie er sie gleichzeitig in Verbindung setzt zur eigentlichen Figurennische: Diese ist aufgrund ihrer besonderen Gliederung — aneinandergereihte Felder und durchlaufendes Gebälk — als gegliederte Raumform insgesamt ausgebildet und aufgrund ihrer Abmessung und Einführung unmittelbar an die Säulenarkade angeschlossen, so daß in dieser nicht nur ein definitiver Ausgleich von vertikaler und horizontaler Richtung, sondern gleichzeitig auch ein solcher in Verbindung mit der Tiefenrichtung stattfindet.
Nun ist die Nischenarchitektur aber nicht einfach nur der Säulenarkade hinterlegt, sondern von dieser deutlich abgesetzt: Selbst in dem einzigen, tatsächlich unmittelbar verbindenden Motiv, dem Gebälk, zeigt sich diese Absetzung. Das Gebälk läuft nicht in die Säulenarkade über, sondern bricht vor der Säule in die Ebene um — dabei eine »Hintergrundwand« für die Säulen erstellend —, um sich dann noch einmal auf die Ebene der Säule zu verkröpfen. Sieht man in diesem Zusammenhang die Ausbildung der Nischenmuschel mit ihren deutlich nach vorn abstrahlenden Teilen, so wird ein potentielles Herausgehen nach vorn, über die Schranke

der Säulenarkade hinaus, nicht übersehen werden können (zu welchen Bewegungsdarstellungen dann z.B. die Barockarchitektur auf der typologischen Voraussetzung der Ädikulanische fähig sein wird, möge man am Beispiel von Berninis Fassade von Sant' Andrea al Quirinale ersehen). Somit zeigt sich auch in der Architektur die Koordinierung der Grundrichtungen zu einem endlichen, konzentrischen, gegliederten und in sich harmonischen System, welches, durch ein potentielles Sich-Öffnen auf den Betrachter, diesem zur Einsicht gebracht wird: »Die Nische ... ist nun in einem viel höheren Maße Schaugebilde als bisher; wenn man will: gebautes Bild einer Nischenarchitektur, konkretisiert in unserem realen Raum« (ROSENAUER, Studien, S. 32); vgl. hierzu auch Rosenauers Analyse, das Verhältnis von Figur (*Hl. Ludwig*) und Figurennische betreffend: ROSENAUER, Studien, S. 33ff.; wichtige Beobachtung: Die Figur steht nicht mehr auf einem Sockel, sondern »auf ein und derselben Plattform ... wie der ganze Nischenbau« (ROSENAUER, Studien, S. 33); die Figur lebt demnach konkret in dem von der Architektur gegebenen Rahmen, wird nicht erst durch einen architektonischen Rahmen (»Das Piedestal ist gleichsam der Rahmen der Statue, dasjenige, was außer ihrer eigenen Umgrenzung noch dient, sie gänzlich von der umgebenden Wirklichkeit abzusondern«, SCHLEGEL, A. W., Die Kunstlehre, Kritische Schriften und Briefe, Bd. II, herausgegeben von Edgar Lohner, Stuttgart 1963, S. 123), durch ein Architekturglied mit der übergreifenden Architektur der Nische verbunden: »Figur und Nische stehen nun einander als gleichwertige Partner gegenüber« (ROSENAUER, Studien, S. 35). Diese für Donatello eben auch in seiner architektonischen Gestaltung grundlegende Konzeption wird um so deutlicher, wenn man sie mit den übrigen Nischenarchitekturen an Or San Michele vergleicht. So gibt es in der Nischenarchitektur des *Johannes d.T.* (Abb. 45, zu Datierung usw. vgl. KRAUTHEIMER, Ghiberti, S. 71ff.) keine Gliederung in dem Sinne, daß einzelne, selbständige Bereiche herausgenommen für sich stehen könnten; es gibt auch keine selbständigen, körperlichen Motive, sondern Formen und Motive sind in eine übergreifende Formtextur eingebaut. Ebenso findet sich auch kein harmonischer Ausgleich innerhalb der Formtextur, da die vertikale Richtung eindeutig dominant erscheint, weshalb der Bogen gebrochen und die Felderungen durch weitere Unterteilungen auf Vertikalwerte hin ausgerichtet werden usw. Hierin liegt auch der Grund dafür, daß die Architektur nicht endlich erscheint, da nämlich der Ausweis der dominanten Vertikalrichtung über die sie ausweisenden Motive hinaus auf eine übergreifende, aber nicht visualisierte Ganzheit verweist.
Selbst in den abgeklärteren Formen der *Matthäus*-Nische (Abb. 46, zu Datierung usw. siehe KRAUTHEIMER, Ghiberti, S. 262), die — Rosenauer hat darauf hingewiesen (ROSENAUER, Studien, S. 42) — möglicherweise auf Donatellos *St. Ludwig*-Nische reagiert, zeigt sich die dominante Vertikaltendenz sowohl in der Bogenform wie auch in der Giebelanordnung, welche die seitlichen »vertikalen Pfosten« nicht übergreift, sondern vor ihnen aufsetzt, so daß sich deren Vertikalrichtung ungehindert in den Figuren der Giebelzone fortsetzen kann. Auch die Nischenmuschel ist ganz in die Fläche gelegt, sie weist keine Tiefenrichtung an, schon gar nicht eine Richtung aus dem Inneren heraus nach vorn, wie bei Donatellos *St. Ludwig*-Tabernakel. In diesem Sinne gehört die Nischenarchitektur des *Hl. Ludwig* gleichfalls in die Reihe jener »Neuerungen«, die für Donatellos Werk so charakteristisch sind.

69 Zu Datierung, Quellen, Literatur usw. siehe JANSON, Donatello, Bd. II, S. 77ff.; JANSON, H. W., La signification politique du David en bronze de Donatello, in: Revue de l' Art 39 (1978) S. 33ff.; AMES-LEWIS, F., Art History or Stilkritik?, S. 140ff.

70 Zu Datierung, Quellen, Literatur usw. siehe JANSON, Donatello, Bd. II, S. 151ff.

71 Zu Datierung, Quellen, Literatur usw. siehe JANSON, Donatello, Bd. II, S. 29ff.; WUNDRAM, Donatello und Nanni di Banco, S. 36ff. und S. 45ff.

72 Für Kauffmann allerdings ein Argument für seine Spätdatierung: »Wäre es nicht geradezu unbegreiflich, daß Donatellos David, um 1430 entstanden, eine Stilform antezipiert haben sollte, die erst dreißig Jahre später neue Triebe zeitigte?« (KAUFFMANN, Donatello, S. 161); vgl. dazu JANSON, Donatello, S. 82, und AMES-LEWIS, Art History or Stilkritik, S. 139ff.

73 Die 0,95 m hohe Marmorbüste (mit Basis) befindet sich im Museo Nazionale (Bargello), Florenz. Zu Datierung, Eigenhändigkeit, Einordnung usw. siehe TOLNAY, CH. DE, Michelangelo. The tomb of Julius II, Band IV, Princeton (New Jersey) 1954, S. 76ff. und S. 131ff.

74 BURCKHARDT, J., Der Cicerone. Eine Anleitung zum Genuß der Kunstwerke Italiens, Band 2, Gesammelte Werke, Band X, Darmstadt 1965, S. 77.

75 Siehe dazu auch TOLNAY, Michelangelo, IV, S. 131 und S. 133.

76 BURCKHARDT, Cicerone, S. 77.

77 Auch wenn die Ausarbeitung des Büstenbereichs nicht von Michelangelo selbst durchgeführt wurde, so glaube ich nicht, daß ihr Schnitt ebenso wie die Art der Gewandbildung als eigene Erfindung seines Schülers Tiberio Calcagni angesprochen werden können, vielmehr muß auch hierbei ein michelangeleskes Konzept zugrunde liegen; vgl. hierzu

Grünwald, A., Florentiner Studien, Prag 1914, S. 11ff.; Justi (Justi, C., Michelangelo. Neue Beiträge, Berlin 1909, S. 224) urteilt über die Büste: »... dies banale Machwerk ist weder von der Hand, noch im Stil des Meisters«.

78 Ausnahme etwa: Mino da Fiesoles Portraitbüste des Diotisalvi Neroni (Abb. in Avery, Ch., Florentine Renaissance Sculpture, London 1970, S. 118, Abb. 91), welche — dem normalen Typus des Halbfiguren-Portraits angehörend — in der Draperie Schlaufenbildungen aufweist, die mit denen der Brustus-Büste zu vergleichen wären.

79 Die Konturführung des Haars wird dann paraphrasiert in der Ausbildung des Wangenknochens, der Nasenfalte und der Mundbildung.

80 Tolnay, Michelangelo, IV, S. 76.

81 So von Tolnay, Michelangelo, IV, S. 76f., und von Einem, Michelangelo, S. 134.

82 Einem, Michelangelo, S. 134; Tolnay knüpft daran noch weitergehende Aussagen: »According to the conception of the Middle Ages ... the right side of the man is protected by God, the left is open to devil. Recent investigations in the study of physiognomy habe proved that the right half of the face is the mirror of the ›inner life‹, of the introverted, lonely emotional existence. The left halfe shows the extroverted side, the active struggle with the outward world.« (Tolnay, Michelangelo, IV, S. 77) Vgl. hierzu auch Laux, K. A., Michelangelos Juliusmonument, Ein Beitrag zur Phänomenologie des Genies, Berlin 1943, der auch bei anderen Figuren, etwa beim *Moses*, Doppelansichtigkeit nachweist und darlegt, daß vom Programmatischen her eine Figur nicht nur einen Charaktertyp mit darstellt, sondern mehrere gleichzeitig und dabei möglichst das Gesamtbild menschlicher Charaktere. Der Mensch steht demnach nicht für einen bestimmten Charaktertypus ein, sondern am Menschen stellen sich verschiedene Charaktertypen heraus, gegeneinanderstehend oder in Interaktion begriffen. Das wie immer instrumentierte Gegen-oder Miteinander verschiedener Charaktertypen bringt aber das Charakteristische des Menschen zur Geltung, die Besonderheit seines individuellen Seins.

83 Nach Vasari schuf Michelangelo die Büste auf Anregung des Donato Giannotti für den Kardinal Niccolò Ridolfi. Giannotti und Ridolfi gehörten zu den »fuorusciti«, Florentiner Emigranten, die jeden, der einen seit 1530 wieder herrschenden Medici tötete, als neuen Brutus ansahen. 1537 war Herzog Alessandro de' Medici von seinem Vetter Lorenzino getötet worden, und es wird angenommen, daß bei dem Auftrag die Erinnerung an Lorenzinos Tat mitbestimmend gewesen sei; vgl. Tolnay, Michelangelo, IV, S. 76 und S. 131ff.

84 Michelangelo, jener Künstler, für den das *non-finito* zum Markenzeichen werden sollte, scheint dieses ganz offensichtlich nicht als Form, Unvollständigkeit, also nicht als bewußte Setzung gemeint zu haben; vielmehr handelt es sich hierbei um eine zufällige und nicht beabsichtigte Zuständlichkeit in einem an sich weiterzuführenden Arbeitsprozeß. Denn wenn das Unfertige, Fragmentarische tatsächlich thematisch, d.h. künstlerisch gewollt gewesen wäre, d.h. wenn das *non-finito* als künstlerische Form gemeint gewesen sein sollte — was man im 19. Jahrhundert annahm —, wäre es merkwürdig, daß sich Michelangelo nur ein einziges Mal jener Form des Unvollendeten par excellence, der Büstenform, bedient haben sollte.

85 Einem, Michelangelo, S. 134; so auch Robert J. Clements, Künstlerische Ideen und figurale Themen, in: Michelangelo Scultore, übersetzt von Maria Otto, Freiburg/Breisgau 1966, S. 41ff.

86 Etwa in dem Sinne, wie Giannotti in seinen Dialogen von 1545 Michelangelo über Brutus sprechen läßt: »Wer einen Tyrannen ermordet, tötet keinen Menschen, sondern eine Bestie in Menschengestalt. Denn da alle Tyrannen der Liebe bar sind, welche jeder von Natur aus für seine Nächsten haben muß, so sind sie ohne menschliche Regungen und daher keine Menschen mehr, sondern Bestien. Daß diese Tyrannen keine Nächstenliebe besitzen, ist offenkundig, sonst würden sie sich nicht fremden Besitz angeeignet haben und sie wären nicht dadurch, daß sie die anderen vergewaltigen, zu Tyrannen geworden. Ich spreche wohlgemerkt von Usurpatoren, nicht von rechtmäßigen Fürsten, die mit Willen des Volkes ihren Staat regieren.« (zitiert nach Goldschneider, L., Michelangelo. Gemälde, Skulpturen, Architekturen, 5. Aufl., Köln 1964, S. 22)

87 Auch die Gewandung wurde teilweise aufgenommen, aber gleichfalls verändert: Das Sich-Verschachteln der Falten in der Mitte der Büste wurde räumlich umgesetzt, dadurch motivisch erklärt und so in eine Motivabfolge integriert.

88 Die 1,17 m hohe Bronzebüste (ohne Basis) befindet sich im Museo Nazionale (Bargello), Florenz. Zu Datierung, Einordnung usw. siehe Pope-Hennessy, J., Italian High Renaissance and Baroque Sculpture, London 1963, Katalogband S. 70, Kat.-Nr. 69, und Textband S. 94f.; Camesasca, E., Tutta l' opera del Cellini, 2. Aufl., Mailand 1962, S. 40.

89 ... durch Panzerlaschen, Kettenhemd, sich verselbständigende Ornamentformen des Panzers usw.

90 Die vertikal verlaufende Grenze von Panzer und abfolgendem Armstück des Panzers ist identisch mit jener Grenz-

linie, die den vertikal gegliederten Mantelteil links von der horizontal abschließenden Mantelform unten trennt.

91 Die oberen Konturen von vertikalem und horizontalem Mantelteil links unten verlaufen unmittelbar ineinander.

92 Dabei ist die linke Schulter leicht gesenkt, während die rechte leicht erhoben ist.

93 Die Richtungen der Augen divergieren, und zwar in einer Weise, die das Sich-Herumdrehen nach links hin verstärkt.

94 Die 1,05 m hohe Bronzebüste befindet sich im Isabella Stewart Gardner Museum, Boston. Zu Datierung, Einordnung usw. siehe POPE-HENNESSY, High Renaissance Sculpture, Textband S. 95; CAMESASCA, Cellini, S. 45f.

95 HAUSER, A., Manierismus. Die Krise der Renaissance und der Ursprung der modernen Kunst, München 1964, S. 93ff.

96 HAUSER, Manierismus, S. 94.

97 Daß dieser Verlauf dann auch rein formal verwendet werden, zur »artistischen« Figur degenerieren konnte, zu einem dekorativen Spiel der Formen — wobei konkrete Gegenständlichkeit nur den Anlaß zum Spiel bot —, ist zu verstehen aus der Resignation des Gegenständlichen heraus, eine Eigenbestimmtheit behaupten zu können.

ZU VI. BAROCK (BERNINI)

1 BURCKHARDT, Cicerone, Band 2, S. 90.

2 BURCKHARDT, Cicerone, Band 2, S. 90.

3 Zur Beurteilung von Bernini innerhalb der deutschsprachigen Literatur vgl. WELCKER, L., Die Beurteilung Berninis in Deutschland im Wandel der Zeiten, Dissertation, Köln 1957, vor allem S. 26ff.

4 So schreibt Wittkower (WITTKOWER, R., Gian Lorenzo Bernini, The Sculptor of the Roman Baroque, 2. Aufl., London 1966): »... it was his [Berninis] new conception of the saint, of the portrait bust, of the equestrian statue, of tombs and fountains, among many other new creations, that determined the development of Italian and even European sculpture for more than a hundred years.« (S. 2)

5 Hinzuzufügen wäre: ... den Schranken zwischen Individuum und Umwelt, zwischen Skulptur und Raum.

6 PANOFSKY, E., Grabplastik, Vier Vorlesungen über ihren Bedeutungswandel von Alt-Ägypten bis Bernini, hrsg. von Horst W. Janson, übersetzt von Lise Lotte Möller, Köln 1964, S. 102f.

7 HUBALA, E., Die Kunst des 17. Jahrhunderts, PKG, Band 9, Berlin 1970, S. 22ff.

8 HUBALA, ebd.

9 ... um Warnke im Zitat Hubalas (Die Kunst des 17. Jahrhunderts, S. 27) zu variieren.

10 So konnte er sich der Portraitaufträge kaum erwehren. Sein Kurswert als Portraitist war schließlich so hoch, daß die Päpste über die Annahme von Portraitaufträgen entschieden und sie dadurch gleichsam zu einem »Politikum« umfunktionierten; vgl. hierzu Anm. 89.

11 z.B.: »In der Skulptur hat besonders Bernini dem Fasse den Boden eingeschlagen und den verderbtesten Geschmack eingeführt, dem damals ganz Europa zujauchzte« (SCHLEGEL, A. W., Die Kunstlehre, kritische Schriften und Briefe, Bd. II, herausgegeben von Edgar Lohner, Stuttgart 1963, S. 137), oder: »Wir haben seit dem 16. Jahrhundert schon an mancher Stelle den Verfall der Kunst wahrgenommen und die Steigerung des grandiosen Stils Michelangelos zur völligen Unnatur ...« (GREGOROVIUS, F., Die Grabdenkmäler der Päpste, Marksteine der Geschichte des Papsttums, 3. illustrierte Auflage, Leipzig 1911, S. 83).

12 BURCKHARDT, Cicerone, Band 2, S. 91.

13 BOEHN, M. v., Lorenzo Bernini, seine Zeit, sein Leben, sein Werk, Bielefeld-Leipzig 1927, S. 72.

14 Zitiert nach der Ausgabe von Sergio Samek Ludovici, Mailand 1948, S. 74; Filippo Baldinucci, Florentiner Kunsthistoriker und Antiquar des Großherzogs von Toskana, schrieb diese Biographie im Auftrag der Königin Christine von Schweden. Es ist bezeichnend, daß sie diesen Auftrag nach außen vergab und nicht ihrem eigenen Antiquar und Bibliothekar, nämlich Giovanni Pietro Bellori, anvertraute. Denn Bellori war ein entschiedener Gegner der barocken Kunst. Vgl. hierzu RIEGL, A., Die Entstehung der Barockkunst in Rom, herausgegeben von Arthur Burda und Max Dvořák, Wien 1908, S. 29. Zu Bellori siehe PANOFSKY, E., Idea, ein Beitrag zur Begriffsgeschichte der älteren Kunsttheorie, 2. verbesserte Auflage, Berlin 1960, S. 59ff.

15 FRASCHETTI, ST., Il Bernini. La sua vita, la sua opera, il suo tempo, Mailand 1900, S. 9ff.

16 Fraschetti übernimmt die in der nachfolgenden Literatur dann üblich werdende Schreibweise Santoni, so wie sie auf dem Epitaph zu lesen ist. Hibbard (HIBBARD, H., Bernini,

Harmondsworth 1965, S. 29f. und Anm. zu S. 29, S. 234) und andere haben auf päpstliche Dokumente aufmerksam gemacht, in denen die Schreibweise Santori ist. Siehe hierzu WITTKOWER, Bernini, S. 173f., und vor allem die Ausführungen von Lavin zu diesem Problem: LAVIN, I., Five new youthful sculptures by Gian Lorenzo Bernini and a revised chronology of his early works, in: The Art Bulletin 50 (1968) S. 228f., Anm. 35.

17 Vgl. auch RIEGL, A., Übersetzung und Kommentar von Filippo Baldinuccis Vita des Gio. Lorenzo Bernini, herausgegeben von Arthur Burda und Oskar Pollak, Wien 1912, S. 44f.

18 WITTKOWER, Bernini, S. 173, Kat.-Nr. 2; HIBBARD, Bernini, S. 29; MARTINELLI, V., Bernini, Mailand 1979, S. 16.

19 LAVIN, Five new youthful sculptures, S. 228f. Zum Frühwerk Berninis siehe auch SCHLEGEL, U., Zum Oeuvre des jungen Gian Lorenzo Bernini, in: Jahrbuch der Berliner Museen 9 (1967) S. 274ff. Die lebensgroße Büste des Giovanni Battista Santoni befindet sich in der zugehörigen architektonischen Rahmung und am ursprünglichen Aufstellungsort, nämlich in S. Prassede, Rom. Siehe auch FAGIOLO DELL' ARCO, M.-M., Bernini, Una introduzione al gran teatro del barocco, Rom 1967, Chronologisches Werkverzeichnis, Nr. 4.

20 Zum Epitaph siehe WECKWERTH, A., Der Ursprung des Bildepitaphs, in: Zeitschrift für Kunstgeschichte 20 (1957) S. 147ff.

21 PANOFSKY, Grabplastik, S. 103.

22 GRISEBACH, A., Römische Portraitbüsten der Gegenreformation, Leipzig 1936, S. 11.

23 Was die architektonische Rahmung — auch der folgenden Epitaphien — betrifft, siehe HIBBARD, Bernini, Anm. zu S. 64, S. 237; im Hinblick auf die Dekorationsformen des Santoni-Epitaphs stellte Wittkower die Puttenköpfe heraus, die er für Bernini in Anspruch nimmt (WITTKOWER, Bernini, S. 174).

24 Oder auch — selbstverständlich — im Zusammenhang eines Grabdenkmals. Wesentlich aber ist, daß diese Büsten »mobil« waren, aufgrund ihrer Konzeption in diesen oder jenen Zusammenhang treten konnten. So weist Grisebach darauf hin, daß Bildnisse, die zu Lebzeiten des Dargestellten angefertigt wurden, im Hause aufgestellt waren und nach dessen Tod an sein Grabmal versetzt werden konnten (GRISEBACH, Römische Portraitbüsten, S. 11); über die Aufstellung der Büsten im Hause berichtet Vasari: »In jedem Hause zu Florenz finden sich über Kaminen, Türen, Fenstern und Gesimsen unzählige Portraits dieser Art« (zitiert nach JACOB BURCKHARDT, Randglossen zur Skulptur der Renaissance, in: Antike Kunst, Skulptur der Renaissance, Erinnerungen aus Rubens, Gesamtausgabe, Band XIII, herausgegeben von Felix Stähelin und Heinrich Wölfflin, Berlin-Leipzig 1934, S. 311).

25 KRAUTHEIMER, Ghiberti, Band II, Abb. 136b.

26 Abbildung in FÖRSTER, O. H., Bramante, Wien-München 1956, Nr. 32 und 34.

27 Etwa das Bildnis eines Unbekannten im Museo Nazionale (Bargello), Florenz, Abbildung in: BARGELLINI, P., I della Robbia, Mailand 1965, Taf. XXII.

28 Was man häufig durch Überbetonung bzw. durch Verabsolutierung des eigenen, des Ichs zu kompensieren suchte; siehe hierzu HAUSER, Manierismus, S. 114ff.

29 Riegl hält den Santoni für ein Renaissanceportrait: »... der Mann ist ganz nach innen gewendet. Kampf zwischen Wille und Empfindung, moros. Es ist aber die ältere Auffassung« (RIEGL, Baldinucci, S. 43), ganz im Unterschied zu Wittkower: »Although the type with the merest indication of the body is traditional, this work by the young artist of seventeen already reveals a psychological penetration rare or even unknown in contemporary Rome« (WITTKOWER, Bernini, S. 11f.) oder Grisebach: »Der Kopf Santonis in S. Prassede weist den Weg in eine neue Zeit« (GRISEBACH, Römische Portraitbüsten, S. 24). Doch selbst wenn gewisse psychologisierende Tendenzen in der Gesichtsbildung nicht zu übersehen sind, scheinen mir Wittkowers und Grisebachs Äußerungen eher vom »Gesamtphänomen« Bernini her inspiriert und die Beurteilung des Santoni mit dem Blick auf Späteres gewonnen zu sein. So lehrt der Vergleich etwa mit der Portraitbüste des Cornelio Musso (GRISEBACH, Römische Portraitbüsten, S. 93ff., Abb. 32) oder des Guglielmo Silerto (GRISEBACH, Römische Portraitbüsten, S. 107ff., Abb. 39), daß bereits im 16. Jahrhundert psychologisierende Tendenzen nicht nur vorhanden sind, sondern sich in ihrer Ausarbeitung auch ohne weiteres mit jenen des frühen Bernini messen können. Allerdings standen diesen Tendenzen genau entgegengesetzte gegenüber — Grisebach nennt sie die »klassizistische« bzw. »strengere, typisierende« Richtung —, so daß das gleichsam selbstverständliche Anknüpfen Berninis an die psychologisierende Richtung, damit an jene, seine »ureigene« Konzeption vorbereitende Richtung, hier das Bemerkenswerte ist, dieser unbeirrbare Blick für das ihm Verwandte, ihn Fördernde und dessen mühelose Verarbeitung. So ist wohl eher Hibbard recht zu geben, wenn er zum Santoni bemerkt: »Were Bernini's name not attached to this bust it would hardly attract attention; it is the modest beginning of a series that includes some of the grandest and most potent images ever carved« (HIBBARD,

Bernini, S. 30); siehe auch DITTMANN, Entwicklung der Büste, S. 69f., Anm. 1.

30 Die lebensgroße Büste des Giovanni Vigevano befindet sich in einer nicht von Bernini und nicht im Zusammenhang mit der Büste konzipierten architektonischen Rahmung in S. Maria sopra Minerva, Rom. Das Grabmal des Vigevano wurde — wie die Inschrift besagt — von seinem Sohn errichtet, d.h. gegen 1631. Da die Portraitbüste aus stilistischen Gründen wesentlich früher anzusetzen ist, wenn man sie überhaupt für Bernini in Anspruch nehmen will, was hier geschieht, muß angenommen werden, daß die Büste — wie Wittkower schreibt — »... made during the sitter's lifetime was later used for his tomb — by no means an unusual practice« (WITTKOWER, Bernini, S. 175). Vgl. auch WITTKOWER, R., Bernini-Studies II: The »Bust of Mr. Baker«, in: Burlington Magazin 95 (1953) S. 21. Zu Datierung, Einordnung usw. siehe WITTKOWER, Bernini, S. 174f., Kat.-Nr. 5, und LAVIN, Five new youthful sculptures, S. 237f.; vgl. auch FAGIOLO DELL' ARCO, Bernini, Nr. 7.

31 Die lebensgroße Marmorbüste des Pedro de Foix Montoya, deren architektonische Fassung nicht von Niccolò Turriani stammt wie Hibbard annimt (HIBBARD, Bernini, Anm. von S. 64, S. 237), sondern von Orazio, wie Lavin (LAVIN, Five new sculptures, S. 240) dargelegt hat, befand sich ursprünglich in S. Giacomo degli Spagnioli, der spanischen Nationalkirche in Rom. Im 19. Jahrhundert, als die Kirche in französischen Besitz überging, wurde das Grabmal von dort nach S. Maria di Monserrato verlegt. Zu Datierung, Quellen, Einordnung usw. siehe WITTKOWER, Bernini, S. 181, Kat.-Nr. 113; LAVIN, Five new youthful sculptures, S. 239ff.; Baldinucci erzählt von einer Begebenheit, durch welche die täuschende Ähnlichkeit in der Darstellung des Montoya herausgestellt werden soll: »Condusse questi un ritratto cosi al vivo, che non fu mai occhio più a questi nostri tempi che non ne stupisse; e avevalo già nel suo luogo collocato, quando assai cardinali e altri prelati vi si portarono apposta per veder sì bell' opera; tra questi uno ve ne fu, che disse: ›Questo è il Montoia pietrificato‹; né ebbe egli appena proferite queste parole, che quivi sopraggiunse lo stesso Montoia. Il cardinal Maffeo Barberino, poi Urbano VIII, che pure anch' esso era con quei cardinali, si portò ad incontrarlo e toccandolo disse: ›Questo è il ritratto di monsignor Montoia‹, e voltosi alla statua, ›e questo è monsignor Montoia‹.« (BALDINUCCI, Vita di Gianlorenzo Bernini, S. 76) Trotz des sich hierin deutlich aussprechenden Naturalismus der Büste fand sie gnädige Aufnahme sogar bei Burckhardt: »In der Halle hinter S. M. di Monserrato suche man die Grabbüste eines spanischen Juristen Petrus Montoya (gest. 1630), eine edle leidende Physiognomie von trefflichster Behandlung.« (BURCKHARDT, Cicerone, Band 2, S. 91)

32 Die lebensgroße Marmorbüste befindet sich in einer unpassenden architektonischen Fassung in Il Gesù, Rom. Fraschetti bildet eine Zeichnung des 17. Jahrhunderts ab, welche die Büste in ihrer originalen architektonischen Umgebung zeigt (FRASCHETTI, Bernini, S. 35); zu Datierung, Einordnung usw. siehe WITTKOWER, Bernini, S. 132, Kat.-Nr. 15; LAVIN, Five new sculptures, S. 242f.; FAGIOLO DELL' ARCO, Bernini, Nr. 21.

33 Etwa die Büste des Giovanni Vigevano (vgl. Anm. 30), aber auch sonst sind wir über das zeitliche Verhältnis von Büste und Architektur (zumindest in der frühen Zeit) schlecht unterrichtet.

34 Vgl. Anm. 32.

35 Zum Typus der »Ewigen Anbetung« siehe BRUHNS, L., Das Motiv der ewigen Anbetung in der römischen Grabplastik des 16., 17. und 18. Jahrhunderts, in: Römisches Jahrbuch für Kunstgeschichte IV (1940) S. 253ff., besonders S. 315ff.

36 Und Wittkowers Enthusiasmus (siehe Anm. 29) erscheint durchaus fehl am Platze.

37 In der gleichen Weise, aber auf einer anderen Ebene verkörpern die Engel im unteren Bereich der *memoria* jeweils Grundrichtungen des Raumes, ohne diese aber miteinander verbinden zu können, gleichsam jeweils für sich, additiv. Auch hier bedarf es einer übergeordneten Einheitssetzung, die dann in der Gedenktafel gegeben ist.

38 Die Konturbildung wird ambivalent: Sie ist weder abstrakte Schnittlinie noch konkrete Gegenstandsgrenze, sondern ein sich formender, sich realisierender Grenzwert, der motivische Offenheit und formale Geschlossenheit gleichermaßen zur Geltung zu bringen in der Lage ist.

39 Dabei ergeben sich räumlich-motivische Differenzierungen: Die Schulter links ist betont, scheint nach vorn zu kommen, im Unterschied zur Schulter rechts, die nach rückwärts weisend gesehen wird. Dieser Unterscheidung ist dann die unterschiedliche Faltenbildung des Gewandes links und rechts parallelisiert.

40 Der Kragen »paßt« nicht nur in die Gewandschlinge, sondern er deutet auch deren besondere Formung. Der Kragen ist asymmetrisch gegeben, einerseits an der Vertikalen der Knopfleiste orientiert (linke Kragenspitze), andererseits an der Schrägen der Gewandschlinge (rechte Kragenspitze) und vereint so in seinem Motiv, was sich im Verhältnis von Mittelachse und Gewandschlinge »zeitlich« ereignet.

41 Dabei ist auf die stärkere Differenzierung der plastischen Oberfläche zu verweisen, der gegenüber die Ausarbeitung der Motive beim *Santoni* (z.B. Bart- und Haarbildung)

doch eher typisierend oder schematisch erscheint. Desgleichen verlieren die einzelnen, zu den Gesichtsmotiven überleitenden Flächen ihre abstrakte Rundheit. Die Oberfläche wird kleinteiliger, stärker in Formen und Formungen zerteilt, die motivisch aufeinander reagieren im Unterschied zum *Santoni*, bei dem die einzelnen, individualisierenden Gesichtsmotive in einen eher abstrakt geregelten Aufbau plastisch gerundeter Flächen eingesetzt waren.

42 Der »Realismus« der Formen wurde immer wieder betont und sowohl durch Baldinuccis Erzählung als auch durch Bernini selbst — der die gleiche Geschichte in Paris bei Tische zum besten gab (siehe ROSE, Tagebuch des Herrn von Chantelou, S. 116) — hervorgehoben.

43 Dieses Motiv des Überschneidens der architektonischen Fassung durch den Portraitkopf ist selbstverständlich nicht neu, sondern findet sich auch bei manieristischen Büsten, etwa bei der Portraitbüste des Paolo Odescalchi in S. Girolamo della Carità (GRISEBACH, Römische Portraitbüsten, S. 114f., Nr. 41 und 42) oder bei jener des Arcangelo Bianchi in S. Sabina (GRISEBACH, Römische Portraitbüsten, S. 117. Nr. 43).

44 Und darin liegt der Unterschied zu den oben genannten manieristischen Büsten, die ebenfalls über die architektonische Rahmung hinausgingen. Bei Berninis *Montoya* zeigt sich dieses Motiv als Resultat der inneren Formlogik der Figur, als Konsequenz ihres Gestaltungskonzepts, wohingegen das Herausgehen der manieristischen Köpfe umgekehrt ein Spiel mit der Statik der Figur darstellt.

45 Bellarmine wird in einer geistigen Tätigkeit gezeigt, die selbstverständlich zunächst nur äußerlich, als Handlung dargestellt werden kann, wobei er aber die Diskrepanz von Kopf und dem Motiv des Tuns, der Handhaltung, jenes Dazwischen, jenes Kopf- und Handhaltung Verbindende, als ein geistig Bestimmtes zur Geltung bringt. Es ist aber dieses Geistige, jener ungegenständliche Zusammenhang von Kopf und Betgestus, dasjenige, was die unmittelbare Anwesenheit des Bellarmine als Individualität ermöglicht.

46 Die 0,78 m hohe Marmorbüste des Kardinals Scipione Borghese (von der Bernini selbst eine Kopie anfertigte — zur Kopie siehe Anm. 49) befindet sich in der Galleria Borghese, Rom. Zu Datierung, Quellen, Einordnung usw. siehe WITTKOWER, Bernini, S. 199f., Kat.-Nr. 31; FAGIOLO DELL' ARCO, Bernini, Nr. 69.

47 So gilt die Büste des Scipione als »the first High Baroque portrait bust« (WITTKOWER, R., Art and Architecture in Italy, 1600 to 1750, Pelican History of Art, 2. Aufl., Harmondsworth 1965, S. 107); »The great landmark portrait of the time, however, is not of the pope but of Bernini's first major patron, Cardinal Scipione Borghese ...« (WALLACE, R., The World of Bernini, 1598 — 1680, New York 1970, S. 120). Das neue, besondere dieser Büste wird übereinstimmend in der Spontaneität, dem Augenblicklichen, Unmittelbaren der Erscheinung des Dargestellten gesehen: »Nicht mehr die Macht des Körpers, Energie nach Außen zu verbreiten — die Bewegung selbst, der aufblitzende Augenblick war das Darstellungswürdige geworden. Das Unplastische, das Ungreifbare, alles, was zwischen den Körpern und um die Körper herum sein Leben hat, erhält gleiches und schließlich höheres Recht als die Körper.« (PINDER, W., Deutscher Barock. Die großen Baumeister des 18. Jahrhunderts, Düsseldorf-Leipzig 1912, S. IX) Die Thematisierung dessen, was zwischen den Körpern bzw. um diese herum ist, führte dazu, daß man glaubte, dieses Portrait verlange einen Dialogpartner, eine zweite Figur im Raum: »The spontaneous expression of the face with the half-open mouth and the lively gaze show the cardinal as if he were engaged in animated conversation ...« (WITTKOWER, Bernini, S. 13). »Each of his [Berninis] great portraits postulates the presence of a second figur, that of the sculptor, in the room« (POPE-HENNESSY, Italian High Renaissance and Baroque Sculpture, Textband, S. 125); »The cardinal is caught in mid-conversation, in midword, his lips half open and his head turned alertly toward an unseen companion« (WALLACE, The World of Bernini, S. 121); Bernini selbst hat dazu ausgeführt: »Wenn ein Portrait gut werden soll, muß man einen bestimmten Vorgang herausgreifen und möglichst getreu wiedergeben. Für den Mund z.B. ist der günstigste Augenblick der, wenn er gerade gesprochen hat oder wenn er gerade sprechen will.« (ROSE, Tagebuch des Herrn von Chantelou, S. 161) Daraus folgern Brauer-Wittkower, daß »sein [Berninis] Ziel ... das Begreifen des Wesens in der Bewegung [ist], nicht die Bewegung um ihrer selbst willen ... Was hier dargestellt ist, ist nicht der Mensch als in sich ruhende Erscheinung sich selbst genügend, als eine geistig und formal isolierte und klar begrenzte Existenz, als Repräsentant des Unendlichen, wie ihn das 16. Jahrhundert (etwa Tintoretto) bildete. Der Mensch braucht die Resonanz der Mitlebenden, er will auf Gegner und Freunde wirken, nur durch die anderen lebt er; es ist ein Ineinanderfließen, ein Herüber- und Hinüberfluten geistiger Kräfte, es ist das Einspannen des Menschen in ein Netz von Beziehungen, die aus ihm heraus und in ihn zurückstrahlen.« (BRAUER, H., WITTKOWER, R., Die Zeichnungen des Gianlorenzo Bernini, Berlin 1931, S. 30) Dagegen sieht Brinckmann hierin gerade Schwächen: »Über Wahrhaftigkeit und sprühender Lebendigkeit mag man nicht übersehen, daß dieses Kardinalportrait doch nur momentan und repräsentativ charakterisiert ist, keineswegs verinnerlicht ist, ganz so, wie Rubens den sozial hochstehenden Barockmenschen zu schildern liebt ...

Die Bewunderung seines eminenten Talents sollte nicht darüber hinwegtäuschen, daß er über eine psychische Impression hinaus tiefe physiognomische Charakteristiken nicht zu geben vermag, und daß er sogar öfter mehr in der Geschwindigkeit als in der Durcharbeitung seine Begabung beweist.« (BRINCKMANN, A. E., Barockskulptur. Entwicklungsgeschichte der Skulptur in romanischen und germanischen Ländern seit Michelangelo bis zum 18. Jahrhundert, Berlin-Neubabelsberg 1919, S. 233)

48 BALDINUCCI, Vita di Gian Lorenzo Bernini, S. 77.

49 Baldinucci bringt in diesem Zusammenhang eine Geschichte, die Bernini als raffinierten Dramaturgen zeigt: Bernini stellte dem Kardinal zunächst nur die eine Büste mit dem Fehler im Marmor vor, um ihm dann, nachdem er die Enttäuschung des Kardinals reichlich forciert hatte, die fehlerlose zweite Büste zu präsentieren, womit er — durch den Kontrast — die Freude und Bewunderung Scipiones über das Maß zu steigern wußte (BALDINUCCI, Vita di Gian Lorenzo Bernini, S. 76f.). Im allgemeinen wird die zweite Fassung der Portraitbüste als schwächer angesehen. Soweit ich sehe, glaubt nur Pope-Hennessy, daß diese Fassung über die erste hinausgehe: »Where the two busts differ most strikingly is not the head, but the lower part, for the sculptor seems to have sensed that in the area of the chest and shoulders the forms were over-animated to the verge of triviality, and since fate offered him a second chance, he decided that they should be restrained and unified. In this sense the second bust constitutes a critique of the first.« (POPE-HENNESSY, Italian High Renaissance and Baroque Sculpture, Textband, S. 124) Riegl sieht diese Änderung ebenfalls, deutet sie aber in einer anderen Richtung: »Die *zweite* Portraitbüste ist weit schwächer, beweist, daß sie überhastet, ohne rechte Liebe gemacht wurde. Der Kopf ist nicht so kühn und freibewegt, etwas steifer; offenbar wollte ihm Bernini mehr Würde geben; ... Es ist etwas Starres, Gezwungenes darin, das freilich offizieller aussieht und wirkt. Die Muskel sind nicht so prägnant herausgearbeitet, ebenso die Wölbungen über den Augen weit weniger kräftig hervortretend. Das Ganze oberflächlicher ... Auch das Kostüm zeigt dieselben Mängel. Der Kragen schließt nicht so prächtig genau um den Hals, sondern fällt etwas welk herab. Die Atlasmantilla ist zwar geknittert wie dort, der halbe Knopf ist auch sichtbar, aber alles flacher, ohne jenes springende Leben.« (RIEGL, Baldinucci, S. 60) Riegls »Tastbefund« wird unterstützt durch einen Ausspruch Berninis selbst, in dem er zum Kopieren Stellung nimmt: »Wenn ich zum Beispiel die vollendete Büste kopieren sollte, wäre ich nicht imstande, genau die gleiche noch einmal zu machen. Denn der Adel der Idee geht dann verloren durch die Knechtschaft der Imitation.« (ROSE, Tagebuch, S. 79) Die zweite Fassung ist aber der ersten fast genau gleich. Darüber hinaus zeigt ein weiterer Ausspruch Berninis, wie skrupulös er das Problem Original — Kopie angeht: »Wenn ich nach meinen Zeichnungen [seinen Studienzeichnungen zu einem Portrait, hier zum Portrait Ludwigs XIV.] gearbeitet hätte, wäre kein Original entstanden, sondern eine Kopie. *Und kopieren kann ich nicht.*« (ROSE, Tagebuch, S. 79)

50 RIEGL, Baldinucci, S. 59. Venturi bemerkt in diesem Zusammenhang: »Er [Bernini] macht den Marmor durchsichtig und verleiht ihm das berückende Spiel des Halblichtes« (VENTURI, A., Bernini, in: Pan 15, 1. Heft (1899) S. 58); für Wölfflin »... zuckt [es] über die Fläche, und die Form verliert sich unter der tastenden Hand ... Alles ist auf den Eindruck des Sich-Wandelnden angelegt.« (S. 63) »... Der Barock negiert den Umriß; nicht in dem Sinn, daß Silhouettenwirkungen überhaupt ausgeschlossen waren, aber die Figur weicht der Fixierung innerhalb einer bestimmten Silhouette aus.« (WÖLFFLIN, H., Kunstgeschichtliche Grundbegriffe. Das Problem der Stilentwicklung in der neueren Kunst, 1. Aufl., München 1915, S.59)

51 Dabei ist zu beachten, daß die Wendung des Kopfes keine Abwendung vom System bedeutet, sondern eine Umwendung innerhalb des Systems. Auch hierin zeigt sich das Prinzip des Ausgleichens der Gegensätze, insofern Bernini Profil und En-face-Ansicht, bei Michelangelo radikal getrennt, ineinander arbeitet. Dabei ist weniger wichtig, daß er den Kopf in einer Profil- und En-face-Ansicht vermitttelnden 3/4-Ansicht gibt und überhaupt gibt — schon *Santoni* war in 3/4-Ansicht dargestellt, die ja auch dem Manierismus nicht unbekannt war —, sondern wie er sie instrumentiert: Sie wird nicht als Motivansicht gesetzt, sondern als solche zu Profil- und En-face-Ansicht aktuell in Beziehung gesetzt, nämlich sich durch Kopfwendung und Blickrichtung auf eine Profil-Ansicht ausrichtend und durch das Barett an die En-face-Ansicht zurückbindend. Entsprechend ist die Profil-Ansicht — zu der eine Handzeichnung existiert, die sich in der Pierpont Morgan Library, New York, befindet — in die Hauptansicht eingebunden, wie ebenso die En-face-Ansicht in die Hauptansicht eingebunden ist, obwohl beide, En-face- und Profil-Ansicht, faktisch nicht auftreten, sondern lediglich im Übergang der faktischen 3/4-Ansicht miteinander kommunizierend vorgestellt werden.
Zur Einordnung, Datierung der Handzeichnung siehe BRAUER-WITTKOWER, Bernini-Zeichnungen, S. 35, und Tafelband, S. 5; WITTKOWER, Bernini, S. 200, »Instead of taking a likeness from a formal sitting he [Bernini] watched and sketched his subject in the act of carrying on his daily affairs, trying to record the liveliness of the sitter as well as the likeness. For this purpose he made rapid sketches of the Cardinal in action ... Luckily, the only preserved example

of these lively sketches from life illuminates the creation of this most lifelike of portraits ... It seems fitting that the first of Bernini's ›speaking likeness‹ should be documented by this mercurial sketch.« (HIBBARD, Bernini, S. 93)

52 Hierin liegt aber das immer wieder hervorgehobene Dialogverhältnis von Büste und Betrachter oder Büste und einer weiteren Person im Raum formal (und nicht motivisch: offener Mund usw.), d.h. grundsätzlich begründet.

53 »Die Grenze des Seienden ... ist nicht nur die Stelle, wo es aufhört, sondern das, was es als Seiendes zusammenhält« (BIEMEL, W., Die Bedeutung von Kants Begründung der Ästhetik für die Philosophie der Kunst, in: Kantstudien, Ergänzungshefte Bd. 77, Köln 1959, S. 54).

54 RIEGL, Die Entstehung der Barockkunst, S. 151.

55 Es ist wahrscheinlich nicht die Einbeziehung des Regellosen, Fließenden usw. in das künstlerische Kalkül, sondern dessen Gleichstellung (et — et) mit dem Geregelten, Festen usw., was — außerhalb der Portraitbüsten — die heftige Kritik an Bernini auslöste.

56 Die 0,72 m hohe Marmorbüste befindet sich im Museo Nazionale (Bargello), Florenz. Zu Datierung, Einordnung usw. siehe WITTKOWER, Bernini, S. 203, Kat.-Nr. 35, FAGIOLO DELL' ARCO, Bernini, Nr. 70.

57 Was die »Geschichte« der Entstehung betrifft. Berninis Sohn Domenico gibt da — wenn auch sehr knapp — einige Hinweise: Costanza Buonarelli war die Frau des Matteo Buonarelli, eines Gehilfen Berninis. Bernini hatte mit ihr ein leidenschaftliches Liebesverhältnis, war aber wohl nicht der einzige, der sich ihrer Gunst erfreuen durfte. Verletzt in seiner Eigenliebe griff Bernini — um sich zu rächen — zu Mitteln, die ein Gerichtsverfahren nach sich zogen, wobei er nur aufgrund des Schutzes durch den Papst ungeschoren davonkam. Diese Geschichte hat selbstverständlich Auswirkungen auf die Interpretation der Büste gehabt. Max von Boehn zeigt sich da besonders »einfühlsam«: »Das Modell war des Künstlers Geliebte, und so ist ihre Büste nicht umsonst sein Meisterstück geworden« (S. 74) — wie dieser Zusammenhang zu denken sei, bleibt der Phantasie des Lesers überlassen —, aber: »Ein schönes, reizvolles, in Sinnlichkeit glühendes Weib, der die Magd, das Proletariertum aus den Augen sieht. Man fühlt es, wenn man es auch nicht wüßte, daß sie dem jungen Meister mehr war als nur ein Modell, daß sein Herz ihretwegen gelitten, daß die Hand, die den Meißel führte, im Wechselspiel von Liebe und Haß, Eifersucht und Verachtung gezittert hat.« (BOEHN, M. v., Bernini, S. 74) Kein Zweifel, daß man es bei diesem Portrait mit einer der großartigsten Portraitdarstellungen zu tun hat und sicher mit der privatesten, dennoch sollte man die äußeren Begleitumstände nicht zum Hauptgegenstand der Büste erheben.
Freilich, auch Wittkower läßt sich da ein wenig mitreißen: »A fierce and sensual woman is shown in the grip of passion ... (WITTKOWER, Bernini, S. 13), bzw.: »One may well believe that the stormy love affair Bernini had with this fierce and sensual woman was the talk of the town.« Aber dann: »What is historically so important about this work is that it opens the history of modern portraiture in sculpture. All the barriers have fallen: here is a woman of the people, neither beautiful nor heroized, and ›contact‹ with her is direct and instantaneous.« (WITTKOWER, Art and Architecture, S. 107) Oder Reymond: »Avec ce buste, l' humble fille d' ouvrier entre dans l' art; sa beauté prend place à côté de celle des déesses de l' antiquité et des grandes princesses de la Renaissance ... elle est, et cela nous suffit.« (REYMOND, M., Le Bernin, Paris 1911, S. 49) »Un ›avventura‹ amorosa ha scaldato la fantasia del Bernini e gli ha ispirato non solo un capolavoro della serie dei suoi ritratti, ma uno fra i massimi della ritrattistica di ogni tempo.« (MARIANI, V., Gian Lorenzo Bernini, Neapel 1974, S. 25) Siehe hierzu auch die Äußerungen Riegls zur Leidenschaft: »Leidenschaft bringt immer einen *gemeinen* Zug mit sich. Es ist ein Sichverbinden nach außen, ein Sichgemeinmachen mit anderen, in welcher Weise immer das geschieht. Man wirft ein Stück Ich von sich weg, wenn man sich durch Leidenschaft hinreißen läßt, die immer auf etwas außer uns gerichtet ist.« (RIEGL, Baldinucci, S. 78) Riegl beschreibt hier — allerdings unter negativen Vorzeichen — einen Grundzug berninesker Gestaltung, »das Sichverbinden nach außen, das Sichgemeinmachen mit anderen«, ein Wesensmerkmal seiner Werke, die Leidenschaft. Diese ist aber von Riegl verkürzt gesehen. Leidenschaft ist nicht Affekt. Affekt ist übergängig, oberflächlich, während Leidenschaft von Dauer ist. Indem man sich gemein macht mit anderen oder, positiv ausgedrückt, in eine Gemeinschaft mit anderen tritt, wirft man nicht nur »ein Stück Ich von sich weg«, man gewinnt auch »ein Stück Ich«, nämlich einen neuen Zugang zu sich, indem man sich außerhalb seiner selbst setzt. »Passio« ist ein fundamentales Stück jenes neuen Menschen- und Weltverständnisses, das durch Berninis Werke verkörpert wird und das bestimmt ist durch das konkrete Geborgensein des Menschen im Kosmos, durch die Einheit von Mensch und Kosmos: »... nur durch die anderen lebt er [der Mensch] ..., [er]braucht die Resonanz der Mitlebenden ..., [er ist eingegespannt] in ein Netz von Beziehungen, die aus ihm heraus und in ihn zurückstrahlen« (BRAUER-WITTKOWER, Bernini-Zeichnungen, S. 30); siehe auch KUHN, R., Die Entstehung des Berninischen Heiligenbildes, Dissertation, München 1967, S. 48ff.

58 BALDINUCCI, Vita, S. 86.

59 »Sein Herz [hat] ihretwegen gelitten« (BOEHN, M. v., Bernini, S. 74).

60 RIEGL, Baldinucci, S. 109.

61 Die 0,81 m hohe Bronzebüste befindet sich in der Biblioteca Vaticana, Rom. Zu Datierung, Einordnung usw. siehe WITTKOWER, Bernini, S. 185, Kat.-Nr. 19; MARTINELLI, V., I Ritratti di Pontefici di G. L. Bernini, Rom 1956, S. 38, besonders Anm. 76; die Datierungen der Urban-Portraits sind umstritten; ich folge — wenn nicht ausdrücklich anders vermerkt — den Vorschlägen Wittkowers. Vgl. auch PELUSO, J. F., Sculptural and pictorial evidence for dating a Bernini Painting, in: Gazette des Beaux-Arts, 6e Période, Tome XC, 119e Année (1977) S. 151ff.

62 HIBBARD, Bernini, S. 31; auch Riegl ist der Meinung, daß Bernini für Papstfiguren »aus äußeren Gründen die Auffassung seiner ersten Zeit zeitlebens, so gut es ging, festgehalten hat« (RIEGL, Baldinucci, S. 51), eben jene Auffassung, welche die Portraits »zu wenig lebendig, wenn auch portraitmäßiger« erscheinen läßt im Unterschied zu den späteren Portraits, welche in ihrer Auffassung dann »viel lebendiger aber immer weniger portraitmäßig« erscheinen (RIEGL, Baldinucci, S. 59f.).

63 »We must point out, however, that an artist of Bernini's caliber can never be the passive illustrator of his patron's wishes, but always manages to invest his works with his own individuality« (FAGIOLO DELL' ARCO, M., Great Baroque and Rococo Sculpture, übersetzt von Enid Kirchberger, New York 1978, S. 68). Bernini war wohl der erste Künstler, der nicht nur ein Genie war, sondern sich auch als Geniekünstler »inszenierte«: »Um eins muß ich bitten, meine Herren, Kleinigkeiten dürfen Sie nicht von mir fordern.« (ROSE, Tagebuch, S. 8)

64 Die 0,35 m hohe Marmorbüste befindet sich in der Galleria Borghese, Rom. Zu Datierung, Einordnung usw. siehe WITTKOWER, Bernini, S. 175, Kat.-Nr. 6; MARTINELLI, I Ritratti, S. 11.

65 Die 0,65 m hohe Marmorbüste befindet sich in S. Lorenzo in Fonte, Rom. Zu Datierung, Einordnung usw. siehe WITTKOWER, Bernini, S. 84f., Kat.-Nr. 19; MARTINELLI, I Ritratti, S. 25f.; im Unterschied zu Martinelli hält Wittkower mit anderen die Büste nicht für eigenhändig: »It also lacks the ›speaking‹ likeness which fascinates in Bernini's best busts of Urban VIII. I am inclined to believe that it was executed with the help of Finelli, who joined Bernini's studio in 1622.« (WITTKOWER, Bernini, S. 185)

66 Die lebensgroße Marmorbüste befindet sich im Palazzo Barberini, Rom. Zu Datierung, Einordnung usw. siehe WITTKOWER, Bernini, S. 184, Kat.-Nr. 19; MARTINELLI, I Ritratti, S. 26.

67 Die beiden 0,93 m hohen Marmorbüsten (mit Sockel) befinden sich im Palazzo Doria-Pamphili, Rom. Zu Datierung, Einordnung usw. siehe WITTKOWER, Bernini, S. 220ff., Kat.-Nr. 51; MARTINELLI, I Ritratti, S. 41f.; FAGIOLO DELL' ARCO, Bernini, Nr. 131.

68 Die 1,02 m hohe Bronzebüste befindet sich im Louvre, Paris. Zu Datierung, Einordnung usw. siehe WITTKOWER, Bernini, S. 185f., Kat.-Nr. 19 (4); MARTINELLI, I Ritratti, S. 30 und S. 36; auch hier ist die Datierung kontrovers. Ich folge Wittkowers einleuchtendem Vorschlag in die 40er Jahre.

69 Die 1,05 m hohe Marmorbüste befindet sich im Palazzo Altieri, Rom. Zu Datierung, Eigenhändigkeit, Einordnung usw. siehe WITTKOWER, Bernini, S. 263f., Kat.-Nr. 78a, Fig. 118; MARTINELLI, I Ritratti, S. 50; FAGIOLO DELL' ARCO, Bernini, Nr. 237.

70 Die 1,32 hohe Bronzebüste befindet sich im Dom zu Spoleto. Zu Datierung, Einordnung usw. siehe WITTKOWER, Bernini, S. 186f., Kat.-Nr. 19 (5), Abb. 50; MARTINELLI, I Ritratti, S. 36f.; FAGIOLO DELL' ARCO, Bernini, Nr. 95.

71 Bei dieser Büste handelt es sich um ein Geschenk Urbans VIII. im Zusammenhang mit der, auf seine Initiative hin erfolgten Restaurierung des Domes; siehe WITTKOWER, Bernini, S. 186.

72 Der Ausweis der Virtuosität der Darstellung von Stofflichkeit scheint wichtiger gewesen zu sein als die einheitliche Fassung der Teile und Motivformen.

73 Die 0,66 m hohe Bronzebüste befindet sich in der Ny Carlsberg Glyptotek, Kopenhagen. Zu Datierung, Einordnung usw. siehe WITTKOWER, Bernini, S. 175f., Kat.-Nr. 6 (2); MARTINELLI, I Ritratti, S. 18.

74 Die 0,60 m hohe Bronzebüste befindet sich im Museo Civico, Bologna; zu Datierung, Einordnung usw. siehe WITTKOWER, Bernini, S. 179f., Kat.-Nr. 12; MARTINELLI, I Ritratti, S. 19f.

75 Den Beginn dieses Prozesses kann man bei der Bronzebüste Gregors XV. festmachen. So waren dort auf dem Pluviale die gerahmten Darstellungen von Petrus und Paulus nicht mehr zentral und nicht mehr »sicher« dargeboten, sondern nach oben »verrutscht«, demnach verzeitlicht gegeben. (Die ornamentale Rahmung der Apostel läuft nicht mit dem abschließenden Schulterkontur zusammen.)

76 Die lebensgroße Marmorbüste befindet sich im Palazzo Barberini, Rom. Zu Datierung, Einordnung usw. siehe WITTKOWER, Bernini, S. 184, Kat.-Nr. 19 (1).

77 WITTKOWER, Bernini, S. 12.

78 Eventuell könnten auch die Portraitbüsten der Kardinäle

Dolfin, Agostino und Piero Valier, die Wittkower zu einer Gruppe zusammenfaßt, als Markierung des »Wendepunktes« angesehen werden, wenn man nicht an der Eigenhändigkeit starke Zweifel anmelden müßte; siehe hierzu WITTKOWER, Bernini, S. 182, Kat.-Nr. 16, und S. 194f., Kat.-Nr. 25.

79 Die 0,83 m hohe Marmorbüste befindet sich in der Galleria Nazionale d' arte antica, Rom. Zu Datierung, Einordnung usw. siehe WITTKOWER, Bernini, S. 185, Kat.-Nr. 19 (2a); MARTINELLI, I Ritratti, S. 37f. Zur Datierung der Portraits Urbans VIII. siehe WITTKOWER, R., A new bust of Pope Urban VIII by Bernini, in: The Burlington Magazine CXI (1969) S. 60ff.

80 Zur zeitlichen Reihenfolge dieser beiden Stücke siehe WITTKOWER, Bernini, S. 222.

81 Äußerlich zeigen sich diese Auffassungsvarianten in der Bekleidung, nämlich von der offiziellen Gewandung des Pluviale über die »normale« Gewandung mit Talar und Camauro zur »halboffiziellen« Gewandung mit Talar, Camauro und Stola.

82 Nach Riegl überschreitet Bernini im Spätwerk jene »goldene« Mitte zwischen Lebendigkeit und Portraitmäßigkeit, die er beim *Scipione* genau getroffen hatte, die er aber — seiner Meinung nach — »in Papstportraiten zeitlebens einzuhalten bestrebt gewesen« sei: »In den frühen Portraiten war er zuwenig lebendig, wenn auch portraitmäßiger. In späteren wird er noch viel lebendiger, aber immer weniger portraitmäßig; er idealisiert dann zu sehr in seiner Weise.« (RIEGL, Baldinucci, S. 59f.)

83 Die 0,84 m hohe Marmorbüste befindet sich im Louvre, Paris. Zu Datierung, Eigenhändigkeit usw. siehe WITTKOWER, Bernini, S. 209f., Kat.-Nr. 42; GABORIT, J.-R., Le Bernin, Mocchi et le buste de Richelieu du musée du Louvre, in: Bulletin de la société de l'histoire de l' art Francais (1979) S. 85ff.

84 WITTKOWER, Bernini, S. 43.

85 »... this bust holds a key position in the development towards Bernini's later style of portraiture. For it was here as well as in the approximately contemporary model for the Louvre bronze of Urban VIII, that he first incorporated a feature which he elaborated and varied constantly in his late busts: he implied by the fall of the dress that one arm is coming forward and the other moving back.« (WITTKOWER, Bernini, S. 14)

86 Die 0,81 m hohe Marmorbüste (mit Basis) befindet sich im Victoria and Albert Museum, London. Zu Datierung, Eigenhändigkeit usw. siehe WITTKOWER, Bernini, S. 208, Kat.-Nr. 40; POPE-HENNESSY, Catalogue of Italian Sculpture in the Victoria and Albert Museum, Textband II, S. 600ff., Kat.-Nr. 638; GOULD, C., Bernini's bust of Mr. Baker: The solution? in: The Art Quarterly XXI, Nr. 2 (1958) S. 167ff.; LIGHTBOWN, C. W., Berninis's Busts of English Patrons, in: Art the Ape of Nature, Festschrift Horst W. Janson, New York 1981, S. 453ff.

87 Man vergleiche nur den nicht weniger virtuos aber mit ganz anderer Kraft gestalteten Spitzenkragen der Büste Ludwigs XIV.

88 Die Äußerung Wittkowers: »Nobody can suppress a benevolent smile in front of Thomas Baker's perfumed, somewhat ridiculous elegance, which is brought home by overstressing accessories ...« (WITTKOWER, Bernini, S. 13), verharmlost zu sehr das Ätzende in dieser Portraitdarstellung. Siehe dazu die gegenteilige Auffassung bei LIGHTBOWN, Bernini's Busts of English Patrons, S. 463.

89 Dies scheint zumindest die Kopie nahezulegen. Berninis Werk, das wahrscheinlich 1698 bei einem Brand in Whitehall Palace zerstört wurde, existiert nur noch in Nachbildungen (vgl. den unvollendeten Stich von Robert van Voerst (?) im British Museum (abgebildet bei WITTKOWER, Bernini, S. 205, fig. 47). Eine Marmorkopie, möglicherweise von Thomas Adye, befindet sich in Windsor Castle; zu Quellen, Datierung usw. siehe WITTKOWER, Bernini, S. 207f., Kat.-Nr. 39. Wittkower zufolge war Berninis Büste ein Geschenk Urbans VIII. an die katholische Königin Henrietta Maria zu einem Zeitpunkt, »when the Vatican nursed the ill-founded hope that England might revert to the old Faith« (WITTKOWER, Bernini, S. 14), und damit ein Politikum. Wie sehr es dies war, belegt auch die Tatsache, daß die von Bernini in Angriff genommene Arbeit am Portrait des Überbringers, jenes »Triple-Portraits«, das van Dyck von Charles I. anfertigte, um als Grundlage für Berninis Marmorfassung zu dienen, eben am Portrait des Thomas Baker, vom Papst gestoppt wurde, »for the Pope would have no other picture sent into England from this [Berninis] hand but his Mai(es)ty« (Tagebuchnotiz des Nicholas Stone vom Oktober 1638, zitiert nach HIBBARD, Bernini, S. 98), und Hibbard fährt fort: »In this way Urban VIII was able to heighten the diplomatic importance of his gift« (HIBBARD, Bernini, S. 98); siehe dazu LIGHTBOWN, Bernini's Bust of English Patrons, S. 439ff., der die entsprechenden Quellen anders auslegt und den politischen Akzent entfernt.

90 Die 1,07 m hohe Marmorbüste (mit Basis) befindet sich in der Galleria Estense, Modena. Zu Datierung, Einordnung usw. siehe WITTKOWER, Bernini, S. 224, Kat.-Nr. 54; POPE-HENNESSY, Italian High Renaissance and Baroque Sculpture, Katalogband, S. 130. Die Portraitbüste des Fran-

cesco d' Este gilt als Prototyp des absolutistischen Herrscherbildnisses: »... the Este bust creates a new type of heroic portraiture eminently suited to great princes and kings in the age of absolutism. This bust and the *Louis XIV* set the standard for monarchical portraiture up to the time of the French Revolution.« (HIBBARD, Bernini, S. 127f.) »Das ist der Barockfürst, und Bernini schafft mit dieser Büste einen Typus, der vorbildlich geworden ist für die europäischen Fürstenportraits wie Versailles für das Fürstenschloß.« (BRINCKMANN, Barockskulptur, S. 246)

91 ... und sollte der Figur insgesamt eine günstigere Bewertung, als bei Hibbard zugestanden, sichern: »Much of the freedom and spontaneity that he achieved in the *Borghese* is kept, but it is united with heroic pomp and grandiose movement that portrayed the age at least as much as the man« (HIBBARD, Bernini, S. 125f.). Im übrigen sei darauf hingewiesen, daß sich innerhalb der Entwicklung der Büste die Funktion der Falte völlig verändert hat. Dienten Falten zunächst dazu, eine Körpervorstellung, ein Rund, eine plastische Form usw. zu umschreiben (*Santoni*), oder dazu, die Stofflichkeit eines Gewandes durch Bauschung, Gezogensein usw. herauszustellen (*Vigevano*), so lassen sich seit dem *Montoya* Bildungen selbständiger Faltenfiguren feststellen, die — solchermaßen an unterschiedlichen Substanzen vorkommend — zunehmend zu Ausdrucksträgern für die Figurenerscheinung insgesamt avancieren (*Scipione Borghese*). Schließlich gab es bei den mittleren Papstportraits solche Faltenformen, die als Strukturwerte gleichsam in die konkrete Stofflichkeit eingezogen waren und so eine Innere Ordnung (in Analogie zur Inneren Form) formulierten, die als solche unabhängig von der Form oder den Motiven der jeweiligen Büsten Bestand hatte, um sich dann schließlich in der Formulierung der Este-Büste vom Motivischen und Formbestimmten insgesamt zu emanzipieren und um dadurch zu Bestimmungswerten einer, Figur und Raum einbeziehenden und übergreifenden Universalordnung fortzuschreiten. Hier werden sie zu räumlichen Kraftlinienbündeln, welche Gegenständliches und Stoffliches sprengen, bzw. dieses um ihre Richtungsachsen in bruchstückhafter Verkürzung versammeln. Falten eines Gewandes sind damit in verstofflichte Strukturwerte transponiert, in gerichtete Kraftströme, die in ihrem richtungsmäßigen Zusammenschluß eine universelle Ordnung erstellen, welche durch den Portraitkopf gekrönt wird. Ähnliches scheint Wittkower im Blick zu haben, wenn er schreibt, daß Berninis Figuren lose more and more the character of real material and must be viewed as abstract patterns capable od conveying to the beholder a feeling of passionate spirituality« (WITTKOWER, Art and Architecture, S. 99).

92 Die 0,80 m hohe Marmorbüste befindet sich im Château de Versailles. Zu Datierung, Quellen usw. siehe WITTKOWER, Bernini, S. 246ff., Kat.-Nr. 70; zur Konzeption des Sockels siehe auch LAVIN, J., Bernini's Death, in: The Art Bulletin (1972) S. 159ff., und: Afterthoughts on »Bernini's Death«, in: The Art Bulletin (1973) S. 429ff.; ROSENTHAL, D., A source of Bernini's Louis XIV Monument, in: Gazette des Beaux-Arts, 6e Période, Tome LXXXVIII (1976) S. 231ff.

93 Naturgemäß sind hierbei die Hinweise auf seine ästhetischen Vorstellungen wie jene, seine Auseinandersetzung mit anderen Künstlern betreffend, von besonderem Interesse; siehe hierzu auch SCHUDT, L., Berninis Schaffensweise und Kunstanschauung nach den Aufzeichnungen des Herrn von Chantelou, in: Zeitschrift für Kunstgeschichte 12 (1949) S. 74ff.

94 ROSE, Tagebuch, S. 105.

95 ROSE, Tagebuch, S. 112.

96 z.B. Brinckmann: »Nur allzu sklavisch hat er fünfzehn Jahre später [nach dem Portrait des Francesco d' Este] sich selbst wiederholt in der vor dem lebenden Modell gefertigten Büste Ludwigs XIV., die im Versailler Schloß steht« (BRINCKMANN, Barockskulptur, S. 246), oder Reymond: »Mais son [Berninis] imagination tenait ici trop de place, et sa volonté de faire un portrait héroïque lui faisait un peu perdre de vue son modèle. Malgré lui, il se souvient du buste du duc d'Este, où il avait tenté d'exprimer les mêmes idées, et, devant la ressemblance un peu inquiétante des deux portraits, on ne peut s'empêcher de penser que son Louis XIV est trop idéalisé, que ses traits et son attitude sont trop transformés à l'italienne.« (REYMOND, Le Bernin, S. 151f.)

97 WITTKOWER, Bernini, S. 16.

98 Hierbei spielt die Wirkung der Draperie als Schranke eine entscheidende Rolle, insofern sie die Figur sowohl entrückt wie auch ihr momentanes Erscheinen motiviert und Ludwig gleichsam in »Untersicht« zur Geltung kommen läßt. Im übrigen gilt, was auch schon für die Büsten seit dem *Scipione* galt: »Bernini created the illusion that his busts were taken from full-length statues« (WALLACE, The World of Bernini, S. 128).

99 ROSE, Tagebuch, S. 250.

ZU VII. SCHLUSS

1 Um hier für Bernini einen Ausspruch Goethes über Palladio zu variieren; GOETHE, J. W., Italienische Reise, Hamburger Ausgabe, Band XI, Autobiographische Schriften, dritter Band, S. 53.

2 Vgl. S. 210ff.

3 Um eine Aussage von Brauer und Wittkower zu paraphrasieren; BRAUER-WITTKOWER, Bernini-Zeichnungen, S. 29.

4 Siehe FRASCHETTI, Bernini, S. 259ff.

5 So ist aus dem Tagebuch des Engländers John Evelyn aus dem Jahr 1644 zu erfahren: »... Bernini ... gave a public opera ..., wherein he painted the scenes, cut the statues, invented the engines, composed the music, writ the comedy, and built the theatre« (zitiert nach BRAUER-WITTKOWER, Bernini-Zeichnungen, S. 33).

6 »Der künstlerische Schauspieler ... ist so wenig wie der Portraitmaler der Nachahmer der wirklichen Welt, sondern der Schöpfer einer neuen, die freilich dem Phänomen der Wirklichkeit verwandt ist, da beide aus dem Vorrat der Inhalte allen Seins überhaupt gespeist werden.« (SIMMEL, G., Der Schauspieler und die Wirklichkeit, in: Brücke und Tür, Essays des Philosophischen zur Geschichte, Religion, Kunst und Gesellschaft. Im Verein mit Margarete Susman, herausgegeben von Michael Landmann, Stuttgart 1957, S. 172)

7 BURCKHARDT, Cicerone, Teil 2, S. 95f.

8 BOEHN, M. v., Bernini, S. 105.

9 BURCKHARDT, Cicerone, Teil 2, S. 91.

10 Dies ist hervorzuheben, um dem möglichen Mißverständnis vorzubeugen, man habe es bei solchen Darstellungen — im 19. Jahrhundert — mit minderer Qualität zu tun; der »Verlust der Mitte« ist nicht ein Verlust der Qualität von Kunstwerken, sondern der Verlust von besonderen Darstellungsmöglichkeiten, wie er aber ebenso einen Verlust jener Grenzen bedeutet, welche durch die Norm solcher, nun nicht mehr möglichen Darstellungsmöglichkeiten errichtet worden waren, damit auch — in bestimmter Hinsicht — eine Aufhebung des *numerus clausus* für darstellungswürdige Themen und Gegenstände.

11 HOHL, Giacometti, S. 107.

Literaturverzeichnis

ADORNO, Th. W., Stichworte, Kritische Modelle 2
(edition suhrkamp 347) 2. Aufl. Frankfurt/M 1969

ALBERTI, L. B., De Statua
in: Leone Battista Alberti's kleinere kunsttheoretische Schriften, im Originaltext herausgegeben, übersetzt, erläutert, mit einer Einleitung und Excursen versehen von Hubert Janitschek, Wien 1877

ALPATOW, M. W., Das Selbstbildnis Poussins im Louvre
in: Kunstwissenschaftliche Forschungen 2, 1933

ALLOWAY, L., The Photographic Image
(Ausst.) Salomon R. Guggenheim Museum, New York 1966

AMES-LEWIS, F., Art history or Stilkritik, Donatello's Bronze David reconsidered
in: Art History II, Nr. 1 (1979)

ARNASON, H. H., The Sculptures of Houdon
London 1975

AVERY, Ch., Florentine Renaissance Sculpture
London 1970

BADT, K., Raumphantasien und Raumillusionen
Köln 1963

BADT, K., Die Idee der Welt und das Selbst als fundamentale Wesenheiten bildender Kunst
in: Kunsttheoretische Versuche, Ausgewählte Aufsätze, herausgegeben von Lorenz Dittmann, Köln 1968

BALDINUCCI, F., Vita di Gian Lorenzo Bernini
Florenz 1682, nach der Ausgabe von Sergio Samek Ludovici, Mailand 1948

BARGELLINI, P., I della Robbia
Mailand 1965

BAUCH, K., Imago: Studien zur Kunstgeschichte
Berlin 1967

BAUR, O., Bestiarium Humanum, Mensch-Tier-Vergleich in Kunst und Karikatur
München/Gräfelfing 1974

BAZIN, G., (Einf.) Il ritratto francese da Clouet à Degas
(Ausst.) Rom 1962

BECCHERUCCI, L. — BRUNETTI, G., Il museo dell'Opera del Duomo di Firenze
Florenz o.J.

BENJAMIN, W., Illuminationen
Frankfurt/M 1961

BENKARD, E., Das Selbstbildnis vom 15. bis zum Beginn des 18. Jahrhunderts
Berlin 1927

BERNOULLI, J. J., Griechische Ikonographie mit Ausschluß Alexanders und der Diadochen
München 1901—1905

BERTAUX, E., Donatello
Paris 1910

BETHE, E., Ahnenbild und Familiengeschichte bei Römern und Griechen
München 1935

BIANCHI BANDINELLI, R., Rom. Das Zentrum der Macht. Die römische Kunst von den Anfängen bis zur Zeit Marc Aurels
Universum der Kunst, übersetzt von Marcell Restle, München 1970

BLANKENHAGEN, P. H. v., Das Bild des Menschen in der römischen Kunst
in: Marburger Jahrbuch f. Kunstwissenschaft 15 (1949/50)

BLUNT, A., Gian Lorenzo Bernini: Illusionism and Mysticism
in: Art History I (1978)

BODE, W., Denkmäler der Renaissance-Skulptur Toscanas in historischer Anordnung
München 1892—1905

BODE, W., Florentiner Bildhauer der Renaissance
2. Aufl. Berlin 1910

BOEHM, G., Elemente der venezianischen Bildnismalerei
(Ms.) Heidelberg 1974

BOEHN, M. v., Lorenzo Bernini, seine Zeit, sein Leben, sein Werk
Bielefeld-Leipzig 1927

BOLTEN, H., Die imago clipeata. Ein Beitrag zur Porträt- und Typengeschichte
Paderborn 1937

BÖRSCH-SUPAN, H., Zur Geschichte des höfischen Porträts im Spätbarock
in: Höfische Bildnisse des Spätbarock, (Ausst.) Berlin 1966

BRAUER, H. und WITTKOWER, R., Die Zeichnungen des Gianlorenzo Bernini
Berlin 1931

BRECKENRIDGE, J. D., Portraiture and the cult of the skulls
in: Gazette des Beaux-Arts, Cent-Sixième Année, VIe Période, Tome LXIII (1964)

BRECKENRIDGE, J. D., Origins of Roman Republican Portraiture
in: Aufstieg und Niedergang der römischen Welt, Band I, 4, Berlin 1973

BRILLIANT, R., On Portraits
in: Zeitschrift für Ästhetik und allgemeine Kunstwissenschaft 16, 1 (1971)

BRINCKMANN, A. E., Barockskulptur. Entwicklungsgeschichte der Skulptur in romanischen und germanischen Ländern seit Michelangelo bis zum 18. Jahrhundert
Berlin-Neubabelsberg 1919

BRUHNS, L., Das Motiv der ewigen Anbetung in der römischen Grabplastik des 16., 17. und 18. Jahrhunderts
in: Römisches Jahrbuch für Kunstgeschichte IV (1940)

BRÜCKNER, W., Bildnis und Brauch, Studien zur Bildfunktion der Effigies
Berlin 1966

BUCK, A., Zu Begriff und Problem der Renaissance
herausgegeben und eingeleitet von August Buck, Darmstadt 1969

BUDDE, L., Die Entstehung des antiken Repräsentationsbildnisses
Berlin 1957

BURCKHARDT, J., Der Cicerone. Eine Anleitung zum Genuß der Kunstwerke Italiens
Band 2, Gesammelte Werke X, Darmstadt 1965

BURCKHARDT, J., Die Kultur der Renaissance in Italien. Ein Versuch
Band 3, Gesammelte Werke VII, Darmstadt 1962

BURCKHARDT, J., Griechische Kulturgeschichte
Band 3, Gesammelte Werke VII, Darmstadt 1962

BURCKHARDT, J., Das Portrait in der italienischen Malerei
in: Beiträge zur Kunstgeschichte von Italien (aus dem Nachlaß), Jacob Burckhardt-Gesamtausgabe, Band XII, herausgegeben von Felix Stähelin und Heinrich Wölfflin, Berlin-Leipzig 1930

BURCKHARDT, J., Randglossen zur Skulptur der Renaissance
in: Antike Kunst, Skulptur der Renaissance, Erinnerungen aus Rubens, Jacob Burckhardt-Gesamtausgabe, Band XIII, herausgegeben von Felix Stähelin und Heinrich Wölfflin, Berlin-Leipzig 1934

BUSCHOR, E., Das hellenistische Bildnis
München 1949

BUSCHOR, E., Bildnisstufen
München 1947

BUSCHOR, E., Das Porträt, Bildniswege und Bildnisstufen in fünf Jahrtausenden
München 1960

CAMESASCA, E., Tutte l'opera del Cellini
2. Aufl. Mailand 1962

CARDELLINI, I., Desiderio da Settignano
Mailand 1962

CHAPEAUROUGE, D. DE, Theomorphe Porträts der Neuzeit
in: Deutsche Vierteljahresschrift für Literaturwissenschaft und Geistesgeschichte 42 (1968)

CHASTEL, A., Le jeune Homme au camée platonicien du Bargello
in: Proporzioni III (1950)

CHASTEL, A., Italienische Renaissance, Die Ausdrucksformen der Künste in der Zeit von 1460 bis 1500
übersetzt von Franz Graf von Otting, Universum der Kunst, hrsg. von André Malraux und Georges Salles, München 1966

CIARDI DUPRÈ DAL POGETTO, M. G., Una nuova proposta il »Niccolò da Uzzano«
in: Donatello e il suo tempo, Atti dell' VIII convegno internazionale di studi sul Rinascimento, Florenz 1968

CLAY, J., Alberto Giacometti: Le dialogue avec la mort d' un très grand sculpteur de notre temps
in: Réalités, Nr. 215, Paris 1963

CARDELLINI, I., Desiderio da Settignano
Mailand 1962

CARRARA, L., Nota sulla formazione di Mino da Fiesole
in: Critica d'Arte, III (1956)

CURTIUS, L., Die antike Herme
(Diss.) Leipzig 1903

DAMI, L., Il cosidetto Machiavelli del Museo del Bargello
in: Dedalo, VI (1925—26)

DECKERT, H., Zum Begriff des Portraits
in: Marburger Jahrbuch für Kunstwissenschaft, Bd. 5 (1929)

DELBRÜCK, R., Antike Portraits
(Tabulae in usum scholarum VI), Bonn 1912

DELBRÜCK, R., Spätantike Kaiserporträts von Constantinus Magnus bis zum Ende des Westreichs
Berlin 1933

DEUCHLER, F. — FLURY-LEMBERG, M. — OTAVSKY, K., Von Angesicht zu Angesicht. Portraitstudien
Festschrift Michael Stettler, Berlin 1983

DITTMANN, L., Stil, Symbol, Struktur. Studien zu Kategorien der Kunstgeschichte
München 1967

DITTMANN, P., Die formgeschichtliche Entwicklung der Büste im Cinquecento
(Diss.) Gießen 1970

DRERUP, H., Bildraum und Realraum in der römischen Architektur
in: Römische Mitteilungen, Band 66 (1959)

DRERUP, H., Totenmaske und Ahnenbild bei den Römern
in: Römische Mitteilungen, Bd. 87 (1980)

DUSSLER, L., Benedetto da Maiano. Ein florentiner Bildhauer des späten Quattrocento
München 1924

v. EINEM, H., Der Torso als Thema der bildenden Kunst
in: Zeitschrift für Ästhetik und Allgemeine Kunstwissenschaft, XXIX Band (1935)

v. EINEM, H., Michelangelo
Stuttgart 1959

ETTLINGER, L. D., Antonio and Piero Pollaiuolo, Complete Edition with a critical catalogue
New York 1978

FAGIOLO DELL' ARCO, M.-M., Bernini. Una introduzione al gran teatro del barocco
Rom 1967

FAGIOLO DELL' ARCO,M., Great baroque and racoco sculpture-Reynal's world history of great sculpture, übersetzt von Enid Kirchberger, New York 1978

FECHT, G., Der Wandel des Menschenbildes in der ägyptischen Rundplastik
in: Zeitschrift des Museums zu Hildesheim 16 (1966)

FIENSCH, G., Form und Gegenstand, Studien zur Niederländischen Malerei des 15. Jahrhunderts
Köln-Graz 1961

FOERSTE, W., Bild — ein etymologischer Versuch
in: Festschrift J. Trier, Köln-Graz 1964

FRASCHETTI, ST., Il Bernini. La sua vita, la sua opera, il suo tempo
Mailand 1900

FRIEDLÄNDER, M.J., Von der Bildnisdarstellung — Grundsätzliches und Geschichtliches
in: Über die Malerei, München 1963

FRONING, H., Die Entstehung und Entwicklung des stehenden Ganzfigurenporträts in der Tafelmalerei des 16. Jahrhunderts
(Diss.) Würzburg 1973

FURTWÄNGLER, A., Die antiken Gemmen, Geschichte der Steinschneidekunst im klassischen Altertum
Leipzig 1900

GADAMER, H.-G., Wahrheit und Methode, Grundzüge einer philosophischen Hermeneutik
4. Aufl. Tübingen 1975

GALASSI, G., La scultura fiorentina del Quattrocento
Mailand 1949

GANTNER, J., Schicksale des Menschenbildes von der romanischen Stilisierung zur modernen Abstraktion
Bern 1958

GIULIANI, L., Individuum und Ideal. Antike Bildniskunst
in: Bilder vom Menschen in der Kunst des Abendlandes, (Ausst.) Berlin 1980

GOBIN, M., Daumier Sculpteur 1808—1879
Genf 1952

GOEPEL, E., Deutsche Porträtplastik des 20. Jahrhunderts
Leipzig 1958

GOETHE, J. W., Italienische Reise
Hamburger Ausgabe, Band XI, Autobiographische Schriften, dritter Band, 1. Aufl. Hamburg 1950

GOLDSCHEIDER, L., Michelangelo, Gemälde, Skulpturen, Architekturen
5. Aufl. Köln 1964

GOMBRICH, E. H., Art and Illusion, A Study in the psychology of pictorial Representation
2. Aufl. London 1962

GOMBRICH, E. H., The mask and the face: the perception of physiognomic likeness in life and art
in: E. H. Gombrich, Julian Hochberg, Max Black, art, perception, and reality, Baltimore-London 1972

GOULD, C., Bernini's bust of Mr. Baker: The solution?
in: The Art Quarterly XXI, Nr. 2 (1958)

GREGOROVIUS, F., Die Grabdenkmäler der Päpste. Marksteine der Geschichte des Papsttums
3. illustrierte Auflage Leipzig 1911

GRISEBACH, A., Römische Portraitbüsten der Gegenreformation
Leipzig 1936

GROSS, H. W., Bildnisse Traians
in: Das Römische Herrscherbild, herausgegeben von Max Wegner, II. Abteilung, Band 2, Berlin 1940

HARRISON, E. B., Portrait Sculpture
Princeton 1953

HATFIELD, R., Five Early Renaissance Portraits
in: The Art Bulletin XLVII (1965)

HAUSER, A., Manierismus. Die Krise der Renaissance und der Ursprung der modernen Kunst
München 1964

HEGEL, G. W. F., System der Philosophie, Dritter Teil, Philosophie des Geistes
Jubiläumsausgabe, Band 10, Stuttgart 1958

HEGEL, G. W. F., Vorlesungen über die Ästhetik
Bände 13, 14. 15, Theorie-Werkausgabe, Frankfurt/M 1970

HEIDEGGER, M., Sein und Zeit
Gesamtausgabe, I. Abteilung: Veröffentlichte Schriften 1914 — 1970, Band 2, Frankfurt/M 1977

HEIDEGGER, M., Der Ursprung des Kunstwerkes
in: Holzwege, Gesamtausgabe, I. Abteilung: Veröffentlichte Schriften 1914 — 1970, Band 5, Frankfurt/M 1977

HEINTZE, H. v., Römische Portrait-Plastik aus sieben Jahrhunderten
Stuttgart 1961

HEINTZE, H. v., Römische Portraits
in: Wege der Forschung, Band 348, Darmstadt 1974

HERBIG, R., Die italische Wurzel der römischen Bildniskunst
in: Das neue Bild der Antike, herausgegeben von Helmut Berve, Band II, Leipzig 1942

HERDER, J. G., Plastik. Einige Wahrnehmungen über Form und Gestalt aus Pygmalions bildendem Traume
Riga 1778, Sämtliche Werke, Band VIII, Nachdruck der Ausgabe Berlin 1892, herausgegeben von Bernhard Suphan, Hildesheim 1967

HERDER, J. G., Kritische Wälder. Oder Betrachtungen über die Wissenschaft und Kunst des Schönen
(1769), Viertes Wäldchen, Sämtliche Werke, Band IV, Hildesheim 1967

HERDER, J. G., Kalligone, zweiter Teil, Von Kunst und Kunstrichterei, 3, Von bildenden Künsten
(1800), Sämtliche Werke, Band XXII, Hildesheim 1967

HERSEY, G. L., The Portrait Sculpture
in: Alfonso II and the Artistic Renewal of Naples 1485 — 1495, New Haven-London 1969

HETZER, TH., Tizians Bildnisse
in: Aufsätze und Vorträge, Band 1, Leipzig 1957

HETZER, TH., Dürers Bildnisse
in: Aufsätze und Vorträge, Band 2, Leipzig 1957

HEYDENREICH, L. H., Italienische Renaissance, Anfänge und Entfaltung in der Zeit von 1400 bis 1460
Universum der Kunst, hrsg. von André Malraux und André Parrot, München 1972

HIBBARD, H., Bernini
Harmondsworth 1965

HILDEBRAND, A. v., Das Problem der Form in der bildenden Kunst
(1893) 9. Aufl. Straßburg 1918

HOFMANN, W., Die Karikatur von Loenardo bis Picasso
Wien 1956

HOHL, R., Alberto Giacometti
Stuttgart 1971

HORKHEIMER, M., Aufstieg und Niedergang des Individuums
in: Zur Kritik der instrumentellen Vernunft. Aus den Vorträgen und Aufzeichnungen seit Kriegsende, herausgegeben von Alfred Schmidt, Frankfurt/M 1967

HUBALA, E., Renaissance und Barock, Epochen der Architektur
herausgegeben von Harald Busch, Frankfurt/M 1968

HUBALA, E., Die Kunst des 17. Jahrhunderts
Propyläen Kunstgeschichte Band 9, Berlin 1970

HUIZINGA, J., Das Problem der Renaissance — Renaissance und Realismus
unveränderter Nachdruck der 1. Auflage, Tübingen 1953, Darmstadt 1974

IMDAHL, M., Cézanne-Braque-Picasso. Zum Verhältnis zwischen Bildautonomie und Gegenstandssehen
in: Wallraf-Richartz-Jahrbuch 36 (1974)

IMDAHL, M., Giacomettis »Diego« und Agams »Toutes directions«
in: Festgabe Paul Dierichs, Kassel 1976

IMDAHL, M., KUNISCH, N., Plastik. Antike und moderne Kunst der Sammlung Dierichs in der Ruhr-Universität Bochum
Kassel 1979

IMDAHL, M., Giotto. Arenafresken, Ikonographie. Ikonologie. Ikonik
München 1980

JANSON, H. W., The Sculpture of Donatello, Incorporating the notes and photographs of the late Jenö Lányi, Critical Catalogue
Princeton (New Jersey) 1957

JANSON, H. W., Giovanni Chellini's »Libro« and Donatello
in: Studien zur toskanischen Kunst, Festschrift Ludwig Heinrich Heydenreich, München 1964

JANSON, H. W., The Image of Man in Renaissance Art, From Donatello to Michelangelo
in: The Renaissance Image of Man and the World, Columbus (Ohio) 1966

JENKINS, M., The State Portrait, Its Origin and Evolution
New York 1947

JUSTI, C., Michelangelo. Neue Beiträge
Berlin 1909

KAEMMERLING, E. (Hrsg.), Bildende Kunst als Zeichen-

system, 1 Ikonographie und Ikonologie (Theorien. Entwicklung. Probleme)
Köln 1979

KANT, I., Kritik der Urteilskraft und Schriften zur Naturphilosophie
Edition Wilhelm Weischedel, Band 8, Darmstadt 1968

KASCHNITZ VON WEINBERG, G., Von der zweifachen Wurzel der statuarischen Form im Altertum
in: Kleine Schriften zur Struktur, Berlin 1965

KASCHNITZ VON WEINBERG, G., Römische Bildnisse
Ausgewählte Schriften
Band 2, Berlin 1965

KASCHNITZ VON WEINBERG, G., Das Schöpferische in der römischen Kunst, Römische Kunst
Band 1, Reinbek bei Hamburg 1961

KAUFFMANN, H., Donatello. Eine Einführung in sein Bilden und Denken
Berlin 1935

KAUFFMANN, H., Giovanni Lorenzo Bernini. Die figürlichen Kompositionen
Berlin 1970

KELLER, H., Die Entstehung des Bildnisses am Ende des Hochmittelalters
in: Römisches Jahrbuch für Kunstgeschichte 3 (1939)

KELLER, H., Zur Entstehung der Reliquienbüste aus Holz
in: Festschrift Hans Kauffmann, Berlin 1956

KELLER, H., Das Nachleben des antiken Bildnisses, Von der Karolingerzeit bis zur Gegenwart
Freiburg i. Br. 1970

KEMMERICH, M., Die frühmittelalterliche Porträtmalerei in Deutschland bis zur Mitte des XIII. Jahrhunderts
München 1907

KEMMERICH, M., Die frühmittelalterliche Porträtplastik in Deutschland bis zum Ende des XIII. Jahrhunderts
Leipzig 1909

KERBER, B., Plastik ohne Sockel
in: Jahresring (1977/78)

KEUTNER, H., Über die Entstehung und die Formen des Standbildes im Cinquecento
in: Münchner Jahrbuch der bildenden Kunst, 3. F, 7 (1956)

KLAIBER, H., Leonardo da Vincis Stellung in der Geschichte der Physiognomik und Mimik
in: Repertorium für Kunstwissenschaft 28 (1905)

KRAUS, TH., Das Römische Weltreich
Propyläen Kunstgeschichte Band 2, Berlin 1967

KRAUTHEIMER, R., Lorenzo Ghiberti
2. Aufl. Princeton (New Jersey) 1970

KUHN, R., Die Entstehung des Berninischen Heiligenbildes
(Diss.) München 1967

KUNISCH, N., Antike Portraits
in: Max Imdahl, Norbert Kunisch, Plastik. Antike und moderne Kunst der Sammlung Dierichs in der Ruhr-Universität Bochum, Kassel 1979

LAUX, K. A., Michelangelos Juliusmonument, Ein Beitrag zur Phänomenologie des Genies
Berlin 1943

LAVIN, I., Five new youthful sculptures by Gianlorenzo Bernini and a revised chronology of his early works
in: The Art Bulletin 1, Nr. 3 (1968)

LAVIN, I., On the sources and meaning of the Renaissance Portrait Bust
in: Art Quarterly XXXIII (1970)

LAVIN, I., Bernini and the unity of the Visual Arts
New York-London 1980

LICHTENBERG, R. v., Das Porträt an Grabdenkmalen, Seine Entstehung und Entwicklung vom Altertum bis zur italienischen Renaissance
Straßburg 1902

LIGHTBOWM, R. W., Bernini's Busts of English Patrons
in: Art the Ape of Nature, Festschrift Horst W. Janson, New York 1981

LISNER, M., Zur frühen Bildhauerarchitektur Donatellos
in: Münchner Jahrbuch der bildenden Kunst, 3. Folge, IX/X (1958/59)

LISNER, M., Zum Rahmen von Michelangelos Madonna Doni
in: Studien zur Geschichte der europäischen Plastik, Festschrift Theodor Müller, München 1965

LISNER, M., Das Quattrocento und Michelangelo
in: Stil und Überlieferung in der Kunst des Abendlandes, Akten des 21. Internationalen Kongresses für Kunstgeschichte in Bonn 1964, Band II, Berlin 1967

LOHMANN-SIEMS, I., Begriff und Interpretation des Portraits in der kunstgeschichtlichen Literatur
Hamburg 1972

L'ORANGE, H. P., Studien zur Geschichte des spätantiken Porträts
Oslo 1933

L'ORANGE, H. P., Apotheosis in Ancient Portraiture
Oslo 1947

LULLIES, R., Die Typen der griechischen Herme
Königsberg 1931

LULLIES, R., Hermenfragen
in: Würzburger Jahrbuch (1949—50)

MAI, W. W. E., »Le Portrait du roi«, Staatsporträt und Kunsttheorie in der Epoche Ludwigs XIV.
(Diss.) Bonn 1975

MARIANI, V., Gian Lorenzo Bernini
Neapel 1974

MARKHAM, A., Desiderio da Settignano and the workshop of Bernardo Rosselino
in: The Art Bulletin XLV (1963)

MARKHAM, A., The Sculpture of Bernardo Rosselino and his workshop
Princeton 1977

MARQUARD, O., Kant und die Wende zur Ästhetik
in: Zeitschrift für Philosophische Forschung XVI, Heft 2 (1962)

MARTELLINI, V., I Ritratti di Pontefici di G. L. Bernini
Rom 1956

MARTELLINI, V., Bernini
Mailand 1979

MARTELLINI, V., Ritratti caricature, composizioni, modelli, invenzioni di Gian Lorenzo Bernini e della sua scuola
in: Bernini in Vaticano, (Ausst.) Rom 1981

MERLEAU-PONTY, M., Phänomenologie der Wahrnehmung
übersetzt und eingeführt von Rudolf Boehm, Berlin 1966

MIDDELDORF, U., Rezension von Kauffmanns: Donatello. Eine Einführung in sein Bilden und Denken, Berlin 1935
in: The Art Bulletin XVIII (1936)

MILANESI, G., Catalogo delle opere di Donatello
Firenze 1887

MÖLLER, E., La gentildonna dalle belle mani di Leonardo da Vinci
Bologna 1954

ORTOLANI, S., Il Pollaiuolo
Mailand 1948

PANOFSKY, E., Die deutsche Plastik des 11. bis 13. Jahrhunderts
München 1924

PANOFSKY, E., Idea, Ein Beitrag zur Begriffsgeschichte der älteren Kunsttheorie
2. Aufl. Berlin 1960

PANOFSKY, E., Galileo as a critic of the Arts
Den Haag 1954

PANOFSKY, E., Renaissance and Renascences in Western Art
Uppsala 1960

PANOFSKY, E., Grabplastik, Vier Vorlesungen über ihren Bedeutungswandel von Alt-Ägypten bis Bernini
hrsg. von Horst W. Janson, übersetzt von Lise Lotte Möller, Köln 1964

PANOFSKY, E., Der Begriff des Kunstwollens
in: Aufsätze zu Grundfragen der Kunstwissenschaft, herausgegeben von Hariolf Oberer und Egon Verheyen, 2. erweiterte und verbesserte Auflage Berlin 1974

PARLASCA, K., Mumienporträts und verwandte Denkmäler
Wiesbaden 1966

PASSAVANT, G., Verrocchio. Skulpturen, Gemälde und Zeichnungen
London 1969

PFUHL, E., Die Anfänge der griechischen Bildniskunst
München 1927

PIGLER, A., Portraying the Dead
in: Acta historiae artium Academia scientiarum Hungariae 4 (1956)

PINDER, W., Deutscher Barock. Die großen Baumeister des 18. Jahrhunderts
Düsseldorf-Leipzig 1912

PLANISCIG, L., Venezianische Bildhauer der Renaissance
Wien 1921

PLANISCIG, L., Donatello
Wien 1939

PLANISCIG, L., Bernardo und Antonio Rosselino
Wien 1942

PLANISCIG, L., Andrea del Verrocchio
Wien 1941

PLANISCIG, L., Desiderio da Settignano
Wien 1942

PLESSNER, H., Die Stufen des Organischen und der Mensch. Einleitung in die philosophische Anthropologie
Berlin-Leipzig 1928

POESCHKE, J., Donatello, Figur und Quadro
München 1980

POHL, J., Die Verwendung des Naturabgusses in der italienischen Portraitplastik
Würzburg 1938

POLASCHEK, K., Untersuchungen zu griechischen Mantelstatuen. Der Himationtypus mit Armschlinge
Berlin 1969

POPE-HENNESSY, J., Italian Renaissance Sculpture
London 1958

POPE-HENNESSY, J., Italian High Renaissance and Baroque Sculpture
London 1963

POPE-HENNESSY, J., Catalogue of Italian Sculpture in the Victoria and Albert Museum
London 1964

POPE-HENNESSY, J., The Portrait in the Renaissance
London 1966

POPE-HENNESSY, J., Essays on Italian Sculpture
London 1968

POULSEN, F., Probleme der römischen Ikonographie
Kopenhagen 1937

POULSEN, V., Claudische Prinzen, Studien zur Ikonographie des ersten römischen Kaiserhauses
Baden-Baden 1960

POULSEN, V., Les Portraits Romains
Band I, Rèpublique et Dynastie Julienne
Kopenhagen 1962

READ, H., The Art of Sculpture
London 1956

RÉAU, L., Houdon, sa vie et son oeuvre
Paris 1964

REILLY, D. R., Portrait Waxes
London 1953

REYMOND, M., La sculpture Florentine
Florenz 1897

REYMOND, M., Le Bernin
Paris 1911

RICHTER, G. M. A., The Portrait of the Greeks
New York 1965

RIEGL, A., Die Entstehung der Barockkunst in Rom
herausgegeben von Arthur Burda und Max Dvořàk, Wien 1936

RIEGL, A., Übersetzung und Kommentar von Filippo Baldinuccis Vita des Gio. Lorenzo Bernini
herausgegeben von Arthur Burda und Oskar Pollak, Wien 1912

RIEGL, A., Spätrömische Kunstindustrie
Wien 1901, hier zitiert nach dem unveränderten Nachdruck der 2. Auflage Wien 1927, Darmstadt 1973

RING, G., Beiträge zur Geschichte der niederländischen Bildnismalerei im 15. und 16. Jahrhundert
Leipzig 1913

ROSATI, F. P., Italienische Medaillen und Plaketten von der Frührenaissance bis zum Ende des Barock
Köln 1967

ROSE, H., Tagebuch des Herrn von Chantelou über die Reise des Cavaliere Bernini nach Frankreich
übersetzt und herausgegeben von Hans Rose, München 1919

ROSE, H., Klassik als künstlerische Denkform des Abendlandes
München 1937

ROSENAUER, A., Studien zum frühen Donatello. Skulptur im projektiven Raum der Neuzeit
Wiener Kunstgeschichtliche Forschungen III, Wien 1975

SABATINI, A., Antonio e Piero del Pollaiuolo
Florenz 1944

SAISSELIN, R. G., Style, truth and the Portrait
Cleveland-New York 1963

SANDER, A., Menschen ohne Maske, Photographien 1906—1952
München 1971

SCHÄFER, H., Das Bildnis im alten Ägypten
Leipzig 1921

SCHAEFFER, E., Das Florentiner Bildnis
München 1904

SCHEFOLD, K., Die Bildnisse der antiken Dichter, Redner und Denker
Basel 1943

SCHLEGEL, A. W., Die Kunstlehre, Kritische Schriften und Briefe
Band II, herausgegeben von Edgar Lohner, Stuttgart 1963

SCHLEGEL, F., Dritter Nachtrag alter Gemälde
Kritische Friedrich-Schlegel-Ausgabe, Band 4, Paderborn-München-Wien 1959

SCHLEGEL, U., Zum Oeuvre des jungen Gian Lorenzo Bernini
in: Jahrbuch der Berliner Museen 9 (1967)

SCHLEGEL, U., Zu Donatello und Desiderio da Settignano, Beobachtungen zur physiognomischen Gestaltung im Quattrocento
in: Jahrbuch der Berliner Museen 9 (1967)

SCHLOSSER, J. v., Geschichte der Porträtbildnerei in Wachs, Ein Versuch
in: Jahrbuch der Kunsthistorischen Sammlungen des Allerhöchsten Kaiserhauses 29 (1911)

SCHLOSSER, J. v., Gespräch von der Bildniskunst
in: Vorträge und Aufsätze, Berlin 1927

SCHLOSSER, J. v., Leben und Meinungen des florentinischen Bildners Lorenzo Ghiberti
Basel 1941

SCHMOLL, GEN. EISENWERTH, J. A., Das Künstlerische als künstlerische Form
Ein Symposion mit Beiträgen von Maurice Bémol, André Chastel, Klaus Conrad, Herbert von Einem, Dago-

bert Frey, Joseph Gantner, Friedrich Gerke, Joseph Müller-Blattau, J. A. Schmoll ge. Eisenwerth, Bern-München 1959

SCHNAASE, C., Geschichte der bildenden Kunst bei den Alten
Düsseldorf 1866

SCHOCK, R., Das Herscherbild in der Malerei des 19. Jahrhunderts
Studien zur Kunst des 19. Jahrhunderts, Band 23, München 1975

SCHOTTMÜLLER, F., Die italienischen und spanischen Bildniswerke der Renaissance und des Barocks in Marmor, Holz und Stuck
Königliche Museen zu Berlin, Beschreibung der Bildwerke der christlichen Epochen, Band V, Berlin 1913

SCHUBRING, P., Die italienische Plastik des Quattrocento
Wildpark-Potsdam 1924

SCHUDT, L., Berninis Schaffensweise und Kunstanschauung nach den Aufzeichnungen des Herrn von Chantelou
in: Zeitschrift für Kunstgeschichte 12 (1949)

SCHUYLER, J., Florentine Busts: Sculptured Portraiture in the Fifteenth Century
New York — London 1976

SCHWEITZER, B., Griechische Porträtkunst
in: Zur Kunst der Antike, 2, Tübingen 1963

SCHWEITZER, B., Studien zur Entstehung des Porträts bei den Griechen
in: Zur Kunst der Antike, 2, Tübingen 1963

SEDLMAYER, H., Zum Begriff der Strukturanalyse
in: Kritische Berichte 1 (1931/32)

SEDLMAYER, H., Kunst und Wahrheit
Reinbek bei Hamburg 1958

SEDLMAYER, H., Zur Revision der Renaissance
in: Epochen und Werke 1, Wien 1960

SEYMOUR, CH., Sculpture in Italy, 1400 to 1500
The Pelican History of Art, Harmondsworth 1966

SIMMEL, G., Der Schauspieler und die Wirklichkeit
in: Brücke und Tür, Essays des Philosophischen zur Geschichte, Religion, Kunst und Gesellschaft, Im Verein mit Margarethe Susman herausgegeben von Michael Landmann, Stuttgart 1957

SIMSON, O. v., Das Mittelalter II. Das Hohe Mittelalter
Propyläen Kunstgeschichte Band 6, Berlin 1972

STUDNICZKA, F., Niccolò da Uzzano?
in: Festschrift Heinrich Wölfflin, Beiträge zur Kunst- und Geistesgeschichte, München 1924

TOLNAY, CH. DE, Michelangelo. The tomb of Julius II.
Band IV, Princeton (New Jersey) 1954

TRIER, E., Figur und Raum. Die Skulptur des 20. Jahrhunderts
Berlin 1960

TRIER, E., Bildhauertheorien im 20. Jahrhundert
Berlin 1971

VALENTINER, W. R., Mino da Fiesole
in: Studies of Italian Renaissance Sculpture, London 1950

VASARI, G., Le vite de più eccelenti pittori scultori ed architettori
herausgegeben von Gaetano Milanesi, Florenz 1878—1885

VENTURI, A., Bernini
in: Pan 5, Heft 1 (1899)

VENTURI, A., Storia dell'arte italiana
Band X, La Scultura del Cinquecento, Teil I, Mailand 1935

VÖGE, W., Raffael und Donatello
Straßburg 1896

WACKERNAGEL, M., Der Lebensraum des Künstlers in der florentinischen Renaissance. Aufgaben und Auftraggeber, Werkstatt und Kunstmarkt
Leipzig 1938

WAETZOLDT, W., Die Kunst des Portraits
Leipzig 1908

WALLACE, R., The World of Bernini, 1598 — 1680
New York 1970

WASSERMANN, J. L., Daumier Sculpture, A Critical and Comparative Study
(Ausst.) Fogg Art Museum, Harvard University 1969

WECKWERTH, A., Der Ursprung des Bildepitaphs
in: Zeitschrift für Kunstgeschichte 20 (1952)

WEGNER, M., Hadrian. Plotina. Marciana. Matidia. Sabina
in: Das Römische Herrscherbild, herausgegeben von E. Boehringer, G. v. Kaschnitz-Weinberg, Max Wegner, II. Abteilung, Band 3, Berlin 1956

WELCKER, L., Die Beurteilung Berninis in Deutschland im Wandel der Zeiten
(Diss.) Köln 1957

WINTER, G., Schlaun. Das Gestaltungsprinzip und seine Quellen
1. Aufl. Münster 1973

WINTER, G., Zur Genese der kubistischen Bildnisvorstellung bei Picasso, Braque und Gris in: Zeichnungen und Collagen des Kubismus, Picasso, Braque, Gris, (Ausst.) Bielefeld 1979

WITTKOWER, R., A Symbol of Platonic love in a Portrait Bust by Donatello
in: Journal of the Warburg Institute I (1937—1938)

WITTKOWER, R., Bernini-Studies, II: The »Bust of Mr. Baker«
in: Burlington Magazin 95 (1953)

WITTKOWER, R., Gian Lorenzo Bernini, The Sculptor of the Roman Baroque
2. Aufl. London 1966

WITTKOWER, R., Art and Architecture in Italy, 1600 to 1750 The Pelican History of Art, 2. Aufl. Harmondsworth 1965

WITTKOWER, R., Grundlagen der Architektur im Zeitalter des Humanismus
übersetzt von George Lesser, München 1969

WITTKOWER, H., Sculpture. Processes and Principles
New York 1977

WÖLFFLIN, H., Kunstgeschichtliche Grundbegriffe. Das Problem der Stilentwicklung in der neueren Kunst
1. Aufl. München 1915

WUNDRAM, M., Donatello — Der hl. Georg
Stuttgart 1967

WUNDRAM, M., Donatello und Nanni di Banco
in: Beiträge zur Kunstgeschichte, herausgegeben von Günter Bandmann, Erich Hubala, Wolfgang Schöne, Band 3, Berlin 1969

WUNDRAM, M., Frührenaissance, Kunst der Welt, Ihre geschichtlichen, soziologischen und religiösen Grundlagen
Baden-Baden 1970

ZANKER, P., Studien zu den Augustus-Portraits, I: Der Actium-Typus
in: Abh. der Göttinger Akademie der Wissenschaften, 1973

ZANKER, P., Zur Rezeption des hellenistischen Individualportraits in Rom und in den italienischen Städten
in: Hellenismus in Mittelitalien, Abh. d. Göttinger Akademie der Wissenschaften, 1976

Abbildungsverzeichnis

Abbildungsnachweis

Berlin-Dahlem, Staatliche Museen: 36, 37
Bologna, Museo Civico: 72
Detroit, Institute of Arts: 3
Photo Gisela Fittschen-Badura: 1, 17, 19
Florenz, Alinari: 21-30, 32, 35, 38-41, 43, 49, 50, 63
Florenz, Soprintendenza: 44-46
Kopenhagen, Ny Carlsberg Glyptotek: 14, 20, 71
London, Courtauld Institute of Art: 54
London, Victoria and Albert Museum: 31, 75
London, Windsor Castle: 76
Marburg, Bildarchiv Foto Marburg: 11, 12, 15, 16, 33, 34, 70
Marseille, Musée des Beaux-Arts: 4
Modena, Soprintendenza: 77
Paris, Musée du Louvre: 70, 74, 78
Rom, Gabinetto Fotografico Nazionale (Kopie nach Foto): 44-46, 52, 53, 55-58, 60-62, 66-69, 73
Rom, F. Schlechter: 2, 59
Biblioteca Apostolica Vaticana: 64
Wien, Kunsthistorisches Museum: 18
Archiv d. Verf.: 5, 21, 23, 32, 42, 47, 48, 51

Werkregister

Abbildungsnummern stehen in Klammern, die Seitenzahlen verweisen auf die entsprechenden Textstellen